CONTROVÉRSIAS
CONSTITUCIONAIS ATUAIS
n. 2

0249

Conselho Editorial
André Luís Callegari
Carlos Alberto Molinaro
Daniel Francisco Mitidiero
Darci Guimarães Ribeiro
Draiton Gonzaga de Souza
Elaine Harzheim Macedo
Eugênio Facchini Neto
Giovani Agostini Saavedra
Ingo Wolfgang Sarlet
Jose Luis Bolzan de Morais
José Maria Rosa Tesheiner
Leandro Paulsen
Lenio Luiz Streck
Paulo Antônio Caliendo Velloso da Silveira

Dados Internacionais de Catalogação na Publicação (CIP)

C764   Controvérsias constitucionais atuais. n. 2 / Camila Franz ... [et al.]; Paulo Fayet, Geraldo Jobim, Marco Félix Jobim (organizadores). – Porto Alegre: Livraria do Advogado Editora, 2015.
375 p.; 23 cm.
ISBN 978-85-7348-992-7

1. Direito constitucional - Brasil. 2. Tutela. 3. Brasil. Constituição. I. Franz, Camila. II. Fayet, Paulo. III. Jobim, Geraldo. IV. Jobim, Marco Félix.

CDU 342(81)
CDD 342.81

Índice para catálogo sistemático:
1. Direito constitucional: Brasil   342(81)

(Bibliotecária responsável: Sabrina Leal Araujo – CRB 10/1507)

PAULO FAYET
GERALDO JOBIM
MARCO FÉLIX JOBIM
(organizadores)

CONTROVÉRSIAS CONSTITUCIONAIS ATUAIS n. 2

Camila Franz
Celso Seus
Clara Moura Masiero
Darci Guimarães Ribeiro
Douglas Ribeiro
Draiton Gonzaga de Souza
Elaine Terezinha Dillenburg
Emerson Wendt
Enrico Silveira Nora
Fabiana Marcello Gonçalves
Francisco Verbic
Fredie Didier Júnior
Germano Schwartz
Guilherme Antunes da Cunha
Humberto Dalla Bernardina de Pinho
Jacson Gross
Karlo Fonseca Tinoco
Leandro Maciel do Nascimento
Liane Tabarelli Zavascki
Lucas Buril de Macêdo
Luciano Vaz Ferreira
Marcelo Guimarães
Marco Félix Jobim
Mariana Dexheimer Cappelatti
Mauricio Martins Reis
Ney Fayet Júnior
Pablo Henrique Silva dos Santos
Paulo Fayet
Yann Basire

Porto Alegre, 2015

© dos autores, 2015

Capa, projeto gráfico e diagramação
Livraria do Advogado Editora

Revisão
Rosane Marques Borba

Direitos desta edição reservados por
Livraria do Advogado Editora Ltda.
Rua Riachuelo, 1300
90010-273 Porto Alegre RS
Fone: 0800-51-7522
editora@livrariadoadvogado.com.br
www.doadvogado.com.br

Impresso no Brasil / Printed in Brazil

Sumário

Apresentação – *Paulo Fayet, Geraldo Jobim e Marco Félix Jobim*..........7

1. As cláusulas pétreas entre o constitucionalismo e a democracia: uma breve reflexão sobre a reforma constitucional e a (in)tangibilidade dos direitos adquiridos
Camila Franz..........9

2. Precedentes judiciais para a história lembrar
Celso Seus, Douglas Ribeiro, Emerson Wendt, Jacson Gross, Marcelo Guimarães, Marco Félix Jobim e Pablo Henrique Silva dos Santos..........33

3. Virada teórico-democrática ao problema da legitimidade da jurisdição constitucional e o Mandado de Injunção sobre a criminalização da homofobia e da transfobia
Clara Moura Masiero..........57

4. Tutelas de urgência: da estrutura escalonada às tutelas de urgência autônomas
Darci Guimarães Ribeiro e Guilherme Antunes da Cunha..........75

5. Apontamentos constitucionais acerca do recurso administrativo no âmbito previdenciário
Elaine Terezinha Dillenburg e Liane Tabarelli Zavascki..........105

6. Mutação constitucional do artigo 52, X, da Constituição Federal: a consagração do hibridismo no controle de constitucionalidade brasileiro e o seu impacto na competência do Senado Federal
Fabiana Marcello Gonçalves e Humberto Dalla Bernardina de Pinho..........123

7. La acción colectiva y los derechos de incidencia colectiva en la República Argentina
Francisco Verbic..........147

8. Controle concentrado de constitucionalidade e revisão de coisa julgada: análise da Reclamação nº 4.374/PE
Fredie Didier Júnior e Lucas Buril de Macêdo..........183

9. A exploração da marca segundo os preceitos constitucionais
Karlo Fonseca Tinoco..........203

10. O artigo 5º, § 2º, da Constituição brasileira de 1988 e o reconhecimento de novos direitos fundamentais
Leandro Maciel do Nascimento..........215

11. A influência da doutrina da segurança nacional na ordem jurídica brasileira
Luciano Vaz Ferreira..........257

12. Uma comparação entre os índices de eficiência do direito à saúde entre Brasil e Cuba
Mariana Dexheimer Cappelatti e Germano Schwartz..........271

13. A interpretação conforme como concretude hermenêutica nos bastidores da legitimidade da lei abstrata: a dobra da linguagem entre o texto e a norma
Mauricio Martins Reis...285

14. A castração (física ou química) em condenados por delitos sexuais: os desafios éticos da ciência em face do Estado constitucional democrático
Ney Fayet Júnior e Draiton Gonzaga de Souza..315

15. Prevalência das garantias constitucionais da ampla defesa e do contraditório em detrimento do princípio da especialidade: da necessária adequação do art. 57 da Lei 11.343/06 a partir a reforma do CPP
Paulo Fayet e Enrico Silveira Nora...335

16. La nature juridique des droits de propriété intellectuelle: analyse française
Yann Basire..347

Apresentação

Faz quase dois anos que um grupo de professores resolveu discutir, em caráter aprofundado, algumas questões relacionadas a temas controversos pendentes após 25 anos da promulgação da Constituição da República Federativa do Brasil. A partir do discutido à época, foi gerada a obra *Controvérsias Constitucionais Atuais*, a qual restou compilada com trabalhos de alguns dos professores do curso de Direito da FADERGS, dentre eles Antônio Dionísio Lopes, Clarissa Santos Lucena, Dieter Mayrhofer Gauland, Geraldo Jobim, Guilherme Antunes da Cunha, Letícia Grezzana Corrêa, Luciano Vaz Ferreira, Marco Félix Jobim, Mateus de Oliveira Fornasier, Maurício Martins Reis, Paulo Fayet e Sandro Brescovit Trotta. A obra, bem recebida pelo público acadêmico, fez com que os organizadores pensassem num segundo volume, o que se concretiza, hoje, com os artigos de autores não só mais do quadro docente da FADERGS, mas de outras Instituições de Ensino Superior, transcendendo, inclusive, as fronteiras do Brasil, para trazer estudos de outras culturas.

Os articulistas e seus textos foram todos pensados para comporem o segundo volume de uma obra voltada às discussões constitucionais e, como já referido, em espaço que foi ampliado para juristas estrangeiros, com textos vinculados ao seu âmbito cultural. Para uma rápida introdução dos escritos, tem-se que Camila Franz aborda o tema sobre *As cláusulas pétreas entre o constitucionalismo e a democracia: uma breve reflexão sobre a reforma constitucional e a (in)tangibilidade dos direitos adquiridos*; Clara Moura Masiero disserta sobre a *Virada teórico-democrática ao problema da legitimidade da jurisdição constitucional e o Mandado de Injunção sobre a criminalização da homofobia e da transfobia*; Darci Guimarães Ribeiro e Guilherme Antunes da Cunha escolhem um tema mais voltado à área processual, ao discorrerem sobre as *Tutelas de urgência: da estrutura escalonada às tutelas de urgência autônomas*; Elaine Terezinha Dillenburg e Liane Tabarelli Zavascki enfrentam tema tormentoso, por assim dizer, ao referirem sobre os *Apontamentos constitucionais acerca do recurso administrativo no âmbito previdenciário*; Fredie Didier Júnior e Lucas Buril de Macêdo escrevem sobre o *Controle concentrado de constitucionalidade e revisão de coisa julgada: análise da Reclamação nº 4.374/PE*; Mariana Dexheimer Cappelatti e Germano Schwartz alocam seus estudos no Direito à saúde, ao dissertarem sobre *Uma comparação entre os índices de eficiência do Direito à saúde entre Brasil e Cuba*; Fabiana Marcello Gonçalves e Humberto Dalla Bernardina de

Pinho contribuem com uma discussão em face da *Mutação constitucional do artigo 52, X, da Constituição Federal: a consagração do hibridismo no controle de constitucionalidade brasileiro e seu impacto na competência do Senado Federal*; Karlo Fonseca Tinoco relata sobre *A exploração da marca segundo os preceitos constitucionais*; em texto de densidade profunda; Leandro Maciel do Nascimento refere sobre *O artigo 5º, § 2º, da Constituição brasileira de 1988 e o reconhecimento de novos direitos fundamentais*; Luciano Vaz Ferreira disserta sobre *A influência da doutrina da segurança nacional na ordem jurídica brasileira*; Mauricio Martins Reis escreve sobre *A interpretação conforme como concretude hermenêutica nos bastidores da legitimidade da lei abstrata: a dobra da linguagem entre o texto e a norma*; Ney Fayet Júnior e Draiton Gonzaga de Souza trabalham tema polêmico, ao escreverem sobre *A castração (física ou química) em condenados por delitos sexuais: os desafios éticos da ciência em face do Estado constitucional democrático*; Paulo Fayet e Enrico Silveira Nora escrevem sobre a *Prevalência das garantias constitucionais da ampla defesa e do contraditório em detrimento do princípio da especialidade: da necessária adequação do art. 57 da Lei 11.343/06 a partir a reforma do CPP*; em texto escrito sobre alguns dos grandes julgamentos das Cortes estadunidenses, Celso Seus, Douglas Ribeiro, Emerson Wendt, Jacson Gross, Marcelo Guimarães, Marco Félix Jobim e Pablo Henrique Silva dos Santos escrevem sobre *Precedentes judiciais para a história lembrar*. Não bastasse a gama de textos e articulistas já lembrados, os organizadores buscaram, em dois ambientes culturais diversos do brasileiro, textos que poderão auxiliar no debate constitucional. Assim, o Professor francês Yann Basire escreve sobre *La nature juridique des droits de propriété intellectuelle: analyse française*, e o Professor argentino Francis Verbic fala sobre *La acción colectiva y lós derechos de incidencia colectiva em la República Argentina*.

Seria puro egoísmo dos organizadores não encerrarem a apresentação, tendo em vista que o leitor, já nesse momento, deve estar ávido da expectativa de contato direto com os textos para refletir, contrapor, concordar ou simplesmente realizar uma leitura descompromissada com tantos assuntos que a presente obra traz. Para isso, somente resta agradecer aos articulistas, na medida em que, sem eles, não haveria a obra; ainda, aos próprios leitores, em razão de que, sem eles, não haveria aceitação; e à editora, por fim, nas pessoas do Walter e do Valmor, pois, sem eles, não haveria espaço para obras de qualidade como a que, nesse momento, se apresenta.

Nosso muito obrigado!

Os organizadores.

Paulo Fayet
Geraldo Jobim
Marco Félix Jobim

—1—

As cláusulas pétreas entre o constitucionalismo e a democracia: uma breve reflexão sobre a reforma constitucional e a (in)tangibilidade dos direitos adquiridos

CAMILA FRANZ[1]

Sumário: Introdução; Transformação e reforma constitucional; O desafio na adequação da Constituição rígida aos anseios reformistas; As cláusulas pétreas entre o constitucionalismo e a democracia; Interpretação dos limites materiais como antídoto ao engessamento constitucional; Sobrevivência do núcleo de identidade da Constituição; Os direitos adquiridos e a reforma Constitucional; Conclusão; Referências bibliográficas.

A transformação social ocorre sem teleologia nem garantia.
É esta indeterminação que faz o futuro ser futuro.
(Boaventura de Sousa Santos)

Introdução

Em que pese a grande produção acadêmica sobre o poder constituinte derivado e suas limitações, ainda existem inúmeras questões que suscitam divergências, considerando o importante reflexo prático que a interpretação das cláusulas pétreas traz à jurisprudência, em razão da submissão das emendas constitucionais ao controle de constitucionalidade, além do extenso rol carecedor de proteção.

É certo que os limites materiais constituem instrumento para a tutela dos direitos fundamentais e, em última análise, para salvaguardar o próprio Estado Democrático de Direito. Contudo, as cláusulas pétreas também trazem inúmeros questionamentos, a exemplo do dilema contramajoritário, considerando que a eleição de determinado núcleo de cunho material, que não poderá ser tocado pela geração presente por meio de

---
[1] É Mestre em Direito Constitucional pela Faculdade de Direito da Universidade de Coimbra. Graduada pela Pontifícia Universidade Católica do Rio Grande do Sul. Advogada.

seus representantes, poderá representar a alienação do direito de autogovernação.

Nessa linha, questionamos se uma interpretação demasiadamente extensiva aos limites materiais não acabaria justamente por lesar a lógica desse rol protetivo, pois o engessamento absoluto poderia subverter a própria função do poder reformador, consistente em garantir estabilidade ao sistema, evitando a ruptura institucional.

Na realidade, aqui está um dos grandes desafios da jurisdição constitucional contemporânea: permitir o acompanhamento da evolução da sociedade pela Constituição, sem consentir com o aniquilamento de direitos fundamentais.

Como exemplo deste problema, utilizaremos a problemática da vinculação do poder constituinte derivado ao respeito dos direitos adquiridos, cuja garantia está prevista no artigo 5º, XXXVI, CF,[2] constituindo, *a priori*, limitação à atuação do poder reformador. Dessa forma, surge importante questão: é possível propor uma reforma que atingisse situações já consolidadas, observadas as regras de retroatividade legislativa? Estaria o poder constituinte derivado vinculado ao respeito eterno dos direitos adquiridos?

Não ignoramos a majoritária inclinação da doutrina brasileira para resposta afirmativa, considerando a ampla tutela dos direitos adquiridos no Brasil que, diferenciando-se das outras ordens jurídicas ao redor do mundo, conferiu-lhes *status* constitucional de cláusula pétrea. Contudo, a questão está longe de encontrar consenso e suscita maiores divagações, pois não é possível ignorar o contexto de crise econômica que atravessa o Estado Social, a exemplo do que já ocorre em países europeus como Portugal,[3] desembocando na necessidade de cortes de despesas estatais e impondo a revisão de direitos que já não guardam mais consonância com o sistema prestacional vigente. Ademais, em que pese evidente a necessidade de proteção dos direitos dos cidadãos do arbítrio estatal, não podemos olvidar que a proteção alargada de determinados direitos poderá acarretar, na verdade, um entrave à governabilidade social, além de representar a manutenção de determinado privilégios, ignorando outros princípios, como o da justiça distributiva e o da proporcionalidade.

---

[2] Art. 5º Todos são iguais perante a lei, sem distinção de qualquer natureza, garantindo-se aos brasileiros e aos estrangeiros residentes no País a inviolabilidade do direito à vida, à liberdade, à igualdade, à segurança e à propriedade, nos termos seguintes: XXXVI – a lei não prejudicará o direito adquirido, o ato jurídico perfeito e a coisa julgada;

[3] Não desconhecemos que a crise social e econômica enfrentada por Portugal mostra-se muito mais severa em relação à crise do Brasil, mas justamente com escopo de evitar o agravamento da situação brasileira, atento ao rombo que já toma conta das contas previdenciárias, propomos uma reflexão sobre as medidas possíveis para a adequação do sistema.

Nesse aspecto, o objetivo do presente texto propõe uma interpretação acentuada dos direitos fundamentais protegidos pelo núcleo duro, com o intuito de possibilitar a ação do poder reformador, sem olvidar da tutela do núcleo essencial dos princípios estruturantes da Constituição.

Transformação e reforma constitucional

Considerando que a Constituição é o reflexo da vontade comum de um Estado e tendo em vista que esta vontade poderá sofrer sensíveis mudanças, a maioria das constituições modernas institucionalizou algum processo de reforma.

O poder originário, pretendendo que a Constituição se perpetue no tempo, dispôs no próprio texto constitucional formas para a sua alteração, estabelecendo critérios e limites, a fim de evitar que seja necessária a ruptura da ordem institucional para ocorrer adequação do texto às novas exigências sociais.

Desta forma, ao lado dos poderes do Estado, a Constituição também estabeleceu o poder constituinte constituído[4] ou comumente denominado de derivado, expressado pelo poder de revisão da Constituição, com a finalidade de possibilitar a evolução do texto constitucional e, ainda em alguns casos, como a Constituição brasileira, pelo poder decorrente, expressado pelo poder de auto-organização dos Estados-Membros da federação,[5] ou no poder de revisão, consistente na modificação ampla e excepcional do texto constitucional, previsto, por exemplo, na Constituição portuguesa 1976.

Outrossim, o reconhecimento de limites ao exercício do poder constituinte instituído leva à conclusão sobre a natureza jurídica deste que, ao contrário do poder constituinte originário, não suscita maiores divagações, sendo um poder limitado, subordinado e condicionado.[6]

A necessidade de reforma constitucional adquire especial relevo nas constituições analíticas, como a brasileira e portuguesa, cuja extensão e

---

[4] "Há, então, normalmente, numa Constituição, obra do Poder Constituinte, a instituição não só dos chamados poderes do Estado, mas também de um poder destinado a estabelecer normas com a mesma força das normas constitucionais.". FERREIRA FILHO, Manoel Gonçalves. *O Poder Constituinte*. 4ª ed. São Paulo: Saraiva, 2005. p. 108.

[5] Nesse particular, em que pese o poder decorrente seja derivado da autonomia política, as Constituições estaduais devem seguir o *princípio da simetria,* cuja imposição obriga que os Estados-Membros sigam determinados paradigmas traçados pela Constituição Federal.

[6] Manoel Gonçalves Ferreira Filho alerta para existência de autores que sustentam que o poder instituído não está sujeito a limitações, ressalvando que corresponde à doutrina minoritária, a exemplo do autor suíço Burckhardt.

minúcias reclamam maiores esforços para acompanhar a evolução do tempo, tornando a reforma uma prática frequente.[7]

Por meio da inserção ou supressão de determinadas normas, o poder reformador atua para garantir a perpetuação da Lei Maior, além de protegê-la contra uma erosão indesejável, evitando o descompasso da Constituição frente à realidade.

Contudo, a reforma constitucional, pelo seu procedimento agravado, não é uma tarefa fácil, além da dificuldade em se estabelecer uma identidade entre o texto e a realidade, conforme já enunciado por Karl Loewenstein:

> Por otra parte, es necesario tener en cuenta que esa identidad ideal no puede ser nunca alcanzada. Una constitución ideal no hay existido jamás, y jamás existirá. No es tan solo el hecho de que una constitución no pueda adaptarse nunca plenamente a las tenciones internas, en constante cambio, de las fuerzas políticas y de los intereses pluralistas, sino que no existe ningún tipo ideal de constitución que pueda encajar por igual en todos los Estados.[8]

Enquanto as normas de reforma garantem a sobrevivência da Constituição, diante das transformações sociais e econômicas, o estabelecimento de limites ao poder reformador garante, por seu turno, a sobrevivência do seu nervo central, impedindo que sucessivas mudanças venham aniquilar o espírito constitucional. Ou seja, a reforma, além de pontual, também deverá ser *principiologicamente*[9] periférica, não podendo recair sobre o núcleo axiológico, sob pena de não caracterizar uma reforma, mas sim a substituição de uma Constituição por outra.[10]

Sob o escopo de atualizar a Constituição estar-se-ia operando uma ruptura, o que o Professor da Universidade de Lisboa Jorge Miranda denomina "*vicissitude constitucional*": "quaisquer eventos que se projectem sobre a subsistência da Constituição ou de algumas de suas normas".[11]

É justamente buscando evitar esse estelionato constitucional que o próprio poder constituinte originário estabeleceu um núcleo inviolável, afastando do poder reformador a sua "menina dos olhos", ou seja, aqueles princípios e direitos estruturantes, cuja presença revela traço identificador da vontade constitucional.

---

[7] Luís Roberto Barroso sinaliza que as mudanças periódicas nos textos constitucionais é uma característica que aproxima o constitucionalismo brasileiro e português. BARROSO, Luís Roberto. *A constituição e o conflito de normas no tempo: direito constitucional intertemporal*. p. 35.

[8] LOEWENSTEIN, Karl. *Teoría de la Constitucíon*. Traduccíon y estudio sobre la obra por Alfredo Gallego Anabitarte. 2ª ed. Barcelona: Editorial Ariel, 1976. p. 164.

[9] BRITTO, Carlos Ayres. *Teoria da Constituição*. Rio de Janeiro: Forense, 2003. p 27.

[10] Carl Schmitt já alertava para a diferença entre Constituição e leis constitucionais, sendo que somente sobre as últimas poderia recair a reforma constitucional. SCHMITT, Carl. *Teoría de la Constitución*. Versión española de Francisco Ayala. Madrid, 2001.p. 96

[11] MIRANDA, Jorge. *Teoria do Estado e da Constituição*. Editora Forense: Rio de Janeiro, 2005. p. 109.

O desafio na adequação da Constituição rígida aos anseios reformistas

As cláusulas pétreas entre o constitucionalismo e a democracia

O estudo dos limites das cláusulas pétreas acusa o paradoxo já há muito existente entre constitucionalismo e democracia.[12]

Os limites materiais surgem como uma barreira reformista da Constituição, mas o estabelecimento desse obstáculo à reforma não pode representar a vinculação inexorável e definitiva de gerações futuras, sob pena de violação ao direito de autogovernação.

A preocupação com essa dinâmica já era observada no surgimento das primeiras Constituições e das teorias acerca do poder constituinte. Neste particular, nos Estados Unidos, Jefferson e Thomas Paine[13] já mostravam inquietude sobre a possibilidade do governo "dos mortos sobre os vivos". Também nesse sentido, a Declaração do Homem e do Cidadão, no seu artigo 28, estabeleceu: "um povo tem sempre o direito de revisar, reformar e alterar sua Constituição. Uma geração não pode submeter às gerações futuras às suas leis".

Se com o advento do constitucionalismo houve o reconhecimento da necessidade de limitação da atividade estatal, também é forçoso concluir que o mesmo movimento representou um freio à soberania popular.

Isso porque o constitucionalismo carrega um ônus referente à pretensão de frear a expressão democrática. Com o intuito de solidificar direitos e garantias, o constitucionalismo coloca barreiras à vontade popular, evitando que conquistas sejam subvertidas por determinado entusiasmo momentâneo.[14] Podemos citar como principais exemplos desse instrumento

---

[12] "sin embargo, este matrimonio entre democracia y constitucionalismo no es sencillo. Sobrevienen tensiones cuando la expansión de la primera conduce a un debilitamiento del segundo, o, por el contrario, el fortalecimiento del ideal constitucional se convierte en un freno para el proceso democrático." NINO SANTIAGO, Carlos. *La constitución de la democracia deliberativa*. Barcelona: Gedisa editorial, 1997. p. 13.

[13] "De acordo com as tabelas européias de mortalidade, a maioria dos adultos que vive a cada momento estará morta num período de 19 anos. No fim desse período, existirá, então, uma nova maioria; ou, por outras palavras, uma nova geração. Cada geração tem o direito de escolher por si a forma de governo que considere mais adequada à promoção de sua felicidade." JEFFERSON, Thomas. Carta de Jefferson a Samuel Kercheval, em 12 de julho de 1812, Writings, p. 1402, *apud* BRITTO, Nogueira de. *A constituição constituinte: ensaio sobre o poder de revisão da constituição*: Coimbra, Coimbra, 2000. p. 128

[14] Antônio Negri reconhece o poder de fazer uma constituição como força democrática, que por sua vez mostra-se rebelde à constitucionalização. Contudo, o poder constituinte como poder fático, desprovido – ao menos aprioristicamente – de limites, impõe freios à democracia absoluta, estabelecendo normas constitucionais recheadas de vetores axiológicos, cuja ressalva demonstra a própria desconfiança com a vontade popular. É a chamada domesticação do poder constituinte: ao mesmo tempo em que o toma como ilimitado e onipotente, depois o limita, negando estas características por meio do estabelecimento dos poderes instituídos. NEGRI, Antonio. *O poder constituinte. Ensaio sobre as alternativas da modernidade*. Tradução Adriano Pilatti. Rio de Janeiro: DP&A, 2002.

contramajoritário, o controle de constitucionalidade, os limites materiais e a exigência de quórum qualificado para a reforma constitucional.

Não é exagero afirmar que as cláusulas pétreas da Constituição representam a resistência do constitucionalismo em contraponto à vontade democrática, uma vez que, ao resguardar determinados conteúdos da ação posterior do poder constituinte derivado, usurparam a apreciação dessas matérias pelas gerações subsequentes.

Oscar Vilhena, parafraseando Elster, utiliza a metáfora de Odisseia – em que Ulisses pede para amarrá-lo no mastro de sua embarcação, em razão do seu receio de sucumbir ao canto mortal das sereias – para ilustrar a tendência humana de se deixar levar por situações momentâneas. Assim, justifica a existência da autolimitação democrática com o escopo de evitar que a Constituição se deixe levar por paixões e momentos furtivos.[15]

No entanto, o autor brasileiro estabelece ressalvas quanto à analogia proposta por Elster, afirmando que, enquanto a autolimitação retratada por Ulisses possui caráter individual, as cláusulas pétreas, além de supraindividual, limitam e vinculam gerações futuras, o que traz extenso questionamento referente ao dilema contramajoritário.

Canotilho refere-se ao paradoxo da democracia e constitucionalismo como o estabelecimento de limites pelo poder constituinte originário ao poder reformador:

> como pode um poder estabelecer limites às gerações futuras? Como pode uma constituição colocar-nos perante um *dilema contramajoritário* ao dificultar deliberadamente a "vontade das gerações futuras" na mudança das suas leis? Revelar-se-á, assim, o constitucionalismo de uma antidemocraticidade básica impondo à soberania do povo "cadeias para o futuro? (Rousseau)[16]

A soberania popular tem o direito de exercer a sua função de estabelecimento da ordem jurídica, razão pela qual se impõe o questionamento de até que ponto é dado às gerações passadas a imposição de sua vontade às gerações vindouras, vinculando-as a projetos e anseios que já não se mostram mais pertinentes.

Atento a essa questão, Carlos Ayres Britto afirma:

> e aqui já começamos a enfrentar a recorrente questão de saber até que ponto existe legitimidade democrática numa Constituição que submete aos seus termos as gerações futuras. Que não se permite receber, senão com severos limites, modificação pelo Poder Constituído. É o que se tem apelidado de paradoxo da onipotência, tanto na teoria da Constituição em geral quanto na Teoria do Poder Constituinte em especial.[17]

---

[15] VIEIRA, Oscar Vilhena. *A Constituição e sua reserva de justiça (um ensaio sobre os limites materiais ao poder de reforma)*. Malheiros, 1999.

[16] CANOTILHO, José Joaquim Gomes. *Direito Constitucional e Teoria da Constituição*. 7ª ed. Almedina, 2003. p 74.

[17] BRITTO, Carlos Ayres. *Teoria da Constituição*. Rio de Janeiro: Forense, 2003. p. 58.

Todavia, o referido autor afirma que embora as cláusulas pétreas possam no primeiro momento indicar obstáculos ao desenvolvimento, elas, na verdade, garantem o progresso, através do não retrocesso de conquistas já obtidas.

Nesse sentido, forçoso reconhecer que a democracia só se realiza satisfatoriamente quando determinadas condições jurídicas estiverem presentes, condições estas previstas justamente na Constituição. Reconhecemos que é no ponto de tensão entre o constitucionalismo e a democracia que se estabelece a manutenção da Constituição, pois a Lei Maior, além de ser, é um dever ser, o que justifica a existência de processos complexos de modificação. A árdua tarefa do intérprete subsiste em conferir a medida exata para cada postulado, não comprometendo princípios fundamentais, mas permitindo a evolução e o autogoverno das gerações.

Em relação à ordem jurídica brasileira, o receio do retorno de um estado menos democrático levou o constituinte a alargar o núcleo imodificável da Constituição muito além de outras constituições ao redor do mundo,[18] tornando tortuosa a adaptação da Lei Maior à realidade vigente.

Gilmar Mendes, atento à controvérsia das "garantias de eternidade" nas constituições, com base no direito germânico, assinalou ser possível a reforma da Constituição com a observância do modelo democrático, sem a quebra de legitimidade: "em outros termos, o limite da revisão não reside, necessariamente, na fronteira entre a legitimidade e revolução".[19]

Acreditamos que a busca por uma Constituição rígida e forte que, ao mesmo tempo esteja de acordo com a evolução da sociedade, ocorre mediante a interpretação acentuada dos limites materiais. Uma interpretação absoluta e demasiadamente rígida das cláusulas pétreas poderia levar ao engessamento da Constituição, o que a transformaria em mera folha de papel, relembrando a concepção de Lassalle, ou levaria à ruptura da ordem constitucional devido à dissonância com a realidade. Por outro lado, a exigência de um processo agravado para a reforma constitucio-

---

[18] Um breve apanhado no direito comparado permite concluir que outras constituições optaram por eleger um rol mais sucinto de limites materiais: a Constituição Americana estabeleceu no seu artigo V uma limitação explícita material ao poder de revisão, ao estabelecer que nenhuma emenda poderá modificar a representação fixa e igualitária dos estados membros no Senado dos Estados Unidos. Por sua vez, o artigo 139 da Constituição Italiana estabelece uma cláusula de intocabilidade referente à forma republicana de governo. Da mesma forma, a Constituição Francesa no seu artigo 89 estabelece uma limitação circunstancial, proibindo reformas quando houver ataque contra a integridade do território francês e uma limitação material, estabelecendo que não poderá ser objeto de revisão a forma republicana de governo. A Lei Fundamental de Bonn, no seu artigo 79,§3º, estabelece como limites materiais: a) Federação, b) o princípio da colaboração dos estados federados na legislação federal, c) os princípios consignados nos artigos 1º e 20 da própria Lei Fundamental. (o artigo 1º trata da proteção da dignidade do homem e o artigo 20, trata do direito de resistência).
[19] MENDES, Gilmar Ferreira. *Limites da Revisão: Cláusulas Pétreas ou Garantias de Eternidade. Possibilidade Jurídica de sua Superação*. AJURIS – Revista da Associação dos Juízes do Rio Grande do Sul, n.60, p. 249/254 p. 250.

nal, bem como o estabelecimento de um núcleo inviolável representam uma conquista do Estado Constitucional, tendo em vista a necessidade de resguardar o seu núcleo axiológico e a garantia do não retrocesso. Dessa forma, é necessário atingir um equilíbrio que confira a medida adequada na equação mudança/estabilidade.

Interpretação dos limites materiais como antídoto ao engessamento constitucional

O tema dos limites materiais do poder reformador envolve nítida complexidade e traz inúmeros reflexos práticos, considerando a submissão das emendas constitucionais ao controle de constitucionalidade. Ao lado disso, questões como o entrave democrático gerado pela imposição desses limites, reconhecimento de limites implícitos e a sua íntima relação com os direitos fundamentais, traz ao tema inegável importância contemporânea, tornando-o, sem sombra de dúvidas, um assunto apaixonante.

Quanto à interpretação do artigo 60, CF,[20] é possível apontar dois lados na doutrina. O primeiro que busca conferir à Constituição maior nível de rigidez possível, atribuindo aos limites materiais efeitos expansivos, não admitindo qualquer reforma que venha restringir os direitos declinados no artigo 60 da CF. Do outro lado, estão aqueles que admitem uma interpretação mais restrita do aludido dispositivo, entendendo que o objetivo do constituinte originário seria apenas o de proteger princípios nucleares, revelados pela tutela da identidade da Constituição.

Tendo como base essas duas vertentes e voltando a atenção para o objeto do presente estudo, qual seja, a vinculação do poder constituinte derivado ao respeito dos direitos adquiridos, entendemos que solução da questão passa pela interpretação das cláusulas pétreas, por meio de uma tentativa de densificação na extensão da proteção conferida pelo artigo 60, §4º, IV, especialmente, ao artigo 5º, inciso XXXVI, CF.

A dificuldade em precisar a intensidade protetiva dos limites materiais já esbarra na redação do artigo 60, da CF, pois o enunciado da norma dispõe que não poderá ser objeto de emenda constitucional, além das alterações que objetivam a supressão do rol de limites materiais, aquelas que também revelam uma *tendência à supressão*.

Contudo, tortuosa tarefa está na delimitação de quando uma emenda constitucional *tende* a abolir determinado princípio.

---

[20] Art. 60. A Constituição poderá ser emendada mediante proposta: (...) § 4º Não será objeto de deliberação a proposta de emenda tendente a abolir: I – a forma federativa de Estado; II – o voto direto, secreto, universal e periódico; III – a separação dos Poderes; IV – os direitos e garantias individuais.

A intenção do constituinte em eleger limites materiais revelar-se-ia na proibição de qualquer restrição ao direito em questão? Ou apenas naquelas situações em que haveria uma restrição/alteração substancial?

Manoel Gonçalves Ferreira Filho com muita perspicácia afirma que: "Essas proibições – as cláusulas pétreas – como se usa dizer – não têm o peso e o sentido que a eles querem dar certos juristas. Elas não 'petrificam' o direito constitucional positivo e por meio dele o ordenamento jurídico do país".[21]

Nesse mesmo sentido, já foi consignado no Supremo Tribunal Federal que as cláusulas pétreas não são um núcleo inviolável, já que podem sofrer modificações, inclusive para ampliar direitos (a exemplo do reconhecimento do princípio da anterioridade tributária como cláusula pétrea).[22]

Quanto às restrições, tomando em consideração que as cláusulas pétreas, em verdade, protegem não os dispositivos legais elegidos a este *status*, mas sim os princípios deles decorrentes, podemos concluir que a mera alteração no texto legal ou a supressão periférica de determinado direito não representaria desrespeito aos limites materiais.

Seguindo a esteira de ensinamentos de Ingo Sarlet, o *status* de cláusula pétrea, por si só, não traduz em absoluta intangibilidade do princípio protegido.

Também nesse sentido, a orientação da doutrina alemã[23] é de que a proteção conferida corresponde ao núcleo essencial do direito em questão, de forma que uma reforma que proponha alteração, regulamentação ou mesmo restrição não representaria ofensa aos limites materiais, desde que não atingido o núcleo essencial.

Ingo Sarlet, auxiliando na compreensão do que consiste o núcleo essencial de determinado bem constitucional afirma:

---

[21] FERREIRA FILHO, Manoel Gonçalves. *Direito Constitucional Comparado I – o poder constituinte*. São Paulo: Editora da Universidade de São Paulo, 1974.

[22] Sobre esse aspecto, Canotilho afirma que a ocorrência de limites materiais derivados somente serão admissíveis quando forem para explicitar limites materiais originários implícitos e não como uma adição propriamente dita ao núcleo essencial. CANOTILHO, José Joaquim Gomes. *Constituição da República Portuguesa anotada*. 3. ed. Coimbra: Coimbra editora, 1993. p. 1063. No Brasil, sinalizamos para a posição de Gilmar Mendes que não admite o alargamento do rol de cláusulas pétreas, pois tal incumbência compete exclusivamente ao poder constituinte originário, tendo em vista o sacrifício democrático que a fixação do núcleo imutável envolve.

[23] Gilmar Mendes aponta para interpretação restritiva adotada pelo Tribunal Constitucional Alemão ao analisar a inconstitucionalidade da emenda que introduzia restrição à inviolabilidade do sigilo da correspondência e das comunicações telefônicas: "nessa decisão do Bundesverfassungspericht, de 1970, sustentou-se que a disposição contida no art. 79, III, da Lei Fundamental visa impedir que 'a ordem constitucional vigente seja destruída' na sua substância ou nos seus fundamentos, mediante a utilização de mecanismos formais, permitindo a posterior legalização de regime totalitário'". MENDES, Gilmar Ferreira. *Limites da Revisão: Cláusulas Pétreas ou Garantias de Eternidade. Possibilidade Jurídica de sua Superação*. AJURIS – Revista da Associação dos Juízes do Rio Grande do Sul, n.60. p. 252.

o núcleo do bem constitucional protegido, é, de acordo com este ponto de vista, constituído pela essência do princípio ou direito, não por seus elementos circunstanciais, cuidando-se, neste sentido, daqueles elementos que não podem ser suprimidos sem acarretar alteração substancial no seu conteúdo e estrutura.[24]

Acrescenta ainda o professor brasileiro que a análise para a constatação da ocorrência de uma lesão substancial ao bem constitucional em questão deverá ser feita mediante uma ponderação tópica, a qual indicará se a reforma constitucional recaiu sobre aspectos periféricos da norma ou se atingiu o núcleo central.

Para além de uma análise tópica, acrescentamos que a ponderação acerca da ocorrência ou não de violação a um limite material deverá ser realizada levando em consideração a unidade constitucional. A intenção protetiva está direcionada não a um ou outro dispositivo legal específico, mas a um todo, correspondente à identidade da Constituição. A partir dessa assertiva torna-se possível reconhecer a existência de limites implícitos e, além disto, considerar como núcleo imutável apena aqueles direitos que guardam correspondência com o *telos* constitucional.

Assim, a reforma não deverá recair sobre a espinha dorsal da Constituição, de forma que estão autorizadas alterações, restritivas ou não, desde que não comprometam o sistema, com o desígnio de acompanhar a dinâmica social, bem como a vontade democrática.

Aqui, conforme alinhado por Gilmar Mendes, está o grande desafio da jurisdição constitucional:

> não permitir a eliminação do núcleo essencial da Constituição, mediante decisão ou gradual processo de erosão, nem ensejar que uma interpretação ortodoxa acabe por colocar a ruptura como alternativa à impossibilidade de um desenvolvimento constitucional legítimo.[25]

Neste particular, é necessário equalizar uma interpretação razoável do artigo 60, § 4º, da CF, mormente considerando que, em última análise, a tutela do núcleo da Constituição incumbe ao judiciário, desembocando novamente para a tensão contramajoritária.

Desta forma, a aplicação do aludido dispositivo legal deverá ocorrer mediante a observação do princípio democrático, estabelecendo como absolutamente imutável apenas os princípios e direitos relacionados à preservação da identidade constitucional, tendo como norte seus princípios estruturantes:

---

[24] SARLET, Ingo Wolfgang. *A eficácia dos direitos fundamentais: uma teoria geral dos direitos fundamentais na perspectiva constitucional*. 10. ed. Porto Alegre: Livraria do Advogado, 2011. p. 421.

[25] MENDES, Gilmar Ferreira. *Moreira Alves e o controle de constitucionalidade no Brasil*. São Paulo: Saraiva, 2004. p. 125

em consonância ao princípio democrático, que o Judiciário se paute por uma postura de forte auto-restrição (judicial self restraint), somente invalidando emendas constitucionais que, inequivocadamente, transgridam normas de maior "carga axiológica" da Constituição.[26]

Em verdade, a experiência portuguesa revela que a irreformalidade dos limites materiais não é um fenômeno intransponível, conforme é possível concluir da revisão constitucional ocorrida em 1989, que suprimiu a alínea *f* do artigo 288 da Constituição de 1976. O exemplo português demonstra que na reforma constitucional levou-se mais em conta a identificação de princípios e direitos que compõem a identidade constitucional do que a formalidade estrita dos artigos, conforme elucida Canotilho: "outros limites materiais devem ser entendidos não no sentido da intocabilidade do respectivo regime constitucional, mas sim no sentido de impedir sua eliminação ou substancial modificação".[27]

Já no âmbito do Supremo Tribunal Federal também é possível identificar a aplicação da interpretação restritiva das cláusulas pétreas, ainda que de forma esparsa, conforme julgamento do Mandado de Segurança 23.047, de relatoria do Ministro Sepúlveda Pertence: "as limitações materiais ao poder constituinte de reforma, que o art. 64, § 4º, da Lei Fundamental enumera, não significam a intangibilidade literal da respectiva disciplina na Constituição originária, mas apenas a proteção do núcleo essencial dos princípios e institutos cuja preservação nelas se protege".[28]

Todavia, a delimitação do que corresponde aos vetores axiológicos da Constituição e o preenchimento do conteúdo concernente à identidade constitucional deverá ser analisado minuciosamente, impondo esforços por parte da doutrina e da jurisprudência, evitando a ocorrência de um excesso de discricionariedade por parte do Judiciário.

Sobrevivência do núcleo de identidade da Constituição

A disposição analítica da Constituição brasileira de 1988 acabou por torná-la excessivamente prolixa e casuística, o que ocasionou a promulgação de uma profusão de emendas em um curto espaço de tempo.[29] O excesso de reforma constitucional traz o risco de erosão do seu núcleo, bem como ameaça a sua força normativa e estabilidade.

Atento ao problema, Michel Rosenfeld leciona acerca da busca de uma identidade constitucional, afirmando ser necessário "fabricar a tes-

---

[26] BRANDÃO, Rodrigo. *Direitos fundamentais, cláusulas pétreas e democracia*. Rio de Janeiro: Renovar, 2008. p. 176.

[27] CANOTILHO, José Joaquim Gomes. *Constituição da República Portuguesa anotada*. 3. ed. Coimbra: Coimbra editora, 1993. p. 228.

[28] MS 23.047 DJ 14-11-2003.

[29] Constam 84 Emendas à Constituição Brasileira até o dia 02 de dezembro de 2014.

situra de um entrelaçamento do passado dos constituintes com o próprio presente e ainda com o futuro das gerações futuras".[30]

O autor supracitado salienta que, ainda que fosse de fácil identificação a intenção dos constituintes à época da promulgação da Constituição, ainda subsistiria a discussão referente à medida e intensidade que esta intenção vincularia as gerações subsequentes. Essa questão torna-se ainda mais complexa considerando que a Constituição é submetida a um processo de interpretação, de forma que sempre poderá ser "reinterpretada e reconstruída".[31]

Michel Rosenfeld ainda nos fala do problema referente à harmonia da Constituição em relação às emendas constitucionais: "em que ponto as emendas à Constituição ameaçam destruir a identidade constitucional?".

O autor afirma que dependerá do grau de rigidez constitucional, pois a facilidade em editar uma emenda depende da previsão normativa de cada país. Sem embargo, afirma que quando a reforma constitucional traduzir em uma revisão total, ocorrerá a reconstrução da identidade constitucional, com a negação da anterior, a exemplo da Constituição da Hungria, onde, por meio de uma emenda, foi possível a transição do socialismo para a democracia.

No entanto, são os casos menos extremos que guardam maior complexidade, a exemplo do reconhecimento do banimento da escravidão na Constituição americana. Neste caso, a 13ª emenda estaria negando ou reforçando a identidade constitucional?[32]

A construção da identidade constitucional seria oriunda justamente do confronto entre outras identidades relevantes, opondo-se a elas:

> por exemplo, em um país com um forte compromisso constitucional com o pluralismo religioso, a identidade constitucional não somente deve se discernir de qualquer identidade religiosa, mas deve se colocar como barreira contra a possibilidade de a identidade nacional tornar-se subserviente aos dogmas fundamentais de qualquer religião.

O autor americano segue com sua tese, utilizando-se das teorias psicanalíticas de Sigmund Freud e de Jacques Lacan, propondo um diálogo

---

[30] ROSENFELD, Michel. *A identidade do sujeito constitucional*. Belo Horizonte: Mandamentos, 2003. p. 17.

[31] "um texto constitucional escrito é inexoravelmente incompleto e sujeito a múltiplas interpretações plausíveis." *Ibidem*. p. 18.

[32] Loewenstein afirma que qualquer reforma constitucional – mesmo as de ordem formal – acarreta a depreciação do sentimento constitucional do povo (Versfassungsgefuhl), que para o autor, designa o comportamento psicológico e sociológico do existencialismo político. Raul Machado Horta ainda acrescenta: "o sentimento constitucional, que envolve a valorização sentimental da Constituição, é incompatível com a indiferença popular em relação à Constituição. O desconhecimento, a ignorância, o desprezo e o desrespeito sistemático à Constituição negam o sentimento constitucional e faz da Constituição uma "folha de papel" que se agita na direção do vento. Essa conduta negativa opera a substituição da estabilidade pela instabilidade da Constituição". HORTA, Raul Machado. *Direito constitucional*. 3ª ed. Belo Horizonte: Del Rey, 2002. p. 100.

na busca da construção da identidade constitucional, através da oposição do *self* (eu) e o "outro",[33] na medida em que afirma que o sujeito constitucional surge sempre de um hiato: "a identidade do sujeito constitucional só é suscetível de determinação parcial mediante um processo de reconstrução orientado no sentido de alcançar um equilíbrio entre a assimilação e a rejeição das demais identidades relevantes acima discutidas".[34]

Considerando a identidade constitucional como decorrente de um hiato, chega-se à conclusão do seu intuito evolutivo, de forma que não deve ficar circunscrita ao "mito imaginário que circunda a geração dos constituintes".[35]

A identidade constitucional é, portanto, sempre parcial e incompleta, pois depende de complementação do seu conteúdo, que deverá ser oferecido, em última análise, pelos poderes instituídos, "sobretudo no contexto de uma constituição viva, de uma *living constitution*, a identidade constitucional é o produto de um processo dinâmico sempre aberto à maior elaboração e à revisão".[36]

Neste ponto, Canotilho salienta para o fenômeno da abertura do "*corpus* constitucional", apontando para a existência de regras constitucionais não escritas, a exemplo do direito consuetudinário e da interpretação, fazendo do direito constitucional um "direito vivo", que trará uma série de fenômenos: "transições constitucionais, obsolescência de normas constitucionais, mutações constitucionais, desenvolvimento constitucionais, conflitos entre a *constitutio scripta* e a constituição viva".[37]

De tal forma, tendo como base a natureza evolutiva do poder constituinte e a própria transformação constitucional, podemos afirmar que a

---

[33] "O constitucionalismo moderno, por outro lado, não pode evitar o contraste entre o eu (*self*) e o outro com uma conseqüência do pluralismo que lhe é inerente. Em outro nível, o eu (*self*) constitucional pluralista se enfrente com o seu outro é a tradição que mantinha integrada a ordem sociopolítica pré-moderna. Pode-se referir a esse outro como o "outro externo". Em outro nível, o pluralismo constitucional requer que um grupo que se constitua em um eu (*self*) coletivo reconheça grupos similarmente posicionados como outros *selfies*, e/ou que cada eu individual (*individual self*) trate os demais indivíduos como outros eu, como outras (*selfies*). Em contraste com o outro externo, este último, precisamente por integrar a comunidade política (*constitutional polity*) pode ser denominado o "outro interno". ROSENFELD, Michel. *A identidade do sujeito constitucional*. Belo Horizonte: Mandamentos, 2003. p. 30.

[34] *Ibidem*. p. 27.

[35] Michel Rosenfeld alerta para os perigos que uma interpretação evolutiva poderá trazer, pois o afã em elaborar uma identidade constitucional não plenamente elaborada poderá levar a um retrocesso. Contudo, afirma que: "não obstante o perigo de se perder o chão, o sujeito constitucional não poderá permanecer imóvel e muito menos se manter fixo no mito do imaginário que circunda a geração dos constituintes. A redução evolutiva do sujeito constitucional conduz certamente a patologias, à medida que os antigos constructos constitucionais de ontem tornam-se mais propensos a produzir recalque ou repressão do que a promover possibilidades de emancipação. *Ibidem*. p. 110.

[36] *Ibidem*. p. 17.

[37] CANOTILHO, José Joaquim Gomes. *Direito Constitucional e Teoria da Constituição*. 7. ed. Almedina, 2003.

identidade da Constituição está em constante movimento, devendo ser construída a partir da relação do "*corpus* constitucional" com os anseios da sociedade.[38] Como exemplo, Rosenfeld aponta o respeito aos direitos fundamentais de igualdade e de liberdade de expressão como resultados da identidade constitucional contemporânea.

Além disso, a busca por uma identidade constitucional representa um ponto de resistência na teoria da interconstitucionalidade que vivenciamos hoje, pois os textos constitucionais dos Estados funcionam como autorreferência: "os textos constitucionais dos estados conservam a memória social e a identidade política. Precisamente por isso, os textos constitucionais inseridos na rede interconstitucional assumem-se sempre como autorreferência".[39]

Outrossim, retornando ao ponto chave do presente trabalho, cabe analisar se a restrição ou supressão de direitos adquiridos pelo poder constituinte derivado traria prejuízo ao sistema de proteção de direitos fundamentais, exercido por meio das cláusulas pétreas.

Os direitos adquiridos e a reforma Constitucional

Ao longo do texto buscou-se delinear um caminho que possibilitasse a compreensão da dimensão na proteção conferida aos limites materiais, a fim de encontrar uma conciliação entre a manutenção do espírito da Constituição e, por outro lado, dos anseios reformistas.

Sem sombra de dúvidas, o instituto do direito adquirido coloca-se no meio desta equação.

Revelados pela proteção do princípio da segurança jurídica, os direitos adquiridos[40] expressam a preocupação do Estado Democrático de

---

[38] ROSENFELD, Michel. *A identidade do sujeito constitucional*. Belo Horizonte: Mandamentos, 2003. p. 22.

[39] CANOTILHO, José Joaquim Gomes. *Direito Constitucional e Teoria da Constituição*. 7. ed. Almedina, 2003.

[40] Entre vários autores, o italiano Gabba (teoria subjetiva) e o francês Roubier (teoria objetiva) destacaram-se na teorização sobre os direitos adquiridos. O sistema jurídico brasileiro, claramente influenciado pela teoria de Gabba, conceituou no artigo 6º, § 2º, do Código Civil os direitos adquiridos: "consideram-se adquiridos os direitos que o seu titular, ou alguém por ele, possa exercer, como aqueles cujo começo do exercício tenha termo prefixo ou condição preestabelecida inalterável, a arbítrio de outrem". Na doutrina, destaca-se a conceituação de Limongi França: "É a conseqüência de uma lei, por via direta ou por intermédio de fato idôneo; conseqüência que, tendo passado a integrar o patrimônio material ou moral do sujeito, não se fez valer antes da vigência de lei nova sobre o mesmo objeto". FRANÇA, Limongi. *A irretroatividade das leis e o direito adquirido*. 6ª ed. São Paulo: Editora Saraiva, 2000. p. 194. Por sua vez, José Afonso da Silva, ao discorrer sobre os direitos adquiridos, vincula-os à noção de direito subjetivo. Afirma que quando da existência de um direito subjetivo não exercido, na superveniência de uma lei nova, este direito se transforma em direito adquirido, pois: "a lei nova não pode prejudicá-lo, só pelo fato de o titular não ter exercido antes". SILVA, José Afonso da. *Curso de direito constitucional positivo*. 34. ed. São Paulo: Malheiros, 2011. p. 413.

Direito em resguardar o direito que o titular ainda poderá exercer, tendo em vista que o fato aquisitivo aconteceu por inteiro, mas os seus efeitos futuros ainda não perfectibilizaram. No Brasil, adotou-se a teoria subjetiva do autor italiano Gabba, guiada pela noção de patriomonialidade do direito.

Contudo, questionamos se o mandamento esculpido no artigo 5º, XXXVI, CF também está direcionado ao poder de reforma da Constituição, ou seja, se à palavra "lei" é devida uma interpretação literal restrita, excluindo o que se entende por Constituição ou uma interpretação mais abrangente.

O problema central do presente estudo envolve acirrada controvérsia na doutrina brasileira. No entanto, encontramos maior inclinação dos doutrinadores à tese de amplo respeito aos direitos adquiridos,[41] a qual importa na restrição da ação do poder constituinte reformador, por força do artigo 60, § 4º, IV, CF, que determina a inviolabilidade dos direitos fundamentais.

Todavia, a proteção alargada aos direitos adquiridos, ou seja, ressalvada também quanto à ação do poder de revisão, poderá implicar consequências desastrosas à governabilidade do Estado Social, já demasiadamente comprometida, além de não observar o princípio democrático, conferindo uma superproteção indesejada de determinadas situações jurídicas que, muitas vezes, são a expressão de um governo de privilégios que ainda vigora no Brasil.

Não podemos ignorar a estreita ligação entre os direitos adquiridos e as prestações sociais, pois comumente a alteração de determinado regime de servidores públicos ou a reforma da previdência esbarra na proteção desses direitos.[42] Ao lado disso, considerando que o princípio da irretroatividade legislativa atinge também os fatos pendentes e os fatos futuros,[43] uma proteção alargada poderá representar efeitos desastrosos.

Aliás, é íntima a relação entre a irretroatividade legislativa e a proteção dos direitos adquiridos, uma vez que a sua proteção decorre da

---

[41] Advogando pela vinculação do poder reformador à limitação dos direitos adquiridos: Luis Roberto Barroso, Luiz Pinto Ferreira, Carlos Ayres Britto, Manoel Gonçalves Ferreira Filho, José Afonso da Silva, Ivo Dantas, Maria Coeli Simões Pires, Elival da Silva Ramos e Raul Machado Horta. Em sentido contrário à vinculação: Daniel Sarmento, Zavascki, Toledo.

[42] Nesse sentido, João Carlos Loureiro sinaliza para a problematização dos direitos adquiridos vinculados às pensões de velhice: "os direitos adquiridos, enquadrados em termo de intangibilidade das prestações, converteram-se na armadura da imunização de privilégios que violam vários princípios, tais como a igualdade, a justiça intergeracional e a sustentabilidade." LOUREIRO, João Carlos. *Adeus ao Estado Social? A segurança social entre o crocodilo da economia e a medusa da ideologia dos "direitos adquiridos"*. Coimbra: Coimbra, 2010. p. 118.

[43] Sobre as formas de retroatividade legislativa, consultar o Voto de Relatoria do Ministro Moreira Alves, ADIn 493-DF, 1993, STF em que restou assentado a possibilidade de retroatividade máxima, média e mínima.

afirmativa que a lei nova não poderá atingir fatos consumados sob a vigência da lei velha, ainda que subsistam efeitos futuros. Nesse aspecto, importante a diferenciação entre as formas de retroatividade, pontuadas por Canotilho: tem-se a retroatividade autêntica quando a norma projeta efeitos ao passado (*ex tunc*), e a retroatividade inautêntica, que ocorre quando recai sobre situações jurídicas já existentes, mas os seus efeitos atingem apenas fatos futuros. (*ex nunc*).[44]

Não podemos ignorar que a irretroatividade autêntica requer muito mais cuidado do legislador, pois contraria a regra geral que se coaduna com a atividade legislativa própria do estado de direito: a da irretroatividade. Assim, para atingir fatos passados já perfectibilizados, o legislador e o poder reformador deveram se desincumbir satisfatoriamente de seu ônus de justificativa, considerando a ameaça de grave lesão ao núcleo essencial da proteção de confiança do cidadão (comprometendo assim o sistema de proteção aos direito fundamentais e justificando a sua inadmissibilidade).[45]

Por outro lado, na retroatividade inautêntica – ou mínima, conforme prefere Daniel Sarmento – por projetar seus efeitos somente a fatos futuros, a lesão ao princípio da segurança jurídica é menos gravosa, possibilitando uma ponderação mais acentuada na atuação legislativa.

Daniel Sarmento, atento a essa celeuma, aponta para a semelhança ideológica entre o direito de propriedade e o direito adquirido, afirmando que ambos refletem a expressão de uma sociedade livre e capitalista, mas quando vistos de forma absoluta, acabam por representar a manutenção de determinadas situações jurídicas *a quo*, corroborando para a desigualdade social.[46]

Desse modo, é necessário desmitificar o dogma dos direitos adquiridos existente no Brasil, em que a demasiada proteção confere *status* de superdireito, restando alheio às alterações sociais e às relativizações necessárias para o convívio harmônico com outros bens jurídicos. Em que pese tenha o Brasil conferido aos direitos adquiridos proteção constitu-

---

[44] CANOTILHO, José Joaquim Gomes. *Direito Constitucional e Teoria da Constituição*. 7. ed. Almedina, 2003.

[45] Diante do contexto de crise enfrentado por Portugal, não raras vezes foram submetidas à análise do Tribunal Constitucional leis ordinárias que reduziam ou até mesmo suprimiram pensões e salários dos trabalhadores e beneficiários: "Uma conclusão fica clara da leitura destes passos da jurisprudência do Tribunal: foram inicialmente razões de 'absoluta excecionalidade' tidas por muito relevantes, que conduziram o Tribunal ao entendimento de que as reduções salariais então apreciadas não ofendiam o princípio da proteção da confiança. Tais razões radicaram posteriormente na necessidade de respeitar os compromissos internacionais assumidos pelo Estado português, ao subscrever o PAEF." Acórdão 818/14, Tribunal Constitucional Português.

[46] SARMENTO, Daniel. Direito adquirido, emenda constitucional, democracia e justiça social. *Revista Brasileira de Direito Público*, Belo Horizonte: Fórum, v.3, n 09, p.09-38, abr/jun. 2005.

cional, afastando-se do modelo utilizado pela maioria dos outros países,[47] tal fato por si só não é suficiente para absolutizar a proteção,[48] mormente considerando que outros bens jurídicos de mesma expressão frequentemente sofrem limitações decorrentes da colisão com outros direitos[49] ou da própria previsão legislativa.

Da mesma forma, o direito germânico e o direito português tendem a reconhecer a inconstitucionalidade de leis que atinjam direitos adquiridos, baseados no princípio da proteção da confiança. Contudo, tal contorno não possui caráter irrestrito, conforme é possível extrair da conclusão do acórdão nº 173/01 do Tribunal Constitucional português: "só será inconstitucional, se violar princípios e disposições constitucionais autônomos, que o sucede quando ela afeta, de forma inadmissível, arbitrária ou demasiado onerosa, direitos e expectativas legitimamente fundadas dos cidadãos."

Nesse diapasão, Canotilho afirma que o Estado de Direito, revelado pelos princípios da segurança jurídica e da proteção de confiança, exige da produção legislativa estabilidade e durabilidade, com o intuito de preservação das situações jurídicas e da paz social. Todavia, o autor salienta que este postulado não é absoluto, uma vez que a manutenção de determinadas situações jurídicas pode tornar-se atentadora ao desenvolvimento das atividades públicas: "uma absoluta proibição da retroactividade de normas jurídicas impediria as instâncias legiferantes de realizar novas exigências de justiça e de concretizar as ideias de ordenação social positivamente plasmadas na Constituição".[50]

Assim, Canotilho chama a atenção para a necessidade de ponderação: "a ponderação dos valores jurídicos da segurança e da confiança e da conformação actualizada e justa das relações jurídicas pelos poderes normativos democraticamente legitimados justifica um melhor esclarecimento da retroactividade das fontes de direito".[51]

Na realidade, a própria função legislativa reclama a necessidade da ponderação que nos fala Canotilho, considerando a sua finalidade precípua de regulação social, que poderá ser revelada pela necessidade de

---

[47] Enquanto países da Europa em geral conferiram aos direitos adquiridos proteção em nível ordinário, o Brasil, inspirado pelo direito norte-americano, conferiu-lhes *status* constitucional, a exemplo de outros países da América Latina: Bolívia, México, Peru, Paraguai, Nicarágua.

[48] Importante lembrar que a coisa julgada, garantia muito próxima do direito adquirido, enquanto expressão da segurança jurídica, vem constantemente sofrendo relativizações, seja pela via legislativa, que autoriza a revisão do *decisum*, seja nos casos da coisa julgada inconstitucional, ou naqueles em que envolve a colheita de DNA na investigação de paternidade.

[49] Neste particular, Sarmento salienta a possibilidade da ponderação de interesses, considerando a natureza principiológica dos direitos adquiridos.

[50] CANOTILHO, José Joaquim Gomes. *Direito Constitucional e Teoria da Constituição*. 7. ed. Almedina, 2003. p. 260.

[51] *Ibidem*. p. 260.

ajustes de determinadas situações às novas demandas do contexto social vigente.

Assim, o mecanismo de reforma constitucional, previsto pelo poder originário, não pode ser anulado por uma interpretação ampla e absoluta dos direitos adquiridos, sob pena de subverter a própria função do poder reformador, qual seja, possibilitar, por meio de emendas, a adequação do texto maior aos fenômenos sociais, com o intuito de harmonizá-lo à realidade.

Sabemos que a segurança jurídica e a proteção de confiança são os vetores axiológicos que conferem substrato ao postulado dos direitos adquiridos. Todavia, não é possível concluir que qualquer interferência nesses princípios seja veemente rechaçada pelo controle de constitucionalidade, sendo necessário averiguar como ocorreu a restrição, tendo como parâmetro regras de irretroatividade legislativa, além de levar em conta a harmonização com outros bens constitucionais. Outrossim, considerando que incumbe à ordem constitucional a tarefa de regulação de matérias fundamentais do Estado, a manutenção de determinadas situações jurídicas poderá resultar na lesão à expectativa do cidadão em relação à adequação do ordenamento jurídico e da observância da justiça social, criando o conflito "proteção de confiança x proteção de confiança" que nos fala o Professor de Coimbra João Loureiro.[52]

De qualquer forma, em ambas as situações, conforme chama atenção Canotilho, é preciso verificar se a norma jurídica não alcançou desastrosamente dimensões de direitos fundamentais:

> Proteccção de confiança através de direitos fundamentais – deverá desenvolver-se, de acordo, com os dados concretos, uma retórica argumentativa tendente a tornar transparente se o princípio da protecção da confiança é um topos concretizador dos direitos fundamentais, se é uma dimensão do princípio da proibição do excesso, ou se constitui mesmo uma dimensão autónoma, integrada no âmbito de protecção da norma garantidora do direito fundamental.[53]

Não podemos olvidar também que comumente a proteção dos direitos adquiridos está correlacionada às prestações sociais, especificadamente, às pensões previdenciárias. A crise que atravessa o Estado Social[54]

---

[52] LOUREIRO, João Carlos. *Adeus ao Estado Social? A segurança social entre o crocodilo da economia e a medusa da ideologia dos "direitos adquiridos"*. Coimbra: Coimbra editora, 2010

[53] CANOTILHO, José Joaquim Gomes. *Direito Constitucional e Teoria da Constituição*. 7. ed. Almedina, 2003.

[54] O desenvolvimento desgovernado em Portugal de políticas sociais, somado a crise econômica que enfrenta a união européia desde 2008 conduz a uma releitura do papel do estado na seguridade social, propiciando o diálogo sobre a possibilidade de privatizações e sobre uma nova forma de atuação estatal: "dados os riscos apontados, as formas de regulação estatal que se seguem à fase do Estado--produtor directo do proteção social não implicam necessariamente a redução do papel do Estado, mas sim a sua reorientação para outras funções que façam dele um verdadeiro Estado-Providência activo apto a garantir a não discriminação entre indivíduos, grupos sociais, gerações e regiões e, ao

põe em xeque a manutenção de determinadas situações jurídicas que já não guardam concordância com princípios como o da proporcionalidade e da igualdade.[55]

Nesse particular, levando em conta o sistema de proteção de direitos adquiridos pelo ordenamento brasileiro, a reforma constitucional poderá ser a resposta dessa equação entre direitos individuais e o respeito à justiça intergeracional. A vontade democrática, revelada por meio do poder constituinte reformador, deverá, tendo como norte o respeito ao núcleo dos direitos fundamentais, possibilitar a adequação da Constituição às condições sociais e econômicas do contexto vigente, não podendo ser anulada pela absolutização de determinados dogmas.

Conclusão

A eleição de um núcleo imune às reformas constitucionais decorre da necessidade de garantir a incolumidade do eixo principal da Constituição, considerando que sucessivas e amplas mudanças poderiam representar, na verdade, a substituição dos objetivos e fundamentos inaugurados pelo constituinte originário.

Deste modo, as cláusulas pétreas surgem como balizadores da equação mutabilidade e estabilidade que reclama a reforma constitucional, garantindo que essa não atinja os princípios e direitos que guardam a identidade da Constituição.

Ocorre que o constituinte brasileiro, ainda receoso com o longo período de autoritarismo, tratou de alargar consideravelmente o rol de limites materiais na Constituição de 1988, incluindo na proteção os direitos e garantias previstos no artigo 5º, trazendo importante questionamento quanto à vinculação do poder constituinte derivado ao respeito da garantia dos direitos adquiridos, previsto no inciso XXXVI do aludido dispositivo legal.

---

mesmo tempo, a assegurar uma dinâmica combinada de socialização, descentralização e autonomização do social. Ao invés da lógica clássica de estatização do social, a nova modalidade de intervenção reguladora do Estado distinguir-se-á pela socialização do debate sobre as questões centrais das políticas sociais (…). HESPANHA, PEDRO. *Entre o Estado e o mercado: as fragilidades das instituições de protecção social em Portugal* / Pedro Hespanha, Alcia Monteiro, A. Cardoso Ferreira, Fernanda Rodrigues, M. Helena Nunes, M. José Hespanha, Rosa Madeira, Rudy ven den Hoven, Sílvia Portugal. Coimbra: Quarteto, 2000. p. 331. Ainda sobre a crise do estado social: HESPANHA, Pedro e CARAPINHEIRO, Graça (orgs). *Risco social e incerteza: pode o Estado social recuar mais?* Porto: Afrontamento, 2002.

[55] João Carlos Loureiro chama atenção para o problema dos direitos adquiridos e a atual crise do Estado Social, impondo a observância do princípio da sustentabilidade na matéria de segurança social, estabelecendo duas dimensões do princípio: sustentabilidade social e a sustentabilidade econômico-financeira, ambas por sua vez, ligada a uma ideia de justiça intergeracional. Ao estabelecer determinadas obrigações previdenciárias ao Estado, é necessário observar a "conta" deixada para as próximas gerações, sob pena de onerá-las, comprometendo o desenvolvimento.

Nesta linha, é preciso observar que uma interpretação demasiadamente ampla das cláusulas pétreas poderá subverter a própria função protetiva a que elas se propõem, considerando que o excesso de rigidez traria instabilidade ao não permitir o acompanhamento da evolução social pela Constituição.

Se por um lado não ignoramos que a produção legislativa exige estabilidade e durabilidade, a proibição absoluta da irretroatividade de efeitos futuros no âmbito constitucional acabaria por impedir o desenvolvimento das atividades públicas, além de deixar uma conta demasiadamente cara para as gerações subsequentes que, por sua vez, estariam de mãos atadas se admitíssemos uma interpretação excessivamente ampla das cláusulas pétreas.

Não estamos aqui advogando pelo desprestígio do princípio da segurança jurídica. Ao contrário, entendemos que a reforma constitucional, por seu procedimento agravado, poderá ser a resposta para a adequação de determinadas situações. Outrossim, entendemos que as regras de transição também poderão ser utilizadas em nível constitucional para garantir a preservação do princípio da proteção de confiança, estabelecendo normas transitórias capazes de conferir certa previsibilidade normativa ao cidadão.

Para alcançar a estabilidade da Constituição é necessária uma interpretação racional e flexível, que permita a atuação democrática na seara constitucional, a fim que se possa acompanhar a evolução operada no campo social. O futuro é incerto, de forma que não poderá o excesso de conservadorismo, a pretexto de defender direitos civis, promover um engessamento da capacidade reflexiva da Constituição.

Finalmente, considerando todas as implicações que tentamos brevemente expor no presente trabalho: dificuldade democrática no estabelecimento de um núcleo inalcançável pela vontade popular, delimitação da extensão da proteção conferida aos direitos fundamentais como limite materiais, considerando-os como expressão da identidade constitucional, concluímos que o poder constituinte derivado não está vinculado ao respeito inexorável pelos direitos adquiridos.

Ademais, analisados pela ótica objetiva da conceituação, sob o manto dos direitos adquiridos também estão albergados inúmeros privilégios e pensões altíssimas custeadas pelo poder público, impondo questionamento sobre a existência de "bons direitos adquiridos e maus direitos adquiridos", provocando uma nova forma de enxergar o conteúdo desse postulado.

Tendo como norte o respeito aos direitos fundamentais, utilizando-se das regras de transição e das regras de direito intertemporal, o poder constituinte reformador poderá promover a adequação de determinadas situações às novas demandas e evoluções sociais, possibilitando a adequação da Constituição rígida à realidade.

Referências bibliográficas

ANDRADE, José Carlos Vieira de. Os direitos fundamentais na constituição portuguesa de 1976. Coimbra: Almedina, 2010.

BARROSO, Luís Roberto A constituição e o conflito de normas no tempo: direito constitucional intertemporal.in MIRANDA, Jorge. Perspectivas constitucionais: nos anos 20 da Constituição de 1976. Volume II. Coimbra: Coimbra, 1997.

──. *Temas de direito constitucional*. Rio de Janeiro: Renovar, 2005.

BRANDÃO, Rodrigo. Direitos fundamentais, cláusulas pétreas e democracia. Rio de Janeiro: Renovar, 2008.

BRITO, Miguel Nogueira de. A Constituição Constituinte Ensaio Sobre o Poder de Revisão da Constituição. Coimbra, 2000.

BRITTO, Carlos Ayres. *Teoria da Constituição*. Rio de Janeiro: Forense, 2003.

BÖCKENFÖRDE, Ernst Wolfgang. *Estudios sobre el Estado de Derecho y la Democracia*. Trad. Rafael de Agapito Serrano. Madrid: Editorial Trotta, 1993.

BONAVIDES, Paulo. *Curso de Direito Constitucional*. 15ª ed. São Paulo: Malheiros, 2004.

──. *A constituição aberta*. 2ª ed. São Paulo: Malheiros, 1996.

CANOTILHO, José Joaquim Gomes. *Constituição da República Portuguesa anotada*. 3. ed. Coimbra: Coimbra, 1993.

──. Direito Constitucional e Teoria da Constituição. 7. ed. Almedina, 2003.

──. O problema da dupla revisão na Constituição Portuguesa. Separata da Revista Fronteira, Coimbra, 1978.

DANTAS, Ivo. Direito adquirido, Emendas Constitucionais e Controle da Constitucionalidade. Rio de Janeiro: Renovar, 2004.

──. Poder Constituinte e Revolução. Breve Introdução à Teoria Sociológica do Direito Constitucional. Rio de Janeiro: Rio, 1978.

FRANÇA, Limongi. *A irretroatividade das leis e o direito adquirido*. 6. ed. São Paulo: Saraiva, 2000.

FERREIRA FILHO, Manoel Gonçalves. *Direito Constitucional Comparado I – o poder constituinte*. São Paulo: Universidade de São Paulo, 1974.

──. *O Poder Constituinte*. 4. ed. São Paulo: Saraiva, 2005.

HESPANHA, PEDRO. *Entre o Estado e o mercado: as fragilidades das instituições de protecção social em Portugal* / Pedro Hespanha, Alcia Monteiro, A. Cardoso Ferreira, Fernanda Rodrigues, M. Helena Nunes, M. José Hespanha, Rosa Madeira, Rudy ven den Hoven, Sílvia Portugal. Coimbra: Quarteto, 2000.

──; CARAPINHEIRO, Graça (orgs). *Risco social e incerteza: pode o Estado social recuar mais?* Porto: Edições Afrontamento, 2002.

LOEWENSTEIN, Karl. *Teoría de la Constitucíon*. Traduccíon y estudio sobre la obra por Alfredo Gallego Anabitarte. 2. ed. Barcelona: Editorial Ariel, 1976.

LOUREIRO, João Carlos. Adeus ao Estado Social? A segurança social entre o crocodilo da economia e a medusa da ideologia dos "direitos adquiridos". Coimbra: Coimbra, 2010.

MENDES, Gilmar Ferreira. *Curso de direito constitucional*. 4. ed. São Paulo: Saraiva, 2009.

———. Limites da Revisão: Cláusulas Pétreas ou Garantias de Eternidade. Possibilidade Jurídica de sua Superação. AJURIS – Revista da Associação dos Juízes do Rio Grande do Sul, n.60, p. 249/254.

———. Os limites da revisão constitucional. Cadernos de Direito Constitucional e Ciência Política. Revista dos Tribunais, ano 5, nº 21, out/dez (1997).

MIRANDA, Jorge. *Teoria do Estado e da Constituição*. Forense: Rio de Janeiro, 2005.

———. Sobre os limites materiais da revisão constitucional. *In Revista Jurídica*. – n. 13 e 14 (Jan./Jun. 1990), p. 7-16.

MONCADA, Cabral de. *Lições de Direito Civil – Parte Geral*. 4. ed., Coimbra: Almedina, 1997.

MOREIRA HYPERLINK "http://webopac.sib.uc.pt/search~S74*por/aMoreira%2C+Isabel./amoreira+isabel/-3,-1,0,E/2browse"HYPERLINK"http://webopac.sib.uc.pt/search~S74*por/aMoreira%2C+Isabel./amoreira+isabel/-3,-1,0,E/2browse"Isabel. *A solução dos direitos, liberdades e garantias e dos direitos econômicos, sociais e culturais na Constituição Portuguesa*. Coimbra: Almedina, 2007.

MOREIRA, Vital. *Constituição e revisão constitucional*. Lisboa: Editorial Caminho, 1980.

MULLER, Friedrich. *Fragmento (sobre) o poder constituinte do povo*. São Paulo: Rev. dos Tribunais, 2004.

NEVES, Castanheira. Digesta, Escritos Acerca do Direito, do Pensamento Jurídico, da sua Metodologia e Outros, Vol. 2. Coimbra: Coimbra, 1995.

NEGRI, Antonio. *O poder constituinte. Ensaio sobre as alternativas da modernidade*. Tradução Adriano Pilatti. Rio de Janeiro: DP&A, 2002.

NINO SANTIAGO, Carlos. *La constitución de la democracia deliberativa*. Barcelona: Gedisa editorial, 1997.

PEDRAHYPERLINK"http://webopac.sib.uc.pt/search~S74*por/aPedra%2C+Adriano+Sant%27Ana./apedra+adriano+santana/-3,-1,0,E/2browse", Adriano HYPERLINK "http://webopac.sib.uc.pt/search~S74*por/aPedra%2C+Adriano+Sant%27Ana./apedra+adriano+santana/-3,-1,0,E/2browse"Sant'Ana HYPERLINK "http://webopac.sib.uc.pt/search~S74*por/aPedra%2C+Adriano+Sant%27Ana./apedra+adriano+santana/-3,-1,0,E/2browse". Título *A constituição viva: poder constituinte permanente e cláusulas pétreas*. Belo Horizonte: Mandamentos, 2005.

PIRES, Maria Coeli Simões. *Direito Adquirido e Ordem Pública. Segurança Jurídica e Transformação Democrática*. Belo Horizonte: Del Rey, 2005.

PINTO, Luzia Marques da Silva Cabral. *Os limites do poder constituinte e a legitimidade material da constituição*. Coimbra: Coimbra, 1994.

ROCHA. Cármen Lúcia Antunes. Constituição e mudança constitucional: limites ao exercício do poder de reforma constitucional. *Revista de Informação Legislativa*. Brasília a. 30, n. 120, p. 181-182, out-dez 1993.

ROSENFELD, Michel. *A identidade do sujeito constitucional*. Belo Horizonte: Mandamentos, 2003.

SANTOS, Boaventura de Sousa. *Pela mão de Alice: o social e o político na pós-modernidade*. 8. ed., São Paulo: Cortez, 2001.

SARLET, Ingo Wolfgang. *A eficácia dos direitos fundamentais: uma teoria geral dos direitos fundamentais na perspectiva constitucional*. 10. ed. Porto Alegre: Livraria do Advogado, 2011.

———. Direitos fundamentais e cláusulas pétreas: os direitos fundamentais sociais e o problema de sua proteção contra o poder de reforma na constituição de 1988. in: SAMPAIO, José Adércio Leite (coord). *15 anos de Constituição*. Belo Horizonte: Del Rey 2004; p. 317-351.

SARMENTO, Daniel. *Direito adquirido, emenda constitucional, democracia e justiça social.* Revista Brasileira de Direito Público, Belo Horizonte: Fórum, v. 3, n. 9, p. 09-38, abr/jun. 2005.

SCHMITT, Carl. *Teoría de la Constitución.* Versíon española de Francisco Ayala. Madrid, 2001.

SIEYÉS, Emmanuel Joseph. *A Constituinte Burguesa. O que é o terceiro Estado?* Tradução: Norma Azeredo. 3. ed. Rio de Janeiro: Lumen Juris, 1997.

SILVA, José Afonso da. *Curso de direito constitucional positivo.* 34. ed. São Paulo: Malheiros, 2011.

VIEIRA, Oscar Vilhena. A Constituição e sua reserva de justiça (um ensaio sobre os limites materiais ao poder de reforma). Malheiros, 1999.

ZAVASCKI, Teori Albino. Cláusulas pétreas, direito adquirido, ato jurídico e coisa julgada. In: Ives Gandra (coord.); Rezek, Francisco (coord.). *Constituição Federal.* São Paulo: Revista dos Tribunais, 2008.

— 2 —
Precedentes judiciais para a história lembrar

CELSO SEUS[1]
DOUGLAS RIBEIRO[2]
EMERSON WENDT[3]
JACSON GROSS[4]
MARCELO GUIMARÃES[5]
MARCO FÉLIX JOBIM[6]
PABLO HENRIQUE SILVA DOS SANTOS[7]

Sumário: Introdução; 1. Precedentes judiciais; 2. Precedentes históricos; 2.1. Dred Scott *v.* Sandford; 2.2. Marbury *v.* Madison; 2.3. Stuart *v.* Laird; 2.3.1. Os casos Marbury *v.* Madison e Stuart *v.* Laird analisados conjuntamente frente à importância para a Suprema Corte dos Estados Unidos; 2.4. Brown *v.* Board of Education of Topeka; 2.5. New York Times Co. *v.* United States; 2.6. Escola *v.* Coca Cola Bottling Co.; Considerações finais; Referencial bibliográfico.

Introdução

O ano de 2014 reservou grandes novidades acadêmicas, sendo uma delas a disciplina de decisões judiciais e reflexividade social no joven, mas já reluzente, mestrado em Direito e Sociedade do Centro Universitário Lasalle – Unilasalle. Na disciplina foram abordadas grandes decisões judiciais que lograram fazer história nos Estados Unidos e fora dele, inclusive. O sucesso da disciplina deu-se, somente, em razão dos discentes envolvidos que, tomando curiosidade pelo assunto, elaboraram seminários de peso e compilaram seus estudos em *papers* de raras, mas

---

[1] Advogado e mestrando em Direito e Sociedade pelo Unilasalle.
[2] Advogado e mestrando em Direito e Sociedade pelo Unilasalle.
[3] Delegado de Polícia e mestrando em Direito e Sociedade pelo Unilasalle.
[4] Mestrando em Direito e Sociedade pelo Unilasalle.
[5] Advogado e mestrando em Direito e Sociedade pelo Unilasalle.
[6] Advogado e professor universitário. Doutor em Direito.
[7] Advogado e mestrando em Direito e Sociedade pelo Unilasalle.

bem-elaboradas, páginas. Com isso, pretende-se, reunindo todos os trabalhos escritos, demonstrar ao público leitor o que se pretendeu discutir durante o proveitoso semestre, demonstrando que uma decisão judicial não deve ser estudada fora de seu contexto cultural, devendo saber o momento histórico em que foi tomada e se, em razão daquilo que foi decidido, houve ambiente para alguma modificação na sociedade em razão da nova orientação prolatada por um tribunal, principalmente os tribunais de vértice.

Todos os casos foram previamente selecionados para que o estudo chegasse a um desiderato que será demonstrado ao longo do artigo. Inicialmente, Pablo Henrique Silva Santos conceitua o que são os precedentes judiciais para que se entenda a importância do tema que se está abordando. Na sequência, Jacson Gross enfrenta o que pode ser chamado por parte da doutrina de a pior decisão judicial da Suprema Corte dos Estados Unidos: o caso Dred Scott v. Sandford. Emerson Wendt imbrica no polêmico caso inaugurador do *judicial review of legislation*: Marbury v. Madison, chegando a avançar no tema para ver que repercussões teve ele noutro caso: Stuart v. Laird. Douglas Ribeiro relata o mais efetivo caso julgado pela Corte de Warren, Brown v. Board of Education para trazer um pouco da tradição estadunidense no concernente às forma de concretização do que lá se decide. Celso Seus traz um estudo sobre o caso New York Times Co. v. United States, remexendo com os segredos militares durante uma guerra e, finalizando, Marcelo Guimarães explora a aplicação de uma doutrina das doutrinas sobre responsabilidade civil no polêmico caso Escola v. Coca Cola Bottling Co.

O artigo serve para que o leitor, ainda curioso sobre se o estudo de decisões judiciais em solo não brasileiro, compreenda com outras tradições o que de bom pode-se retirar delas para poder melhorar a sua própria realidade, em especial quando casos de grande repercussão são julgados e se sabendo que, muitos deles, ainda serão alvo de julgamento pelos tribunais brasileiros.

1. Precedentes judiciais

O presente artigo visa a apresentar o trabalho de investigação elaborado sobre precedentes judiciais em solo estadunidense. Para tanto, valeu-se do artigo "Sobre a *Common Law*, *Civil Law* e o Precedente Judicial", de Sérgio Gilberto Porto, e "Entendendo a nomenclatura dos precedentes", de Marco Félix Jobim. A primeira consideração vinda dos textos é a explícita configuração de dois sistemas jurídicos distintos de tradições distintas: *Common Law*, de tradição anglo-saxã e *Cível Law*, de tradição romano-germânico, enquanto a fonte primária do direito para o primeiro, está na jurisprudência, para o segundo, está na lei. A inter-relação entre os dois sistemas é inevitável num mundo globalizado e de acesso facilitado à troca de informações, sendo comum a alguns autores pensarem um futuro sistema híbrido. Ambos os sistemas estão sofrendo influências um do outro, nos EUA inclusive por motivos históricos o Estado da Louisiana possui o sistema *Cível Law*.

O sistema jurídico brasileiro possui tradição no *Cível Law*, tendo como fonte primária à lei e uma tradição positivista de hierarquia das normas jurídicas, que coloca as decisões judiciais (jurisprudências) em um patamar inferior à lei. Entretanto, como já foi dito, dada a atual facilidade de troca de informações entre os sistemas, o sistema brasileiro vem sofrendo influências do *Common Law*, sendo a principal dela a do instituto do *stare decisis* ou precedente vinculante (em que pese tem que se ter cuidado com as simplificações nas traduções). O sistema de precedentes vinculantes surge na Inglaterra em 1861 quando a Câmara dos Lordes deu caráter vinculante às suas decisões para garantir segurança jurídica.

O *stare decisis*, que vem da expressão latina *"stare decisis et non quieta movere"*, ou, deixe-se a decisão firmada e não alterem-se as coisas que foram assim dispostas, ou, ainda, ficar com o que foi decidido e não mover o que está em repouso é um princípio que inicia a análise da demanda no sistema *Common Law*, mas de qualquer forma não é impeditivo, pois cabe ainda ao juiz poder enquadrar o caso ou não no precedente. O sistema brasileiro tem dado mais atenção paras as decisões de nossos magistrados e cortes, inclusive com mecanismos de vinculação, entretanto segundo alguns autores, os magistrados têm sido nas cortes um dos principais desarticuladores da criação de procedentes vinculantes, como medo até mesmo de se vincularem a sua própria decisão.

No âmbito acadêmico, os precedentes têm sido uma das principais bases de pesquisa para o direito, surgindo, portanto uma nova visão de importância desta fonte de direito pelo meio acadêmico. Os precedentes judiciais em que pese pela tradição positivista germânico romana esteja em patamar inferior à lei no Brasil, este têm por meio da interação com *Common Law* e pelo movimento dos magistrados de configurar suas decisões frente à realidade, e não somente na letra pura da lei a tarefa de se igualar como fonte de direito no Brasil. Importante salientar que se no Brasil há discussão se processo civil é uma ciência ou não, esta discussão não possui relevância nos EUA, pois há dentro dos autores estudados certa compreensão de que o direito processual é considerado um conjunto de métodos, procedimentos e práticas utilizadas para fazer valer o direito substancial. O processo judicial estadunidense é baseado nos precedentes, mediante aplicação a casos similares, sendo os que os tribunais acabam por se tornarem fonte primária de direito, a partir de suas decisões. O juiz no *common Law* deve ser um guardião dos direitos fundamentais, buscando sempre resguardar a tradição na busca pelo que se considera ao seu tempo e local JUSTIÇA.

É a partir deste contexto que passamos a analisar alguns precedentes judiciais das cortes estadunidenses que foram alvo de trabalho dos demais colegas.

2. Precedentes históricos

A história nos leva ao conhecimento do passado, sendo que os precedentes podem ser estudados sob este viés. Aliás, muito se diz nas tradições nas quais há os precedentes que quanto mais antigos são eles, mais fortes eles se tornam, até serem superados pela técnica do *overruling*. A partir deste momento, serão estudados alguns casos que fizeram história nos Tribunais dos Estados Unidos, sendo que, alguns já superados, outros em plena higidez, mas todos de grande debate doutrinário ao longo do tempo.

2.1. Dred Scott v. Sandford

O caso também é conhecido por Dred Scott v. Sandford ou Decisão Dred Scott, sob registro 60 U.S. 393. Dred Scott foi o primeiro escravo na história dos Estados Unidos da América a buscar sua liberdade na esfera judicial. Fundamentando seu pedido na 5ª Emenda à Constituição e no Missouri Compromise Act, uma lei que assegurava aos escravos dos novos territórios federais o direito à liberdade. A Suprema Corte norte-americana, ao examinar o caso, decidiu pela inconstitucionalidade da citada lei. A Corte entendeu, na ocasião, que não tinha poderes para banir a escravidão, mesmo em território federal, e que Dred Scott não poderia ser considerado cidadão americano, pois os negros não faziam parte do povo americano.

No julgamento atuaram na decisão os *justices*: Roger B. Taney (*Chief Justice*, foi o redator final da *opinion*), John McLean, James Moore Wayne, John Catron, Peter Vivian Daniel, Samuel Nelson, Robert Cooper Grier, Benjamin R. Curtis e John A. Campbell. A maioria foi obtida por Taney, seguido por Wayne, Catron, Daniel, Nelson, Grier e Campbell. Divergiram McLean e Curtis. Conforme explica Souto (2008, p. 88), a corte Taney procedeu com uma leitura restritiva da Constituição Federal, uma vez que, quando esta foi adotada, os negros não eram considerados cidadãos e ao intérprete era vedada qualquer leitura diferente da intenção original do constituinte.

Naquele momento, não havia posição majoritária do Congresso sobre o cabimento da escravidão nos territórios, e que, de forma implícita, delegava-se à Corte Suprema o poder para futuramente decidir sobre esta questão, o que culminou por acontecer no caso Dred Scott. Alguns autores afirmam que foi a pior decisão e o momento mais negativo da Suprema Corte daquele país de todos os tempos, outros afirmam que, à luz do momento histórico daquela época, foi a decisão esperada. (JOBIM, 2013).

Sendo assim, foi decidido que qualquer pessoa negra ou "afro-americana" não poderia vir a ser, a qualquer tempo, cidadão americano, e reclamar liberdade ou cidadania. Decidido por sete votos a dois, o caso. Dred Scott era um escravo "afro-americano" nascido no Estado da Virgínia em meados de 1790, como propriedade da família Peter Blow. Blow e sua família mudaram-se para o Missouri, vendendo o escravo para John Emerson, que o batizou de Dred Scott. Existem divergências quanto ao primeiro nome utilizado antes desse batismo, acredita-se que seja "Sam". Emerson era médico do exército americano. O exército transferiu o médico para Illinois e depois para o território de Wisconsin (parte do qual, hoje, é Minnesota), dois lugares onde a escravidão fora proibida por lei. Em 1836, Dred Scott conheceu uma adolescente chamada Harriet Robinson, que era propriedade do major do exército Lawrence Taliaferro. Casaram-se com a permissão do major, que transferiu a propriedade da escrava ao proprietário de Dred Scott, para que o casal pudesse viver sob o mesmo teto. Tiveram duas filhas, Eliza e Lizzie.

Em 1842, o médico, que também havia se casado, foi transferido com a mulher, Irene Emerson, para Missouri, onde a escravidão era permitida, e levaram com eles o casal escravo. Mas, em Missouri, Dred Scott conheceu um advogado que lhe ensinou o caminho da Justiça – um caminho que poderia ter percorrido com maior tranquilidade nos estados "livres" de onde viera. Por haver vivido nesses dois estados "livres" – ensinou o advogado – ele se tornara, pelo menos teoricamente, um cidadão livre. Havia um precedente de 28 anos da Suprema Corte que celebrizou a doutrina "uma vez livre, sempre livre". Assim, com a ajuda do advogado, Dred Scott iniciou sua jornada pelos tribunais americanos.

Emerson morreu em 1843 e, três anos depois, Scott processou a viúva de Emerson, requerendo a liberdade. (Missão Diplomática dos Estados Unidos – Brasil, 2014).

Após tentar negociar a sua liberdade e de sua família com a viúva, Irene Emerson não cedeu. Na primeira tentativa, no caso "Scott vs Emerson", de 1847, um juiz estadual decidiu contra ele. Mas uma falha processual foi posteriormente descoberta, e o julgamento foi anulado. E a batalha ganhava novo fôlego.

Assim, em 1850, ele voltou a mover uma ação judicial por sua liberdade, também em um tribunal de Missouri. Desta vez, um juiz aceitou as alegações da defesa e decidiu que Dred Scott tinha direito à liberdade, por ter sido ilegalmente mantido como escravo quando viveu em Illinois e Wisconsin, onde a escravidão era ilegal.

Irene Emerson recorreu e, em 1852, a Suprema Corte de Missouri reformou a decisão. Decidiu que o precedente "Uma vez livre, sempre livre" não era mais válido, porque os tempos eram outros. E avisou os "Scotts", que deveriam ter movido a ação em Wisconsin, quando estavam lá.

Esse lapso temporal entre o primeiro e o segundo julgamento foi determinante para o desenrolar da causa. Durante os três anos em que não ficara decidido se Dred era ou não um homem livre, os salários que obteve dos serviços prestados a terceiros ficaram sob depósito judicial. Nesse meio tempo, a senhora Emerson se casou novamente e se mudou para a região conhecida como Nova Inglaterra, transferindo ao irmão John Sanford a gestão dos negócios. Este, então, objetivando a propriedade dos valores guardados, apelou à Corte estadual, visando a reverter a decisão de primeiro grau que concedera liberdade ao escravo. A Corte Estadual concedeu-lhe o ganho da causa.

Como Sanford era de Nova Iorque, novos advogados da família Scott, entre os quais estava o advogado e político abolicionista Montgomery Blair, membro do gabinete de Abraham Lincoln, levaram o caso para a esfera federal. O caso ficou conhecido como "Dred Scott vs Sandford" (em vez de Sanford, por um erro de um serventuário). Todas as ações foram financiadas por abolicionistas, que perderam na Justiça Federal da primeira à última instância – a Suprema Corte dos EUA.

Mas ganharam na política. A decisão "racista" da Suprema Corte provocou uma grande revolta nos estados abolicionistas. Fortaleceu as posições do presidente Lincoln e facilitaram as ações que levaram à Guerra Civil americana e à libertação dos escravos. Terminada a guerra, a decisão da Suprema Corte foi extinta pela Proclamação da Emancipação de Abraham Lincoln, em 1863, e anulada por três Emendas à Constituição promulgadas a seguir. As Emendas 13ª, 14ª e 15ª aboliram a escravatura, garantiram cidadania aos ex-escravos e conferiram cidadania a todos que nascerem em solo americano – menos aos filhos estrangeiros das embaixadas. (Missão Diplomática dos Estados Unidos – Brasil, 2014).

Antes disso, John Sanford, com insanidade mental, foi levado para um asilo. Em 1850, Irene Sanford (Emerson) casou-se novamente, desta vez com Calvin Chaffee. Ele era um político abolicionista que, logo depois do casamento, foi eleito para o Congresso dos EUA, sem saber, aparentemente, que sua nova mulher era proprietária do escravo mais célebre do país, até que estouraram a decisão da Suprema Corte e a revolta popular. Tentaram entrar em um acordo para solucionar o problema. Não conseguiram, porque ela era contra a libertação de qualquer escravo. Mas chegaram a um acordo sobre como se livrar do problema: devolver Dred

Scott, sua mulher e duas filhas à proprietária original do escravo: a família Blow.

A família Blow aceitou rapidamente a oferta. Henry Taylor Blow, o herdeiro da família, continuava em Missouri e havia se convertido em oponente da escravidão. O novo abolicionista emancipou a família Scott em 26 de maio de 1857 – menos de três meses após a decisão da Suprema Corte. Dred Scott morreu 17 meses depois, de tuberculose. Taylor Blow cuidou do funeral – e também da mulher e das filhas. Desde então, muitas homenagens foram prestadas a Dred e Harriet Scott, a maioria pelo Judiciário americano. Em 1977, o tribunal de Saint Louis, no Missouri, agora conhecido como a *"Old Courthouse"*, celebrou um "Marco Histórico Nacional" do caso, com pronunciamento do advogado John Madison, tataraneto de Dred Scott. Em 2006, uma "placa histórica" foi colocada na entrada desse mesmo tribunal em honra a Dred e Harriet Scott, pela "ação judicial pela liberdade" e por seu significado para a história do país.

Verifica-se que Dred Scott foi um caso de jurisprudência *result-oriented* da Corte Taney, composta de uma maioria agrária e escravocrata. Esta decisão foi um catalisador da Guerra Civil de Secessão.

2.2. Marbury v. Madison

O contexto histórico da Suprema Corte americana revela ser, dentre suas decisões, o caso *Marbury v. Madison* "o" ou o principal *superprecedente* daquela corte, fortalecendo-a como tal, e, também, como sendo a inauguração ou a *certidão de nascimento* (Souto, 2008, p. 11) do *judicial review of legislation* nos Estados Unidos. Tal decisão foi solidificada com a (con)sequente decisão acerca do caso *Stuart v. Laird*. A importância das decisões é reforçada pelo fato de que o controle constitucional de leis acabou sendo adotado e adaptado à maioria das Constituições do mundo. Barroso (2009, p. 70) observou sabiamente, citando Marbury v. Madison, diz que "a interpretação de todo o direito posto à luz da Constituição é característica histórica da experiência americana, e não singularidade contemporânea".

Considerando a importância das decisões, é crucial demonstrar aspectos relativos aos casos, o contexto histórico e cultural e os meandros políticos envolvendo as decisões da Suprema Corte dos Estados Unidos.

A decisão do caso ocorreu em 1803, após um ano de "recesso" da Suprema Corte (o *Judiciary Act of 1802*, de 29 de abril, reorganizou a estrutura do Poder Judiciário e eliminou o "ano judiciário" de 1802 da Suprema Corte) e dez anos após a primeira sessão da corte principal dos Estados Unidos, o que gerou o fortalecimento e respeitabilidade como "Corte Suprema".

No final do século XVIII e início do século XIX, conforme Souto (2008, p. 13), dois partidos dominavam a política americana: o Federalista (de Alexandre Hamilton, apoiado por John Adams) e o Republicano (de Thomas Jefferson, Aaron Burr e James Madison). Todos eram e são conhecidos como *Founding Fathers* (pais fundadores) dos Estados Unidos.

Nesse contexto histórico, podem-se constatar as fases que levam à judicialização de uma situação política. Vejamos:

Ano 1800: ocorre a eleição presidencial, cujos contendores eram John Adams (Federalista) e Thomas Jefferson (Republicano), sendo este o declarado vencedor. Adams, então no poder no momento da eleição, possuía a maioria no Congresso até o final de sua administração e pretendia deixar um "legado federalista" (Souto, 2008, p. 16).

Ano 1801: neste ano, através de atos ainda do Governo Adams, ocorrem duas ondas, chamadas de *midnight judges*, o que foi/era uma referência pejorativa aos atos do Governo Adams, realizados no apagar das luzes (*calar da noite*, segundo Jobim (2013, p. 64)), ou seja, no final do (tempo de) governo. São elas:

Primeira onda: ocorre em 13 de fevereiro de 1801, quando o Congresso aprova o *the Circuit Court Act* (Lei do Judiciário de 1801 – *Judiciary Act of 1801*), que veio a reduzir o número de *Justices* na Suprema Corte (o novo Presidente não poderia nomear ninguém) e criar dezesseis cargos de juiz federal (todos indicados pelo então Presidente Adams).

Segunda onda: ocorre em 27 de fevereiro de 1801, quando é aprovado o *the Organic Act of the District of Columbia* (Cortes do Distrito de Colúmbia – Distrito Federal), possibilitando a nomeação – também pelo então Presidente Adams – de quarenta e dois juízes de paz, que seriam validados pelo Senado em 3 de março de 1801.

O objetivo de Adams, com os dois atos, como mencionado, era/seria de manter "a filosofia federalista" através de atuação do Judiciário (John Adams deixou claro isso quando, ainda em 1800, convidou John Jay a reassumir como *Chief Justice*, convite este recusado, fato bem circunstanciado em Souto, 2008, p. 15-7). Adams queria os poderes da União alargados e uma maior aproximação com os ingleses, diferente dos republicanos, que defendiam a aproximação com a França.

A outorga da investidura dos chamados *midnight judges* ficou a cargo do então Secretário de Estado John Marshall, já indicado para ser o *Chief Justice* da Suprema Corte (a nomeação de Marshall para a função já havia ocorrido em 4 de fevereiro de 1801, mais de um mês antes do término do Governo Adams). Nem todos os juízes de paz receberam o ato de investidura a tempo. Dentre eles estava William Marbury, que era proprietário de terras, banqueiro e descendente de uma família proeminente do (agora) Estado de Maryland. Marbury, segundo relata Souto (2008, p. 27), contratou como advogado Charles Lee, primo distante do então *Chief Justice* John Marshall e que havia integrado o gabinete de John Adams como Ministro da Justiça.

Thomas Jefferson toma posse (em 4 de março de 1801) e nomeia como novo Secretário de Estado James Madison, que, por orientação (não oficial) daquele, não outorga o ato de investidura aos juízes de paz nomeados pelo governo anterior. Não houve qualquer parecer, escrito ou fundamento desta decisão, o que foi considerado por Souto (2008, p. 20) uma "recusa desmotivada".

Durante o ano de 1801, o Congresso, então com maioria Republicana, invalidou o *the Circuit Court Act*. Em dezembro do mesmo ano, William Marbury propôs um *writ of mandamus* (ação judicial) para que fosse nomeado.

O *writ of mandamus* proposto por William Marbury contra o Secretário de Estado James Madison fez com que restasse instalado o conflito político entre Republicanos e Federalistas. Destaca-se, em Souto (2008, p. 4), que foi um momento político extremamente delicado da história dos EUA.

As opções de decisões existentes eram (Souto, 2008, p. 28-9): a) Suprema Corte negar seguimento à ação por não possuir jurisdição sobre ato de outro Poder, o que faria com que a Corte abdicasse de prerrogativas Constitucionais; e, b) acolher a ação, o que poderia ser inócuo porque corria-se o risco de o Executivo ignorar a decisão e causar a desmoralização da Corte.

Ainda, existiram duas circunstâncias que podem ter influenciado a decisão de John Marshall: a primeira, uma suposta ameaça de *impeachment* e, segundo, a eliminação do ano judiciário de 1802. Este, no entendimento de Souto (2008, p. 31), teria sido um ataque antecipado e preventivo dos Republicanos em relação à Suprema Corte, controlada pelos Federalistas.

A decisão "encontrada", portanto, privilegiou aspectos formais e não decidiu o mérito (Jobim, 2013, p. 64). Foi, conforme já referido, a inauguração do *judicial review of legislation*. É considerada "o" *leading case* (controvérsia submetida ao Poder Judiciário, cuja decisão passa a ser seguida por todos os órgãos judiciantes) ou também um *superprecedente* sobre o controle (difuso) de constitucionalidade de leis, principalmente: a) pela fundamentação apresentada pelo *Chief Justice* John Marshall; b) pela repercussão alcançada pelo caso, e; c) antes, o *check and balances* (sistema de freios e contrapesos) da teoria montesquiana era mera teoria.

Marshall, através de seu *opinion*, assinalou a supremacia da Lei Fundamental, estabelecendo que caberia ao Judiciário, na qualidade de intérprete da Constituição, decidir qual norma deveria prevalecer e, uma vez que a norma superior é a Constituição, esta é que tem prevalência sobre ato normativo de hierarquia inferior. Assim, declarou, parcialmente, a inconstitucionalidade do *Judiciary Act of 1789* (o § 13 não se harmonizava com a Constituição porque ampliava a competência originária da Suprema Corte ao permitir que os cidadãos poderiam ingressar com *writ of mandamus* diretamente na S.C. quando no polo passivo constasse autoridades do Governo dos Estados Unidos).

Embora a importância do caso, Jobim (2013, p. 58) e Souto (2008, p. 13) analisam a escrita e dados de casos trazidos por vários autores, principalmente os que referem que a Constituição dos Estados Unidos, no art. 6º, 2,[8] prevê a *supremacy clause*, estabelecendo, assim, a Constituição dos EUA como fundamento e validade de todas as demais normas, o que seria, portanto, o marco do controle da constitucionalidade das leis. Porém, de outro lado, não menciona que ao Poder Judiciário caberia tal declaração (Comparato, 2010, p. 278). Jobim (2013, p. 58), também menciona que a cláusula suprema não garante, de maneira muito clara, o *judicial review*.

2.3. Stuart v. Laird

O *Judiciary Act of 1789* definiu a atuação dos membros da Suprema Corte também como *circuit judges* (juízes de circuito, de primeiro grau), quando os mesmos se deslocavam para os Estados para julgar. Assim, os *Justices* podiam atuar como revisores de seus próprios julgados. O *Judiciary Act of 1801*, já referido, além de criar cargos, reestruturou o Judiciário Federal e suprimiu a competência dos membros da Suprema Corte de atuarem nos *Circuits Courts*. Sequencialmente, o *Judiciary Act of 1802* ou *Republican Judiciary Repeal Act of 1802*, como foi denominado (Souto, 2008, p. 57), além de repelir a Lei de 1801, repristinou a Lei de 1789.

Após esta breve contextualização a respeito dos atos judiciários de então, surge o caso *Stuart v. Laird*, que foi julgado, em primeira instância, durante a vigência do *Judiciary Act of 1801*, ou seja, por um juiz designado com base nesta Lei. Assim, no processo de execução promovido por John Laird, o magistrado que proferiu a decisão não existia mais em virtude da reorganização promovida pela Lei de 1802, o que fez com que a execução fosse ajuizada perante a *Circuit Court* que existia antes da modificação de 1801.

Hugh Stuart, ao ser citado por seu advogado Charles Lee, alegou que a execução não poderia ocorrer perante juiz diverso daquele que havia proferido a sentença, devendo o processo ser arquivado. Também, arguiu que o *Judiciary Act of 1802*, ao suprimir o órgão judiciário que havia

---

[8] "Esta Constituição e as leis dos Estados Unidos feitas em sua conformidade, e todos os tratados celebrados ou por celebrar sob a autoridade dos Estados Unidos, constituirão a lei suprema da nação; e os juízes de todos os Estados a ela estarão sujeitos, ficando sem efeito qualquer disposição em contrário na Constituição ou leis de quaisquer dos Estados".

proferido a primeira decisão, incidiu em inconstitucionalidade, também pelo fato de ter revigorado uma competência da Suprema Corte que não tinha previsão na Constituição.

O *Circuit Court* onde foi ajuizada da execução tinha assento em John Marshall, que redigiu decisão contrária a Stuart, que apelou à Suprema Corte. John Marshall declina da prerrogativa de julgar e é designado o *Justice* William Pattersen. Em seu *opinion,* Pattersen refuta os argumentos de Stuart ao declarar que o Congresso dos Estados Unidos tinha autoridade para estabelecer tribunais inferiores.

Com essa decisão, restou: a) reafirmado o julgamento do *circuit court*, e; b) estabelecida a constitucionalidade do *Judiciary Act of 1802* (Souto, 2008, p. 59).

Observa-se que, com o caso Stuart v. Laird, restou fortalecido o *judicial review* e a Suprema Corte. Ou seja, afirmou que o Congresso tinha a autoridade de transferir um processo pendente para fora da corte de circuito, uma vez que revogou a Lei Judiciária de 1801.

2.3.1. Os casos Marbury v. Madison e Stuart v. Laird analisados conjuntamente frente à importância para a Suprema Corte dos Estados Unidos

Após a análise de ambos os casos, pode-se, resumidamente, observar e concluir que em *Marbury v. Madison* a Suprema Corte estabeleceu que o Congresso não tinha poderes para *ampliar a competência (processual)* da Corte, já que a Constituição não autorizava esta interpretação, declarando-se parcialmente inconstitucional o *Judiciary Act of 1789*.

Já em *Stuart v. Laird* houve a afirmação de que o mesmo *Judicary Act of 1789* não padecia de inconstitucionalidade, porquanto o Congresso tinha poderes para estabelecer "atribuições" para os integrantes da Suprema Corte, além daquela prevista no Estatuto Básico (Souto, 2008, p. 60).

Assim, diferenciava-se a ampliação de competência da Corte Suprema do estabelecimento de novas atribuições aos membros da mesma Corte. Aquela, inconstitucional; estas, constitucionais. É a afirmação da Constituição como *lei fundamental* de um Estado, circunstância que vai orientar a normatização e inúmeros outros países, além de sedimentar o sistema de freios de contrapesos entre os poderes do Estado, principalmente Judiciário e Legislativo (Jobim, 2014, p. 169).

2.4. Brown v. Board of Education of Topeka

O precedente da Suprema Corte dos Estados Unidos da América *Brown v. Board of Education of Topeka* é reconhecido por declarar e efetivar o direito à igualdade *material* dos afro-americanos, rechaçando, uma vez por todas, a doutrina que defendia a segregação racial (*doctrine separate but equal*).

Desde já, é mister notar que – após a Guerra da Secessão (*Guerra Civil Norte-Americana* – 1861-1865) e a ratificação da 13ª (1865) e da 14ª (1868) emendas à Constituição norte-americana, cujos conteúdos normativos determinam a abolição da escravatura, o devido processo legal e a cláusula da proteção igualitária (igualdade) respectivamente, a Suprema Corte dos Estados Unidos julgou o caso *Plessy v. Ferguson* (1896), o qual versava sobre um jovem negro,[9] Plessy, que ingressou e tentou viajar em um vagão de trem destinado a pessoas brancas, infringindo uma lei que proibia tal conduta (JOBIM, 2013, p. 72). Plessy foi preso ao recusar-se a deixar o vagão. A Suprema Corte dos Estados Unidos decidiu que a lei era constitucional, sedimentando e propagando para outros segmentos da sociedade (em especial escolas públicas) a disposição *separate but equal* (separado, mas igual).

Nesse contexto histórico, cabe notar que os Estados Unidos – após o período da 2ª Guerra Mundial e já durante a Guerra Fria – eram intensamente criticados pelo fato de que mantinham o racismo em suas escolas, embora defendessem, no plano internacional, a liberdade do indivíduo (JOBIM, 2013, p. 77).

Assim, com base na doutrina *separate but equal* a interpretação realizada da 14ª emenda era no sentido de que apenas se garantia a igualdade política de negros, e não a igualdade social deles (MCNEESE, 2007, p. 28). Conforme narra Mcneese, desde lanchonetes a livrarias, parques a acomodações públicas, bebedouros a banheiros, havia separação por lei entre brancos e negros, sob a falsa expectativa de *separados, mas iguais* (2007, p. 29).

Além disso, a decisão de *Plessy v. Ferguson* teve grande impacto nas crianças negras, ao promover uma forte separação entre os brancos e negros também nas escolas públicas, com base no *separate but equal*. A despeito da tese *separate but equal*, as escolas dos brancos eram muito melhores em relação às escolas dos negros, implicando uma grande defasagem na educação dos negros e, por consequência, em seu contexto social (MCNEESE, 2007, p. 29).

Foi em Topeka, no Estado de Kansas, que uma menina de sete (07) anos de idade chamada Linda Brown tinha de andar a pé duas milhas até o local em que o ônibus do colégio passava; depois, o ônibus levava-a mais cinco milhas até chegar ao seu colégio, tudo isso para poder estudar e estudar em um colégio com condições precárias. O pai da menina,

---

[9] Aliás, *Plessy* era considerado 7/8 (sete oitavos) caucasiano e apenas 1/8 (um oitavo) negro (JOBIM, 2013, p. 74).

Reverendo Oliver Brown, cansado de ver sua filha sofrer para conseguir estudar, propôs um processo judicial contra *Board of Education of Topeka*.

A Corte Estadual decidiu com fundamento na doutrina *separate but equal*. Brown, portanto, levou o caso à Suprema Corte dos Estados Unidos.[10] A *opinion* do *Chief Justice* Warren iniciou recordando que, no presente caso, a Corte Estadual negou o direito a Brown com fundamento na doutrina do *separate but equal*, firmada pela Suprema Corte dos Estados Unidos no caso *Plessy v. Ferguson*. Desde logo, o *Chief Justice* Earl Warren aproveitou para registrar que, sob tal doutrina, a igualdade de tratamento é concretizada quando haja instalações (escolas, p.ex.) *substancialmente* iguais para negros e brancos, embora sejam instalações separadas. No mais, Warren asseverou que *Plessy v. Ferguson* envolvia a segregação no transporte público, e não nas escolas.

No entanto, conforme analisou Warren, tal problema deve ser analisado no contexto histórico do caso sob julgamento (*Brown v. Board of Education*), e não retornando para 1868 quando a 14ª emenda foi ratificada, ou para 1896 quando *Plessy v. Ferguson* foi julgado. Desse modo, faz-se necessário considerar a educação pública no contexto histórico da decisão de *Brown v. Board of Education*, disse Warren: "Only in this way can it be determined if segregation public schools deprives these plaintiffs of the equal protection of the laws" (trecho do *opinion*).

Sendo assim, Warren considerou que, à época, a educação era, quiçá, a mais importante função do Estado e das Administrações locais, reconhecendo-se a importância da educação para uma sociedade democrática. Aliás, frisou Warren, a promoção da educação é uma exigência das responsabilidades públicas; a educação é o fundamento da cidadania: "Today is a principal instrument in awakening the child to cultural values, in preparing him for later Professional training, and in helping him to adjust normally to his environment" (trecho do *opinion*). Assim, concluiu Warren asseverando que é deveras duvidoso que alguma criança possa razoavelmente ter uma expectativa de ter sucesso em sua vida, caso lhe seja negada a oportunidade de estudar, sendo que tal oportunidade é um direito que deve ser disponível a todos em termos iguais.

Com efeito, Warren deixou claro que, no campo da educação pública, a doutrina *separate but equal* não tem aplicação, afirmando que escolas segregadas são *inerentemente* desiguais. Por conseguinte, com base na 14ª emenda, considerou que a separação nas escolas públicas é uma ofensa à igualdade (*equal protection of the laws*).

---

[10] Nesse passo, convém assinalar que Thurgood Marshall foi o advogado na Suprema Corte dos Estados Unidos de Brown no presente caso ora analisado (*Brown v. Board of Education*). Marshall foi a frente do *Civil Rights Movement* nos anos de 1950 e de 1960. Ademais, Marshall foi o primeiro afro-americano a integrar a Suprema Corte dos Estados (1967).

Then, Warre spoke the words that mattered; the words that would rewrite American history: We conclude that in the field of public education the doctrine of 'separate but equal' has no place. Separate educational facilities are inherently unequal. Therefore, we hold that plaintiffs and others similarly situated for whom the actions have been brought are, by reason of segregation complained of, deprived of the equal protection of the laws guaranteed by the Fourteenth Amendment. This disposition makes unnecessary any discussion whether such segregation also violates the Due Process Clause of the Fourteenth Amendment (MECNEESE, 2007, p. 113-114).

Na sequência, em virtude da abrangência dos efeitos da decisão, da imensa variedade das condições locais e da complexidade da execução da decisão, a Suprema Corte Norte-Americana requisitou manifestações complementares das partes sobre certos problemas surgidos ao longo do julgamento (os quais, por sinal, já haviam sido perguntados a eles em outra ocasião em forma de questionário[11]). Ademais, o *Attorney General* dos Estados Unidos e os *Attoneys General* dos demais Estados que permitiam a segregação em escolas públicas foram convidados a participar do julgamento como *amici curiae*. Então, a Suprema Corte dos Estados Unidos requereu a manifestação das partes e dos *amici curiae* após o julgamento do mérito, para que a auxiliasse a estabelecer o melhor modo de cumprimento da decisão, ou seja, o *modo de integração* dos negros e brancos em escolas públicas.

Em abril de 1955, a Suprema Corte dos Estados Unidos voltou a se reunir para decidir sobre o modo de integração dos negros em escolas públicas (conhecido como *Brown II*). De um lado, algumas escolas sustentavam que a implementação da decisão deveria ser gradual e talvez ao longo de anos inclusive; de outro lado, a NAACP[12] propugnava pela implementação imediata da decisão. Marshall, então, foi perante a Suprema Corte dos Estados Unidos a fim de efetivamente obter uma decretação imediata da *integração* dos brancos e negros nas escolas.

---

[11] "'4. Assuming it is decided that segregation in public schools violates the Fourteenth Amendment '(a) would a decree necessarily follow providing that, within the limits set by normal geographic school districting, Negro children should forthwith be admitted to schools of their choice, or '(b) may this Court, in the exercise of its equity powers, permit an effective gradual adjustment to be brought about from existing segregated systems to a system not based on color distinctions? '5. On the assumption on which questions 4(a) and (b) are based, and assuming further that this Court will exercise its equity powers to the end described in question 4(b), '(a) should this Court formulate detailed decrees in these cases; '(b) if so, what specific issues should the decrees reach; '(c) should this Court appoint a special master to hear evidence with a view to recommending specific terms for such decrees; '(d) should this Court remand to the courts of first instance with directions to frame decrees in these cases, and if so what general directions should the decrees of this Court include and what procedures should the courts of first instance follow in arriving at the specific terms of more detailed decrees?'."

[12] *National Association for the Advancement of Colored People* (NAACP), criada em 1909, tem por objetivo buscar e garantir o direito à igualdade política, educacional, social e econômica de afro-americanos. Já em 1914, a NAACP possuía advogados à sua disposição, com o fito de ajuizar demandas, principalmente contra as leis de *Jim Crow* (que concretizavam a doutrina *separate but equal*).

Em seu *opinion*, Warren discorreu que as manifestações das partes e dos *amici curiae* auxiliaram na decisão, devido à complexidade relativa à transição para um sistema público de educação livre de discriminação racial. Nesse passo, Warren asseverou que a plena aplicação/efetivação desse princípio constitucional exigia a solução de variados problemas de escolas locais. Em vista disso, levando em consideração a proximidade às condições locais e a possível necessidade de audiências futuras, a Suprema Corte dos Estados Unidos decidiu que era apropriado que as Supremas Cortes Estaduais atuassem nessa fase.

> (...) Because of their proximity to local conditions and the possible need for further hearings, the courts which originally heard these cases can Best perform this judicial appraisal. **Accordingly, we believe it appropriate to remand the cases to those courts**. (trecho do *opinion*) [grifou-se]

Assim, restou entendido que as Cortes Estaduais devem considerar o interesse público na eliminação dos obstáculos à *integração* racial nas escolas públicas. Ainda, referiu-se que deve ficar claro o fato de que simples divergências de entendimento dos Tribunais Estaduais não devem diminuir a vitalidade desse princípio constitucional.

No *opinion*, Warren registra ao fim que essas Cortes Estaduais *devem considerar* os problemas relativos à administração: as condições estruturais da escola, os sistemas de transporte, o pessoal que lá trabalha. Igualmente, *devem considerar* a revisão de leis locais. Ademais, as Cortes Estaduais *devem considerar* a adequação de qualquer plano apresentado pela *Board of Education* para a resolução dos problemas, visando a efetuar-se uma transição para uma não discriminação racial no sistema da educação. E, como já dito, durante tal período de transição, a jurisdição do caso será das Cortes Estaduais.

Essas medidas adotadas pela Suprema Corte dos Estados Unidos foram o ponto inicial da aplicação da *adjudication* na forma de *structural reform* (reforma estrutural), denominadas de "medidas estruturantes" por Jobim (2013, p. 91). Conforme Owen Fiss, a *adjudication* é o "processo social por meio do qual os juízes dão significado aos valores públicos" (2004, p. 26), sendo a medida estruturante "um tipo de adjudicação [*adjudication*], distinto pelo caráter constitucional dos valores públicos e, principalmente, pelo fato de envolver um embate entre o Judiciário e as burocracias estatais" (FISS, 2004, p. 26).

Desse modo, as medidas estruturantes devem *enfrentar* a burocracia estatal para eliminar qualquer possibilidade de não concretização dos valores constitucionais. Defende-se, portanto, que "os valores constitucionais devem ser condições de possibilidade de reestruturação nas edificações organizacionais burocráticas" (JOBIM, 2013, p. 94).

Fiss esclarece que a Constituição estabelece a estrutura do Estado, uma vez que cria órgão e determina suas respectivas funções e seu inter-relacionamento. Assim, os valores constitucionais necessitam de um significado para sua *operacionalização*. Para tanto, Fiss assevera que o Judiciário também deve participar do *debate público* concernente à função de conferir significado aos valores constitucionais além do Executivo, Legislativo e instituições privadas: "Então todos têm voz nesse novo modelo de *adjudication*, que significa ser um processo no qual os juízes realmente concedem significado a determinados valores públicos" (JOBIM, 2013, p. 95).

Frise-se que a medida estrutural é baseada na noção de que a sociedade é significativamente afetada pela operação de organizações de grande porte, e não somente por indivíduos. Portanto, os valores constitucionais não podem ser totalmente assegurados sem que mudanças básicas sejam realizadas nas *estruturas* dessas organizações (FISS, 2004, p. 27).

Com efeito, *Brown v. Board of Education* foi o marco inicial da utilização da medida estruturante. Como visto, a Suprema Corte dos Estados Unidos entendeu necessária a intervenção e a reestruturação do sistema de educação público (organizações). As escolas públicas deveriam, então, reestruturar, entre outros pontos, as condições *estruturais* da escola (instalações), o sistema de transporte, o pessoal que lá trabalhava.

> Como um gênero de litígio constitucional, a reforma estrutural [*medida estruturante*] tem suas raízes nos anos 50 e 60 do século passado, quando a Suprema Corte norte-americana estava sob a presidência de Earl Warren e realizou-se um extraordinário esforço para colocar em prática a decisão no caso Brown *vs.* Board of Education. Esse esforço exigiu das cortes uma transformação radical do *status quo*, na verdade, uma reconstrução da realidade social. As cortes tiveram de superar a mais intensa resistência e, ainda, mais problematicamente, precisaram intervir e reestruturar organizações de grande porte, os sistemas de educação pública. (FISS, 2004, 27-28)

Não se pode olvidar de que tais medidas estruturantes foram adotadas em um caso consideravelmente complexo e significativo. Em *Brown v. Board of Education*, a Suprema Corte dos Estados Unidos participou de um diálogo, de um debate público com as partes e representantes da Federação e de Estados (*amici curiae*). Afora isso, havia uma ausência de uma legislação (Legislativo) e uma administração (Executivo) constitucionalmente incompatível, cuja efetivação do valor constitucional, a propósito, exigia uma atitude positiva do poder público. Outrossim, em se tratando de uma minoria determinada e isolada (afro-americanos), revelava-se consideravelmente difícil uma mudança da sociedade sem *alguma* medida do Judiciário.[13]

---

[13] Até mesmo porque, "à época de *Brown*, os negros não podiam votar" (FISS, 2004, p. 32).

2.5. New York Times Co. v. United States

Este artigo pretende discorrer brevemente sobre o caso New York Times Co. v. United States, o conhecido caso The Pentagon Papers. Breves anotações com os institutos similares brasileiros nos aspectos constitucional e doutrinário correm para simples análise comparativa.

A Suprema Corte Norte-Americana enfrentou e resolveu graves e urgentes problemas envolvendo o interesse de pessoas naturais, de pessoas jurídicas e o do próprio país, em várias ocasiões de sua história. A relação de ordem constitucional que se estabelece entre o Estado e os cidadãos – o que não pode excluir as pessoas jurídicas –, será sempre alvo de acirradas discussões. Os limites dessa relação, como ela se estabelece a partir da Constituição, os deveres e direitos recíprocos, os respectivos limites de atuação sempre foram, e serão, motivo para litígios. O processo revela questões de ordem (i) constitucional; (ii) processual e (iii) o fator repercussão perante a opinião pública, o que será examinado a partir de agora, embora a brevidade do texto não comporte maiores digressões.

A questão *constitucional* revela interesses superiores em pleno conflito. O então Presidente Richard Nixon, ao examinar o jornal The New York Times, edição de domingo, dia 13 de junho de 1971, procurava a reportagem sobre o casamento de sua filha Tricia Nixon. De fato, a reportagem estava na capa. Mas não era apenas ela: o jornal publicara, também, uma reportagem sobre informações catalogadas como secretas a respeito da mais odiada de todas as guerras que participaram os norte-americanos a Guerra do Viet-Nam.

Aquele país asiático, até 1954 era simples protetorado francês. A guerra civil começara logo após a independência e fora iniciada pela presença comunista, a fim de transformar aquele país numa república marxista, o que de fato ocorreu, ao custo de uma sangrenta guerra cuja estimativa de perda de vidas é de aproximadamente quatro dezenas de vietnamitas para cada norte-americano morto. A reportagem publicava que o contingente de soldados norte-americanos havia aumentado gradativamente, chegando a meio milhão.

A resposta do Presidente foi imediata: uma ação judicial distribuída dois dias após a publicação, no dia 15 de junho, terça-feira, perante uma corte federal de Nova Iorque, a fim de proibir, em nome da segurança do Estado, publicações sobre o assunto. Entretanto, naquele exato momento, o inesperado sucedia: o Washington Post, o principal jornal da Capital Norte-Americana, passara a publicar parte da documentação, até porque contra ele não havia ordem proibitiva.

Advertidos os jornais pelo *Attorney General* (cargo que no Poder Executivo daquele país açambarca as funções de Ministro da Justiça, Procurador-Geral de Justiça e Advogado-Geral), ambos se recusaram a atender ao pedido de suspensão das publicações. Embora a *restraining order*, e sucessivas concessões e cassações em diversos tribunais, outros jornais imediatamente se colocaram a publicar aquela matéria, dando-lhe continuidade.

A questão constitucional estabelecida era se documentos catalogados como secretos pelo Estado poderiam ser publicados sem quaisquer restrições e com apoio à Primeira Emenda, aquela que garante o Direito de Expressão. Assim, havia a Suprema Corte que decidir se se tratava de garantia absoluta ou se limites poderiam ser identificados. Pelo Estado, não se tratava de direito absoluto; os jornais entendiam exatamente o contrário. Estavam em jogo o Papel do Estado, o Interesse Público e a Liberdade de Expressão. Todos, enquanto institutos da democracia, têm sua relevância e seu assento constitucional.

No Direito Brasileiro, a liberdade de expressão é uma garantia constitucional, catalogada como Direito Fundamental no artigo 5º da CF, inciso IV. Entretanto, Ingo Sarlet (Curso, 2012: 455-457) afirma que esse gênero liberdade de expressão açambarca a manifestação do pensamento, a expressão artística, o ensino e a pesquisa, e a expressão religiosa, embora ressalvando que "a liberdade de expressão pode acarretar riscos para a democracia e esta para a liberdade de expressão". Assim, contrariamente ao entendimento dos votos vencedores da Suprema Corte Estadunidense, a liberdade de expressão encontra limites ao representar riscos à democracia.

Documentos catalogados como secretos dizem da segurança nacional; será ela comprometida com a ampla divulgação deles? Uma corrente catalogava por não absolutos os direitos decorrentes da Primeira Emenda, entre eles o *Chief Justice Burger*, exatamente destacar o interesse público; assim, válida se revelava a intervenção estatal e ilegal às publicações combatidas. Em oposição à Primeira Emenda entendida como direito absoluto, estava o *Justice Hugo Lafayette Black*.

A liberdade de imprensa, inserida no âmbito do Direito de Expressão, assegurado pela Primeira Emenda, resulta de um sentimento de liberdade que fez o colonizador inglês se insurgir contra o meio político no qual estava inserido e lutar por outros valores políticos. Assim, rompendo com os laços monarquistas, a independência norte-americana fizera, além do trabalho dos *founding fathers*, em 1791, um retrabalho perante a Constituição, a fim de assegurar os exatos valores de liberdade tão sofridamente acalentados que romperam com o Império. O conjunto das dez emendas reformadoras da Constituição, o *Bill of Rights*, trouxeram, e mantiveram, uma forte ideia de liberdade absoluta, a qual prevaleceu naquela decisão, por seis votos a três.

A Liberdade de Imprensa, a Segurança Nacional e o Interesse do Estado são institutos de intensa relevância os quais devem ser sopesados, mas não excluídos; a decisão sempre deverá mantê-los em grau mínimo, contrapondo-os aos valores eleitos por mais relevantes.

Souto faz paralelo exato com os institutos da Constituição Federal de 1988, destacando o artigo 5º, inciso XXXIII, o qual veda, em nome da própria liberdade, a retenção de informações públicas ou privadas, pelo Estado, em contraposição aos interesses de quem essas informações restam inacessíveis. Esta garantia constitucional, porém, vincula-se a direito individual, enquanto a do inciso IV tem evidente característica difusa. Além da matéria constitucional, houve a análise de instituto do direito processual. A Constituição Federal, através da EC 45/2004, inseriu nova garantia constitucional: a da razoável duração do processo, artigo 5º, inciso LXXVIII, apesar de apontados sucessivos erros de doutrina acerca da hermenêutica do novel instituto (Jobim, 2012, 101-105). Trata-se de instituto que exige harmonia de fatores como tempo e segurança, mas também de uma condução correta do processo, sem omissões, mas sem delongas.

A questão *processual* levantada pelo *Justice Burger* (Souto, 2012:140) tratava de um instituto processual tão curioso quanto necessário: foi levantada a preliminar de supressão de instância, ou seja, ainda não esgotadas todas as instâncias recursais, nem mesmo refletida num âmbito de maior condição temporal, a Suprema Corte estava analisando um processo talvez carente a decisão de ser conhecida, em sua plenitude, por todos os juízes que a compunham. A Suprema Corte Norte-Americana esgotou a matéria a partir de uma cautelar e em reduzidíssimo espaço de tempo. Assim, o Tribunal julgava contra o fator tempo, quiçá desrespeitando, ele próprio, princípios de ordem processual típicos da *Common Law*, mas necessários ao regular andamento de processo. Passaram-se apenas onze dias entre a distribuição do processo e sua ascensão à Suprema Corte daquele país. Com certeza, não estava madura a decisão para esse trânsito processual tão célere, considerando-se, em especial, os institutos em análise.

De todos os fatores que influenciaram a decisão dos votos vencedores, com certeza foi a *opinião pública* o de maior repercussão. Afinal, a Guerra de Secessão (1861-1865) foi interna; a participação na Segunda Grande Guerra fora um clamor popular, em especial após Pearl Harbor, mas a Guerra do Viet-Nam era a guerra dos outros, distante, despropositada e sem qualquer sentido com o *american way of life*. Protestos não faltaram, e eles não se resumiam aos Estados Unidos da América. Todos os meios culturais à época questionavam o sentido emprestado àquela guerra, embora se tratasse, à vista de todos um embate comunismo *versus* democracia/capitalismo. Ao fim, prevaleceu o Direito de Expressão, embora focado no caso em concreto.

2.6. Escola v. Coca Cola Bottling Co.

O evento de caráter jurídico, ora sob comento, deu-se no final do longo governo (1933 a 1945) de Franklin Delano Roosevelt, falecido em 12 de abril de 1944, dias antes da rendição da Alemanha na Segunda Guerra Mundial, primo do primeiro Roosevelt presidente, Theodore (Theddy), Seu governo foi marcado, interna e externamente, por forte tendência democrática e social-liberal, oposta às tendências totalitárias que marcavam o Mundo Ocidental, naquela época. Por outro lado, desenvolveu políticas no sentido de estímulo e intervenção estatal na economia, o chamado *New Deal* (infuência teórica de John Maynard Keynes), com o objetivo de superar a grande crise econômica do capitalismo, ao início da década de 1930.

Assim, promoveu políticas no sentido de fortalecer os empregos. Aumentou o imposto de renda para os mais ricos. Superou o desemprego com a promoção de obras públicas. Democrata, apesar de forte oposição interna, conduziu o País para o envolvimento na Guerra contra o Eixo (Alemanha, Itália e Japão), apoiando as nações aliadas, principalmente as do Império Britânico e a URSS. O ano de 1944 marca o período decisivo da vitória dos aliados na Segunda Guerra Mundial, iniciado com a ofensiva anglo-americana, a partir de 6 de junho de 1944, com a invasão da Normandia, no Norte da França e a contra-ofensiva dos exércitos soviéticos sobre a Europa Oriental, então ocupada pela Alemanha.

No teatro da guerra do Pacífico, ocorre a ofensiva naval dos EUA sobre as posições do Japão.

O território continental norte-americano, completamente afastado dos teatros de operações, e a salvo da violência e da destruição guerreira, torna-se o lugar de uma produção industrial gigantesca que anima, inclusive, um espetacular desenvolvimento tecnológico, tendo como objetivo, o maior esforço de guerra de todos os tempos, incluindo o abastecimento, em todas as escalas, das nações aliadas e seus exércitos, em luta contra as tropas do Eixo. Para todas as atividades econômicas as mulheres, maciçamente, são convocadas, substituindo os milhões de homens válidos alistados nas tropas que lutavam na Europa e no Pacífico.

Pode-se dizer que a Guerra foi ganha, muito mais pelo esforço da produção econômica americana, principalmente industrial, do que pelas próprias tropas, de todos os países que lutaram contra o inimigo comum, fartamente armadas, alimentadas e abastecidas pelo produto do trabalho das mulheres. Os EUA, já em 1944, aparecem como a Nação mais poderosa do Mundo, tanto em termos econômicos como em força militar. Após a Guerra, conquista a hegemonia política mundial, sendo os valores fundamentais de sua Sociedade adotados majoritariamente pelo organismo internacional criado com o propósito de manter a Paz: a Organização das Nações Unidas.

Nesse cenário de guerra e de um desenvolvimento industrial gigantesco, cuja consequência é um desenfreado processo de complexificação e de uma massificação dos bens de produção, cuja força motriz humana vem, em grande parte, da mulher, a sociedade de consumo torna-se um caminho sem volta. Ao mesmo tempo reforçam-se os sentimentos de liberdade individual, de igualdade de direitos e oportunidades, de autonomia no pensar, no agir e no fazer. A sociedade vive, pensa e quer consumir. Nesse passo, o Direito, como sempre, é chamado pela Sociedade para dar respostas às novas configurações das controvérsias que vão surgindo. Respostas para um presente de abertura, mas ainda com alguns olhares no passado.

Assim, no que lhe diz respeito, o sistema de responsabilidade civil tradicional já não serve. Mostra-se ineficaz, incompatível, injusto. Assim num *case* aparentemente banal, mas profundamente recheado de simbolismos e marcas, uma semente é plantada na *Supreme Court of California* pelo *Justice* Roger Traynor.

A autora, Gladys Escola, garçonete em um restaurante, representada pelo famoso advogado Melvin Belli, processou a Coca-Cola Bottling Co., pois quando trabalhava guardando garrafas de vidro de Coca, uma delas quebrou espontaneamente na sua mão. Escola sofreu um corte profundo na mão. Teve veias, nervos e músculos rompidos.

Assim, a tese seria de que a empresa fora negligente ao vender produto com excessiva pressão de gás ou com algum defeito na garrafa.

Note-se que a garrafa quebrada não foi levada ao juízo para eventual perícia, pois um funcionário do restaurante colocou-a fora, momentos depois do fato. Não obstante, em juízo, reconstituiu-se o acontecimento detalhadamente, com toda a dinâmica de manuseio da garrafa; produziu-se prova testemunhal (entregador de garrafas funcionário da companhia de bebidas) no sentido de comprovar-se que outras garrafas de Coca-Cola já teriam explodido durante o transporte e de já terem-se visto garrafas quebradas em depósito. Além disso, ouviu-se *expert* sobre os testes de segurança das garrafas, restando comprovado, por um lado, a considerável precaução da ré com a segurança do produto, mas por outro lado, provou-se a falibilidade de tais testes normalmente aplicados e repetidos.

O caso foi julgado definitivamente pela Suprema Corte da Califórnia, sendo o relator da maioria o Chief Justice Phil S. Gibson, que, diante da impossibilidade de demonstração de negligência da ré pela autora, mas tendo sido demonstrado que esta manuseou o produto com os devidos cuidados, com base na doutrina da *res ipsa loquitur* (a coisa fala por si), confirmou a decisão da instância inferior no sentido de que, embora o fato – ferimentos de Escola –, quando da sua ocorrência, estivesse fora do âmbito de controle do réu, este detinha controle no momento do suposto ato negligente, ou seja, no momento da construção do produto, seja no seu envase, seja na confecção da garrafa, seja na confecção do líquido.

Para melhor aclarar a doutrina da *res ipsa loquitur*, a própria *opinion* traz suas condições de aplicação: (a) controle exclusivo pelo réu da coisa que causou lesão e (b) não ocorrência do acidente de forma ordinária na ausência de negligência do réu.

Mas o grande ponto desse inesquecível julgamento da justiça californiana está na *opinion* concorrente ao julgamento, do Justice Roger Traynor. Nela o J. Traynor fez importantíssimas observações no sentido de que o modelo do sistema moderno de produção e distribuição em massa de bens de consumo, tornou difícil ou impossível a fiscalização pelos consumidores quanto à sanidade desses bens. Refere ele na sua *opinion* que a impossibilidade de demonstração por parte dos consumidores de eventual negligência dos fabricantes sobre vícios ou defeitos dos bens colocados no mercado decorre muito, além da complexidade experta contida nesses bens, da própria natureza dos processos de fabricação, que se consubstanciam em verdadeiros segredos comerciais valiosíssimos. Por isso, afirma o J. Traynor, a negligência não deveria mais ser apontada como base do direito do autor, e sim, pelo fato de os fabricantes estarem melhor preparados do que os consumidores para arcar com os custos decorrentes de vícios dos bens fabricados da forma que melhor aprouver ao fornecedor, seja, por exemplo, através de seguro, seja através de mecanismos de preço. Impunha-se na época a necessidade de adoção de um modelo de responsabilização mais simples e prático, de modo a melhor atender a parte hipossuficiente da relação contratual que sempre e inevitavelmente estará exposta a riscos, impunha-se a adoção do modelo de responsabilização objetiva.

Para fundamentar essa paradigmática *opinion*, o J. Roger Traynor trouxe à balia precedentes como MacPherson v. Buick Motor Co. – caso de um acidente causado por defeito na roda de um automóvel – e da lei do Estado da Califórnia que previa a responsabilização (criminal) objetiva dos fabricantes de alimentos que causassem doença ou lesão.

Finalizou, portanto, sua *opinion* dizendo que a responsabilidade do fabricante deve, naturalmente, ser definida em termos de segurança do produto mediante sua utilização normal e adequada e não se deve estender a lesões sem identidade (rastreadas) com o produto.

Apesar dessa grande *opinion* não seguida em seus fundamentos pela maioria da Suprema Corte da Califórnia, somente 19 anos depois é que tal posicionamento foi pacificado, sendo aplicado para além dos casos de alimentos e equivalentes. Foi quando o J. Traynor, no caso Greenman v. Yuba

Power Products – caso sobre lesões sofridas por uma mulher em razão da utilização de uma ferramenta insegura – emitiu a sua *opinion* segundo o modelo da responsabilização objetiva, tese seguida pela maioria dos *Justices*.

Considerações finais

O presente artigo serviu para demonstrar ao leitor que o estudo do precedente, e aqui se fala no próprio caso que deu origem a ele, é de extrema valia para a compreensão da razão pela qual um Tribunal julga deste ou daquele modo. É necessário tentar entender, antes de tudo, o contexto histórico-cultural da época em que julgado o caso. Com isso, passou-se de precedentes mais antigos, como Dred Scott v. Sandford, até mais novos, como Escola v. Coca-Cola, para tornar evidente que a análise que se deve fazer de um caso é com muito mais zelo do que hoje se faz ao se tentar tratar sobre o tema dos precedentes judiciais.

Aliado a isso, é importante estudar os *Justices* que integravam as Cortes e em que eles divergiram ou convergiram para que o próprio precedente se tornasse uma realidade ou fosse sobrepujado no transcorrer dos anos. Tudo isso, por evidente, regrado com uma teoria de base do sistema de precedentes que deve ser, de mesma forma, estudado, para que institutos como a *distinguish*, o *overruling* e outros tantos possam trazer um cabedal de entendimento que o caso em si apenas se amoldará ao já conhecido ramo geral da matéria disciplinada.

São inúmeros os casos que poderiam ser tratados neste ensaio, tendo os autores optado por aqueles acima estudados, tendo em vista um enredo que foi trabalhado em sala de aula durante o ano de 2014 no mestrado em Direito e Sociedade mantido pelo Unilasalle. Em razão disso, estimula-se o leitor para que enverede neste tema tão rico e cheio de inovações que podem auxiliar o sistema de *Civil Law* do qual o Brasil é adepto.

Referencial bibliográfico

BARROSO, Luís Roberto. *Neoconstitucionalismo, e constitucionalização do Direito* (O triunfo tardio do direito constitucional no Brasil). In: Regina Quaresma, Maria Lúcia de Paula Oliveira e Farlei Martins Riccio de Oliveira. (Org.). *Neoconstitucionalismo*. Rio de Janeiro: Forense, 2009, p. 51-91.

CONTINUING Education of the Bar. University of California. Escola v. Coca Cola Bottling Co. (1944) 24 C2d 453. Disponível em: < http://online.ceb.com/calcases/C2/24C2d453.htm> Acesso em 06 de junho de 2014.

COMPARATO, Fábio Konder. *Rumo à Justiça*. São Paulo: Saraiva, 2010. p. 278.

CROUZET, Maurice. *A época contemporânea*: o declínio da europa o mundo soviético. 2. ed. São Paulo: Difusão Européia do Livro, 1963. São Paulo: , t.7 (Historia Geral das Civilizações)

FISS, Owen. *Um Processo Civil*: Estudos norte-americanos sobre jurisdição, constituição e sociedade. São Paulo: Revista dos Tribunais, 2004.

HOBSBAWM, Eric. *Era dos Extremos*: o breve século XX, 1914-1991. Tradução Marcos Santarrita. 2ª ed., 2ª reimpressão. São Paulo: Companhia das Letras, 1995.

JOBIM, Marco Félix. *Medidas estruturantes*: da Suprema Corte estadunidense ao Supremo Tribunal Federal. Porto Alegre: Livraria do Advogado, 2013.

——. Artigo: Entendendo a nomenclatura dos precedentes. In: *DIREITO E DEMOCRACIA*, Revista de Ciências Jurídicas – ULBRA, Vol. 12 – Nº 2 – Jul./Dez. 2011.

——. O que *Marbury v. Madison* tem a ver com o controle de constitucionalidade de leis da Constituição Federal de 1988. *in Questões constitucionais controvertidas*. FAYET, Paulo; JOBIM, Geraldo; JOBIM, Marco Félix. Porto Alegre: Livraria do Advogado, 2014.

MATTOSO, Antônio G. *História da Civilização*: idade média, moderna e contemporânea. 6ª edição actualizada. Lisboa: Livraria Sá da Costa, 1956.

MCNEESE, Tim. *Brown of Education:* Integrating American's Schools (Great Supreme Court Decisions). New York: Chelsea House Publishers, 2007.

——. *Dred Scott v. Sandford*. New York: Chesea House Publishers, 2007.

MISSÃO DIPLOMÁTICA DOS ESTADOS UNIDOS – BRASIL. *Decisões marcantes da Suprema Corte*. Brasília. 2014. Disponível em: <http://www.embaixada-americana.org.br/government/ch6.htm>. Acesso em: 01 mai. 2014.

PORTO, Sergio Gilberto; Artigo: Sobre a *Common* Law, *Civil Law* e o Precedente Judicial, in: *Estudos de Direito Processual Civil*- Homenagem ao Professor Egas Dirceu Moniz de Aragão – Coordenador: Luiz Guilherme Marinoni; Revistas dos Tribunais, Porto Alegre, 2005.

SARLET, Ingo et al. *Curso de Direito Constitucional*. 2ª ed. São Paulo: Revista dos Tribunais, 2002.

SOUTO, João Carlos. *Suprema Corte dos Estados Unidos*: principais decisões. Rio de Janeiro: Lumen Juris, 2008. p. 3-63.

— 3 —

Virada teórico-democrática ao problema da legitimidade da jurisdição constitucional e o Mandado de Injunção sobre a criminalização da homofobia e da transfobia

CLARA MOURA MASIERO[1]

Sumário: Introdução; I. Racionalidade da jurisdição; II. Virada teórico-democrática ao problema da legitimidade da jurisdição constitucional; Considerações finais: como solucionar o Mandado de Injunção nº 4.733; Referências bibliográficas.

Introdução

Este capítulo procura problematizar a legitimidade da jurisdição constitucional, a partir da teoria desenvolvida por Jürgen Habermas em seu livro "Faktizität und Geltung"[2] ("Direito e Democracia", na versão traduzida para o português), de maneira a buscar a solução mais adequada para o Mandado de Injunção nº 4.733/DF. Este mandado fora impetrado em maio de 2012, pela Associação Brasileira de Lésbicas, Gays, Bissexuais, Travestis e Transexuais (ABGLT) em face do Congresso Nacional, dada sua injustificada omissão em editar lei que criminalize a homofobia e a transfobia.

Referido mandado de injunção possui os seguintes pedidos subsidiários: (*i*) seja declarada a mora inconstitucional do Congresso Nacional na criminalização específica da homofobia e da transfobia determinando-se que ele aprove legislação criminal que puna, de forma específica, especialmente (mas não exclusivamente) a violência física, os discursos de ódio, os homicídios, a conduta de "praticar, induzir e/ou incitar o preconceito

---

[1] Doutoranda em Direito pela Universidade do Vale do Rio dos Sinos/UNISINOS. Bolsista CAPES. Mestre em Ciências Criminais pela Pontifícia Universidade Católica do Rio Grande do Sul/PUCRS. Autora do livro *O movimento LGBT e a homofobia*: novas perspectivas de políticas sociais e criminais. Porto Alegre: Criação Humana, 2014.

[2] HABERMAS, Jürgen. *Faktizität und Geltung*: beiträge zur Diskurstheorie des Rechts und des demokratischen Rechtsstaats. Frankfurt: Suhrkamp, 1994. Edição brasileira: HABERMAS, Jürgen. *Direito e Democracia*: entre facticidade e validade. Tradução de Flávio Beno Siebneicheler, 2 vols. Rio de Janeiro: Tempo Brasileiro.

e/ou a discriminação", por conta da orientação sexual ou da identidade de gênero, real ou suposta, da pessoa; (*ii*) a aplicação da Lei nº 7.716/1989 (Lei do Racismo) para todas as formas de homofobia e transfobia; (*iii*) a regulamentação pelo próprio STF dos dispositivos constitucionais invocados como carentes de interposição legislativa, enquanto não sobrevier edição de lei específica pelo Congresso Nacional; e (*iv*) indenização em favor de vítimas de homofobia e transfobia, com base em suposta responsabilidade civil do Estado brasileiro por omissão em criminalizar as condutas concernentes.

Esta demanda está inserida em um contexto atual de expansão da atuação do Judiciário, ocasionada pela necessidade de materialização dos direitos, com o que se coloca o STF ante a possibilidade de construção normativa no controle de constitucionalidade. O problema que se coloca ante esta atuação é como compatibilizá-la com a divisão funcional dos Poderes, isto é, como se deve dar a relação entre justiça e política.

Com o objetivo de compreender como é possível compatibilizar as pretensões conflitantes de segurança jurídica (legalidade) e correção normativa (legitimidade) no exercício da jurisdição, proceder-se-á à análise da racionalidade da jurisdição segundo o procedimentalismo de Habermas. Para tanto, explicitam-se, de início, as teorias de interpretação do direito desenvolvidas desde a superação do direito natural – quais sejam: hermenêutica jurídica, realismo e positivismo jurídico – até que se passa a examinar o construtivismo de Ronald Dworkin, teoria com que Habermas mais se identifica, sem, contudo, deixar de traçar-lhe algumas críticas: principalmente ao modelo do juiz-Hércules. Por fim, a análise centra-se na legitimidade específica da jurisdição constitucional. Afinal, como o próprio Habermas afirma, quando se pretende "analisar a relação problemática entre justiça e legislação, na perspectiva da teoria do direito, a autorização para exercitar o controle judicial da constitucionalidade oferece-se como um ponto de referência metódico, institucionalmente palpável".[3]

Habermas debruça-se sobre esta questão a partir de uma compreensão procedimentalista do direito. Esta compreensão apoia-se no princípio do discurso, segundo o qual as normas jurídicas são válidas na medida em que todos os possíveis afetados por ela puderam participar no discurso racional de sua criação. É dizer, a compreensão procedimentalista de Habermas concebe a legitimação do direito no procedimento democrático de sua criação.

Dessa forma, assim como o direito retira sua legitimação do procedimento democrático, ele também deve garantir esse mesmo procedimento,

---
[3] HABERMAS, Jürgen. *Direito e Democracia*: entre facticidade e validade. 2. ed. Vol. I. Tradução de Flávio Beno Siebneicheler. Rio de Janeiro: Tempo Brasileiro, 2012, p. 297-298.

por meio de um sistema de direitos que assegure a igualdade de participação no processo de formulação da lei. Trata-se do que Habermas chama de autonomia pública, a qual, por sua vez, só é plenamente garantida na medida em que se assegure a autonomia privada, que nada mais é do que a garantia dos direitos fundamentais das pessoas. É que, tão somente, com a satisfação de ambas as esferas pode-se falar em verdadeira autodeterminação dos cidadãos.

I. Racionalidade da jurisdição

A aplicação do direito, por vezes, tem que extrapolar a lei, porque esta nem sempre possui solução para os casos colocados diante do Judiciário ou, ainda, porque pode apresentar-se desatualizada ou em conflito com outras normas do ordenamento jurídico. Por isso que, como afirma Habermas, o Direito não mais equivale à lei, dependendo da interpretação dos juízes, o que coloca a questão da racionalidade da jurisdição como tema central na teoria do direito.

Na prática da decisão judicial (ou jurisdição), duas garantias devem ser resgatadas simultaneamente: a segurança jurídica e a correção normativa. Nas palavras de Habermas: "Para preencher a função socialmente integradora da ordem jurídica e da pretensão de legitimidade do direito, os juízos emitidos têm que satisfazer simultaneamente às condições da aceitabilidade racional e da decisão consistente".[4]

De um lado, o princípio da segurança jurídica (ou decisão consistente) exige decisões tomadas consistentemente no quadro da ordem jurídica estabelecida. De outro lado, a pretensão à legitimidade da ordem jurídica implica decisões que devem ser fundamentadas racionalmente, a fim de que possam ser aceitas como decisões racionais/corretas pelos destinatários do direito.

Ocorre que nem sempre ambas as garantias estão de acordo, surgindo, assim, o problema da racionalidade da jurisdição, qual seja: "como a aplicação de um direito contingente pode ser feita internamente e fundamentada racionalmente no plano externo".[5]

Habermas parte da ideia de que "a opção do direito natural, que simplesmente subordinava o direito vigente a padrões suprapositivos, não está mais aberta"; assim passa a analisar outras três alternativas que se oferecem para o tratamento dessa questão central da teoria do direito, a saber: (*i*) a da hermenêutica jurídica; (*ii*) a do realismo; e (*iii*) a do positivismo jurídico.

---

[4] HABERMAS, Jürgen. *Direito e Democracia*: entre facticidade e validade, vol. I, p. 246.
[5] Idem, p. 247.

A hermenêutica contrapôs ao modelo convencional, que vê a decisão jurídica como uma mera subsunção do caso a uma regra correspondente, a ideia aristotélica de que nenhuma regra pode regular sua própria aplicação.[6] Com isso, propõe um modelo processual de interpretação: "a interpretação tem início numa pré-compreensão valorativa que estabelece uma relação preliminar entre norma e estado de coisas, abrindo o horizonte para ulteriores relacionamentos".[7] Nesse sentido, a hermenêutica resolve o problema da racionalidade da jurisprudência por meio da "inserção contextualista da razão no complexo histórico da tradição".[8] Isto é, o juiz comanda o relacionamento entre normas e estados de coisas à luz de princípios comprovados historicamente.

O realismo não contesta o valor descritivo da metodologia hermenêutica, porém chega a uma avaliação diferente da pré-compreensão que comanda o processo de interpretação. Os realistas entendem que o juiz deve preencher seu espaço de decisão com fatores externos/extrajurídicos: "Na visão do realismo legal, da Escola do direito livre e da jurisprudência de interesses, não é possível fazer uma distinção clara entre direito e política, lançando mão de características estruturais".[9] Essa maneira de conceber a prática da decisão acaba fazendo desaparecer por completo a lógica própria do direito de aplicação do direito, determinada internamente "determinada internamente através da seletividade de procedimentos, do caso e do fundamento do direito".[10]

O positivismo jurídico, ao contrário, pretende fazer jus à função da estabilização de expectativas, sem ser obrigado a apoiar a legitimidade da decisão jurídica na autoridade impugnável de tradições éticas. Os positivistas[11] construíram um sistema de regras destinado a garantir a consistência de decisões ligadas a regras e tornar o direito independente da política. "A interpretação positivista da prática de decisão judicial faz com que, no final das contas, a garantia da segurança jurídica eclipse a garantia da correção".[12] Com essa compreensão, o positivismo não consegue resolver o problema hermenêutico fundamental, qual seja: "como fundamentar a adequação de decisões seletivas inevitáveis?".[13]

Diante desse problema, Habermas apresenta a teoria dos direitos elaborada por Ronald Dworkin como uma tentativa bem-sucedida de evitar

---

[6] GADAMER, Hans-Georg. *Verdade e Método*: Traços fundamentais de uma hermenêutica filosófica.
[7] HABERMAS, Jürgen. *Direito e Democracia*: entre facticidade e validade, vol. I, p. 247.
[8] Idem, p. 248.
[9] Idem, p. 249.
[10] Idem, p. 249.
[11] Notadamente Hans Kelsen e Herbert Lionel Adolphus Hart.
[12] HABERMAS, op. cit., vol. I, p. 251.
[13] Idem, p. 251.

as falhas das propostas antecedentes, bem como de esclarecer, por meio da adoção de direitos concebidos deontologicamente, "como a prática de decisão judicial pode satisfazer simultaneamente às exigências da segurança do direito e da aceitabilidade racional".[14]

Pode-se dizer que Dworkin desenvolveu um procedimento hermenêutico-crítico, da seguinte maneira: ele interpreta o princípio hermenêutico de modo construtivista, sua pré-compreensão é determinada por princípios e, como eles não são *topoi* historicamente comprovados que podem ser extraídos exclusivamente do contexto tradicional de uma comunidade ética, como pretende a hermenêutica, "a prática da interpretação necessita de um ponto de referência que ultrapassa as tradições jurídicas consuetudinárias".[15] Dworkin esclarece esse ponto de referência da razão prática de dois modos: *metodicamente*, lançando mão do processo da interpretação construtiva; e, *conteudisticamente*, por intermédio do postulado de uma teoria do direito que reconstrói racionalmente e conceitualiza o direito vigente.[16]

Contra o positivismo, Dworkin afirma a possibilidade e a necessidade de decisões "corretas", cujo conteúdo é legitimado à luz de princípios (e não apenas formalmente, através de procedimentos). Nesse sentido, ele contesta a ideia de uma "legitimação do direito através da simples legalidade do procedimento que normatiza o direito".[17] Dworkin critica, ainda, a assunção positivista de um sistema jurídico autônomo e fechado: "o positivismo chega a uma falsa tese da autonomia, porque entende o direito como um sistema fechado de regras específicas de aplicação [destituído, portanto, de princípios], as quais tornam necessária, em caso de colisão, uma decisão em termos de 'tudo ou nada' por parte do juiz".[18]

Por fim, contra o realismo, Dworkin sustenta a possibilidade e a necessidade de decisões consistentes ligadas a regras, as quais garantem uma medida suficiente de garantia do direito.

A partir dessas críticas, Habermas afirma que Dworkin captou o nível de fundamentação pós-tradicional do qual o direito positivado depende:

---

[14] HABERMAS, Jürgen. *Direito e Democracia*: entre facticidade e validade, vol. I, p. 252.

[15] Idem, p. 259-260.

[16] Idem, p. 260.

[17] Idem, p. 256-257.

[18] Para Dworkin, "tanto as regras (normas), como os princípios, são mandamentos (proibições, permissões), cuja validade deontológica exprime o caráter de uma obrigação (...) Eles não podem ser entendidos como preceitos de otimização – conforme é sugerido pela 'ponderação de bens' – porque isso suprimiria o seu sentido de validade deontológica [e não teleológica] (...) Só se pode solucionar um conflito entre regras, introduzindo uma cláusula de exceção ou declarando uma das regras conflitantes como inválida. Ora, no conflito entre princípios, não se faz necessária uma decisão do tipo 'tudo ou nada'". (HABERMAS, Jürgen. *Direito e Democracia*: entre facticidade e validade, vol. I, p. 258).

Depois que o direito moderno se emancipou de fundamentos sagrados e se distanciou de contextos religiosos e metafísicos, não se torna simplesmente contingente, como o positivismo defende. Entretanto ele também não se encontra simplesmente à disposição de objetivos do poder político, como um *medium* sem estrutura interna própria, como é definido pelo realismo.[19]

Dworkin caracteriza seu procedimento hermenêutico-crítico como uma "interpretação construtiva" que permite fundamentar as decisões singulares a partir do contexto coerente do direito vigente racionalmente reconstruído. O modelo de Dworkin descreve o direito positivo como composto de regras e princípios que assegura, por meio de uma jurisprudência discursiva, "a integridade de condições de reconhecimento que garantem a cada parceiro do direito igual respeito e consideração".[20]

Isto é, diante de uma suposta "indeterminação do direito", o juiz deverá apoiar sua fundamentação em uma teoria: "essa teoria deve reconstruir racionalmente a ordem jurídica respectivamente dada de tal modo que o direito vigente possa ser justificado a partir de uma série ordenada de princípios e ser tomado, deste modo, como uma encarnação exemplar do direito em geral".[21] Segundo Dworkin, não só os princípios jurídicos, mas também determinações de objetivos políticos do legislador, que, inclusive, se combinam com os princípios, configuram os meios argumentativos para se reconstruir a massa do direito vigente.

Para proceder a essa reconstrução do direito, Dworkin pressupõe um juiz com uma capacidade sobre-humana de argumentação – denominado pelo autor como "juiz-Hércules" –, afinal, para desempenhar a tarefa concebida, deve dispor de dois componentes de um saber ideal: (*i*) ele deve conhecer todos os princípios e objetivos válidos que são necessários para a justificação; e, ao mesmo tempo, (*ii*) ele deve ter uma visão completa sobre o tecido cerrado dos elementos do direito vigente que ele encontra diante de si, ligados por intermédio de fios argumentativos.[22] Nas palavras de Dworkin:

> Para ler as leis, Hércules irá usar, em grande parte, as mesmas técnicas de interpretação que utiliza para decidir sobre casos de *common law* (...) Tratará o Congresso como um autor anterior a ele na cadeia do direito (...), vai encarar seu próprio papel como papel criativo de um colaborador que continua a desenvolver, do modo que acredita ser o melhor, o sistema legal iniciado pelo Congresso. Ele irá se perguntar qual interpretação da lei (...) mostra mais claramente o desenvolvimento político que inclui e envolve essa lei.[23]

---

[19] HABERMAS, Jürgen. *Direito e Democracia*: entre facticidade e validade, vol. I, p. 259.
[20] Idem, p. 260.
[21] Idem, p. 261.
[22] Idem, p. 263.
[23] DWORKIN, Ronald. *O império do direito*. Tradução Jeferson Luiz Camargo. 3. ed. São Paulo: Martins Fontes, 2014, p. 377.

Hércules, então, interpreta as leis sob o regime do direito como integridade e equidade. O ponto de vista de Hércules "entende a ideia do propósito ou da intenção de uma lei não como uma combinação dos propósitos ou intenções de legisladores particulares, mas como o resultado da integridade".[24] A integridade textual exige que o juiz elabore, para cada lei que lhe pedem que aplique, alguma justificativa que se ajuste a essa lei e que seja coerente com a legislação em vigor.[25] A equidade política faz com que Hércules não ignore totalmente a opinião pública tal como esta se revela e exprime nas declarações ligadas ao processo legislativo. Enfim, "Hércules interpreta não só o texto da lei, mas também sua vida, o processo que se inicia antes que ela se transforme em lei e que se estende para muito além desse momento".[26] Hércules interpreta a história em movimento.

A teoria do juiz-Hércules viria a reconciliar "as decisões racionalmente reconstruídas do passado com a pretensão à aceitabilidade racional no presente, ou seja, reconcilia a história com a justiça".[27] É precisamente neste ponto que Habermas irá discordar da teoria de Dworkin.

Com efeito, Habermas concorda com o costrutivismo principiológico de Dworkin, tendo se oposto especificamente à figura do juiz-Hércules. O que ele faz, então, é uma reinterpretação da teoria construtivista do direito vigente, seguindo seu modelo procedimentalista.

Nesse sentido, ao invés de confiar no juiz como o único autor da reconstrução do direito, Habermas destaca que a obrigação do juiz – de decidir o caso singular à luz de uma teoria que justifique o direito vigente como um todo coerente a partir de princípios – "é reflexo de uma obrigação *precedente* dos cidadãos, (…), de proteger a integridade[28] de sua convivência, orientando-se por princípios de justiça e respeitando-se reciprocamente como membros de uma associação de livres e iguais".[29] É precisamente o ponto de vista da integridade que viria a libertar Hércules da solidão de uma construção teórica empreendida monologicamente (teoria do direito solipsista).

Assim, Habermas sugere que "se ancorem as exigências ideais feitas à teoria do direito no ideal político de uma 'sociedade aberta dos intér-

---

[24] DWORKIN, Ronald. *O império do direito*, p. 380.
[25] Idem,
[26] Idem, p. 416.
[27] HABERMAS, Jürgen. *Direito e Democracia*: entre facticidade e validade, vol. I, p. 264.
[28] "O princípio da 'integridade' caracteriza o ideal político de uma comunidade, na qual os parceiros associados do direito se reconhecem reciprocamente como livres e iguais" (HABERMAS, Jürgen. *Direito e Democracia*: entre facticidade e validade, vol. I, p. 267).
[29] HABERMAS, Jürgen. *Direito e Democracia*: entre facticidade e validade, vol. I, p. 268.

pretes da constituição'";[30] por meio de mecanismos de reflexão do agir comunicativo, ou seja, por meio da prática de argumentação, que exige de todo participante a assunção das perspectivas de todos os outros; ao invés de apoiá-la no ideal da personalidade de um juiz, que se distingue pela suposta virtude e pelo suposto acesso privilegiado à verdade. Nessa medida, o juiz singular tem que conceber sua interpretação construtiva como um "empreendimento comum, sustentado pela comunicação pública dos cidadãos".[31]

Ainda, no lugar dos ideais, Habermas coloca os paradigmas. Segundo seu entendimento, os paradigmas também aliviam o juiz-Hércules da "supercomplexa tarefa de colocar 'a olho' uma quantidade desordenada de princípios aplicáveis somente *prima facie* em relação com as características relevantes de uma situação apreendida de modo mais completo possível".[32] Isso é possível porque o paradigma "determina um pano de fundo de compreensão, que os especialistas em direito *compartilham* com todos os demais parceiros do direito".[33]

Nesse sentido, o paradigma procedimentalista – com sua concepção discursiva do direito – concebe a validade de um juízo, não apenas na dimensão lógico-semântica da construção de argumentos e da ligação lógica entre as proposições, mas também na dimensão pragmática do próprio processo de fundamentação. É que, como destaca Habermas: "perante o legislador político, o tribunal não pode arrogar-se o papel de crítico da ideologia; ele está exposto à mesma suspeita de ideologia e não pode pretender nenhum lugar neutro fora do processo político".[34] Daí a importância, mais uma vez, do procedimento democrático e dos pressupostos comunicacionais que ele carrega; afinal o Judiciário é composto por juízes de carne e osso, e não por juízes-Hércules e, mais do que nunca, é preciso garantir a legitimidade de sua jurisdição pela obediência ao procedimento e garantia da democracia.

A utilização da expressão "mais do que nunca" deve-se ao fato de que ocorre hoje uma profunda transformação nas funções da administração pública e é crescente a intervenção jurisdicional nos mais variados setores da vida social, haja vista o próprio mandado de injunção que se pretende discutir neste capítulo.

O paradigma liberal entende que as funções que se atribuem ao Direito e ao Estado teriam como único fim a consolidação e a garantia da segurança de um marco racional-formal de autonomia protegida, por meio,

---

[30] HABERMAS, Jürgen. *Direito e Democracia*: entre facticidade e validade, vol. I, p. 278.
[31] Idem, p. 278.
[32] Idem, p. 275.
[33] Idem, p. 275.
[34] Idem, p. 281.

principalmente, do princípio da legalidade. Esse Estado liberal, entretanto, entra em declínio com o acréscimo de intervenção que o Estado se vê obrigado a operar diante da crise de 1929. Com essa evolução do Estado para um modelo intervencionista, chamado de Estado Social de Direito, advém uma nova concepção de Direito a que Manuel Calvo García (2007) denomina de "Direito Regulativo".[35] Paralelamente, dá-se a aprovação de Constituições com abundantes conteúdos sociais, ligados à proteção dos direitos fundamentais e ao estabelecimento de princípios norteadores da atuação política.[36] Dessa forma, o direito positivo em geral passa a ter "um papel importante a desempenhar na regulação de certos problemas e conflitos sociais, ainda que ele não constitua, via de regra, a solução definitiva nem necessariamente a mais eficaz ou, ainda, a mais desejável para esses problemas".[37]

Com a insurgência desse constitucionalismo,[38] a que Lenio Streck[39] denomina de Constitucionalismo Contemporâneo (em contraposição ao termo "neoconstitucionalismo"), as constituições deixaram de ser clássicas constituições-garantia e passaram a positivar os direitos fundamentais e sociais. A lógica, de acordo com Habermas, é, mais ou menos, a seguinte:

> Se pretendemos manter, não apenas o Estado de direito, mas o Estado democrático de direito e, com isso, a ideia da auto-organização da comunidade jurídica, então a constituição não pode mais ser entendida apenas como uma "ordem" que regula primariamente a relação entre o Estado e os cidadãos. O poder social, econômico e administrativo necessita de disciplinamento por parte do Estado de direito.[40]

---

[35] Segundo o autor, a utilização do Direito como meio para realização de política "gera uma profunda 'legalização' ou 'colonização' da sociedade civil e determina o desenvolvimento de um novo tipo de Direito: o 'Direito útil' ou 'Direito Regulativo'" (CALVO GARCÍA, Manuel. *Transformações do Estado e do direito*: do direito regulativo à luta contra a violência de gênero. Porto Alegre: Dom Quixote, 2007, p. 16).

[36] DÍEZ RIPOLLÉS, José Luis. *A racionalidade das leis penais*: teoria e prática. Tradução de Luiz Regis Prado. São Paulo: Revista dos Tribunais, 2005, p. 72.

[37] PIRES, Álvaro Penna. "Alguns obstáculos a uma mutação 'humanista' do direito penal". In: *Sociologias*. Porto Alegre: PPGS/UFRGS, ano 1, n. 1, jan./jun. 1999, p. 64-95, p. 64.

[38] "A democratização social, tal como se apresenta no *Welfare State*, e a nova institucionalidade da democracia política que se afirmam, primeiro, após a derrota do nazi-fascismo e depois, nos anos 70, com o desmonte dos regimes autoritário-corporativos do mundo ibérico (europeu e americano), trazendo à luz Constituições informadas pelo princípio da positivação dos direitos fundamentais, estariam no cerne do processo de redefinição das relações entre os três Poderes, ensejando a inclusão do Poder Judiciário no espaço da política. O *Welfare State* lhe facultou o acesso à administração do futuro, e o constitucionalismo moderno (...) lhe confiou a guarda da vontade geral, encerrada de modo permanente nos princípios fundamentais positivados na ordem jurídica" (OLIVEIRA, Cláudio Ladeira de. *Moralidade e jurisdição*: a compreensão procedimentalista do direito em Jürgen Habermas).

[39] STRECK, Lenio Luiz. *Jurisdição constitucional e decisão jurídica*. 3. ed. reformulada da obra Jurisdição constitucional e hermenêutica. São Paulo: Revista dos Tribunais, 2013.

[40] HABERMAS, Jürgen. *Direito e Democracia*: entre facticidade e validade, vol. I, p. 325.

A emergência dessas constituições dirigentes/diretivas/rígidas, com funções promocionais do direito, contempladas em uma complexa estrutura principiológica, passou a colocar novos desafios para a interpretação constitucional.[41] É que a presença de normas de princípio nas constituições exigem uma interpretação construtiva do caso concreto, que seja sensível ao contexto e referida a todo o sistema de regras. Esse modelo pode fortalecer a liberdade e a responsabilidade dos sujeitos que agem comunicativamente; porém, no interior do sistema de direito, ele significa uma "ampliação do espaço de decisão judicial, que ameaça desequilibrar a estrutura de normas do Estado clássico de direito, às custas da autonomia dos cidadãos".[42]

Isso acarretou, de fato, uma transformação das competências jurisprudenciais. O papel do Judiciário vem sendo redimensionado, o Supremo Tribunal Federal, por exemplo, como muito bem critica Lenio Streck, vem ocupando um "espaço que a Política – por assim dizer, o Parlamento – deveria ter aberto para uma ampla discussão democrática (e não o fez)".[43] Daí a importância de trazer a discussão a respeito do papel destinado à justiça constitucional dentro desse novo paradigma.

II. Virada teórico-democrática ao problema da legitimidade da jurisdição constitucional

A questão que se coloca no que tange à jurisdição constitucional é a seguinte: de que modo a prática da interpretação que procede construtivamente (tal como apresentada no tópico anterior) pode operar no âmbito da divisão de poderes do Estado de Direito, sem que a justiça (constitucional, sobretudo) lance mão de competências legisladoras. Isto é, diante do crescente potencial criativo da jurisdição constitucional, exige-se uma elaboração mais consistente em torno dos limites dessa jurisdição, de forma a manter o equilíbrio entre os poderes e garantir a segurança jurídica do ordenamento.

A crítica à jurisdição constitucional é conduzida quase sempre em relação à distribuição de competências entre o legislador democrático e o Judiciário e, nessa medida, "ela é sempre uma disputa pelo princípio da divisão dos poderes".[44] Justamente esta disputa se apresenta no mandado de injunção que trata da omissão do Congresso Nacional em criminalizar a homofobia e a transfobia.

---

[41] RAMOS, Elival da Silva. *Ativismo judicial*: parâmetros dogmáticos. São Paulo: Saraiva, 2010.
[42] HABERMAS, Jürgen. *Direito e Democracia*: entre facticidade e validade, vol. I, p. 306.
[43] STRECK, Lenio Luiz. *Jurisdição constitucional e decisão jurídica*.
[44] HABERMAS, Jürgen. *Direito e Democracia*: entre facticidade e validade, vol. I, p. 298.

Veja-se que a prática de decisão – tarefa do Judiciário – está ligada ao direito e à lei, e sua racionalidade depende da legitimidade desse direito vigente, a qual depende, por sua vez, da racionalidade do processo legislativo que o criou – tarefa do Legislativo. Logo, a criação do direito legítimo não está, segundo o princípio da divisão dos poderes, à disposição dos órgãos da aplicação do direito.

Daí que Habermas afirma que há uma relação problemática entre justiça e legislação e ressalta que o ponto de referência metódico para analisar esta questão está na autorização para exercitar o controle judicial da constitucionalidade.[45] Isso porque, como se sabe, as constituições estão cada vez mais complexas, não funcionando mais como meras reguladoras negativas da relação entre o Estado e os cidadãos, e assumindo papeis centrais nos ordenamentos jurídicos no sentido de procurar concretizar os direitos fundamentais dos cidadãos.

A função dos direitos fundamentais não pode mais apoiar-se nas concepções sociais embutidas no paradigma liberal de direito, portanto não pode limitar-se a proteger os cidadãos autônomos contra os excessos do aparelho estatal. A autonomia privada depende de mais do que isso, na medida em que ela depende "do modo e da medida em que os cidadãos podem efetivamente assumir os direitos de participação e de comunicação de cidadãos do Estado".[46]

Nesse contexto, entram em cena os tribunais constitucionais. Habermas diz que o "tribunal constitucional só tem a ver com casos de colisão; suas decisões têm quase sempre o caráter de decisões sobre princípios. Por isso, na autorização constitucional para o exercício da jurisdição se acumula e se agudiza a problemática da 'indeterminação do direito'".[47] Em uma resolução do dia 14 de fevereiro de 1973, o Tribunal Constitucional Federal alemão tomou a ofensiva e tratou da "indeterminação do direito", é dizer, da função do tribunal constitucional de "desenvolvimento do direito através do encontro criativo do direito":

> O direito não se identifica com a totalidade das leis escritas. Em certas circunstâncias pode haver um "mais" de direito em relação aos estatutos positivos do poder do Estado, que tem a sua fonte na ordem jurídica constitucional como uma totalidade de sentido e que pode servir de corretivo para a lei escrita; é a tarefa da jurisdição encontrá-lo e realizá-lo em suas decisões.[48]

A função de encontro criativo do direito, por parte dos tribunais constitucionais, pode ocasionar na sua intromissão em funções legislati-

---

[45] HABERMAS, Jürgen. *Direito e Democracia*: entre facticidade e validade, vol. I, p. 297.
[46] Idem, p. 326.
[47] Idem, p. 303.
[48] BVerGE 34, 269, p. 304 apud HABERMAS, Jürgen. *Direito e Democracia*: entre facticidade e validade, vol. I, p. 303.

vas. E, por vezes, de fato, acontece. Trata-se do que se chama de "judicialização da política", isto é, o Judiciário atuando como se legislador fosse. Nessa conjuntura, a interpretação constitucional e o controle de constitucionalidade tornam-se cada vez mais complexos, advindo a questão de estabelecer-se as reais funções da jurisdição constitucional.

Para se entender o papel da jurisdição constitucional e, portanto, a atual formulação do princípio da divisão dos poderes, deve-se compreender: (*i*) a mudança de paradigmas jurídicos e (*ii*) a concepção metodológica para a interpretação do direito que o atual paradigma concebe. É o que se passará a expor.

Os Estados e seus respectivos ordenamentos jurídicos passaram por uma sucessão de paradigmas (liberal, social) e, atualmente, segundo Habermas, denotam uma compreensão procedimentalista do direito. Segundo essa compreensão, o papel do tribunal constitucional está em proteger o procedimento democrático da legislação.

Isso quer dizer que o tribunal constitucional deve ter em vista o nexo interno entre o sistema de direitos (direitos fundamentais) e a autonomia política dos cidadãos, com isso "precisa utilizar os meios disponíveis no âmbito de sua competência para que o processo de normatização jurídica se realize sob condições da *política deliberativa*, que fundam a legitimidade".[49] Nesse sentido, será bem-vinda uma jurisprudência constitucional ofensiva "em casos nos quais se trata da imposição do procedimento democrático e da forma deliberativa da formação política da opinião e da vontade: tal jurisprudência é até exigida normativamente".[50] Habermas utiliza a metáfora de que o tribunal só não pode assumir o papel de um regente que entra no lugar de um sucessor menor, mas pode assumir o papel de tutor (do Legislativo).

Segundo essa compreensão, não é admissível uma postura metodológica bastante difundida dentre os tribunais constitucionais: a da jurisprudência dos valores. Segundo Habermas, a assunção por parte dos tribunais constitucionais – dentre eles, o alemão e o brasileiro – dessa compreensão metodológica para o controle de constitucionalidade como se fosse a maneira correta, é absolutamente falsa e traz consequências problemáticas para a jurisdição constitucional.

Essa interpretação falsa da interpretação construtivista concebe a constituição como uma "ordem concreta de valores" (e não como um sistema de regras e princípios). Trata-se de entendimento derivado da teoria dos princípio de Robert Alexy,[51] o qual interpreta os princípios transfor-

---

[49] HABERMAS, Jürgen. *Direito e Democracia*: entre facticidade e validade, vol. I, p. 340.
[50] Idem, p. 346.
[51] STRECK, Lenio Luiz. *Jurisdição constitucional e decisão jurídica*.

mados em valores como mandamentos de otimização, de maior ou menor intensidade. Essa interpretação vem ao encontro, ainda, do discurso da "ponderação de valores", que, nas palavras de Habermas, é "frouxo".[52]

É que os princípios ou normas não se confundem com valores e, com eles, não podem ser confundidos. Vejamos suas diferenças:

Ilustração 1 – Quadro Comparativo: Princípios x Valores

Princípios ou normas	Valores
Sentido deontológico	Sentido teleológico
Agir obrigatório. Obrigam seus destinatários, sem exceção e em igual medida	Agir teleológico. Preferências compartilhadas interusbjetivamente
Codificação binária. Pretensão de validade binária: podendo ser válidas ou inválidas	Codificação gradual de sua pretensão de validade. Relações de preferência: determinados bens são mais atrativos que outros: assentimento maior ou menor
Obrigatoriedade absoluta. Validade deontológica tem o sentido absoluto de uma obrigação incondicional e universal	Obrigatoriedade relativa. Atratividade de valores tem o sentido relativo de uma apreciação de bens
Normas diferentes não podem contradizer umas às outras – contexto coerente = formam um sistema	Valores distintos concorrem para obter a primazia

Fonte: a autora; a partir de HABERMAS, Jürgen. *Direito e Democracia*: entre facticidade e validade, vol. I.

Por se distinguirem segundo essas qualidades lógicas, eles não podem ser aplicados da mesma maneira: "à luz de normas, é possível decidir o que *deve* ser feito; ao passo que, no horizonte de valores, é possível saber qual comportamento é *recomendável*".[53]

Os que pretendem diluir a constituição numa ordem concreta de valores desconhecem seu caráter jurídico específico; enquanto normas do direito, os direitos fundamentais, como também as regras morais, são formados segundo o modelo de normas de ação obrigatórias – e não segundo o modelo de bens atraentes.[54]

Na medida em que um tribunal constitucional adota a doutrina da ordem de valores e a toma como base de sua prática de decisão, "cresce o perigo dos juízos irracionais, porque, neste caso, os argumentos funcionalistas prevalecem sobre os normativos".[55] Afinal, cada valor é particular de cada um (escapa a uma conceituação lógica), ao passo que

---

[52] HABERMAS, Jürgen. *Direito e Democracia*: entre facticidade e validade, vol. I, p. 315.
[53] Idem, p. 317.
[54] Idem, p. 318.
[55] Idem, p. 322.

as normas devem sua validade a um teste de universalização. Ora, "normas e princípios possuem uma força de justificação maior do que a de valores, uma vez que podem pretender, além de uma *especial dignidade de preferência*, uma *obrigatoriedade geral*, devido ao seu sentido deontológico de validade".[56]

A Constituição não pode ser entendida como uma ordem jurídica global e concreta, destinada a impor uma determinada forma de vida sobre a sociedade. Ao contrário, "a constituição determina procedimentos políticos, segundo os quais os cidadãos, assumindo seu direito de autodeterminação, podem perseguir cooperativamente o projeto de produzir condições justas de vida". Somente as *condições processuais da gênese democrática das leis* asseguram a legitimidade do direito. Partindo dessa compreensão democrática, é possível encontrar um sentido para as competências do Tribunal Constitucional, que corresponde, inclusive, à intenção da divisão de poderes no interior do Estado de direito: "proteger o sistema de direitos que possibilita a autonomia privada e pública dos cidadãos".[57]

Logo, o procedimentalismo desenvolvido por Habermas não se converte, como muitas interpretações sugerem, em mero protetor de procedimentos formais que se descuida dos conteúdos das normas.[58] Pelo contrário, em seu entender, o Tribunal Constitucional precisa examinar os conteúdos das normas, especialmente no contexto dos pressupostos comunicativos e das condições procedimentais do processo de legislação democrático. Afinal, para garantir o procedimento democrático, mostra-se necessária a garantia da autodeterminação dos cidadãos, a qual depende, por sua vez, da concretização dos direitos fundamentais (autonomia privada) e da soberania popular (autonomia pública).

Nas palavras de Habermas, esta *compreensão procedimentalista* da Constituição imprime uma "virada teórico-democrática ao problema de legitimidade do controle jurisdicional da constituição".[59] Nesse sentido, leis que discriminam minorias étnicas, grupos sociais marginalizados, ho-

---

[56] HABERMAS, Jürgen. *Direito e Democracia*: entre facticidade e validade, vol. I, p. 321.

[57] Idem, p. 326.

[58] Neste ponto, Habermas diferencia-se de J. H. Ely, para quem a substância da constituição não reside em regulamentos materiais, e sim formais, dos quais depende a eficácia legitimativa do processo democrático, devem garantir a existência de um processo inclusivo de formação da opinião e da vontade. O ceticismo de Ely discorda, não somente de uma jurisprudência de valores, como também de uma interpretação dirigida por princípios (no sentido de Dworkin). Tal atitude, entretanto, adverte Habermas, não é consequente, na medida em que ele tem que pressupor a validade de princípios e recomendar ao tribunal uma orientação por princípios procedimentais dotados de conteúdo normativo. Por sua vez, volta-se, com razão, contra uma *compreensão paternalista* do controle jurisdicional da constitucionalidade, a qual se alimenta de uma desconfiança difundida entre os juristas em relação a uma suposta irracionalidade do legislador, que depende de lutas de poder e de votações emocionais da maioria (HABERMAS, Jürgen. *Direito e Democracia*: entre facticidade e validade, vol. I, p. 329).

[59] Idem, p. 326.

mossexuais, transexuais, deficientes, idosos, etc., pecam contra o princípio do tratamento igual, tanto do ponto de vista do conteúdo, quando sob o aspecto do procedimento democrático. Afinal, as classificações desiguais de grupos que deveriam ser tratados de modo igual apresentam-se como resultado de um processo político deformado nas condições procedimentais democráticas. Por isso, o controle abstrato de normas deve referir-se, em primeira linha, às condições da gênese democrática das leis.

Considerações finais: Como solucionar o Mandado de Injunção nº 4.733

A jurisdição constitucional ganha um capítulo especial na obra de Habermas porque é nela que se mostra mais latente a complexidade da interpretação e aplicação do direito e, ainda, o conflito entre justiça e política. É que com a emergência, após a Segunda Guerra Mundial, de constituições diretivas, que positivam direitos fundamentais e sociais, ampliou-se o espectro de atuação jurisdicional, ensejando crescente ativismo por parte dos tribunais constitucionais.

Conforme desenvolvido no capítulo, a jurisdição necessita conjugar as pretensões, muitas vezes conflitantes, de segurança jurídica (obediência à legalidade) e correção normativa (legitimidade). Para tanto, Habermas, após recusar a hermenêutica jurídica, o realismo e o positivismo jurídico, faz uma releitura da teoria de Ronald Dworkin. Em verdade, ele aceita o modelo de interpretação construtiva de Dworkin, no qual a referência a princípios, inclusive de procedência moral, desempenha um papel importante e adota o modelo do direito como integridade, capaz de auxiliar a compreensão do modo como a jurisdição deve compatibilizar as pretensões de segurança jurídica e correção normativa.

Por outro lado, Habermas está ciente de que esse processo de interpretação construtivo, utilizado pelo Juiz-Hércules acarreta risco de juridificação do mundo, devendo, portanto, ser adaptado. O mesmo ocorre no modelo de interpretação de Robert Alexy ("ponderação de princípios" ou "jurisprudência dos interesses").

Assim, Habermas procura "aliviar" a interpretação construtiva e o enfoque monológico do juiz-Hércules, mediante o recurso aos procedimentos democráticos de deliberação. Isto é, os juízes de carne e osso devem assumir o ato de julgar como um empreendimento comum, sustentado pela comunicação pública dos cidadãos.

A questão que se coloca é a de saber se é possível encontrar um sentido para as competências do tribunal constitucional que corresponda à intenção da divisão de poderes no interior do Estado de direito. De acordo com a compreensão procedimentalista democrática de Habermas, é possível: o tribunal deve atuar no sentido de proteger o sistema de direitos que possibilita a autonomia privada e pública dos cidadãos, pois, assim agindo, ele garante as qualidades discursivas necessárias para o procedimento político-democrático de legislação, as quais permitem, por sua vez, o surgimento da legitimidade a partir da legalidade.

Não se trata, portanto, de uma preocupação meramente procedimentalista (formal), isto é, que não se atenta para o conteúdo (substância) do direito. Pelo contrário, para poder garantir o procedimento democrático é necessário atentar-se para o conteúdo das normas, de forma a verificar se elas estão contribuindo para a realização do sistema de direitos ou não.

Nesse sentido, qual seria a solução mais adequada para o Mandado de Injunção nº 4.733/DF? Trata-se de mandado de injunção coletivo impetrado pela Associação Brasileira de Gays, Lésbicas e Transgêneros (ABGLT), em que se requer, nuclearmente: (i) o reconhecimento de que "a homofobia e a transfobia se enquadram no conceito ontológico-constitucional de racismo" ou, subsidiariamente, que sejam entendidas como "discriminações atentatórias a direitos e liberdades fundamentais"; (ii) a declaração, com fundamento nos incisos XLI e XLII do artigo 5º da Constituição Federal, de mora inconstitucional do Congresso Nacional no alegado dever de editar legislação criminal que puna, de forma específica, a homofobia e a transfobia, "especialmente (mas não exclusivamente) a violência física, os discursos de ódio, os homicídios, a conduta de 'praticar, induzir e/ou incitar o preconceito e/ou a discriminação' por conta da orientação sexual ou da identidade de gênero, real ou suposta, da pessoa".[60]

Primeiro, a Procuradoria-Geral da República opinou pelo não cabimento do mandado de injunção, dada a inexistência de mora legislativa na medida em que "já há projeto de lei em apreciação no Congresso Nacional", bem como "existência de legislação aplicável aos delitos praticados em razão de preconceito contra orientação sexual". O Ministro-Relator, Ricardo Lewandowski, acolheu o parecer e, em agosto de 2013, não conheceu do mandado de injunção, com base no entendimento de que, in verbis:

> Nao há em jogo direito subjetivo especificamente consagrado na Carta Magna cuja fruição esteja sendo obstada pela ausência de regulamentação legal, mas sim um legítimo e bem articulado movimento em prol de uma legislação criminal ainda mais rigorosa no tocante à punição de condutas homofóbicas.[61]

Diante do não conhecimento, a ABGLT interpôs agravo regimental. Instada a se manifestar, a Procuradoria-Geral da República juntou parecer, em julho de 2014, com entendimento diferente do exarado no parecer

---

[60] ABGLT. Mandado de Injunção nº 4733/DF. Disponível em: <http://www.stf.jus.br/portal/processo/verProcessoAndamento.asp?incidente=4239576>. Acesso em janeiro de 2015.
[61] Idem.

anterior (sublinhe-se que neste meio-tempo houve mudança do Procurador-Geral da República). O Procurador-Geral, Rodrigo Janot de Barros, opinou pelo provimento do agravo, para que se conheça do mandado de injunção e se defira em parte, para o efeito de considerar a homofobia e a transfobia como crime de racismo e determinar a aplicação do art. 20, da Lei 7.716/89 ou, subsidiariamente, determinar a aplicação dos dispositivos do PLC 122/06[62] ou do Projeto de Código Penal (que também traz em seu teor dispositivos que criminalizam a homofobia e a transfobia), até que o Congresso Nacional edite legislação específica. Juntado o parecer favorável, encontra-se o agravo concluso para julgamento.

Com base no desenvolvido neste capítulo, entende-se que a demanda é legítima, e o STF, consequentemente, possui legitimidade para provê-la. Isso porque a ausência de um quadro normativo de proteção explícita à população LGBT – sendo que são inúmeros os projetos em tramitação para a afirmação de direitos LGBT (direitos conjugais, parentais e que permita a alteração de nome e sexo nos documentos, por exemplo), sem que sejam aprovados, em virtude da atuação de parlamentares que insistem em vetar as demandas desse movimento social – contribui para a perpetuação da homofobia e da transfobia.

Já que não há legislação aprovada, a população LGBT vê-se obrigada a demandar o reconhecimento de seus direitos judicialmente, tal como se dá no mandado ora em análise.[63] O paradigma procedimental confere legitimidade ao tribunal constitucional para decidir a respeito dessas demandas, na medida em que parte da compreensão de que a jurisdição – sobretudo constitucional – deve atuar no sentido de proteger setores socialmente fragilizados.

Não há dúvidas de que a homofobia e a transfobia são duas realidades violentamente presentes na sociedade atual[64] que inviabiliza o exercício da liberdade de orientação sexual e de identidade de gênero, bem como da liberdade de expressão, sem as quais fica comprometido o livre desenvolvimento da personalidade, o que fere a dignidade da pessoa humana, que é, por sua vez, fundamento do Estado Democrático de Direito.

---

[62] Projeto que visa a definir os "crimes resultantes de discriminação ou preconceito de gênero, sexo, orientação sexual e identidade de gênero".

[63] "De fato, o movimento LGBT, para além da luta pelo reconhecimento de seus legítimos direitos civis, sociais e políticos, tem como uma das suas principais demandas políticas a reivindicação pela utilização do Direito penal para a proteção de seus representados diante da discriminação e do preconceito de que são vítimas. Em outras palavras: demandam pela denominada criminalização da homofobia" (MASIERO, 2014, p. 154). E como também se deu na demanda pelo reconhecimento das uniões estáveis entre homossexuais (ADI 4.27/DF, Relator Ministro Ayres Britto, julgada em 5 de maio de 2011).

[64] Nesse sentido, ver dados apresentados nos Relatórios sobre violência homofóbica no Brasil, sobre os anos de 2011 e 2012, pela Secretaria de Direitos Humanos da Presidência da República. Disponível em: <http://www.sdh.gov.br/assuntos/lgbt/pdf/relatorio-violencia-homofobica-ano-2012>.

Nesse sentido, tal situação obstaculiza o próprio procedimento democrático do Estado brasileiro, na medida em que exclui de sua esfera de proteção um grupo de pessoas. Diante dessa situação, o Judiciário tem o dever de atuar no sentido de tirar esse obstáculo, de reconhecer e fazer valer o direito à livre orientação sexual e identidade de gênero, e, assim, exercer seu papel fundamental que, em última instância, é o de defender o sistema de direitos que possibilita a autonomia pública e privada de todos os cidadãos e, portanto, garantir a democracia.

Referências bibliográficas

ALEXY, Robert. *Teoria dos direitos fundamentais*. Tradução de Virgílio Afonso da Silva. 2. ed. São Paulo: Malheiros, 2012.

BRASIL. *Relatório sobre violência homofóbica no Brasil*: o ano de 2012. Brasília: Secretaria Especial dos Direitos Humanos. Disponível em: <http://www.sdh.gov.br/assuntos/lgbt/pdf/relatorio-violencia-homofobica-ano-2012>.

CALVO GARCÍA, Manuel. *Transformações do Estado e do direito*: do direito regulativo à luta contra a violência de gênero. Porto Alegre: Dom Quixote, 2007.

DÍEZ RIPOLLÉS, José Luis. *A racionalidade das leis penais*: teoria e prática. Tradução de Luiz Regis Prado. São Paulo: Revista dos Tribunais, 2005.

DWORKIN, Ronald. *O império do direito*. Tradução Jeferson Luiz Camargo. 3. ed. São Paulo: Martins Fontes, 2014.

GADAMER, Hans-Georg. *Verdade e Método*: Traços fundamentais de uma hermenêutica filosófica. v. 1, 3. ed. Petrópolis: Vozes, 1999.

HABERMAS, Jürgen. *A inclusão do outro*: estudos de teoria política. Tradução de George Sperber e Paulo Astor Soethe. São Paulo: Edições Loyola, 1996, 2002.

——. *Direito e Democracia*: entre facticidade e validade. 2ª ed. Vol. I. Tradução de Flávio Beno Siebneicheler. Rio de Janeiro: Tempo Brasileiro, 2012.

——. *Direito e Democracia*: entre facticidade e validade. Vol. II. Tradução de Flávio Beno Siebneicheler. Rio de Janeiro: Tempo Brasileiro, 2011.

KELSEN, Hans Kelsen. *Teoria pura do direito*. São Paulo: Martins Fontes, 1999.

MASIERO, Clara Moura. *O movimento LGBT e a homofobia*: novas perspectivas de políticas sociais e criminais. Porto Alegre: Criação Humana, 2014.

OLIVEIRA, Cláudio Ladeira de. *Moralidade e jurisdição*: a compreensão procedimentalista do direito em Jürgen Habermas. 337 f. Tese (doutorado em direito) – Centro de Ciências Jurídicas da Universidade Federal de Santa Catarina. Florianópolis, 2006.

PIRES, Álvaro Penna. "Alguns obstáculos a uma mutação 'humanista' do direito penal". In: *Sociologias*. Porto Alegre: PPGS/UFRGS, ano 1, n. 1, jan./jun. 1999, p. 64-95.

RAMOS, Elival da Silva. *Ativismo judicial*: parâmetros dogmáticos. São Paulo: Saraiva, 2010.

STRECK, Lenio Luiz. *Jurisdição constitucional e decisão jurídica*. 3. ed. reformulada da obra Jurisdição constitucional e hermenêutica. São Paulo: Revista dos Tribunais, 2013.

TIMES, "The transgender tipping point: America's next civil rights frontier", junho de 2014. Disponível em: <http://time.com/132769/transgender-orange-is-the-new-black-laverne-cox-interview/>. Acesso em julho de 2014.

— 4 —

Tutelas de urgência: da estrutura escalonada às tutelas de urgência autônomas

DARCI GUIMARÃES RIBEIRO[1]
GUILHERME ANTUNES DA CUNHA[2]

Sumário: 1. Considerações iniciais: o CPC de 1973 e o compromisso com a ordinariedade; 2. Da estrutura escalonada das tutelas de urgência no atual cenário do processo civil – CPC de 1973; 2.1. Da tutela cautelar; 2.2. Da tutela antecipatória específica; 2.3. Da tutela antecipatória ressarcitória; 2.4. Da estrutura escalonada das tutelas de urgência; 3. Tutela cautelar *versus* tutela antecipada (satisfativa): do atual diploma processual civil ao novo CPC; 4. Das tutelas de urgência no novo CPC: a tutela cautelar e a tutela de urgência satisfativa antecedente; 5. Perspectivas para uma tutela de urgência satisfativa autônoma; 6. Considerações finais; Referências.

1. Considerações iniciais: o CPC de 1973 e o compromisso com a ordinariedade

O Código de Processo Civil de 1973 tem compromissos histórico-culturais com o Estado Liberal Clássico e com a filosofia iluminista, o que instituiu o paradigma da ordinariedade no referido diploma processual. Tudo aquilo que não está(va) previsto nos procedimentos especiais, subsidiária e residualmente cai(ía) no procedimento ordinário. À época, o

---

[1] Advogado. Pós-Doutor pela Università degli Studi di Firenze. Doutor em Direito pela Universitat de Barcelona. Mestre e Especialista pela Pontifícia Universidade Católica do Rio Grande do Sul (PUC/RS). Professor Titular de Direito Processual Civil da UNISINOS e da PUC/RS. Professor do Programa de Pós-Graduação em Direito da UNISINOS (Mestrado, Doutorado e Pós-Doutorado). Membro do Instituto Brasileiro de Direito Processual Civil. Membro do Instituto Ibero-Americano de Direito Processual Civil. Membro da *International Association of Procedural Law*. Este trabalho é parte do projeto I+D do Ministério de Economia e Competitividade da Espanha, intitulado: "La prueba civil a examen: estudio de sus problemas y propuestas de mejora" (DER 2013-43636-P) do qual sou pesquisador ativo.

[2] Advogado. Graduado em Ciências Jurídicas e Sociais e Especialista em Processo Civil pela Pontifícia Universidade Católica do Rio Grande do Sul (PUCRS); Mestre em Direito e Doutorando em Direito na Universidade do Vale do Rio dos Sinos (UNISINOS/RS). Professor da Graduação e Coordenador do Curso de Pós-Graduação em Direito Civil e Processual Civil da Faculdade de Desenvolvimento do Rio Grande do Sul – FADERGS. Correio eletrônico: antunesdacunha@icloud.com

procedimento ordinário não previa a possibilidade de uma tutela urgente satisfativa antes da sentença, ou seja, não cabia a tutela antecipada de natureza satisfativa. Trata-se de evidente compromisso com a certeza e a verdade próprias do paradigma iluminista.[3]

Evidentemente, alguns direitos (aqueles de maior valor à época – crédito em dinheiro e posse/propriedade) tinham, em virtude da impossibilidade de concessão de tutela satisfativa antes da cognição exauriente do procedimento ordinário, uma tutela diferenciada nos chamados procedimentos especiais. Por isso, os procedimentos especiais mais relevantes dizem respeito à posse/propriedade de bem e ao dinheiro (decorrente de títulos cambiários – comércio): ações possessórias, Embargos de Terceiro, Nunciação de Obra Nova, Execução de Títulos Executivos Extrajudiciais (não esqueçamos que este rito específico de execução de determinados títulos – de crédito em sua maioria – não são qualquer outra coisa senão procedimentos especiais). Trata-se da mercantilização dos direitos.[4]

---

[3] Desde esta perspectiva, pois, é oportuno destacar as palavras de Gadamer segundo as quais: *"La scienza moderna, che ha ripreso questa parola d'ordine, segue così il principio del dubbio cartesiano, in base al quale non si può prendere per certo nulla di cui si possa in qualche modo dubitare"*. E continua, mais adiante, o brilhante filósofo: *" La precipitazione nel giudicare è l'origine vera degli errori in cui incorriamo quando usiamo della nostra ragione"*, (GADAMER, Hans Georg. *Verità e Metodo*. Trad. Gianni Vattimo. Milano: Studi Bompiani, 1983, p. 318 e 325. Demonstra o exímio filósofo a aversão que a ciência moderna, inclusive a processual, tem por todas as formas de juízos fundadas na aparência, na verossimilhança. É fruto, como bem se notou, da herança cartesiana, com sua conhecida desconfiança de toda e qualquer espécie de prejuízo. E é o próprio Descartes que, no seu primeiro preceito, dentre os quatro, demonstra sua preocupação em evitar o prejuízo, dizendo: "Le premier étoit de ne recevoir jamais aucune chose pour vraie que je ne la connusse évidemment être telle; c'est-à-dire, *d'éviter soigneusement la précipitation et la prévention*, et de ne comprendre rien de plus en mes jugements que ce qui se présenteroit si clairement et si distinctement à mon esprit, que je n'eusse aucune occasion de le mettre en doute", (grifamos) (DESCARTES, René. *Discours de la Méthode*. Oeuvres de Descartes. Paris: Chez F. G. Levrault Libraire. 1824, t. 1, p. 141. Consideramos essa a razão moderna para que haja a separação entre a fase do conhecimento e a fase da execução (ou como é denomina: cumprimento de sentença), porque primeiro temos que construir um título executivo judicial, buscado, regra geral, na *evidência* (sentença), e assim agindo, estaremos evitando *a precipitação* de se encostar a mão no patrimônio do réu, para, só depois, absurdamente, termos de iniciar uma nova fase da relação processual para, então, realizar o direito daquela primeira fase que foi encerrada, iniciando-se, novamente, um longo e penoso caminho rumo à efetiva realização do direito.

[4] O fenômeno conhecido historicamente como obrigacionalização dos direitos teve vários fatores, entre os quais, cabe destacar, segundo OVÍDIO B. DA SILVA, o *"alargamento do conceito de obrigação que, tendo originariamente como fonte exclusivamente o contrato e o delito ('obligatio ex contractu e ex delicto'), estendeu-se depois a todas as relações jurídicas, com a criação das 'obligationes ex lege'*, SILVA, Ovídio B. A. *Jurisdição e execução na tradição romano-canônica*. São Paulo: RT, 1997, 2ª ed., p. 65. A este respeito merece aprovação o exposto por Bonfante, quando afirma que esta evolução se deve a várias circunstâncias, entre as quais se destacam: "a) (...) dalla graduale eliminazione della intrasmissibilità dei diritti personali, (...) l'obbligazione, assunto che ebbe il carattere schietto di un istituto patrimoniale, non poteva tardare a divenire altresì commerciabile. (...); b) le trasformazioni che si osservano in ordine alle fonti. (...) il 'contractus', che in origine era termine e concetto essenzialmente obbligatorio e rappresentava nel suo genuino significato il vincolo stretto tra le parti (il 'negotium contractum'), nell'ulteriore evoluzione diventa sinonimo di convenzione, patto, negozio, conchiuso d'accordo tra le parti, che nel diritto giustinianeo può condurre egualmente all'acquisto di ogni diritto reale, salvo la proprietà, come alla costituzione dell'obbligazione, finché attraverso fasi graduali si è giunti al riconoscimento odierno della trasmissione anche della proprietà per effetto del consenso delle parti, legittimamente

Daí a suficiência da classificação trinária das ações e a expansão da tutela cautelar (cautelares-satisfativas). Há, ainda, a influência do art. 186 do atual Código Civil no que tange ao conceito de ato ilícito (o qual tem como pressuposto o dano). A tutela jurisdicional mostrava-se eminentemente ressarcitória, tivesse a demanda objeto de prestação pecuniária ou mesmo as obrigações de entregar coisa, fazer e não fazer. Não havia preocupação com a tutela específica das obrigações e nem mesmo com tutelas preventivas do simples ilícito (no sentido de ato contrário a direito).[5]

Nessa linha, o Código de Processo Civil de 1973, ao dispor sobre o processo cautelar da forma que dispôs, e sem prever qualquer espécie de tutela antecipatória de mérito, acabou por obrigar os juristas a se utilizarem das chamadas "cautelares satisfativas", com base no art. 798 do Código de Processo Civil,[6] pois a prestação jurisdicional não poderia prescindir de um mínimo de medidas de urgência. Ora, da simples leitura do referido dispositivo legal, salvo melhor juízo, fica evidente a profunda relação que tais "medidas provisórias" podem ter com a lide, com o mérito do processo principal. Daí a aceitação das "cautelares satisfativas" entre a promulgação do diploma processual de 1973 e o advento do instituto da antecipação dos efeitos da tutela (de mérito), consubstanciada no art. 273 do CPC.[7]

A expansão do processo cautelar, como procedimento cautelar e eventualmente satisfativo, explica-se, por conseguinte, em virtude de uma lógica imanente ao próprio sistema seguido pelo direito brasileiro. Se o juiz jamais podia conceder medidas liminares porque o processo de conhecimento não contém execução simultânea com a cognição, os juristas práticos superavam tal dificuldade, "desordinarizando" o emperrado

---

manifestato; c) ma anche la differenza tra le due categorie in ordine alle forme, mantenutasi per tutta l'epoca del diritto classico, viene sucessivamente a svanire. Con il decadere delle forme quiritarie e tipiche rovina il valore plastico dell'atto costitutivo; le nuove forme dell'epoca romano-ellenica sono incolori e generiche, non hanno alcun riferimento determinato alla realità più che alla obbligatorietà. (...) e in generale il 'pactum' e il 'contractus' sono ormai sinonimi e termini d'uso promiscuo per le obbligazioni e i diritti reali; d) infine si perdono via via o, per lo meno, si affieviliscono nelle figure posteriormente spuntate sia la differenza circa l'oggetto, sia la stessa relatività delle obbligazioni di fronte all'assolutezza dei diritti reali", BONFANTE, Pietro. *Corso di diritto romano*. Milano: Giuffrè, 1972, v. III, p. 10 a 12

[5] Sobre a tutela inibitória, consultar a clássica obra de RAPISARDA, Cristina. *Profili della tutela civile inibitória*. Padova: Cedam, Padova, 1987. No Brasil, ver por todos MARINONI, Luiz G. *Tutela inibitória*. São Paulo: RT, 1998.

[6] Art. 798: Além dos procedimentos cautelares específicos, que este Código regula no Capítulo II deste Livro, poderá o juiz determinar as medidas provisórias que julgar adequadas, quando houver fundado receio de que uma parte, antes do julgamento da lide, cause ao direito da outra lesão grave e de difícil reparação.

[7] É oportuno registrar que, mesmo após o surgimento do instituto da antecipação dos efeitos da tutela, muitos magistrados continua(va)m concedendo "medidas de urgência satisfativas" em ações cautelares inominadas indevidamente propostas, visando à antecipação dos efeitos de uma questão de mérito a ser discutida em processo "principal" futuro.

procedimento ordinário, utilizando-se o procedimento cautelar como alternativa para a sumarização das demandas satisfativas que exigiam tratamento urgente e incompatível com a ordinariedade.[8]

Ocorre que a utilização dessa via, embora largamente realizada na prática forense até o advento da antecipação de tutela, não era, nem de longe, o bastante para uma tutela jurisdicional adequada e efetiva, pois milhares de necessidades urgentes de mérito, fundamentalmente as que requeressem tutelas preventivas, ficavam de fora do bojo aceito por parte da doutrina e da jurisprudência nesse procedimento cautelar inominado, diga-se, expandido. Quer dizer, as necessidades urgentes satisfativas dos direitos materiais ficavam à mercê exclusiva da construção jurisprudencial, à margem da legislação, como subterfúgio à "ordinariedade".

Nesse sentido se posiciona o entendimento doutrinário de Humberto Theodoro Júnior, para o qual não pode, nem deve, a medida cautelar antecipar a decisão sobre o direito material, pois não é da sua natureza autorizar uma espécie de execução provisória.[9] Certamente tal entendimento deriva do fato de ter sido o processo cautelar idealizado como instrumento do instrumento (aquela falácia da instrumentalidade hipotética, idealizada por Calamandrei e aceita por grande parte da doutrina nacional), voltado para assegurar a utilidade do direito material objeto de discussão em processo (de conhecimento) posterior.[10] Fica claro que a manobra feita na prática, por meio das "cautelares satisfativas", além de serem um atentado à técnica, nem sequer chegava perto de fazer às vezes de uma tutela antecipada satisfativa e, muito menos, de uma tutela de urgência satisfativa autônoma.

Não por outro motivo foi promulgada, em 1994, a Lei n. 8.952, introduzindo no Código de Processo Civil brasileiro os artigos 273 e 461. Como se sabe, após a instituição da antecipação dos efeitos da tutela, pelos artigos 273, 461 e 461-A, no Código de Processo Civil, as medidas urgentes de caráter satisfativo, especialmente as que tenham ação ordinária e de mérito próprias, devem ser requeridas no bojo do processo de conhecimento, ficando, a partir de então, o processo cautelar apenas para os casos estritos de tutela cautelar propriamente dita (ressalvadas, claro, as hipóteses de fungibilidade das medidas cautelares e/ou satisfativas requeridas em

---

[8] SILVA, Ovídio Araújo Baptista da. *Curso de processo civil, vol. 2: processo cautelar (tutela de urgência)*. 4. ed. rev. e atual. Rio de Janeiro: Forense, 2007, p. 13.

[9] THEODORO JÚNIOR, Humberto. *Processo cautelar*. São Paulo: Leud, 1976, p. 168.

[10] Esta é a razão pela qual Calamandrei considerava o processo cautelar como *"instrumento del instrumento"*, CALAMANDREI, Piero. *Introducción al estudio sistemático de las providencias cautelares*. Trad. Santiago Sentis Melendo. Buenos Aires: Editorial Bibliográfica Argentina, 1945, nº 9, p. 45.

sede de liminar em processos de conhecimento – como prevê o art. 273, § 7º, do Código de Processo Civil).[11] [12]

Apesar disso tudo, a jurisprudência ainda segue, em parte, entendendo em algumas hipóteses pelo cabimento da ação cautelar inominada para análise de questões satisfativas (e de forma autônoma), mesmo quando se teria no caso em tela ação própria de conhecimento com a possibilidade de pedido de antecipação de tutela. Daí a necessidade de ser melhor delineada a estrutura das tutelas de urgência no processo civil brasileiro. E o novo CPC tenta agir neste sentido, como se verá neste ensaio, muito embora pudesse ter sido mais corajoso e ido além. Neste ensaio analisar-se-á a atual estrutura das tutelas de urgência no processo civil e traçará perspectivas a partir do modelo atualmente previsto no novo CPC.

2. Da estrutura escalonada das tutelas de urgência no atual cenário do processo civil – CPC de 1973

2.1. Da tutela cautelar

A tutela cautelar é tutela de urgência destinada a assegurar a efetividade de um provimento jurisdicional a ser deduzido em um "processo principal" de conhecimento ou de execução.[13] A intenção do processo cautelar é evitar que o futuro provimento jurisdicional ("principal") seja incapaz de alcançar os resultados práticos que dele se esperam. Por isso, a concessão da medida cautelar não pode estar condicionada à demonstração da existência do direito material substancial afirmado pelo demandante, devendo ser suficiente a demonstração da aparência do direito. Nesse sentido, o primeiro requisito de concessão da tutela jurisdicional cautelar, tradicionalmente apontado pela doutrina, é designado pela expressão *fumus boni juris*, que pode ser traduzida por "fumaça do bom

---

[11] Para um estudo sistemático dos conceitos, requisitos e procedimentos dos institutos da tutela antecipada, da tutela inibitória e da tutela cautelar, e da relação entre tais tutelas, consultar: PINHO, Humberto Dalla Bernardina de. *Direito processual civil contemporâneo, volume 1: teoria geral do processo*. 4. ed.São Paulo: Saraiva, 2012, p. 483-499.

[12] Para um estudo mais aprofundado acerca da evolução da jurisdição do Estado Liberal Clássico ao Estado Contemporâneo, e em relação às cautelares satisfativas, consultar ANTUNES DA CUNHA, Guilherme. *Tutelas de urgência satisfativas autônomas no processo civil*. Coleção estudos em homenagem ao professor Darci Guimarães Ribeiro, Volume 4. Porto Alegre: Verbo Jurídico, 2014.

[13] A efetividade, hoje, é um princípio, ou melhor, um postulado que possui uma aplicação muito ampla e, infelizmente, não muito conhecida, pois, como já tivemos a oportunidade de escrever, "podemos seguramente afirmar que existe o dever constitucional de promover a efetividade do direito quer ao nível da função judicial, administrativa ou mesmo legislativa, em todas as esferas de poder: federal, estadual e municipal", RIBEIRO, Darci G. *A garantia constitucional do postulado da efetividade desde o prisma das sentenças mandamentais*. In: Da Tutela Jurisdicional às formas de Tutela. Porto Alegre: Livraria do Advogado, 2010, p. 80.

direito". E, de acordo com nossa concepção, o *fumus boni juris* é um "pressuposto do mérito da ação cautelar, uma vez que não havendo verossimilhança do direito apresentado, combinado com a ausência do *periculum in mora* o autor não fará jus a pretensão à segurança, mas terá certamente provocado uma providência jurisdicional".[14] Portanto, a tutela cautelar é prestada mediante cognição sumária.[15]

O *fumus boni iuris*, que é baseado em cognição sumária e superficial, carente da segurança de um julgamento fundado em prova plena, capaz de conduzir a um juízo de certeza. A exigência de cognição sumária, imposta pela natureza da tutela cautelar, insere-a definitivamente na classe dos processos sumários, sob dois aspectos: a demanda cautelar é sumária não só sob o ponto de vista material, como, além disso, exige uma forma sumária de procedimento, por via do qual ela se haverá de realizar. Não se pode pensar em verdadeira tutela se simples segurança instrumentalizada por meio de um procedimento ordinário, pois a urgência é uma premissa inarredável de todo provimento cautelar. A cognição exauriente que o magistrado tivesse de desenvolver, quando fosse convocado para prestar tutela cautelar, além de supérflua e inútil, seria incompatível com a urgência que se presume sempre existente.[16]

Esta é a razão pela qual o *fumus boni juris* é um conceito ligado à probabilidade do direito afirmado pelo demandante da ação cautelar. Cabe ao Estado-Juiz, assim, verificar a probabilidade de existência do direito afirmado pelo autor, o que ocorrerá toda vez que se considerar provável que as alegações feitas pelo demandante venham a ter sua veracidade demonstrada no processo principal.[17] Entretanto, é de se referir que a probabilidade de existência do direito não é requisito suficiente para a concessão da tutela cautelar, na medida em que outro requisito é igualmente necessário: o *periculum in mora*.

---

[14] RIBEIRO, Darci G. *Aspectos relevantes da teoria geral da ação cautelar inominada*. In: Tutela de Urgência. Porto Alegre: Síntese, 1997, p. 175.

[15] Por isto Calamandrei afirma, de forma inesquecível, que: "la cognición cautelar se limita en todos los casos a un *juicio de probabilidades* y de *verosimilitud*. Declarar la certeza de la existencia del derecho es función de la providencia principal: en sede cautelar basta que la existencia del derecho aparezca verosímil, o sea, para decirlo con mayor claridad, basta que, según un cálculo de probabilidades, se pueda prever que la providencia principal declarará el derecho en sentido favorable a aquel que solicita la medida cautelar", CALAMANDREI, Piero. *Introducción al estudio sistemático de las providencias cautelares*, ob. cit., n° 21, p. 77. Em igual sentido, CÂMARA, Alexandre Freitas. *Lições de direito processual civil*,volume 3. 21. ed. São Paulo: Atlas, 2014, p. 39-40.

[16] SILVA, Ovídio Araújo Baptista da. *Curso de processo civil, vol. 2: processo cautelar (tutela de urgência)*.4. ed. rev. e atual. Rio de Janeiro: Forense, 2007, p. 60.

[17] Sobre o particular, convém destacar as palavras de UGO ROCCO, para quem: "el llamado *fumus boni iuris* no es más que una valoración subjetiva, y en gran parte discrecional, del juez, sobre la aparencia de que existen intereses, tutelados por el derecho, totalmente sumaria y superficial", ROCCO, Ugo. *Tratado de Derecho Procesal Civil*. Trad. Santiago Sentís Melendo e Marino Ayerra Redin. Buenos Aires: Depalma, 1977, v. 5, p. 99.

O perigo na demora ocorre quando houver perigo para a efetividade do processo principal, não sendo capaz de afetar diretamente o direito substancial em si. As situações passíveis de perigo para o direito substancial estão protegidas por outra modalidade de tutela de urgência, qual seja, a tutela antecipatória do art. 273, inciso I, do Código de Processo Civil. É a diferença que existe, por exemplo, entre a demora natural de um processo de conhecimento para o pagamento de um tratamento médico e a diminuição patrimonial que ocorre quando alguém, devedor de um determinado crédito, está dilapidando o seu patrimônio. No primeiro caso, é adequada a tutela antecipatória; no segundo, a tutela cautelar.[18]

Nesta esteira, Calamandrei apresenta dois tipos de situações de perigo: o perigo de infrutuosidade e o perigo da tardança.[19] O primeiro corresponde às situações de perigo para a efetividade do processo principal, que não seria frutuoso caso a medida cautelar não fosse concedida; o segundo é o perigo da morosidade, em que se verifica a existência de risco de dano para o próprio direito substancial, caso em que será necessária a tutela antecipatória.[20]

Segundo Ovídio A. Baptista da Silva,[21] a tutela cautelar protege o direito, e não o processo. A primeira exigência, então, para o cabimento de uma medida cautelar é que o requerente esteja em condições de indicar, detalhadamente, em sua petição inicial, qual interesse que ele pretende proteger com a medida.[22] O segundo elemento indispensável para a formação do conceito de tutela assegurativa (cautelar) é o que a doutrina costuma indicar como *periculum in mora* e que para o autor, prefere tratar como *perigo de dano iminente, irreparável ou de difícil reparação*. A locução *periculum in mora* não é incorreta, mas é ambígua. Na verdade, a tutela cautelar legitima-se porque o direito, carente de proteção imediata, poderia sofrer um dano irreparável ou de difícil reparação, se tivesse de submeter-se às exigências do *procedimento ordinário*. O que a tutela cautelar pretende é, efetivamente, senão suprimir, ao menos reduzir, até o limite do possível, os inconvenientes que o tempo exigido para que a jurisdição

---

[18] CÂMARA, Alexandre Freitas. *Lições de direito processual civil*, volume 3. 21. ed. São Paulo: Atlas, 2014, p. 42-43.

[19] Para aprofundar melhor no estudo do perigo na demora e suas relações com os diversos tipos de dano, convém ouvir o que Calamandrei profetizou sobre o tema. Para ele "El *periculum in mora* que constituye la base de las medidas cautelares no es, pues, el peligro genérico de daño jurídico, al cual se puede, en ciertos casos, obviar con la tutela ordinaria; sino que es, específicamente, el peligro del ulterior daño marginal que podría derivar del retardo de la providencia definitiva, inevitable a causa de la lentitud del procedimiento ordinario", CALAMANDREI, Piero. *Introducción al estudio sistemático de las providencias cautelares*, ob. cit., n° 8, p.42.

[20] Neste sentido, CÂMARA, Alexandre Freitas. *Lições de direito processual civil*, volume 3. 21. ed. São Paulo: Atlas, 2014, p. 43.

[21] SILVA, Ovídio Araújo Baptista da. *Curso de processo civil*, vol. 2: processo cautelar (tutela de urgência). 4. ed. rev. e atual. Rio de Janeiro: Forense, 2007, p. 37.

[22] Idem, p. 41.

cumpra sua função poderia causar ao direito necessitado de proteção urgente.[23]

O direito da parte, algumas vezes, reclama a si uma urgência, a fim de evitar um dano irreparável ou uma difícil reparação. E, o juiz deve prestar a tutela jurisdicional, senão imediatamente pelo menos num tempo brevíssimo.

É ponto pacífico na doutrina que não existe um dogma da completude no ordenamento jurídico, isto é, o direito apresenta um espaço jurídico vazio,[24] tanto isso é verdade, que Calvosa assevera que "proprio l'imperfezione della tutela giurisdizionale, la sua inidoneità a restituire, sempre e in ogni caso, «in integrum» le situazioni soggettive violate, pone l'esigenza d'una tutela cautelare".[25]

Esse problema da insuficiência de tutela normativa, muito bem exposta por Calvosa, já era conhecido no direito romano, eram os chamados *interditos*,[26] para os casos não normais. Isto é fundamental para a compreensão da tutela cautelar.[27]

A medida cautelar, portanto, *é supletiva da insuficiência normativa*, tanto que se o direito pudesse de fato valer imediatamente, isto é, sem atraso, o recurso ao procedimento de urgência seria inibido, ou melhor, seria inibido o juiz conceder a tutela de urgência. Por conseguinte, conclui-se que se a situação está normada, não cabe nenhuma medida cautelar, e que essa teria uma função *ad hoc*, de suprimento do imprevisto, do não tutelado pelo ordenamento jurídico comum.[28]

O processo cautelar é uma necessidade decorrente da própria ideia do monopólio da jurisdição, com isso o Estado criou para si um custo muito grande, a fim de manter a paz social, colocando certos direitos em perigo, isto é, de modo que a ideia de processo preventivo e cautelar *é um ônus que o Estado assumiu quando vedou, ao lesado no seu direito, a oportunidade de, pelas próprias mãos, buscar a satisfação desse direito lesado*. Em razão

---

[23] SILVA, Ovídio Araújo Baptista da. *Curso de processo civil*, vol. 2: processo cautelar (tutela de urgência).4. ed. rev. e atual. Rio de Janeiro: Forense, 2007, p. 42.

[24] Assunto este muito bem tratado por BOBBIO, Norberto. *Teoria do Ordenamento Jurídico*. Trad. Maria Celeste C. J. Santos. Brasília: POLIS e UNB, 1989, Cap. 4, p. 115 e ss.

[25] CALVOSA. Carlo. *La Tutela Cautelare (Profilo Sistemático)*. Torino: UTET, 1963, p. 08, e especialmente na p. 123 e ss. Também neste sentido OVÍDIO BAPTISTA, *Comentários ao Código de Processo Civil*. Porto Alegre: Lejur, 1986, p. 47 e 119; mais estritamente GALENO LACERDA quando diz: "O poder genérico e inominado não cabe se existirem no ordenamento jurídico outros meios típicos de tutela, previstos para a espécie", LACERDA, Galeno. *Comentários ao Código de Processo Civil*. Rio de Janeiro: Forense, 1990, n° 28, p. 159.

[26] Os interditos em Roma eram em torno de sessenta, segundo nos informa GANDOLFI, uma das melhores obras, se não for a melhor, sobre o tema, intitulada *Contributo allo Studio del Processo Interdittale Romano*, Milano: GIUFFRÈ, 1955, n° 1, p. 02.

[27] RIBEIRO, Darci G. *Aspectos relevantes da teoria geral da ação cautelar inominada*, ob. cit., p. 183.

[28] Idem, p. 184.

disso fica difícil se conceber uma ordem jurídica estatal sem uma proteção preventiva, porque ou ele não me protege ou me protege tardiamente.[29]

Para o Estado me proteger preventivamente, não pode haver um exame exauriente das provas, ele deve proteger a aparência do meu direito, a plausibilidade, sob pena de me proteger tardiamente, causando assim um dano irreparável, irremediável ao meu direito subjetivo.[30]

O terceiro elemento é a temporariedade como nota essencial da cautelaridade, pois pode se afirmar que as medidas cautelares devem ter duração limitada no tempo, tanto no plano normativo, de modo que não lhes seja atribuída à qualidade de um julgamento definitivo e irrevogável, protegido pela coisa julgada, quanto, igualmente, haverão de ser temporárias em seus *efeitos fáticos*, de modo que estes possam ser removidos e não venham a causar para quem as suporta um gravame excessivo que ultrapasse o tempo em que perdurar o "estado perigoso", pois a eternização dos efeitos da medida provocaria um dano irreparável ao demandado contra quem a medida fora efetivada, caso a sentença do processo principal, ou mesmo a sentença cautelar, em caso de concessão liminar da segurança, viessem a reconhecer a inexistência do direito acautelado.[31]

Nota-se que a tutela cautelar é prestada, via de regra, em um procedimento autônomo aos processos de conhecimento e execução, seja de forma antecedente, seja incidentalmente, mediante cognição sumária, cujos requisitos gerais são o *fumus boni juris* e o *periculum in mora* (ou, em relação ao último, para o Ovídio Baptista da Silva, o *perigo de dano iminente, irreparável ou de difícil reparação*), cuja função precípua é acautelar, assegurar, proteger o próprio direito do requerente da medida, direito que será igualmente tutelado, mas de forma satisfativa, no processo de conhecimento ou de execução.

Vistas as principais características e requisitos da *tutela cautelar*, além de apresentar breve explanação acerca da natureza desta espécie de tutela, importa analisar, pelos mesmos prismas, a *tutela antecipatória*, que tem natureza satisfativa, e está desmembrada em duas espécies no atual diploma processual: a tutela antecipatória específica, para demandas cujo objeto seja um fazer, um não fazer ou a entrega de coisa; e a tutela ante-

---

[29] RIBEIRO, Darci G. *Aspectos relevantes da teoria geral da ação cautelar inominada*, ob. cit.

[30] Idem.

[31] Sobre o tema vale a pena rememorar a clássica distinção feita por Lopes da Costa, quando o mesmo disse: "O 'temporário', em verdade, é o que dura determinado tempo. 'Provisório', porém, é o que, por algum tempo, serve até que venha o' definitivo'. (...). Os andaimes da construção são 'temporários. Ficam apenas até que se acabe o trabalho exterior do prédio. São, porém, definitivos, no sentido de que nada virá substituí-los. Já, entretanto, a barraca onde o desbravador dos sertões acampa, até melhor habitação, não é apenas temporária, é provisória também", LOPES DA COSTA, Alfredo de Araújo. *Medidas preventivas*. 2ª ed., Belo Horizonte: Bernardo Álvares, 1958, nº 5, p. 16. Em igual sentido, SILVA, Ovídio Araújo Baptista da. *Curso de processo civil*, vol. 2: processo cautelar (tutela de urgência). 4. ed. rev. e atual. Rio de Janeiro: Forense, 2007, p. 59.

cipada ressarcitória, aplicada às ações que tenham por objeto prestações pecuniárias. É o que se verá a seguir.

2.2. Da tutela antecipatória específica

O art. 461, §3º, do Código de Processo Civil de 1973 prevê a tutela antecipatória das obrigações de fazer, não fazer e entregar coisa. Tais obrigações são objeto de tutela específica, como se denota do *caput* dos artigos 461 e 461-A do diploma processual, quer dizer, quando a ação tiver por objeto essas obrigações, o juiz concederá a tutela específica ou determinará providências para assegurar o resultado prático equivalente. Para tanto, o juiz poderá utilizar-se das técnicas mandamental (coerção da vontade do demandado – § 4º do art. 461) e executiva *lato sensu* (meios sub-rogatórios da vontade do demandado – § 5º do art. 461).[32]

Essa espécie de tutela veio a ser prevista no ordenamento jurídico brasileiro como forma de se buscar uma maior efetividade ao processo, buscando dar a quem tem um direito, na medida do possível, exatamente aquilo que ele tem direito, quer dizer, aquilo que o demandante teria caso o demandado cumprisse a obrigação, caso o processo não fosse necessário. Tal espécie de tutela foi incorporada a partir da roupagem de processo existente no Estado Democrático de Direito, pois até então o dogma de que ninguém poderia ser coagido a prestar algo imperava.[33] Não por outro motivo que apenas a partir da Constituição Federal de 1988 é que foi incorporado, no direito constitucional de ação, a tutela judicial da ameaça a direito ("a lei não excluirá da apreciação do Poder Judiciário lesão e ameaça de lesão à direito"). Até então o direito de ação contemplava apenas a lesão a direito. Daí a suficiência da jurisdição meramente reparatória (e da classificação trinária das ações).

O juiz tem o poder-dever de conceder a tutela específica ou o resultado prático equivalente. Para tanto, tem em mãos as técnicas mandamental e executiva *lato sensu*, ou seja, poderá coagir a vontade do demandado mediante cominação de multa por dia de descumprimento ou, ainda, poderá substituir a vontade do réu, mediante aplicação de "medidas de

---

[32] Para um estudo aprofundado acerca da tutela específica das obrigações, consultar MARINONI, Luiz Guilherme. *Técnica processual e tutela dos direitos*. 3. ed. rev. e atual. São Paulo: Editora Revista dos Tribunais, 2010; e MARINONI, Luiz Guilherme. *Tutela inibitória*: individual e coletiva. 4. ed. São Paulo: Editora Revista dos Tribunais, 2006.

[33] Por análogas considerações, sobre o tema já escrevi que: "La introducción de esta especial forma de tutela ha producido una verdadera revolución en nuestro ordenamiento jurídico, en la medida en que quebró, en profundidad, el principio sagrado de la *nulla executio sine titulo*, eso es, rompió con el riguroso sistema dualístico de dos procesos distintos: declaración y ejecución, para realizar, mismo que provisoriamente, el derecho del actor. Esta innovación, por supuesto, ha manchado la pureza y autonomía tanto del proceso de declaración cuanto de ejecución", RIBEIRO, Darci G. La ejecución civl: experiencia del derecho brasileño. In: *La Ejecución Civil*: Problemas Actuales. Barcelona: 2008, p. 384.

apoio" que se fizerem necessárias para atingir o resultado equivalente. Tais "medidas de apoio" serão aquelas que o juiz entender necessárias no caso concreto, como, por exemplo, remoção de pessoas ou coisas, expedição de mandado de imissão de posse ou busca e apreensão, desfazimento de obras, impedimento de atividades etc. Inclusive, poderá o juiz alterar, conforme as circunstâncias, a técnica por ele adotada que venha a se mostrar infrutífera. Atualmente, pois, a conversão em perdas e danos é excepcional.[34]

O juiz aplicará os mecanismos sub-rogatórios e coercitivos conforme as circunstâncias do caso concreto. Ainda, tais mecanismos podem ser utilizados simultaneamente, quando for necessário. Não se descarta que, além da ordem para que o réu cumpra, acompanhada da cominação de multa, o provimento antecipador desde logo determine a atuação de instrumentos que atinjam o resultado prático equivalente, prescindindo da colaboração do demandado.[35] É o que ocorre, por exemplo, se algum fabricante de alimentos colocar no mercado alimentos estragados impróprios ao consumo. Neste caso, além da proibição de colocar novamente tais alimentos em circulação (mediante imposição de multa coercitiva), o juiz determinará o recolhimento dos alimentos já existentes no mercado (por técnica sub-rogatória, independente da vontade do demandado).

A tutela específica, contemplada pelos artigos 461 e 461-A do CPC, justamente pela preocupação com a efetividade do processo, a execução da decisão provisória (antecipatória) ocorre da mesma forma da execução definitiva, a partir da decisão de mérito transitada em julgado. A execução da tutela antecipatória e a execução da tutela final ocorrem na forma específica, mediante a utilização da multa cominatória (coerção) e/ou das medidas de apoio (sub-rogatórias). Isto não dispensa o demandante de responder objetivamente caso o demandado sofra danos com a execução da tutela provisória, mas empresta eficácia plena à medida antecipatória.

O juiz não está, pois, adstrito à técnica processual requerida pelo autor na petição inicial, na medida em que o juiz tem o poder-dever de determinar a medida necessária e mais adequada para a tutela específica ou para a obtenção do resultado prático equivalente. Alguns autores sustentam que esta questão atenua o princípio da congruência e do "exaurimento da competência após a sentença".[36] Com a devida vênia, não se

---

[34] MARINONI, Luiz Guilherme; MITIDIERO, Daniel. *Código de processo civil comentado artigo por artigo*. São Paulo: Editora Revista dos Tribunais, 2008, p. 429-433. A obrigação somente se converterá em perdas e danos se o autor assim o requerer ou se a tutela específica, ou o resultado prático equivalente, restar faticamente impossível.

[35] WAMBIER, Luiz Rodrigues. TALAMINI, Eduardo. *Curso avançado de processo civil, volume 2: execução*. 12. Ed., rev., atual. e ampl. São Paulo: Revista dos Tribunais, 2012, p. 421-422.

[36] CÂMARA, Alexandre Freitas. *Lições de direito processual civil*, volume 1. 25. ed. São Paulo: Atlas, 2014, p. 102.

corrobora desta conclusão, tanto por não haver qualquer modificação na obrigatória adstrição do juiz ao pedido, assim como não há alteração na regra segundo a qual após a publicação da sentença o juiz não pode mais alterá-la (art. 463 do CPC).

Ora, o objeto da ação é o fazer, o não fazer ou a entrega da coisa, e não a medida processual adotada pelo magistrado para alcançar o cumprimento do objeto da ação. Quer dizer, não importa se o juiz determina multa para a entrega de determinado bem móvel em vez de expedir mandado de busca e apreensão, por exemplo, pois o objeto da ação é o direito à coisa e neste ponto o juiz deverá ficar adstrito ao pedido. Ademais, se após a sentença, no momento de seu *cumprimento*, for necessária a adoção de outra "medida de apoio" executiva ou cominação de multa não determinada na sentença, não se estará alterando a sentença, mas tão somente aplicando outra técnica processual (mais) adequada ao caso concreto, e tal será feito na fase de execução.

Os requisitos para a concessão da tutela específica de forma antecipada estão insculpidos no art. 461, §3º, do Código de Processo Civil: *risco de ineficácia do provimento final* e *relevância do fundamento da demanda*. Trata-se de um justificado receio de que um ato contrário a direito seja praticado antes do trânsito em julgado da fase de conhecimento. Tal receio não é de ocorrência de um dano, mas sim de que um ato contrário a direito seja praticado antes do provimento final de mérito da demanda, caso haja relevância no fundamento da demanda.[37]

Nessa esteira, os requisitos da tutela antecipatória específica são apenas dois: risco de ineficácia do provimento e relevância dos fundamentos da demanda. A relevância dos fundamentos da demanda nada mais é do que a probabilidade do direito estar ao lado daquele que pretende o provimento antecipatório. Já o risco de ineficácia do provimento está relacionado com o perigo da demora e não com o perigo do dano, pois, a tutela antecipada específica não é uma tutela destinada a prevenção de um dano, mas sim de um ilícito.[38]

Portanto, os requisitos da tutela antecipatória específica são apenas dois: risco de ineficácia do provimento e relevância dos fundamentos da demanda. A relevância dos fundamentos da demanda nada mais é do que a probabilidade do direito estar ao lado daquele que pretende o provimento antecipatório. Já o risco de ineficácia do provimento está relacionado com o perigo da demora e não com o perigo do dano, pois, a tutela antecipada específica não é uma tutela destinada a prevenção de um

---

[37] MARINONI, Luiz Guilherme; MITIDIERO, Daniel.*Código de processo civil comentado artigo por artigo*. São Paulo: Revista dos Tribunais, 2008, p. 428.

[38] SILVA, Jaqueline Mielke. *Tutela de Urgência: de Piero Calamandrei a Ovídio Araújo Baptista da Silva*. Porto Alegre: Verbo Jurídico, 2009, p. 282.

dano, mas sim de um ilícito. Os requisitos são menos rigorosos que o do artigo 273 do CPC.[39]

Neste ponto, demonstrou-se a natureza e a importância das tutelas específicas, iniciando-se pela análise de sua essência, qual seja, a efetividade da prestação jurisdicional, passando, ainda, pelas técnicas processuais que o Magistrado tem para realizar seu poder-dever na tutela jurisdicional dos direitos, e encerrando com uma análise dos requisitos da antecipação da tutela específica. A seguir, será analisada a tutela antecipatória ressarcitória, diversos e mais rigorosos do que os requisitos da tutela analisada neste tópico, a fim de demonstrar o espaço que cada tutela antecipatória ocupa no ordenamento processual e quais os requisitos da tutela de urgência do art. 273 do CPC de 1973.

2.3. Da tutela antecipatória ressarcitória

O art. 273, inciso I, do Código de Processo Civil de 1973 prevê a tutela antecipatória contra o fundado receio de dano. Atualmente, esta espécie de tutela antecipatória aplica-se à tutela ressarcitória dos direitos, à tutela de urgência da prestação pecuniária, ao passo que a tutela de urgência das obrigações específicas, assim como da inibitória e da remoção do ilícito, é prevista no art. 461, § 3º, do CPC.

O juiz poderá antecipar os efeitos da tutela final de mérito quando houver *fundado receio de dano irreparável ou de difícil reparação*. Nesse sentido, o art. 273, inciso I, é caso de tutela de urgência para evitar o dano (tutela ressarcitória), motivo pelo qual a tutela de urgência para evitar o ilícito deve ser pleiteada pelo art. 461, §3º, do CPC (tutela específica). O dano que enseja esta espécie de tutela antecipatória (ressarcitória) deve ser concreto, atual e grave, ou seja, ser iminente e capaz de lesar a esfera jurídica da parte. Tutela direitos patrimoniais com função não patrimonial (ex: quantia de dinheiro para custear um tratamento de saúde causado por um ato ilícito ou para custear o conserto de um veículo avariado por um ato ilícito).[40]

Ademais, também é pressuposto para a concessão da tutela antecipada, além do fundado receio de dano, é haver *verossimilhança das alegações* da parte demandante, com arrimo em *prova inequívoca*. Inequívoca é uma qualidade atribuída à prova, suficiente para convencer o julgador da verossimilhança das alegações da parte autora. Para tanto, deve o juiz

---

[39] SILVA, Jaqueline Mielke; *Tutela de Urgência: de Piero Calamandrei a Ovídio Araújo Baptista da Silva.* Porto Alegre: Verbo Jurídico, 2009, p. 282-283.
[40] MARINONI, Luiz Guilherme; MITIDIERO, Daniel.*Código de processo civil comentado artigo por artigo.* São Paulo: Revista dos Tribunais, 2008, p. 269.

considerar o valor do bem jurídico ameaçado de lesão, a dificuldade de se provar a alegação e a própria urgência.[41]

O melhor entendimento para prova inequívoca é aquele que afirma tratar-se de prova robusta, contundente, que dê, por si só, a maior margem possível de segurança possível para o magistrado sobre a existência ou inexistência de um fato. O que interessa, pois, é que o adjetivo "inequívoca" traga à prova produzida, qualquer que seja ela, e por si só, segurança suficiente para o magistrado decidir sobre os fatos que lhe são apresentados.[42]

E é a prova inequívoca que conduz o magistrado a um estado de verossimilhança da alegação. Verossimilhança no sentido de que aquilo que foi narrado e provado parece verdadeiro. É demonstrar ao juízo que, ao que tudo indica, mormente à luz daquelas provas que estão apresentadas, o fato jurídico conduz à solução e aos efeitos que o autor pretende alcançar na sua investida jurisdicional. Por essa razão, aliás, é que me parece importante sempre entender, compreender, interpretar e aplicar as duas expressões em conjunto é a prova inequívoca que conduz o magistrado à verossimilhança da alegação.[43]

A execução provisória da tutela provisória de natureza ressarcitória (esta prevista pelo art. 273 do CPC e que serve especificamente, hoje, para as obrigações de natureza pecuniária) não ocorre da mesma forma da definitiva, como acontece com a execução da decisão provisória da tutela específica dos arts. 461 e 461-A do diploma processual. A execução provisória das decisões provisórias de pagamento de quantia é incompleta, na medida em que está limitada ao disposto no art. 475-O, inciso III e § 2º, do CPC. O levantamento de valores e a prática de atos de alienação dependem de caução idônea, salvo determinadas situações especiais.

Conforme leciona Araken de Assis, nas obrigações das prestações pecuniárias a incursão do meio executório incide no patrimônio legítimo do devedor, exigindo-se, pois, rigoroso controle de sua atuação, seja para identificar quais bens responderão pela dívida (motivo pelo qual necessário se faz analisar a natureza dos bens constritos – eventual impenhorabilidade do bem de família, meação do cônjuge, penhora *on line* de ativo financeiro de natureza salarial, etc.), seja para avaliá-los pelo preço justo (importância da avaliação e observando-se a vedação ao preço vil).[44] Tais as razões das limitações da execução provisória dos direitos de crédito.

---

[41] MARINONI, Luiz Guilherme; MITIDIERO, Daniel. *Código de processo civil comentado artigo por artigo*. São Paulo: Revista dos Tribunais, 2008, p. 270-271.

[42] BUENO, Cássio Scarpinella. *Tutela Antecipada*. 2. ed. São Paulo: Saraiva, 2007, p. 37-38

[43] Idem, p. 38-39.

[44] ASSIS, Araken de.*Manual da execução*. 12. Ed., rev., ampl. e atual. São Paulo: Revista dos Tribunais, 2009, p. 125. Neste sentido: SILVA, Ovídio Araújo Baptista da. *Sentença Mandamental*. *In* SILVA, Ovídio Araújo Baptista da. *Sentença e coisa julgada*. 4. ed. Rio de Janeiro: Forense, 2003, p. 48-49.

De outro lado, nas obrigações de fazer, não fazer e entregar coisa, não se retira bem legitimamente posto no patrimônio do devedor: se retira coisa indevidamente mantida na posse de alguém ou se determina que alguém faça ou deixe de fazer algo decorrente de lei ou contrato.

Quando for agredido o patrimônio alheio para a satisfação de direito de crédito pecuniário prepondera o valor *segurança*, dando-se cumprimento pelo modelo condenação-execução forçada. Por outro lado, quando a atividade executiva visa a posse de bem individualizado e de forma contrária a direito na esfera jurídica do demandado, prepondera o valor *efetividade*.[45] Esta última situação se aplica quando o objeto da pretensão for um fazer ou um não fazer decorrente de lei ou contrato.

2.4. Da estrutura escalonada das tutelas de urgência

Em virtude do que se viu acima, analisando os requisitos das tutelas cautelar e satisfativa (específica – fazer, não fazer e entregar coisa e ressarcitória – pecuniária), observa-se que há uma espécie de gradação entre os requisitos de cada uma, situação aqui chamada de *estrutura escalonada das tutelas de urgência*. A tutela cautelar tem requisitos menos exigentes para sua concessão do que as tutelas antecipatórias de natureza satisfativa. Até porque a tutela cautelar não entrega o bem da vida ao requerente da medida, mas apenas assegura que o direito apontado não sofra dano caso haja probabilidade de existência do direito afirmado pelo autor (*fumus boni juris*) e perigo na demora da prestação jurisdicional (*periculum in mora*).

Por sua vez, a tutela antecipatória das obrigações específicas exige, além do perigo na demora da prestação jurisdicional (risco de ineficácia do provimento final), a *relevância do fundamento da demanda*. Não exige,

---

[45] MITIDIERO, Daniel. *Processo civil e estado constitucional*. Porto Alegre: Livraria do Advogado, 2007, p. 102. Frise-se, por oportuno, embora se esteja na mesma linha de Daniel Mitidiero quanto à diversas questões relativas ao processo civil e suas relações com o Estado Constitucional, não se compactua com a ideia do referido autor no que toca à possibilidade de aplicar, em determinados casos, a multa coercitiva para a tutela das obrigações de pagar quantia. Afilia-se, pois, ao pensamento de Guilherme Rizzo Amaral (AMARAL, Guilherme Rizzo. *As astreintes e o Processo Civil brasileiro: multa do artigo 461 do CPC e outras*. 2. ed., rev. atual. e ampl. Porto Alegre: Livraria do Advogado, 2010, p. 121-126) e de Eduardo Talamini (*Tutela relativa aos deveres de fazer e de não fazer*, São Paulo, Revista dos Tribunais, 2001, p. 469), no sentido de ser perigosa tal alternativa. E não significa negar efetividade à tutela jurisdicional, mas sim valorizar, neste ponto, o valor segurança em face do valor efetividade. Esta última, aliás, não estará esquecida, haja vista a possibilidade, em alguns casos, de alcançar depósitos de valores e/ou proceder atos de alienação de bens na execução provisória. Daí que se poderia sustentar a execução "provisória" da multa "de forma definitiva" em determinados casos para efetivação de direitos fundamentais não provenientes de direitos de crédito, mas de obrigações de fazer, de não fazer e de entregar coisa. Mas isto se sustenta *de lege* ferenda, pois o Novo CPC prevê esta possibilidade. O direito português, por exemplo, exclui legalmente o emprego de multa cominatória para obrigações de pagar quantia (SILVA, João Calvão da. *Cumprimento e sanção pecuniária compulsória*. 2. ed. 2ª Reimpressão. Coimbra: Almedina, 1997, p. 457).

em tese, a probabilidade da existência do direito, na medida em que o art. 461, § 3º, do CPC não menciona *fumus boni juris* e nem *verossimilhança das alegações*. Mas, ao exigir a relevância do fundamento da demanda, certamente exige do magistrado, na apreciação do caso concreto, a incursão na existência da provável existência do direito *relevante* afirmado. Portanto, fica claro que a concessão da medida antecipatória das tutelas específicas exige mais requisitos do que a tutela cautelar, na medida em que esta última não exige a *relevância do fundamento* da demanda assecuratória, mas apenas a probabilidade do direito e o risco na demora.

Por fim, a tutela antecipatória das demandas cujo objeto seja a obrigação do réu em pagar quantia exige um requisito mais qualificado na probabilidade do direito, que é a verossimilhança a partir de prova inequívoca, além de exigir o perigo de dano irreparável ou de difícil reparação, enquanto as medidas antecipatórias das tutelas de urgência específicas não exigem, para sua concessão, que haja risco de dano. Até porque a tutela específica existe contra o (mero) ilícito (ato contrário a direito), não sendo o dano uma exigência (até porque senão as tutelas inibitória e de remoção do ilícito não teriam espaço nas tutelas de urgência satisfativas).

Já se discutiu, linhas acima, que o *risco de dano irreparável*, segundo a doutrina de Ovídio Baptista da Silva, Luiz Guilherme Marinoni e Daniel Mitidiero, é requisito da tutela cautelar (e assim será, por decorrência lógica, da tutela antecipatória ressarcitória – cujo objeto é uma prestação pecuniária). Por sua vez, a tutela antecipatória das obrigações específicas o requisito da urgência é o *perigo na demora*, na medida em que há tutela contra o ilícito, não necessariamente contra um ilícito do qual venha a decorrer a existência de dano.

Portanto, pode-se dizer que, no atual sistema processual civil brasileiro há uma estrutura escalonada dos requisitos para concessão das tutelas de urgência. Os requisitos para a tutela cautelar são menos exigentes do que os requisitos da tutela antecipada das tutelas específicas, assim como os requisitos para a concessão da medida de urgência da tutela ressarcitória reclamam mais pressupostos do que para a tutela antecipada das tutelas específicas.

De qualquer forma, é importante anotar que todas tratam de cognição sumária do juiz e, por isso, demandam um juízo de probabilidade e de demonstração de urgência.[46] Mas cada espécie de tutela de urgên-

---

[46] Sobre as técnicas de cognição sumária, convém destacar o que escrevemos, segundo a qual: "A técnica utilizada para que a cognição seja sumária, permitindo assim agilizar os processos, consiste em: a) permitir que o juiz conheça todas as questões referentes ao conflito, porém de forma superficial, proibindo-lhe averiguar em profundidade as questões apresentadas; ou b) eliminar do conhecimento do juiz alguma questão pertinente ao conflito, porém permitindo-lhe analisar em toda sua profundidade aquelas questões apresentadas em juízo. A tutela cautelar exemplifica o primeiro caso, na medida em que, permitindo às partes trazer qualquer fato ao processo, não se eliminam questões do

cia exige um nível de probabilidade (*fumaça de bom direito* < *relevância do fundamento da demanda* < *verossimilhança* mediante *prova inequívoca*) e de urgência (*perigo na demora* < *risco de ineficácia do provimento final* < *risco de dano irreparável*).

3. Tutela cautelar *versus* tutela antecipada (satisfativa): do atual diploma processual civil ao novo CPC

Na cautelar, não há a entrega do bem da vida à parte demandante, mas, apenas, visa a assegurar um provimento futuro (processo de conhecimento ou de execução). Já na tutela antecipatória, há a antecipação dos efeitos da tutela final de mérito, motivo pelo qual há, muitas vezes, a entrega do bem da vida ao autor da ação (execução provisória da mesma forma da definitiva nos casos de tutela específica – fazer, não fazer e entregar coisa; execução provisória "limitada" nos termos do art. 475-O do CPC nos casos de tutela ressarcitória – quantia certa). Na tutela antecipada satisfativa, a preocupação está mais com o perigo que a demora na prestação jurisdicional poderá trazer ao demandante; na cautelar, boa parte do foco estará nos atos cometidos pelo demandado que poderão decorrer na infrutuosidade do "processo principal" – ex: arresto (insolvência, ausência de endereço certo).

Ovídio Baptista da Silva substitui o requisito do *periculum in mora* para o risco de dano irreparável, no que concerne à tutela cautelar, foi o direito medieval que nos legou o conceito de *periculum in mora*, mas que naquela quadra da história jamais teve sinônimo de tutela de segurança (cautelar), porém, ao contrário, sempre o reservou para os casos de execução provisória, deixando o conceito de risco de dano irreparável quando a hipótese correspondesse à tutela cautelar.[47]

No mesmo sentido sustentam Luiz Guilherme Marinoni e Daniel Mitidiero, no sentido de que o risco de dano irreparável ou de difícil reparação constitui tecnicamente requisito da tutela cautelar, pois se acautela de um dano que pode atingir o direito a uma tutela reparatória. Por isso, essa

---

conhecimento do juiz, porém se proíbe averiguar em profundidade estas questões; enquanto que os processos possessórios exemplificam o segundo caso, na medida em que está proibido às partes trazer ao processo questões que não se relacionam diretamente com a posse, como consequência se está eliminando do conhecimento do juiz questões que poderiam haver sido analisadas, contudo, sobre as questões apresentadas em juízo não há nenhuma limitação para o juiz. Daí que para nós a cognição é sumária tanto na primeira hipótese como na segunda, de acordo com os argumentos apontados", RIBEIRO, Darci G. *A garantia constitucional do postulado da efetividade desde o prisma das sentenças mandamentais*, ob. cit., p. 89, nota de rodapé 299. Em sentido contrário, WATANABE, Kazuo. *Da cogniçâo no processo civil*. São Paulo: RT, 1987, nº 22, p. 95. Para aprofundar melhor sobre os debates acerca do tema, consultar o que escrevi em RIBEIRO, Darci G. *A garantia constitucional do postulado da efetividade desde o prisma das sentenças mandamentais*, ob. cit., p. 89, nota de rodapé 299.

[47] SILVA, Ovídio Araújo Baptista da. *Curso de processo civil, vol. 2: processo cautelar (tutela de urgência)*. 4. ed. rev. e atual. Rio de Janeiro: Forense, 2007, p. 43.

proteção deve durar enquanto durar o perigo do dano. Trata-se de tutelar o perigo da infrutuosidade do processo principal. De outro lado, a tutela antecipatória (satisfativa) é devida quando não se pode esperar, quando existe um *periculum in mora* na prestação jurisdicional. Com a tutela antecipada combate-se o perigo na tardança do provimento. Ora, quando não se pode esperar, o remédio é antecipar, não adiantando uma simples cautela.[48]

O novo Código de Processo Civil enxuga os diversos requisitos existentes no CPC de 1973. Neste, cada uma das três espécies de tutela de urgência acima estudadas apresenta seus requisitos específicos e cria(ra)m o que denominamos de *estrutura escalonada das tutelas de urgência*, diante do fato de que a existe, para a doutrina, diferentes gradações de intensidade tanto no requisito da aparência do direito (*fumus boni juris*, relevância do fundamento da demanda e verossimilhança mediante prova inequívoca), como no que concerne à urgência (*periculum in mora*, risco de ineficácia do provimento final e risco de dano irreparável).

O novo Código de Processo Civil prevê que "a tutela de urgência será concedida quando houver elementos que evidenciem a probabilidade do direito e o perigo de dano ou risco ao resultado útil do processo" (art. 300). Observa-se que a o NCPC unifica o requisito da aparência do direito, fixando a *probabilidade do direito* como requisito para todas as tutelas de urgência, seja cautelar, seja satisfativa (e, nestas, incluem-se tanto as específicas como a ressarcitória).

De outra parte, observa-se que, no que diz respeito ao outro requisito da urgência, o NCPC prevê o *perigo de dano* ou o *risco ao resultado útil do processo*. Observa-se, claramente, a intenção o novel diploma legal em diferenciar o requisito das medidas urgentes satisfativas para a medida urgente cautelar. Quando o NCPC prevê o *perigo de dano*, refere-se às medidas satisfativas; quando prevê o *risco ao resultado útil*, trata das medidas cautelares.

Importa ressaltar que, em sua última redação, antes da alteração do texto final e da aprovação pelo Congresso Nacional, o (então Projeto do) Novo CPC adotava o *perigo na demora* para ambas as tutelas de urgência. Quer dizer, juntamente com a *probabilidade do direito*, o *perigo na demora* era requisito das tutelas de urgência no Projeto do NCPC, fosse a urgência de natureza cautelar ou satisfativa.

4. Das tutelas de urgência no novo CPC: a tutela cautelar e a tutela de urgência satisfativa antecedente

A prática forense ainda está confusa quanto à questão das tutelas de urgência, em particular na relação entre processo cautelar e tutelas de

---

[48] Conforme MARINONI, Luiz Guilherme; MITIDIERO, Daniel. *O projeto do CPC: crítica e propostas*. São Paulo: Editora Revista dos Tribunais, 2010, p. 106-107.

urgência satisfativas. Em exemplo pinçado da atual prática forense do egrégio Tribunal de Justiça do Estado do Rio Grande do Sul, observou-se que ainda se admite a utilização do procedimento cautelar para demandar pretensões de natureza satisfativa, efetivando tal procedimento como meio de realização de direitos materiais propriamente ditos e sem a necessidade de "processo principal", mesmo após a entrada em vigor da lei que instituiu a tutela antecipatória no procedimento ordinário.[49]

Um dos problemas estruturais dessa situação é apontado pelo professor Ovídio Baptista da Silva: a dificuldade de se conceber uma tutela de simples segurança, que a doutrina italiana jamais concebeu ou praticou. Lamenta o professor Ovídio o fato de muitos juristas brasileiros tão somente terem reproduzido os mestres italianos e deixado de lado, por exemplo, a doutrina de Pontes de Miranda sobre esses temas.[50] O obstáculo está, pois, no fato de alguns não aceitarem que a ação cautelar pode conceder tutela a quem não tenha direito.[51] Nesse andar, veio a tutela antecipatória para tentar resolver a questão.

É evidente que a tutela antecipatória, da forma como foi colocada no processo de conhecimento, não rompe com o paradigma da "ordinariedade", mas certamente traça a forma como pedidos satisfativos de urgência,

---

[49] Em meados de agosto de 2010, o egrégio Tribunal de Justiça do Estado do Rio Grande do Sul julgou apelação cível em processo cautelar no qual o autor buscava impedir suposta poluição sonora efetivada por um vizinho (demandado) em face do estabelecimento comercial do demandante. [APELAÇÃO CIVIL. DIREITO DE VIZINHANÇA. CAUTELAR INOMINADA. CABIMENTO. No caso, a ação cautelar possui natureza satisfativa, não necessitando do ajuizamento da ação principal de que trata o art. 806, do CPC. Precedentes desta Corte. DERAM PROVIMENTO À APELAÇÃO. UNÂNIME. (Apelação Cível n. 70035665728, Vigésima Câmara Cível, Tribunal de Justiça do RS, Relator: Walda Maria Melo Pierro, Julgado em 18/8/2010).] Em primeiro grau, a magistrada extinguiu o feito sem resolução do mérito, por se tratar de questão satisfativa e, por isso, haveria impossibilidade jurídica do pedido em sede de ação cautelar, devendo, pois, a parte perseguir seu direito pela via do procedimento ordinário com pedido liminar de antecipação dos efeitos da tutela final. Apresentado recurso de apelação pela parte autora, os desembargadores, em votação unânime, decidiram por dar provimento ao recurso de apelo interposto pelo demandante, determinando a baixa dos autos e o prosseguimento da ação em primeiro grau. Isso significa que uma ação jurisdicional, que terá caráter satisfativo e que discutirá (todo) o mérito do direito material de vizinhança posto em causa, será analisada dentro do procedimento cautelar. Em vista disso, algum curioso perguntaria: como ficará a coisa julgada material no presente caso? Como ficará a defesa processual do réu, que no procedimento cautelar é muito mais enxuta do que no procedimento ordinário?

[50] Preleciona Pontes de Miranda: "Existe, além da pretensão à tutela jurídica à cognição e da pretensão à tutela jurídica à execução, a pretensão à tutela jurídica à segurança, que é ou à segurança quanto ao fato, ou à segurança de pretensão. A exibição de livro, as vistorias e inquirições *ad perpetuam rei memoriam* são asseguradoras do fato, aí, mais estritamente, da prova; o arresto, o sequestro, a busca e apreensão, são asseguradoras da pretensão, talvez só da prestação. O que é comum a todas elas é que o devedor não se libera, por elas, da obrigação, nem se satisfaz o credor. Não se profere decisão que tenha efeitos diretos de liberação ou de satisfação. Só assegura. Frise-se isso. Ou se assegura a prova do fato, ou se assegura a pretensão; portanto, a prestação a ser exigida, de futuro. Não se alude à execução forçada. O que importa é a distinção entre 'executar' e 'assegurar'." (MIRANDA, Pontes de. *Tratado das ações. Tomo VI – Ações Mandamentais*. Campinas: Bookseller, 1998, p. 342-343).

[51] SILVA, Ovídio Araújo Baptista da. *Curso de processo civil*, vol. 2: processo cautelar (tutela de urgência). 4. ed. rev. e atual. Rio de Janeiro: Forense, 2007, p. 19.

que não sejam procedimentos especiais, devem ser feitos no processo civil brasileiro. Apesar de toda a herança negativa que o Código de Processo Civil 1973 sofreu da escola italiana, no que tange às cautelares e à (falta de uma) tutela antecipatória de mérito, é inegável que a lei instituidora da antecipação dos efeitos da tutela organiza (um pouco) a problemática das "cautelares satisfativas".

Entretanto a controversa questão das tutelas cautelares e antecipatórias de tutela satisfativa continua sendo complexa; há diversas jurisprudências no sentido de extinguir ações cautelares propostas com fim satisfativo (muitas vezes até indicando a necessidade de se propor ação de conhecimento com pedido de tutela antecipada), assim como já foi visto que outra parte da prática forense entende pela possibilidade do manejo cautelar. A doutrina, por seu turno, é mais contundente no sentido da impossibilidade de utilização das "cautelares satisfativas".[52] E, nesse ritmo, a práxis continua sem um norte adequado para resolver as questões urgentes, em especial as satisfativas (com necessidades autônomas, por assim dizer).

A penúltima redação do projeto do Novo Código de Processo Civil, anterior ao texto final aprovado, previa que as medidas de emergência fossem requeridas antes ou durante o procedimento, tivessem elas natureza cautelar ou satisfativa, bastando demonstrar a plausibilidade do direito alegado e o perigo na demora, conforme artigos 301[53] e 307[54] do então Projeto).

Se entendeu, naquela quadra, que o Projeto do novo CPC poderia apresentar requisitos diferentes para provimentos de natureza cautelar e de natureza satisfativa, na medida em que o risco de dano é requisito da tutela cautelar e o perigo na demora requisito da tutela antecipatória satisfativa. Assim, uma tutela de urgência autônoma e genérica deve, pois, exigir como requisito para concessão a demonstração da plausibilidade do direito e o risco de dano ou perigo na demora, conforme seja a demanda de natureza cautelar ou satisfativa, respectivamente. Portanto, o Projeto apenas atendia à técnica da tutela antecipada, mas mantinha o engodo

---

[52] Nesse sentido, ver MARINONI, Luiz Guilherme; MITIDIERO, Daniel. *Código de processo civil comentado artigo por artigo*. São Paulo: Revista dos Tribunais, 2008, p. 745; SILVA, Ovídio Araújo Baptista da. *Curso de processo civil*, vol. 2: processo cautelar (tutela de urgência). 4. ed. rev. e atual. Rio de Janeiro: Forense, 2007, p. 9-23; entre outros.

[53] Art. 301. A tutela antecipada de urg de 2014 – rovado em marndependente do nado prazoência será concedida quando houver elementos que evidenciem a probabilidade do direito e o perigo na demora da prestação jurisdicional.

[54] Art. 307. A petição inicial da ação que visa à prestação de tutela cautelar em caráter antecedente indicará a lide, seu fundamento e a exposição sumária do direito que se visa assegurar e o perigo na demora da prestação da tutela jurisdicional. Parágrafo único: caso entenda que o pedido a que se refere o *caput* tem natureza satisfativa, o órgão jurisdicional observará o disposto no art. 304.

na tutela cautelar, ao apresentar, ainda, o requisito do perigo na demora para a concessão da referida tutela.

Por sua vez, o novo Código de Processo Civil, em seu texto final aprovado pelo Congresso Nacional, prevê que "a tutela de urgência será concedida quando houver elementos que evidenciem a probabilidade do direito e o perigo de dano ou risco ao resultado útil do processo" (art. 300). A crítica, anteriormente feita ao então Projeto do NCPC, agora se inverte: o requisito da urgência cautelar ficou mais adequado, mas o requisito da urgência das medidas satisfativas sofreu regresso.

Ora, como se disse, o risco de dano é requisito da tutela cautelar. O fundamento desta é o risco de infrutuosidade (efetividade) do processo principal. Trata-se de uma tutela que visa a assegurar o direito material a ser reconhecido (ou não) em provimento futuro. Portanto, ao nosso sentir a expressão "risco ao resultado útil do processo", embora não a melhor (pois o ideal seria "risco de dano"), bem apresenta o requisito da urgência das medidas cautelares.

Isto porque a tutela cautelar, como tutela assecuratória, pretende, ao fim e ao cabo, garantir o *resultado útil do processo* em que será concedido – ou não – o provimento final *de mérito* acerca do direito material controvertido, muito embora a urgência cautelar tenha a finalidade de evitar risco de dano irreparável ao direito material do interessado (caso a medida cautelar não fosse concedida).

Por sua vez, o requisito urgente da medida antecipatória de urgência não logrou sucesso técnico. Em primeiro lugar, porque o requisito do *perigo na demora* foi abandonado, termo conceitual este ideal para as medidas antecipatórias satisfativas, como se viu nos itens anteriores. O NCPC, no que concerne ao requisito da urgência das medidas satisfativas, manteve o sistema do CPC de 1973, prevendo o *risco de dano*. Tratou-se à saciedade, linhas acima, acerca da impropriedade do requisito do *dano* nas medidas antecipatórias satisfativas.

As tutelas satisfativas específicas, em especial suas medidas antecipatórias urgentes, não necessariamente visam a tutelar contra o dano, mas contra o ilícito. O ilícito no sentido de ato contrário a direito, do qual poderá ou não ter o dano como consequência. Daí o retrocesso na expressão "risco de dano" fixado pelo NCPC. E se diz retrocesso porque, embora tenha *mantido* o critério do CPC de 1973, voltou atrás da redação anterior contida no então Projeto, onde previa expressamente as tutelas específicas preventivas.

O art. 508, § 2º, do então Projeto do NCPC previa que para a concessão da tutela específica para inibir a prática, a continuação ou a reiteração de um ilícito irrelevante seria a demonstração de dano ou a ocorrência de culpa ou dolo. Tal dispositivo vinha à tona atendendo aos anseios da ampla doutrina brasileira sobre a tutela preventiva, rompendo com o paradigma racionalista e liberal segundo o qual o dano era um pressuposto do ato ilícito (como sugere o já ultrapassado art. 186 do Código Civil). Há muito já não cabe, pois, o *risco de dano irreparável ou de difícil reparação* como pressuposto para qualquer tutela antecipatória de natureza satisfativa. Daí a impropriedade (e retrocesso) do requisito *risco de dano*.

De outra parte, o delineamento do procedimento das tutelas de urgência emprestado pelo NCPC inaugura a intenção de uma *tutela de urgência satisfativa antecedente* no sistema processual brasileiro. O art. 292, parágrafo único,[55] é bem claro nesse sentido ao admitir a concessão da tutela de urgência, seja cautelar ou satisfativa, em caráter antecedente ou incidental. É a primeira vez que se intenta estruturar o requerimento da tutela de urgência satisfativa antes do "processo principal". Mas, como se verá, o novel diploma não realiza efetivamente a independência da tutela antecipada do procedimento ordinário e, assim, não rompe com a atual estrutura do instituto.

O NCPC prevê a possibilidade de requerimento da tutela antecipada em caráter antecedente (art. 301 do NCPC[56]). Neste caso, haverá necessidade de aditamento da inicial da medida urgente caso esta seja concedida. Assim, se a urgência for contemporânea à propositura da ação (principal), a petição inicial da medida urgente pode limitar-se ao requerimento da tutela antecipada e a indicar o pedido final, expondo sumariamente a lide e apontando o perigo de dano ou do risco ao resultado útil do processo; mas, caso seja concedida a tutela, determina ao autor, em quinze dias (ou em outro prazo fixado pelo juiz), o aditamento da inicial, nos próprios autos, complementando sua argumentação, juntando documentos e confirmando o pedido final, sob pena de extinção do processo.

---

[55] Art. 292, parágrafo único. A tutela provisória de urgência, cautelar ou antecipada, pode ser concedida em caráter antecedente ou incidental.

[56] Art. 301. Nos casos em que a urgência for contemporânea à propositura da ação, a petição inicial poderá limitar-se ao requerimento da tutela antecipada e à indicação do pedido de tutela final, com a exposição sumária da lide, do direito que se busca realizar e do perigo de dano ou do risco ao resultado útil do processo. § 1º Concedida a tutela antecipada a que se refere o *caput* deste artigo: I – o autor deverá aditar a petição inicial, com a complementação da sua argumentação, juntada de novos documentos e a confirmação do pedido de tutela final, em quinze dias, ou em outro prazo maior que o juiz fixar; II – o réu será citado imediatamente, mas o prazo de resposta somente começará a correr após a intimação do aditamento a que se refere o inciso I deste § 1º. § 2º Não realizado o aditamento a que se refere o inciso I do § 1º deste artigo, o processo será extinto sem resolução do mérito. § 3º O aditamento a que se refere o inciso I do § 1º deste artigo dar-se-á nos mesmos autos, sem incidência de novas custas processuais. § 4º Na petição inicial a que se refere o *caput* deste artigo, o autor terá de indicar o valor da causa, que deve levar em consideração pedido de tutela final. § 5º O autor terá, ainda, de indicar, na petição inicial, que pretende valer-se do benefício previsto no caput deste artigo. §6º Caso entenda que não há elementos para a concessão da tutela antecipada, o órgão jurisdicional determinará a emenda da petição inicial, em até cinco dias. Não sendo emendada neste prazo, a petição inicial será indeferida e o processo, extinto sem resolução de mérito.

Caso o Magistrado entenda que não há elementos para a concessão da tutela antecipada, o órgão jurisdicional determinará a emenda da petição inicial em cinco dias, o que quer dizer que o autor deverá realizar o mesmo procedimento acima apontado para caso haja concessão da medida. Quer dizer, de uma forma ou de outra, a parte autora deverá, concedida ou não a medida, emendar/aditar a sua peça inaugural urgente, que se limitara a expor sumariamente a lide a demonstrar a presença dos requisitos da urgência.

E torna-se estável a medida antecipatória quando for concedida e não houver a interposição de recurso por parte do réu (art. 302[57]), conservando sua eficácia na pendência do processo, embora possa ser revogada ou modificada a qualquer tempo (art. 294[58]). Ademais, a concessão da medida não faz coisa julgada, em que pese a estabilização de seus efeitos durar enquanto a decisão não for revogada, revista ou reformada.

Esta alternativa não é suficiente para alterar a estrutura procedimental da tutela antecipatória, na medida em que mantém a tutela urgente satisfativa dependente da tutela final (do pedido principal). Na verdade, possibilita-se o manejo da tutela antecipada de forma sumária e antecedente, mas determina, de uma forma ou de outra, a apresentação do pedido principal nos próprios autos da medida de urgência, havendo sempre a discussão da totalidade da relação jurídica de direito material como um todo dentro do mesmo procedimento, fazendo com que haja sempre cognição exauriente (ainda, pois, o *procedimento ordinário*).

5. Perspectivas para uma tutela de urgência satisfativa autônoma

Há muito Ovídio Baptista da Silva sustentava a necessidade de alteração da estrutura do instituto da tutela antecipada. Isso não se faz apenas com alteração de requisitos para a concessão da medida. faz-se necessá-

---

[57] Art. 302. A tutela antecipada, concedida nos termos do art. 301, torna-se estável se da decisão que a conceder não for interposto o respectivo recurso. § 1º No caso previsto no caput, o processo será extinto. § 2º Qualquer das partes poderá demandar a outra com o intuito de rever, reformar ou invalidar a tutela antecipada estabilizada nos termos do *caput*. § 3º A tutela antecipada conservará seus efeitos, enquanto não revista, reformada ou invalidada por decisão de mérito proferida na ação de que trata o § 2º. § 4º Qualquer das partes poderá requerer o desarquivamento dos autos em que foi concedida a medida, para instruir a petição inicial da ação a que se refere o § 2º, prevento o juízo em que a tutela antecipada foi concedida. § 5º O direito de rever, reformar ou invalidar a tutela antecipada, previsto no § 2º deste artigo, extingue-se após dois anos, contados da ciência da decisão que extinguiu o processo, nos termos do § 1º. § 6º A decisão que concede a tutela não fará coisa julgada, mas a estabilidade dos respectivos efeitos só será afastada por decisão que a revir, reformar ou invalidar, proferida em ação ajuizada por uma das partes, nos termos do § 2º deste artigo.

[58] Art. 294. A tutela antecipada conserva sua eficácia na pendência do processo, mas pode, a qualquer tempo, ser revogada ou modificada. Parágrafo único. Salvo decisão judicial em contrário, a tutela antecipada conservará a eficácia durante o período de suspensão do processo.

ria, também, a retirada da tutela de urgência satisfativa do emperrado procedimento ordinário. E já que o projeto do novo diploma processual já está avançando no caminho de combate ao império da "ordinariedade", poderia ir mais além e "inverter" o contraditório, nesse ponto da estabilização/eficácia dos efeitos da tutela de urgência, para o sucumbente dessa medida. Desobrigaria o vencedor da medida de urgência a apresentar o pedido principal e, assim discutir a lide de forma exauriente, cabendo àquele que restar prejudicado (o sucumbente), se tiver interesse, demandar contra o autor da medida urgente com o intuito de rever ou reformar a tutela antecipada satisfativa eventualmente estabilizada.[59]

Assim, conceber-se-ia uma "ação sumária autônoma", em que o contraditório também seria assegurado ao réu/sucumbente, mas dispensando o autor de iniciar o "plenário" subsequente. Essa inversão do contraditório assegura plenitude de defesa (e devido processo legal) ao réu/sucumbente, mas altera o paradigma que preside o sistema, qual seja, assegurar ao demandado ampla defesa na mesma relação processual e obrigar sempre ao autor da ação a propor o processo principal (e arcar com todos os ônus disso decorrentes). Essa técnica implementaria efetividade ao processo, sem qualquer ofensa ao princípio do devido processo legal e seus consectários (em especial a ampla defesa),[60] trazendo ao sistema processual civil, enfim, uma tutela de urgência satisfativa autônoma, indo ao encontro com os princípios processuais constitucionais da tutela adequada e efetiva dos direitos e da duração razoável do processo.

Há doutrina nacional, anterior à iniciativa do projeto do novo CPC, quanto às tutelas de urgência satisfativas autônomas. Gledson Marques de Campos e Marcos Destefenni apresentam tal tutela como satisfativa e sem necessidade de ratificação em ação principal, sendo suficientes em si mesmas (utilizando-se o procedimento da ação cautelar por falta de previsão legal do instituto). Ademais, os autores sustentam que tais provimentos satisfativos autônomos não são aptos a produzir coisa julgada material, mas são dotados de estabilidade e continuam a produzir efeitos, ainda que não confirmados por uma sentença fundada em cognição exauriente.[61]

Além disso, vale importar a doutrina processual civil argentina nesta quadra da presente obra. Jorge Peyrano define o que os argentinos

---

[59] O próprio projeto dispõe que qualquer das partes pode demandar contra a outra no intuito de rever, reformar ou invalidar a tutela antecipada concedida, no § 2º do art. 305, descrito na nota nº 259, mas não afasta o instituto do "pedido principal" e, portanto, o mantém, na ordinariedade.

[60] SILVA, Ovídio Araújo Baptista da. *O contraditório nas ações sumárias. In:* SILVA, Ovídio Araújo Baptista da. *Da sentença liminar à nulidade da sentença.* Rio de Janeiro: Forense, 2002, p. 283.

[61] CAMPOS, Gledson Marques de; DESTEFENNI, Marcos. *Tutela de urgência satisfativa autônoma. In:* ARMELIN, Donaldo (organizador). *Tutelas de urgência e cautelares.* Estudos em homenagem a Ovídio A. Baptista da Silva. São Paulo: Saraiva, 2010, p. 619-621.

chamam de *medidas autosatisfactivas* como provimentos jurisdicionais urgentes, autônomos, que podem ser deferidos sem a oitiva da parte contrária, quando haja forte probabilidade de que os pleitos formulados sejam atendidos. Tais medidas importam uma satisfação definitiva dos requerimentos postulados e constituem uma espécie de tutela de urgência diferenciada da tutela cautelar clássica e da tutela antecipatória. A aplicação desta forma de tutela no direito argentino pode ocorrer, por exemplo, na tutela dos direitos ambiental, do consumidor, da intimidade e privacidade, eventualmente no direito de família e societário. Para Peyrano, os provimentos oriundos das *medidas autosatisfactivas* são aptos a produzirem coisa julgada.[62]

Continuando nos ensinamentos da doutrina argentina, Mabel de los Santos define as *medidas autosatisfactivas* como provimentos jurisdicionais urgentes, autônomos, que podem ser deferidos sem a oitiva da parte contrária ou mediante audiência prévia, quando há um interesse certo e manifesto (ou haja forte probabilidade de que os pleitos formulados sejam atendidos) e quando a tutela imediata é imprescindível. Tais medidas não dependem de simultânea ou ulterior propositura de um "processo principal", tal como nas medidas cautelares (pois não são instrumentais), têm execução imediata e normalmente não serão provisórias, já que tendem a se tornar definitivas.[63]

Roberto Berizonce, no mesmo sentido de seus conterrâneos, ensina que a tutela antecipatória é provisória, pois adianta total ou parcialmente os efeitos da tutela final pretendida, e a decisão final ocorre apenas quando da sentença, ao passo que as *medidas autosatisfactivas*, por meio de um processo urgente, têm natureza satisfativa com efetividade imediata e definitiva, esgotando e consumindo a lide, pronunciando-se sobre o mérito da pretensão, com efeitos normalmente irreversíveis, tornando desnecessária a continuação do processo ou a propositura de um processo "principal" de conhecimento. Traça o autor, como requisitos de procedência dessas *medidas autosatisfactivas*, a existência de um interesse certo e manifesto, a imprescindibilidade da tutela imediata e a desnecessidade de um processo de conhecimento.[64]

Nota-se que, no direito argentino, as *medidas autosatisfactivas* são semelhantes ao mandado de segurança previsto pela legislação brasileira,

---

[62] PEYRANO, Jorge W. *La medida autosatisfactiva: uno de los principales ejes de la reforma procesal civil*. In: GREIF, Jaime (organizador). *Medidas cautelares*. Buenos Aires: Rubinzal-Culzoni Editores, 2002, p. 215.

[63] SANTOS, Mabel de los. *Medida autosatisfactiva y medida cautelar (Semejanzas y diferencias entre ambos institutos procesales)*. In:GREIF, Jaime (organizador). *Medidas cautelares*. Buenos Aires: Rubinzal-Culzoni Editores, 2002, p. 366-367 e 376.

[64] BERIZONCE, Roberto Omar. *La tutela antecipatória en Argentina*. In:GREIF, Jaime (organizador). *Medidas cautelares*. Buenos Aires: Rubinzal-Culzoni Editores, 2002, p. 159, 162-163.

em razão da exigência de um requisito mais forte do que a verossimilhança ("interesse certo e manifesto") e da desnecessidade de um processo posterior. Trata-se, no direito argentino, de uma espécie de mandado de segurança privado. Não parece desarrazoada essa forma de tutela, em especial quando efetivamente a prova documental for cabal, mas, para fins de melhor atender ao devido processo legal e todos os seus consectários, a previsão de uma tutela de urgência satisfativa autônoma e genérica, com possibilidade de posterior propositura, por parte do sucumbente da medida de urgência, de um processo principal, parece melhor, já que tutela adequadamente o direito da parte autora e, também, o direito de defesa da parte demandada.

Nessa linha de raciocínio, conclui-se que o ordenamento processual brasileiro precisa de uma tutela de urgência satisfativa autônoma, com adaptações dos moldes propostos pelo projeto do novo CPC e pela doutrina nacional e estrangeira sobre o assunto, que venha a tutelar situações de urgência, tenham natureza satisfativa ou cautelar, cujos requisitos sejam (*i*) a plausibilidade do direito alegado e (*ii*) o risco de dano irreparável ou de difícil reparação (cautelar) ou o perigo na demora (satisfativas), sem a necessidade obrigatória da apresentação do "pedido principal" dentro do mesmo procedimento de rito ordinário e com cognição exauriente.[65]

Quanto à estabilização dessa tutela de urgência, entende-se que a solução proposta pela atual redação do projeto ainda poderia ser mais adequada, pois a exigência de aditamento da inicial, caso a medida urgente seja concedida, mantém a tutela antecipatória satisfativa intimamente ligada ao paradigma da ordinariedade, à discussão plenária tanto da medida urgente como da tutela final no mesmo processo.[66]

Para alterar o domínio do paradigma da ordinariedade, seria necessário prever a medida de urgência de forma autônoma (procedimento sumário específico) e independente do pedido principal (procedimento ordinário), na qual se discuta, unicamente, as questões relativas à medida de urgência. Assim, caso não reformada ou revogada a decisão concessiva no bojo do processo sumário, a decisão manteria seus efeitos enquanto não fosse proposta ação principal (processo ordinário de cognição exauriente) por parte do réu. Tal alternativa seria necessária para alterar a estrutura do processo civil, rompendo-se com o paradigma da ordinariedade, invertendo-se o contraditório e mantendo-se a eficácia da medida de urgência, ficando a cargo do réu a obrigação de inaugurar pro-

---

[65] ANTUNES DA CUNHA, Guilherme. *Tutelas de urgência satisfativas autônomas no processo civil*. Coleção estudos em homenagem ao professor Darci Guimarães Ribeiro, Volume 4. Porto Alegre: Verbo Jurídico, 2014, p. 130.

[66] Idem, p. 130.

cedimento de cognição exauriente para averiguação da relação jurídica de direito material discutida.[67]

6. Considerações finais

A intenção do presente ensaio foi apresentar de forma breve a evolução das tutelas de urgência no sistema processual civil brasileiro. Iniciou-se demonstrando o compromisso que o atual CPC, de 1973, tem com o paradigma da ordinariedade, ante a ausência de previsão de medidas de urgência satisfativas no processo de conhecimento e a consequência disso que foi a expansão do processo cautelar. Em seguida, analisaram-se os requisitos da tutela cautelar e das duas espécies de tutelas antecipatórias satisfativas, trazidas para o bojo do procedimento ordinário em meados da década de 1990.

Ato contínuo demonstrou-se que há uma estrutura escalonada dos requisitos das tutelas de urgência. A concessão da tutela cautelar exige menos requisitos do que a concessão das medidas antecipatórias satisfativas (presentes, no atual sistema processual civil, no bojo do procedimento ordinário, no processo de conhecimento). Ao passo que a antecipação dos efeitos da tutela ressarcitória (art. 273, inciso I, do CPC de 1973) tem pressupostos mais rigorosos do que aqueles da tutela antecipatória das tutelas específicas (art. 461, § 3º, do CPC de 1973).

Adiante, apresentou-se as modificações contidas no novo CPC, no que tange aos requisitos e a estrutura das tutelas de urgência cautelar e satisfativa. Ficou evidente a tentativa de uma tutela de urgência satisfativa "preparatória" (assim como a previsão da estabilização da medida urgente mediante determinadas situações) e alterações nos requisitos das medidas, unificando um dos pressupostos para a concessão das medidas urgentes (probabilidade do direito), mas mantendo pressupostos diferentes no que tange à urgência (*perigo de dano* ou *risco ao resultado útil do processo*).

Observa-se que se partiu de um sistema processual desprovido de medidas de urgência satisfativas (ao menos formalmente, em razão do manejo das "cautelares-satisfativas), passando pela inauguração de tutelas antecipatórias satisfativas no bojo do procedimento ordinário (reformas processuais da década de 1990) e partindo, pelo novo CPC, para uma tutela de urgência "preparatória", anterior à propositura da "ação principal" pelo procedimento ordinário e prevendo a conservação dos efeitos da medida urgente concedida de forma antecedente.

---

[67] ANTUNES DA CUNHA, Guilherme. *Tutelas de urgência satisfativas autônomas no processo civil*. Coleção estudos em homenagem ao professor Darci Guimarães Ribeiro, Volume 4. Porto Alegre: Verbo Jurídico, 2014, p. 130-131.

Apesar de todas essas evoluções, na parte final deste ensaio procurou-se demonstrar que ainda há espaço para o avanço dos institutos processuais de urgência, até porque as novidades trazidas pelo Novo CPC não alteram a estrutura da ordinariedade do sistema processual civil brasileiro, na medida em que não separam (efetivamente) as medidas de urgência satisfativas do procedimento ordinário, em virtude de que, mesmo na propositura de medida satisfativa urgente antecedente, o demandante deve apresentar em certo prazo o "pedido principal", no mesmo processo, o que se dá no procedimento ordinário.

Imperativo, pois, a alteração e inversão do contraditório para o efetivo rompimento com o (ainda presente) paradigma da ordinariedade. Ora, se um jurisdicionado resta vencedor de uma medida de urgência satisfativa antecedente/preparatória, é porque demonstrou a probabilidade da existência do direito afirmado, assim como a urgência na prestação jurisdicional. Nesse caso, já havendo um juízo sumário em favor do demandante da medida urgente, deve ficar a cargo do sucumbente desta medida a discussão da lide em sede de procedimento do cognição exauriente.

Referências

AMARAL, Guilherme Rizzo. *As astreintes e o Processo Civil brasileiro: multa do artigo 461 do CPC e outras*. 2. ed., rev. atual. e ampl. Porto Alegre: Livraria do Advogado, 2010.

ANTUNES DA CUNHA, Guilherme. *Tutelas de urgência satisfativas autônomas no processo civil*. Coleção estudos em homenagem ao professor Darci Guimarães Ribeiro, Volume 4. Porto Alegre: Verbo Jurídico, 2014.

ASSIS, Araken de.*Manual da execução*. 12. ed., rev., ampl.e atual. São Paulo: Editora Revista dos Tribunais, 2009.

BERIZONCE, Roberto Omar. La tutela anticipatória en Argentina. In:GREIF, Jaime (organizador). *Medidas cautelares*. Buenos Aires: Rubinzal-Culzoni Editores, 2002.

BOBBIO, Norberto. *Teoria do Ordenamento Jurídico*. Trad. Maria Celeste C. J. Santos. Brasília: POLIS e UNB, 1989.

BONFANTE, Pietro. *Corso di diritto romano*. Milano: Giuffrè, 1972, v. III.

BUENO, Cássio Scarpinella.*Tutela Antecipada*. 2. ed. São Paulo: Saraiva, 2007.

CALAMANDREI, Piero. *Introduzione allu studio sistematico dei provvedimenti cautelari*. Opere giuridiche, Nápoles: Morano, 1983.

——. *Introducción al estudio sistemático de las providencias cautelares*. Trad. Santiago Sentis Melendo. Buenos Aires: Editorial Bibliográfica Argentina, 1945.

CALVOSA. Carlo. *La Tutela Cautelare (Profilo Sistemático)*. Torino: UTET, 1963.

CÂMARA, Alexandre Freitas. *Lições de direito processual civil*, volume 1. 25. ed. São Paulo: Atlas, 2014.

——. *Lições de direito processual civil*,volume 3. 21. ed. São Paulo: Editora Atlas, 2014.

CAMPOS, Gledson Marques de; DESTEFENNI, Marcos. *Tutela de urgência satisfativa autônoma*. In: ARMELIN, Donaldo (organizador). *Tutelas de urgência e cautelares*. Estudos em homenagem a Ovídio A. Baptista da Silva. São Paulo: Saraiva, 2010.

DESCARTES, René. *Discours de la Méthode*. Oeuvres de Descartes. Paris: Chez F. G. Levrault Libraire. 1824, t. 1.

GADAMER, Hans Georg. *Verità e Metodo*. Trad. Gianni Vattimo. Milano: Studi Bompiani, 1983.

LACERDA, Galeno. *Comentários ao Código de Processo Civil*. Rio de Janeiro: Forense, 1990.

LOPES DA COSTA, Alfredo de Araújo. *Medidas preventivas*. 2. ed., Belo Horizonte: Bernardo Álvares, 1958.

MARINONI, Luiz Guilherme. *Técnica processual e tutela dos direitos*. 3. ed. rev. e atual. São Paulo: Editora Revista dos Tribunais, 2010.

——. *Tutela inibitória*: individual e coletiva. 4. ed. São Paulo: Editora Revista dos Tribunais, 2006.

——; MITIDIERO, Daniel. *Código de processo civil comentado artigo por artigo*. São Paulo: Editora Revista dos Tribunais, 2008.

——; ——. *O projeto do CPC: crítica e propostas*. São Paulo: Revista dos Tribunais, 2010.

MIRANDA, Pontes de. *Tratado das ações. Tomo VI – Ações Mandamentais*. Campinas: Bookseller, 1998.

MITIDIERO, Daniel. *Processo civil e estado constitucional*. Porto Alegre: Livraria do Advogado, 2007.

PEYRANO, Jorge W. La medida autosatisfactiva: uno de los principales ejes de la reforma procesal civil. *In:*GREIF, Jaime (organizador). Medidas cautelares. Buenos Aires: Rubinzal-Culzoni Editores, 2002.

PINHO, Humberto Dalla Bernardina de. Direito processual civil contemporâneo, volume 1: teoria geral do processo. 4. ed. São Paulo: Saraiva, 2012.

RAPISARDA, Cristina. *Profili della tutela civile inibitória*. Padova: Cedam, 1987.

RIBEIRO, Darci G. *A garantia constitucional do postulado da efetividade desde o prisma das sentenças mandamentais*. In: Da Tutela Jurisdicional às formas de Tutela. Porto Alegre: Livraria do Advogado, 2010.

——. *Aspectos relevantes da teoria geral da ação cautelar inominada*. In: Tutela de Urgência. Porto Alegre: Síntese, 1997.

——. *La ejecución civl: experiencia del derecho brasileño*. In: La Ejecución Civil: Problemas Actuales. Barcelona: 2008.

ROCCO, Ugo. *Tratado de Derecho Procesal Civil*. Trad. Santiago Sentís Melendo e Marino Ayerra Redin. Buenos Aires: Depalma, 1977, v. 5.

SILVA, Jaqueline Mielke.Tutela de Urgência: de Piero Calamandrei a Ovídio Araújo Baptista da Silva. Porto Alegre: Verbo Jurídico, 2009.

SILVA, João Calvão da. *Cumprimento e sanção pecuniária compulsória*. 2. ed. 2. reimpressão. Coimbra: Almedina, 1997.

SANTOS, Mabel de los. Medida autosatisfactiva y medida cautelar (Semejanzas y diferencias entre ambos institutos procesales). *In:* GREIF, Jaime (organizador). Medidas cautelares. Buenos Aires: Rubinzal-Culzoni Editores, 2002.

SILVA, Ovídio Araújo Baptista da. *Comentários ao Código de Processo Civil*. Porto Alegre: Lejur, 1986.

——. *Curso de processo civil, vol. 2: processo cautelar (tutela de urgência)*. 4. ed. rev. e atual. Rio de Janeiro: Forense, 2007.

——. *O contraditório nas ações sumárias*. In: SILVA, Ovídio Araújo Baptista da. *Da sentença liminar à nulidade da sentença*. Rio de Janeiro: Forense, 2002.

——. *Jurisdição e execução na tradição romano-canônica*. 2. ed. São Paulo: Revista dos Tribunais, , 1997

——. *Sentença Mandamental. In* SILVA, Ovídio Araújo Baptista da. *Sentença e coisa julgada*. 4. ed. Rio de Janeiro: Forense, 2003.

TALAMINI, Eduardo. *Tutela relativa aos deveres de fazer e de não fazer*. São Paulo: Revista dos Tribunais, 2001.

THEODORO JÚNIOR, Humberto. *Processo cautelar*. São Paulo: Leud, 1976.

WAMBIER, Luiz Rodrigues. TALAMINI, Eduardo. *Curso avançado de processo civil, volume 2: execução*. 12. ed., rev., atual. e ampl. São Paulo: Revista dos Tribunais, 2012.

WATANABE, Kazuo. *Da cognição no processo civil*. São Paulo: Revista dos Tribunais, 1987.

— 5 —

Apontamentos constitucionais acerca do recurso administrativo no âmbito previdenciário

ELAINE TEREZINHA DILLENBURG[1]
LIANE TABARELLI ZAVASCKI[2]

Sumário: 1. Introdução; 2. Os princípios do contraditório e da celeridade processual aplicados à Seguridade Social; 3. Considerações sobre o Conselho de Recursos da Previdência Social (CRPS); 4. Tramitação interna do processo na Junta de Recursos; 5. Desnecessidade de acompanhamento de advogado para interposição de recurso no CRPS; 6. A questão do esgotamento das vias administrativas para o pleito judicial; 7. Requerimento simultâneo de benefício nas vias administrativa e judicial; 8. Reconhecimento do benefício pela autarquia previdenciária após a interposição do recurso administrativo; 9. Conclusão; Referências.

1. Introdução

Este artigo visa a explorar o processo administrativo previdenciário e a possibilidade de reconhecimento do direito através do duplo grau de jurisdição na esfera recursal administrativa, bem como eventuais similitudes com o processo judicial.

Intenta-se, sem a pretensão de esgotar o assunto, tecer breves considerações acerca das particularidades atinentes ao processo administrativo previdenciário, em especial sobre o Conselho de Recursos da Previdência Social (CRPS) e a tramitação interna dos processos nas Juntas de Recursos.

A fim de se satisfazer tal desiderato, em um primeiro momento do trabalho, serão comentados aspectos processuais em sentido lato, tais como alguns princípios do processo civil aplicáveis ao processo administrativo previdenciário. Posteriormente, será enfrentada a estrutura e a tramitação interna dos processos administrativos junto ao Conselho de

---

[1] Advogada, assessora jurídica da Federação dos Trabalhadores na Agricultura no Rio Grande do Sul (FETAG/RS), Conselheira da 18ª Junta de Recursos da Previdência Social e pós-graduada em Direito do Trabalho e Previdenciário pela UNIRITTER.
[2] Advogada, assessora jurídica da Federação dos Trabalhadores na Agricultura no Rio Grande do Sul (FETAG/RS), Professora da Faculdade de Direito da PUCRS e Doutora em Direito pela PUCRS.

Recursos da Previdência Social (CRPS), refletindo-se, ainda, sobre as demais questões pertinentes aos procedimentos adotados conforme disposição do Regimento Interno do CRPS.

2. Os princípios do contraditório e da celeridade processual aplicados à Seguridade Social

A Seguridade Social possui como objetivo, de acordo com o texto constitucional, a implantação de políticas públicas de saúde, assistência social e previdência social.[3] Nesse sentido, pode-se afirmar que o processo administrativo que assegura a participação efetiva do segurado nas decisões da autarquia previdenciária contribui para a concretização desse desiderato constitucional. Além do direito de requerer o benefício no âmbito administrativo, assegurar-se a possibilidade de contraditório do segurado é também uma forma de efetivar a ordem constitucional.[4]

A garantia constitucional do contraditório, aplicável tanto na seara administrativa quanto na judicial, está prevista no art. 5º, LV, CF/88,[5] oportunizando possibilidade de se contraditar a pretensão ou entendimento da outra parte do processo, inclusive produzindo contraprovas. Tal garantia deve ser observada em todas as etapas do processo.[6]

Dessa forma, o princípio constitucional do contraditório, assim compreendido por informar como se deve conduzir toda a ciência processual, visa a assegurar o equilíbrio entre as partes no processo, quer seja ele administrativo, quer seja ele judicial. Busca-se possibilitar o exercício do diálogo. Importa salientar, por outro lado, que "[...] a noção de contraditório é essencialmente potencial; aberta a possibilidade de manifestação da parte sem que esta se manifeste, não se pode dizer que houve mácula ao contraditório".[7]

---

[3] Art. 194, *caput*, CF/88: "A seguridade social compreende um conjunto integrado de ações de iniciativa dos Poderes Públicos e da sociedade, destinadas a assegurar os direitos relativos à saúde, à previdência e à assistência social".

[4] Esclarecedoras, nesse passo, as lições de Hesse para quem "embora a Constituição não possa, por si só, realizar nada, ela pode impor tarefas. A Constituição transforma-se em força ativa se essas tarefas forem efetivamente realizadas, se existir a disposição de orientar a própria conduta segundo a ordem nela estabelecida, se, a despeito de todos os questionamentos e reservas provenientes dos juízos de conveniência, se puder identificar a vontade de concretizar essa ordem." HESSE, Konrad. *A força normativa da Constituição*. Tradução de Gilmar Ferreira Mendes. Porto Alegre: Sergio Antonio Fabris Editor, 1991. p. 19.

[5] Art. 5º, LV, CF/88: "aos litigantes, em processo judicial ou administrativo, e aos acusados em geral são assegurados o contraditório e ampla defesa, com os meios e recursos a ela inerentes;".

[6] "Frise-se que o contraditório vige durante toda a relação jurídico-processual; sempre que uma parte se manifestar, deve-se abrir oportunidade à outra para contraditar. Logo, o contraditório existe não somente no que concerne à fase postulatória, estendendo-se às demais fases do processo." CORREIA, Marcus Orione Gonçalves. *Teoria Geral do Processo*. 5. ed. São Paulo: Saraiva, 2009. p. 31-32.

[7] CORREIA, Marcus Orione Gonçalves. *Teoria Geral do Processo*. 5 ed. São Paulo: Saraiva, 2009. p. 32. Adequado aqui também referir que as decisões liminares *inaudita autera pars* não violam esse prin-

Logo, oportuno registrar que o princípio do contraditório

[...] deve ser visto sob dois enfoques, quais sejam:

a) Jurídico: os fatos alegados e não contestados são tidos como verdadeiros, sendo declarada a revelia do réu.

b) Político: assegura às partes a participação na formação do provimento jurisdicional, ou seja, é a possibilidade que o jurisdicionado possui de influir nas decisões que irão repercutir em sua vida.[8]

O exercício do direito ao contraditório assegurado pela ordem constitucional de 1988 perpassa por suas necessárias relações com a garantia de ampla defesa. Diz-se que a garantia da ampla defesa

[...] possui manifestações básicas que assim podem ser sumarizadas: a) oponibilidade de defesa prévia à decisão; b) recorribilidade das decisões administrativas, mesmo que ausente preceito legal específico; c) garantia de defesa técnica, através da possibilidade de constituição de advogados; d) direito à comunicação e ao prazo razoável para o acompanhamento de atos processuais; e) solicitação e acompanhamento de provas.[9]

De outro modo, de nada adianta as garantias constitucionais do contraditório e da ampla defesa serem respeitadas em sede judicial e/ou administrativa, se a resposta à pretensão da parte lhe for entregue após ter transcorrido longo tempo do requerimento inicial do pedido. O retorno acerca da solicitação da parte, quer seja o pedido deduzido pelo jurisdicionado, pelo "administrado" ou, especificamente para fins desse trabalho, pelo segurado da Previdência Social, deve ser efetivado de modo célere para que o resultado lhe seja útil, não obstante o respeito ao contraditório e à ampla defesa.[10]

Nessa linha é que se discute a necessária celeridade na prestação judicial ou administrativa, a partir do princípio-vetor da duração razoável do processo consagrado no art. 5º, LXXVIII, da Constituição Federal de 1988.[11] Nesse contexto, há quem pondere que "[...] o princípio da duração

---

cípio constitucional, já que, concedidas após rigorosa fiscalização das exigências legais para tanto, existem a fim de se evitar o perecimento de direitos que, à primeira vista, não são compatíveis com o tempo que a observância do contraditório demanda.

[8] PINHO, Humberto Dalla Bernardina de. *Direito Processual Civil Contemporâneo.* v. 1: Teoria Geral do Processo. 4. ed. São Paulo: Saraiva, 2012. p. 96.

[9] MAFFINI, Rafael. *Direito Administrativo.* São Paulo: Revista dos Tribunais: LFG – Rede de Ensino Luiz Flávio Gomes, 2006 (Série Manuais para Concursos e Graduação; v. 11 – coordenação geral Luiz Flávio Gomes). p. 143.

[10] Sobre a influência da passagem do tempo na fruição de direitos, consulte-se OST, François. *O tempo do direito.* Tradução Maria Fernanda Oliveira. Lisboa: Instituto Piaget, 1999.

[11] "A Emenda Constitucional 45/2004 introduziu o inciso LXXVIII no art. 5º da Carta Magna, que prevê o princípio da duração do processo dentro de um prazo razoável como direito fundamental. Assim, a lei processual civil brasileira deve ter como escopo e fundamento esse respectivo princípio, ajustando-se com mecanismos de implementação da celeridade processual e de adaptação do procedimento." SILVA, Ovídio A. Baptista da; GOMES, Fábio Luiz. *Teoria Geral do Processo Civil.* Jaqueline Mielke Silva; Luiz Fernando Baptista da Silva. Atualizadores de Ovídio A. Baptista da Silva. 6. ed. rev. e atual. São Paulo: Revista dos Tribunais, 2011. p. 54.

razoável do processo nada mais é que o princípio da celeridade processual, revestido, desde dezembro de 2004, de eficácia constitucional".[12]

Mas o que pode ou deve-se compreender por uma prestação célere, dentro de prazo razoável? Entende-se que "[...] razoável será o tempo necessário para a cognição da causa até a efetiva entrega (ou não) do bem pretendido pela parte, ou seja, de todo o *iter* processual até a efetivação do provimento final".[13]

Ademais, acerca da duração razoável do processo

> [...] é comum falar que essa garantia, esse direito fundamental,[14] tem *caráter dúplice*, pois se manifesta como direito individual e também como direito prestacional, ou seja, são assegurados não só a *razoável duração* como também *os meios* que garantam a celeridade da tramitação processual.[15] [grifos no original].

Assim é que, após tais apontamentos, resta clara a importância decisiva da observância do contraditório (e dos recursos a ele inerentes), dentro de um prazo razoável, a fim de que a tutela perseguida pela parte lhe seja prestada, na via administrativa ou na via judicial. No âmbito do processo administrativo previdenciário, a aplicação desses princípios constitucionais (contraditório e celeridade processual) se revela de destacada relevância, em virtude de que, não raras vezes, o segurado está pleiteando benefício por incapacidade para o trabalho, no qual um retorno intempestivo do INSS pode lhe acarretar agravamento da patologia/lesões ou até seu óbito.

Dada a notável necessidade de enfrentamento de alguns aspectos do processo administrativo previdenciário pela sua significância, no próximo item, serão tecidas considerações acerca do assunto.

3. Considerações sobre o Conselho de Recursos da Previdência Social (CRPS)

De início, registre-se que, dentro do gênero dos processos administrativos, o processo administrativo previdenciário se evidencia uma de suas espécies.

---

[12] JOBIM, Marco Félix. *Direito à Duração Razoável do Processo*: responsabilidade civil do Estado em decorrência da intempestividade processual. São Paulo: Conceito Editorial, 2011. p. 145.

[13] PINHO, Humberto Dalla Bernardina de. *Direito Processual Civil Contemporâneo*. v. 1: Teoria Geral do Processo. 4. ed. São Paulo: Saraiva, 2012. p. 110. Sobre o assunto, o autor complementa: "Quando o prazo se estende além do razoável, muitos autores têm comungado da orientação de que há responsabilidade civil objetiva do Estado, que deverá ser acionado a compor os danos." (p.110).

[14] Para aprofundamentos sobre a temática dos direitos fundamentais, indica-se leitura de SARLET, Ingo Wolfgang. *A eficácia dos direitos fundamentais*. 8 ed. rev. e ampl. Porto Alegre: Livraria do Advogado, 2007 e edições posteriores da referida obra.

[15] AMENDOEIRA JR., Sidnei. *Manual de Direito Processual Civil*: teoria geral do processo e fase de conhecimento em primeiro grau de jurisdição. v. 1. 2. ed. São Paulo: Saraiva, 2012. p. 98-99.

O Conselho de Recursos da Previdência Social (CRPS),[16] o qual integra a estrutura do Ministério da Previdência Social, é um órgão colegiado de controle jurisdicional das decisões do INSS,[17] autônomo.[18] Sua composição é tripartite, sendo as Juntas e as Câmaras presididas por representante do Governo,[19] compostas por quatro membros, denominados conselheiros, nomeados pelo Ministro de Estado da Previdência e Assistência Social, dos quais dois são representantes do Governo, um das empresas e um dos trabalhadores.[20]

Adequado inferir que

> [...] não há atualmente uma lei específica que regulamente o processo administrativo previdenciário, porém há o entendimento de que o mesmo deve ser regido pela Constituição Federal, pela Lei nº 8.212/91 (Lei do Custeio), pela Lei nº 8.213/91 (Lei de Benefícios), pelo Decreto nº 3.048/99 (Regulamento da Previdência Social), pela Instrução Normativa do INSS, pelas Portarias do Ministério da Previdência Social e, principalmente, pela Lei nº 9.784/00 (Lei que regulamenta o processo administrativo no âmbito federal).[21]

Além dos citados dispositivos, a Portaria nº 548, de 13 de setembro de 2011, aprova o Regimento Interno do Conselho de Recursos da Previdência Social (CRPS), revogando a Portaria MPS/GM/nº 323, de 27 de agosto de 2007.

Dessa forma, o Conselho de Recursos atua como tribunal administrativo, na medida em que, com amparo na legislação, aprecia conflitos existentes entre segurados e a autarquia previdenciária, de maneira imparcial, com poder de rever as decisões do INSS (Instituto Nacional de Seguridade Social).[22] É o chamado duplo grau de verificação das decisões administrativas.[23] Registre-se, por oportuno, que somente na última década, o Conselho foi responsável pelo julgamento de mais de quatro

---

[16] "O CRPS é formado por 4 (quatro) Câmaras de Julgamento – CAJ, localizadas em Brasília – DF, que julgam em segunda e última instância matéria de Benefício, e por 29 (vinte e nove) Juntas de Recursos – JR nos diversos estados que julgam matéria de benefício em primeira instância". Disponível em <http://www.previdencia.gov.br/a-previdencia/orgaos-colegiados/conselho-de-recursos-da-previdencia-social-crps/o-que-o-crps/> Acesso em 19 jun. 2014.

[17] Art. 303 do Decreto nº 3.048, de 06 de maio de 1999.

[18] IBRAHIM, Fábio Zambitte. *Curso de Direito Previdenciário*. 18. ed. Rio de Janeiro: Impetus, 2013. p. 515.

[19] Esse representante é nomeado pelo Ministro da Previdência Social dentre aqueles com notório conhecimento acerca da legislação previdenciária.

[20] Art. 303, § 4º, do Decreto nº 3.048, de 06 de maio de 1999.

[21] SOCCIO, Rodolfo Mendes. Princípios do Processo Administrativo Previdenciário. In: *Revista Brasileira de Direito Previdenciário*. Porto Alegre, n. 17, Out.-Nov. 2013, p. 5-38. p.8.

[22] RECURSOS via internet dominam a rede. In: *Revista Previdência Social* – Publicação do Ministério da Previdência Social. Brasília, ano III, n. 7, Set.-Dez. 2013, p. 24-29. p. 24.

[23] IBRAHIM, Fábio Zambitte. *Curso de Direito Previdenciário*. 18. ed. Rio de Janeiro: Impetus, 2013. p. 522.

milhões de processos.[24] Constata-se também que "de acordo com dados do CRPS, em 20% dos casos, a Junta de Recursos reconhece o direito dos segurados, anulando a decisão inicial do INSS".[25]

Convém mencionar que os membros do Conselho de Recursos da Previdência Social terão um mandato de dois anos, permitida a recondução, atendidas as seguintes condições:

I – os representantes do Governo são escolhidos entre servidores federais, preferencialmente do Ministério da Previdência Social ou do INSS, com curso superior em nível de graduação concluído e notório conhecimento da legislação previdenciária, que prestarão serviços exclusivos ao Conselho de Recursos da Previdência Social, sem prejuízo dos direitos e vantagens do respectivo cargo de origem;

II – os representantes classistas, que deverão ter escolaridade de nível superior, exceto representantes dos trabalhadores rurais, que deverão ter nível médio, são escolhidos dentre os indicados, em lista tríplice, pelas entidades de classe ou sindicais das respectivas jurisdições, e manterão a condição de segurados do Regime Geral de Previdência Social; e,

III – o afastamento do representante dos trabalhadores da empresa empregadora não constitui motivo para alteração ou rescisão contratual.[26]

Há que se registrar também que, em janeiro de 2012, foi implantado o novo sistema de recursos eletrônicos da Previdência Social: o *e-recursos*. Ele representa grande avanço na tramitação do recurso administrativo, cumprindo o princípio da celeridade processual no âmbito do direito administrativo previdenciário. Veja-se que "em julho de 2014 o *e-recursos* já havia atingido a marca de 120 mil processos protocolados em todo país".[27] Em breve, o novo sistema também permitirá a solicitação de recursos pela internet, sem necessidade de o segurado se dirigir a uma unidade da Previdência Social.[28]

Ademais, importa referir que, a partir da Lei nº 11.457/07, que criou a Receita Federal do Brasil, o Conselho de Recursos da Previdência Social (CRPS) perdeu a competência para o julgamento de processos relativos a contribuições de seguridade social.[29] O CRPS é competente para julgamento de benefícios previstos na legislação previdenciária, dos benefícios assistenciais de prestação continuada (Lei nº 8.742/92) e para a aplica-

---

[24] RECURSOS via internet dominam a rede. In: *Revista Previdência Social* – Publicação do Ministério da Previdência Social. Brasília, ano III, n. 7, Set.-Dez. 2013, p. 24-29. p. 24.

[25] Ibid., p. 25.

[26] Art. 303, § 5º, do Decreto nº 3.048, de 06 de maio de 1999.

[27] RECURSOS via internet dominam a rede. In: *Revista Previdência Social* – Publicação do Ministério da Previdência Social. Brasília, ano III, n. 7, Set.-Dez. 2013, p. 24-29. p. 25.

[28] Ibid., p. 25.

[29] VIANA, João Ernesto Aragonés. *Curso de Direito Previdenciário*. 4. ed. São Paulo: Atlas, 2011. p. 607.

ção das regras do nexo técnico epidemiológico (art. 337 do Decreto nº 3.048/99).[30]

Por fim, lembre-se de que o Conselho Pleno é parte integrante do CRPS, cuja competência "visa uniformizar a Jurisprudência Previdenciária mediante enunciados, podendo, ainda, ter outras competências definidas no Regimento Interno do Conselho de Recursos da Previdência Social".[31]

Sem a pretensão de se esgotar a totalidade das questões pertinentes ao Conselho de Recursos, a seguir será abordada a tramitação interna do processo na Junta de Recursos.

4. Tramitação interna do processo na Junta de Recursos

O processo administrativo previdenciário se desenvolve pontuando as seguintes fases:

1) O segurado recebe correspondência do INSS comunicando-lhe da decisão cerca do seu pedido de concessão de benefício, por exemplo.

2) Se o benefício é deferido, o INSS implanta o benefício. Caso contrário, abre-se o prazo de 30 dias para que o segurado possa ingressar com recurso na Junta de Recursos da Previdência Social (JRPS). Se o segurado deixar transcorrer *in albis* referido prazo, o processo é arquivado.

3) A Agência da Previdência Social (APS) envia o processo para julgamento à JRPS.

4) Se o recurso é provido, o processo retorna à APS de origem para implantação do benefício. Caso contrário, abre-se prazo de 30 dias para recurso nas Câmaras de Julgamento (CAJ).

5) No caso de provimento do recurso, reforma-se a decisão do JRPS, retornando o processo à APS, para a implantação do benefício. Dessa decisão não cabe mais recurso da autarquia, ocorrendo a coisa julgada administrativa.

6) Se não provido o recurso, retornam os autos do processo para a APS para arquivamento.

Os recursos à CAJ podem ser interpostos também pela autarquia, por intermédio da Seção de Revisão do Serviço de Benefícios, da Gerência Executiva do INSS, caso constate erros ou contradição em seu julgamento. É instrumento similar à ação rescisória, que tem por fito rescindir a coisa julgada em determinadas situações.[32]

Veja-se que o processo recursal administrativo previdenciário guarda similitudes com o processo judicial, dentre as quais é possível citar, por exemplo, o duplo grau de jurisdição. A primeira instância é composta pelas Juntas de Recurso, e a segunda instância é formada pelas Câmaras de Julgamento.

---

[30] BALERA, Wagner; RAEFFRAY, Ana Paula Oriola de. *Processo Previdenciário*: Teoria e Prática. São Paulo: Conceito Editorial, 2012. p. 66.
[31] Ibid., p. 65.
[32] TSUTIYA, Augusto Massayuki. *Curso de Direito da Seguridade Social*. 3. ed. São Paulo: Saraiva: 2011. p. 411-412.

Por sua vez, são cabíveis os recursos ordinário e especial, respectivamente.[33] Será interposto recurso especial caso a decisão da Junta de Recursos contrarie lei ou ato normativo federal. Quanto à legitimidade, o recurso especial poderá ser interposto pelo próprio segurado ou pelo INSS e, se apresentado tempestivamente, suspende os efeitos da decisão de primeira instância e devolve à instância superior o conhecimento integral da causa.[34]

Admite-se, ainda, no processo administrativo previdenciário, a apresentação de embargos de declaração, erro material, conflito de competência, exceção de impedimento, revisão de ofício e reclamação.[35]

Observe-se, ademais, que o prazo para apresentação de qualquer recurso é de 30 dias, assim como das contrarrazões de recurso.[36] Acerca do aspecto da tempestividade, interessante referir que reside aqui uma importante distinção do processo administrativo previdenciário em relação ao processo judicial. O artigo 13, inciso II, da Portaria nº 348/2011 prevê a possibilidade de o Colegiado relevar a intempestividade, desde que o faça de modo fundamentado, se o mesmo entender que, no mérito, restou demonstrada de forma inequívoca a liquidez e certeza do direito da parte.

Registre-se também que a análise da tempestividade do recurso cabe ao Conselheiro-Relator do processo e ao Colegiado, não sendo, pois, matéria de competência da Agência da Previdência Social (APS) de origem, a qual não pode se escusar de receber e protocolar qualquer recurso, mesmo que intempestivo.[37]

Nessa linha, sublinhe-se que o processo administrativo é regido pelo informalismo e deve buscar a verdade material, preservando o direito do segurado.[38]

Assim como no processo judicial, admite-se no processo previdenciário a possibilidade de sustentação oral, pois do contrário haveria afronta ao princípio da ampla defesa do contraditório.[39] Veja-se:

> Art. 32. Quando solicitado pelas partes, o órgão julgador deverá informar o local, data e horário de julgamento, para fins de sustentação oral das razões do recurso.

---

[33] IBRAHIM, Fábio Zambitte. *Curso de Direito Previdenciário*. 18. ed. Rio de Janeiro: Impetus, 2013. p. 515.
[34] Art. 30 da Portaria nº 348/2011.
[35] Trata-se de matéria disciplinada no Capítulo VIII da Portaria nº 348/2011.
[36] Art. 31 da Portaria nº 348/2011.
[37] IBRAHIM, op. cit., p. 517.
[38] "Caso venha ser evidenciada a intempestividade do recurso, ainda assim, deverá o recurso ser instruído e analisado quanto ao mérito, como se tempestivo fosse. O processo administrativo deve buscar a verdade material e será regido pelo informalismo, o que ainda possibilita a análise de contestação intempestiva, não só pelo possível direito do beneficiário, mas também pela prerrogativa do CRPS em relevar a intempestividade". Idem. p. 517.
[39] Art. 32 da Portaria nº 348/2011.

§ 1º O INSS poderá ser representado, nas sessões das Câmaras de Julgamento, das Juntas de Recursos e do Conselho Pleno do CRPS, pela Procuradoria Federal Especializada junto ao INSS, sendo facultada a sustentação oral de suas razões, com auxílio de assistentes técnicos do INSS.

§ 2º Até o anúncio do início dos trabalhos de julgamento, a parte ou seu representante poderão formular pedido para realizar sustentação oral ou para apresentar alegações finais em forma de memoriais.

No que se refere à instrução dos processos, conforme preceitua o art. 587 da Instrução Normativa – IN nº 45/2010, "as atividades de instrução destinadas a averiguar e comprovar os requisitos legais para a concessão dos benefícios e serviços da Previdência Social serão realizadas por provocação do requerente ou pelo Servidor responsável pela condução do processo".

Contudo, durante a tramitação do processo em fase recursal, é possível o interessado juntar documentos, atestados, exames complementares e pareceres médicos, requerer diligências e perícias e aduzir alegações referentes à matéria objeto do processo até mesmo na sessão de julgamento, hipótese em que será conferido direito de vista à parte contrária para ciência e manifestação.[40] Ademais, durante a tramitação do recurso especial ainda é possível complementar a instrução probatória.

Cabe mencionar ainda que, no âmbito administrativo previdenciário, primando-se pelo melhor direito do segurado, o art. 623 da IN nº 45/2010 autoriza a possibilidade de reafirmação da Data de Entrada do Requerimento – DER –, caso seja verificado que o segurado implementa os requisitos para satisfação do direito em data posterior.[41] Tal possibilidade deve ter a concordância do segurado, que deverá se manifestar por escrito, aplicando-se tal regra a todas as situações que resultem em um benefício mais vantajoso ao segurado. Decisões nesse sentido são frequentes no CRPS. Desse modo:

> APOSENTADORIA TEMPO DE CONTRIBUIÇÃO. TEMPO RURAL RECONHECIDO PRO DECRETO JUDICIAL, QUE TAMBÉM AFASTO EXISTÊNCIA DE INSALUBRIDADE NOS PERÍODOS ALEGADAMENTE CONSIDERADOS ESPECIAIS. NECESSIDADE DE CUMPRIR-SE A DECISÃO JUDICIAL NA INTEGRALIDADE, E NÃO APENAS NA PARTE EM QUE FAVORÁVEL AO SEGURADO. POSSIBILIDADE DE CONCESSÃO DO BENEFÍCIO NA MODALIDADE INTEGRAL (ART. 201, § 7º DA CONSTITUIÇÃO FEDERAL), DESDE QUE HAJA REAFIRMAÇÃO DA DER. RECURSO CONHECIDO E PROVIDO TEMPESTIVIDADE. (Processo: 36830.008159/2005-60 – Acórdão 1217/2010 – 4ª CaJ).[42]

---

[40] Art. 37, § 1º, da Portaria nº 348/2011.

[41] Art. 623 da IN 45/2010: "Se por ocasião do despacho, for verificado que na DER o segurado não satisfazia as condições mínimas exigidas para a concessão do benefício pleiteado, mas que os completou em momento posterior ao pedido inicial, será dispensada nova habilitação, admitindo-se, apenas, a reafirmação da DER".

[42] BRASIL. *Ministério da Previdência Social*. Conselho de Recursos da Previdência Social – CRPS: Seleção de Acórdãos. Brasília: Ministério da Previdência Social, 2011. p. 328 – 330.

Além da possibilidade de reafirmar a DER, o processo previdenciário em fase recursal prevê a possibilidade de desistência do recurso em qualquer fase do processo, desde que antes de seu julgamento, devendo tal desistência ser manifestada de forma expressa.[43] Trata-se de questão relevante, em razão de que, em geral, os benefícios são concedidos com data de início a partir da DER, exceto algumas exceções previstas em lei.

Quanto às decisões nas Juntas ou Conselhos de Recursos, estas podem ser por unanimidade ou maioria, sendo prolatadas em sessão de julgamento previamente publicada no *site* do Ministério da Previdência Social. Na sessão, o Conselheiro-Relator apresenta o relatório e voto, o qual é apreciado pelos demais Conselheiros, que poderão concordar ou não com o voto do Relator. Nesse passo, destaque-se que tanto o relatório quanto o voto devem ser expressos em linguagem simples, sem códigos ou expressões complexas, devendo ser acessíveis ao segurado.[44]

Conclui-se, portanto, que o processo administrativo previdenciário contempla as seguintes fases: inicial, instrutória, decisória, recursal e de cumprimento das decisões administrativas,[45] sendo vedado ao INSS excursar-se de seu cumprimento.[46] Todavia, excepcionalmente, se, após o julgamento, for constatado que foi deferido benefício mais vantajoso, deverá ser dada ciência ao segurado para que se manifeste de forma expressa, optando entre um ou outro benefício.[47]

A questão que perdura, após tais ponderações, versa sobre a necessidade ou não de que a defesa do segurado, no processo administrativo previdenciário, seja acompanhada por profissional habilitado para o exercício da advocacia, temática que será abordada no item a seguir.

5. Desnecessidade de acompanhamento de advogado para interposição de recurso no CRPS

Consoante o texto constitucional, dentre as "Funções Essenciais à Justiça", encontra-se a advocacia.[48] Na mesma linha, a Lei nº 8.906, de 1994, a

---

[43] Art. 35 da Portaria nº 548/2011.

[44] BERWAGER, Jane Lucia Wilhelm. Recurso Administrativo – Apontamentos Práticos. In: *Revista Brasileira de Direito Previdenciário*. Porto Alegre, ano 1, n. 1, Fev./Mar. 2011, p. 47-64. p. 57.

[45] BALERA, Wagner; RAEFFRAY, Ana Paula Oriola de. *Processo Previdenciário*: Teoria e Prática. São Paulo: Conceito Editorial, 2012. p. 71.

[46] Art. 56 da Portaria nº 548/2011: "É vedado ao INSS escusar-se de cumprir, no prazo regimental, as diligências solicitadas pelas unidades julgadoras do CRPS, bem como deixar de dar efetivo cumprimento às decisões do Conselho Pleno e acórdãos definitivos dos órgãos colegiados, reduzir ou ampliar o seu alcance ou executá-lo de modo que contrarie ou prejudique seu evidente sentido".

[47] IBRAHIM, Fábio Zambitte. *Curso de Direito Previdenciário*. 18. ed. Rio de Janeiro: Impetus, 2013. p. 524.

[48] Art. 133, CF/88: "O advogado é indispensável à administração da justiça, sendo inviolável por seus atos e manifestações no exercício da profissão, nos limites da lei".

qual dispõe sobre o Estatuto da Advocacia e a Ordem dos Advogados do Brasil (OAB), em seu art. 2º, regulamenta que "o advogado é indispensável à administração da justiça". A Lei nº 8.906/1994 disciplina, ademais, ser direito do advogado "examinar, em qualquer órgão dos Poderes Judiciário e Legislativo, ou da Administração Pública em geral, autos de processos findos ou em andamento, mesmo sem procuração, quando não estejam sujeitos a sigilo, assegurada a obtenção de cópias, podendo tomar apontamentos"[49] e "ter vista dos processos judiciais ou administrativos de qualquer natureza, em cartório ou na repartição competente, ou retirá-los pelos prazos legais".[50]

Por outro lado, sem desprestígio algum à colaboração de profissional habilitado para o exercício da advocacia, nos processos judiciais previdenciários que tramitam nos Juizados Especiais Federais, de acordo com a Lei nº 10.259/2001, por processarem e julgarem causas – em tese – de menor complexidade, não há obrigatoriedade da representação da parte litigante por meio de causídico.[51] Tal regra visa a garantir a concretização da garantia do mais amplo acesso à justiça assegurada no art. 5º, XXXV, CF/88,[52] já que há triagens para que a parte seja acompanhada por advogado público e, não se habilitando ela para tanto, não raras são as vezes em que não tem condições de suportar os custos do patronímico da causa por advogado particular.

Na mesma linha, em se tratando de processos administrativos previdenciários, verifica-se a desnecessidade de acompanhamento de advogado para interposição de recurso no CRPS.[53] Isso se justifica também

---

[49] Art. 7º, XIII, da Lei nº 8.906, de 4 de julho de 1994.

[50] Art. 7º, XV, da Lei nº 8.906, de 4 de julho de 1994.

[51] "A parte deve se dirigir ao Juizado ou ao setor de atendimento e triagem (onde houver) onde será encaminhado adequadamente. Seu pedido será apresentado oralmente e redigido por servidores que distribuirão sua inicial e lhe informarão de imediato a data da audiência de conciliação, instrução e julgamento. A presença de advogado só é obrigatória quando a parte for incapaz ou ainda para interpor e responder a recurso". Disponível em <http://www.jfes.trf2.gov.br/documentos/jef/duvidasjef.htm#q8> Acesso em 30 jun. 2014.

[52] Art. 5º, XXXV, CF/88: "a lei não excluirá da apreciação do Poder Judiciário lesão ou ameaça a direito;".

[53] Nesse passo, interessante observar que "a Lei nº 12.008, de 29.07.2009, equiparou ao idoso o portador de doença grave, no novo texto atribuído aos artigos 1.211-A e 1.211-C do Código, de modo que o benefício da tramitação diferencial se aplica indistintamente a ambos". THEODORO JÚNIOR, Humberto. *Curso de Direito Processual Civil*. v. 1: Teoria Geral do Direito Processual Civil e Processo de Conhecimento. 53 ed. rev. e atual. Rio de Janeiro: Forense, 2012. p. 107. Adequado lembrar que a tramitação judicial preferencial foi inserida pelo Estatuto do Idoso – Lei nº 10.741/2003 em seu art. 71. Assim, se ao portador de doença grave se garante tramitação preferencial em processo judicial pelo risco de inefetividade da decisão, reafirma-se, na seara do processo administrativo previdenciário, a desnecessidade de acompanhamento de advogado para interposição de recurso no CRPS, já que não há que se burocratizar ainda mais o sistema, criando-se exigências prescindíveis para o segurado portador de grave incapacidade, em razão de doença ou acidente, que necessita com brevidade uma resposta da autarquia previdenciária com relação ao seu pedido de benefício, sob pena de essa prestação também vir a ser inefetiva.

porque no âmbito do processo administrativo previdenciário vigora o Princípio da Informalidade, bastando que o segurado manifeste sua inconformidade com a decisão administrativa por meio de simples petição endereçada ao CRPS.[54]

Após tais apontamentos, no item a seguir, a temática do esgotamento das vias administrativas para o pleito judicial previdenciário será apreciada.

6. A questão do esgotamento das vias administrativas para o pleito judicial

Pacificado está na melhor doutrina e jurisprudência que não há necessidade de esgotamento das vias administrativas a fim de que se provoque a prestação jurisdicional do Estado. Nesse diapasão, veja-se que "majoritariamente doutrina e jurisprudência[55] entendem que condicionar o exercício do direito de ação em juízo à exigência do prévio requerimento administrativo viola a garantia constitucional de acesso à justiça (art. 5º, XXXV, CF/88)".[56]

Ocorre, porém, que há quem sustente a necessidade de existir interesse de agir para provocar a tutela judicial, ou seja, requer-se a existência de indeferimento administrativo do pedido do segurado, não obstante não haja a necessidade do esgotamento das vias administrativas para o pleito judicial. Desse modo:

> No âmbito do processo administrativo previdenciário não há necessidade de esgotamento da via administrativa para se interpor um (sic) demanda judiciária, porém a jurisprudência e grande parte da doutrina estabelece que deve haver a necessidade do prévio indeferimento administrativo para que se ingresse em juízo, sob a alegação de que sem o mesmo não haveria interesse de agir.[57]

---

[54] Nesse sentido: "Os *direitos à organização e ao procedimento* indicam a necessidade de que os direitos fundamentais, neles incluídos os direitos sociais, com destaque, no caso, aos direitos previdenciários, sejam objeto de organismos, instituições e procedimentos que tenham como objetivo conferir-lhes efetividade. Ainda, nesse plano, deve-se assegurar o direito de participação dos interessados nos mencionados procedimentos e organismos, como forma de se assegurar a democracia participativa nessa esfera." [itálico no original]. GARCIA, Gustavo Filipe Barbosa. Beneficiários da Previdência Social no Contexto dos Direitos Humanos e Fundamentais. *In*: *Revista Síntese Trabalhista e Previdenciária*. São Paulo, v. 24, n. 298, Abril 2014. p. 107-120. p. 112.

[55] Consulte-se, por exemplo, STF RE-AgR 549055, Rel. Min. Ayres Britto, DJE 10.12.2010.

[56] SANTOS, Marisa Ferreira dos. *Direito Previdenciário Esquematizado*. São Paulo: Saraiva, 2011. p. 554. Acerca da temática, a autora registra que "a realidade mostra, contudo, que muitas agências do INSS chegam a recusar o protocolo dos requerimentos administrativos, não restando ao interessado outro caminho senão o do Poder Judiciário. Mas também é verdade que, muitas vezes, os pedidos são rapidamente analisados e dada a resposta ao requerimento, com a concessão ou o indeferimento do benefício." (p. 555).

[57] SOCCIO, Rodolfo Mendes. Princípios do Processo Administrativo Previdenciário. *In*: *Revista Brasileira de Direito Previdenciário*. Porto Alegre, n. 17, Out.-Nov. 2013, p. 5-38. p.10. Em sentido oposto: "Na verdade, o que caracteriza o interesse de agir não é a existência de um indeferimento administrativo,

Endossando esse entendimento, ao sinalizar que a exigência de provocação da esfera administrativa não viola ou excepciona a garantia de acesso à justiça, diz-se que:

> Não se trata de exceções à regra referida, conduto, aqueles casos em que, para fins de configuração do interesse de agir para a utilização de alguns instrumentos processuais específicos (*habeas data*, ações previdenciárias etc.), é necessário provocar (não esgotar, pois) a via administrativa. Nesses casos, a questão não é de negar acesso ao Poder Judiciário, mas de condicionar a utilização de alguns instrumentos processuais à manifestação de resistência pela Administração Pública. De qualquer forma, deve-se colocar em destaque a regra de que 'não é necessário o esgotamento da via administrativa para a busca pela tutela jurisdicional'.[58]

Fato é que, não obstante haja manifestações doutrinárias diversas, a Carta Magna brasileira, exceto no caso da Justiça Desportiva,[59] não exige o esgotamento das vias administrativas a fim de que lesão ou ameaça de lesão a direito possa ser apreciada pelo Judiciário, até porque, quanto maior for o tempo dispensado para a concretização de direitos, maior será o custo desses direitos para o próprio Estado.[60]

O sistema recursal administrativo enfrenta muitas críticas pelos profissionais do Direito sob o argumento de que são poucos os casos em que as decisões do INSS são revertidas. Contudo, são poucos advogados que atuam e se dedicam a produção de provas, sustentação oral e estudar normas e portarias para garantir o direito do segurado,[61] preferindo a esfera judicial que nem sempre possui a melhor decisão.

---

mas a ocorrência de lesão ou ameaça de lesão ao direito do indivíduo". SAVARIS, José Antonio. *Direito Processual Previdenciário*. 3 ed. Curitiba: Juruá, 2011. p. 68.

[58] MAFFINI, Rafael. *Direito Administrativo*. São Paulo: Revista dos Tribunais: LFG – Rede de Ensino Luiz Flávio Gomes, 2006 (Série Manuais para Concursos e Graduação; v. 11 – coordenação geral Luiz Flávio Gomes). p. 150. Há também um posicionamento intermediário sobre a matéria. Veja-se: "A melhor solução, a nosso ver, já está prevista no art. 41-A, § 5º, da Lei n. 8.213/91, que fixa o prazo de *45 (quarenta e cinco)* dias para a autoridade administrativa efetuar o pagamento da primeira renda mensal do benefício, após a apresentação, pelo segurado, da documentação necessária. Atento à realidade, quis o legislador pôr fim à conhecida demora na decisão de processos administrativos previdenciários, que causa desamparo a muitos segurados justamente no momento em que a cobertura previdenciária deveria socorrê-los. A apreciação do requerimento, com a formulação de exigências, concessão ou indeferimento do benefício, assim, deve ser feita em 45 dias. Se, durante esse prazo, o requerimento for indeferido ou não for apreciado, surgirá o interesse de agir do segurado ou beneficiário para o ajuizamento da ação." [grifo no original]. SANTOS, Marisa Ferreira dos. *Direito Previdenciário Esquematizado*. São Paulo: Saraiva, 2011. p. 555.

[59] Art. 217, CF/88: "[...] § 1º – O Poder Judiciário só admitirá ações relativas à disciplina e às competições desportivas após esgotarem-se as instâncias da justiça desportiva, regulada em lei. § 2º – A justiça desportiva terá o prazo máximo de sessenta dias, contados da instauração do processo, para proferir decisão final".

[60] Sobre o assunto, indica-se leitura de HOLMES, Sthepen; SUNSTEIN, Cass. R. *The Cost of Rights*: Why Liberty depends on Taxes. New York: W. W. Norton & Co., 1999. Ver também BERWANGER, Jane Lúcia Wilhelm; FOLMANN, Melissa (Coords.). *Previdência & Argumento Econômico*: repercussão nas decisões judiciais. Curitiba: Juruá, 2012.

[61] BERWAGER, Jane Lucia Wilhelm. Recurso Administrativo – Apontamentos Práticos. In: *Revista Brasileira de Direito Previdenciário*. Porto Alegre, ano 1, n. 1, Fev./Mar. 2011, p. 47-64. p. 60.

Feitos tais registros, no próximo item, será objeto de reflexão a situação do requerimento simultâneo de benefício nas vias administrativa e judicial.

7. Requerimento simultâneo de benefício nas vias administrativa e judicial

Determina o art. 126, § 3º, da Lei nº 8.213/91 que a propositura pelo beneficiário de ação judicial que tenha por objeto idêntico pedido sobre o qual versa o processo administrativo importa renúncia ao direito de recorrer na esfera administrativa e desistência do recurso interposto.

Constatando-se a existência de demanda judicial a partir da interposição de recurso ordinário e se este já tiver sido encaminhado à Junta de Recursos, esta será comunicada para fins de decisão,[62] que será de não conhecer o recurso[63] por renúncia tácita[64] em razão da opção da lide judicial.

Nesse sentido, decidiu a 4ª CAJ – Quarta Câmara de Julgamento:

> Aposentadoria por tempo de contribuição. Pedido de Cancelamento da Aposentadoria para Transformação da Espécie 42 para 46. Propositura de Ação Judicial. Renúncia Tácita, conforme prevê o artigo 307 do RPS, aprovado pelo Decreto nº 3.048/99. Perda do objeto. Não conhecimento do recurso. Fundamentação: Artigos 53 e 54 da Portaria Ministerial nº 323, de 27/08/07. Recurso não conhecido. Fundamentação. (Recurso protocolo nº 35097.001105/2009-85 – Acórdão: 55/2011 de 15/02/2011).[65]

Para tanto, considera-se idêntica a ação judicial que tiver as mesmas partes, a mesma causa de pedir e o mesmo pedido do processo administrativo.[66]

Contudo, registre-se que há entendimento doutrinário defendendo que caso seja comprovado o direito do segurado no processo administrativo recursal, o Conselheiro poderá, através de diligência, solicitar a manifestação do segurado quanto à desistência do processo judicial e prosseguimento da via administrativa de seu recurso.[67]

---

[62] Art. 36 da Portaria nº 348/2011.

[63] Arts. 53, II, e 54, III, da Portaria nº 348/2011.

[64] "No curso do processo administrativo, se o segurado ingressa com ação judicial versando sobre a mesma matéria, estará automaticamente renunciando à discussão na seara administrativa. O processo será arquivado. Isso para evitar decisões conflitantes; tendo em vista que a decisão judicial é definitiva, necessário se faz aguardar o deslinde judicial." TSUTIYA, Augusto Massayuki. *Curso de Direito da Seguridade Social*. 3. ed. São Paulo: Saraiva: 2011. p. 412.

[65] BRASIL. *Ministério da Previdência Social*. Conselho de Recursos da Previdência Social – CRPS: Seleção de Acórdãos. Brasília: Ministério da Previdência Social, 2011. p. 328 – 330.

[66] IBRAHIM, Fábio Zambitte. *Curso de Direito Previdenciário*. 18. ed. Rio de Janeiro: Impetus, 2013. p. 521.

[67] "Pessoalmente, entendo que, em qualquer hipótese, caberá a remessa dos Autos ao CRPS, pois somente este poderá, validamente, identificar se a ação judicial possui as mesmas partes, a mesma cau-

Ainda, relacionado ao tema, o ponto seguinte abordará a possibilidade de reconhecimento do benefício pela autarquia previdenciária após a interposição do recurso administrativo.

8. Reconhecimento do benefício pela autarquia previdenciária após a interposição do recurso administrativo

O poder de autotutela como sendo a possibilidade da Administração Pública rever seus próprios atos está contemplado no Direito Previdenciário, conforme prescreve o art. 103 da Lei nº 8.213/91, *in verbis*:

> É de dez anos o prazo de decadência de todo e qualquer direito ou ação do segurado ou beneficiário para a revisão do ato de concessão de benefício, a contar do dia primeiro do mês seguinte ao do recebimento da primeira prestação ou, quando for o caso, do dia em que tomar conhecimento da decisão indeferitória definitiva no âmbito administrativo.

De maneira específica no processo previdenciário, o art. 34 da Portaria nº 348/2011 assim preceitua:

> Art. 34. O INSS pode, enquanto não tiver ocorrido a decadência, reconhecer expressamente o direito do interessado e reformar sua decisão, observado o seguinte procedimento:
>
> I – quando o reconhecimento ocorrer na fase de instrução do recurso ordinário o INSS deixará de encaminhar o recurso ao órgão julgador competente;
>
> II – quando o reconhecimento ocorrer após a chegada do recurso no CRPS, mas antes de qualquer decisão colegiada, o INSS deverá encaminhar os autos ao respectivo órgão julgador, devidamente instruído com a comprovação da reforma de sua decisão e do reconhecimento do direito do interessado, para fins de extinção do processo com resolução do mérito por reconhecimento do pedido.
>
> III – quando o reconhecimento ocorrer após o julgamento da Junta de Recurso ou da Câmara de Julgamento, o INSS deverá encaminhar os autos ao órgão julgador que proferiu a última decisão, devidamente instruído com a comprovação da reforma de sua decisão e do reconhecimento do direito do interessado, para que, se for o caso, seja proferida nova decisão.
>
> § 1º Na hipótese prevista no Inciso II, se da análise dos autos o órgão julgador constatar que não ocorreu o reconhecimento expresso do direito do interessado pelo INSS, o processo terá seguimento normal com o julgamento do recurso de acordo com o convencimento do colegiado.
>
> § 2º Na hipótese de reforma parcial de decisão do INSS, o processo terá seguimento em relação à questão objeto da controvérsia remanescente.

Cabe notar que muitas vezes o cumprimento das diligências solicitadas pelas Juntas de Recurso após uma primeira análise do objeto possibilita comprovar o direito líquido e certo do segurado, disso resultando a

---

sa de pedir e o mesmo pedido do processo administrativo. Ademais, verificado o direito do segurado, o CRPS poderá, mediante diligência, determinar ao INSS que notifique o segurado se deseja desistir da ação judicial, especialmente quando se averigua direito líquido e certo ao benefício". IBRAHIM, Fábio Zambitte. *Curso de Direito Previdenciário*. 18. ed. Rio de Janeiro: Impetus, 2013. p. 521.

concessão do benefício previdenciário requerido ainda na origem. Nesses casos, o processo retorna à JRPS para fins de extinção do processo com resolução do mérito por reconhecimento do pedido, conforme preceitua o art. 34, II da Portaria n° 348/2011, supra-citado. Veja-se decisão nesse sentido:

> APOSENTADORIA POR IDADE. INDEFERIDO POR FALTA DE CARÊNCIA. RECURSO ORDINÁRIO. SOLICITAÇÃO DE DILIGÊNCIA. CONCESSÃO DO BENEFÍCIO. EXTINÇÃO DO PROCESSO COM RESOLUÇÃO DE MÉRITO. FUNDAMENTO NO ARTIGO 54, VII DA PORTARIA MPS N° 548/2011. RECURSO EXTINTO. (N° Acórdão: 1204 / 2014 – processo nº. 44232.106077/2013-67 – 41/162.650.472-2 – 18ª JRPS).[68]

Assim, o reconhecimento do direito poderá ocorrer em qualquer fase do processo recursal administrativo, inclusive na tramitação do recurso especial que será analisado pela CAJ (Câmara de Julgamento).

Após tais considerações, no próximo item, serão sintetizadas as principais conclusões dessa pesquisa.

9. Conclusão

Conforme este trabalho discorreu, a Seguridade Social deverá garantir ao segurado, no âmbito do processo administrativo previdenciário, a aplicação de princípios fundamentais indispensáveis tal como se exige o atendimento dos mesmos na seara dos processos judiciais. Trata-se precipuamente dos princípios de ampla defesa, contraditório e celeridade processual.

Viu-se que a organização e os procedimentos adotados pelo Conselho de Recursos da Previdência Social – CRPS –, preceitos da Portaria n° 548/2011, apreciam conflitos existentes entre segurados e a autarquia previdenciária de maneira imparcial, com poder de rever as decisões do INSS, garantindo o duplo grau de jurisdição e verificação na via administrativa.

Observou-se que a tramitação interna dos processos na Junta de Recursos contempla as seguintes fases: inicial, instrutória, decisória, recursal e de cumprimento das decisões administrativas, pautando suas decisões nos princípios constitucionais e da Administração Pública, visando a garantir o melhor direito ao segurado.

Nessa linha, restou claro que o processo recursal na via administrativa apresenta similitudes em relação ao processo judicial, contudo, há algumas peculiaridades que os diferencia, tais como a possibilidade de relevar a intempestividade, reafirmar a Data de Entrada do Requerimen-

---

[68] BRASIL. *Ministério da Previdência Social*. Disponível em <http://erecursos.previdencia.gov.br/> Acesso em 15 jul. 2014.

to em apresentar provas e documentos em qualquer fase do processo, até mesmo na sessão de julgamento durante a sustentação oral, e, inclusive, na análise do recurso especial.

O recurso apresentado na via administrativa, em qualquer de suas fases, não exige o acompanhamento de advogado, assim como não exige o esgotamento das vias administrativas para buscar sua pretensão na via judiciária. Por outro lado, o requerimento simultâneo de benefício na via judicial impede o prosseguimento na via administrativa, devendo o segurado optar por um ou outro sob pena de obter decisões conflitantes.

Cabe lembrar, ademais, que o reconhecimento do benefício pela autarquia previdenciária após a interposição do recurso administrativo é possível ensejando a extinção do processo com resolução do mérito por reconhecimento do pedido.

Diante dos registros aqui tecidos, é possível concluir que o processo recursal na esfera administrativa é uma importante garantia constitucional de ampla defesa oferecida ao segurado, de forma gratuita e relativamente simples, possibilitando reformar a decisão denegatória de seu direito. Entretanto, ainda que restar inexistosa sua pretensão na via recursal administrativa, poderá ele recorrer ao Judiciário para nova apreciação, esta definitiva e imutável, após transitar em julgado da decisão judicial.

Referências

AMENDOEIRA JR., Sidnei. *Manual de Direito Processual Civil*: teoria geral do processo e fase de conhecimento em primeiro grau de jurisdição. v. 1. 2. ed. São Paulo: Saraiva, 2012.

BALERA, Wagner; RAEFFRAY, Ana Paula Oriola de. *Processo Previdenciário*: Teoria e Prática. São Paulo: Conceito Editorial, 2012.

BERWAGER, Jane Lucia Wilhelm. Recurso Administrativo – Apontamentos Práticos. In: *Revista Brasileira de Direito Previdenciário*. Porto Alegre, ano 1, n. 1, Fev./Mar. 2011, p. 47-64.

——; FOLMANN, Melissa (Coords.). *Previdência & Argumento Econômico*: repercussão nas decisões judiciais. Curitiba: Juruá, 2012.

BRASIL. *Justiça Federal do Espírito Santo*. Disponível em <http://www.jfes.trf2.gov.br/documentos/jef/duvidasjef.htm#q8> Acesso em 30 jun. 2014.

——. *Ministério da Previdência Social*. Disponível em <http://www.previdencia.gov.br/a-previdencia/orgaos-colegiados/conselho-de-recursos-da-previdencia-social-crps/o-que-o-crps/> Acesso em 19 jun. 2014.

——. *Ministério da Previdência Social*. Conselho de Recursos da Previdência Social – CRPS: Seleção de Acórdãos. Brasília: Ministério da Previdência Social, 2011. p. 328 – 330.

——. *Ministério da Previdência Social*. Disponível em <http://erecursos.previdencia.gov.br/> Acesso em 15 jul. 2014.

CORREIA, Marcus Orione Gonçalves. *Teoria Geral do Processo*. 5. ed. São Paulo: Saraiva, 2009.

GARCIA, Gustavo Filipe Barbosa. Beneficiários da Previdência Social no Contexto dos Direitos Humanos e Fundamentais. *In*: *Revista Síntese Trabalhista e Previdenciária*. São Paulo, v. 24, n. 298, Abril 2014. p. 107-120.

HESSE, Konrad. *A força normativa da Constituição*. Tradução de Gilmar Ferreira Mendes. Porto Alegre: Sergio Antonio Fabris Editor, 1991.

HOLMES, Sthepen; SUNSTEIN, Cass. R. *The Cost of Rights*: Why Liberty depends on Taxes. New York: W. W. Norton & Co., 1999.

IBRAHIM, Fábio Zambitte. *Curso de Direito Previdenciário*. 18. ed. Rio de Janeiro: Impetus, 2013.

JOBIM, Marco Félix. *Direito à Duração Razoável do Processo*: responsabilidade civil do Estado em decorrência da intempestividade processual. São Paulo: Conceito Editorial, 2011.

MAFFINI, Rafael. *Direito Administrativo*. São Paulo: Revista dos Tribunais: LFG – Rede de Ensino Luiz Flávio Gomes, 2006 (Série Manuais para Concursos e Graduação; v. 11 – coordenação geral Luiz Flávio Gomes).

OST, François. *O tempo do direito*. Tradução Maria Fernanda Oliveira. Lisboa: Instituto Piaget, 1999.

PINHO, Humberto Dalla Bernardina de. *Direito Processual Civil Contemporâneo*. v. 1: Teoria Geral do Processo. 4. ed. São Paulo: Saraiva, 2012.

RECURSOS via internet dominam a rede. *In*: *Revista Previdência Social* – Publicação do Ministério da Previdência Social. Brasília, ano III, n. 7, Set.-Dez. 2013, p. 24-29.

SANTOS, Marisa Ferreira dos. *Direito Previdenciário Esquematizado*. São Paulo: Saraiva, 2011.

SARLET, Ingo Wolfgang. *A eficácia dos direito fundamentais*. 8. ed. rev. e ampl. Porto Alegre: Livraria do Advogado, 2007

SAVARIS, José Antonio. *Direito Processual Previdenciário*. 3. ed. Curitiba: Juruá, 2011.

SILVA, Ovídio A. Baptista da; GOMES, Fábio Luiz. *Teoria Geral do Processo Civil*. Jaqueline Mielke Silva; Luiz Fernando Baptista da Silva. Atualizadores de Ovídio A. Baptista da Silva. 6. ed. rev. e atual. São Paulo: Revista dos Tribunais, 2011.

SOCCIO, Rodolfo Mendes. Princípios do Processo Administrativo Previdenciário. *In*: *Revista Brasileira de Direito Previdenciário*. Porto Alegre, n. 17, Out.-Nov. 2013, p. 5-38.

THEODORO JÚNIOR, Humberto. *Curso de Direito Processual Civil*. v. 1: Teoria Geral do Direito Processual Civil e Processo de Conhecimento. 53 ed. rev. e atual. Rio de Janeiro: Forense, 2012.

TSUTIYA, Augusto Massayuki. *Curso de Direito da Seguridade Social*. 3. ed. São Paulo: Saraiva: 2011.

VIANA, João Ernesto Aragonés. *Curso de Direito Previdenciário*. 4. ed. São Paulo: Atlas, 2011.

— 6 —

Mutação constitucional do artigo 52, X, da Constituição Federal: a consagração do hibridismo no controle de constitucionalidade brasileiro e o seu impacto na competência do Senado Federal

FABIANA MARCELLO GONÇALVES[1]
HUMBERTO DALLA BERNARDINA DE PINHO[2]

Sumário: 1. Premissa inicial: a abstrativização do controle concreto como vertente da interpenetração dos modelos difuso e concentrado; 2. O papel do Senado Federal no controle de constitucionalidade difuso; 3. A adaptabilidade da Constituição Federal e os perigos da tese da mutação constitucional; 4. Conclusão: seria inconstitucional a mutação do artigo 52, X, da Constituição Federal?; Referências bibliográficas.

1. Premissa inicial: a abstrativização do controle concreto como vertente da interpenetração dos modelos difuso e concentrado

Um dos temas mais intrigantes e fascinantes do direito constitucional brasileiro moderno diz respeito à gradual e crescente interpenetração entre os modelos clássicos de controle de constitucionalidade até então existentes.

Dessa forma, é inegável que o velho padrão histórico, que se limita a apresentar os sistemas americano e austríaco como modelos antagônicos, atualmente, não mais basta para dar conta de toda gama de complexidades que gravita em torno do assunto.

Saliente-se, preliminarmente, que, quando se opta por estudar matéria tão profunda e polêmica, capaz de gerar implicações de diversas ordens, torna-se imprescindível abandonar tudo aquilo que é tido como senso comum, sem perder de vista o precioso ensinamento de José Car-

---
[1] Mestre em Direito. Advogada do Escritório Gasparini, de Cresci e Nogueira de Lima Advogados.
[2] Professor Associado na UERJ e Adjunto na UNES. Promotor de Justiça no Rio de Janeiro.

los Barbosa Moreira, que assevera não existirem fórmulas de validade universal para resolver por inteiro as equações, devendo ser combinadas estratégias e táticas diversas, sem medo de parecermos incoerentes.[3]

Em vista disso, o ponto de partida para o atual estudo do controle de constitucionalidade deve ser o desapego à empoeirada fórmula "universalmente válida", que promove a seguinte síntese: "controle de constitucionalidade = modelo americano + austríaco".

A enraizada ideia de que o controle de constitucionalidade brasileiro (introduzido com a Constituição de 1891) privilegiou um modelo de inspiração norte-americana, que, posteriormente, passou a conviver com o controle concentrado de forma harmônica (porém, desvinculada), hodiernamente, não pode ser encarada como verdade absoluta. Isso faz com que não seja mais aceitável, pelo menos sem as devidas ressalvas, o exame superficial da temática, que insiste em resumir o assunto na habitual dicotomia entre controle difuso e controle concentrado.

O fato é que a alusão aos modelos paradigmáticos clássicos sempre se mostrou suficiente para o basilar delineamento e enfrentamento das matérias que dizem respeito à origem, evolução e aplicação do controle de constitucionalidade brasileiro, o que pode nos conduzir à falsa ideia de que a duplicidade de modelos representa critério único. Contudo, vários são os critérios classificatórios existentes em todo o mundo, desde aqueles mais simplistas até os mais sofisticados.

Mas, apesar da multiplicidade de critérios adotados em *terrae brasilis*, por questões práticas, preferiu-se por em foco a dualidade de sistemas: o difuso e o concentrado.

O jurista italiano Lucio Pegoraro, estudioso do controle de constitucionalidade, entende que a adoção de critérios classificatórios pode ocasionar dois graves problemas: ou as classificações são muito simplificadas e não alcançam o objetivo de representar, com adequada precisão, as tipologias assumidas pelo objeto de estudo ou são tão articuladas que frustram o objetivo da atividade classificatória.[4]

Cientes da multiplicidade de critérios e reconhecendo, portanto, que o histórico antagonismo entre controle difuso e concentrado não se afigura como único critério de estudo existente, a realidade é que a análise destes dois modelos mostra-se suficientemente apta a dar o *start* necessário, permitindo a observância, de forma mais próxima, da problemática central que ora se propõe a analisar.

---

[3] MOREIRA, José Carlos Barbosa. *O futuro da justiça: alguns mitos*. In: Temas de Direito Processual. Oitava Série. Rio de Janeiro: Editora Saraiva, 2004, p. 07.

[4] PEGORARO, Lucio. *A circulação, a recepção e a hibridação dos modelos de justiça constitucional*. Universidade Federal de Santa Catarina. Disponível em: http://www.egov.ufsc.br/portal/sites/default/files/anexos/15543-15544-1-PB.pdf. Acesso: 09/08/2012.

A partir disso, investigando a realidade empírica brasileira, conclui-se que a análise dissociada e independente destes modelos, sem que seja reconhecido um intercâmbio entre eles, não é mais suficiente para dar conta das complexidades inerentes às hipóteses em que se postula a inconstitucionalidade de determinada norma legal.

Tomando-se em conta tais asserções iniciais, torna-se possível dar mais alguns passos.

É muito comum nos depararmos, nos manuais de direito constitucional, com a afirmação de que o controle brasileiro de constitucionalidade adotaria uma forma mista. Esta afirmação decorre, como já aludido, em virtude da coexistência do modelo difuso (inaugurado em conjunto com o regime republicano, em uma época na qual a utilização do sistema abstrato era praticamente uma especificidade norte-americana) com o modelo concentrado austríaco (de inegável influência kelseniana[5]), coexistência esta que nem sempre foi uma realidade na nossa história.

Consoante destacado por Gilmar Mendes, desde 1965, passamos a conviver com uma duplicidade de modelos, posto que o legislador brasileiro introduziu, ao lado do controle incidental, o incipiente controle abstrato de normas perante a Corte Suprema, que, naquele momento, mostrou-se pouco expressivo em virtude da limitação da legitimidade para sua propositura, que era outorgada exclusivamente ao Procurador-Geral da República.[6]

Nesse diapasão, destaque-se que o modelo americano, por muito tempo, foi alvo de desconfiança mundial, principalmente em virtude da falta de credibilidade do Judiciário, mas, ainda assim, representou, pós-Constituição de 1988, a predileção brasileira, de forma a consagrar a competência das justiças da União e dos Estados para conhecer da legitimidade das leis perante a Constituição.

Permitiu-se, então, que todos os tribunais, federais ou locais, discutissem a constitucionalidade das leis da União, aplicando-as, ou não, segundo esse critério.[7]

Todavia, a preferência inicial pela opção americana veio a ser enfraquecida, repise-se, com a Emenda n° 16/1965, que instituiu o controle abstrato, consagrando o paralelismo de modelos, o que não significa di-

---

[5] Gilmar Mendes afirma que "*o modelo austríaco traduz uma nova concepção de controle de constitucionalidade. Outorgou-se ao Tribunal Constitucional (Verfassungsgerichtshof) a competência para dirimir as questões constitucionais, mediante requerimento especial (Antrag), formulado pelo Governo Federal (Bundesregierung), com referência a leis estaduais, ou pelos Governos estaduais (Landesregierungen), no tocante às leis federais (...)*". GANDRA, Ives e MENDES, Gilmar. *Controle concentrado de constitucionalidade. Comentários à Lei 9.868, de 10-11-1999.* São Paulo: Saraiva, 2004, p. 07.

[6] MENDES, Gilmar. *Jurisdição constitucional.* São Paulo: Saraiva, 1996, p. 01.

[7] MENDES, Gilmar. *Direitos fundamentais e controle de constitucionalidade. Estudos de direito constitucional.* 3ª ed. São Paulo: Saraiva, 2004, p. 191.

zer que o sistema de controle brasileiro, a partir desse momento, deva ser considerado misto, porque nunca foi regra a interpenetração entre os dois modelos existentes, vezes sendo aplicado o controle difuso e, em outros casos, o controle concentrado.[8]

Logo, nunca foi difícil contrapor dois modelos paradigmáticos de controle jurisdicional, conforme muito bem asseverado por Pegoraro,[9] principalmente em um momento no qual vigorava o paralelismo, não havendo pontos de intersecção significativos entre o controle difuso e o concentrado. Assim, sempre foram tratados como se fossem compartimentos estanques, com normativa e características próprias.

Por esse motivo, aduzir que o modelo brasileiro de controle de constitucionalidade seria misto desde a Emenda 16/65, constitui assertiva que deve ser compreendida com ressalvas, já que se entende por misto tudo aquilo que se apresenta como um meio-termo entre duas coisas, o que não seria, ao menos naquele momento histórico, o caso brasileiro.

É claro que, na atual quadra da história, há uma irrefutável tendência à hibridação dos modelos que antes eram tidos como autônomos, fazendo com que o sistema brasileiro de controle de constitucionalidade venha se tornando um sistema efetivamente misto, o que pode ser observado em diversas ocasiões, inclusive com a criação das súmulas vinculantes e do instituto da repercussão geral.[10]

Mais do que uma convivência harmônica entre paradigmas, hoje, o que se tem, é uma área de interseção de modelos, capaz de gerar, basicamente, 02 (dois) fenômenos: *(i)* a concretização do controle abstrato e *(ii)* a abstrativização do controle concreto. Nesse ínterim, pegando carona na teoria do diálogo das fontes do jurista alemão Erik Jaime, é possível, através da sábia definição de Cláudia Lima Marques, afirmar que a solução atual ou pós-moderna é sistemática e tópica ao mesmo tempo, devendo ser mais fluida e flexível, a permitir maior mobilidade e fineza de distinções.[11]

---

[8] Importante mencionar que, com a Constituição de 1934 surge o modelo de representação para intervenção, que também passou a adotar, ainda que primariamente, o modelo de constitucionalidade austríaco, mas ainda não se tratava de um controle concentrado como o que conhecemos hoje. O Supremo Tribunal Federal, na época conhecido como Corte Suprema, ganhou, em 1934, uma competência que o fez aproximar do modelo austríaco, mas ainda não havia uma influência europeia expressiva a ponto de se afirmar que o Brasil adotava um controle concentrado de constitucionalidade.

[9] *"(...) não era difícil contrapor dois modelos paradigmáticos de controle 'jurisdicional': o primeiro, o histórico – aquele realizado nos Estados Unidos, sobretudo a partir do Marbury v. Madison –, com o outro, ao mesmo tempo teórico e empírico: o Verfassungsgerichtsbarkeit, desenhado por Kelsen e em seguida introduzido na Constituição Austríaca de 1920"*. PEGORARO, Lucio. Op. cit.

[10] A criação da repercussão geral e da súmula vinculante representam grandes exemplos do hibridismo do controle de constitucionalidade, notadamente na vertente abstrativização do controle concreto. O que se tem são hipóteses evidentes de objetivação dos recursos extraordinários.

[11] MARQUES, Cláudia Lima. *Superação das antinomias pelo diálogo das fontes: o modelo brasileiro de coexistência entre o código de defesa do consumidor e código civil de 2002*. Revista da ESMESE, nº 07, 2004, p. 15-54.

No Brasil, essa tendência ao hibridismo assumiu a seguinte faceta: não foram fundidos os dois sistemas para proporcionar a criação de um terceiro modelo completamente diverso dos anteriores. Apenas se passou a permitir a intersecção dos arquétipos existentes em hipóteses específicas. E, apesar desta pesquisa voltar os olhos para a abstrativização do controle concreto, notadamente pondo em foco a mutação constitucional do artigo 52, X, da CF, é de bom tom registrar que o fenômeno inverso também se faz presente, qual seja, a concretização do controle abstrato. Tanto é assim que vem sendo possibilitada a aplicação de institutos típicos do controle concreto no controle abstrato.

Quanto à abstrativização, este fenômeno tem como seu principal viés a *objetivação dos recursos extraordinários*, visto que o principal "veículo" do controle concreto seria o recurso extraordinário. Classicamente, o controle concreto é exteriorizado por intermédio de um processo subjetivo, não sendo aplicáveis institutos e efeitos típicos do processo objetivo.

Aliás, verdade seja dita, a subjetivação do controle difuso contribuiu expressivamente para que esta modalidade de controle figurasse, por um bom tempo, como coadjuvante do controle abstrato. Sendo assim, a declaração de inconstitucionalidade incidental passou a ser, pós-1988, uma espécie de declaração menos importante, ainda que igualmente proferida pelo Supremo Tribunal Federal, justamente por gerar efeitos somente entre as partes envolvidas no processo.

Esse foi o ponto que sempre promoveu um distanciamento do controle difuso brasileiro do modelo norte-americano. Enquanto no Brasil a decisão proferida em sede de controle concreto somente produzia efeitos não vinculantes, nos Estados Unidos, prevalecia a regra do *stare decisis*,[12] gerando-se uma obediência aos precedentes. Assim, de acordo com o modelo pátrio, sempre se defendeu que, sendo a declaração incidental acolhida como questão prejudicial, a decisão que define se determinada lei é constitucional ou inconstitucional não terá autoridade de coisa julgada e nem se projetará, ainda que *inter partes*, fora do processo no qual foi proferida.[13]

Pedro Lenza destaca, nessa toada, que respeitável parte da doutrina e até mesmo o Supremo Tribunal Federal vêm demonstrando que o sistema clássico e dual de controle de constitucionalidade sofre, hoje, uma tendência à abstrativização, rumando para uma suposta nova interpretação

---

[12] Cappelletti conceitua *stare decisis* como sendo *"a vinculação que uma decisão proferida por uma corte de maior hierarquia gera nas cortes inferiores"*. CAPPELLETTI, Mauro. *O controle judicial de constitucionalidade das leis no direito comparado.* Porto Alegre: Sérgio Antônio Fabris editor, 1984, p. 156.

[13] BUZAID, Alfredo. Da ação direta de declaração de inconstitucionalidade no direito brasileiro São Paulo: Saraiva, 1958, p. 23.

dos efeitos da declaração de inconstitucionalidade no controle difuso.[14] Reitere-se, dessa forma, que tal fato evidencia que os modelos até então enxergados como isolados (paralelos) vêm sofrendo irritações recíprocas, o que demonstra uma verdadeira interpenetração de paradigmas, caminhando, cada vez mais, em direção a um controle misto propriamente dito.

Recentemente, o recrudescimento dessa hibridação entre os modelos de controle de constitucionalidade, mais especificamente no que diz respeito à abstrativização do controle concreto, ganhou espaço após o ajuizamento da Reclamação 4.335/AC.[15]

Com o encerramento do julgamento da referenciada Reclamação, o qual se deu em 21/03/2014, após um acirrado embate junto à Corte Suprema, o que antes seria uma mera expectativa de fortalecimento do sistema híbrido de controle (que traria consigo, no presente caso, a consagração da tese da mutação constitucional) se tornou uma realidade.

A título de esclarecimento, imperioso se torna destacar que toda a discussão que vinha sendo travada na Reclamação 4.335 teve sua origem no julgamento do *Habeas Corpus* 82.959, no qual o Supremo Tribunal Federal (por maioria), sob a relatoria do ministro Marco Aurélio, declarou, *incidenter tantum*, a inconstitucionalidade do § 1º do artigo 2º da Lei nº 8.072, de 25 de julho de 1990, norma esta que previa a impossibilidade de progressão de regime em crimes hediondos.[16]

Considerando a não observância da decisão proferida no citado *Habeas Corpus* por um juiz de direito da vara de execuções penais, que negou a progressão de regime a condenados pela prática de crimes hediondos, foi ajuizada a Reclamação 4.335, pela Defensoria Pública do Estado do Acre. A negativa de cumprimento à citada decisão exarada pelo Supremo Tribunal Federal, de forma coerente, valeu-se do fato de que o Plenário do STF havia declarado *incidenter tantum* a inconstitucionalidade do § 1º do

---

[14] LENZA, Pedro. *O senado federal é um "mero menino de recado"?* Artigo publicado na página pessoal de Pedro Lenza. Disponível em: http://pedrolenza.blogspot.com.br/2011/05/o-senado-federal-e-um-mero-menino-de.html. Acesso: 09/08/2012.

[15] *"A recente polêmica que vem sendo travada no Supremo Tribunal Federal a partir da Reclamação 4335-5/AC, cujo relator é o Ministro Gilmar Mendes, não fará da decisão que vier a ser tomada, com certeza, apenas mais um importante julgado. Mais que isso: ao final dos debates entre os Ministros daquela Corte, poder-se-á chegar, de acordo com o rumo que a votação tem prometido até o momento, a uma nova concepção, não somente do controle da constitucionalidade no Brasil, mas também de poder constituinte, de equilíbrio entre os Poderes da República e de sistema federativo".* LIMA, Martonio; OLIVEIRA, Marcelo e STRECK, Lenio. *A Nova Perspectiva do Supremo Tribunal Federal sobre o Controle Difuso: Mutação constitucional e Limites da Legitimidade da Jurisdição Constitucional.* Indagação extraída de artigo publicado na página pessoal de Lenio Luiz Streck. Disponível em: http://leniostreck.com.br/index.php?option=com_docman&Itemid=40.

[16] HC 82.959/SP, Relator: Ministro Marco Aurélio. Julgamento em: 08.09.2006. Inteiro teor disponível em: http://www.stf.jus.br/portal/processo/verProcessoAndamento.asp?incidente=2110217. Acesso: 22/09/2012.

artigo 2º da Lei nº 8.072, não havendo, portanto, que se falar em vinculação dos juízes e tribunais pátrios.

Nessa mesma esteira caminhou o parecer da Procuradoria-Geral da República, que opinou pelo não conhecimento do pedido formulado em virtude inexistir qualquer decisão proferida pelo Supremo Tribunal Federal cuja autoridade devesse ser preservada.[17]

Se tomarmos como base argumentativa a clássica concepção de controle de constitucionalidade, ou seja, se levarmos em consideração o paralelismo dos modelos concreto e abstrato, tal decisão se evidenciaria escorreita. Isso porque, historicamente, tais modelos, mesmo sendo faces da mesma moeda, tinham uma sistemática própria reconhecida, sistemática esta que impedia a interpenetração entre eles.

Sendo assim, não haveria que se cogitar a possibilidade de empregar a força vinculante inerente às decisões proferidas nos processos objetivos de controle aos processos subjetivos, salvo se houvesse a concordância do Senado Federal.

No que diz respeito à força vinculante, deve ser feita uma ressalva importante muito bem destacada por Eduardo Talamini. De acordo com o autor, a força vinculante assume uma relevância autônoma merecedora de reflexão específica apenas quando oponível em face daqueles que são terceiros em relação ao processo. Isso porque, entende Talamini, em regra, toda decisão seria vinculante no que tange às próprias partes do processo.[18] E este seria um ponto de extrema relevância: *considerando que, quando se fala em efeito vinculante quer se fazer menção a algo que vai além das partes, poderia uma decisão proferida em sede de controle concreto ser vinculante?*

Dúvidas não existem a respeito da possibilidade de uma decisão proferida à luz do controle concreto adquirir caráter vinculante. Ademais, a Constituição Federal é eloquente ao afirmar isto, prevendo, em seu artigo 52, X, a possibilidade de suspensão, pelo Senado Federal, da execução da lei declarada inconstitucional. Em breves linhas, a suspensão da execução pelo Senado Federal do ato declarado inconstitucional pela Excelsa Corte

---

[17] Recl. 4.335/AC, Relator: Ministro Gilmar Mendes. Julgamento em: 08.09.2006. Inteiro teor disponível em: http://www.stf.jus.br/portal/processo/verProcessoAndamento.asp?incidente=2381551. Acesso: 22/09/2012.

[18] *"A noção de força vinculante é intuída na prática processual e constitucional. Em seu sentido estrito, concerne à imposição de que uma dada dicção judicial seja obrigatoriamente observada e aplicada por outros órgãos estatais à generalidade das pessoas. Mas não existem formulações conceituais precisas acerca do fenômeno, de modo a enquadrá-lo nas categoriais jurídicas atinentes às decisões judiciais".* TALAMINI, Eduardo. *Novos aspectos da jurisdição constitucional brasileira: repercussão geral, força vinculante, modulação dos efeitos do controle de constitucionalidade e alargamento do objeto do controle direto.* São Paulo: Faculdade de Direito da Universidade de São Paulo, 2008, p. 85.

foi a forma definida pelo constituinte para emprestar eficácia erga omnes e vinculante às decisões definitivas sobre inconstitucionalidade.[19]

Por outro lado, a tese da mutação constitucional do artigo 52, X, da Constituição Federal, arduamente defendida pelo ministro Gilmar Mendes, evidencia que a questão não é de tão simples resolução, fazendo emergir o seguinte debate: *poderia o Supremo Tribunal Federal, a fim de evitar entendimentos conflitantes e, em nome da eficácia de seus julgados, conferir efeito vinculante às suas decisões sem a necessidade de atender ao disposto no artigo 52, X, da Carta Maior?*

Em linhas gerais, este foi o objeto da Reclamação 4.335, demanda que tem gerado relevante controvérsia perante a comunidade jurídica, o que pode ser aferido se notarmos que o julgamento se encontra empatado, com votos dos ministros Gilmar Mendes e Eros Grau apregoando uma mudança na realidade fática subjacente à norma, o que respaldaria a chamada "mutação constitucional" do artigo 52, X, da Constituição Federal, e, na direção oposta, votos dos ministros Joaquim Barbosa e Sepúlveda Pertence, que defenderam a manutenção da interpretação tradicional do artigo 52, X, pois a tese da mutação constitucional encontraria como limite o próprio texto constitucional, que não pode ser relido de forma contrária à sua literalidade, sob forma de se tornar uma mutação constitucional inconstitucional.[20]

2. O papel do Senado Federal no controle de constitucionalidade difuso

Vimos que a abstrativização do controle difuso é um dos vieses do hibridismo entre as categorias de controle, configurando uma consequência inarredável da interpenetração entre os modelos concentrado e difuso de constitucionalidade.

Não bastassem todas as polêmicas que o fenômeno da hibridação, por si só, traz consigo, a Reclamação 4.335, proposta pela Defensoria Pública do Estado do Acre, fez emergir um novo alvo de insurgência, invocando a Suprema Corte a se manifestar se haveria ou não a mutação constitucional do artigo 52, X, da Constituição Federal.[21] Para que seja

---

[19] MENDES, Gilmar. *O papel do Senado Federal no controle de constitucionalidade> um caso clássico de mutação constitucional*. Senado Federal. Disponível em: http://www2.senado.gov.br/bdsf/bitstream/id/953/4/R162-12.pdf. Acesso: 22.09.2012.

[20] Recl. 4.335/AC. Op. cit.

[21] Além da previsão no artigo 52, X, o art. 178 do Regimento Interno do Supremo Tribunal Federal, embora com remissão à Constituição de 1967, a seguinte disposição: *"Declarada incidentalmente a inconstitucionalidade, na forma prevista nos arts. 176 e 177, far-se-á a comunicação, logo após a decisão, à autoridade ou órgão interessado, bem como, depois de trânsito em julgado, ao Senado Federal para os efeitos do art. 42, VII, da Constituição".*

viabilizada a investigação do tema exposto, deve ser realizado, antes de tudo, um breve panorama histórico do papel do Senado no controle de constitucionalidade difuso brasileiro.

A competência do Senado Federal, no que diz respeito à suspensão das leis declaradas inconstitucionais, foi prevista pela primeira vez na Constituição brasileira de 1934. Sem dúvidas, a criação desta competência foi capaz de gerar alguns embaraços que perduram até os dias de hoje, visto que, de acordo com a mais abalizada doutrina, a aparente originalidade da fórmula dificultou o seu enquadramento dogmático, fazendo com que se passasse a discutir sobre os efeitos e a natureza da resolução do Senado Federal que declarasse suspensa a execução da lei ou ato normativo. Também passou a se questionar sobre o caráter vinculado ou discricionário do ato praticado pelo Senado e sobre a abrangência das leis estaduais e municipais, dentre outras dificuldades.[22]

Apesar das incontáveis adversidades, o questionamento inicial que deve ser realizado quando passamos a nos deparar com essa nova atribuição de competência ao Senado seria: o *que fundamentou a mudança implementada em 1934?*

Primeiramente, é bastante nítido que, ao trazer a reboque a competência do Senado Federal, no sentido de suspender a eficácia de norma declarada inconstitucional no controle difuso, o Constituinte Originário veio a corrigir um verdadeiro problema de enquadramento que existia desde 1891, passando a prever expressamente que:

Art. 91. Compete ao Senado Federal:

(...)

IV – suspender a execução, no todo ou em parte, de qualquer lei ou ato, deliberação ou regulamento, quando hajam sido declarados inconstitucionais pelo Poder Judiciário;[23]

Explique-se: durante algum tempo, o controle difuso figurou isolado no cenário de controle brasileiro, haja vista que o controle concentrado somente entrou em cena após a Emenda Constitucional n° 16/65. E isso gerou um considerável problema, pois as decisões que eram proferidas no controle difuso não gozavam de efeito vinculante, diferentemente do que ocorria nos Estados Unidos, onde a força vinculante sempre foi inerente aos precedentes.[24] Por isso é possível se falar em "problema de enquadra-

---

[22] MENDES, Gilmar. Op. cit.

[23] BRASIL. *Constituição brasileira de 1934*. Disponível em: http://www.planalto.gov.br/ccivil_03/constituicao/constitui%C3%A7ao34.htm. Acesso: 15/09/2012.

[24] Barbosa Moreira menciona que, nos EUA, a Suprema Corte somente declara a inconstitucionalidade mediante a análise de hipóteses concretas, sendo que os precedentes gozam de força vinculante. Por esse motivo, a compatibilidade ou incompatibilidade entre a lei e a Constituição nunca representam objeto do julgamento, constituindo apenas uma etapa prévia e lógica para que se decida o caso concreto. MOREIRA, José Carlos Barbosa. *A suprema corte-americana: um modelo para o mundo?* Revista Brasileira de Direito Comparado. Rio de Janeiro, v. 26, 2003, p. 38.

mento", sendo certo que, quando adotamos a moldura norte-americana, não nos demos conta de que a nossa realidade fática não se enquadrava com perfeição, o que gerava algumas incompatibilidades de ordem prática.

Como aqui não vigorava a regra do *stare decisis*, a tarefa do controle de constitucionalidade se tornara muito árdua, porquanto o poder judiciário somente decidia caso a caso. E esse problema de enquadramento viria a ser "resolvido" com a possibilidade de suspensão de execução pelo Senado, propiciando a extensão dos efeitos dos julgados.[25]

Além disso, cumpre enfatizar que a expressão "suspender a execução" sempre gerou e até hoje gera alguma divergência doutrinária, destacando parte da doutrina que o Constituinte não foi feliz na escolha da expressão. Nada obstante, o que é relevante *in casu* é que, conferir ao Senado competência para suspender a execução das normas declaradas inconstitucionais pelo Judiciário, corrige um defeito histórico do nosso controle de constitucionalidade, passando-se a prever a possibilidade de as declarações de inconstitucionalidade proferidas pelo judiciário se tornarem vinculantes, o que evitaria a tomada de decisões antagônicas. O Senado passara, assim, a assumir a importante tarefa de preservar a segurança jurídica. *Mas por que o próprio Poder Judiciário, através da Corte Suprema, não seria hábil a realizar essa tarefa?*

No contexto de surgimento da norma, existia uma visão mais ortodoxa da separação de poderes. Por esse motivo, conceder tal competência ao Supremo Tribunal representaria uma verdadeira usurpação de competência inegavelmente legislativa, pois, conceder efeitos vinculantes a uma decisão de inconstitucionalidade equivaleria a revogar uma norma, função esta que somente caberia ao legislativo. Superada essa visão retrógrada da separação de Poderes, a justificativa para a atuação do Senado passou a ser diversa.

Atualmente, a resposta a esta indagação não poderia ser outra: democracia. Nesse interregno, Lenio Streck[26] põe em foco que o modelo de participação democrática no controle difuso também se dá, de forma indi-

---

[25] Lenio Streck, sobre o tema, confirma que a atribuição ao Senado Federal veio a corrigir esse encaixe mal feito do controle difuso na realidade brasileira. Isso gerava uma deficiência decorrente da utilização do controle difuso de constitucionalidade americano em uma realidade na qual não existia a ideia de eficácia *erga omnes* das decisões judiciais, importante vetor do controle difuso. STRECK, Lenio. *Jurisdição constitucional e hermenêutica: uma nova crítica do direito*. Porto Alegre: Livraria do Advogado, 2002, p. 345.

[26] *Afinal, cabe ao Supremo Tribunal Federal "corrigir" a Constituição? In.* LIMA, Martonio; OLIVEIRA, Marcelo e STRECK, Lenio. *A Nova Perspectiva do Supremo Tribunal Federal sobre o Controle Difuso: Mutação constitucional e Limites da Legitimidade da Jurisdição Constitucional*. Indagação extraída de artigo publicado na página pessoal de Lenio Luiz Streck. Disponível em: http://leniostreck.com.br/index.php?option=com_docman&Itemid=40. Acesso: 09/08/2012.

reta, pela atribuição constitucional deixada ao Senado Federal.[27] O papel do Senado, dessa maneira, surge para evitar decisões conflitantes dentro do Poder Judiciário, de maneira a aproximar o modelo brasileiro do *stare decisis* norte-americano, mas, posteriormente, passa a ser um importante instrumento garantidor da efetiva participação popular, de modo a legitimar as decisões do Poder Judiciário.

Saliente-se que este processo de legitimação das decisões, hoje, vem sendo cada vez mais prestigiado junto ao Supremo Tribunal Federal, podendo ser aferido com maior vigor nas decisões tomadas em controle concentrado, fundamentalmente após a criação e o recrudescimento da figura do *amicus curiae*.[28]

Da mesma forma, o controle difuso necessita dessa democratização, e, nos parece que o Senado Federal exerce papel fulcral, constituindo verdadeiro garantidor da participação popular na tomada de decisões, ainda que de forma indireta.

Sobre o instituto do *amicus curiae* como forma de legitimação das decisões, Cássio Scarpinela Bueno, com muita propriedade, justifica a sua existência sob o fudamento de que, diante da possibilidade de serem gerados efeitos *erga omnes* e efeitos vinculantes, não haveria como se afastar a possibilidade de entidades de classe ou outros órgãos representativos de segmentos sociais pleitearem seu ingresso na qualidade de *amicus curiae*, o que se fundamentaria não somente na legislação infraconstitucional, mas, superiormente, na ordem constitucional.[29]

Por iguais razões, repise-se, se justificaria a intervenção do Senado no controle difuso, devendo ser exigido o seu "aval" (indiretamente, seria uma anuência popular) para a concessão de efeitos vinculantes.[30] Em síntese, com as devidas adaptações, o papel do Senado no controle difuso teria a mesma finalidade do *amicus curiae* no controle concentrado: a democratização do processo decisório.

Essa democratização do controle de constitucionalidade, especialmente no controle concentrado, que, no Brasil, é exercido pelo Supremo Tribunal Federal deita raízes no controle de constitucionalidade difuso norte-americano (caso Muller vs. Oregon), o que, mais uma vez, denota essa tendência ao hibridismo, tendo em vista que o *amicus curiae* é insti-

---

[27] STRECK, Lenio. *Jurisdição constitucional e hermenêutica: uma nova crítica do direito.* Op. cit.

[28] Sobre o instituto do *amicus* curiae, Fredie Didier destaca se tratar de verdadeiro auxiliar do juízo que tem por objetivo o aprimoramento das decisões proferidas pelo Poder Judiciário. DIDIER JR, Fredie. Possibilidade de sustentação oral do *amicus curiae*. In: *Revista Dialética de Direito Processual*. São Paulo: Dialética, v. 8, 2003, p. 34.

[29] BUENO, Cássio Scarpinella. *Amicus Curiae no Processo Civil Brasileiro. Um Terceiro Enigmático.* São Paulo: Saraiva, 2006, p. 179.

[30] Ver: VELOSO, Zeno. *Controle jurisdicional de constitucionalidade.* 3ª ed. Belo Horizonte: Del Rey, 2003, p. 41.

tuto que surge no seio do controle difuso e é amplamente utilizado no controle concentrado brasileiro, criando uma verdadeira arena de debates capaz de viabilizar a confluência das opiniões de diversas classes.

Por falar em arena de debates, tem-se, ainda, a realização de audiências públicas, que vem sendo cada vez mais presente na realidade brasileira. Gilmar Mendes, ferrenho defensor da redução do papel do Senado previsto no artigo 52, X, da Constituição Federal, curiosamente, reconhece a existência e a necessidade de aperfeiçoamento dos mecanismos de abertura do processo constitucional, de forma a tornar a Jurisdição Constitucional no Brasil cada vez mais aberta à interferência de uma pluralidade de sujeitos, argumentos e visões no processo constitucional.[31]

Com o controle difuso não poderia ser diferente, não devendo tal modalidade ficar imune ao exercício da democracia, sendo o Senado Federal um ator importantíssimo no cumprimento desse desiderato, não se configurando, portanto, como um "mero menino de recado".[32] Compartilhando da opinião de que, ao Senado, não cabe tão só a tarefa de promulgador das decisões do Supremo Tribunal Federal,[33] Streck enfatiza:

> Mas o modelo de participação democrática no controle difuso também se dá, de forma indireta, pela atribuição constitucional deixada ao Senado Federal. Excluir a competência do Senado Federal – ou conferir-lhe apenas um caráter de tornar público o entendimento do Supremo Tribunal Federal – significa reduzir as atribuições do Senado Federal à de uma secretaria de divulgação intra-legistativa das decisões do Supremo Tribunal Federal; significa, por fim, retirar do processo de controle difuso qualquer possibilidade de chancela dos representantes do povo deste referido processo, o que não parece ser sequer sugerido pela Constituição da República de 1988.[34]

Em direção diametralmente oposta, aqueles que militam em defesa da mutação constitucional do artigo 52, X, da Constituição Federal, conferindo ao Senado um mero papel de publicizador das decisões proferidas pelo Supremo Tribunal Federal, apregoam que não há motivo que respalde a criação de óbices à concessão de efeitos vinculantes às decisões proferidas em controle difuso.

Ora, se o STF poderia conceder efeitos vinculantes no controle concentrado, inclusive liminarmente, a exigência da atuação do Senado no controle difuso seria desprovida de qualquer fundamento razoável. Nou-

---

[31] MENDES, Gilmar. *A influência do pensamento de Peter Häberle no STF*. Conjur. Disponível em: http://www.conjur.com.br/2009-abr-10/pensamento-peter-haberle-jurisprudencia-supremo-tribunal-federal. Acesso: 22.09.2012.

[32] LENZA, Pedro. Op. cit.

[33] *"A declaração de inconstitucionalidade, só por ela, não tem a virtude de produzir o desaparecimento da lei ou ato, não o apaga, eis que fica a produzir efeitos fora da relação processual em que se proferiu a decisão"*. BRASIL. Congresso, Senado Federal. Parecer n. 154, de 1971, Rel. Senador Accioly Filho, Revista de Informação Legislativa, 12(48):266-8.

[34] STRECK, Lenio. Op. cit.

tras palavras, para os defensores da redução da competência do Senado, o artigo 52, X, constituiria norma que não deve ser aplicada com rigor literal, devendo ser permitido um ajustamento às variações da realidade circunstancial.

Na Reclamação 4.335, o Ministro Gilmar Mendes defendeu que a única resposta plausível capaz de fazer com que subsista o entendimento de que cabe ao Senado realizar a suspensão da norma declarada inconstitucional pelo Supremo Tribunal Federal assenta-se hoje em razão de índole exclusivamente histórica,[35] o que, com todas as vênias, não procede, justamente por conta do inafastável conteúdo democrático que a atuação do Senado traz consigo.

A propósito, esse caráter democrático seria a verdadeira base de sustentação da competência do Senado insculpida no artigo 52, X, da Constituição vigente. Se, historicamente, a competência do Senado surge como uma solução conveniente para problemas jurisdicionais decorrentes da limitação dos efeitos da declaração de inconstitucionalidade, hoje, essa justificativa deixa a desejar. Em vista disso, afirmar que esta competência do Senado constitui mero resquício histórico, não leva em conta a conjuntura atual, na qual se privilegia cada vez mais a participação popular nos processos decisórios julgados pela Corte Suprema.

A prova maior de que esta prerrogativa do Senado, no sentido de dotar de força vinculante as decisões proferidas pelo Supremo Tribunal (em controle difuso), vem ao encontro do ideário da democracia é a constatação de que a única Constituição brasileira que, após 1934, deixou de prever tal mecanismo, foi a Constituição de 1937, Carta Constitucional de caráter fortemente autoritário (Constituição Polaca), na qual o Legislativo praticamente deixou de existir, contendo as disposições transitórias da Constituição de 1937 uma regra que autorizava a sua dissolução:[36]

> Art. 178. São dissolvidos nesta data a Câmara dos Deputados, o Senado Federal, as Assembleias Legislativas dos Estados e as Câmaras Municipais. As eleições ao Parlamento nacional serão marcadas pelo Presidente da República, depois de realizado o plebiscito a que se refere o art. 187.

A despeito do artigo 96 da Constituição de 1937 ressaltar que, no caso de ser declarada a inconstitucionalidade pelo judiciário, poderia o Presidente da República submetê-la novamente ao exame do Parlamento, a mencionada norma não surtia qualquer efeito em um cenário no qual o legislativo se encontrava dissolvido, vigorando a regra prevista no artigo 180 da Constituição de 1937, sublinhando que o Presidente da República

---

[35] Recl. 4.335/AC. Op. cit.
[36] BRASIL. *Constituição brasileira de 1937*. Disponível em: http://www.planalto.gov.br/ccivil_03/constituicao/constitui%C3%A7ao37.htm. Acesso: 15/09/2012.

teria o poder de expedir decretos-leis sobre todas as matérias da competência legislativa da União enquanto não reunido o Parlamento nacional.

Sobreleve-se que é normal que uma Constituição de caráter marcadamente autoritário, como era a Constituição de 1937, prive a participação democrática, retirando do Senado a possibilidade de dotar as decisões proferidas no controle difuso, pelo Tribunal Supremo, de efeito vinculante.[37] Mas, não há como se entender a defesa desse posicionamento em plena vigência de um Estado Democrático de Direito, no qual o seu conteúdo, dentre outros, seja agir como fomentador da participação pública no processo de construção e reconstrução de um projeto de uma nova sociedade,[38] fazendo cair por terra o juízo de Eros Grau, exarado em seu voto proferido na Reclamação 4.335, que preconiza que o texto original transmudou-se, devendo ser interpretado da seguinte forma: *"compete privativamente ao Senado Federal dar publicidade à suspensão da execução, operada pelo Supremo Tribunal Federal, de lei declarada inconstitucional, no todo ou em parte, por decisão definitiva do Supremo"*.[39]

Deixar de reconhecer que a suspensão da eficácia das leis declaradas inconstitucionais pelo STF em controle difuso é tarefa do Senado geraria, mais gravemente, uma ofensa à democracia, indo de encontro à essência do Estado Democrático de Direito, permitindo-se a usurpação de uma importante competência do Senado, que, nas palavras de Paulo Brossard, é o juiz exclusivo desta tarefa.[40]

3. A adaptabilidade da Constituição Federal e os perigos da tese da mutação constitucional

Quando se fala em mutação constitucional, seja da norma contida no artigo 52, X, ou de qualquer outra norma constitucional, não se pode deixar de pensar na natureza cambiante da Constituição Federal. A normatividade constitucional nada mais é do que uma ordem histórico-concreta,[41]

---

[37] Clóvis do Couto e Silva, já sob a égide da Constituição de 1946 destacava que, para que a lei deixasse de existir, seria necessário que o Senado suspendesse a sua execução. Tal assertiva continua atual à luz da Constituição Federal de 1988 e resume bem a função do Senado, que não seria a de mero publicizador. COUTO E SILVA, Clóvis do. *Fontes e ideologia do Princípio da Supremacia da Constituição.* Revista Jurídica, 1959, p. 65.

[38] STRECK, Lenio Luiz; BOLZAN DE MORAIS, Jose Luís. *Ciência política e teoria do Estado.* 3ª ed. Porto Alegre: 2012, p. 98.

[39] Recl. 4.335/AC, já referida.

[40] *"O Senado Federal é o juiz exclusivo do momento em que convém exercer a competência, a ele e só a ele atribuída, de suspender a lei declarada inconstitucional por decisão definitiva do Supremo Tribunal Federal".* BROSSARD, Paulo. O Senado e as leis inconstitucionais. Revista Informação Legislativa, v. 13, nº 50, 1976, p. 55

[41] HESSE, Konrad. *Elementos de direito constitucional da República Federal da Alemanha.* 20ª ed. (tradução). Porto Alegre: Sergio Fabris editor, 1998, p.25.

devendo a Carta Maior, até mesmo por razões de estabilidade, estar umbilicalmente ligada à realidade na qual se insere.

Isso faz com que a rigidez dos textos dê lugar a uma flexibilidade de interpretações, viabilizando a transmudação das normas sem que seja necessário modificar o texto, desde que haja substancial alteração da realidade fática que serviu de respaldo para consolidação do entendimento anteriormente adotado. Essa é a grande virtude da tese da mutação constitucional: ela viabiliza um informal rejuvenescimento das Constituições, mantendo-as atualizadas às futuras gerações, propagando perante a sociedade um sentimento de pertencimento, o que fomenta a tradição constitucional.

Não se pode olvidar que essa solução de continuidade promovida pela tese da mutação é sempre uma opção acertada para que se incentive aquilo que Habermas chama de patriotismo constitucional.[42] E a própria textura aberta das normas constitucionais faz com que elas se tornem algo maior do que um instrumento de criação de direitos, passando a ser enunciadoras de valores já existentes em uma mesma comunidade.

Essa flexibilidade de interpretações, que variam em conjunto com as alterações na realidade, faz com que o Supremo Tribunal Federal sinta a necessidade de se aproximar cada vez mais dos anseios populares, não existindo ninguém mais indicado do que o povo para refletir as mudanças fáticas ocorridas. Por isso, cada vez mais as Constituições brasileiras se aproximam daquilo que Loewenstein chamaria de Constituição normativa, havendo uma fusão cada vez mais evidente entre Constituição e sociedade.[43]

Tendo em vista a necessidade de termos uma Constituição cada vez mais integrada à realidade, a ordem do dia seria manter a Constituição em seu nível máximo de efetividade. Para viabilizar essa comunicação entre Constituição e realidade, Gilmar Mendes lança mão da doutrina de Peter Häberle, defendendo a necessidade de que os instrumentos de informação dos juízes constitucionais sejam ampliados, especialmente no que se refere às audiências públicas e às "intervenções de eventuais interessados", assegurando-se novas formas de participação das potências públicas pluralistas como intérpretes em sentido amplo da Constituição.[44]

---

[42] A ideia de patriotismo constitucional pode ser entendida melhor na obra de Habermas. HABERMAS, Jürgen. *Ciudadanía e identidad nacional*. In: Facticidad y validez. Sobre el derecho y el estado democrático derecho em términos de teoría del discurso. 3. ed. Tradução de Manuel Jimenez Redondo. Madrid: Trotta, 2001.

[43] LOEWENSTEIN, Karl. *Teoría de la constitución*, Traduzida para o espanhol por Alfredo Gallego Anabitarte. Barcelona: Ariel, 1964, p. 216.

[44] MENDES, Gilmar. Op. cit.

Em contrapartida, essa flexibilização constitucional não pode atentar contra a democracia, devendo a mutação constitucional se limitar a ampliar o significado e o alcance do texto constitucional sem que a norma seja vilipendiada em sua essência. Esta afirmação faz com que a possibilidade de serem promovidas alterações informais na Constituição seja passível de algumas críticas contundentes, sendo a mais relevante delas a possibilidade de a "adaptação" promovida proporcionar, equivocadamente, a substituição da real vontade do titular do poder constituinte originário pela vontade do Poder Judiciário.[45]

Especificamente em relação ao artigo 52, X, da Constituição Federal, e à Reclamação 4.335, nos parece que essa mudança de realidade da Constituição Federal de 1988 não seria tão evidente a ponto de ensejar a mudança de interpretação da norma constitucional em comento. É claro que, se compararmos a realidade atual com a de 1934, veremos diferenças abismais, em especial no que se refere à atuação do Supremo Tribunal Federal no controle de constitucionalidade, sendo certo que, na conjuntura vigente nos anos 30, como já foi ressaltado, conferir à Corte Constitucional a tarefa de tornar vinculantes as decisões de inconstitucionalidade exaradas via controle difuso representaria verdadeira usurpação de competência legislativa.

Hoje, diante da existência do controle concentrado, por uma questão de lógica, não se pode mais falar em violação à separação de Poderes, pois, se poderia o STF declarar a inconstitucionalidade via processo objetivo, com efeitos vinculantes, por iguais razões, seria possível a declaração com efeitos vinculantes via controle difuso. Parece-nos, portanto, que o óbice não reside no princípio da separação de Poderes, mas sim, no fundamento democrático, consoante esposado oportunamente. Outrossim, sendo a competência do Senado uma concretização do princípio democrático, *será que a realidade fática subjacente imporia a eliminação desse instrumento tão importante de participação democrática?*

Ao respondermos tal indagação, devemos atentar para o fato de que a mutação constitucional representa uma mudança interior da norma constitucional, sendo visível sempre que a compreensão lógica da norma não coincidir com o seu texto. O objetivo nodal da tese da mutação constitucional seria promover a readequação entre a norma e a nova realidade fática vigente, o que não se encontraria presente na hipótese do artigo 52, X.

Não nos parece razoável que, à luz de uma Constituição democrática como a de 1988, seja promovido o afastamento de uma norma constitucional que abre as portas para a participação democrática indireta, sob o

---

[45] STRECK, Lenio. Op. cit.

fundamento de que a mesma não mais seria condicente com a realidade fática atual.

Ainda, afirmou o Ministro Joaquim Barbosa, em voto proferido no bojo da Reclamação 4.335, que a mutação constitucional deveria consagrar uma mudança no sentido na norma, alteração esta que encontraria limites na literalidade.[46] Não caberia ao Supremo, a pretexto da mutação constitucional e sem qualquer efetiva modificação fática da realidade, alterar aquilo que o titular do Poder Constituinte Originário efetivamente quis, sendo inadmissível que Supremo Tribunal Federal possa, de forma discricionária, efetivar a mutação constitucional.[47]

Até porque, diante de toda a mudança de cenário ocorrida entre 1934 e 1988, parece-nos que, se a vontade do titular do Poder Constituinte fosse tornar o Senado um mero publicizador da vontade do Supremo Tribunal, ele assim teria feito.

Com o advento da Carta de 1988 e com o fortalecimento cada vez mais patente da onda democrática, tendência esta que se reflete inegavelmente no controle difuso, parece caminhar na contramão da história a defesa de mutação constitucional do artigo 52, X, da Constituição.

Se não bastassem os riscos que a discricionariedade da tese, por si só, geram, ainda se estaria admitindo que o princípio democrático fosse ferido, com base no duvidoso argumento da mudança na realidade fática subjacente à norma. Por todos os motivos até aqui expostos, a possível mutação constitucional do artigo 52, X, da Carta Republicana deve servir de alerta para todos nós.

Isso porque, quando se defende a possibilidade de modificação informal da Constituição com base em uma alteração da realidade fática, devem estar muito bem delineados os cenários a serem observados: o preceito constitucional e a realidade. Somente nos casos em que a realidade for gritantemente mais ampla do que a norma constitucional é que deve ser admitida a adaptação do preceito constitucional. Mas veja: trata-se de adaptar o preceito constitucional à realidade fática, e não à vontade discricionária do Supremo.[48]

Exatamente pelas razões acima expostas, em oposição ao entendimento do Ministro Carlos Ayres Brito (no sentido de que a emenda constitucional deve ser a última alternativa em um processo de reforma

---

[46] Recl. 4.335/AC, já citada.
[47] *"Se o Supremo Tribunal Federal pode fazer mutação constitucional, em breve essa "mutação" começará a gerar – como se já não existissem à saciedade – os mais diversos frutos de cariz discricionário (portanto, positivista, no sentido em que Dworkin critica as teses de Hart)"*. STRECK, Lenio. Op. cit.
[48] Raul Machado Horta promove essa distinção entre realidade fática e norma constitucional. HORTA, Raul Machado. *Direito constitucional*. 3.ed. Belo Horizonte: Del Rey, 2002, p. 104.

constitucional)[49] e em nome da presunção de validade das normas constitucionais, entendemos que a mutação constitucional deve figurar como *ultima ratio*, posto que, por ser desprovida de maiores formalidades, a mutação constitucional acaba por fazer com que o processo de alteração constitucional fique à mercê, apenas, do Supremo.

Como alternativa, Lenza sustenta a possibilidade de se conseguir o objetivo pretendido mediante a edição de súmula vinculante, o que, em seu entender, seria muito mais legítimo e eficaz, além de respeitar a segurança jurídica, evitando o casuísmo. Lembra o autor que a súmula vinculante, para ser editada, deve preencher os requisitos do art. 103-A, como a exigência de reiteradas decisões sobre a matéria constitucional controvertida.[50] Não há como se saber, ao certo, se a solução adotada por Lenza seria suficiente para evitar a discricionariedade irrefreada.

O problema todo que se coloca nesse cenário de discricionariedade, portanto, é que, se interpretar realmente constitui ato de vontade, conforme outrora afirmara o Ministro Marco Aurélio,[51] a sociedade não tem como saber quais são os limites da atividade interpretativa dos juízes.

Ora, se a interpretação é discricionária, não se sabe se há uma preocupação primária do Poder Judiciário, especialmente do STF, em coadunar as decisões proferidas com a Constituição Federal ou se a preocupação, por distorção, seria em adaptar a Constituição à linha de pensamento predominante na Corte Constitucional.

4. Conclusão: seria inconstitucional a mutação do artigo 52, X, da Constituição Federal?

Asseguramos, assim, que a mutação constitucional se coloca como instrumento legítimo, embora deva ser utilizado com prudência e sem perder de vista o real elemento propulsor das mudanças informais na Constituição Federal: a mudança da realidade fática. Isso não significa dizer que a Corte Constitucional deva estar aberta sem limites aos novos valores albergados pela sociedade. Mas, muito pelo contrário: não basta a mudança casuística de vontades sociais, devendo se fazer presente uma real, profunda e enraizada alteração fática subjacente à norma.

---

[49] BRITTO, Carlos Ayres. *O Regime Jurídico das Emendas à Constituição*. São Paulo, 1999, tese de Doutorado, PUC.

[50] LENZA, Pedro. Op. cit.

[51] *"É claro que haverá sempre dúvidas porque a lei é morta. Quem vivifica a lei é o intérprete e o ato de interpretar é, acima de tudo, um ato de vontade que pode acontecer de formas diferentes"*. (Disponível em: http://www.terra.com.br/revistadinheirorural/edicoes/61/artigo156948-2.htm#. Acesso: 24.11.2011).

Nesse sentido, parece-nos bastante adequado auscultar a vontade popular, utilizando-se as ferramentas disponíveis, tais como as audiências públicas e a contribuição do *amicus curiae*.

Presentes os requisitos do art. 103-A da Carta de 1988, regulamentado pela Lei n° 11.417/06, deverá ser editada súmula vinculante, a fim de objetivar aquela norma.

Ademais, deve-se restringir esta possibilidade às decisões emanadas pelo Plenário e desconsiderar os aspectos práticos do caso, agindo-se como se estivesse diante de um processo objetivo.

Nesse sentido, Teori Albino Zavascki manifesta o seu apoio à possibilidade de ser conferido efeito vinculante independentemente do "aval" do Senado, destacando que o STF não é mero órgão consultivo.[52]

Ainda assim, não teremos superado o problema metodológico apontado por Lenio Streck: como se interpreta, como se aplica e se é possível alcançar condições interpretativas capazes de garantir uma resposta correta (constitucionalmente adequada) diante da indeterminabilidade do direito e da crise de efetividade da Constituição.[53]

No que concerne a estes limites, Uadi Lâmmego Bulos acredita na impossibilidade de serem fixadas limitações exatas às quais estaria sujeito o poder constituinte difuso.[54] A dificuldade na estipulação de parâmetros para o reconhecimento da mutação de uma dada norma, sem dúvidas, constitui um grande desafio a ser enfrentado pelos juristas e ainda dará azo a alguns passos errados a serem dados do STF.

Porém, antes mesmo de serem estabelecidos os exatos parâmetros, o marco zero pode e deve ser estabelecido e, quanto a este, não pairam quaisquer dúvidas: a mutação deve ser excepcional, incidindo em casos nos quais, inegavelmente, a nova realidade imponha uma nova interpretação.

Por isso, não se pode encarar a alteração informal da Constituição como uma ferramenta de adequação entre a norma e aquilo que o STF entende que precisa ser mudado, devendo, antes de qualquer coisa, ser um caminho mais curto para conectar a norma constitucional às realidades de

---

[52] ZAVASCKI, Teori Albino. *Eficácia das sentenças na jurisdição constitucional*. São Paulo: Revista dos Tribunais, 2001, p. 54.

[53] Nesse sentido, Lenio Streck ainda afirma que *"a resposta exsurgirá de uma opção paradigmática: fundamentar/justificar discursos ou compreender (fenomenologicamente) Enfim, a escolhe entre consenso e verdade e todas as consequências daí exsurgentes. (...) Diante dessa verdadeira revolução copernicana que atravessou o direito a partir do segundo pós-guerra, as diversas teorias jusfilosóficas tinham (e ainda têm) como objetivo primordial buscar respostas para a seguinte pergunta: como construir um discurso capaz de dar conta de tais perplexidades, sem cair em decisionismos e discricionariedades do intérprete (especialmente dos juízes)?"*. STRECK, Lenio. *Hermenêutica e applicatio jurídica: a concreta realização normativa do direito como superação da interpretação jurídico-metafísico-objetificante*. Coimbra: Coimbra Editora, 2008, p. 1103-1153.

[54] BULOS, Uadi Lammêgo. *Mutação constitucional*. São Paulo: Saraiva, 1997, p. 87.

um período histórico. Ao cumprir esse desiderato, a mutação constitucional não somente se faz necessária, mas, também, imprescindível à própria sobrevivência da Constituição.

Por fim, questão de relevo a qual devemos nos debruçar, ainda que de forma sucinta, diz respeito à decisão da 1ª Turma do Supremo Tribunal Federal (Reclamação 11.477),[55] noticiada no informativo 668, no sentido de rejeitar a chamada transcendência dos motivos determinantes, teoria que se afigura como peça fundamental de suporte para se conferir efeito vinculante às decisões proferidas em controle difuso independentemente do crivo do Senado.

Por transcendência dos motivos determinantes, entende-se que não apenas a parte dispositiva do julgado, mas também os próprios fundamentos que embasam uma decisão, são dotados de eficácia vinculante.[56] Deixa-se, portanto, de reconhecer que somente o dispositivo seria capaz de gerar vinculação, alcançando os motivos que fomentaram a decisão (*ratio decidendi*). Nessa esteira, o artigo 102, § 2º, da Carta Maior, assim dispõe:

> As decisões definitivas de mérito, proferidas pelo Supremo Tribunal Federal, nas ações diretas de inconstitucionalidade e nas ações declaratórias de constitucionalidade produzirão eficácia contra todos e efeito vinculante, relativamente aos demais órgãos do Poder Judiciário e à administração pública direta e indireta, nas esferas federal, estadual e municipal.

Ao falar em efeito vinculante, a norma supracitada abre ensejo para a seguinte discussão: *o efeito vinculante se restringe ao dispositivo ou seria capaz de alcançar a ratio decidendi?* Observe-se, aprioristicamente, que a norma constitucional acima transcrita faz referência ao processo objetivo (controle concentrado). No caso, ainda que reconheçamos a impossibilidade de ser concedida vinculatividade quanto aos fundamentos, a sujeição obrigatória quanto à questão constitucional decidida seria preservada, já que a mesma se faz presente na parte dispositiva da sentença.

---

[55] A 1ª Turma do STF, na Reclamação 11.477, de forma unânime, fixou o entendimento de que somente o dispositivo da decisão produz efeito vinculante, efeito este que não incidiria sobre a fundamentação da decisão. Na presente hipótese, a Constituição do Ceará continha norma idêntica à Constituição do Tocantins, que, previamente, teve o seu dispositivo declarado inconstitucional. O Ministro Marco Aurélio, em seu voto conducente, assim decidiu: *"Descabe emprestar a essa via excepcional os contornos de incidente de uniformização de jurisprudência. A reclamação pressupõe a usurpação de competência do Supremo ou o desrespeito a decisão por ele proferida, o que não ocorre na espécie. Conforme apontado na própria inicial, em situação regida por leis do Estado do Ceará, tem-se como olvidados acórdãos deste Tribunal que implicaram a declaração de inconstitucionalidade de normas dos Estados do Tocantins, Pernambuco e Mato Grosso. Em síntese, está baseada a reclamação na transcendência dos motivos determinantes dos atos formalizados e não na inobservância dos dispositivos deles constantes"*. Recl. 11.477/CE, Relator: Ministro Marco Aurélio. Julgamento em: 29.05.2012. Inteiro teor disponível em: http://www.stf.jus.br/portal/processo/verProcessoAndamento.asp?incidente=4051797. Acesso: 22/09/2012.

[56] BARROSO, Luiz Roberto. *O Controle de Constitucionalidade no Direito Brasileiro*. 2. ed. São Paulo: Saraiva, 2007. p. 184.

Em sentido reverso, na hipótese de se excluir o papel do Senado Federal previsto no artigo 52, X, da Constituição Federal, para que a decisão proferida pelo STF viesse a gerar efeitos práticos, tornar-se-ia impreterível a adoção da transcendência dos motivos determinantes, porquanto a questão constitucional, nesse caso, é decidida *incidenter tantum*, não constando na parte dispositiva da sentença, mas sim, na fundamentação.

Como visto, parece que a complexidade das relações contemporâneas vem desafiando os institutos tradicionais do direitos constitucional e exigem, cada vez mais, de nosso Tribunal Maior, um grau mais profundo de amadurecimento desses institutos, de forma a extrair o máximo de efetividade dos mesmos.

Paralelamente a isso, novas ferramentas foram inseridas e estão ao alcance do Pretório Excelso. Quer nos parecer que temos que levar esses elementos em consideração a fim de viabilizar a aplicação segura, equânime e efetiva da mutação constitucional em determinados casos.

Referências bibliográficas

BARROSO, Luiz Roberto. *O Controle de Constitucionalidade no Direito Brasileiro*. 2. ed. São Paulo: Saraiva, 2007.

BRASIL. Congresso, Senado Federal. Parecer n. 154, de 1971, Rel. Senador Accioly Filho, Revista de Informação Legislativa, 12(48):266-8.

——. *Constituição brasileira de 1934*. Disponível em: http://www.planalto.gov.br/ccivil_03/constituicao/constitui%C3%A7ao34.htm.

——. *Constituição brasileira de 1937*. Disponível em: http://www.planalto.gov.br/ccivil_03/constituicao/constitui%C3%A7ao37.htm.

BROSSARD, Paulo. O Senado e as leis inconstitucionais. *Revista Informação Legislativa*, v. 13, nº. 50, 1976.

BULOS, Uadi Lammêgo. *Mutação constitucional*. São Paulo: Saraiva, 1997.

BUZAID, Alfredo. *Da ação direta de declaração de inconstitucionalidade no direito brasileiro*. São Paulo: Saraiva, 1958.

CAPPELLETTI, Mauro. *O controle judicial de constitucionalidade das leis no direito comparado*. Porto Alegre: Sergio Antonio Fabris, 1984.

COUTO E SILVA, Clóvis do. *Fontes e ideologia do Princípio da Supremacia da Constituição*. Revista Jurídica, 1959.

BUENO, Cássio Scarpinella. *Amicus Curiae no Processo Civil Brasileiro. Um Terceiro Enigmático*. São Paulo: Saraiva, 2006.

BRITTO, Carlos Ayres. *O Regime Jurídico das Emendas à Constituição*. São Paulo, 1999, tese de Doutorado, PUC.

DIDIER JR, Fredie. Possibilidade de sustentação oral do amicus curiae. In: *Revista Dialética de Direito Processual*. São Paulo: Dialética, v. 8, 2003.

DWORKIN, Ronald. *O império do direito*. São Paulo: Martins Fontes, 2003.

GANDRA, Ives; MENDES, Gilmar. *Controle concentrado de constitucionalidade. Comentários à Lei 9.868, de 10-11-1999*. São Paulo: Saraiva, 2004.

HABEAS Corpus 82.959/SP, Relator: Ministro Marco Aurélio. Julgamento em: 08.09.2006. Inteiro teor disponível em: http://www.stf.jus.br/portal/processo/verProcessoAndamento.asp?incidente=2110217.

HABERMAS, Jürgen. *Ciudadanía e identidad nacional*. In: Facticidad y validez. Sobre el derecho y el estado democrático derecho em términos de teoría del discurso. 3. ed. Tradução de Manuel Jimenez Redondo. Madrid: Trotta, 2001.

HESSE, Konrad. *Elementos de direito constitucional da República Federal da Alemanha*. 20. ed. (tradução). Porto Alegre: Sérgio Fabris, 1998.

HORTA, Raul Machado. *Direito constitucional*. 3.ed. Belo Horizonte: Del Rey, 2002.

LENZA, Pedro. *O senado federal é um "mero menino de recado"?* Artigo publicado na página pessoal de Pedro Lenza. Disponível em: http://pedrolenza.blogspot.com.br/2011/05/o-senado-federal-e-um-mero-menino-de.html.

LIMA, Martonio; OLIVEIRA, Marcelo e STRECK, Lenio. A Nova Perspectiva do Supremo Tribunal Federal sobre o Controle Difuso: Mutação constitucional e Limites da Legitimidade da Jurisdição Constitucional. Indagação extraída de artigo publicado na página pessoal de Lenio Luiz Streck. Disponível em: http://leniostreck.com.br/index.php?option=com_docman&Itemid=40.

LOEWENSTEIN, Karl. *Teoría de la constitución*, Traduzida para o espanhol por Alfredo Gallego Anabitarte. Barcelona: Ariel, 1964.

MARQUES, Cláudia Lima. Superação das antinomias pelo diálogo das fontes: o modelo brasileiro de coexistência entre o código de defesa do consumidor e código civil de 2002. Revista da ESMESE, n°. 07, 2004.

MENDES, Gilmar. *A influência do pensamento de Peter Häberle no STF*. Conjur. Disponível em: http://www.conjur.com.br/2009-abr-10/pensamento-peter-haberle-jurisprudencia-supremo-tribunal-federal.

——. Direitos fundamentais e controle de constitucionalidade. Estudos de direito constitucional. 3ª ed. São Paulo: Saraiva, 2004.

——. *Jurisdição constitucional*. São Paulo: Saraiva, 1996.

——. *O papel do Senado Federal no controle de constitucionalidade> um caso clássico de mutação constitucional*. Senado Federal. Disponível em: http://www2.senado.gov.br/bdsf/bitstream/id/953/4/R162-12.pdf.

MOREIRA, José Carlos Barbosa. *O futuro da justiça: alguns mitos*. In: Temas de Direito Processual. Oitava Série. Rio de Janeiro: Saraiva, 2004.

PEGORARO, Lucio. *A circulação, a recepção e a hibridação dos modelos de justiça constitucional*. Universidade Federal de Santa Catarina. Disponível em: http://www.egov.ufsc.br/portal/sites/default/files/anexos/15543-15544-1-PB.pdf.

RECLAMAÇÃO 4.335/AC, Relator: Ministro Gilmar Mendes. Julgamento em: 08.09.2006. Inteiro teor disponível em: http://www.stf.jus.br/portal/processo/verProcessoAndamento.asp?incidente=2381551.

RECLAMAÇÃO 11.477/CE, Relator: Ministro Marco Aurélio. Julgamento em: 29.05.2012. Inteiro teor disponível em: http://www.stf.jus.br/portal/processo/verProcessoAndamento.asp?incidente=4051797.

RECURSO Extraordinário 351.247/MS, Relator: Ministro Cezar Peluso. Julgamento em: 01.03.2005. Inteiro teor disponível em: http://www.stf.jus.br/portal/processo/verProcessoAndamento.asp?incidente=2044997.

RECURSO Extraordinário 411.156/SP, Relator: Ministro Celso de Mello. Julgamento em: 28.02.2012. Inteiro teor disponível em: http://www.stf.jus.br/portal/processo/verProcessoAndamento.asp?incidente=2183908.

STRECK, Lenio Luiz. *Jurisdição constitucional e hermenêutica: uma nova crítica do direito*. Porto Alegre: Livraria do Advogado, 2002.

——; BOLZAN DE MORAIS, Jose Luís. *Ciência política e teoria do Estado*. 3. ed. Porto Alegre: Livraria do Advogado, 2012.

——. *Hermenêutica e applicatio jurídica: a concreta realização normativa do direito como superação da interpretação jurídico-metafísico-objetificante*. Coimbra: Coimbra Editora, 2008.

VELOSO, Zeno. *Controle jurisdicional de constitucionalidade*. 3. ed. Belo Horizonte: Del Rey, 2003, p. 41.

WEBER, Max. *Ensaios de sociologia*. Organização e introdução de H.H Gerth e C.W Mills. 3. ed. Rio de Janeiro: Zahar Editores, 1974.

ZAVASCKI, Teori Albino. *Eficácia das sentenças na jurisdição constitucional*. São Paulo: Revista dos Tribunais, 2001, p. 54.

— 7 —

La acción colectiva y los derechos de incidencia colectiva en la República Argentina[1]

FRANCISCO VERBIC[2]

Sumario: I. Introducción; II. Evolución histórica de la tutela colectiva de derechos en la República Argentina; 1. Primera etapa (1983-1994); 2. Segunda etapa (1994-2006); 3. Tercera etapa (2006-2009); 4. Cuarta etapa (2009-...); III. El esquema constitucional en materia de legitimación colectiva creado por la reforma de 1994; 1. El afectado; 2. Las organizaciones del tercer sector; 3. El Defensor del Pueblo de la Nación; 4. El Ministerio Público de la Nación; IV. Los derechos de incidencia colectiva; V. La (falta de) respuesta del legislador; 1. Falta de articulación con los instrumentos procesales vigentes; 2. Imitación del sistema de acciones de clase vigente en el orden federal estadounidense; 3. Preocupante falta de consideración de numerosos antecedentes sobre la materia a la hora de elaborar los proyectos; 4. Insistencia de algunos en considerar al amparo como vía principal para resolver conflictos colectivos; 5. Falta de contemplación (o defectuosa regulación) de una etapa de certificación de la acción colectiva; 6. Falta de contemplación (o defectuosa regulación) del fundamental requisito de la representatividad adecuada; 7. Ausencia de mecanismos adecuados para liquidar y ejecutar sentencias colectivas; VI. Cierre.

I. Introducción

Este trabajo tiene por objeto presentar las líneas generales que gobiernan la tutela colectiva de derechos constitucionales en la República

---

[1] Trabajo publicado en Argentina en el *"Tratado de los Derechos Constitucionales"*, Julio César Rivera (h.), José Sebastián Elias, Santiago Legarre y Lucas Sebastián Grosman (Directores), Ed. Abeledo-Perrot, Bs. As., 2014.

[2] Abogado (UNLP, 2001). Especialista en Derecho Procesal Profundizado (UNA, 2005) y en Derecho Civil (UNLP, 2008). LL.M. in International Legal Studies (NYU, 2011). Profesor Titular de la asignatura "Litigios Complejos, Procesos Colectivos y Acciones de Clase" en la Maestría en Derecho Procesal de la Facultad de Ciencias Jurídicas y Sociales de la UNLP y Secretario de dicha carrera. Profesor Titular de la asignatura "Procesos con Multiplicidad de Partes y Pretensiones" en la Especialización en Derecho Procesal de la Universidad del Salvador (USAL). Miembro Ordinario y Secretario General de la AADP. Miembro ordinario de la IAPL y del IIDP. Diagramador y Coordinador Académico del Programa Clínica Jurídica de la Facultad de Ciencias Jurídicas y Sociales de la UNLP (2008-2011). Director del Departamento de Litigios Colectivos de la Asociación Civil Usuarios y Consumidores Unidos (UCU) y Asesor de las áreas de Justicia y Litigio del Centro de Estudios Legales y Sociales (CELS). Blog: classactionsargentina.com

Argentina. En virtud del limitado espacio disponible y de la complejidad y extensión del tema, me limitaré a abordar los principales aspectos del asunto y no entraré en cuestiones específicas de procedimiento más que tangencialmente (en especial, al analizar los proyectos en trámite ante el Congreso de la Nación).

El contenido se encuentra dividido en 4 apartados En primer lugar trabajaré sobre la evolución histórica de la tutela colectiva de derechos en nuestro país (apartados II). Allí intentaré presentar las principales discusiones que se fueron dando en torno a la temática y las soluciones que encontraron los operadores para lidiar con conflictos que, claramente, exceden el cauce del proceso tradicional. En segundo término presentaré el esquema constitucional de legitimaciones colectivas definido por la reforma constitucional del año 1994 (apartado III). A tal fin analizaré la silueta que han adquirido los distintos actores sociales a quienes la CN reconoce capacidad para representar grandes grupos de personas que se encuentran en posición similar frente a determinada situación.

En tercer lugar, abordaré el concepto de "derechos de incidencia colectiva" establecido en el art. 43, 2do párr. CN (apartado IV). A pesar del intento de la Corte Sup. para definir sus contornos, como veremos, el asunto admite todavía diversos interrogantes y presenta contornos dignos de atención. Por último, me dedicaré a analizar críticamente diversos proyectos de ley que se encuentran en trámite ante el Congreso de la Nación para regular las acciones colectivas (apartado V). Como espero poder demostrar, los mismos se encuentran muy lejos de poder establecer una herramienta útil para la discusión de conflictos colectivos en sede judicial.

II. Evolución histórica de la tutela colectiva de derechos en la República Argentina

La evolución de la tutela procesal colectiva de derechos en la República Argentina puede ser dividida en 4 etapas históricas, marcadas por ciertos hitos que determinaron un antes y un después en la discusión sobre el tema. Estas etapas se presentan aquí con cierto margen de discreción y tal vez hasta con algo de arbitrariedad. Sólo persiguen como objetivo poner el tema en contexto y presentar la evolución operada en las discusiones generadas en torno al asunto.

1. Primera etapa (1983-1994)

El inicio de la primera etapa histórica puede ubicarse a comienzos del año 1983 con el dictado del fallo "Kattan",[3] y se extiende hasta la re-

---

[3] "Kattan, A. E. y otro c. Gobierno nacional -Poder Ejecutivo", Juzgado Nacional de 1a Instancia en lo Contenciosoadministrativo Federal N° 2, sentencia del 22/03/83, publicado en LL 1983-D-568 con

forma de la CN operada en el año 1994. Durante este período la principal discusión en los tribunales argentinos y también en el campo doctrinario giró en torno al alcance de la noción de "intereses difusos", los cuales eran considerados como algo diferente de las situaciones jurídicas reconocidas por la vieja trilogía administrativista "derecho subjetivo/interés legítimo/interés simple" (categorización que ha perdido prácticamente toda vigencia como punto de referencia para establecer si un sujeto se encuentra o no legitimado para accionar colectivamente).[4] El fundamento de estos intereses difusos reposaba en los derechos implícitos reconocidos por el art. 33 de la CN, ya que no existía por entonces nada parecido al actual art. 43 de la CN.

Asimismo, se discutía por entonces si el Poder Judicial contaba con competencia para entender en este tipo de asuntos. Sobre este punto hubo ciertos sectores de la doctrina que bregaron fuertemente por cerrar las puertas de la justicia a reclamos colectivos, argumentando sobre la supuesta falta de capacidad política y aptitud funcional del Poder Judicial para resolver conflictos que involucran grandes números de personas.[5]

Ya sobre el final de esta etapa fue sancionada la Ley de Defensa del Consumidor N° 24.240. Si bien se trata de una ley sustancial o de fondo, el texto sancionado por el Congreso contenía previsiones relativas a la legitimación colectiva de las asociaciones de defensa del consumidor y también previsiones relativas al alcance de la cosa juzgada de los efectos

---

nota de CANO, Guillermo J. *"Un hito en la historia del derecho ambiental argentino"* (el caso fue promovido por un grupo de personas que se consideraban afectadas por permisos de pesca otorgados por el Gobierno Nacional a favor de barcos japoneses. El juez otorgó la medida de no innovar solicitada por los actores, reconociendo expresamente su legitimación para reclamar en sede judicial la protección de derechos colectivos. En tal sentido sostuvo que *"un grupo de personas, en estos casos particulares, puede hacer oír su voz ante los estrados judiciales en representación de la comunidad que, si bien permanece silenciosa o ignorante del problema, no deja por eso de tener gravemente afectado su patrimonio y garantías esenciales"*). Algunos trabajos de doctrina ya por entonces, e incluso antes, había señalado el camino a seguir con relación a ciertos puntos clave de la tutela procesal colectiva. Ver en particular MORELLO, Augusto M. – HITTERS, Juan C. – BERIZONCE, Roberto O *"La defensa de los intereses difusos, ponencia nacional argentina al XI Congreso Internacional de Derecho Procesal"*, JA, 1982-IV-700; GRECCO, Carlos *"Ensayo preliminar sobre los denominados intereses "difusos" o "colectivos" y su protección judicial"*, LL 1984-B-865.

[4] Ver en este sentido GIANNINI, Leandro *"La tutela colectiva de derechos individuales homogéneos"*, Librería Editora Platense, La Plata, 2007, ps. 29-39 (sosteniendo que esta trilogía de situaciones jurídicas *"fue pensada para la sistematización de la legitimación a título individual y no para el fenómeno del proceso colectivo"*); VERBIC, Francisco *"Procesos Colectivos"*, Astrea, Buenos Aires, 2007, ps. 113-114 (entendiendo necesario prescindir de estas nociones para comprender los alcances de la legitimación colectiva); SALGADO, José M. *"Tutela individual homogénea"*, Ed. Astrea, Buenos Aires, 2011, ps. 36-40 (destacando que carece de sentido útil *"mantener distinciones teóricas que en la práctica han dejado de tener importancia, puesto que se ha reconocido la facultad del administrado de acudir a la esfera judicial a defender sus prerrogativas"*).

[5] Entre otros ver BARRA, Rodolfo *"Comentarios acerca de la discrecionalidad administrativa y su control judicial"*, ED 146-829 (sosteniendo que las acciones en defensa de derechos colectivos o difusos *"convierten al juez en un árbitro de las disputas políticas, lo que no es su papel constitucional e institucional y, seguramente por esa razón, no se encuentra preparado para ello"*); y "

de la sentencia a dictarse con motivo de la actuación de tales organizaciones. Sin embargo, al promulgar la ley el Poder Ejecutivo vetó el artículo sobre cosa juzgada y provocó una honda ruptura de la coherencia interna del sistema.[6]

Se trató en definitiva de una etapa embrionaria, donde la cuestión principal (enfocada desde diversas perspectivas) giraba en torno a determinar los límites del Poder Judicial para juzgar asuntos que involucraban grupos de personas y que –justamente por tal motivo– desbordaban el cauce tradicional de debate en sede jurisdiccional. Esta tarea era sumamente difícil de llevar adelante en el contexto de un ordenamiento jurídico que carecía de normas constitucionales y procesales que pudieran sustentar y guiar semejante actuación. Tal vez haya sido por tal motivo que la respuesta del sistema de justicia ante pretensiones de índole colectiva fue negativa en la mayoría de las oportunidades.[7]

---

[6] El art. 54 establecía que *"la sentencia dictada en un proceso promovido por el consumidor o usuario, sólo tendrá autoridad de cosa juzgada para el demandado, cuando la acción promovida en los términos establecidos en el párr. 2° del art. 52 sea admitida y la cuestión afecte un interés general"*. Esta previsión fue vetada por el Poder Ejecutivo mediante el Decreto n° 2089/93. El fundamento invocado para ello en los considerando del mencionado Decreto fue que *"en el proyecto de ley ha quedado claramente establecida la legitimación de las asociaciones de consumidores a fin de promover acciones judiciales cuando la cuestión afecte el interés general de un grupo de consumidores, pero ello no permite prescindir, respecto de ellas, de un instituto procesal que como el de la cosa juzgada resulta esencial a fin de garantizar los preceptos constitucionales de defensa en juicio, debido proceso adjetivo e igualdad ante la ley, así como también para preservar la seguridad jurídica de las personas demandadas por dichas asociaciones y evitar una indebida proliferación de causas judiciales, cuyos costos redundarían en perjuicio de los productores y en definitiva del propio consumidor"*. Por supuesto, un dislate. ¿De qué legitimación colectiva podemos hablar si la cualidad de cosa juzgada de los efectos de la sentencia no se expanderá sobre el grupo representado?

[7] Pertenecen a esta etapa decisiones judiciales tales como *"Baeza, Aníbal R. c/Estado nacional"*, CORTE SUP., sentencia del 28/8/84, ED 110-357 (rechazo de una acción de amparo tendiente a obtener la declaración de inconstitucionalidad de un Decreto por medio del cual el Poder Ejecutivo nacional había convocado una consulta popular sobre los términos del arreglo de límites con el vecino país de Chile en la zona del Canal de Beagle. En su demanda argumentó que el decreto en cuestión invadía atribuciones del Poder Legislativo y constituía un acto de autoridad pública que vulneraba el sistema representativo establecido en la Constitución nacional. La CORTE SUP. rechazó por mayoría la acción intentada con fundamento en la inexistencia de "causa" o "controversia" debido a la falta de legitimación del actor); *"Dromi, José R. s/avocación en: Fontela, Moisés W. c/Estado nacional"*, CORTE SUP., sentencia del 06/09/90, LL 1990-E-97 (rechazo de una acción de amparo promovida por un diputado nacional con el objeto de obtener que la figura jurídica que adoptara la empresa Aerolíneas Argentinas –como consecuencia del trámite de privatización a que ésta se sometía por ese entonces– se encuadrara dentro de alguno de los tipos societarios vigentes. La CORTE SUP. sostuvo que la condición de ciudadano esgrimida por el actor no era apta para autorizar la intervención de los jueces a fin de ejercer su jurisdicción debido a que dicho carácter es de una generalidad tal que no permitía, en el caso, tener por configurado el interés directo, inmediato y sustancial que llevara a considerar la situación planteada como una "causa", "caso" o "controversia"); y *"Polino, Héctor y otro c/Poder Ejecutivo"*, CORTE SUP., sentencia del 07/04/94, LL 1994-C-291 (rechazo de una acción de amparo promovida por dos diputados nacionales con la finalidad de obtener la declaración de nulidad del proceso legislativo que concluyó con el dictado de la ley 24.309, declarativa de la necesidad de reforma de la carta magna. Los actores invocaron en esta oportunidad su doble calidad de ciudadanos y representantes del pueblo. La CORTE SUP. reiteró la doctrina sentada en *"Dromi"* y sostuvo que los actores no habían alegado un interés particular que permitiera considerar configurada una "causa" o "controversia" que habilite la intervención del Poder Judicial en el asunto).

2. Segunda etapa (1994-2006)

La segunda etapa se inicia con la reforma constitucional de 1994 y se extiende hasta mediados del año 2006, cuando la Corte Sup. dictó el fallo "Mendoza I".[8] La reforma construyó un modelo constitucional híbrido en materia de legitimación colectiva. Sus raíces pueden rastrearse tanto en el sistema de acciones de clase estadounidense (de allí la figura del individuo "afectado" como alguien capaz de representar a todo un grupo de personas), como en el modelo asociativo y de participación de organismos públicos propio de los países europeos (de allí la figura de las asociaciones intermedias y el *ombudsman* como sujetos con capacidad para accionar colectivamente, a los cuales puede agregarse el Ministerio Público habida cuenta la nueva fisonomía que acordó a éste el art. 120 CN).[9] El reconocimiento de actores sociales con legitimación colectiva y el reconocimiento de una nueva categoría de derechos ("de incidencia colectiva") en el 2do párr. del art. 43 CN llegaron prácticamente sin aviso previo y produjeron una verdadera revolución en la comunidad jurídica.

A partir de entonces, quedó bastante claro que el Poder Judicial se encuentra habilitado para resolver conflictos colectivos (lo cual, por supuesto, no implica que el tema se siga discutiendo hasta el día de hoy). Es que el constituyente impuso con la reforma un límite de principio al legislador, un punto de partida ineludible: el ordenamiento argentino contempla la existencia de situaciones jurídicas colectivas y también contempla la posibilidad de que los conflictos que involucran situaciones del género sean dirimidos en sede judicial. La competencias de los jueces en la materia, entonces, se presenta como algo innegable.

A partir de entonces también quedó bastante claro el sinsentido de exigir al legitimado que demuestre ser titular de la relación jurídica que busca discutir en sede judicial (si bien hasta la propia Corte Sup. lo hizo con relación al Defensor del Pueblo, tal como veremos más adelante). En este punto la reforma nos hizo volver a revisar las clásicas enseñanzas de Calamandrei en cuanto a la necesidad de separar ambas nociones y acep-

---

[8] *"Mendoza, Beatriz y ots. c/ Estado Nacional y ots. s/ Daños y perjuicios"*, CORTE SUP., sentencia del 20/6/06, LL 2006-F-355.

[9] Ver MEROI, Andrea A. *"Procesos Colectivos"*, Ed. Rubinzal Culzoni, Santa Fe, 2008, ps. 269-320 [realizando una profunda crítica al modelo adoptado por la reforma constitucional en materia de legitimación colectiva, al cual califica de *"desconcertante (sin explicitación de fuentes), múltiple (constituyéndose, precisamente, en polirrecepción), equívoco (con abuso de conceptos indeterminados), indiscriminado (ignorando la distinción entre intereses supraindividuales y plurales homogéneos), incompleto (sin la necesaria reglamentación de las cláusulas constitucionales), legitimante (en el sentido de perseguir adicionalmente otras finalidades que las propias de su sanción)"*].

tar que puede existir legitimación en la causa sin que necesariamente el sujeto resulte titular del derecho que pretende defender.[10]

Se trata de una etapa rica en debates y profusa a nivel jurisprudencial. Al inicio, gran parte de la discusión giró en torno al significado y alcance de cuatro cuestiones: (i) la noción "derechos de incidencia colectiva"; (ii) el alcance de la legitimación colectiva de cada uno de los sujetos contemplados en el art. 43 CN; (iii) el alcance subjetivo de la cosa juzgada de los efectos de la sentencia; y (iv) la vía procesal por medio de la cual debían canalizarse este tipo de pretensiones. Luego, el debate se centró más específicamente en la posibilidad de tutelar situaciones que no involucraban un objeto mediato indivisible -como podría ser la recomposición del medio ambiente- sino situaciones pluriindividuales homogéneas -como por ejemplo el recupero de sumas pagadas en demasía con causa en un cargo indebidamente percibido por una entidad financiera.

Vale señalar que durante esta etapa se aprobó el Código Modelo de Procesos Colectivos para Iberoamérica, una iniciativa desarrollada en el Instituto Iberoamericano de Derecho Procesal durante la presidencia del Dr. Roberto Berizonce y de la cual formaron parte los juristas más importantes de la región (encabezados por tres profesores brasileños que cuentan con sobrados antecedentes en la temática).[11] En el orden interno fue durante este período que el Congreso de la Nación sancionó la Ley General del Ambiente N° 25.675, incluyendo allí diversas previsiones procesales en materia de legitimación, cosa juzgada y otros aspectos del trámite del proceso por daño colectivo.[12] Por su parte, la Corte Sup. no se quedó atrás y reguló la figura del *amicus curiae* para causas de trascendencia institucional (Acordada N° 28/2004),[13] ampliando de este modo las posibilidades de participación en el contexto de casos colectivos.

Ya arribando al final de esta etapa, la Corte Sup. se pronunció en la causa *"Verbitsky"* haciendo lugar a un habeas corpus colectivo promovido por el Centro de Estudios Legales y Sociales (CELS) en representación de todas las personas privadas de su libertad y alojadas en comisarías de la

---

[10] CALAMANDREI, Piero *"Instituciones de derecho procesal civil"*, Tomo I, ps. 257-268. En la misma línea, DEVIS ECHANDÍA, Hernando *"Teoría general del proceso"*, Tomo I, p. 287; PALACIO, Lino E. *"Derecho procesal civil y comercial"*, Tomo I, ps. 405- 411; REDENTI, Enrico *"Derecho procesal civil"*, Tomo I, ps. 150-151.

[11] Me refiero a Ada Pellegrini Grinover, Kazuo Watanabe y Antonio Gidi. La versión final del Código Modelo puede descargarse acá: *http://www.google.com.ar/url?sa=t&rct=j&q=&esrc=s&source=web&cd =1&ved=0CCIQFjAA&url=http%3A%2F%2Fdireitoprocessual.org.br%2FfileManager%2FCodigo_Modelo_de_Procesos_Colectivos_Para_Iberoamerica.docx&ei=Fr6CT6reJdKatwfug9CPBg&usg=AFQjCNEDmIZ ARIGjws7XTRfFyc_4UClUJg*

[12] Disponible acá: *http://www.infoleg.gov.ar/infolegInternet/anexos/75000-79999/79980/norma.htm*

[13] Disponible acá: *http://www.infoleg.gov.ar/infolegInternet/anexos/95000-99999/96742/norma.htm*

Provincia de Buenos Aires.[14] Esta decisión confirmó que la vía del amparo no era la única habilitada para promover este tipo de reclamos colectivos, y también puso en evidencia que –aun a falta de regulación especial- ciertas cuestiones que iban más allá del medio ambiente y el derecho del consumo también podían canalizarse en clave colectiva hacia el seno del Poder Judicial.

3. Tercera etapa (2006-2009)

La tercera etapa comienza a mediados del año 2006 con la sentencia recaída en *"Mendoza I"* y se extiende hasta comienzos del año 2009, cuando la Corte Sup. dictó el fallo *"Halabi"*.[15] La causa *"Mendoza"* versa sobre la contaminación ambiental de la cuenca hídrica Matanza-Riachuelo. Se trata de un conflicto de carácter interjurisdiccional que tramita en instancia originaria de la Corte Sup. y afecta a más de cinco millones de personas. El conflicto fue llevado a la justicia por un pequeño número de sujetos afectados, quienes demandaron al Estado Nacional, la Ciudad de Buenos Aires, la Provincia de Buenos Aires, 14 Municipios y 44 empresas para obtener de ellos la recomposición del daño ambiental colectivo y la indemnización de los perjuicios sufridos individualmente por todos los miembros del grupo.

En *"Mendoza I"* La Corte Sup. abrió la instancia luego de aproximadamente tres años de discusión interna y efectuó un deslinde de pretensiones que generó nuevos debates y aclaró en gran medida algunos de los interrogantes por entonces planteados. Así, la pretensión enderezada a obtener la recomposición del bien colectivo dañado quedó tramitando ante el máximo tribunal, mientras que las situaciones de daño individual -en cambio- fueron derivadas ante los jueces que correspondiera según las reglas ordinarias de competencia. Situaciones que *"eventualmente, podrían ser calificadas como intereses individuales homogéneos"* según manifestó la Corte en el considerando 17 de esta sentencia. Fue la primera vez que nuestro máximo tribunal receptó la noción de intereses (verdaderos derechos en realidad) individuales homogéneos, la cual encuentra su fuente en el Código de Defensa del Consumidor Brasileño del año 1990.

---

[14] *"Verbitsky, Horacio s/ Habeas Corpus"*, CORTE SUP., sentencia del 03/05/05, Fallos 328:1146. La implementación de las órdenes dispuestas por la CORTE SUP. quedó en manos de la Suprema Corte de Justicia de la Provincia de Buenos Aires. El proceso de implementación de la decisión dista de ser satisfactorio, si bien ha habido algunos avances en la materia. En el mes de marzo de 2010 algunos profesores de derecho presentaron un memorial de *amicus curiae* ante dicho tribunal local, exhortando a la SCBA a que *"Se adopte, en definitiva, una decisión jurisdiccional que limite los efectos ilegales de las políticas penales de la provincia de Buenos Aires y establezca un mecanismo de remediación idóneo, eficaz, y capaz de prevenir nuevas violaciones constitucionales"* (el texto completo del memorial puede consultarse acá: http://seminariogargarella.blogspot.com.ar/2010/08/amicus-de-profesores-para-el-caso-de.html.

[15] *"Halabi, Ernesto c/ PEN -Ley 25.873, Dto. 1563/04 s/ amparo ley 16.986"* CORTE SUP., sentencia del 24/02/2009, Fallos 332:111.

Durante esta tercera etapa creo que lo más relevante fue el avance sobre la discusión de distintas cuestiones de trámite que hasta entonces habían sido opacadas por la legitimación y la cosa juzgada. Sucede que el caso *"Mendoza"* mostró en todo su esplendor las limitaciones del instrumental procesal vigente y comenzó a exigir la revisión de aspectos tales como los requisitos específicos en materia postulatoria, la intervención de terceros, las reglas de competencia territorial y por conexidad, los sistemas de publicidad y notificaciones, la celebración de audiencias públicas y la participación de *amicus curiae* en el contexto de causas colectivas, entre otras.

En este período también se dictó la Acordada de la Corte Sup. N° 30/2007, por medio de la cual dicho tribunal reguló las audiencias públicas a celebrarse en determinadas causas que tramitan ante sus estrados. Para proceder a utilizar este mecanismo basta la decisión de tres de sus miembros, lo cual hizo que fueran más de una las causas en que discutió públicamente sobre distintos aspectos de relevancia.[16] Asimismo, fue durante esta etapa que el Congreso de la Nación reformó la Ley de Defensa del Consumidor N° 24.240 por medio de su similar n° 26.361. La reforma incorporó al estatuto del consumidor numerosas previsiones procesales de tipo colectivo, incluyendo: (i) la posibilidad de tutelar derechos individuales homogéneos; (ii) la posibilidad de acudir al mecanismo de *cy pres* para liquidar y distribuir la sentencia; (iii) la incorporación del Defensor del Pueblo como sujeto habilitado para actuar en este campo (cuestión hasta entonces muy debatida en la jurisprudencia a pesar de la claridad del texto constitucional); (iv) el beneficio de justicia gratuita para quienes promuevan acciones colectivas; (v) los requisitos para arribar a una transacción válida; y (vi) el alcance de la cosa juzgada de los efectos de la sentencia colectiva, entre otras.[17]

Mientras tanto, en el campo jurisprudencial se dictaron relevantes decisiones por parte de la Corte Sup. Decisiones que -especialmente a través de sus disidencias- pocos meses después *"Mendoza I"* instalaron nuevos aspectos en la mesa de discusión, interpelaron al poder legislativo con motivo de la falta de sanción de una ley en la materia, y comenzaron a vislumbrar lo que habría de ser la posición mayoritaria del tribunal en el caso *"Halabi"* (sin lugar a dudas, el hito más relevante en la materia luego de la reforma de 1994).[18] Como si esto fuera poco, durante este período

---

[16] La Acordada puede buscarse acá: *http://www.Corte Sup..gov.ar/docus/documentos/cons_tipo.jsp?tipo=AC*.

[17] Para un análisis detallado de la reforma me remito a VERBIC, Francisco *"La tutela colectiva de consumidores y usuarios a la luz de la ley N° 26.361"*, RDP, Rubinzal Culzoni, 2009-I.

[18] *"Monner Sans, Ricardo c. Fuerza Aérea Argentina s/amparo 16.986"*, CORTE SUP., sentencia del 26/09/06, Fallos 329: 4066; *"Ministerio de Salud y/o Gobernación"*, CORTE SUP., sentencia del 31/10/06, Fallos 329: 4741; *"Mujeres por la Vida -Asociación Civil sin Fines de Lucro- filial Córdoba- c. Ministerio de

la Corte Sup. también se expidió sobre el fondo de una de las pretensiones que tramitaban en la causa *"Mendoza"*, condenando la ACUMAR, al Estado Nacional, la Ciudad Autónoma de Buenos Aires y la Provincia de Buenos Aires a realizar una serie de actividades tendientes a lograr la recomposición del ambiente dañado (*"Mendoza II"*).[19] Esta sentencia obligó a repensar una cuestión más en torno al tema que nos ocupa, cuestión teñida para ese entonces por los poco satisfactorios resultados logrados en la ejecución de la decisión recaída en el caso *"Verbitsky"*. Me refiero a cómo proceder para implementar decisiones estructurales y qué rol puede jugar la sociedad civil en el monitoreo y control de dicha ejecución.[20]

4. Cuarta etapa (2009-...)

La cuarta y última etapa comenzó en febrero del año 2009 con el dictado del fallo *"Halabi"* por parte de la Corte Sup. y aún se encuentra en pleno desarrollo. Si las cosas continúan avanzando como deberían, entiendo que la culminación de esta etapa tendría que estar marcada por la sanción de una ley procesal adecuada para reglamentar el art. 43 CN.

El caso *"Halabi"* involucraba un planteo de inconstitucionalidad contra una ley formal del Congreso y su Decreto reglamentario, por medio de los cuales se exigía a las empresas de telecomunicaciones el registro de conversaciones privadas y su almacenamiento por diez años a fin de ser observadas remotamente por el Ministerio Público Fiscal. A diferencia del caso *"Mendoza"*, el conflicto ventilado en *"Halabi"* llegó a la Corte Sup. en instancia de apelación extraordinaria e involucraba un número aún mayor de interesados (el grupo afectado por la normativa impugnada comprendía absolutamente todos los usuarios del servicio telefónico).

En esta decisión la Corte Sup. se expidió sobre distintas cuestiones de relevancia en la materia. Primero, confirmó el alcance colectivo que la Cámara de Apelaciones había acordado a la cosa juzgada de la sentencia, reconociendo las raíces constitucionales de esta expansión. Segundo, determinó los alcances de la noción "derechos de incidencia colectiva" y estableció que los derechos individuales homogéneos forman parte de

---

Salud y Acción Social de la Nación", CORTE SUP., sentencia del 31/10/06, *Fallos* 329: 4593; y *"Defensoría del Pueblo de la Ciudad de Buenos Aires c. Secretaría de Comunicaciones resol. 2926/99 s/amparo ley 16.986"*, CORTE SUP., sentencia del 31/10/06, *Fallos* 329:4542. Un buen análisis de todas estas decisiones puede consultarse en SALGADO, José M. *"La Corte y la construcción del caso colectivo"*, LL 2007-D-787.

[19] *"Mendoza, Beatriz Silvia y ots. c. Estado Nacional y ots."*, SCJN, sentencia del 23/07/08, LL 10/09/2008.

[20] Para un análisis de estas cuestiones me remito a VERBIC, Francisco *"El caso 'Mendoza' y la implementación de la sentencia colectiva"*, JA 2008-IV-336; y *"El Remedio Estructural del Caso 'Mendoza'. Antecedentes, Principales Características y Algunas Cuestiones Planteadas en el Proceso de su Implementación"*, de próxima publicación en un libro editado por la Asociación por los Derechos Civiles (ADC) y el Vance Center for International Justice de Nueva York.

ella (y que, por tanto, los legitimados colectivos pueden accionar en su defensa). Tercero, estableció las pautas adjetivas mínimas que debe respetar el proceso colectivo en tutela de derechos individuales homogéneos para que pueda ser considerado constitucional en términos de debido proceso legal. Cuarto, reconoció que la configuración de la "causa o controversia" necesaria para habilitar la intervención del poder judicial se configura de manera diferente según el tipo de derechos que se pretendan defender en justicia (avanzando en este sentido hacia la idea de "causa o controversia colectiva"). Quinto, reconoció la necesidad de controlar la idoneidad del legitimado colectivo para actuar en representación del grupo (requisito de "representatividad adecuada" tomado del modelo federal de acciones de clase estadounidense). Sexto, además del control de idoneidad estableció otros requisitos de admisibilidad y procedencia de la acción colectiva tales como la precisa indicación del grupo afectado, la necesidad de que el planteo se enfoque en las cuestiones comunes y homogéneas a todo el grupo, la importancia de contar con un sistema de publicidad y notificaciones adecuado, y el derecho de los miembros del grupo a optar por salirse del proceso o bien participar como parte o contraparte. Por último, pero no por ello menos importante, la Corte Sup. intimó al legislador a sancionar una regulación procesal adecuada en la materia.

Las derivaciones del precedente *"Halabi"* aún no están del todo claras. Si bien su dictado provocó numerosos comentarios y análisis doctrinarios,[21] habiendo transcurrido casi cuatro años desde entonces la Corte Sup. sólo volvió sobre su alcance en pocas oportunidades y de modo más bien tangencial.[22] Además, si bien la decisión fue realmente importante

---

[21] Ver, entre otros, BADENI, Gregorio *"El dinamismo tecnológico impone la creatividad judicial para la defensa de los derechos humanos"* LL 2009-B-255; BOICO, Roberto J. *"La nueva etapa del amparo colectivo. El caso Halabi y el actual escenario del art. 43 de la C.N."*, LL 2009-B-208; CATALANO, Mariana – GONZÁLEZ RODRÍGUEZ, Lorena *"Los litigios masivos según el prisma de la Corte Suprema"*, LL 2009-B-598; CASSAGNE, Juan C. *"Derechos de incidencia colectiva. Los efectos 'erga omnes' de la sentencia. Problemas del reconocimiento de la acción colectiva"*, LL 2009-B-646; DE LA RÚA, Fernando – SARAVIA FRÍAS, Bernardo *"Acciones de clase: un avance pretoriano determinante del Alto Tribunal"*, LL del 06/05/2009; GARCÍA PULLES, Fernando R. *"Las sentencias que declaran la inconstitucionalidad de las leyes que vulneran derechos de incidencia colectiva. ¿El fin del paradigma de los límites subjetivos de la cosa juzgada? ¿El nacimiento de los procesos de clase?"*, LL 2009-B-186; GÓMEZ, Claudio D. – SALOMÓN, Marcelo J. *"La Constitución Nacional y las acciones colectivas: Reflexiones en torno al caso 'Halabi'"*, LL Sup. Const. 2009 (mayo), 41; GELLI, María A. *"La acción colectiva de protección de derechos individuales homogéneos y los límites al poder en el caso 'Halabi'"*, LL 2009-B-565; RODRÍGUEZ, Carlos A. *"Las acciones colectivas a la luz de un fallo de la CORTE SUP."*, DJ del 25/03/2009; ROSALES CUELLO, Ramiro – GUIRIDLIAN LAROSA, Javier D. *"Nuevas consideraciones sobre el caso 'Halabi'"*, LL 2009-D-424; SABSAY, Daniel A. *"El derecho a la intimidad y la 'acción de clase'"*, LL 2009-B-401; TORICELLI, Maximiliano *"Un importante avance en materia de legitimación activa"*, LL 2009-B-202; SAGÜÉS, Néstor P. *"La creación judicial del 'amparo-acción de clase' como proceso constitucional"*, SJA 22/4/2009; OTEIZA, Eduardo – VERBIC, Francisco *""La Representatividad Adecuada como Requisito Constitucional de los Procesos Colectivos. ¿Cuáles son los Nuevos Estándares que Brinda el Fallo "Halabi"?"*, SJA 10/03/2010; SALGADO, José M. *"Aristas del caso Halabi"*, DJ 07/10/2009.

[22] Ver *"Thomas"* CORTE SUP., causa T.117.XLVI, sentencia del 15/06/2010, Fallos 333:1023, Considerando 4°, último párr.; *"Mendoza"*, CORTE SUP., causa M.1569.XL, sentencia del 10/11/2009, LL 2010-A-350; y *"Cavalieri"*, CORTE SUP., causa C.36.XLVI., sentencia del 26/06/12.

en términos políticos y como toma de posición del tribunal con respecto al tema, lo cierto es que su contenido presenta diversas inconsistencias y deja planteados numerosos interrogantes que no han merecido mayor atención entre nosotros hasta el día de la fecha. Los tribunales y el resto de los operadores jurídicos, mientras tanto, se encuentran utilizando las pautas procesales establecidas por la Corte Sup. en este precedente como guía primordial para la tramitación de las pretensiones colectivas que continúan ingresando, cada vez con mayor fuerza y en mayor número, al seno del Poder Judicial. Es que a pesar de la interpelación que la Corte Sup. hizo al Congreso, éste aún no ha sancionado una regulación adecuada sobre la materia (haré alguna referencia a los proyectos en trámite más adelante, sólo destaco aquí que todos contienen problemas sistémicos y, en algunos casos, contienen lisa y llanamente serios errores conceptuales).

III. El esquema constitucional en materia de legitimación colectiva creado por la reforma de 1994

Presentada en términos generales la evolución histórica del tema y las principales discusiones que se desarrollaron en las distintas etapas identificadas, avancemos ahora sobre el modelo constitucional creado por la reforma de 1994 en materia de legitimación colectiva.[23] Como fuera señalado brevemente en el capítulo anterior, la reforma constitucional de 1994 incorporó un nuevo artículo 43 al texto de la carta magna. Por medio del mismo acordó jerarquía constitucional a la garantía del amparo, el habeas data y el habeas corpus. En lo que más nos interesa para este trabajo, tenemos que el segundo párr. del art. 43 CN reconoció el derecho del afectado, el Defensor del Pueblo de la Nación y ciertas organizaciones del tercer sector para actuar en defensa de "derechos de incidencia colectiva" (noción también novedosa incorporada por la reforma, a la cual nos referiremos más adelante). Si bien el art. 43 CN configura sin lugar a dudas la principal norma atributiva de legitimación procesal colectiva, el esquema constitucional en la materia se completa con otras dos previsiones: los arts. 86 y 120 de la CN. El primero de ellos se ocupa de regular la figura del Defensor del Pueblo de la Nación y señala lacónicamente en su segundo párr. que éste *"tiene legitimación procesal"*. El art. 120 CN, mientras tanto, incorporó al texto constitucional al Ministerio Público y podemos ver en su contenido las notas que permiten perfilar a este organismo como un potencial actor de relevancia en materia de tutela colectiva de

---

[23] Ver MORELLO, Augusto M. *"El impacto de las reformas constitucionales en el sistema de justicia"*, E.D. 176-909 (sosteniendo que la reforma operada en 1994 sobre la constitución nacional significó una *"clara adhesión al Modelo del Acceso a la justicia"* al reconocer la directa operatividad de las garantías procesales y reforzar las mismas mediante –entre otras cosas- la constitucionalización del amparo en todas sus variantes, incluyendo el colectivo).

derechos en sede judicial (aunque hasta la fecha, en la práctica, no haya asumido todavía ese rol).[24] Me refiero a su independencia (garantizada por el expreso reconocimiento de inmunidades funcionales e intangibilidad de las remuneraciones que perciben sus miembros), autonomía funcional y autarquía financiera. Todas ellas alineadas en pos de un objetivo tan abarcador como promover la actuación de la justicia en defensa de la legalidad.

La incorporación de todas estas previsiones en el articulado de la CN, como ya destaqué, vino a zanjar algunas discusiones sobre al alcance de la tutela colectiva de derechos pero, al mismo tiempo, fue el punto de partida para muchas otras. En los apart.s que siguen me ocuparé de precisar algunas cuestiones y mostrar las idas y vueltas que se produjeron en torno al alcance de la legitimación colectiva del afectado, las organizaciones intermedias, el Defensor del Pueblo de la Nación y el Ministerio Público.

1. El afectado

Mucho se ha discutido sobre los alcances de la legitimación colectiva del "afectado".[25] Y gran parte de esas discusiones se originan en la falta de antecedentes sobre su incorporación al texto de la CN. En este sentido, interesa señalar que durante el proceso de reforma constitucional el despacho de mayoría de la Comisión de Nuevos Derechos y Garantías no

---

[24] Notas que han llevado a ciertos autores a sostener que, luego de la reforma, el Ministerio Público se convirtió lisa y llanamente en un cuarto poder del Estado (ver LOÑ, Félix *"Enfoque sistémico de la división de poderes después de la reforma constitucional de 1994"*, LL 1998-B-1115; STOLLER, Enrique A. *"¿Adiós a la doctrina de Montesquieu? La separación de los poderes en la República Argentina"*, LLNOA, 1998-1171).

[25] Inmediatamente después de la reforma el debate terminó por perfilar dos corrientes. Una de ellas de tono más bien aperturista, proveniente en su mayoría de constitucionalistas y procesalistas. Entre los trabajos que se orientan en este sentido pueden consultarse MORELLO, Augusto M. *"La legitimación de obrar como mecanismo facilitador, en Argentina, de la tutela jurisdiccional de las libertades fundamentales y de los intereses difusos y colectivos"* JA 1990-II-718 (sosteniendo esta línea incluso antes de la reforma); EKMEKDJIAN, Miguel A. *"Tratado de derecho constitucional"*, Tomo IV, p. 67; AGOGLIA-BORAGINA-MEZA *"La lesión del medio ambiente y el acceso a la justicia"*, JA número especial 80° Aniversario, 1998-15; GÓMEZ, Claudio D. *"La legitimación del "afectado" del art. 43, 2° párr. de la Constitución nacional: doctrina del Tribunal Superior de Justicia de la Provincia de Córdoba"*, LLCórd, 2002-521; JEANNERET DE PÉREZ CORTÉS, María *"La legitimación del afectado, del defensor del pueblo y de las asociaciones.La reforma constitucional de 1994 y la jurisprudencia"*, LL 2003-B-1333; BIDART CAMPOS, Germán *"La legitimación del afectado en materia de derecho ambiental"*, LL 2004- D-787; PRADA, Marina *"*LL 2006-E-1205; GORDILLO, Agustín *"Tratado de derecho administrativo"*, Tomo II, p. III-16. La otra corriente buscó, sobre todo en los primeros años que siguieron a la reforma, limitar la actuación del afectado en el campo colectivo. Entre los trabajos que siguen esta línea pueden consultarse BARRA, Rodolfo *"La acción de amparo en la Constitución reformada: la legitimación para accionar"*, LL 1994-E-1087; CASSAGNE, Carlos *"Sobre la protección ambiental"* LL 1995-E-1217; *"El amparo ambiental y la legitimación para accionar"*, LL 1997-A-56; *"El daño ambiental colectivo"*, LL 2004-E-1426; ARAZI, Roland *"Análisis de los proyectos de ley sobre procesos colectivos"*, de próxima publicación (allí el autor considera un error otorgar legitimación a usuarios y consumidores individuales para promover acciones colectivas).

incluía a la figura entre los sujetos con aptitud para promover acciones colectivas. Fue recién una vez agotado el debate sobre el art. 43 de la CN que uno de los convencionales sugirió añadir la expresión "el afectado" junto con el resto de legitimados extraordinarios allí reconocidos.[26] Esta sugerencia fue receptada por la Comisión e incorporada al texto definitivo del artículo sin brindar mayores precisiones.[27]

Más allá de la notoria falta de explicaciones sobre su origen y la consiguiente falta de antecedentes que permitan encontrar fuentes de interpretación a dónde acudir en ayuda, lo cierto es que los constituyentes parecen haber buscado cumplir un objetivo bien claro al dotar de legitimación colectiva al afectado. Esto es: permitir que aquella persona vulnerada en su esfera individual pueda promover una acción de amparo ya no sólo en defensa exclusiva de su derecho sino también en defensa de todos aquellos que se encuentran en su misma situación (de todos los miembros del grupo al cual pertenece el afectado en cuestión).[28] De este modo, el constituyente se apartó del modelo brasileño de tutela colectiva de derechos (donde los sujetos individuales carecen de legitimación para accionar, salvo en el marco de la acción popular) y se acercó fuertemente al modelo estadounidense de acciones de clase (donde uno o varios individuos pueden defender en sede judicial su situación y la de otros situados en una posición similar).[29]

En términos generales puede decirse que la recepción del afectado en los estrados judiciales fue mayormente positiva en materia de medio ambiente,[30] mientras que en el área del derecho del consumo la suerte

---

[26] Convencional Cullen.

[27] Las actas de la Convención Nacional Constituyente sobre este tema se encuentran disponibles en *http://www1.hcdn.gov.ar/dependencias/dip/Debate-constituyente.htm#Art. 43*

[28] SALGADO, José M. "Tutela Individual homogénea", Ed. Astrea, Buenos Aires, 2011, ps. 149-152 (destacando que necesariamente el afectado debe formar parte del grupo).

[29] Sobre los presupuestos y ámbito de aplicación del sistema federal de acciones de clase estadounidense en general puede consultarse NAGAREDA, Richard A."*The Law of Class Actions and Other Aggregate Litigation*", Foundation Press, 2009; ISSACHAROFF, Samuel "*Governance and Legitimacy in the Law of Class Actions*", 1999 Sup. Ct. Rev. 337, 366 (1999); AA.VV. "*Principles of The Law Of Aggregate Litigation*", American Law Institute Publications, 2010.

[30] Ver entre muchos otros los precedentes "*Schroder, Juan c/Estado nacional –Secretaría de Recursos Naturales–*", CNContAdmFed, Sala III, sentencia del 08/09/94, LL 1994-E-449 (reconociendo la legitimación de un individuo para impugnar un proceso licitatorio para instalar una planta de residuos peligrosos. Para así resolver la Cámara señaló que el afectado tenía un interés personal y directo en el caso y había promovido *"una pretensión exclusivamente anulatoria con la cual no pretende, además, el reconocimiento de una situación jurídica individualizada y su eventual restablecimiento"*); "*Don Benjamín SA y otro c/ ENRE*", CFed Bahía Blanca, Sala II, sentencia del 24/02/99, JA 1999- III-242 (reconocimiento de la legitimación sin mayores desarrollos); "*Breti, Miguel A. y otro c/Ente Nacional de Regulación de la Electricidad*", CFedBahía Blanca, Sala II, sentencia del 17/03/99, JA 1999-III-242 (reconocimiento de la legitimación sin mayores desarrollos. En este caso no había sido siquiera impugnada por la demandada); *"Mendoza, Beatriz Silvia y otros c/Estado nacional y otros s/daños y perjuicios"* (Mendoza I), CORTE SUP., sentencia del 20/06/06, LL 2006-F-355 (reconociendo sin mayores desarrollos la legitimación de los actores para interponer demanda por recomposición de daño ambiental).

de la figura tuvo algunos vaivenes y fue opacada en gran medida por la actuación de las asociaciones de defensa del consumidor.[31] Vale destacar que en ambos contextos (medio ambiente y consumo, principales áreas de desarrollo en la materia), las leyes de fondo contemplan la posibilidad de que personas individuales promuevan acciones colectivas, tanto para obtener el cese o la ejecución de determinada conducta como para reclamar una declaración de responsabilidad que permita obtener una indemnización o la restitución de sumas de dinero debidas a los miembros del grupo representado por el afectado.[32]

La legitimación del afectado también fue reconocida –si bien aisladamente- en otras esferas de actuación, como por ejemplo en materia de derechos económicos, sociales y culturales. Ello a pesar de no existir una previsión de derecho positivo que expresamente habilite tal actuación, como sí ocurre en el campo del derecho de consumo y el medio ambiente.[33]

---

[31] Ver entre muchos otros *"Monner Sans c/PEN"*, JuzgFedContAdm n° 1, sentencia del 30/10/97, LL 1998-D-219 (reconociendo la legitimación del afectado para promover acción de amparo tendiente a invalidar un decreto de necesidad y urgencia dictado por el Poder Ejecutivo nacional. El juez destacó que la segunda parte del art. 43 de la Const. nacional involucra *"una atribución de legitimación en función de circunstancias puramente objetivas"*); *"Youssefian, Martín c/Secretaría de Comunicaciones"*, CNContAdmFed, Sala IV, sentencia del 23/06/98, LL 1998-D-712 (reconociendo la legitimación del actor para impugnar un procedimiento administrativo por no prever la participación de los usuarios en su desarrollo. La Cámara señaló que *"la circunstancia de no haberse previsto la posibilidad de intervención de los usuarios –garantizada en el art. 42, Const. nacional– basta para reconocerle un interés suficientemente concreto, directo e inmediato, merecedor de tutela judicial en los términos del art. 2° de la ley 27")*; *"Fernández, Raúl c/ Estado Nacional (PEN) s/ amparo – ley 16.986"*, sentencia del 07/12/99, *Fallos* 322:3008 (caso promovido por un usuario del servicio de subtes de Buenos Aires por medio del cual se buscaba declarar inconstitucional una tarifa por redondeo. La disidencia del Ministro Petracchi puso en evidencia la necesidad de tutelar colectivamente pretensiones homogéneas individualmente no recuperables como las que se encontraban en juego); *"Gil Domínguez, Andrés c/Multicanal – Operador televisivo"*, CNCont. Adm. Fed., Sala IV, sentencia del 18/05/00 (reconocimiento de la legitimación de un usuario del servicio de televisión que pretendía establecer a través de una acción meramente declarativa cuáles eran los alcances y modalidades de la transmisión operada por la demandada bajo la modalidad de sistema de televisión cerrado codificado respecto de los partidos que el seleccionado argentino de fútbol disputaría como local o visitante en las eliminatorias para el campeonato mundial Corea-Japón 2000); *"Monner Sans, Ricardo c/Fuerza Aérea Argentina"*, CORTE SUP., sentencia del 26/09/06, DJ 2006-564 (interesa en particular el voto en disidencia de la Ministro Argibay, quien puso de resalto que el actor debía ser considerado *"como un afectado singular al que el art. 43 de la Const. nacional reconoce legitimación activa para buscar un pronunciamiento que proteja el interés colectivo o público en cuestión"*, y destacó que a partir de la reforma de 1994 la sola circunstancia de que el actor no pueda invocar un daño "particularizado" a un derecho propio no resulta suficiente para negarle legitimación si ha invocado la defensa de un bien colectivo); *"Halabi, Ernesto c/ PEN -Ley 25.873, Dto. 1563/04 s/ amparo ley 16.986"*, CORTE SUP., sentencia del 24/02/09, *Fallos* 332:111 (usuario del servicio de telecomunicaciones promovió acción de amparo individual para obtener la declaración de inconstitucionalidad de una ley y su decreto reglamentario por considerar que afectaba el derecho a la intimidad. La Cámara de Apelaciones, al confirmar la decisión de primera instancia, acordó cualidad de cosa juzgada expansiva a los efectos de la sentencia, lo cual fue confirmado por la CORTE SUP.).

[32] Art. 30 Ley N° 25.675 (legitimación del afectado para reclamar la recomposición del daño ambiental colectivo); Art. 52 Ley N° 24.240 (legitimación de consumidores y usuarios para promover acciones cuando sus intereses se encuentren afectados o amenazados).

[33] Ver por ejemplo *"Viceconte, Mariela C/ Ministerio de Salud y Acción Social"*, CNCont. Adm. Fed., sentencia del 02/06/98, LL 1998-F-102 (acción de amparo por la cual se pretendía lograr la ejecución de las medidas necesarias para completar la unidad de producción de la vacuna contra la fiebre hemorrágica argentina. Partiendo de la premisa que la vacuna no resultaba un negocio comercialmente

En lo que respecta a planteos relacionados con el correcto funcionamiento del sistema democrático, la respuesta del sistema de justicia ha sido claramente adversa para quienes pretendieron llevar a discusión este tipo de asuntos en clave colectiva.[34]

2. Las organizaciones del tercer sector

Las organizaciones del tercer sector han sido sin lugar a dudas las participantes más activas en materia de tutela colectiva de derechos. Es importante tener en cuenta que ya con anterioridad a la reforma constitucional existían algunos antecedentes de habilitación normativa para que determinado tipo de organizaciones de este tipo pudiera accionar colectivamente en sede judicial. Me refiero a las Asociaciones Sindicales con personería gremial[35] y a las Asociaciones de Defensa del Consumidor.[36] El art. 43, 2do párr. de la CN, según vimos, jerarquizó esta competencia y la extendió a cualquier tipo de organización que se encuentre en regla con las pautas de la ley especial que debe regir su actividad.

Dos aclaraciones resultar pertinentes sobre el alcance de la previsión constitucional. Primero: si bien el art. 43 se refiere a "asociaciones", la jurisprudencia ha reconocido también legitimación colectiva a fundaciones sin dar mayores explicaciones al respecto. Esta interpretación parece lógica si se piensa desde el punto de vista de la pertenencia de ambas figuras (asociación y fundación) al campo del "tercer sector", pero no es una interpretación necesaria ya que –además de no estar comprendidas en el texto del art. 43 CN– las fundaciones cuentan en la República Argentina

---

reditueble –debido a que la enfermedad es exclusiva de nuestro país y que las personas afectadas no representan un número de suficiente entidad para ameritar los costos de las investigaciones necesarias– se condena al Estado Nacional a hacerse cargo de la producción de la vacuna).

[34] "G. B. c/Estado nacional argentino", CNCont. Adm. Fed., Sala III, 31/08/98, LL 1999-C-255 (un ciudadano pretendió obtener una orden dirigida al Poder Legislativo de la Nación para que integrara la Comisión Bicameral Permanente prevista por el art. 99, inc. 3, de la Const. nacional, establecida por el constituyente durante la reforma de 1994 con el objeto de controlar la legitimidad de los decretos de necesidad y urgencia dictados por el Poder Ejecutivo nacional. El tribunal confirmó la sentencia de primera instancia que había rechazado *in limine* la acción por falta de legitimación activa y argumentó que no existía causa o controversia que habilitara la actuación del Poder Judicial; *"Thomas, Enrique c/ ENA s/ Amparo"*, CORTE SUP., sentencia del 15/06/10, *Fallos* 333:1023 (rechazo de la legitimación invocada por un diputado nacional en carácter de afectado en el marco de una pretensión por la cual pretendía lograr la suspensión de aplicación de la Ley de Servicios de Comunicación Audiovisual n° 26.522).

[35] Ley n° 23.551, arts. 23 y 31, inc. *a*). La habilitación es para promover acciones judiciales en defensa de todos los trabajadores del sector respectivo, sean o no afiliados a la organización.

[36] Ley n° 24.240, arts. 55 y 56 de su redacción original (antes de la reforma operada por la Ley 26.361). El art. 55 establecía que *"las asociaciones de consumidores constituidas como personas jurídicas están legitimadas para accionar cuando resulten objetivamente afectados o amenazados intereses de los consumidores"*. Para poder actuar como asociación de defensa del consumidor, previamente la organización debe obtener la pertinente autorización y registración de conformidad con lo dispuesto por el art. 56.

con una ley específica que regula su constitución y actuación[37] (no ocurre lo mismo con las asociaciones civiles, las cuales se rigen por disposiciones locales dictadas por los organismos de aplicación).[38]

La segunda aclaración es que la ley especial a que se refiere el art. 43 CN no ha sido dictada hasta el día de la fecha. Sin perjuicio de ello, aun frente a esta falta de reglamentación tanto la doctrina como la jurisprudencia han reconocido, casi sin excepción, la plena operatividad de la norma en cuanto confiere legitimación colectiva a las asociaciones intermedias.[39] Para proceder en tal sentido, los tribunales han limitado su análisis al objeto estatutario de la organización. En este sentido, para reconocer la legitimación colectiva se ha exigido que dicho objeto contemple la defensa de derechos de incidencia colectiva de determinados grupos de personas o en determinadas materias.[40]

Si bien las respuestas encontradas por este tipo de organizaciones en el Poder Judicial no ha sido del todo lineales, lo cierto es que ellas son quienes encontraron menos dificultades para acceder al sistema en pos de obtener la solución de conflictos que involucran a grandes números de personas.[41] Esta actuación ha sido favorecida por las expresas previsiones

---

[37] Ley N° 19.836, disponible acá: *http://www.infoleg.gov.ar/infolegInternet/anexos/65000-69999/65478/norma.htm*

[38] Ver CROVI, Luis D. *"Asociaciones Civiles. Necesidad de una ley especial"*, LL 2007-A-701 (señalando que la normativa relacionada con lo que podría denominarse *Derecho de las Asociaciones Civiles* ha ido surgiendo de manera espontánea por la labor de la jurisprudencia, por las escasas disposiciones que contienen leyes especiales para determinados tipos asociativos, y por las disposiciones reglamentarias dictadas por los organismos de control).

[39] Ver en especial MORELLO, Augusto M. – VALLEFIN, Carlos *"El Amparo. Régimen Procesal"*, 5ta edición, Librería Editora Platense, La Plata, 2004.

[40] Ver por ejemplo el caso *"Asociación de Generadores de Energía Eléctrica de la República Argentina c/ Estado nacional"*, CNCont. Adm. Fed., Sala IV, sentenica del 07/07/05, JA 2005-IV-235 [el examen realizado por la Cámara concluyó en rechazar la legitimación invocada porque del estatuto de la organización resultaba *"en defensa de los intereses de sus asociados sólo está autorizada a canalizar denuncias (...) lo que, claro está, no le impide ser actora o demandada por derecho propio"*]; *"Mujeres en Igualdad c/Freddo"*, CNCom. Sala H, sentencia del 15/09/00, LL 2001-B-798 (el estatuto de la asociación determinaba como objeto *"promover la eliminación de toda discriminación o restricción basada en el sexo, y procurar sobre la base de la igualdad, el ejercicio de los derechos humanos y las libertades fundamentales por parte de las mujeres en las esferas política, económica, social, cultural, laboral y civil"*).

[41] Ver entre otros *"Asociación de Grandes Usuarios de Energía de la República Argentina (AGUEERA) c/ Provincia de Buenos Aires"* CORTE SUP., sentencia del 22/04/97, LL 1997-C-322 (el tribunal sostuvo que el art. 43 de la CN faculta para interponer acción de amparo a las asociaciones que propendan a la defensa de derechos de incidencia colectiva, entre las cuales cabía considerar comprendida a la actora ayq que había sido creada por decreto *"con la finalidad de proveer a la defensa de los intereses de sus asociados"*); *"Asociación de Superficiarios de la Patagonia c/Yacimientos Petrolíferos Fiscales SA y otros s/amparo"*, CORTE SUP., sentencia del 13/07/04, LL 2004-F-386 (la actora invocó la representación de *"los derechos de dueños, ocupantes, poseedores o meros tenedores de las tierras de la Patagonia"*, para demandar a YPF y las restantes concesionarias de la explotación y exploración de las áreas hidrocarburíferas de la Cuenca Neuquina con el objeto que se las condenara a recomponer integralmente los daños colectivos ambientales causados por su actividad y a conformar el fondo de restauración ambiental previsto por el art. 22 de la ley 25.675. El voto de la mayoría reconoció la legitimación de la entidad sin mayores desarrollos); *"ADECUA –Asociación de Defensa de los Consumidores y Usuarios de la Argen-*

que sobre legitimación colectiva contienen diversas leyes sustanciales,[42] y seguramente también por el carácter de representantes colectivos que por naturaleza revisten este tipo de entes asociativos.

3. *El Defensor del Pueblo de la Nación*

El art. 86 CN establece entre las funciones del Defensor del Pueblo de la Nación proveer a la "...defensa y protección de los derechos humanos y demás derechos, garantías e intereses tutelados en esta Constitución y las leyes, ante hechos, actos u omisiones de la Administración; y el control del ejercicio de las funciones administrativas públicas". Igualmente, reconoce expresamente que "El Defensor del Pueblo tiene legitimación procesal", reforzando la previsión contenida en el 2do párr. del art. 43 CN que establece dicha legitimación en materia colectiva. Sin embargo, a pesar de la claridad del texto constitucional, en los diez años que siguieron a la reforma esta figura fue la que más complicaciones encontró a la hora de abrirse camino en sede judicial cada vez que buscó defender los derechos de un grupo determinado de personas.[43] Lo más curioso de todo es

---

tina– c/ENARGAS, res. 302, 303, 304, 305, 306, 307, 308, 309, 310/96", CNCont. Adm. Fed., Sala IV, sentencia del 09/03/98, E.D. 182-1172 (se reconoció legitimación a la actora para interponer el recurso de apelación directo previsto por el marco regulatorio del servicio de gas -art. 52 de la ley 24.076- contra las resoluciones que habían aprobado diversos cuadros tarifarios de distribución); *"Sindicato Argentino de Docentes Particulares –SADOP– c/Estado nacional –Poder Ejecutivo nacional– s/acción de amparo"*, CORTE SUP., sentencia del 04/07/03 (proceso iniciado con el objetivo de obtener la declaración de inconstitucionalidad de un decreto que había excluido a todos los docentes privados universitarios del país del régimen general de asignaciones familiares previsto en la ley 24.714. La actora invocó la representación de los docentes privados universitarios de todo el país en los términos del art. 43 de la Const. nacional y en atención a los alcances personales y territoriales de su personería gremial. La CORTE SUP. sostuvo lacónicamente –remitiendo al dictamen del procurador general– que *"no aparece indebida la legitimación procesal que se ha otorgado al sindicato amparista, asociación que cuenta con la respectiva personería gremial, y por lo tanto encargada de representar frente al Estado y los empleadores, tal es el caso de autos, los intereses individuales y colectivos de los trabajadores (art. 31, ley de asociaciones sindicales 23.551)"*; *"Comunidad Indígena del Pueblo Wichi Hoktek T' Oi c/Secretaría de Medio Ambiente y Desarrollo Sustentable"* CORTE SUP., sentencia del 08/09/03, LL 2004-C-276 (confirmación de un fallo del superior tribunal salteño que había anulado dos actos administrativos en tanto autorizaban el desmonte de determinados inmuebles rurales, la legitimación de la actora no fue siquiera abordada por el tribunal); *"Asociación de Comunidades Aborígenes Lhaka Honhat c/Poder Ejecutivo de la provincia de Salta"*, CORTE SUP., sentencia del 15/06/04 (otro reconocimiento implícito. El caso se originó en una acción de amparo promovida por la actora con la finalidad de obtener la suspensión de efectos y declaración de inconstitucionalidad de cierta normativa que adjudicaba fracciones de un lote de terreno a diversas comunidades aborígenes de la zona); *"Verbitsky, Horacio s/ Habeas Corpus"*, CORTE SUP., sentencia del 03/05/05, *Fallos* 328:1146 (reconocimiento de la legitimación del Centro de Estudios Legales y Sociales para promover habeas corpus colectivo a favor de las personas detenidas en comisarías).

[42] Nuevamente, hacemos referencia aquí a las Ley General del Ambiente n° 25.675 y a la Ley de Defensa del Consumidor n° 24.240, a lo cual cabe agregar la ya mencionada Ley de Asociaciones Sindicales n° 23.551.

[43] *"Frías Molina, Nélida N. C/ Instituto Nacional de Previsión Social –Caja Nacional. de Previsión de la Industria, Comercio y Actividades Civiles"* ("Frías Molina I"), CORTE SUP., sentencia del 21/03/95 1995, LL 1995-C-357 (rechazo de un pedido de pronto despacho sobre más de 65.000 causas previsionales pendientes ante la CORTE SUP.); *"Frías Molina, Nélida N. C/ Instituto Nacional de Previsión Social –Caja*

que la mayoría de los argumentos de la Corte Sup. para repeler sistemáticamente la participación de la figura en el terreno colectivo se apoyaban en la Ley N° 24.284, orgánica del Defensor del Pueblo, sancionada con anterioridad a la reforma constitucional.[44] Recién en el año 2005 y con una nueva composición, la Corte Sup. pareció comenzar a revisar su posición en torno al tema,[45] pero volvió a rechazar la legitimación del Defensor en

---

Nacional. de Previsión de la Industria, Comercio y Actividades Civiles" ("Frías Molina II"), CORTE SUP. sentencia del 12/09/96, LL 1997-A-67 (rechazo de la pretensión del Defensor de ser tenido como parte en todos los procesos previsionales que tramitaban ante el máximo tribunal; el fundamento de la decisión giró en torno a una supuesta falta de legitimación que se desprendería de los arts. 16 y 20 de la Ley n° 24.284); *"Consumidores Libres Coop. Ltda. de Provisión de Servicios de Acción Comunitaria"*, CORTE SUP., sentencia del 07/05/98, LL 1998-C-602 (rechazo de la intervención como tercero del Defensor del Pueblo en un caso de consumo. Nuevamente aquí la Corte sostuvo la falta de legitimación de la figura con sostén en los arts. 16 y 21 inc. "b" de la Ley n° 28.284); *"Defensor del Pueblo c/ Poder Ejecutivo Nacional. Dec.1517/98"*, CORTE SUP., sentencia del 21/12/00, Fallos 323:4098 (rechazo de un amparo promovido por la figura contra la modificación de la alícuota del IVA para las empresas de medicina prepaga. La falta de legitimación se fundó en el precedente "Consumidores Libres" y en los arts. 16 y 21 de la Ley n° 28.284); *"Asociación de Esclerosis Múltiple de Salta c/ Ministerio de Salud –Estado Nacional- s/ Acción de amparo – medida cautelar"*, CORTE SUP., sentencia del 18/12/03, causa A.891. XXXVIII, disponible en *www.cjsn.gov.ar* (rechazo de su legitimación por diversas razones invocadas en los precedentes que hemos mencionado hasta aquí, a saber: no ser titular de la relación jurídica sustancial sobre la cual pretendía discutir, falta de competencia para actuar ante el Poder Judicial, y obligación de suspender su actuación en caso de que se interpusiera por persona interesada una acción judicial o recurso administrativo). Las excepciones a la (realmente difícil de justificar) postura de la CORTE SUP. se dieron en los tribunales inferiores, lo cual podía ser leído como una clara muestra de la falta de argumentos convincente por parte de la CORTE SUP. para mantener a la figura fuera del terreno colectivo. Ver entre otros *"Youssefian, Martín c. Secretaría de Comunicaciones"*, CNFed en lo Contencioso Administrativo, sentencia del 23/06/98, LL 1998-D-712 (reconocimiento de la legitimación del Defensor del Pueblo para actuar como tercero litisconsorcial en un caso colectivo de consumo promovido por un usuario afectado. Se fundó lacónicamente en lo dispuesto por los arts. 43 y 86 de la CN); *"Defensor del Pueblo c/ Estado Nacional – Poder Ejecutivo Nacional Decreto n° 1570/01 y 1606/01"*, CNFed en lo Contencioso Administrativo, Sala V, sentencia del 13/12/02, LL 2001-E-818 (reconocimiento de la legitimación de la figura en un caso colectivo de usuarios del sistema financiero. Se apoyó en el art. 86 y no en el art. 43 de la CN por considerar que los derechos que el Defensor del Pueblo buscaba proteger no eran "de incidencia colectiva"); *"Defensor del Pueblo de la Nación c/ Estado Nacional – Poder Ejecutivo Nacional"*, Cámara Federal de la Seguridad Social, sentencia del 10/09/02, sumarios disponibles en LL 2002-F-322 (reconocimiento de la legitimación del Defensor del Pueblo tanto en cuanto a la declaración de inconstitucionalidad solicitada como en lo que hace a la pretensión de reintegro de las sumas descontadas a jubilados y pensionados por la Ley n° 25.453. El tribunal sostuvo que tal legitimación no reviste carácter residual y puede ejercerse, por tanto, con independencia de la actuación individual de miembros del grupo representado).

[44] Sancionada el 01/12/03 y publicada en el B.O. el 02/12/93; modificada por la Ley 24.379, publicada en el B.O. el 12/10/94. Sólo la ley modificatoria pudo tener en cuenta la reforma constitucional operada en el mes de Agosto de 1994. Sin embargo, no se advierte que hubiera habido contemplación alguna de la nueva constitución al sancionarse dicha ley.

[45] *"Defensor del Pueblo de la Nación c/ E.N. – P.E.N. – M°. E. – dto. 1738/92 y otro s/ proceso de conocimiento"*, CORTE SUP., sentencia del 24/05/05, causa D. 90. XXXVIII, disponible en *www.Corte Sup..gov.ar* [proceso ordinario iniciado por la figura para obtener la declaración de inconstitucionalidad de la tarifa de gas natural. La Corte rechazó el planteo por cuestiones formales, pero los "según su voto" de los Ministros Maqueda, por un lado, y Petracchi, Zaffaroni y Lorenzetti, por el otro, presentaron ciertos argumentos que habrían de marcar el inicio de una apertura en la materia. Entre tales argumentos se destacan dos en particular: (i) resulta absurdo considerar que la legitimación del Defensor del Pueblo se encuentra limitada a la acción de amparo ya que una interpretación del género tornaría en letra muerta al art.. 86 de la CN; y (ii) es necesario interpretar la ley reglamentaria de la figura a la luz del texto constitucional, y no al revés].

el contexto del caso colectivo que éste había promovido en defensa de los usuarios de servicios financieros afectados por las medidas de gobierno que hacia fines de 2001 limitaron la disponibilidad de los depósitos y luego modificaron su moneda de origen.[46] En la actualidad todo parece indicar que la legitimación colectiva de la figura es una cuestión zanjada, no sólo por sus raíces constitucionales sino también porque la Ley 26.361 incluyó al Defensor del Pueblo en la ley de Defensa del Consumidor y la Ley General del Ambiente también lo contempla entre las figuras habilitadas para promover acciones por daño colectivo.[47]

El panorama se presenta de este modo al menos en cuanto hace a la posibilidad de promover pretensiones que tengan por objeto mediato un bien indivisible.[48] Hago esta aclaración ya que todavía está por verse cómo interpretará el asunto la CORTE SUP. cuando llegue a sus estrados un caso donde el Defensor pretenda proteger derechos individuales homogéneos de un grupo de personas. Si bien no debería haber obstáculos para reconocer su legitimación en este último tipo de supuestos (de hecho, ya se ha reconocido en alguna ocasión aislada),[49] aún queda pendiente ver el alcance de la "reserva" que Highton de Nolasco efectuó sobre el tema en *"Halabi"* (a pesar de haber suscripto el voto mayoritario, lo cual confunde aun m,ás el asunto).[50]

---

[46] *"Defensor del Pueblo de la Nación – inc. dto. 1316/02 c/E.N. P.E.N. dtos. 1570/01 y 1606/01 s/amparo ley 16.986"* CORTE SUP., sentencia del 26/06/07, *Fallos* 330:2800 (el tribunal sostuvo que la legitimación procesal del actor constituye un presupuesto necesario para que exista un caso o controversia, y estimó que el Defensor carecía de la misma para promover pretensiones del género. Se trataba de un claro supuesto de derechos individuales homogéneos).

[47] Art. 52 Ley n° 24.240; Art. 30 Ley N° 25.675.

[48] Ver *"Defensor del Pueblo de la Nación c/Estado Nacional – P.E.N – M° de Eco. Obras y Serv. Púb. y otros s/amparo ley 16.986"*, CORTE SUP., sentencia del 11/08/09, *Fallos* 332: 1759 (La Corte, haciendo suyo el dictamen de la Procuradora Fiscal, sostuvo que *"el reconocimiento implícito de su carácter de legitimado activo supone la existencia de una especial vinculación con la cuestión debatida y que las consecuencias de lo resuelto, pese a que se trata de un sujeto diferente de los afectados, producirá de todos modos efectos jurídicos, ya que, al haber tenido éxito su pretensión, reportará alguna utilidad o beneficio a quienes representa o evitará un perjuicio o un menoscabo en sus derechos"*. De este modo revocó la decisión de Cámara que había negado efectos expansivos a la declaración de nulidad de ciertas resoluciones administrativas obtenida por el Defensor del Pueblo, y en lo que a nosotros más interesa agregó que *"Tratándose de la participación del Defensor del Pueblo en una acción de amparo en la que un usuario de un servicio público alega una afectación de sus derechos en forma directa, no corresponde interpretar que esa intervención se limita a acompañar al afectado, pues, ello privaría de contenido a la actuación procesal de quien, pese a encontrarse habilitado a procurar una adecuada tutela judicial a tenor de lo dispuesto por los arts. 43 y 86 de la Constitución Nacional, sólo obtendría sentencias sin mayor eficacia que meras declaraciones de carácter teórico en caso de que sus pretensiones fueran admitidas, con total desconocimiento de las funciones encomendadas por la Ley Fundamental"*).

[49] *"Defensor del Pueblo de la Nación c/Estado Nacional y otra (Provincia del Chaco) s/proceso de conocimiento"*, CORTE SUP., sentencia del 18/09/07, *Fallos* 330:4134 (haciendo lugar a una medida cautelar solicitada por el Defensor, por medio de la cual se obligó al gobierno de la Provincia de Chaco y al Estado Nacional suministrar agua potable y alimentos a ciertas comunidades indígenas que habitan en dicha provincia). General San Martín de esa provincia, como así también de un medio de transporte y comunicación adecuados, a cada uno de

[50] Ver el considerando 28° de dicha decisión.

4. El Ministerio Público de la Nación

Este organismo es quien tiene la mayor deuda pendiente con la tutela colectiva de derechos en sede judicial. Como vimos, la nueva silueta que le confirió la reforma constitucional de 1994 permite al Ministerio Público asumir un papel de relevancia en esta arena. Incuso su ley orgánica N° 24.946 contiene expresas previsiones que pueden ser consideradas como habilitantes de su competencia en este aspecto. Me refiero en particular al art. 25 de dicho cuerpo legal.[51] A pesar de contar con una clara habilitación constitucional y legal, el Ministerio Público de la Nación no ha tomado un rol protagónico como representante de grupos de personas en sede judicial.[52] Si esto se debe a las tradicionales críticas que se han presentado para negar su legitimación en esta arena, sólo podríamos entenderlo en cuanto se refieran a su falta de recursos y de capacitación y experiencia específica en la temática (no así en lo que hace a su independencia ya que la misma ha sido reconocida por el art. 120 de la CN en términos bien claros).[53]

IV. Los derechos de incidencia colectiva

Además de la evolución histórica y del alcance de la legitimación colectiva reconocida en el articulado de la CN, para comprender el modelo constitucional argentino en materia de acciones colectivas resulta necesario determinar cuál es el ámbito de actuación de tales legitimados.

---

[51] *"ARTICULO 25. – Corresponde al Ministerio Público: a) Promover la actuación de la justicia en defensa de la legalidad y de los intereses generales de la sociedad. b) Representar y defender el interés público en todas las causas y asuntos que conforme a la ley se requiera (…) g) Velar por la observancia de la Constitución Nacional y las leyes de la República. h) Velar por el efectivo cumplimiento del debido proceso legal. i) Promover o intervenir en cualesquiera causas o asuntos y requerir todas las medidas conducentes a la protección de la persona y bienes de los menores, incapaces e inhabilitados, de conformidad con las leyes respectivas, cuando carecieren de asistencia o representación legal; fuere necesario suplir la inacción de sus asistentes y representantes legales, parientes o personas que los tuvieren a su cargo; o hubiere que controlar la gestión de estos últimos (…) l) Velar por la defensa de los derechos humanos en los establecimientos carcelarios, judiciales, de policía y de internación psiquiátrica, a fin de que los reclusos e internados sean tratados con el respeto debido a su persona, no sean sometidos a torturas, tratos crueles, inhumanos o degradantes y tengan oportuna asistencia jurídica, médica, hospitalaria y las demás que resulten necesarias para el cumplimiento de dicho objeto, promoviendo las acciones correspondientes cuando se verifique violación"*

[52] Entre los escasos fallos que pueden identificarse sobre la actuación de la figura en el orden nacional vale destacar el recaído en la causa *"Don Benjamín SA y otro c/ ENRE"*, CFed Bahía Blanca, Sala II, sentencia del 24/2/99, JA 1999- III-249 (reconociendo la legitimación colectiva del organismo en uno de los votos del tribunal, con fundamento en el art. 120 de la CN, art. 25 de la Ley n° 24.946 y la característica comunitaria, colectiva y general que revestía el tipo de derecho en disputa).

[53] Ver el documento *"Fiscales y defensores en la agenda democrática. Propuestas para el fortalecimiento del Ministerio Público"*, elaborado en conjunto por ADC – CELS – FARN – Fundación Poder Ciudadano – INECIP – Unión de Usuarios y Consumidores (disponible en http://www.cejamericas.org/portal/index.php/es/biblioteca/biblioteca-virtual/doc_details/839-fiscales-y-defensores-en-la-agenda-democratica-propuestas-para-el-fortalecimiento-del-ministerio-publico-). Allí se hace expresa referencia a la falta de participación activa del organismo en defensa de derechos de incidencia colectiva, señalando que *"no se ha ocupado de delinear políticas que incidan eficazmente en el accionar de la justicia para garantizar mejores condiciones de acceso"*.

En otros términos: cuál es el objeto, qué tipo de derechos o en qué clase de situaciones los actores sociales y organismos públicos analizados hasta aquí pueden ejercer su rol de legitimados colectivos. La necesidad de analizar esta cuestión cobra particular importancia si tenemos en cuenta el desarrollo conceptual que la Corte Sup. realizó en *"Halabi"* en torno a la noción de "derechos de incidencia colectiva" contenida en el segundo párr. del art. 43 de la CN. Derechos para cuya tutela fueron establecidas las legitimaciones extraordinarias analizadas.

En dicho precedente la Corte se refirió a tres categorías de derechos: (i) individuales; (ii) derechos de incidencia colectiva que tienen por objeto bienes colectivos; y (iii) derechos de incidencia colectiva referentes a intereses individuales homogéneos.[54] Según el tribunal, los últimos dos tipos de derechos mencionados conforman la noción de "derechos de incidencia colectiva" receptada por el art. 43, 2do párr. de la CN. Por tanto, a partir de este precedente queda bien claro que los legitimados colectivos pueden promover acciones para enfrentar conflictos que involucran bienes colectivos y conflictos que involucran una pluralidad de situaciones individuales homogéneas (homogeneidad dada por el origen común de la lesión).

En este aspecto del tema la Corte parece haber seguido el modelo del Código de Defensa del Consumidor Brasileño, donde fueron establecidas reglamentariamente tres categorías de derechos que pueden ser objeto de tutela colectiva: difusos, colectivos e individuales homogéneos.[55] Según afirma GIDI, las conceptualizaciones contenidas en el art. 81 de dicho Código permitieron en Brasil facilitar la aplicación judicial de las nuevas reglas procesales y ayudaron a determinar el objeto del proceso colectivo.[56] No sería arriesgado sostener que la Corte buscó el mismo objetivo con la catalogación presentada en *"Halabi"*, si bien entiendo que el análisis allí desplegado es pasible de serias críticas (especialmente porque las características que pretenden explicar y diferenciar cada categoría no se relacionan con cuestiones que hagan al derecho en sí mismo considerado).

Me explico.[57]

---

[54] Considerando 9° de la sentencia.

[55] Ver el art. 81 del Código de Defensa del Consumidor, donde se catalogan y definen estos tres tipo de derechos colectivos. Los derechos difusos son aquellos transindividuales e indivisibles que pertenecen a un grupo indeterminado de personas previamente vinculadas por una circunstancia de hecho o situación específica común; los derechos colectivos también son transindividuales e indivisibles, pero pertenecen a un grupo más específico de personas relacionadas entre sí o con la contraparte por una relación jurídica base; y los derechos individuales homogéneos, que si bien son derechos individuales y divisibles, comparten un origen común.

[56] GIDI, Antonio *"Las acciones colectivas y la tutela de los derechos difusos, colectivos e individuales en Brasil"*, UNAM, México, 2004, p. 50.

[57] Sigo aquí la crítica efectuada en VERBIC, Francisco *"Los Procesos Colectivos. Necesidad de su regulación"*, LL 2010-A-769 (donde también presenté un enfoque alternativo del asunto para lograr una mejor justificación de la tutela colectiva; enfoque que apunta a dejar de lado esencias y naturalezas jurídicas para pensar el asunto en términos de conflictos reales y concretos).

Con respecto a los *derechos de incidencia colectiva que tienen por objeto bienes colectivos*, la Corte comenzó sosteniendo que son aquellos *"ejercidos por el Defensor del Pueblo de la Nación, las asociaciones que concentran el interés colectivo y el afectado"*. Esta primera aproximación al tema puede criticarse por invertir el orden lógico de análisis: en lugar de definir las características de este tipo de derechos para justificar -a partir de allí- quienes pueden actuar en su defensa, la sentencia comienza por señalar esta última circunstancia como determinante de aquéllos. Parece evidente que si la vulneración de derechos de incidencia colectiva actúa como presupuesto para que los legitimados extraordinarios puedan accionar ante la justicia, tales derechos no pueden definirse por la actuación de estos sujetos. En algún punto, creo que estamos en presencia de un razonamiento circular.

Inmediatamente a continuación, el Tribunal apuntó que *"en estos supuestos existen dos elementos de calificación que resultan prevalentes"*. El primero de ellos gira en torno a la necesidad de que la petición tenga por objeto la tutela de un bien colectivo, lo que ocurre –siempre en palabras de la Corte– *"cuando éste pertenece a toda la comunidad, siendo indivisible y no admitiendo exclusión alguna"*. En el fallo se aclara que tales bienes no tienen por titulares a una pluralidad indeterminada de personas y que tampoco conforman una comunidad en sentido técnico. Según el Tribunal, pertenecen a la esfera social y no son divisibles en modo alguno.

Sin emitir juicio sobre las características que la Corte considera determinantes para definir a un bien como colectivo, destaco que el análisis propuesto nos porta fuera del argumento en discusión. Sucede que este primer "elemento de calificación" no brinda precisión alguna sobre la naturaleza jurídica del derecho que el Tribunal busca definir, sino exclusivamente respecto de cierto tipo de bienes que habrán de constituir el objeto mediato de la pretensión procesal (porque a esto último se alude, aunque el Tribunal utilice el término *petición*).

Avancemos ahora sobre el segundo elemento que, según la Corte, debería servir para catalogar a un derecho como *de incidencia colectiva que tiene por objeto bienes colectivos*. Aquél estaría configurado por la necesidad que la pretensión promovida se encuentre *"focalizada en la incidencia colectiva del derecho"*. Como puede advertirse, nuevamente estamos fuera del argumento. Es que aun cuando la circunstancia a que se refiere la Corte configura un requisito necesario (indispensable mejor dicho) para que resulte admisible la tutela procesal colectiva, con ella no se califica el derecho en disputa sino que se impone cierto requisito en la formulación de la pretensión procesal que habrá de ser incluida en la demanda.

Lo expuesto hasta aquí permite sostener que la Corte no logró brindar una definición adecuada de esta primera categoría de derechos de incidencia colectiva. Y ello sucedió porque las notas que predica como características distintivas de los mismos no se refieren a *derechos* sino a: (i) los sujetos que se encuentran legitimados para actuar en su defensa; y (ii) el objeto mediato de la pretensión; y (iii) el modo en que debe plantearse esa pretensión.

El intento por definir el alcance de los *derechos de incidencia colectiva referentes a intereses individuales homogéneos* no corrió mejor suerte.[58] Para no tergiversar el contenido de la decisión, me tomo la licencia de transcribir en forma textual el párr. que la Corte dedicó al efecto: *"En estos casos no hay un bien colectivo, ya que se afectan derechos individuales enteramente divisibles. Sin embargo, hay un hecho, único o continuado, que provoca la lesión a todos ellos y por lo tanto es identificable una causa fáctica homogénea. Ese dato tiene relevancia jurídica porque en tales casos la demostración de los presupuestos de la pretensión es común a todos esos intereses, excepto en lo que concierne al daño que individualmente se sufre. Hay una homogeneidad fáctica y normativa que lleva a considerar razonable la realización de un solo juicio con efectos expansivos de la cosa juzgada que en él se dicte, salvo en lo que hace a la prueba del daño"*.

Parecería ser que la *causa fáctica homogénea* es la nota esencial que permitiría definir este segundo tipo de derechos de incidencia colectiva. No otra cosa puede interpretarse a poco tengamos en cuenta que, según palabras de la propia Corte, si no fuera por ella nos enfrentaríamos cara a cara con *derechos individuales enteramente divisibles*. Ahora bien, ¿es posible sostener que un derecho de naturaleza individual se transforma en un derecho de incidencia colectiva con motivo de existir otros derechos individuales similares, homogéneos, o como se los quiera llamar? Creo que aun para quienes defienden la existencia y utilidad de las naturalezas jurídicas, una respuesta afirmativa al interrogante resultaría por lo menos difícil de justificar.

Si prestamos atención a la doctrina brasileña sobre este tema (fuente relevante ya que, como señalé, es de allí de donde proviene la idea de "derechos individuales homogéneos"), podemos encontrar una respuesta posible al problema en la conocida afirmación de que los derechos individuales homogéneos son *accidentalmente* colectivos, a diferencia de los derechos difusos y colectivos propiamente dichos, que lo son en modo *esencial*.[59] No obstante, tengo para mí que una respuesta del género no sólo esquiva en gran parte el problema, sino que además concurre a sostener una idea que permitiría entender de forma un poco más lógica el asunto. Esta idea podría resumirse en que, en rigor de verdad, lo que puede calificarse como *de incidencia colectiva* y, por tanto, lo que permite justi-

---

[58] Cabe destacar que la Corte ya había hecho alguna referencia a la noción de derechos individuales homogéneos al dictar la sentencia por la cual se declaró incompetente para conocer respecto a ellos en el marco de la causa *"Mendoza"* (ver nota 25 más abajo).

[59] Ver en tal sentido (y para mayores referencias) RODRIGUEZ WAMBIER, Luiz *"Sentenca civil: liquidacao e cumprimento"*, 3º edición, Revista dos Tribunais, Sao Paulo, 2006, p. 312.

ficar la existencia de una tutela diferenciada, es el conflicto que se dispara ante cierto tipo de hechos u omisiones que vulneran derechos en masa; conflicto que reúne ciertas características que lo distinguen del conflicto individual y que (por tal motivo, y con independencia de la materia de fondo en discusión) amerita un debate (un proceso) diferente para arribar a su desactivación.

Hecha esta pequeña digresión, cabe analizar el resto del desarrollo argumental que la Corte propuso para definir la segunda categoría de derechos de incidencia colectiva. Explicación que entiendo tampoco resulta del todo acertada en la medida que (nuevamente, tal como ocurriera con los derechos de incidencia colectiva que tiene por objeto bienes colectivos) ella se aparta del objeto que pretende describir para referirse a otras cuestiones. En efecto, una lectura atenta del fallo permite advertir que -al intentar explicar por qué la causa fáctica homogénea tiene *relevancia jurídica* en estos supuestos- el Tribunal se refiere a dos elementos que nada dicen sobre la naturaleza de los derechos que pretende definir. Por el contrario, ambos guardan relación con razones prácticas de economía procesal, a saber: (i) posibilidad de demostrar los presupuestos de la pretensión en forma *común*; y (ii) razonabilidad de llevar adelante sólo un proceso, coronado por una cosa juzgada expansiva, para resolver concentradamente todos los conflictos (conflictos que, si hablamos en términos de *naturalezas jurídicas*, siguen siendo *en esencia* individuales).

Podemos ver entonces que la Corte tampoco logró brindar una definición adecuada de esta segunda categoría de derechos de incidencia colectiva, lo cual entiendo se debe a que las notas consideradas como definitorias de aquéllos no permiten diferenciarlos de los *derechos individuales* por estar referidas a otras cuestiones, a saber: (i) consecuencias que genera el acto u omisión lesiva; (ii) razones de economía procesal que tornan conveniente la tutela procesal colectiva (posibilidad de juzgamiento concentrado, resolución única de los conflictos de todos los integrantes del grupo afectado).

Por lo expuesto, incluso luego de *"Halabi"* los operadores jurídicos argentinos continuamos careciendo de pautas claras que permitan comprender cuándo puede procederse en clave colectiva para defender a clases o grupos de personas situados de manera similar frente al demandado. Pero más allá de esta crítica, hay un tema que juega a favor de la enumeración y descripción de determinado tipo de derechos como pasibles de ser tutelados por los legitimados del art. 43, 2do párr. de la CN. Me refiero al hecho que un enfoque del género comulga con nuestra tradición jurídica y sin dudas facilitaría la aplicación del instrumental colectivo.[60]

---

[60] Tradición continental-europea o de *civil law*, opuesta a la tradición anglosajona o de *common law*. Ver al respecto el tradicional trabajo de MERRYMAN, John H. *"La tradición jurídica romano-canónica"*,

El Anteproyecto de Reformas al Código Civil Argentino seguía esta línea al incorporar una categorización similar a la que desarrolló la Corte Sup. en *"Halabi"*, junto con diversas previsiones que hacen al proceso colectivo (representatividad adecuada, cosa juzgada, legitimación).[61] Lamentablemente dicha categorización y las previsiones de tipo procesal colectivo fueron eliminadas de la versión original del anteproyecto elevado por la comisión redactora al Poder Ejecutivo. Sólo se dejó la mención a los "derechos de incidencia colectiva" en el art. 14, por lo cual el asunto seguirá estando a merced de la interpretación jurisprudencial.

V. La (falta de) respuesta del legislador

A pesar del fuerte reclamo efectuado por la mayoría de la Corte Sup. en *"Halabi"*, el Congreso de la Nación no sancionó hasta el día de la fecha ley procesal alguna que regule en forma sistémica y adecuada los procesos colectivos. Las únicas pautas positivas sobre el tema continúan limitándose, por tanto, a las aisladas previsiones contenidas en la Ley General del Ambiente n° 25.675 y en la Ley de Defensa del Consumidor n° 24.240.

Sin perjuicio de ello, luego del dictado de *"Halabi"* fueron muchos los legisladores que su apresuraron a presentar su propio proyecto y pueden contarse al menos 8 iniciativas que cuentan con estado parlamentario. Cuatro de ellas tramitan ante el Senado. Me refiero a los proyectos de Negre de Alonso (expte. n° S-1045/11), Escudero (expte. n° S-204/11), Bortolozzi (expte. n° S-3396/10) y Lores (expte. n° S-18/11). Otras cuatro tramitan ante la Cámara de Diputados. Hablo de los presentados por Yarade y otros (expte. n° 5996-D-2010), Gil Lavedra y otros (exptes. n° 2540-D-2011 y n° 4033-D-2011) y Camaño (expte. n° 4055-D-2011). Todos ellos pueden ser consultados y descargados de la página web oficial de ambas Cámaras.[62] Como fuera adelantado, todos ellos, sin excepción, padecen serios problemas sistémicos y –en algunos casos- contienen lisa y llanamente errores conceptuales de diversa índole. Nos ocuparemos de algunos de ellos a continuación.

1. Falta de articulación con los instrumentos procesales vigentes

El primer problema sistémico tiene que ver con la falta de previsión respecto de cómo la nueva ley habrá de operar en la práctica con relación

---

Ed. Fondo de Cultura de México, México, 1era. reimpresión, 1979 (si bien la distinción entre ambas tradiciones se encuentra cada vez más cuestionada).

[61] Arts. 14 y Arts. 1745 a 1748.

[62] http://www.diputados.gov.ar/ y http://www.senado.gov.ar/

a otras normas vigentes en el ordenamiento jurídico nacional que también se ocupan del asunto (en especial, las mencionadas Leyes n° 25.675 y n° 24.240). Ninguno de los proyectos parece haber pensado en esta necesaria articulación entre la nueva norma y el contexto donde habrá de operar. Entiendo que esto llevará inexorablemente a una situación de superposición de regulaciones sobre el mismo tema, con las consiguientes dificultades en la aplicación del nuevo régimen.

Frente a este primer problema uno podría pensar en soluciones hermenéuticas de distinto tipo. Cualquiera sea el camino que se elija, sin embargo, es altamente probable que existan discrepancias interpretativas entre distintos tribunales y eso no concurrirá a afianzar la seguridad jurídica en este campo. Se trata de un punto que podría haberse resuelto perfectamente en el texto de los proyectos. Pero claro, para eso debería haberse pensado antes cómo y dónde, en qué contexto legal, habrá de operar la nueva normativa.

2. Imitación del sistema de acciones de clase vigente en el orden federal estadounidense

La mayoría de los Proyectos en trámite se inclinaron por regular un proceso diagramado a imagen y semejanza de la Regla Federal de Procedimiento Civil n° 23 de los Estados Unidos de América. Uno podría pensar que esto no es ningún problema. Por el contrario, podría argumentarse que es una buena decisión del legislador ya que el sistema de acciones de clase estadounidense configura el modelo paradigmático de tutela colectiva de derechos a nivel mundial. Además, en el país del norte dicho sistema ha brindado respuestas muy interesantes a conflictos colectivos de diversa índole desde hace décadas, y hasta siglos si tomamos en consideración el origen del mecanismo en la jurisdicción de equidad. Desde esta perspectiva de análisis, la decisión del legislador argentino lejos de ser criticada debería ser aplaudida. Esta es una postura posible, pero –a mi juicio- no del todo plausible.

Como usualmente ocurre, el problema no está en lo que esta postura afirma sino en lo que omite tomar en consideración. Me refiero a algunas cuestiones que, si bien son bastante obvias, creo que son olvidadas (consciente o inconscientemente) por quienes así piensan el asunto. En particular, apunto al hecho que el sistema de acciones de clase estadounidense funciona en los Estados Unidos de América. Y los Estados Unidos de América no son la República Argentina. En efecto, a pesar de que la Constitución Argentina de 1853 copió la estructura orgánica y el mecanismo de separación de poderes de la constitución estadounidense, el marco constitucional es bien diferente entre ambos países (en especial, luego de la reforma que la carta magna argentina sufriera en el año 1994). El sistema infraconstitucional de tutela de derechos también difiere en gran medida. Y ni que hablar, ya más específicamente, del sistema procesal en el cual las acciones de clase se encuentran enmarcadas.

Con respecto a este último punto no debemos olvidar que la famosa Regla 23 es ni más ni menos que eso: la regla número 23 de un conjunto de reglas que gobiernan distintos aspectos del proceso civil. Es un subsistema dentro del sistema conformado por todas las reglas federales de procedimiento civil. Y en cuanto tal, lógicamente, fue pensado para operar articuladamente con esas otras reglas. ¿Cómo podemos creer que es posible extraer quirúrgicamente la Regla 23 de ese sistema y lograr que funcione correctamente una vez que lo insertemos en el ordenamiento procesal nacional, prácticamente sin ninguna adaptación?

Por último, pero no por ello menos importante, aun cuando las diferencias de tipo constitucional y legal deberían bastar por sí solas como advertencia a la hora de trasladar automáticamente el modelo de tutela colectiva estadounidense a nuestro país, esta advertencia se refuerza con las diferencias de tipo social y cultural (profundas, arraigadas) que también existen entre ambos países.

No quiero decir que el sistema de acciones de clase estadounidense sea un mal sistema. Tampoco quiero decir que debamos evitar tomarlo en consideración como punto de referencia, incluso como punto de partida para el debate. Por el contrario, creo que dicho sistema cuenta con aspectos muy interesantes para imitar. Pero, y esto debe quedar bien claro, hay que trabajar en la adaptación. Hay que trabajar para generar un sistema de acciones de clase "a la argentina". Me refiero a un sistema que comulgue con nuestras tradiciones y con nuestro esquema constitucional, que se articule con otras normas de nuestro ordenamiento jurídico, que pueda insertarse sin inconvenientes en un escenario que ya cuenta con algunas regulaciones sobre el tema, que contemple la realidad social y cultural donde habrá de operar. Si trabajamos sobre todas estas variables podremos tomar una decisión informada, lo cual –a su turno– permitirá avanzar en la sanción de una regulación que pueda operar eficientemente.

Insisto: no hay ningún problema con optar por un modelo como el estadounidense (en lugar de uno como el brasileño, por ejemplo). Lo que intento poner de resalto es que cualquiera sea el sistema que tomemos como referencia debemos intentar hacer lo que Kahn-Freund denominaba "transplante responsable".[63] Máxime cuando de ello depende ni más ni menos que la efectiva operatividad del sistema una vez que la ley sea sancionada (de lo cual depende –a su turno– la efectiva vigencia de los derechos de incidencia colectiva).

---

[63] KHAN-FREUND, Otto *"Sull'uso ed abuso del diritto comparato"*, Rivista Trimestrale di Diritto e Procedura Civile, 1975, ps. 785 y ss.

3. Preocupante falta de consideración de numerosos antecedentes sobre la materia a la hora de elaborar los proyectos

Como puso de resalto el desarrollo de la evolución histórica del tema, es evidente que los legisladores nacionales cuentan con un bagaje muy importante de antecedentes jurisprudenciales, legislativos y doctrinarios para trabajar sobre el tema. Antecedentes generados no sólo a nivel nacional sino también a nivel provincial y comparado. A pesar de ello, todo parece indicar que los proyectos en trámite ante ambas cámaras del Congreso de la Nación no han tomado en consideración prácticamente ninguno de ellos. Tal vez el ejemplo más claro para justificar esta crítica pueda encontrarse en el proyecto que tramita por expte. n° S-204/11, promovido por la Senadora Escudero. Como se explica en los fundamentos de este proyecto, se trata de una iniciativa que tomó como principal fuente de inspiración otro proyecto que, allá por el año 2000, presentó el Senador Bauzá con el objetivo de regular la materia.

La comparación de ambos proyectos (Escudero / Bauzá) refleja muy pocos cambios, prácticamente ninguno de sustancia. Esto es por lo menos sorprendente a poco que revisemos todo lo que ocurrió en torno al tema que nos ocupa durante los últimos 10 años, tanto a nivel jurisprudencial como normativo y doctrinario. Por más que en los fundamentos de la iniciativa presentada en el año 2011 su propulsora señale que el viejo proyecto *"contempla adecuadamente la mayoría de los aspectos relativos a este tipo de acciones con una notable adaptación al orden jurídico nacional"*, lo cierto es que una rápida lectura del mismo permite advertir que distintas cuestiones presentadas en *"Halabi"* como contenidos adjetivos mínimos del proceso colectivo no fueron consideradas. Hablamos de contenidos mínimos que, curiosamente, los propios fundamentos del proyecto reproducen. Un ejemplo bastará para que se entienda lo que digo: ¿cómo puede considerarse que la elección del representante en el marco de una "junta de clase" y por mayoría de votos tiene algo que ver con el requisito de idoneidad (representatividad adecuada) exigido por la Corte Sup. en *"Halabi"*? (por no hablar de dónde habría de celebrarse una junta de clase con los más de cinco millones de personas involucradas en la causa *"Mendoza"*...).

El resto de los proyectos no confesaron con tanta claridad esta falta de análisis y trabajo sobre el material disponible para obtener una mejor regulación del asunto. Sin embargo, la lectura de los mismos parece arrojar la misma conclusión. Me refiero a la preocupante ligereza con que han sido propuestas las soluciones legislativas para el tema que nos ocupa. Soluciones de las cuales se desprenderán relevantes consecuencias sociales, económicas y hasta políticas una vez que sean puestas en marcha. Esta falta de consideración de los numerosos y diversos antecedentes disponibles en nuestro país para trabajar sobre el tema tal vez pueda explicar, al menos en parte, el porqué de la imitación casi al pie de la letra del sistema de acciones de clase estadounidense. Imitación que, como señalamos, caracteriza la mayoría de los proyectos.

4. Insistencia de algunos en considerar al amparo como vía principal para resolver conflictos colectivos

Al menos uno de los proyectos que se encuentran en trámite propone regular un "amparo colectivo" como mecanismo para tutelar derechos de incidencia colectiva (expte. n° 2540-D-2011). Ello a pesar de que la jurisprudencia, la doctrina y hasta el sentido común exigen alejarse de ese tipo de vía procesal rápida y expedita cuando de enfrentar conflictos colectivos se trata.[64] Al menos, como vía general de discusión. En efecto, nuestra jurisprudencia ha sostenido en innumerables ocasiones que el amparo es inadmisible cuando el conflicto que se pretende canalizar por su intermedio al seno del Poder Judicial exige mayor amplitud de debate o prueba. La pregunta que se impone es: ¿hay algún proceso colectivo que no exija mayor amplitud de debate y prueba? Si los hay, son los menos.

De hecho, la propia Corte Sup. ha confirmado esta afirmación. Recordemos que dicho tribunal ha reconducido de oficio (hacia un proceso de conocimiento ordinario) numerosas pretensiones promovidas como amparos colectivos. La doctrina, a su turno, durante los primeros años que siguieron a la reforma constitucional de 1994 se inclinó por sostener que el amparo colectivo era una vía idónea debido –a mi modo de ver- a la terminología utilizada por el art. 43, 2do párr. de la CN. Sin embargo, a medida que la realidad se fue imponiendo sobre las especulaciones teóricas y las etiquetas jurídicas, la inmensa mayoría de los autores que trabajan sobre el tema se inclinaron por reclamar un proceso colectivo que permita un amplio margen de debate y prueba para las partes. En cuanto al sentido común, como señaló el Profesor Eduardo Oteiza en alguna conferencia sobre el tema, es bastante evidente que no parece adecuado acudir a una vía sencilla y rápida para resolver asuntos de alta complejidad como son los que involucran conflictos colectivos.

Es por tal motivo que la presente crítica también le cabe al proyecto del Senador Bortolozzi (expte. n° S-3396/2010), el cual establece en su art. 6° que *"Los procesos de acciones de clase se sustanciarán bajo las normas del proceso sumarísimo..."*. El amparo (u otra vía sumarísima) tal vez puede ser una vía idónea para canalizar algunas pretensiones colectivas. Pero lo será –en todo caso- sólo como excepción. Es por ello que no creo conve-

---

[64] Coinciden en este punto SALGADO, José M. *"Tutela individual homogénea"*, Ed. Astrea, Buenos Aires, 2011, p. 55; GIANNINI, Leandro *"La tutela colectiva de derechos individuales homogéneos"*, Librería Editora Platense, La Plata, 2007, ps. 194 y ss.; VERBIC, Francisco *"Procesos Colectivos"*, Ed. Astrea, Buenos Aires, 2007, ps. 330-335.

niente regular una ley de amparo colectivo cuando todavía no existe una ley que se ocupe adecuadamente del trámite de los procesos colectivos en general. Y por la misma razón tampoco creo conveniente acordar como regla el trámite de un proceso sumarísimo a este tipo de litigios.

5. Falta de contemplación (o defectuosa regulación) de una etapa de certificación de la acción colectiva

Las consecuencias de tramitar una causa en clave colectiva son de diversa índole, tanto para el tribunal como para la parte actora y –muy especialmente– la parte demandada. Además del cambio de reglas de debate que ello supone, es fundamental tener en cuenta cuál será el resultado de ese debate: una decisión judicial que resuelve el conflicto mediante una sentencia cuya cualidad de cosa juzgada se expande (si bien de distintas maneras según el sistema que se adopte) sobre todos los sujetos involucrados en el conflicto. Tomando esto en consideración, resulta esencial conocer desde una etapa bien temprana del proceso si el asunto tramitará como una causa colectiva o como una causa individual.[65] En el sistema estadounidense ello se determina por medio de una sentencia interlocutoria que "certifica" la acción como una acción de clase. Hasta el momento en que se dicta esta sentencia no hay verdaderamente proceso colectivo alguno.[66]

Para poder determinar si el proceso será de tipo colectivo (en el sistema estadounidense: para certificar la acción de clase), a su turno, es necesario que el tribunal de justicia corrobore la presencia de una serie de requisitos. Estos requisitos están orientados al menos a dos finalidades. Por un lado encontramos algunos que justifican la tramitación del proceso en clave colectiva (como ocurre con la impracticabilidad del litisconsorcio y con aquel que exige la presencia de un representante que pueda defender adecuadamente los intereses del grupo). Por otro lado tenemos aquellos que determinan la viabilidad misma de la discusión en clave colectiva (como sucede con la existencia de cuestiones de hecho o de derecho comunes al grupo y con el carácter típico de los argumentos o defensas que se pretendan invocar). Ausentes los requisitos del primer tipo, la discusión colectiva no tiene razón de ser. Ausentes los del segundo tipo, la discusión colectiva no puede desarrollarse.

Lógicamente, la presencia de estos requisitos exige del juez el análisis de cuestiones de hecho y de derecho. Habida cuenta la mencionada

---

[65] GIANNINI, Leandro "La tutela colectiva de derechos individuales homogéneos", Librería Editora Platense, La Plata, 2007, ps. 92-96; VERBIC, Francisco "Procesos Colectivos", Ed. Astrea, Buenos Aires, 2007, ps. 81-86; SALGADO, José M. "Tutela individual homogénea", Ed. Astrea, Buenos Aires, 2011, ps. 210 y ss.
[66] VERBIC, Francisco "Procesos Colectivos", Ed. Astrea, Buenos Aires, 2007, ps. 81-86.

gravedad de las consecuencias que implica tramitar un conflicto en clave colectiva, resulta también evidente que la determinación judicial sobre la configuración de tales requisitos exige una sustanciación adecuada entre las partes. Fuera de la lógica y el sentido común, estamos hablando nada más y nada menos que de respetar la garantía de debido proceso legal.

¿Cómo se ocuparon los proyectos de regular el modo en que debe tomarse esta (necesaria, temprana y previamente sustanciada) decisión judicial sobre si la causa tramitará en clave colectiva o no? Algunos directamente omitieron referirse al asunto. Otros, por el contrario, contienen previsiones al respecto pero diagramadas de manera inadecuada por dos motivos: (i) lo acotado de los tiempos en que se pretende sustanciar el incidente; y/o (ii) el hecho de no prever ningún tipo de sustanciación previa para resolver el asunto. Volveré sobre algunos ejemplos específicos de esto en el punto siguiente.

6. Falta de contemplación (o defectuosa regulación) del fundamental requisito de la representatividad adecuada

Los procesos colectivos configuran un mecanismo de enjuiciamiento excepcional. Ello así por cuanto su puesta en práctica supone una limitación a la autonomía individual de los miembros del grupo afectado, quienes ya no pueden tomar la decisión de reclamar o no ante la justicia, cuándo hacerlo o con qué argumentos. Todo esto ocurre como consecuencia del tipo de proceso colectivo por el cual optó el constituyente en el año 1994. Un tipo de proceso que es similar al regulado por las acciones de clase estadounidenses. En efecto, de entre las distintas alternativas que podrían utilizarse para defender en un solo litigio la situación de grandes grupos de personas, nuestra CN eligió un modelo de tipo *representativo*. Este modelo de tutela colectiva supone la presencia de un determinado sujeto o pequeño grupo de ellos que se autonomina como representante del grupo afectado y lleva adelante el caso en sede judicial. Esta representación es atípica ya que no hay autorización expresa de parte de los miembros del grupo para que tal sujeto pueda actuar en su nombre. Es más, en muchos supuestos tal representación se produce en ausencia de conocimiento por parte de los miembros del grupo, y –en ciertos casos- incluso contra la voluntad expresa de algunos de ellos.

Si tomamos esto en consideración y recordamos una vez más cuáles son las (serias) consecuencias que se desprenden de la sentencia colectiva a dictarse como consecuencia de la actuación de dicho atípico representante, podemos llegar sin mayores esfuerzos a la necesidad de exigir que éste se encuentre en condiciones de dar una robusta discusión sobre el asunto y que no esté inmerso en ningún conflicto de interés. La legitimidad constitucional del sistema colectivo depende de ello, así como su verdadera eficacia. Sucede que si no se garantiza una adecuada defensa de los derechos del grupo afectado por medio del control de las cualidades de su representante, la sentencia a dictarse no podrá ser opuesta a los miembros de tal grupo por evidentes razones de debido proceso legal.[67]

Es por todo lo expuesto que debemos distinguir la legitimación que con carácter general y abstracto reconocen los art. 43, 2 do párr., 86 y 120 de la CN (y sus leyes reglamentarias), por un lado, de la legitimación que en concreto debe tener cualquiera de estos legitimados para actuar en un caso específico, por el otro. La legitimación en el caso concreto estará indisolublemente ligada a la demostración de las cualidades de quien pretenda asumir la representación del grupo. Sucede que las características del caso particular pueden hacer del legitimado colectivo alguien no adecuado para la defensa del grupo. Las razones por las cuales ello puede suceder son de diversa índole. Una de las más delicadas, por ejemplo, es la que involucra un "conflicto de agenda" que impide a determinado sujeto dar una discusión robusta sobre el asunto por conflictos de interés.

A partir de *"Halabi"* los tribunales de todo el país han comenzado, tímidamente y en ocasiones aisladas, a exigir el cumplimiento de este requisito esencial del sistema procesal colectivo. El Anteproyecto de Código Civil contenía en su versión original un artículo dedicado específicamente al tema. Hubiera sido conveniente mantener esta previsión ya que no sólo establecía el requisito en el texto de la ley, sino que además lo hacía de buena manera. Cuando digo buena manera me refiero a que proveía estándares para su evaluación mucho más aptos de los que brindó la Corte Sup. en *"Halabi"*.[68] En lo que respecta a los proyectos de ley, es curioso ver cómo -a pesar de la clara manda contenida en "Halabi"- prácticamente ninguno se ha ocupado de regular el instituto de la representatividad adecuada. Ello con excepción de los proyectos de Camaño (expte. N° 4055-D-2011) y Gil Lavedra y otros (expte. 4033-D-2011). Sin embargo,

---

[67] Ver OTEIZA, Eduardo – VERBIC, Francisco *""La Representatividad Adecuada como Requisito Constitucional de los Procesos Colectivos. ¿Cuáles son los Nuevos Estándares que Brinda el Fallo "Halabi"?"*, SJA 10/03/2010 (donde desarrollamos una fuerte crítica a los estándares que utilizó la CORTE SUP. para tener por configurado en instituto en el caso *"Halabi"*).

[68] El Anteproyecto contenía la siguiente previsión, eliminada por el Poder Ejecutivo: *"ARTÍCULO 1747.- Presupuestos de admisibilidad. Para el reconocimiento de la legitimación en los procesos en los que se reclama el resarcimiento de daños a derechos de incidencia colectiva o individuales homogéneos, se debe exigir que el legitimado cuente con aptitudes suficientes para garantizar una adecuada defensa de los intereses colectivos. Entre otros requisitos, el juez debe tener en cuenta: a) la experiencia, antecedentes y solvencia económica del legitimado para la protección de este tipo de intereses; b) la coincidencia entre los intereses de los miembros del grupo, categoría o clase y el objeto de la demanda. Para la admisibilidad de los procesos en los que se reclama la reparación de daños a derechos individuales homogéneos es requisito necesario que el enjuiciamiento concentrado del conflicto constituya una vía más eficiente y funcional que el trámite individual, para lo cual el juez debe tener en consideración aspectos tales como el predominio de las cuestiones comunes sobre las particulares o la imposibilidad o grave dificultad de constituir un litisconsorcio entre los afectados".*

a pesar de regular el instituto estos dos proyectos no proveen estándares para su control y administración.[69]

7. Ausencia de mecanismos adecuados para liquidar y ejecutar sentencias colectivas

En líneas generales, los procesos colectivos pueden desembocar en dos tipos de sentencias de condena que presentan particulares problemas a la hora de su efectivización: (i) condenas a una obligación de dar, que puede ser por daños y perjuicio o por restitución de sumas percibidas indebidamente; y (ii) condenas a una obligación de hacer o no hacer, que puede adquirir cierta complejidad en los denominados casos de reforma estructural. En ambos supuestos el instrumental procesal clásico se muestra insuficiente para proceder a la liquidación y/o ejecución de las mandas contenidas en las sentencias colectivas.[70]

Con respecto a las sentencias colectivas de condena por daños y perjuicios o restitución, un claro ejemplo de ello puede verse en aquellos supuestos donde no resulta posible liquidar individualmente el daño sufrido por los miembros del grupo representado debido a la imposibilidad de determinar precisamente quiénes son tales personas. Otro supuesto -bastante frecuente por cierto- se presenta cuando es posible proceder a tal liquidación, pero hacerlo (y distribuir los resultados) insumiría un costo demasiado alto como para justificar la actividad.

---

[69] El primero de ellos simplemente establece en su art. 1 inc. 4°, como un requisito de la acción, lo siguiente: *"Que los representantes de la clase protejan en forma justa y adecuada los intereses de la clase"*. También contempla la necesidad de certificar la acción de clase por parte del juez. Todo casi idéntico a lo previsto en el sistema estadounidense, pero para operar en un contexto procesal muy diferente al estadounidense como ya explicamos. El segundo de los proyectos mencionados establece en su art. 3 inc. "d" que la acción requiere *"Que la representación de la clase sea adecuada"*. Además, esta iniciativa prevé una especie de etapa de certificación en su art. 15 al establecer allí que *"El juez se debe pronunciar sobre la admisibilidad de la acción y la adecuada representación de la clase en el plazo de quince (15) días desde la contestación de la demanda o desde el vencimiento del plazo para ello"*. Aquí se destaca lo exiguo del plazo, pero al menos el mismo fue incorporado. A primera vista podría pensarse que otra excepción a la crítica aquí planteada es el proyecto del Senador Lores S-18/11, el cual establece en su art. 3 inc. 4 (como uno de los *"requisitos previos de una acción de clase"*) el siguiente: *"Las partes representativas van a proteger los intereses de la clase en forma justa y adecuada"*. A pesar de ello hay tres aspectos de este último proyecto que demuestran que dicho recaudo constitucional elemental no ha sido –valga la redundancia- adecuadamente regulado. En primer lugar, no se proveen estándares para administrar el instituto. Esto podría no ser tan grave, pero en segundo lugar encontramos que el proyecto tampoco prevé una etapa de certificación donde sustanciar y resolver si el requisito se encuentra presente o no. Finalmente, lo peor de todo, el propio proyecto establece en su art. 8 que *"La elección del representante se hará por medio de una votación, y el integrante que obtenga mayor número de votos será el encargado de representar a la clase"*. La mayoría de votos, por supuesto, nada tiene que ver con la calidad del representante en este contexto.

[70] VERBIC, Francisco *"Procesos Colectivos"*, Ed. Astrea, Buenos Aires, 2007, ps. 360-364; SALGADO, José M. *"Tutela individual homogénea"*, Ed. Astrea, Buenos Aires, 2011, ps. 345-348.

En cuanto a las sentencias que obligan a llevar adelante determinada acción, los casos de litigio estructural que tramitaron (y tramitan) ante distintos estrados judiciales del país son paradigmáticos como demostración de la falta de idoneidad de los mecanismos tradicionales de ejecución. La orden de recomponer el ambiente dañado recaída en el caso *"Mendoza II"* sirve como ejemplo. Lo mismo ocurre con la manda contenida en *"Verbitsky"*. Cuando el Poder Judicial debe involucrarse en la reforma de estructuras burocráticas o debe lograr la implementación de complejas decisiones como las mencionadas, lejos de terminar con el dictado de la sentencia podemos decir que lo más difícil del caso recién se inicia en esta etapa.

El derecho comparado ofrece diversas alternativas para enfrentar los problemas operativos que enfrentan jueces y justiciables en este tipo de situaciones. Para las sentencias de condena a obligaciones de dar, el mecanismo de *cy pres* (también conocido como *fluid recovery*, si bien técnicamente éste último es una especie de aquel) es uno de ellos. De hecho, este mecanismo está expresamente contemplado en el art. 54 de la LDC a partir de la reforma de la Ley n° 26.361. El mismo puede efectivizarse de diferentes maneras, tales como crear un fondo *ad hoc* para atender necesidades relacionadas con el grupo que venció en el pleito, derivar las sumas obtenidas en la condena a la financiación de organizaciones que defienden los intereses del sector perjudicado, disponer la baja del precio de determinado servicio que presta la demandada durante una cantidad limitada de tiempo, entre otras.

Para las sentencias de tipo estructural la propia jurisprudencia de nuestro país ha señalado algunos caminos posibles a seguir. Entre ellos: (i) la delegación de la ejecución en un magistrado determinado con específicas competencia para atender la problemática (*"Mendoza II"*); (ii) la creación de un comité de supervisión en el cumplimiento de la decisión, integrado por organizaciones del tercer sector y organismos públicos (*"Mendoza II"*); y (iii) la generación de mesas de diálogo donde proponer medidas y resolver diferendos menores a fin de avanzar en la implementación de la decisión (*"Verbitsky"*). En el derecho comparado también se cuenta la posibilidad de que ciertos expertos sean designados por el juez de la causa para llevar adelante la ejecución de la decisión (*Special Masters*, también denominados *Officers of the Court*).

A pesar de que la liquidación y ejecución/implementación de muchas decisiones colectivas se presenta como un asunto de gran complejidad, lo cual –insisto– ha sido demostrado en los propios tribunales nacionales y locales, los proyectos de ley en trámite ante el Congreso de la Nación no contemplan previsión alguna para atender la problemática.

VI. Cierre

A pesar de haber transcurrido casi 20 años desde la incorporación de la noción de derechos de incidencia colectiva y de la legitimación colectiva de diversos sujetos y organismos públicos con aptitud para defenderlos, todavía seguimos sin contar con una ley que regule adecuadamente el instrumental procesal colectivo (y los proyectos en trámite para ello, según vimos, son pasibles de las más diversas críticas). En este contexto, a la hora del cierre del trabajo quiero insistir en dos premisas que entiendo necesarias para enfrentar los desafíos inmediatos que plantea la materia.

La primera de ellas es que la discusión no debe agotarse en el ámbito académico si es que pretendemos obtener algún resultado fructífero de ella. El fuerte rol de las acciones de clase como mecanismo de control del Estado y como complemento de éste en ejercicio del poder de policía, así como también las (igualmente fuertes) derivaciones económicas, sociales y políticas disparadas por el juzgamiento colectivo de derechos constitucionales en sede judicial, provocan evidentes tensiones con el poder político. Tensiones que debemos comprender y sobre las cuales hay que trabajar y discutir para poder avanzar, de una vez por todas, en la sanción de una regulación adecuada para la materia.

La segunda premisa es que, a mi modo de ver, la mejor forma de avanzar en este campo es mediante una práctica legislativa mucho más participativa, mucho más abierta y, decididamente, mucho más preparada que la que se ha desarrollado hasta el momento. Nuevamente, el impacto social, económico y político que producen este tipo de procesos en el marco de un sistema republicano y democrático de gobierno así lo exige. Depende de todos los operadores generar canales más fluidos de colaboración, asistencia y discusión entre las universidades y quienes participan del proceso legislativo. El objetivo de estos canales me parece claro: aprovechar la experiencia de ambos espacios institucionales y lograr mejores respuestas de cara a la ciudadanía.

— 8 —

Controle concentrado de constitucionalidade e revisão de coisa julgada: análise da Reclamação nº 4.374/PE

FREDIE DIDIER JÚNIOR[1]
LUCAS BURIL DE MACÊDO[2]

Sumário: 1. Introdução; 2. Algumas noções sobre a reclamação constitucional; 3. O precedente da Reclamação nº 4.374/PE; 4. A relação de constitucionalidade e a revisibilidade da decisão do STF; 5. Conclusão; Referências.

1. Introdução

Este ensaio propõe-se a uma análise teórico-dogmática para recente decisão do Supremo Tribunal Federal – STF – na Reclamação nº 4.374/PE, de relatoria do Ministro Gilmar Mendes, de 18 de abril de 2013. Serão analisados os fundamentos esposados no precedente e serão também investigadas outras razões teóricas que poderiam fundamentá-lo.

Nessa decisão, como será esmiuçado mais à frente, o Supremo Tribunal Federal julgou improcedente a reclamação, que tinha por fundamento a constitucionalidade de uma norma já certificada em Ação Declaratória de Constitucionalidade. A decisão tem como *ratio decidendi* a revisão da coisa julgada e sedimentou a possibilidade de objeção de revisão de coisa julgada em reclamação. Pergunta-se: é realmente possível, à luz da dogmática constitucional e processual, a revisão de uma decisão proferida em processo de controle concentrado de constitucionalidade? O que justificaria essa atuação do STF? Essa revisão pode ser feita corretamente no bojo de uma reclamação constitucional?

O propósito será responder a essas questões, trazendo novas razões, além daquelas apresentadas pelo STF. Para tanto, é importante que se

---

[1] Estágio pós-doutoral em Direito Processual Civil (Universidade de Lisboa). Livre-docente (USP). Doutor em Direito (PUC/SP). Mestre em Direito (UFBA). Professor associado da Faculdade de Direito (UFBA). Coordenador do curso de graduação em Direito (FBD). Advogado e consultor jurídico.
[2] Mestre em Direito pela Faculdade de Direito do Recife (UFPE). Membro da Associação Norte Nordeste de Professores de Processo. Advogado.

compreenda adequadamente a reclamação constitucional e o próprio precedente mencionado, de modo que seja possível desenvolver a ideia de relação de constitucionalidade como relação continuativa entre normas. Para tanto, inicialmente, serão apresentadas algumas noções sobre a reclamação constitucional. Em seguida, trata-se do precedente...

2. Algumas noções sobre a reclamação constitucional

A reclamação constitucional é ação prevista na Constituição Federal, com hipóteses de cabimento específicas, e configura remédio jurídico processual para algumas situações jurídicas bem peculiares. Sua criação foi inicialmente jurisprudencial e decorreria da teoria dos poderes implícitos (MENDES, 2014, p. 495).[3] Trata-se de uma demanda típica, com fundamentação vinculada e competência originária dos tribunais (CUNHA, 2013, p. 662).[4]

Com efeito, o sistema processual normalmente limita a processualização da pretensão voltada contra atos judiciais à sua veiculação por recursos, que são estabelecidos taxativamente e prolongam a litispendência. A reclamação constitucional é uma exceção a essa previsão, como o são os meios específicos de impugnação às decisões judiciais, que possui eficácia preponderante constitutiva negativa ou mandamental, a depender da causa de pedir e do pedido, desfazendo o ato atacado ou determinando que seja tomada certa providência pelo órgão judicial responsável pelo ato objeto da reclamação (NOGUEIRA, 2013, p. 388-395). Ainda, a procedência da reclamação gera a impossibilidade do órgão judicial inferior manifestar-se quanto ao ato que foi cassado, cabendo-lhe apenas condutas voltadas ao cumprimento do decidido na instância superior.

Há previsão normativa expressa na Constituição Federal, como medida de preservação da competência do tribunal e da autoridade de suas decisões nos arts. 102, I, "l", quanto ao STF, e 105, I, "f", quanto ao Superior Tribunal de Justiça – STJ. Há também disciplina constitucional do cabimento da reclamação para garantia da autoridade de súmula vinculante, prevista no art. 103-A da Constituição Federal – CF/1988. A Lei

---

[3] Sobre a história do instituto, conferir, por todos: DANTAS, 2000, p. 45-266.

[4] A questão da natureza jurídica da reclamação constitucional, todavia, não é pacífica. Sobre o tema, conferir: DANTAS, 2000, p. 431-461; DIDIER Jr.; CUNHA, 2014, v. 3, p. 449-453. Ver também, chegando à mesma conclusão, embora por argumentos distintos: DINAMARCO, 2007, p. 204-209. O STF vinha entendendo se tratar de *direito de petição*, todavia, em recentes precedentes da Primeira Turma, acabou revendo sua posição, ao afirmar que "A reclamação é ação autônoma de impugnação dotada de perfil constitucional, prevista no texto original da Carta Política de 1988 para a preservação da competência e garantia da autoridade das decisões do Supremo Tribunal Federal (art. 102, "l", da Lei Maior), e, desde o advento da Emenda Constitucional n° 45/2004, é instrumento de combate a ato administrativo ou decisão judicial que contrarie ou indevidamente aplique súmula vinculante" (BRASIL, 2014a). No mesmo sentido, entendendo tratar-se de instituto com natureza de ação: DANTAS, 2000, p. 470; ALVIM, 2013, p. 151; MORATO, 2007, p. 110.

nº 11.417, de 19 de dezembro de 2006, que regulamentou o art. 103-A da Constituição Federal, acabou por permitir expressamente o cabimento da reclamação constitucional tanto nos casos em que se deixa de aplicar como nos casos em que se aplica equivocadamente a súmula vinculante.[5]

Como fica evidente pelas hipóteses de cabimento constitucionalmente disciplinadas, a reclamação é remédio jurídico processual adequado à tratativa de atos que são desrespeitosos, de forma particularmente grave, a normas constitucionais atributivas de competência ou a decisões. Talvez por isso seja instituto concebido apenas no direito brasileiro.[6]

Há também previsão legal da reclamação constitucional nos regimentos internos do STF, arts. 156 a 162, e do STJ, arts. 187 a 192, bem como nos arts. 13 a 18 da Lei nº 8.038, de 28 de maio de 1990. Similarmente, entende-se, atualmente, cabível reclamação para a "adequação do entendimento adotado em acórdãos de Turmas Recursais Estaduais à jurisprudência do Superior Tribunal de Justiça, enunciada em súmula ou em julgamento realizado na forma do art. 543-C do Código de Processo Civil" (BRASIL, 2013b).

A reclamação não é instituto tradicionalmente ligado à afirmação da jurisprudência dos tribunais, que possuem meios mais apropriados para isso – sobretudo os recursos e os incidentes postos à disposição (MARTINS; PAVAN, 2013, p. 270-271). Essas hipóteses são expostas como relevantes manifestações da atribuição de importância aos precedentes judiciais e de sua progressiva valorização.[7]

Mais do que isso, seria possível afirmar que o cabimento de reclamação nesses casos é precursor de uma nova hipótese a ser estabelecida quando da institucionalização do *stare decisis* brasileiro: a reclamação constitucional para forçar o respeito aos precedentes dos tribunais superiores.[8] Nesse passo, ao se defender os precedentes obrigatórios, seria

---

[5] O permissivo encontra-se no art. 7º da Lei 11.417, de 19 de dezembro de 2006, que estabelece: "Da decisão judicial ou do ato administrativo que contrariar enunciado de súmula vinculante, negar-lhe vigência ou aplicá-lo indevidamente caberá reclamação ao Supremo Tribunal Federal, sem prejuízo dos recursos ou outros meios admissíveis de impugnação. § 1º Contra omissão ou ato da administração pública, o uso da reclamação só será admitido após esgotamento das vias administrativas. § 2º Ao julgar procedente a reclamação, o Supremo Tribunal Federal anulará o ato administrativo ou cassará a decisão judicial impugnada, determinando que outra seja proferida com ou sem aplicação da súmula, conforme o caso".

[6] Ver a análise de direito comparado em: DANTAS, 2000, p. 385-429. O autor conclui nos seguintes termos: "Fora desse contexto específico – o do direito comunitário –, porém, nos ordenamentos nacionais internos pesquisados, o respeito e acatamento às decisões dos juízes e tribunais, mormente das cortes mais elevadas, fazem com que em geral se prescinda inteiramente de providências desse jaez, apesar de haver, aqui e acolá, como se viu, alguns problemas" (p. 429).

[7] Assim: LEONEL, 2011, 203-212. No mesmo sentido, ver: MINGATI, 2013, p. 91-92. Relatando as modificações ampliativas no cabimento da reclamação constitucional: CORTÊS, 2011, p. 13-24.

[8] Atualmente, entretanto, a tese é refutada no Supremo Tribunal Federal. Veja-se, por exemplo, a seguinte ementa, suficientemente analítica para representar o entendimento da Corte, esposado no

indispensável o cabimento da reclamação para impor o respeito aos precedentes obrigatórios dos tribunais superiores ou às suas súmulas. Da mesma forma, o STF entende que "Não cabe reclamação para questionar violação a súmula do STF sem efeito vinculante e a dispositivos constitucionais, que, aliás, são estranhos à fundamentação da decisão agravada e à própria reclamação" (BRASIL, 2014c).

Assim, prolatada decisão que constitui precedente obrigatório, seguida de posterior ato judicial ou administrativo que deixe de aplicar ou aplique equivocadamente esse precedente, seria possível propor reclamação constitucional diretamente para o tribunal superior. Caso fosse julgada procedente, cassaria a decisão ou o ato e determinaria a sua correta aplicação, ou a não aplicação da *ratio decidendi*, conforme as peculiaridades do caso.[9]

É importante, ainda, registrar o entendimento consagrado na Súmula nº 734 do STF: a reclamação não serve para impugnar decisão transitada em julgado; ou seja, a reclamação não é sucedâneo da ação rescisória.

---

precedente: AGRAVO REGIMENTAL. RECLAMAÇÃO. PARADIGMA SEM EFICÁCIA GERAL E EFEITO VINCULANTE. INVIABILIDADE. ALEGAÇÃO DE AFRONTA AO QUE DECIDIDO POR ESTA CORTE NO RE 591.874/MS, COM REPERCUSSÃO GERAL RECONHECIDA. APLICAÇÃO AOS CASOS CONCRETOS NOS TERMOS DA LEI 11.418/2006. DECISÃO RECLAMADA PROFERIDA EM PROCESSO AINDA EM CURSO NO PRIMEIRO GRAU DE JURISDIÇÃO. INADEQUAÇÃO DO INSTRUMENTO DA RECLAMAÇÃO. AGRAVO A QUE SE NEGA PROVIMENTO. I – A jurisprudência desta Corte é firme no sentido de que não cabe reclamação fundada em precedentes sem eficácia geral e vinculante, de cuja relação processual os reclamantes não tenham feito parte. Precedentes. II – Conquanto o decidido nos recursos extraordinários submetidos ao regime da repercussão geral vincule os outros órgãos do Poder Judiciário, sua aplicação aos demais casos concretos, em observância à nova sistemática instituída pela EC 45/2004, regulamentada pela Lei 11.418/2006, não poderá ser buscada, diretamente, nesta Suprema Corte, antes da apreciação da controvérsia pelas instâncias ordinárias. III – O instrumento da reclamação não pode ser utilizado a fim de que, *per saltum*, seja aplicado, a processo ainda em curso no primeiro grau de jurisdição, o entendimento firmado no julgamento de mérito do RE 591.874/MS, que trata de matéria que teve a repercussão geral reconhecida por esta Corte. Precedentes. IV – Agravo regimental a que se nega provimento. (BRASIL, 2014b).

[9] Nesse sentido: "Se um órgão jurisdicional considerar como constitucional uma lei estadual análoga àquela que o STF considerou inconstitucional, caberá reclamação, em razão do desrespeito ao precedente nascido de uma decisão em controle concentrado. A reclamação, nesse caso, serve para fazer valer o precedente (fundamentação) construído pelo STF, em um processo de controle concentrado de constitucionalidade. O STF já admitiu reclamação em hipótese assim (Rcl 4.987, rel. Min. Gilmar Mendes, j. 7/3/2007, *Informativo* nº 458)" (CUNHA, 2013, p. 681-682). Como ressalta em seguida o autor, o STF alterou sua orientação, "passando a entender pelo descabimento da reclamação quando houver violação ao *precedente*, e não à coisa julgada, ao dispositivo da decisão, rejeitando a tese acolhida na Reclamação 4.987" (Ibid., p. 682). Vale destacar que Leonardo Carneiro da Cunha critica a superação do entendimento pelo STF, pelas seguintes razões: "(a) ignora a eficácia vinculante dos precedentes, concedida pelo próprio texto constitucional e (b) não realiza qualquer referência ao acórdão que adotou essa teoria, em clara violação de uma necessidade básica de um sistema que deseja adotar eficácia dos precedentes, que seria a autorreferência, não demonstrando as razões para a realização do *overruling*" (Ibid., p. 682-683). Defendendo o cabimento de reclamação contra decisão judicial *per incuriam* ou que negue aplicação a precedente judicial, incluindo para o STJ: DIDIER JR, 2006; ATAÍDE JR, 2012, p. 153; VEIGA, 2013, p. 65-66; YOSHIKAWA, 2012, p. 266-267; CORTÊS, 2011, p. 24-25; GÓES, 2007, p. 668; MINGATI, 2013, p. 94-96; LEONEL, 2011, p. 97-98, 212; MARINONI, 2013, p. 240-245.

3. O precedente da Reclamação nº 4.374/PE

O precedente foi formado em processo de reclamação constitucional, sob o nº 4.374/PE, instaurado por demanda do Instituto Nacional de Seguro Social – INSS –, com a pretensão de garantir a autoridade de decisão do Supremo Tribunal Federal.

A decisão que serviu de *causa petendi* remota para a proposta da reclamação foi o acórdão proferido pela Corte na Ação Direta de Inconstitucionalidade nº 1.232/DF, julgada por maioria pelo Tribunal Pleno, tendo como relator o Ministro Ilmar Galvão e, para o acórdão, o Ministro Nelson Jobim, publicada no Diário da Justiça de 1º de junho de 2001. Nessa decisão, foi declarada a constitucionalidade do § 3º do art. 20 da Lei nº 8.742, de 7 de dezembro de 1993, a Lei de Organização da Assistência Social – LOAS –, que estabelece critérios para o recebimento do benefício assistencial de um salário mínimo para a pessoa portadora de deficiência e para o idoso que comprovem não possuírem, eles mesmos ou sua família, recursos financeiros para sua manutenção (art. 203, V, da CF/88).

Na decisão, até mesmo chegou-se a rejeitar expressamente a interpretação no sentido de que a exigência não seria, na verdade, um requisito, mas um critério objetivo que fornece a presunção *juris et de jure* de necessidade assistencial, proposta pelo Ministério Público e acolhida pelo relator original, o que não elidiria a possibilidade de comprovação por outros meios e conforme o caso concreto. Assim, consoante ficou estabelecido na decisão, o requisito de possuir a família do idoso ou da pessoa portadora de deficiência renda mensal *per capita* inferior a 1/4 (um quarto) do salário mínimo – estabelecido no art. 20, § 3º, da Lei 8.742/1993 ao regular o benefício do art. 203, V, da CF/88 – seria constitucionalmente adequado.

Na reclamação comentada, o INSS argumentou que a decisão tomada pela Turma Recursal dos Juizados Especiais Federais do Estado de Pernambuco, que também compõe a causa de pedir remota, ao desconsiderar a incidência do referido dispositivo legal sobre o caso concreto, acabou por desrespeitar a autoridade da decisão do STF na ADI nº 1.232/DF (BRASIL, 1998).[10] Por consequência, o INSS afirmava ter direito à cassação da decisão.

O Tribunal, por maioria, conheceu da reclamação, vencidos os Ministros Dias Toffoli, Ricardo Lewandowski e Joaquim Barbosa (Presiden-

---

[10] Na verdade, a Turma Recursal não reconheceu a inconstitucionalidade do dispositivo, mas apenas deu-lhe uma interpretação restritiva: "Se a renda familiar é inferior a ¼ do salário mínimo, a presunção de miserabilidade é absoluta, sem que isso afaste a possibilidade de tal circunstância ser provada de outro modo. Ademais, a Súmula 11 da Turma Nacional de Uniformização dos Juizados Especiais Federais – TNU dispõe que mesmo quando a renda per capita for superior àquele limite legal, não há óbices à concessão do benefício assistencial quando a miserabilidade é configurada por outros meios de prova" (BRASIL, 1998).

te). No mérito, por maioria, julgou improcedente a reclamação, vencido o Ministro Teori Zavascki, que a julgava procedente.Para conhecer a *ratio decidendi* do precedente, portanto, cabe a investigação do voto condutor, prolatado pelo Ministro Gilmar Mendes.

É interessante perceber que, conforme se constata no início da fundamentação do voto do Ministro Gilmar Mendes, a mudança de posicionamento não foi instantânea, mas, pelo contrário, deu-se ao longo de várias decisões, iniciando-se já em 2006, quando a Corte teria utilizado, ainda conforme o relator, de "subterfúgios processuais" para não conhecer das reclamações, até a prolação da decisão da Ministra Cármen Lúcia, em 18 de outubro de 2006, que julgou improcedente a Reclamação nº 3.805/SP, considerando que decisão que avalia as circunstâncias concretas para deferir o benefício assistencial, mesmo que fora do critério legal, não contraria a decisão do STF e afirma a Constituição Federal, especialmente o princípio da dignidade da pessoa humana.

Afirmou a Ministra Cármen Lúcia, no referido precedente, que

a constitucionalidade da norma legal, assim, não significa a inconstitucionalidade dos comportamentos judiciais que, para atender, nos casos concretos, à Constituição, garantidora do princípio da dignidade humana e do direito à saúde, e à obrigação estatal de prestar a assistência social "a quem dela necessitar, independentemente da contribuição à seguridade social", tenham de definir aquele pagamento diante da constatação da necessidade da pessoa portadora de deficiência ou do idoso que não possa prover a própria manutenção ou de tê-la provida por sua família (BRASIL, 2009).

Assim, o Ministro Gilmar Mendes, citando este precedente e outro de sua lavra, conclui que houve, de fato, omissão inconstitucional no art. 20, § 3º, da LOAS, que sofreu um "processo de inconstitucionalização". Teria ocorrido, portanto, a "mutação constitucional" da norma parâmetro, a exigir mais para que o benefício assistencial tutele, com efetividade, o direito fundamental à dignidade, constitucionalmente garantido. Ou seja, houve o trânsito para a inconstitucionalidade na medida em que a própria norma constitucional passou a ser mais exigente.

Todavia, para isso, foi enfrentada questão de suma importância: a possibilidade de reconhecimento de tal modificação constitucional no bojo da reclamação. Ao tratar da possibilidade de discussão da evolução de entendimento quanto à decisão de constitucionalidade no bojo da reclamação, o relator enumera uma série de precedentes do próprio STF em que, de fato, ajustes foram realizados em decisões de controle concentrado, tanto mediante a reclamação, como por meio de recurso extraordinário e, até mesmo, mandado de segurança.[11]

---

[11] São citados pelo relator, dentre outros, os seguintes casos: 1) "RCL 1.525, Rel. Min. Marco Aurélio, Diário da Justiça de 3/2/2006, na qual o Tribunal delimitou o alcance da decisão proferida na ADI 1.662, especificamente sobre a amplitude do significado de "preterição" de precatórios para fins de sequestro de verbas públicas"; 2) A decisão da ADI 3.395 sobre a incompetência da Justiça do Traba-

Isso é possível, segundo o Ministro Gilmar Mendes, diante da inerente possibilidade hermenêutica de reinterpretar tanto a norma objeto da decisão de constitucionalidade, como também a própria Constituição. Nas palavras do julgador:

> O "balançar de olhos" (expressão cunhada por Karl Engisch) entre anorma e o fato, que permeia o processo hermenêutico em torno do direito, fornece uma boa metáfora para a compreensão do raciocínio desenvolvido no julgamento de uma reclamação. Assim como no processo hermenêutico o juízo de comparação e subsunção entre norma e fato leva, invariavelmente, à constante reinterpretação da norma, na reclamação o juízo de confronto e de adequação entre objeto (ato impugnado) e parâmetro (decisão do STF tida por violada) implica a redefinição do conteúdo e do alcance do parâmetro.
>
> É por meio da reclamação, portanto, que as decisões do Supremo Tribunal Federal permanecem abertas a esse constante processo hermenêutico de reinterpretação levado a cabo pelo próprio Tribunal. A reclamação, dessa forma, constitui o *locus* de apreciação, pela Corte Suprema, dos processos de *mutação constitucional* e de *inconstitucionalização de normas* (*desProzessdesVerfassungswidrigwerdens*), que muitas vezes podem levar à redefinição do conteúdo e do alcance, e até mesmo à superação, total ou parcial, de uma antiga decisão (BRASIL, 2013a).

Diante de tal possibilidade, o Ministro conclui que é viável a reinterpretação da decisão tomada em sede de controle concentrado; além disso, o Tribunal supera a sua própria decisão, tudo no processo de reclamação. Essa possibilidade, segundo fundamento, decorre do juízo hermenêutico inerente à interpretação constitucional e à leitura das normas infraconstitucionais à luz da Constituição.

Para isso, entretanto, faz-se necessária a existência "de significativa mudança das circunstâncias fáticas ou de relevante alteração das concepções jurídicas dominantes" (BRASIL, 2013a), o que fundamenta a modificação de sentido na decisão.

A modificação poderia ser veiculada por meio de ação direta; todavia, diante da evidente falta de plausibilidade de nova propositura, o Ministro conclui pela reclamação como melhor meio para realizar tal evolução de entendimento, já que "a oportunidade de reapreciação das decisões tomadas em sede decontrole abstrato de normas tende a surgir com mais naturalidade e deforma mais recorrente no âmbito das reclamações" (BRASIL, 2013a).

Finalmente, o relator destaca a existência da cláusula *rebus sic stantibus* em qualquer decisão que seja prolatada e, advinda modificação fática ou normativa, haveria "a possibilidade dealteração da coisa julgada

---

lho para decidir relação estatutária e a sua delimitação por diversas reclamações; 3) A definição de "atividade jurídica" pela ADI 3.460, que ficou mais bem definida na RCL 4.906, Rel. Min. Joaquim Barbosa, Diário de Justiça eletrônico de 11/4/2008, e a RCL 4.939, Rel. Min. Joaquim Barbosa, Diário de Justiça de 11/42008.

provocada por mudança nas circunstânciasfáticas(cf., a propósito, RE 105.012, Rel. Min. Néri da Silveira, DJ de1.7.1988)" (BRASIL, 2013a).

No mérito, o posicionamento do Ministro Gilmar Mendes definiu a solução dada pelo Tribunal, com dissidência, no ponto, do Ministro Teori Zavascki, que entendeu que a proposição acabaria por ensejar a própria rescisão do acórdão na Ação Direta de Inconstitucionalidade anterior, o que seria expressamente proibido pelo sistema jurídico brasileiro. Além disso, consignou o Ministro Zavascki que o juízo da reclamação seria limitado à averiguação de desrespeito à autoridade da decisão proferida anteriormente, e seus limites cognitivos impediriam a análise de eventual inconstitucionalidade, ainda que superveniente.

4. A relação de constitucionalidade e a revisibilidade da decisão do STF

O precedente analisado é, de fato, muito relevante. Embora não se trate de uma novidade – pois o próprio Supremo, mesmo não tendo expressamente abordado a viabilidade de fazê-lo, já havia realizado o ajuste de suas decisões por reclamação –, a decisão tem originalidade por ter avaliado, de forma detida e expressa, a possibilidade de cognição acerca da superação da coisa julgada em reclamação, além de ter sinalizado que é possível fazer o mesmo em outros processos ou recursos.

De fato, conquanto o enfoque tenha sido, naturalmente, a reclamação constitucional, a fundamentação da decisão conota que a modificação do *decisum* anterior, prolatado em controle concentrado, pode ser feita em qualquer outra espécie de procedimento, desde que tenha relação com ele. Assim, por exemplo, seria possível a análise da manutenção da decisão tomada em controle concentrado pelo STF em recurso extraordinário ou em qualquer ação de sua competência originária.

A fundamentação quanto à possibilidade de superação pautou-se na perspectiva da interpretação, acertadamente. É evidente que o acórdão da decisão proferida no controle concentrado de constitucionalidade, como qualquer outro, é texto e, por isso mesmo, carece de interpretação – ainda que, por suas características, notadamente por sua maior concretude, esse processo de atribuição de significado seja mais seguro e objetivo do que, por exemplo, o de interpretação de determinado enunciado legal em confronto com seu possível suporte fático.[12]

---

[12] Alertando para a ligação entre criatividade da atuação e a concretude do texto normativo: "A reflexão sobre o papel do julgador – isto é, das instâncias aplicadoras – na dinâmica do Direito, e sobre a margem de criatividade que cabe ao juiz, deve a nosso ver relacionar-se com a visão do processo inteiro de realização do Direito: sua realização, como ordem, no plano social e em face das particularidades *concretas* das situações reguladas. O Direito, sejam quais forem seus instrumentos de positivação, que tornam positivos os seus preceitos, e sejam quais forem os valores que se achem enfatizados

Todavia, parece que um aspecto revela-se particularmente relevante ao se tratar da fiscalização de constitucionalidade por ação direta. Nessas peculiares demandas, fatos concretos que dão vazão à incidência das normas, paradigma e objeto não são analisados.[13] Perceba-se: nas ações de controle concentrado de constitucionalidade, a causa de pedir é composta pela proibição genérica de normas contrárias à Constituição e, seguidamente, pela existência de norma alegadamente contrária a ela. Assim, os *fatos*, nessas ações, são as próprias normas, e a relação que se deduz é uma peculiar relação entre normas: a relação de constitucionalidade.[14]

Assim, muito embora a relação jurídica dê-se, normalmente, entre pessoas,[15] o sistema jurídico, para efeito das ações de constitucionalidade, acabou por equiparar a relação de constitucionalidade entre normas a uma relação jurídica, que pode ensejar situações jurídicas de constitucionalidade ou de inconstitucionalidade, tudo a partir do dever de que as normas infraconstitucionais estejam conforme a Constituição, que nada mais é do que a expressão da supremacia constitucional.[16]

---

em seu bojo, radica no social e se volta ao social ao aplicar-se: evidentemente nenhum valor jurídico se realizará sem isto. E a aplicação do direito, sendo concreção, é integração em sentido muito específico, ao inserir nos contextos a vivência da norma. A partir daí cobram sentido as análises críticas sobre a adequação do direito à realidade; mas só a partir daí" (SALDANHA, 2003, p. 298).

[13] Isso, evidentemente, não quer dizer que a análise de fatos específicos não sejam relevantes para a valoração da norma, porquanto é plausível que o Tribunal faça recurso a dados empíricos, ou da experiência comum ou, ainda, técnicos, para valorar adequadamente a norma analisada. Sobre o tema: MENDES, 2014, p. 279-285.

[14] Tradicionalmente, a doutrina não se preocupa em apontar a existência de tal relação, aludindo, simplesmente, à figura do *processo objetivo*. Nas palavras de Luís Roberto Barroso: "O controle de constitucionalidade por ação direta ou por via principal, conquanto também seja jurisdicional, é um exercício atípico de jurisdição, porque nele não há um litígio ou situação concreta a ser solucionada mediante a aplicação da lei pelo órgão julgador. Seu objeto é um pronunciamento acerca da própria lei. Diz-se que o controle é em tese ou abstrato porque não há um caso concreto subjacente à manifestação judicial" (BARROSO, 2014, p. 126). Igualmente: MENDES, 2014, p. 94-95; CANOTILHO, 2003, p. 1007-1008; FERRARI, 2004, p. 220-223; CAPPELLETTI, 1992, p. 104-105. Falando em *relação de constitucionalidade*, embora não com o mesmo sentido, mas de forma aproximada: BOBBIO, 1960, p. 83-88; MIRANDA, 1996, p. 310-316; NEVES, 1988, p. 68. É fácil notar que a concepção da relação de constitucionalidade não é incompatível com a de processo objetivo, eis que a ideia de uma relação entre normas não afasta a inexistência de relação entre sujeitos individuais.

[15] Sobre o ponto, refutando visões contrárias várias à luz do chamado princípio da intersubjetividade, ver: MELLO, 2011, p. 190-196. Vale conferir a crítica empreendida por Torquato de Castro Jr., que, partindo de uma perspectiva retórica e externa ao sistema jurídico, passa a por em perspectiva os dogmas da teoria do fato jurídico e a incapacidade das categorias jurídicas de resolver problemas, já que os conceitos são manipuláveis para se chegar a qualquer solução desejada. No ponto, o autor cita a conhecida discussão acerca da relação entre pessoas e coisas, destacando que: "Quase nunca se cogita – o que até seria possível sob premissas de uma outra ontologia do direito – de 'a relação jurídica' dar-se 'entre coisas' puramente. Porém, entre coisas 'principais' e 'acessórias' há uma relação e não é totalmente verdadeiro dizer que ela não é nalguma medida também 'jurídica'" (CASTRO JR, 2010, p. 635-653, especialmente p. 638).

[16] Trata-se de expressão da supremacia da Constituição. Sobre o tema, consultar: CANOTILHO, 2003, p. 245-247; BARROSO, 2009, p. 165-178; NEVES, 1988, p. 63-67. Sobre a transposição desse conceito para o direito europeu, o que acabou por equivaler a sua expansão geral: ENTERRÍA, 2006, p. 61-65.

Acontece que essa relação entre normas nada mais é do que uma relação continuada. Trata-se de uma particular afinidade entre normatividades concatenadas, mas distintas, que pode ser, e normalmente o é, alterada consoante estímulos externos. Assim, faz-se imperioso entender as peculiaridades desse tipo de relação jurídica, uma vez que suas características refletem diretamente na sentença que lhe regula.[17]

Para compreendê-las, é preciso, antes, definir o que se entende por relação jurídica instantânea. Considera-se relação instantânea "a relação jurídica decorrente de fato gerador que se esgota imediatamente, num momento determinado, sem continuidade no tempo, ou que, embora resulte de fato temporalmente desdobrado, só atrai a incidência da norma quando estiver inteiramente formado" (ZAVASCKI, 2012, p. 99). Exemplo: relação jurídica de indenização pelos danos materiais causados em razão de ato ilícito.

Considera-se relação jurídica permanente ou continuativa aquela que "nasce de um suporte de incidência consistente em fato ou situação que se prolonga no tempo" (Ibidem, p. 99-100).São exemplos as relações previdenciárias, alimentícias, de família, locatícias. Normalmente, tais relações envolvem prestações periódicas (SANTOS, 2003, p. 59).

Há, ainda, as relações jurídicas sucessivas: "nascidas de fatos geradores instantâneos que, todavia, se repetem no tempo de maneira uniforme e continuada" (ZAVASCKI, op. cit., p. 100). Na verdade, como bem elucida Zavascki, as "relações sucessivas compõem-se de uma série de relações instantâneas homogêneas, que, pela sua reiteração e homogeneidade, podem receber tratamento jurídico conjunto ou tutela jurisdicional coletiva" (ZAVASCKI, loc. cit.). Exemplos básicos se encontram no direito tributário, como a obrigação tributária de pagar contribuição à seguridade social decorrente de folha de salário e a obrigação tributária de pagar imposto de renda. Também é exemplo a relação de emprego e a relação estatutária entre servidor público e a administração. Outro exemplo, trazido por Cabral, é o da sentença que reconhece o direito de uma parte alterar unilateralmente os juros do contrato: "cada arbitramento é um ato próprio, único e singular, mas o esquema de agir definido (e tornado estável pela coisa julgada) é o mesmo" (CABRAL, 2013, p. 499).

Note que há relações instantâneas de efeitos permanentes, como a relação previdenciária de aposentadoria por tempo de serviço e a obrigação de pagar mútuo a prazo. Em ambos os casos, a "subsistência dos efeitos (a obrigação do mutuário e da instituição previdenciária) independe da continuidade do fato gerador (ao contrário do que ocorre nas relações

---

[17] Para uma sistematização das sentenças conforme a espécie de situação jurídica que regula, conferir: ZAVASCKI, 2012, p. 101. Com a mesma sistematização de Zavascki: ATAÍDE Jr., 2013, p. 520-523; OLIVEIRA, 2013. Sobre o tema, ainda: CABRAL, 2013, p. 499.

permanentes) ou da repetição do fato gerador (ao contrário do que se passa com as relações sucessivas)" (ZAVASCKI, op. cit., p. 101).

A sentença que regula relações jurídicas permanentes e sucessivas contém uma cláusula *rebus sic stantibus*: havendo modificação superveniente no estado de fato ou de direito, é lícito rever o quanto se decidiu.

A relação entre a norma infraconstitucional e a norma constitucional prolonga-se no tempo. É dizer, a relação entre as normas nasce com a incidência da norma que exige conformidade do ordenamento jurídico infraconstitucional às normas constitucionais, atribuindo-se à norma infraconstitucional, avaliada a situação de constitucionalidade ou inconstitucionalidade, que perdura no tempo. Essa relação pode, ainda, vir a sofrer um influxo e levar à alteração da situação constitucional da norma infralegal, diante de um fato relevante ou de alguma modificação na compreensão jurídica.[18]

Dessa forma, é possível reconhecer uma simetria entre as demais relações jurídicas continuativas ou permanentes e a relação de constitucionalidade entre normas. Por isso mesmo, é aplicável o art. 471, inciso I, do Código de Processo Civil, de 11 de janeiro de 1973 – CPC/1973.[19] Superveniente alteração no estado fático ou jurídico enseja, portanto, possibilidade de nova decisão.

Na relação continuativa de constitucionalidade, as alterações relevantes ocorrem quando há modificações culturais – econômicas, sociais, tecnológicas ou jurídicas. Pode ser, portanto, que uma norma à qual foi atribuída a constitucionalidade num determinado ponto da linha temporal possa tornar-se inconstitucional noutro. Isso ocorre única e exclusivamente quando uma causa social, econômica, jurídica ou tecnológica tem vínculo direto com a valoração de, ao menos, uma das normas envolvidas na relação, o que dá ensejo à alteração da relação de constitucionalidade. Ou seja, é possível que um dado contextual importante para a definição da norma venha a ser modificado e, com isso, a reboque, a própria situação de constitucionalidade modifique-se, revelando uma inconstitucionalidade que antes não existia.

De fato, a alteração da situação de constitucionalidade pode se dar tanto por uma nova atribuição de significado à norma constitucional, como à infraconstitucional, visto que "o problema da inconstitucionalidade das leis não implica apenas a interpretação-aplicação de normas cons-

---

[18] Sobre a atualização das normas constitucionais mediante nova interpretação, especialmente quando presente os mencionados fatos autorizadores: BASTOS; MEYER-PFLUG, 2010, p. 155-160. Falando em *malleabilità costituzionale*: ZAGREBELSKY, 2008, p. 268-272.

[19] Art. 471. Nenhum juiz decidirá novamente as questões já decididas, relativas à mesma lide, salvo: I – se, tratando-se de relação jurídica continuativa, sobreveio modificação no estado de fato ou de direito; caso em que poderá a parte pedir a revisão do que foi estatuído na sentença (BRASIL, 1973).

titucionais, exigindo-se a interpretação de normas infraconstitucionais. Assim sendo, do ponto de vista semiótico, apresenta relevância sintático-jurídica, na medida em que se trata de relações entre expressões normativas de níveis hierárquicos diversos numa cadeia normativa. Ou seja, sob o prisma sintático, as normas constitucionais (superiores) e legais (inferiores) encontram-se em relação sintático-jurídica de fundamentação-derivação" (NEVES, 1988, p. 135).

É preciso notar, por outro lado, que nem toda alteração, ainda que sob algum ponto de vista importante, ou mesmo, importantíssimo, terá necessariamente reflexo na relação de constitucionalidade entre normas. No mais das vezes, importantes alterações não geram qualquer influência nas relações de constitucionalidade entre normas. A modificação cultural deve ter ligação direta com a compreensão das normas envolvidas.

É bem possível que alguma alteração social e economicamente relevante (exemplo, duplicação do valor do salário mínimo) não possua reflexo algum em uma relação de constitucionalidade entre normas (exemplo, constitucionalidade da diferenciação pontual entre homem e mulher para fins de proteção penal). A percepção da relevância da alteração é questão fulcral e que não pode ser estabelecida de forma prévia e rígida.

Nos casos em que há essa referida mudança contextual significativa, eventual decisão tomada à luz do contexto anterior não detém autoridade de coisa julgada sobre a relação modificada (BRASIL, 1973, art. 471, I). Isso porque, como acontece de forma ampla nas relações continuativas, o evento relevante altera a própria relação jurídica. Isso não quer dizer, evidentemente, que inexiste coisa julgada nos processos em que se decide ação de constitucionalidade, mas apenas que a coisa julgada não alcança a relação de constitucionalidade que sofreu alterações relevantes.[20]

Pode-se enunciar da seguinte forma: enquanto no *tempo 1* tem-se a *relação 1*, diante do *contexto x*, com o evento *y*, e a subsequente modificação contextual, pode-se divisar, de forma mais ou menos precisa, o *tempo 2*, no qual não mais se pode falar de *relação 1*. Utilizando o exemplo, havendo decisão sobre a *relação 1*, com o evento *y* há nova relação, que, por conseguinte, não é alcançada pela coisa julgada anterior e depende de decisão.

O ponto foi brilhantemente percebido, há muito, por Marcelo Neves, que bem explicou que:

> No caso da inconstitucionalidade das leis, o significado contextual desempenha um papel importantíssimo, tendo em vista a vagueza, a ambigüidade e o caráter fortemente ideológico dos termos constitucionais. Num determinado espaço-tempo social, os elementos contextuais podem conduzir a interpretações no sentido da inconstitucionalidade de uma

---

[20] Em sentido contrário, aduzindo inexistir coisa julgada nas decisões que declaram constitucionalidade de leis: BARROSO, 2014, p. 143.

lei, enquanto em outro espaço-tempo social, eles podem implicar-lhe a constitucionalidade. (NEVES, 1988, P. 139).

Modificando-se os fatos que dão ensejo à relação jurídica de trato continuado (e o próprio direito) e legitimam o pedido de uma tutela jurisdicional, tem-se a possibilidade de propositura de uma nova ação, com elementos distintos (nova causa de pedir/ novo pedido), a chamada ação de revisão. A coisa julgada não pode impedir a rediscussão do tema por fatos supervenientes ao trânsito em julgado (lembre-se que a eficácia preclusiva só atinge aquilo que foi deduzido ou poderia ter sido deduzido pela parte à época).

Relevante reiterar que a revisão, em reclamação, tal como feita pelo STF no caso comentado, não se deu como objeto de uma ação, mas, sim, por objeção; isto é, trata-se deacolhimento de uma defesa indireta cognoscível *ex officio* – como questão incidente, portanto. Digno de nota, além disso, é que a revisão da coisa julgada da ação de controle concentrado de constitucionalidade pode ser realizada não apenas por reclamação constitucional, mas também em qualquer outro processo ou recurso em que a decisão seja importante para o deslinde da controvérsia.

O que precisa ser bem percebido é que a declaração de constitucionalidade terá autoridade enquanto o contexto da prolação se mantiver. Por isso, parece que não é possível a alteração da decisão quando for reconhecido erro interpretativo, justamente pela autoridade da coisa julgada.[21] Alterado o contexto, e, assim, a própria norma, a relação de constitucionalidade é outra.

No ponto, a noção de que *texto normativo* e *norma* não se confundem é elementar para a boa compreensão. Enquanto é possível afirmar que o texto é elemento de suma importância para a construção da norma, é também correto atribuir importância a outros elementos, nomeadamente os que formam o *contexto de aplicação*.[22]

---

[21] Importante anotar que o erro pode ocorrer tanto por força da ambiguidade ou equivocidade do texto normativo, constitucional ou infraconstitucional, como por valoração dos fatos ou percepção deles. O ponto da variação semântica dos textos normativos como definitivo para a decisão de constitucionalidade é bem percebido por Neves (1988, p. 137-138).

[22] "Além de levar às mencionadas conclusões, o exposto também exige a substituição de algumas crenças tradicionais por conhecimentos mais sólidos: é preciso substituir a convicção de que o dispositivo identifica-se com a norma, pela constatação de que o dispositivo é o ponto de partida da interpretação; é necessário ultrapassar a crendice de que a função do intérprete é meramente descrever significados, em favor da compreensão de que o intérprete reconstrói sentidos, quer o cientista, pela construção de conexões sintáticas e semânticas, quer o aplicador, que àquelas conexões as circunstâncias do caso a julgar; importa deixar de lado a opinião de que o Poder Judiciário só exerce a função de legislador negativo, para compreender que ele concretiza o ordenamento jurídico diante do caso concreto. [...] Isso não quer dizer, como já afirmado, que o intérprete é livre para fazer as conexões entre as normas e os fins a cuja realização elas servem. O ordenamento jurídico estabelece a realização de fins, a preservação de valores e a manutenção ou a busca de determinados bens jurídicos essenciais à realização daqueles fins e à preservação desses valores. O intérprete não pode desprezar esses

É certo que a relação de constitucionalidade, a gerar situações de constitucionalidade ou de inconstitucionalidade, se trava *entre normas*. É certo também que essa relação é continuada ou permanente, pois se prolonga no tempo indefinidamente. Ora, havendo modificação no contexto, que é elemento contributivo para a determinação da norma, há, evidentemente, alteração também desta última, que é o produto da atribuição de significado; isso, por sua vez, modifica a própria relação de constitucionalidade.

Sendo assim, o fato de determinado dispositivo normativo ter sido enunciado constitucional em um determinado ponto do tempo não significa que não seja possível nova decisão, desta vez em sentido contrário, desde que sobrevinda alteração na compreensão jurídica acerca da matéria ou no contexto de aplicação. Na verdade, "deve-se enfatizar que a inconstitucionalidade material não é uma característica do texto legislativo, ou de uma de suas partes, mas sim das normas dele extraídas por via de uma operação semântica concreta" (NEVES, 1988, p. 140-141).

Há de se notar que essa possibilidade nada tem a ver com a pretensão à rescisão. Não há rescindibilidade da decisão constitucional anterior, que se mantém íntegra. Aliás, se se tratasse de pretensão à rescisão da coisa julgada acerca da situação de constitucionalidade anterior, essa não seria sequer passível de análise, já que vetada pelo ordenamento jurídico, conforme art. 26 da Lei nº 9.868, de 10 de novembro de1999 (BRASIL, 1999).

A relação jurídica de constitucionalidade analisada, a partir da mudança contextual, é outra, visto que há alteração na própria norma. Em síntese, a coisa julgada anterior não alcança a relação de constitucionalidade transformada, de modo semelhante ao que ocorre nas demais relações continuadas. Não há, enfim, sequer interesse na rescisão da decisão, o que se propõe, e pode efetivamente vir a ser feito, em reclamação é a decisão quanto à constitucionalidade da norma modificada pelo novo contexto.

É preciso sublinhar que a possibilidade de modificação ocorre exclusivamente quando a decisão anterior houver sido no sentido da *constitucionalidade* da norma. Isso porque a decisão que decreta inconstitucional a norma tem como eficácia a sua exclusão do ordenamento jurídico, o que torna extinta a relação continuada entre as normas. Portanto, diante da eficácia constitutiva negativa da decisão em controle concentrado que decreta a inconstitucionalidade, não se torna possível revolver seu sentido, mesmo que ocorra alguma modificação fática, já que a norma analisada

---

pontos de partida. Exatamente por isso a atividade de interpretação traduz melhor uma atividade de reconstrução" (ÁVILA, 2012, p. 37-38).

acaba por ser excluída do sistema jurídico, dando-se fim à relação entre normas.

A reclamação é, realmente, meio adequado para elucidar uma modificação constitucional relevante mas, pelas características do nosso sistema de controle concentrado, essa modificação só pode ser reconhecida no sentido da constitucionalidade para a inconstitucionalidade e nunca em reverso.

Finalmente, cabe uma crítica à decisão do STF, que acabou por não tratar adequadamente o modo que se processualiza a revisão de decisões proferidas em controle concentrado de constitucionalidade.

Especificamente quanto à reclamação decidida, é evidente que a modificação da coisa julgada não é do interesse do autor. Aliás, trata-se, como se disse, de matéria afeta à defesa, cognoscível *ex officio* e que traz novos fatos a serem discutidos (defesa indireta), que são prejudiciais ao pleito reclamatório. Portanto, a existência de modificação contextual ou será alegada na peça de bloqueio, ou será conhecida oficiosamente.

Acontece que o STF, ao tratar da importante matéria constitucional, acabou por ofender o princípio do contraditório,[23] visto que conheceu de matéria prejudicial ao autor, que, até mesmo, fundamentou o julgamento de improcedência,mas não oportunizou a manifestação do autor a respeito da questão. Como cediço, mesmo as matérias cognoscíveis de ofício precisam ser oferecidas à apreciação das partes; trata-sede exigência do conteúdo mínimo do direito fundamental à participaçãona formação dos atos de poder, situação jurídica decorrente do princípio do contraditório, a vedar decisões-surpresa, como se deu *in casu*.[24]

5. Conclusão

A decisão do Supremo Tribunal Federal na reclamação nº 4.374/PE merece elogios, pois é mais um significativo passo para consolidar a Corte como verdadeira guardiã da Constituição, não apenas produzindo importantes precedentes em matéria constitucional, mas também, o que é indispensável na atual fase do Direito, avaliando as próprias decisões constitucionais, seja para adequá-las ou para superá-las.

A reclamação constitucional entra nesse cenário como um dos remédios jurídicos processuais mais adequados para a cognição acerca da

---

[23] Há de se falar de um verdadeiro giro epistêmico do contraditório. Sobre a transição do contraditório para o contraditório substancial, ou em sentido forte, ver: MITIDIERO, 2011, p. 87-103; PICARDI, 2008.

[24] Vide: OLIVEIRA, 2003, p. 28-29; DIDIER Jr., 2003, p. 510; BEDAQUE, 2002, p. 39-42; GRECO, 2005, p. 76-77; CABRAL, 2010, p. 103-171, 207-234 e 239-243; CABRAL, 2005, p. 449-464; ZANETI JR., 2014, p. 180; NUNES, 2008, p. 224-231; MITIDIERO, 2009; CUNHA, 2012, p. 61; BARREIROS, 2013, p. 198-199; CAVANI, 2013, p. 65-80; MALLET, 2014, p. 43-63; SOUZA, 2014.

superação das decisões constitucionais tomadas em controle concentrado. É importante anotar, entretanto, que se faz imprescindível salvaguardar o direito de defesa, dando oportunidade ao reclamante para manifestar-se quanto à modificação contextual suscitada. É importante que os limites a essa operação sejam delimitados com precisão, em tutela da segurança jurídica: não é possível que o STF descarte a decisão anterior sem a demonstração de novo contexto, sem observância do contraditório, ou que reviva normas decretadas inconstitucionais.

Além disso, o próprio exercício de poder – confiado ao STF com finalidade – precisa ser substancialmente justificado: a adequação de uma decisão pode ser feita nas margens da incerteza que ela fornecer, mas a revisão requer razões fortes. Assim, uma decisão declarativa de constitucionalidade só pode ser revista quando houver o trânsito para a inconstitucionalidade, que se dá apenas a partir de relevantes alterações sociais, econômicas ou jurídicas pertinentes à matéria.

Diante desse quadro, é possível concluir que a relação entre a(s) norma(s) infraconstitucional(is) e a(s) norma(s) constitucional(is) é equiparada a uma relação continuada ou permanente, sujeita à cláusula *rebus sic stantibus*, pelo que a alteração no contexto de sua aplicação enseja a alteração da própria relação, permitindo – ou melhor, *exigindo* – uma nova decisão, que, justamente pela transformação da relação, não é alcançada pela coisa julgada referente à anterior.

Referências

ALVIM, Eduardo Arruda. Reclamação e ação direta de inconstitucionalidade. In: NOGUEIRA, Pedro Henrique Pedrosa; COSTA, Eduardo José da Fonseca (Org.). *Reclamação constitucional*. Salvador: Juspodivm, 2013.

ÁVILA, Humberto. *Teria dos princípios*. 13. ed. São Paulo: Malheiros, 2012.

ATAÍDE JR, Jaldemiro Rodrigues de. *Precedentes vincu Precedentes Vinculantes e Irretroatividade do Direito no Sistema Processual Brasileiro*. Curitiba: Juruá, 2012.

——. Uma análise das relações jurídicas continuadas à luz da Teoria do Fato Jurídico. In: DIDIER JR., Fredie; GOUVEIA FILHO, Roberto Campos; NOGUEIRA, Pedro Henrique Pedrosa (Coord.). *Pontes de Miranda e o Direito Processual*. Salvador: Juspodivm, 2013.

BARREIROS, Lorena Miranda. *Fundamentos constitucionais do princípio da cooperação processual*. Salvador: JusPodivm, 2013.

BARROSO, Luís Roberto. *Interpretação e aplicação da Constituição*. 7. ed. São Paulo: Saraiva, 2009.

——. *O controle de constitucionalidade no direito brasileiro*. 6. ed. São Paulo: Saraiva, 2014.

BASTOS, Celso Ribeiro; MEYER-PFLUG, Samantha. A interpretação como fator de desenvolvimento e atualização das normas constitucionais. In: SILVA, Virgílio Afonso da (Org.). *Interpretação constitucional*. São Paulo: Malheiros, 2010.

BEDAQUE, José Roberto dos Santos. Os elementos objetivos da demanda examinados à luz do contraditório. In: BEDAQUE, José Roberto dos Santos; TUCCI, José Rogério

Cruz e (Coord.). *Causa de pedir e pedido no processo civil (questões polêmicas)*. São Paulo: RT, 2002.

BOBBIO, Noberto. *Teoria dell'ordinamento giuridico*. Torino: Giappichelli, 1960.

BRASIL. Ação Direta de Inconstitucionalidade nº 1.232. Relator: Ministro Ilmar Galvão, Tribunal Pleno, Brasília, DF, 27 de agosto de 1998. Disponível em: <http://redir.stf.jus.br/paginadorpub/paginador.jsp?docTP=AC&docID=385451>. Acesso em 3 dez. 2014.

——. Ação Direta de Inconstitucionalidade nº 3.395. Relator: Ministro Cezar Peluso, Tribunal Pleno, Brasília, DF, 05 de abril de 2006a. Disponível em: <http://redir.stf.jus.br/paginadorpub/paginador.jsp?docTP=AC&docID=390700>. Acesso em 3 dez. 2014.

——. Ação Direta de Inconstitucionalidade nº 3.460. Relator: Ministro Carlos Britto, Tribunal Pleno, Brasília, DF, 31 de agosto de 2006b. Disponível em: <http://redir.stf.jus.br/paginadorpub/paginador.jsp?docTP=AC&docID=464552>. Acesso em 3 dez. 2014.

——. Código de Processo Civil, de 11 de janeiro de 1973. Diário Oficial da União. Brasília, 1973. Disponível em: <http://www.planalto.gov.br/ccivil_03/leis/l5869compilada.htm>. Acesso em 3 dez. 2014.

——. Constituição da República Federativa do Brasil de 1988, de 05 de outubro de 1988. Diário Oficial da União. Brasília, 1988. Disponível em: <http://www.planalto.gov.br/ccivil_03/constituicao/ConstituicaoCompilado.htm>. Acesso em 3 dez. 2014.

——. Lei Federal nº 9.868, de 10 de novembro de 1999. Diário Oficial da União. Brasília, 1999. Disponível em: <https://www.planalto.gov.br/ccivil_03/leis/l9868.htm>. Acesso em 8 dez. 2014.

——. Reclamação nº 1.525. Relator: Ministro Marco Aurélio, Tribunal Pleno, Brasília, DF, 18 de agosto de 2005. Disponível em: <http://redir.stf.jus.br/paginadorpub/paginador.jsp?docTP=AC&docID=87153>. Acesso em 3 dez. 2014.

——. Reclamação nº 3.805, Agravo Regimental. Relatora: Ministra Cármen Lúcia, Tribunal Pleno, Brasília, DF, 1º de julho de 2009. Disponível em: <http://redir.stf.jus.br/paginadorpub/paginador.jsp?docTP=AC&docID=601143>. Acesso em 3 dez. 2014.

——. Reclamação nº 4.906, Agravo Regimental. Relator: Ministro Joaquim Barbosa, Tribunal Pleno, Brasília, DF, 17 de dezembro de 2007. Disponível em: <http://redir.stf.jus.br/paginadorpub/paginador.jsp?docTP=AC&docID=520045>. Acesso em 3 dez. 2014.

——. Reclamação nº 4.374. Relator: Ministro Gilmar Mendes, Plenário, Brasília, DF, 18 de abril de 2013a. Disponível em: <http://redir.stf.jus.br/paginadorpub/paginador.jsp?docTP=TP&docID=4439489>. Acesso em 3 dez. 2014.

——. Reclamação nº 4.939, Agravo Regimental. Relator: Ministro Joaquim Barbosa, Tribunal Pleno, Brasília, DF, 17 de dezembro de 2007. Disponível em: <http://www.stf.jus.br/portal/processo/verProcessoAndamento.asp?numero=4939&classe=Rcl&origem=AP&recurso=0&tipoJulgamento=M>. Acesso em 3 dez. 2014.

——. Reclamação nº 16.487, Agravo Regimental. Relatora: Ministra Rosa Weber, Primeira Turma, Brasília, DF, 02 de maio de 2014a. Disponível em: <http://www.stf.jus.br/portal/jurisprudencia/listarJurisprudencia.asp?s1=%28%28rcl+16487%29%29+NAO+S%2EPRES%2E&base=baseMonocraticas>. Acesso em 2 dez. 2014.

——. Reclamação nº 17.914, Agravo Regimental. Relator: Ministro Ricardo Lewandowski, Primeira Turma, Brasília, DF, 26 de agosto de 2014b. Disponível em: <http://redir.stf.jus.br/paginadorpub/paginador.jsp?docTP=TP&docID=6644025>. Acesso em 3 dez. 2014.

——. Reclamação nº 10.900, Embargos de Declaração. Relator: Ministro Roberto Barroso, Primeira Turma, Brasília, DF, 26 de agosto de 2014c. Disponível em: <http://redir.stf.

jus.br/paginadorpub/paginador.jsp?docTP=TP&docID=6796669>. Acesso em 3 dez. 2014.

———. Reconsideração de Despacho na Reclamação Constitucional nº 11.585-SP. Relator: Ministro Humberto Martins, Superior Tribunal de Justiça, 1ª Seção, Brasília, DF, 13 de março de 2013b. Disponível em: <https://ww2.stj.jus.br/processo/revista/documento/mediado/?componente=ITA&sequencial=1216959&num_registro=201300362434&data=20130321&formato=PDF>. Acesso em 3 dez. 2014.

CABRAL, Antonio do Passo. *Coisa julgada e preclusões dinâmicas*. Salvador: Juspodivm, 2013.

———. *ll principio del contraddittorio come diritto d'influenza e dovere di dibattito*. Rivista Di Diritto Processuale, v. 2, n. 2, p. 449-464. Milano: CEDAM, 2005.

———. *Nulidades no processo moderno:* contraditório, influência e validade *prima facie* dos atos processuais. 2. ed. Rio de Janeiro: Forense, 2010.

CANOTILHO, J.J. Gomes. *Direito constitucional e teoria da constituição*. 7. ed. Coimbra: Almedina, 2003.

CAPPELLETTI, Mauro. O controle judicial de constitucionalidade das leis no direito comparado. 2. ed. Porto Alegre: SAFE, 1992.

CASTRO JR, Torquato. Metáforas na teoria do fato jurídico. In: DIDIER JR, Fredie; EHRARDT JR, Marcos. *Revisitando a teoria do fato jurídico*: homenagem a Marcos Bernardes de Mello. São Paulo: Saraiva, 2010.

CAVANI, Renzo. Contra as "nulidades-surpresa": o direito fundamental ao contraditório diante da nulidade processual. *Revista de Processo*, n. 218, p. 65-80. São Paulo: RT, 2013.

CORTÊS, Osmar Mendes Paixão. Reclamação – A ampliação do cabimento no contexto da "objetivação" do processo nos Tribunais Superiores. *Revista de Processo*. São Paulo: RT, 2011, ano 36, vol. 197, p. 13-24.

CUNHA, Leonardo Carneiro da. *A atendibilidade dos fatos supervenientes no processo civil:* uma análise comparativa entre o sistema português e o brasileiro. Coimbra: Almedina, 2012.

———. *A fazenda pública em juízo*. 11. ed. São Paulo: Dialética, 2013.

DANTAS, Marcelo Navarro Ribeiro. *Reclamação constitucional no direito brasileiro*. Porto Alegre: Fabris, 2000.

DIDIER JR, Fredie. Transformações do Recurso Extraordinário. In: FUX, Luiz; NERY JÚNIOR, Nelson; WAMBIER, Teresa Arruda Alvim (Coord.). *Processo e Constituição. Estudos em homenagem ao professor José Carlos Barbosa Moreira*. São Paulo: RT, 2006.

DIDIER Jr., Fredie; CUNHA, Leonardo Carneiro da.*Curso de direito processual civil*. 12.ed. Salvador: Editora Jus Podivm, 2014, v. 3.

———. Princípio do contraditório: aspectos práticos. *Revista de Direito Processual Civil*, n. 29, p. 510. Curitiba: Gênesis, 2003.

DINAMARCO, Cândido Rangel. *Nova era do processo civil*. 2. ed. São Paulo: Malheiros, 2007.

ENTERRÍA, Eduardo García de. *La constitución como norma y el Tribunal Constitucional*. 4. ed. Madrid: Civitas, 2006.

FERRARI, Regina Maria Macedo Nery. *Efeitos da declaração de inconstitucionalidade*. 5.ed. São Paulo: Revista dos Tribunais, 2004.

GRECO, Leonardo. O princípio do contraditório. *Revista Dialética de Direito Processual*, n. 24, p. 76-77. São Paulo: Dialética, 2005.

GOÉS, Gisele Santos Fernandes. Reclamação constitucional. In: DIDIER JR. , Fredie (Org.). *Ações constitucionais*. 2. ed. Salvador: JusPodivm, 2007.

LEONEL, Ricardo de Barros. *Reclamação constitucional*. São Paulo: RT, 2011.

MALLET, Estevão. Notas sobre o problema da chamada "decisão-surpresa". *Revista de Processo*, n. 233, p. 43-63. São Paulo: RT, 2014.

MARINONI, Luiz Guilherme. *O STJ enquanto Corte de precedentes*. São Paulo: RT, 2013.

MARTINS, Ives Gandra da Silva; PAVAN, Cláudia Fonseca Morato. Reclamação constitucional e ação declaratória de constitucionalidade. In: NOGUEIRA, Pedro Henrique Pedrosa; COSTA, Eduardo José da Fonseca (Org.). *Reclamação constitucional*. Salvador: Juspodivm, 2013.

MELLO, Marcos Bernardes de. *Teoria do fato jurídico* – Plano da Eficácia, 1ª Parte. 7. ed. São Paulo: Saraiva, 2011.

MENDES, Gilmar Ferreira. *Jurisdição constitucional*. 6. ed. São Paulo: Saraiva: 2014.

MINGATI, Vinícius Secafen. *Reclamação (neo)constitucional*. Brasília: Gazeta Jurídica, 2013.

MIRANDA, Jorge. *Manual de direito constitucional*. Coimbra: Coimbra, 1996, tomo II.

MITIDIERO, Daniel. *Colaboração no processo civil*. 2. ed. São Paulo: RT, 2011.

MORATO, Leonardo L. *A reclamação e sua aplicação para o respeito da súmula vinculante*. São Paulo: RT, 2007.

NEVES, Marcelo. *Teoria da inconstitucionalidade das leis*. São Paulo: Saraiva, 1988.

NOGUEIRA, Pedro Henrique Pedrosa. A eficácia da reclamação constitucional. In: COSTA, Eduardo José da Fonseca (Org.). *Reclamação constitucional*. Salvador: Juspodivm, 2013.

NUNES, Dierle José Coelho. *Processo jurisdicional democrático*. Curitiba: Juruá, 2008.

OLIVEIRA, Carlos Alberto Alvaro de. Poderes do juiz e visão cooperativa do processo. *Revista de Direito Processual Civil*, n. 27. Curitiba: Gênesis, 2003.

OLIVEIRA, Paulo Mendes de. *Coisa julgada e precedente* – análise das relações jurídicas de trato continuado. Universidade Federal do Rio Grande do Sul, Faculdade de Direito, Dissertação de Mestrado, 2013.

PICARDI, Nicola. *Audiaturet altera pars* – As matrizes histórico-culturais do contraditório. In: OLIVEIRA, Carlos Alberto Alvaro de (Org.). *Jurisdição e Processo*. Rio de Janeiro: Forense, 2008.

SALDANHA, Nelson. *Ordem e hermenêutica*. 2. ed. Rio de Janeiro: Renovar, 2003.

SANTOS, Moacyr Amaral. *Primeiras Linhas de Direito Processual Civil*. 21. ed. São Paulo: Saraiva, 2003, v. 3.

SOUZA, André Pagani. *Vedação das decisões-surpresa no processo civil*. São Paulo: Saraiva, 2014.

VEIGA, Daniel Brajal. O caráter pedagógico da reclamação constitucional e a valorização do precedente. *Revista de Processo*. São Paulo: RT, ano 38, vol. 220, 2013, p. 65-66.

YOSHIKAWA, Eduardo Henrique de Oliveira. O incidente de resolução de demandas repetitivas no Novo Código de Processo Civil. *Revista de Processo*. São Paulo: RT, ano 37, vol. 206, 2012, p. 266-267.

ZAGREBELSKY, Gustavo. *La legge e la sua giustizia*. Bologna: Il Mulino, 2008.

ZANETI JR., Hermes. *A constitucionalização do processo*. O modelo constitucional da justiça brasileira e as relações entre processo e constituição. 2. ed. São Paulo: Atlas, 2014.

ZAVASCKI, Teori Albino. *Eficácia das sentenças na jurisdição constitucional*. 2. ed. São Paulo: RT, 2012.

— 9 —

A exploração da marca segundo os preceitos constitucionais

KARLO FONSECA TINOCO[1]

Sumário: Introdução; I – A perda da exclusividade da marca com base no interesse público; A – A perda do direito pela falta de exploração da marca; B – A perda do direito pela superveniente ausência de distintividade; II – A sanção pelo uso da marca registrada desvirtuado de sua função; A – A estipulação de cláusulas contratuais que extrapolam o direito conferido pela marca; B – O abuso da posição dominante conferida pela marca registrada; Considerações finais.

Introdução

O legislador constituinte previu, no artigo 5°, XXIX, da Constituição Federal, a propriedade das marcas aos seus titulares, estabelecendo, contudo, que tal direito é condicionado ao interesse social e ao desenvolvimento do país. A propriedade industrial, como o direito privado em geral, não se distancia da função social que lhe é atribuída, devendo encontrar a justificativa para sua existência no interesse público. Contudo, a noção de interesse público, necessária à construção de uma sociedade,[2] não é facilmente definível, o que levou um autor a afirmar que o interesse público é como o amor, sendo mais fácil senti-lo, que defini-lo.[3]

O interesse público ao qual estão subordinados os direitos do titular de uma marca pode ser encontrado na Constituição Federal no artigo 3°, o qual estabelece os objetivos fundamentais do Estado brasileiro. Dentre

---

[1] Mestre e Doutor em Direito da Propriedade Intelectual pela Université de Strasbourg, Advogado no Brasil e na França, Sócio do escritório Martignoni, Tinoco & Moraes Advogados Associados. *Chargé d'enseignement* na Université de Strasbourg, Université de Lorraine e Université de Haute Alsace.

[2] Rapport du Conseil d'État Français pour l'année 1999, Études et documents n° 50, p. 247.

[3] G. A. Muñoz, El interés publico es como el amor, in Direito administrativo e interesse público, Estudos em homenagem ao Professor Celso Antônio Bandeira de Melo, R. F. Bacellar Filho et D. W. Hachem (coord.), Belo Horizonte: Fórum, 2010, p. 21-31.

eles, podemos identificar particularmente o desenvolvimento nacional e a promoção do bem de todos. Neste mesmo sentido, afirma a doutrina que o interesse público que tem vocação a ser protegido pela Constituição diz respeito à obrigação do Estado em garantir o bem-estar da coletividade através da garantia dos direitos fundamentais.[4]

Os direitos de propriedade industrial conferem aos seus titulares um direito exclusivo de exploração do objeto imaterial sobre o qual existe a proteção. A existência destes direitos está ancorada no interesse público, ao passo que estes são justificados por uma filosofia fundada na ordem, na justiça e no progresso.[5]

No que concerne às marcas, podemos afirmar que o interesse público se reflete na organização do mercado. O sinal distintivo protegido pelo direito marcário permite ao seu titular o exercício pacífico de uma atividade econômica e a rentabilização de seus esforços quanto à qualidade e à promoção de seus produtos ou serviços,[6] evitando o risco que seus concorrentes aproveitem de seu renome junto aos consumidores. O consumidor, do seu lado, encontra seu interesse na capacidade de identificar os operadores econômicos do mercado e realizar sua escolha com base em suas experiências antecedentes.[7] Assim, o legislador estabeleceu condições para que o interesse público seja resguardado, notadamente através das condições de registrabilidade de um sinal distintivo enquanto marca, mas também quanto às condições para a contínua existência do direito exclusivo sobre o referido signo.

Desta forma, o direito marcário poderá ser outorgado unicamente na presença de um sinal distintivo e disponível, pois o interesse público impõe que apenas um operador econômico possa ser identificado através da marca. Contudo, o interesse público em matéria de direito marcário não se limita as condições de registrabilidade do sinal distintivo. Após o registro da marca, o seu titular deve levar sempre em conta o interesse público durante o exercício de seu direito, sob pena de perder a exclusividade sobre a marca (I), ou ser sancionado pelo uso abusivo do seu direito (II).

---

[4] Neste sentido, ver: M. Justen Filho, *Curso de direito administrativo*, Ed. Saraiva, São Paulo, 2005, p. 37; J. S. S. Cristovam, *O conceito de interesse público no estado constitucional de direito*, Revista da ESMESC, v. 20, n° 26, 2013, p. 237

[5] P. Roubier, *Le Droit de la propriété industrielle*, Sirey, 1952, t. 1, p. 2; J. Schmidt-Szalewski et J.-L. Pierre, *Droit de la propriété industrielle*, 4ème édition, Litec, 2007, n° 9, p. 5; F. Pollaud-Dullian, *Droit de la propriété industrielle*, Econômica, Corpus droit privé, 2ème édition, 2011, n° 12, p. 6.

[6] J. Passa, *Traité de droit de la propriété industrielle*, T. 1, LGDJ, Paris, 2006, n° 8, p. 9.

[7] No mesmo sentido afirma um autor que (...) *as marcas como elementos significantes são capazes de orientar o consumidor no momento da contratação, através de qualidades subjetivas inerentes às marcas que identificam*", G. B. Corrêa, *As Faces da Proteção do Consumidor no Direito de Marcas*. Revista de Direito do Consumidor. Ano 18. n. 71. Jul-Set/2009, p. 81.

I – A perda da exclusividade da marca com base no interesse público

Levando em conta o interesse da sociedade na existência do direito marcário, o legislador estabeleceu mecanismos que sancionam a ausência de interesse do titular quanto à exploração ou à exclusividade do sinal distintivo. Desta forma, para a preservação do direito ao uso exclusivo da marca registrada, deve o seu titular garantir uma exploração séria do sinal registrado (A), bem como garantir que a marca não perca o atributo que permitiu seu registro, qual seja, seu caráter distintivo (B).

A – A perda do direito pela falta de exploração da marca

Podemos identificar o forte apelo do interesse social constante na obrigação do titular de uma marca registrada em realizar a exploração da mesma no mercado. Referida obrigação é estabelecida pelo legislador no artigo 142 da Lei 9.279/96, o qual estabelece que o titular de uma marca registrada perde seu direito se, havendo outro interessado, não explorá-la em até 5 anos após o registro, ou deixar de utilizá-la durante 5 anos consecutivos durante a sua vigência.

A perda do direito pela falta de exploração da marca registrada é a consequência da negação da própria razão de sua existência, na medida em que o direito marcário é concedido com vistas a distinguir produtos ou serviços e nada justificaria a manutenção de um direito que não é exercido.[8] Com efeito, referida sanção impede que empresas utilizem o sistema de registro de marcas unicamente com o intuito de prejudicar a concorrência no mercado, em uma estratégia de barragem através do registro de um grande número de marcas com o intuito de impedir o registro de sinais distintivos com forte apelo ao consumidor.[9]

Contudo, a perda do direito é uma sanção extrema, devendo sua utilização ser criteriosa a fim de evitar distorções na prática do mercado. Desta forma, é importante analisar cuidadosamente os requisitos para a decretação da perda do direito sobre a marca registrada.

Primeiramente, para que seja decretada a caducidade da marca registrada, é necessário que esteja preenchida a condição temporal ditada pelo artigo 143 da Lei 9.279/96. Segundo o referido artigo, caducará o registro da marca se, após 5 anos da sua concessão, o seu uso não tiver sido iniciado no Brasil ou for interrompido por mais de 5 anos consecutivos.

---

[8] No mesmo sentido, ver: C. de Haas, *Le non-sens d'une marque sans usage ou le vice fondamental du droit de marques français et européen*, Revue Propriété Indutrielle, 2010, Chr. n° 1.

[9] Conforme refere um autor, por mais que os sinais atrativos em um determinado mercado existem em grande numero, eles não são inesgotáveis. Neste sentido, ver: F. POLLAUD-DULLIAN, *Droit de la propriété industrielle*, Econômica, Corpus droit privé, 2ème édition, 2011, n° 1491, p. 854.

Da mesma forma, incorre na mesma sanção o titular da marca que tiver sido explorada com alteração de seu caráter distintivo original.

Contudo, o titular da marca em desuso pode evitar a decretação da perda do direito caso haja motivos legítimos que justifiquem a ausência de sua exploração. Neste sentido, o artigo 143, § 1º, da Lei 9.279/96 refere apenas que *"não ocorrerá caducidade se o titular justificar o desuso da marca por razões legítimas"*, silenciando quanto à interpretação do que seriam "razões legítimas". De maneira mais ampla, o artigo 19 do TRIPs faz referência a razões válidas baseadas em obstáculos, o que nos levaria a crer, como afirma um autor, que situações que conduziriam ao desuso independentemente da vontade do titular seriam consideradas como razões legítimas, tais como restrições à importação.[10] Ao contrário, sobretudo nos casos de restrições à importação, a jurisprudência dos tribunais não apresenta definição exata quanto aos motivos legítimos capazes de justificar o desuso da marca.[11] Assim, caberá ao titular da marca registrada justificar a razão pela qual o desuso ocorreu por razões legítimas, devendo-se analisar a situação concreta de cada caso.[12]

Da mesma forma, é necessário indagar quanto ao conceito de desuso constante do artigo 143 da Lei 9.279/96. O legislador pátrio não se preocupou em definir o que seria o desuso, ou, ainda, qual seria o uso suficiente da marca para garantir a sua sobrevivência no mundo jurídico. Na ausência de padrões legais de análise, os tribunais verificam se a marca que se pretende declarar o desuso teve um uso efetivo por seu titular, conforme o que fora registrado, com a intenção de indicar de maneira real e séria a proveniência de produtos ou serviços.[13] Nesta seara, importante a contribuição da Corte de Justiça das Comunidades Europeias, através do julgamento do caso *Ansul c. Ajax*, no qual a Corte afirmou que *"uma marca é objeto de «uso sério» quando é utilizada, em conformidade com a sua função essencial que é garantir a identidade de origem dos produtos ou serviços para os quais foi registrada, a fim de criar ou conservar um mercado para estes produtos e serviços, com exclusão de usos de caráter simbólico que tenham como único objetivo a manutenção dos direitos conferidos pela marca. (...) A apreciação do*

---

[10] V. D. Borges Barbosa, *Proteção das Marcas – Uma perspectiva semiológica*, Lumen Juris, Rio de Janeiro, 2008, p. 418.

[11] Neste sentido, ver: STJ, 3a Turma, REsp nº 649261 RJ 2004/0044005-0, Relator Ministro Carlos Alberto Menezes Direito, julgado em 06 de março de 2007, DJ 16.04.2007 p. 183; STJ, 3a Turma, REsp 1.071.622, Rel. ministra Nancy Andrighi, julgado em 16 de dezembro de 2008, DJe 03/02/2009.

[12] J. A. Faria Corrêa, *O conceito de uso de marca*, Revista da ABPI, nº 16, p. 22-24, maio-junho 1995; P. Lanari Prado, *Caducidade de marcas em sentença declaratória de falência*, Revista da ABPI, nº 54, setembro-outubro, 2001, p. 13-18.

[13] Neste sentido, ver: TRF2, AC nº 356921, Segunda Turma Especializada, Relator Desembargador Messod Azulay Neto, DJU, 06 de dezembro de 2006, página 113; TRF2, AGTAC nº 256442, Primeira Turma Especializada,, Relatora Desembargadora Federal Márcia Helena Nunes, DJ, 30 de abril de 2008; TRF2, AC nº 200251014902870, Primeira Turma Especializada, Relatora Desembargadora, Márcia Helena Nunes, DJ, 08 de abril de 2008.

caráter sério do uso da marca deve assentar na totalidade dos fatos e das circunstâncias adequados para provar a existência da exploração comercial da mesma, em especial, nos usos considerados justificados no sector econômico em questão para manter ou criar partes de mercado em benefício dos produtos ou serviços protegidos pela marca, na natureza destes produtos ou serviços, nas características do mercado, na extensão e na frequência do uso da marca".[14] Assim, note-se que também neste ponto a apreciação deve ser realizada *in concreto*, não sendo possível estabelecer previamente parâmetros fixos para a interpretação da noção de uso sério da marca registrada.

Por fim, como forma de limitar o acesso a este procedimento, faz-se necessário que o requerente da caducidade da marca registrada apresente um interesse legítimo. Neste sentido, podemos afirmar que o interesse público presente no mecanismo da caducidade é representado pela necessidade de interesse processual daquele que requer a perda dos direitos do titular da marca. Ora, só haverá interesse público em questão quando um operador econômico se sentir lesado pela inação do titular da marca, uma vez que referido operador econômico teria o interesse em explorá-la. Assim, como afirma a doutrina, o legítimo interesse do requerente pode ser comprovado pelo pedido de registro de marca igual ou semelhante que designe produtos ou serviços que pertençam ao mesmo gênero daqueles designados pela marca que se pretende declarar o desuso,[15] mas também pode ser justificado pela existência de uma denominação social conflitante com a marca registrada.[16] Em suma, pode-se afirmar que haverá interesse legítimo para requerer a caducidade de uma marca sempre que o requerimento apresentar um interesse econômico imediato para o requerente.[17]

B – A perda do direito pela superveniente ausência de distintividade

Conforme se depreende do artigo 122 da Lei 9.279/96, a distintividade é considerada a condição essencial para a concessão da proteção pelo direito marcário, na medida em que o caráter distintivo da marca é que lhe confere sua função de identificação de proveniência de produtos e serviços.[18] Contudo, a distintividade se mostra necessária não somente du-

---

[14] CJCE, 11 de março de 2003, caso C-40/01, *Ansul c. Ajax*, Recueil I, p. 2439.

[15] Neste sentido, ver: D. Borges Barbosa, *Proteção das Marcas – Uma perspectiva semiológica*. Rio de Janeiro: Lumen Juris, 2008, p. 419; J. C. Tinoco Soares, *Tratado da Propriedade Industrial*, Vol. III, São Paulo, Ed. Resenha Tributária, 1988, p. 1179-1180;

[16] F. POLLAUD-DULLIAN, *Droit de la propriété industrielle*, Económica, Corpus droit privé, 2ème édition, 2011, n° 1517, p. 873.

[17] No mesmo sentido, ver: *Cour d'Appel de Paris*, 4e Chambre, 4 de novembro de 2005, RG n° 04/5261.

[18] Neste sentido, ver: Y. BASIRE, *Les fonctions de la marque – essai sur la cohérence du régime juridique d'un signe distinctif*, Thèse, Université de Strasbourg, 2011, n° 104 et ss., p. 92 et ss.

rante a fase de aquisição do direito sobre a marca, mas também durante a vigência de sua proteção. A perda de distintividade pela exploração da marca registrada é também conhecida como generificação, ou também referida, de maneira acertada, por um autor como a "patologia da fama".[19] Esta perda de distintividade da marca registrada pode ser causada por diversas razões, sejam elas relacionadas a uma exclusividade no mercado derivada da proteção por outro direito de propriedade industrial, como por exemplo, uma patente, seja pelo esforço publicitário e mercadológico de seu titular que a tornou tão conhecida que ela se torna a designação comum para o produto que ela deveria distinguir.

Em contraste com a legislação estrangeira,[20] o legislador brasileiro não previu explicitamente a perda do direito marcário por generificação, conforme se pode verificar do artigo 142 da Lei 9.270/96, que trata da extinção do registro da marca. Contudo, conforme preceitua a doutrina, a perda do direito marcário encontra sua base legal no direito comum,[21] traduzido pelo artigo 1.275, IV, do Código Civil pátrio.

Com efeito, o artigo 1.275, IV, do Código Civil preceitua que perder-se-á a propriedade por perecimento da coisa. No caso das marcas registradas, podemos afirmar que o perecimento do objeto equivale à perda da distintividade, uma vez que a marca deixa de ter sua qualidade essencial, ou seja, não mais indica a origem do produto ou serviço para o qual fora registrada, confundindo-se, no espírito do consumidor, com o próprio produto ou serviço.

Contudo, podemos afirmar que a perda do direito de marca por generificação não depende apenas da apropriação da marca pelo público consumidor, através da designação usual do produto ou serviço pela marca. Deve-se também, sob pena de sancionar injustamente o titular do direito marcário, atentar à sua reação ao fenômeno de generificação. Assim, estamos diante de duas condições para que ocorra a generificação da marca registrada e a consequente perda dos direitos sobre a mesma, quais sejam, o caráter usual da marca registrada e o fato do titular.

Primeiramente, o signo que constitui a marca deve ter se tornado usual ou genérico, representando no espírito do consumidor, pelos hábi-

---

[19] D. Borges Barbosa, *Proteção das Marcas – Uma perspectiva semiológica*. Rio de Janeiro: Lumen Juris, 2008, p. 105.

[20] Para maiores informações sobre a generificação em direito estrangeiro, ver: J. Passa, *Traité de droit de la propriété industrielle, op. cit.*, n° 222, p. 262; F. Pollaud-Dullian, *Droit de la propriété industrielle*, Econômica, Corpus droit privé, 2ème édition, 2011, n° 1528, p. 878; J. Azéma et J.-C. Galloux, *Droit de la propriété industrielle*, n° 1426, p. 786; J. Schmidt-SZALEWSKI et J.-L. Pierre, *Droit de la propriété industrielle*, 4ème édition, Litec, 2007, n° 556, p. 239; Y. Basire, *Les fonctions de la marque – essai sur la cohérence du régime juridique d'un signe distinctif, op. cit.*, n° 118, p. 101.

[21] D. Borges Barbosa, *Proteção das Marcas – Uma perspectiva semiológica*. Rio de Janeiro: Lumen Juris, 2008, p. 106; J. G. Lima da Rocha, *A perda da distintividade das marcas e sua implicação legal*, Revista SJRJ, Rio de Janeiro, Vol. 18, n° 30, abril 2011, p. 111.

tos do mercado, o termo que designa o produto ou serviço. Neste caso, o sinal registrado não é mais percebido pelo consumidor como uma marca. Assim, é a ação do público consumidor que determina o grau de distintividade da marca após seu registro. Contudo, deve-se atentar ao fato de que a apreciação feita com referência ao consumidor não pressupõe a notoriedade da marca junto ao grande público, sendo realizada tão somente quanto ao público visado pela marca.[22]

O segundo elemento a ser considerado quando da análise da generificação da marca registrada é a reação do titular da mesma a este fenômeno. Seria injusto sancionar o titular da marca por um comportamento do público consumidor, sobre o qual ele não dispõe de controle. Assim, deve-se atentar ao comportamento do titular da marca quanto ao fenômeno mercadológico. A perda da propriedade sobre a marca, neste caso, é a sanção à inação do titular, que deixou de defender sua marca. A doutrina não atribui à análise da reação do titular da marca registrada o caráter de condição para a perda do direito, fazendo referência à reatividade do titular como forma de verificação da razoabilidade da declaração da generificação.[23]

Desta forma, tendo o titular da marca conhecimento do uso da mesma de forma genérica pelo público consumidor, ou por seus concorrentes, deve ele tomar as devidas providências para fazer cessar o referido uso. Assim, deve o titular da marca, por exemplo, se opor à dicionarização da marca, como se denota da jurisprudência do Supremo Tribunal Federal no caso da marca *Fórmica*.[24] Quando a marca é utilizada de forma genérica pelos concorrentes no mercado, deve o titular utilizar-se dos meios jurídicos que dispõe para fazer cessar o uso, tomando as providências extrajudiciais ou judiciais pertinentes.[25]

Contudo, é de se notar que a reatividade do titular quanto ao uso generalizador da marca não é sempre acompanhado da cessação do dito uso pelo público consumidor. O importante quando da análise da reação do titular ao uso generalizador reside na vontade inequívoca de manter o caráter distintivo da marca.

Enfim, a utilização de maneira genérica da marca registrada pode ser atribuída também ao próprio titular, quando este utiliza cumulati-

---

[22] Neste sentido, ver: Y. Basire, *Les fonctions de la marque – Essai sur la cohérence du régime juridique d'un signe distinctif*, Collection du CEIPI, LexisNexis, 2014, Strasbourg, p. 428.

[23] D. Borges Barbosa, *Proteção das Marcas – Uma perspectiva semiológica*. Rio de Janeiro: Rio de Janeiro, 2008, p. 120.

[24] STF, RE 107892 PR, Primeira Turma, Rel. Min. RAFAEL MAYER, julgado em 23/05/1986, DJ 27-06-1986 PP-11620 EMENT VOL-01425-03 PP-00575.

[25] Neste sentido, ver: D. Borges Barbosa, *Proteção das Marcas – Uma perspectiva semiológica*, Lumen Juris, Rio de Janeiro, 2008, p. 109; J. C. Tinoco Soares, *Tratado da Propriedade Industrial*, Vol. 1, Resenha Tributária, 1988, p. 301.

vamente duas marcas registradas para designar um produto, utilizando uma delas de maneira genérica em sua publicidade.[26]

Presentes os requisitos para a perda do direito marcário fundado na perda superveniente de distintividade, o interessado deverá ajuizar a ação competente para desconstituir a propriedade da marca. Deve-se notar que não dispõe o Instituto Nacional da Propriedade Industrial de competência para conhecer da generificação da marca registrada, devendo tal matéria ser analisada pelo Poder Judiciário.[27]

II – A sanção pelo uso da marca registrada desvirtuado de sua função

A atribuição da propriedade da marca ao seu titular concede a ele todos os atributos inerentes a este bem, quais sejam, *usus, fructus* e *abusus*.[28] Contudo, o direito concedido ao titular deve ser exercido, nos termos da Constituição Federal, em consideração ao interesse social e ao desenvolvimento nacional.[29] Esta cláusula finalística que condiciona a marca ao interesse público permeia todo o direito privado brasileiro, consubstanciando-se na busca pelo bem comum. Assim, o exercício dos direitos concedidos pela marca registrada devem ser harmonizados com o interesse público, sob pena de o titular deste direito ser sancionado pelo seu uso inadequado, uma vez que o direito exerce uma função na sociedade.[30]

No tocante ao exercício dos direitos concedidos pela marca registrada, podemos vislumbrar duas situações onde o titular poderá ser sancionado caso utilize seus direitos de forma dissociada do interesse da sociedade. Estas situações podem ser encontradas na esfera contratual, onde o titular dos direitos impõe obrigações aos seus cocontratantes que são prejudiciais à coletividade (A), bem como em situações de abuso da posição dominante conferida pela marca registrada (B).

---

[26] Neste sentido, ver: J. Passa, *Traité de droit de la propriété industrielle*, T. 1, LGDJ, Paris, 2006, n° 225, p. 207

[27] Para mais detalhes sobre a incompetência do INPI para o conhecimento da generificaçao, ver: D. Borges Barbosa, *Proteção das Marcas – Uma perspectiva semiológica*. Rio de Janeiro: Lumen Juris, 2008, p. 122 e ss.

[28] Neste sentido, ver: Y. Basire, *Les fonctions de la marque – Essai sur la cohérence du régime juridique d'un signe distinctif*, Collection du CEIPI, LexisNexis, 2014, Strasbourg, p. 88 e ss.

[29] Constituição Federal de 1988, art. 5°, XXIX.

[30] Nas palavras de Léon Duguit, «La propriété n'est pas un droit; elle est une fonction sociale. Le propriétaire (...) a, du fait qu'il détient une richesse, une fonction sociale à remplir; tant qu'il remplit cette mission, ses actes de propriétaire sont protégés. S'il ne la remplit pas, ou la remplit mal, (...) l'intervention des gouvernants est légitime pour le contraindre à remplir ses fonctions sociales de propriétaire, qui consiste à assurer l'emploi des richesses qu'il détient conformément à leur destination» L. DUGUIT, *Les transformations générales du droit privé depuis le Code Napoléon*, 1912, p. 12.

A – A estipulação de cláusulas contratuais que extrapolam o direito conferido pela marca

A exploração da marca registrada pode ser realizada pelo próprio titular, ou através do licenciamento da mesma a terceiros. O titular dos direitos marcários é revestido de todos os direitos inerentes à propriedade, podendo organizar a exploração da mesma conforme sua estratégia de mercado. Contudo, tendo em vista a cláusula finalística inserta na Constituição Federal, limites são impostos aos titulares das marcas, notadamente em relação à livre concorrência.

A legislação concorrencial estabelece as bases para a harmonização da conduta do titular de uma marca registrada ao interesse público quando do licenciamento da mesma, muito embora tenha o legislador feito vagamente referência ao exercício abusivo de direitos de propriedade industrial.[31] Em nosso sistema concorrencial, o legislador optou por não adotar uma lista taxativa de práticas que configuram uma violação à livre concorrência, resultando na necessidade de verificar a sua compatibilidade pontualmente.

Assim, uma reflexão se faz necessária quanto à validade de algumas cláusulas usualmente presentes nos contratos de licença de marca, que, se à primeira vista representam apenas o exercício do direito de propriedade da marca, podem se mostrar, num segundo momento, contrárias aos ditames concorrenciais.[32]

A cláusula de exclusividade territorial, pela qual o licenciante se obriga a não conceder novas licenças para a exploração da marca em um determinado território, pode constituir uma restrição à livre concorrência, uma vez que a exclusividade da licença tem por consequência impedir que terceiros interessados possam explorar a marca no mesmo território que o licenciado, através de novo contrato de licença.[33] Esta disposição contratual pode ser enquadrada em diversas situações previstas na legislação concorrencial, notadamente quanto à divisão de partes e segmentos de mercado[34] e à constituição de barreiras à entrada de novos concorrentes.[35] Para que a cláusula de exclusividade territorial inserta nos contratos de licença de marca possa ter sua validade confirmada no âmbito concor-

---

[31] Art. 36, § 3°, XIX da lei n° 12.529/2011.

[32] Para proceder à análise das consequências concorrenciais das cláusulas insertas nos contratos de licença de marca, nos socorreremos das análises realizadas no âmbito do direito europeu, notadamente das decisões da Comissão Europeia e da Corte de Justiça da União Europeia.

[33] Neste sentido, ver: Comissão Europeia, Decisão do dia 23 de março de 1990, Moosehead c/ Whitbread, n° 90/186/CEE, ponto 15.

[34] Art. 36, § 3°, I, c), da Lei n° 12.529/2011.

[35] Art. 36, § 3°, III, da Lei n° 12.529/2011.

rencial, é indispensável que o consumidor seja igualmente beneficiado.[36] Neste sentido, a exclusividade deve servir para melhorar a produção e a distribuição dos produtos comercializados sob o manto da marca registrada, beneficiando, assim, o consumidor final.[37]

No que concerne às cláusulas relativas à fabricação e à qualidade dos produtos que serão comercializados sob o manto da marca registrada, pode-se afirmar que tais disposições contratuais não têm o condão de restringir a livre concorrência, uma vez que servem estas para garantir que os produtos comercializados pelos licenciados tenham os mesmos padrões de qualidade daqueles comercializados pelo titular do direito de marca. Com efeito, tais disposições são benéficas ao consumidor e, salvo disposição acessória relacionada ao aprovisionamento exclusivo do licenciado junto ao licenciante, não têm efeitos nefastos sobre a concorrência no mercado. Neste último caso, para que tal disposição não infrinja os ditames concorrenciais, é necessário que o aprovisionamento exclusivo seja indispensável ao resguardo da qualidade dos produtos que serão fabricados.[38]

O titular da marca registrada pode também, com o intuito de se resguardar das ações de seu cocontratante, estipular no contrato de licença uma cláusula de não contestação. Através desta cláusula, o licenciado se obriga a não contestar a validade da marca objeto do contrato. Durante a vigência do Ato Normativo n° 15 do INPI, referida disposição era reputada ilegal.[39] Nenhuma disposição contrária à cláusula de não contestação foi editada após a revogação do referido ato normativo, o que levaria a crer que tal cláusula poderia ser utilizada nos contratos de licença de direitos de marca. Entretanto, se analisarmos referida cláusula pelo prisma da função social dos direitos, acabaremos por afirmar que ela não se justifica, uma vez que o licenciado sofreria com a manutenção de um registro de marca que não deveria persistir, acarretando em consequências financeiras que indubitavelmente prejudicariam o consumidor, bem como constituiria uma barreira injustificada à entrada de concorrentes no mercado.[40]

B – O abuso da posição dominante conferida pela marca registrada

Os direitos de propriedade industrial conferem vantagens de mercado aos seus titulares pela atribuição de um direito exclusivo de exploração

---

[36] Neste sentido, ver: K. Klemp Franco, *A regulação da contratação internacional de transferência de tecnologia – perspectiva do direito de propriedade industrial, das normas cambiais e tributárias e do direito concorrencial*, Tese de doutorado, Universidade de São Paulo, 2010, p. 194.

[37] Comissão Europeia, Decisão do dia 23 de dezembro de 1977, *Campari*, n° 78/523/CEE, ponto A.1.

[38] *Ibidem*.

[39] Art. 2.1.3 e art. 2.1.4.

[40] Neste sentido, ver: Comissão Europeia, Decisão do dia 23 de março de 1990, Moosehead c/ Whitbread, n° 90/186/CEE, pontos 15 e 154a.

de um bem imaterial. Assim, a primeira vista, poder-se-ia afirmar que os titulares destes direitos ocupam uma posição dominante no mercado. Contudo, nem sempre o direito exclusivo de exploração sobre uma marca coloca o seu titular em situação de posição dominante no sentido dado pelo direito da concorrência,[41] sendo necessário verificar outros fatores para que a posição dominante reste configurada.[42] Assim, o exercício dos direitos conferidos pela marca registrada pode ser um instrumento de defesa da posição dominante, ou até mesmo um instrumento para reforçá-la.[43]

Desta maneira, é necessário analisar quando o exercício do direito conferido pela marca registrada se torna abusivo em função da configuração do mercado. Mais uma vez devemos nos socorrer da jurisprudência europeia, a qual se manifestou sobre a questão em momentos diversos.

Podemos, assim, afirmar que o abuso de posição dominante pode ser configurado através da prática de preços excessivos fundados unicamente na marca registrada. Muito embora o nível de preços praticados pelo titular da marca não possa revelar o abuso da posição dominante no mercado, ele se apresenta como um forte indício na ausência de justificações objetivas para o nível elevado do preço do produto que incorpora a marca registrada.[44]

Ainda, é de se atentar ao fato de a marca ser um elemento por vezes essencial na organização das redes de distribuição de produtos, não podendo o fornecedor de uma marca conhecida e apreciada pelos consumidores cessar a entrega a um varejista que respeita os usos comerciais do segmento, quando os pedidos deste último não apresentam quaisquer traços de anormalidade.[45]

Enfim, é possível que a posição dominante conferida pela marca seja utilizada pelo seu titular para obter vantagens desproporcionais com relação a situações atípicas do mercado. Neste sentido, interessante mencionar o caso julgado pela Corte de Justiça da União Europeia, no qual uma empresa de sistemas de reciclagem contratou com os operadores do mercado o uso da marca de modo que os produtos vendidos por estes pudessem ser posteriormente submetidos ao sistema de reciclagem daquele.

---

[41] Neste sentido, ver: M. Rotondi, *Droits de marque, de brevet et droit d'auteur dans le droit de la concurrence*, in *Mélanges en l'honneur de D. Bastian*, T. 2, *Droit de la propriété industrielle*, Litec, 1974, p. 207.

[42] Entre os fatores determinantes, podemos citar a notoriedade da marca, a fidelização da clientela, etc. Neste sentido, ver: Y. Basire, *Les fonctions de la marque – Essai sur la cohérence du régime juridique d'un signe distinctif*, Collection du CEIPI, LexisNexis, 2014, Strasbourg, p. 528 e ss.

[43] No mesmo sentido, ver: U. Hanns, *Propriété intellectuelle, concurrence et régulation – limites de protection et limites de contrôle*, RIDE 2009, n° 4, t. XXIII, p. 413.

[44] Ver: CJCE, 18 de fevereiro de 1971, *Sirena c/ Eda*, caso n° 40/70, Rec. 1971, p. 69, ponto 17.

[45] No mesmo sentido, ver: CJCE, 14 de fevereiro de 1978, *United Brands c/ Comissão*, caso n° 27/76, Rec. 1978, p. 207, ponto 182.

Pelo referido contrato, os operadores do mercado ficavam obrigados ao pagamento de um determinado valor por produto no qual fora apostada a marca identificadora do sistema de reciclagem, sem levar em conta os produtos que seriam realmente reciclados através do referido sistema. Diante de tais fatos, a Corte de Justiça da União Europeia afirmou que é abusivo o exercício do direito conferido pela marca quando o titular impõe, sob o manto da licença de uso de marca, ao seu parceiro comercial o pagamento por serviços que estes não utilizariam, o que ocasionaria um prejuízo injustificado para o consumidor final.[46]

Considerações finais

Os breves apontamentos realizados ao longo deste estudo demonstram que os direitos conferidos pela marca registrada não devem se desvencilhar dos objetivos propostos pela Constituição Federal, devendo o seu exercício ser sempre pautado na busca pela maximização do interesse público.

O direito pátrio se demonstra omisso em alguns aspectos do direito marcário, podendo por vezes induzir o intérprete em erro quanto à razão de ser do próprio direito conferido pela marca registrada. Desta maneira, enquanto o legislador não adota medidas capazes de suprir as lacunas encontradas, é necessário que se faça uma interpretação da Lei 9.279/96 pelo prisma constitucional, integrando igualmente o direito comum sempre que necessária à complementação da lei especial.

---

[46] CJCE, 24 de maio de 2007, *Der Grüne Punkt – Duales System Deutschland GmbH c/ Comissao*, caso nº 151/01, Rec. 2007 II-, p. 1610 e ss.

— 10 —

O artigo 5º, § 2º, da Constituição brasileira de 1988 e o reconhecimento de novos direitos fundamentais

LEANDRO MACIEL DO NASCIMENTO[1]

Sumário: Introdução; 1. Direitos fundamentais na Constituição de 1988: materialidade e cláusula de abertura; 2. A origem da cláusula de abertura: a Nona Emenda à Constituição dos Estados Unidos da América; 2.1. Noções gerais; 2.2. Origem da IX Emenda; 2.3. Evolução; 2.4. Critérios para o reconhecimento de um direito como "retained by the people"; 3. Direitos fundamentais não enumerados na Constituição brasileira de 1988; 3.1. Classificação dos direitos fundamentais na Constituição brasileira de 1988; 3.2. Alguns direitos fundamentais não expressos (fora do catálogo) reconhecidos pelo STF; 3.3. Direitos (possivelmente) fundamentais ainda não reconhecidos pelo STF; 3.4. Direito (aparentemente) fundamental, mas expressamente negado pelo STF; Considerações finais; Referências.

Introdução

A Constituição da República Federativa do Brasil, promulgada em 1988, estabelece um extenso rol de direitos fundamentais, tanto em termos quantitativos quanto qualitativos.

Localizados formalmente no Título II (logo após o título referente aos "Princípios Fundamentais"), estes direitos expressos são divididos em cinco grupos: 1) direitos e garantias individuais e coletivos (art. 5º); 2) direitos sociais (art. 6º ao art. 11); 3) direitos de nacionalidade (arts. 12 e 13); 4) direitos políticos (art. 14 ao art. 16) e 5) direitos relativos aos partidos políticos (art. 17).

Este conjunto, por si só bem analítico, forma os direitos formal e materialmente fundamentais. E é exatamente neste local, o "catálogo", em que primeiramente se procuram os dispositivos que respaldam expectativas, bens e valores que possuem a máxima proteção do ordenamento jurídico.

Comparando com as constituições dos Estados Unidos e da Alemanha, observa-se facilmente que o catálogo nacional é maior e mais deta-

---

[1] Mestrando em Direito (Pontifícia Universidade Católica do Rio Grande do Sul – PUCRS). Professor de Direito Constitucional. Procurador do Ministério Público de Contas do Estado do Piauí.

lhado do que o daqueles países. No caso germânico, por exemplo, apesar de a Lei Fundamental proclamar que "a República Federal da Alemanha é um Estado Federal, democrático e social" (art. 20, frase 1), seu conjunto de direitos fundamentais, ao contrário do brasileiro, não prevê um setor destinado aos direitos sociais (HEUN, 2011, p. 44). Por outro lado, a Constituição dos Estados Unidos sequer possuía um conjunto de direitos em seu texto original. Em verdade, a exceção de três proteções específicas contra a aplicação retroativa de leis, previstos no texto original aprovado em 1787, os direitos fundamentais estão previstos nas emendas que formam o *Bill of Rights*, especialmente as dez primeiras (ratificadas em 1791, quatro anos após a promulgação da Constituição) e a décima terceira e décima quarta (aprovadas após a Guerra Civil, encerrada em 1865). Ademais, a brasileira estabelece proteção à intimidade e à vida privada (art. 5º, X), ao direito de livre locomoção em território nacional, podendo-se entrar, permanecer ou sair com seus bens (art. 5º, XV), ao direito à educação (art. 6º) e à função social da propriedade (art. 5º, XXIII). A norte-americana não trata destes temas de modo específico (FARBER, 2007, p. 14-15).

No entanto, mesmo diante desse rol, a Constituição brasileira é aberta ao reconhecimento de novos direitos. Seu art. 5º, § 2º, ao estabelecer que "os direitos e garantias expressos nesta Constituição não excluem outros decorrentes do regime e dos princípios por ela adotados, ou dos tratados internacionais em que a República Federativa do Brasil seja parte", permite o reconhecimento de outros, não enumerados.

O reconhecimento de novos direitos é uma demanda natural das sociedades. Para Andrade (2012, p. 67), é uma verdadeira história sem fim. Para Bobbio (2004, p. 6) a existência de novas proteções jurídicas surge a partir de novos carecimentos, os quais "nascem em função da mudança das condições sociais e quando o desenvolvimento técnico permite satisfazê-los". E entre os que se dedicam ao estudo dos direitos humanos é ponto pacífico o caráter histórico (ROCASOLANO; SILVEIRA, 2010, p. 231) e a necessidade de abertura do rol, de modo a se proteger "um direito pelo seu conteúdo e não por constar de um rol de um instrumento constitucional ou internacional" (RAMOS, 2013, p. 212).

Quanto à existência de direitos constitucionais fora do catálogo, a doutrina brasileira não controverte. No Brasil, não há defesa séria de interpretação originalista[2] dos dispositivos constitucionais ou de postura

---

[2] "O originalismo pode ser sucintamente definido como o método de interpretação constitucional que atribui autoridade vinculante ao texto da constituição, tal como era entendido no momento em que foi adotada, ou às intenções daqueles que a adotaram. Um outro modo de definir o originalismo consiste em considera-lo uma abordagem interpretativista da constituição, por oposição a uma abordagem não-interpretativista. O interpretativismo envolve a decisão das questões constitucionais com base apenas nas normas explicitamente contidas na constituição ou naquelas que podem considerar-se claramente implicadas no seu texto; o não-interpretativismo sustentaria a vigência de normas

hermenêutica semelhante. Sendo assim, não se discute a necessidade de a proteção constitucional estar aberta a demandas por novos direitos fundamentais. No entanto, quando a tarefa é estabelecer se esta ou aquela pretensão é um direito fundamental, as controvérsias surgem. As dúvidas residem principalmente quanto a um possível conceito material de direitos fundamentais e o estabelecimento de critérios de identificação constitucionalmente adequados.

O Supremo Tribunal Federal (STF) reconhece a existência de direitos fundamentais fora do Título II da Constituição brasileira de 1988. O caso mais conhecido e citado trata de matéria tributária e originou-se de julgamento proferido acerca da incidência do imposto provisório sobre movimentação financeira (IPMF), criado pela Emenda Constitucional nº 03, de 17.03.1993. A norma cujo tributo determinou o afastamento do princípio da anterioridade e autorizou sua imediata cobrança. No entanto, o STF entendeu que, mesmo estando fora do rol, a anterioridade tributária era (como ainda hoje é) um direito fundamental e julgou inconstitucional o seu afastamento pelo constituinte derivado (VIEIRA, 1999, p. 164-169). Além deste, há outros casos expressamente reconhecidos, como o direito ao meio ambiente ecologicamente equilibrado (art. 225). No entanto, em outros julgamentos, o STF não reconheceu a fundamentalidade de outras pretensões, como a possibilidade de interpor recurso a uma instancia superior (SARLET, 1996, p. 23).[3] Por fim, existem outros direitos e interesses possivelmente fundamentais que ainda não foram analisados pela Corte.

Fundamentalizar um direito é atividade complexa e requer certa parcimônia, pois o transforma em cláusula pétrea e possibilita sua exigibilidade imediata (SARLET, 2015, p. 146).[4] Dessa maneira, há que se ter

---

constitucionais que não podem ser descobertas *'within the four corners of the document"* (BRITO, 2005, p. 55-56)

[3] "Se nos aferrarmos à ideia dominante no senso comum de que a possibilidade de ver submetida a decisão adversa a uma revisão por uma outra instância é um anseio inerente à personalidade humana, lograríamos até mesmo solucionar a questão à luz do direito natural. Desconhecidas são (ao menos atualmente) as ordens jurídicas que não contemplam a possibilidade, ainda que por vezes limitada, de recorrer das decisões judiciais para uma instância diversa. Até mesmo sob a égide do regime feudal e do absolutismo, o apelo ao senhor ou monarca, numa derradeira tentativa de obter clemência (principalmente na esfera criminal), era de uso corrente. Assim, parece razoável que o direito de acesso a um segundo grau de jurisdição e, consideradas as diferenças já apontadas, o de recorrer das decisões judiciais para uma instância superior encontram-se fundados no valor maior da dignidade humana, além de guardarem sintonia com a sistemática da Constituição e do ordenamento jurídico. (...) Contudo, ainda assim não parece ser lícito o entendimento de que o acesso ao duplo grau de jurisdição possa ser tido – ao menos com base nesses argumentos – como direito fundamental autônomo, mesmo de acordo com os parâmetros do artigo 5º, § 2º, da CF, eis que não se trata, neste caso, de direito fundamental implícito (*strictu sensu*), no sentido de subentendido nas normas de direitos fundamentais do catálogo ou decorrente do "regime" e dos "princípios", pelo menos na acepção que emprestamos a estes termos. Pelos mesmos motivos, não há como falar de um direito fundamental autônomo de recorrer das decisões judiciais para uma instância superior" (SARLET, 1996, p. 23).

[4] Quanto aos direitos fundamentais não expressos, "parece inequívoco que as posições enquadradas nesta categoria se revestem da mesma força jurídica dos direitos fundamentais do catálogo da Cons-

cautela em face de uma possível uma inflação de pleitos que a cláusula de abertura pode acarretar. Principalmente porque surgirão deveres a serem cumpridos, tanto pelo Estado quanto pelos particulares, bem como acarretará restrições ao legislador ordinário.[5]

Neste contexto, é necessário indicar critérios para encontrar direitos fundamentais além do que foi expressamente previsto. Este é o objetivo deste trabalho.

Para cumprir esta meta, será apresentado, na primeira parte, um conceito de direitos fundamentais, com ênfase na materialidade e na cláusula de abertura na Constituição de 1988. Na segunda, será indicada a origem do debate sobre direitos não enumerados: a IX Emenda à Constituição dos Estados Unidos. Neste ponto, serão abordados o surgimento e o desenvolvimento, assim como alguns critérios utilizados naquele país. Na terceira, passar-se-á ao debate brasileiro, onde serão brevemente apontados alguns direitos cuja fundamentalidade já foi objeto de decisão por parte do STF. Além deles, serão indicados outros que ainda não passaram pelo crivo da Corte.

Por fim, um esclarecimento quanto ao objeto do trabalho. Foram estabelecidas duas limitações: primeiro, a análise ficará restrita aos direitos (fundamentais) constitucionais (expressos ou decorrentes dos princípios ou do regime da Constituição brasileira de 1988), excluindo-se direitos (humanos) previstos unicamente em normas internacionais (SARLET, 2105, p. 116-117) e, segundo, serão analisados apenas direitos que tenham fundamentação em algum dispositivo fora do Título II da Constituição (o qual corresponde ao "catálogo").

1. Direitos fundamentais na Constituição de 1988: materialidade e cláusula de abertura

"O que significa ter um direito?" Esta é a indagação feita por Vieira (2006, p. 19) no capítulo inicial da obra em que apresenta uma leitura da jurisprudência do STF sobre direitos fundamentais. É pergunta aparentemente simples, mas que, vista de perto, apresenta complexidade. Equiva-

---

tituição, constituindo direito imediatamente aplicável (art. 5º, § 1º, da CF) e passando a integrar os rol das 'cláusulas pétreas' (art. 60, § 4º, inc. IV, da CF) (...)" (SARLET, 2015, p. 146)

[5] "Neste sentido, ter um direito fundamental segundo a concepção dos direitos como trunfos significa duas coisas: *de um lado*, e no que respeita às relações entre indivíduos e Estado, significa ter uma posição, juridicamente garantida, forte, entrincheirada, contra as decisões da maioria política; *de outro lado*, e no que respeita às relações entre particulares, ter um direito fundamental significa também, no mínimo, ter uma particular e concretizada posição de autonomia e liberdade que o Estado de Direito está igualmente vinculado a proteger contra ameaças ou lesões provindas de terceiros, mesmo quando, ou sobretudo quando, esses terceiros foram uma maioria ou quando o particular está sujeito, nas relações que estabelece com outros particulares, ao desequilíbrio de uma relação de poder assimétrica" (NOVAIS, 2006, p. 34. Grifado).

le em dificuldade à busca de um conceito de Direito, pergunta esta que talvez seja "a que causa maior inquietação e desorientação entre os juristas" (NINO, 2013, p. 11)[6] e cujas respostas são as mais numerosas, variadas, estranhas e paradoxais possíveis (HART, 2007, p. 06).[7]

Em verdade, existem "palavras cardeais da cultura e da civilização", como liberdade, justiça, igualdade e direito, as quais "não comportam a univocidade peculiar às coisas neutras para o mundo dos valores". Desse modo, as "vicissitudes da palavra 'Direito' acompanham *pari passu* a história do homem" (REALE, 1994, p. 498). De qualquer forma, não obstante as dificuldades, os juristas continuam a debater o assunto, de maneira que são apresentados "conceitos muito diferentes de 'direito', que voltam sempre a ser criticados, aperfeiçoados ou mesmo completamente rejeitados" (ZIPPELIUS, 2012, p. 29).

Do conceito de "direito" para o de "direitos", a dificuldade não diminui. Reconhecendo a dimensão do tema, que não será aprofundado, o presente trabalho adotará como pressuposto a resposta do autor da pergunta acima: "ter direitos" significa ser beneficiário de deveres de outras pessoas ou do Estado. Significa possuir uma situação favorável, consistente em uma reivindicação ou em um poder, imunidade ou liberdade (VIEIRA, 2006, p. 19-20). Ou melhor, "significa ter uma boa justificativa, uma razão suficiente, para que outras pessoas estejam obrigadas e, portanto, tenham deveres em relação àquela pessoa que tem um direito" (VIEIRA, 2006, p. 24).

Se "ter direitos" é poder exigir algum dever de alguém, o que são "direitos (constitucionais) fundamentais"? São justificativas respaldadas em uma constituição para que se possa exigir algo (ação, omissão ou tolerância) do Estado ou de outras pessoas. São os trunfos dos indivíduos

---

[6] "Essa pergunta [o que é 'direito'?] é, talvez, a que causa maior inquietação e desorientação entre os juristas. Não deixam de ser surpreendentes as dificuldades e discordâncias que parecem surgir entre os estudiosos do direito quando se entregam à tarefa de identificar e classificar os fenômenos a cujo estudo dedicaram toda sua vida e que, por outro lado, não parecem ser nada misteriosos nem requer técnicas especiais de observação. Sem dúvida, nem os físicos, nem os químicos, nem os historiadores, entre outros, teriam tanta dificuldades para definir o objeto de seu estudo como têm os juristas; na maior parte dos casos, bastaria que indicassem alguns objetos ou fenômenos do fornecessem uma breve explicação para transmitir uma ideia mais ou menos precisa do que eles estudam. Se os juristas não conseguem resolver a questão de modo tão simples, isso não decorre, quase com certeza, de uma incapacidade profissional ou do fato de o direito ser tão extraordinariamente complexo, elusivo e variável que escapa do âmbito de qualquer definição" (NINO, 2013, p. 11).

[7] "Poucas questões respeitantes à sociedade humana têm sido postas com tanta persistência e têm obtido respostas, por parte de pensadores sérios, de forma tão numerosas, variadas, estranhas e até paradoxais como a questão O que é o direito?'. Mesmo se limitarmos a nossa atenção à teoria jurídica dos últimos 150 anos e deixarmos de lado a especulação clássica e medieval acerca da 'natureza' do direito, encontraremos uma situação sem paralelo em qualquer outra matéria estudada de forma sistemática como disciplina acadêmica autónoma." (HART, 2007, p. 06)

contra a maioria, aos quais se refere DWORKIN (2002, p. XV)[8] e posteriormente abordados por NOVAIS (2006, p. 17-18).[9]

Na prática, o que diferencia um direito "fundamental" de um "legal", "contratual" ou "moral",[10] é a base normativa: a constituição, a lei, o negócio jurídico ou o conjunto de preceitos morais. Para serem "fundamentais", os direitos devem necessariamente ter respaldo constitucional, razão pela qual prevalecerão sobre as demais fontes de obrigações. São, portanto, "direitos constitucionais na medida em que se inserem no texto de uma constituição ou mesmo constem de simples declarações solenemente estabelecidas pelo poder constituinte" (SILVA, 2008, p. 180). Ou melhor: "um direito é fundamental se e somente (condição necessária) for garantido mediante normas que tenham a força própria da supremacia constitucional" (DIMOULIS; MARTINS, 2012, p. 40).

É intuitivo que nem todos os direitos constitucionais são fundamentais. Ou seja, nem todos os dispositivos da constituição representam os bens e valores mais importantes acolhidos pelo constituinte, têm aplicabilidade imediata e são cláusulas pétreas. No caso brasileiro, em face da extensão do texto constitucional, a constatação se reforça ainda mais. Daí a necessidade de precisar a definição.

---

[8] O autor utiliza a ideia de direitos individuais para criticar o positivismo jurídico e o utilitarismo econômico. Neste contexto, afirma que os "direitos individuais são trunfos políticos que os indivíduos detêm. Os indivíduos têm direitos políticos quando, por alguma razão, um objetivo comum não configura uma justificativa suficiente para negar-lhes aquilo que, enquanto indivíduos, desejam ter ou fazer, ou quando não há uma justificativa suficiente para impor alguma perda ou dano" (DWORKIN, 2002, p. XV).

[9] "Propomo-nos fazer aqui uma reflexão sobre as relações complexas entre Estado de Direito, democracia e direitos fundamentais, recorrendo basicamente à ideia originaria de Dworkin segundo a qual ter um direito fundamental, em Estado de Direito, equivale a ter um trunfo num jogo de cartas. A carta de trunfo prevalece sobre todas as outras, mesmo sobre as de valor facial mais elevado; a força da qualidade do trunfo, que lhe é reconhecida segundo as regras do jogo, bate a força do número, da quantidade, das cartas de outros naipes. Aplicada ao sistema jurídico de Estado de Direito, e tendo em conta que o outro 'jogador' é o Estado, já que, primariamente, os direitos fundamentais são posições jurídicas individuais em face do Estado, ter um direito fundamental significará, então, ter um trunfo contra o Estado, contra o Governo democraticamente legitimado, o que, em regime político baseado na regra da maioria, deve significar, a final, que te um direito fundamental é ter um trunfo contra a maioria, mesmo quando esta decide segundo os procedimentos democráticos instituídos. A imagem dos direitos fundamentais como trunfos remete, nesse sentido, para a hipótese de uma tensão ou, até uma oposição – dir-se-ia insuperável – entre os direitos fundamentais e o poder democrático, entre o Estado de Direito e democracia." (NOVAIS, 2006, p. 17-18)

[10] "A distinção clássica na linguagem dos juristas da Europa continental é entre 'direitos naturais' e 'direitos positivos'. Da Inglaterra e dos Estados Unidos – por influência, creio, sobretudo de Dworkin – chega-nos a distinção entre *moral rights* e *legal rights*, que é intraduzível e, o que é pior, numa tradição onde direito e moral são duas esferas bem diferenciadas da vida prática, incompreensível: em italiano, a expressão 'direitos legais' ou 'jurídicos' soa redundante, enquanto a expressão 'direitos morais' soa contraditória. Não tenho dúvidas de que um jurista francês teria a mesma relutância em falar de *droits moraux* e um alemão, de *moralische Rechte*. E então? Devemos renunciar a nos entender? O único modo para nos entender é reconhecer a comparabilidade entre as duas distinções, em função da qual 'direitos morais' enquanto algo contraposto a 'direitos legais' ocupa o mesmo espalho ocupado por 'direitos naturais' enquanto algo contraposto a 'direitos positivos'." (BOBBIO, 2004, p. 7).

A tarefa abrange inúmeras abordagens, cada uma a enfatizar determinado aspecto. Para uns, direitos fundamentais "são direitos público-subjetivos de pessoas (físicas ou jurídicas), contidos em dispositivos constitucionais e, portanto, que encerram caráter normativo supremo dentro do Estado, tendo como finalidade limitar o exercício do poder estatal em face da liberdade individual" (DIMOULIS; MARTINS, 2012, p. 40). Para outros, "são normas jurídicas, intimamente ligadas à ideia de dignidade da pessoa humana e de limitação do poder, positivadas no plano constitucional de determinado Estado Democrático de Direito, que, por sua importância axiológica, fundamentam e legitimam todo o ordenamento jurídico" (MARMELSTEIN, 2013, p. 17). Ou então, "são os direitos que os cidadãos precisam reciprocamente reconhecer uns aos outros, em dado momento histórico, se quiserem que o direito por eles produzido seja legítimo, ou seja, democrático" (GALUPPO, 2003, p. 236).

Afirma-se que os direitos fundamentais correspondem "no nível do direito positivo, aquelas prerrogativas e instituições que ele concretiza em garantias de uma convivência digna, livre e igual de todas as pessoas" (SILVA, 2008, p. 178). Da mesma forma, dizem respeito, algumas vezes, ao "conjunto de preceitos normativos que definem, a partir do seu lado positivo, o estatuto fundamental das pessoas na sociedade política" e, outras vezes, designam as "posições jurídicas subjectivas atribuídas ou reconhecidas aos indivíduos e cidadãos por esses mesmos preceitos normativos" (ANDRADE, 2012, p. 72). Como também podem ser direitos do indivíduo que vinculam o Estado, cuja "particularidade relativamente a outros direitos subjetivos reside na sua categoria constitucional. Exigem justificação ao Estado e são-lhe a este respeito anteriores" (PIEROTH; SCHLINK, 2012, p. 49).[11]

Importante verificar que os direitos fundamentais apresentam dupla acepção: formal, como "direitos que o direito vigente qualifica como tais", e material, no sentido de criarem e manterem "os pressupostos elementares de uma vida na liberdade e na dignidade humana" (BONAVIDES, 2013, p. 578). A distinção é baseada na obra de Carl Schmitt, o qual estabeleceu os seguintes critérios: dois de natureza formal (previsão expressa na constituição e imutabilidade ou mudança dificultada) e um de cunho material (conexão com a ideologia, a modalidade de Estado, a espécie de valores e princípios que a Constituição consagra) (BONAVIDES, 2013, p. 579).

A posição de CANOTILHO (2003, p. 377-379) deve ser destacada. Segundo ele, são características próprias dos direitos fundamentais: 1) a

---

[11] "Anterior ao Estado é, nos direitos fundamentais ('direito natural positivado'), o fato de o seu exercício não necessitar de justificação em face do Estado e de, pelo contrário, ser o Estado a ter de justificar a sua limitação dos direitos fundamentais" (PIEROTH; SCHLINK, 2012, p. 48).

positivação (sem a qual, "os direitos do homem são esperanças, aspirações, ideias, impulsos, ou, até por vezes, mera retórica política, mas não direitos protegidos sob a forma de normas (regras e princípios) constitucionais"); 2) a constitucionalização (cuja principal consequência é a proteção "mediante o controlo jurisdicional da constitucionalidade dos actos normativos reguladores desses direitos", devendo ser "compreendidos, interpretados e aplicados como normas jurídicas vinculativas e não como trechos ostentatórios ao jeito das grandes 'declarações de direitos'") e 3) a fundamentalidade, formal e material. A propósito, segundo entendimento corrente (mas não unânime[12]), os direitos fundamentais, em sentido material, são "pretensões que, em cada momento histórico, se descobrem a partir da perspectiva do valor da dignidade humana" (BRANCO; MENDES, 2013, p. 140). A posição é inspirada na doutrina de Andrade (2012, p. 48), para o qual os direitos fundamentais têm como base material o princípio da dignidade da pessoa humana. Hesse (1998, p. 225), igualmente trabalha com a distinção entre fundamentalidade formal e material. Assim, quanto ao primeiro aspecto, indica a previsão expressa no catálogo constitucional, a qual de antemão indica ser insuficiente; quanto ao segundo, afirma que a existência de direitos fundamentais fora do catálogo da Lei Fundamental indica a necessidade do estabelecimento de critérios materiais de definição.[13] Em sentido parecido, Pieroth e Schlink (2012, p. 58), os quais indicam as categorias de "direitos fundamentais" (localizados no Capitulo I – arts. 1º ao 19 – da Lei Fundamental) e "direitos equiparados aos direitos fundamentais".

Na Espanha, Perez-Luño (2013, p. 42) vincula os direitos humanos às exigências de dignidade, de liberdade e de igualdade em cada momento histórico. Em seguida, afirma que direitos fundamentais são *derechos humanos garantizados por el ordenamento jurídico positivo, en la mayor parte*

---

[12] "Em primeiro lugar, parece oportuna a menção – de modo especial à luz de nosso direito constitucional positivo – de que se revela no mínimo passível de discussão a qualificação do princípio da dignidade da pessoa humana, considerado em si mesmo, como um autêntico direito fundamental autônomo, em que pese sua importante função, seja como elemento referencial para a aplicação e interpretação dos direitos fundamentais (mas não só destes), seja na condição de fundamento para a dedução de direitos fundamentais decorrentes. De outra parte, e aqui centramos a nossa crítica, basta um breve olhar sobre o nosso extenso catálogo de direitos fundamentais para que tenhamos dúvidas fundadas a respeito da alegação de que todas as posições jurídicas ali reconhecidas possuem necessariamente um conteúdo diretamente fundado no valor maior da dignidade da pessoa humana" (SARLET, 2015, p. 97).

[13] "O primeiro título da Lei Fundamental leva o epígrafe: 'os direitos fundamentais'. Com isso, a própria Lei Fundamental parece determinar o conceito dos direitos fundamentais: direitos fundamentais são aqueles direitos que o direito vigente qualifica de direitos fundamentais. Este conceito, do qual parte o art. 93, alínea 1, número 4ª, da Lei Fundamental, é meramente formal e, por causa disso, não está em condições de expressar algo sobre a peculiaridade e significado material dos direitos fundamentais. Além disso, mostra-se, com vista ao Direito Constitucional positivo, insuficiente. Porquanto a Lei Fundamental normaliza também fora do primeiro título direitos que, em sua peculiaridade, não se distinguem dos direitos qualificados expressamente de direitos fundamentais" (HESSE, 1998, p. 225).

de los casos en su normativa constitucional, y que suelen gozar de uma tutela reforzada". Por sua vez, Freijedo (2004, p. 28) aponta uma dupla fundamentalidade: externa (metajuridica) e interna (jurídica). Para a primeira, no paradigma do Estado Liberal, um direito fundamental seria uma posição prévia, externa e superior aos demais direitos (constitucionais inclusive). No entanto, ressalta que a fundamentalidade interne (jurídica) é o elemento formal (e preponderante) a caracterizar os direitos fundamentais: somente os serão aqueles que ocuparem a mais alta posição jurídica em relação às demais normas do ordenamento.[14] Ou seja, os que tiverem a "tutela reforçada" a que se refere Perez-Luño (2013, p. 42).

No Brasil, Sarlet (2015) também aponta uma dupla fundamentalidade. De um lado, a formal, a abranger abrange três aspectos: 1) posição hierárquica ("como parte integrante da Constituição escrita, os direitos fundamentais situam-se no ápice de todo o ordenamento jurídico, de tal sorte que – neste sentido – se cuida de direitos de natureza supralegal"); 2) proteção contra reforma ou abolição ("na qualidade de normas constitucionais, encontram-se, submetidos aos limites formais (procedimentais) e materiais (cláusulas pétreas) da reforma constitucional (art. 60, da CF)"; e 3) aplicabilidade direta e imediata ("que vinculam de forma imediata as entidades públicas e privadas (art. 5°, §, 1°)"). De outro, a fundamentalidade material, a decorrer "da circunstância de serem os direitos fundamentais elemento constitutivo da Constituição material, contendo decisões fundamentais sobre a estrutura básica do Estado e da sociedade" (SARLET, 2015, p. 75-76).[15]

O mesmo autor, após advertir que qualquer conceituação que "almeje abranger de forma definitiva, completa e abstrata" o conteúdo material dos direitos fundamentais "está fadada, no mínimo, a um certo grau de dissociação da realidade de cada ordem constitucional individualmente considerada", aponta o seguinte conceito:

> Direitos fundamentais são, portanto, todas aquelas posições jurídicas concernentes às pessoas, que, do ponto de vista do direito constitucional positivo, foram, por seu conteúdo e importância (fundamentalidade em sentido material), integradas ao texto da Constituição e,

---

[14] "*Una Constitución no lo es por contener una declaración de derechos, como pretendía el artículo 16 de la DDHC* [Declaração de Direitos do Homem e do Cidadão]. *Lo es por su más alta posición jurídica respecto de normas del ordenamiento, o sea, por su carácter de norma fundamentadora de todas las demás. Si esto es cierto, la explicación de por qué unos derechos son 'fundamentales' es sencilla. Lo son, porque y en la medida en que participan de esa posición de supremacía que tiene la Constitución en la que están insertos; por el contrario, no son calificables como fundamentales si carecen de ese rango o quedan desprovistos de él y entran en el campo de la entera y libre decisión del legislador*" (FREIJEDO, 2004, p. 31).

[15] "Inobstante não necessariamente ligada à fundamentalidade formal, é por intermédio do direito constitucional positivo (art. 5°, § 2°, da CF) que a noção da fundamentalidade material permite a abertura da Constituição a outros direitos fundamentais, assim como a direitos fundamentais situados fora do catálogo, mas integrantes da Constituição formal, ainda que possa controverter-se a respeito da extensão do regime da fundamentalidade formal a estes direitos apenas materialmente fundamentais (...)" (SARLET, 2015, p. 76).

portanto, retiradas da esfera de disponibilidade dos poderes constituídos (fundamentalidade formal), bem como as que, por seu conteúdo e significado, possam lhes ser equiparados, agregando-se à Constituição material, tendo, ou não, assento na Constituição formal (aqui considerada a abertura material do Catálogo). (SARLET, 2015, p. 78)

Assim, há dois caminhos para a identificação de um direito fundamental na Constituição de 1988. Primeiro, consultar os direitos expressos, constantes dos dispositivos do catálogo. Segundo, apontar direitos que, por seu "conteúdo e significado", podem ser equiparados aos direitos expressos.

No Brasil, a identificação de direitos não enumerados respalda-se no art. 5º, § 2º da Constituição, sob o seguinte texto: "os direitos e garantias expressos nesta Constituição não excluem outros decorrentes do regime e dos princípios por ela adotados, ou dos tratados internacionais em que a República Federativa do Brasil seja parte".

Apesar de desnecessário, em razão do caráter histórico dos direitos humanos e fundamentais, este dispositivo, já tradicional no constitucionalismo republicano brasileiro (SARLET, 2015, p. 79), permite concluir que, além dos expressamente previstos, existem outros extraídos "do regime e dos princípios por ela adotados" ou "dos tratados internacionais em que a República Federativa do Brasil seja parte". No entanto, a justificativa para fundamentalizar alguma pretensão requer argumentos convincentes:

> Na verdade, os direitos contidos no Título II são fundamentais por expressa opção do constituinte. Do mesmo modo, os direitos previstos em tratados internacionais, uma vez observado o quórum qualificado estipulado pelo art. 5º, § 3º, serão equiparados aos demais direitos fundamentais por opção do Congresso Nacional. Nessas duas situações, não é tão necessário tentar encontrar um motivo mais forte pelo qual esses direitos merecem ser chamados de fundamentais. A escolha política foi tomada pelo próprio constituinte. Já os direitos não enumerados, ou seja, aqueles que decorrem do 'regime e dos princípios adotados pela Constituição', precisam de uma *argumentação convincente* capaz de justificar sua fundamentalidade. Essa argumentação deve ter como fundamento os próprios valores constitucionais, já que a cláusula de abertura exige que esses direitos sejam decorrentes do regime e dos princípios adotados pela Constituição (MARMELSTEIN, 2013, p. 204-205. Grifado).

E o que é esta "argumentação convincente"? Nada mais do que a demonstração da "substância e relevância" de um determinado direito para poder ser equiparado aos do catálogo constitucional (SARLET, 2015, p. 93).[16] Senão, observe-se.

---

[16] "Aqui sim há que retornar, novamente, ao princípio diretivo já enunciado alhures: direitos fundamentais fora do catálogo somente poderão ser os que – constem, ou não, do texto constitucional – por seu conteúdo e importância possam ser equiparados aos integrantes do rol elencado no Título II de nossa Lei Fundamental. Ambos os critérios (substancia e relevância) se encontram agregados entre si e são imprescindíveis para o conceito materialmente aberto de direitos fundamentais" (SARLET, 2015, p. 93).

Primeiro, o critério da relevância. Sua precisão está intimamente relacionada ao aspecto histórico, pois em cada momento haverá demandas importantes a serem protegidas. Dessa forma, a análise do estágio de cada sociedade (no tempo e no espaço) permite a tutela de pretensões não enumeradas (BRANCO; MENDES, 2013, p. 139). Ora, os direitos "não surgiram todos ao mesmo tempo, nem foram resultados de um *big bang* jurídico que esteja a impedir a vista de alcançar o que havia antes da grande explosão" (SAMPAIO, 2010, p. 134). Não são criações abstratas, mas fruto de reivindicações e conquistas.[17] Nascem "em certas circunstâncias, caracterizadas por lutas em defesa de novas liberdades contra velhos poderes" e "de modo gradual, não todos de uma vez e nem de uma vez por todas" (BOBBIO, 2004, p. 06). Em outras palavras, "nascem quando devem ou podem nascer", através de uma "revolução contínua" (HUNT, 2009, p. 27).[18]

Há, portanto, íntima vinculação entre a historicidade[19] dos direitos e a possibilidade de abertura[20] aos que não foram mencionados quando da elaboração (e das alterações formais) da constituição. Basta lembrar que, no século XIX foram iniciadas as reivindicações pelo voto feminino, ao

---

[17] Quanto ao fundamento original dos direitos humanos e fundamentais, a doutrina controverte entre três hipóteses: a liberdade religiosa, o garantismo processual e a defesa da propriedade, especialmente em face da tributação (SAMPAIO, 2010, p. 133-140).

[18] "Os direitos não podem ser definidos de uma vez por todas, porque sua base emocional continua a se deslocar, em parte como reação às declarações de direitos. Os direitos permanecem sujeitos a discussão porque a nossa percepção de quem tem direitos e do que são esses direitos muda constantemente. A revolução dos direitos humanos é, por definição, contínua" (HUNT, 2009, p. 27).

[19] Os direitos fundamentais são "históricos como qualquer direito. Nascem, modificam-se e desaparecem. Eles apareceram com a revolução burguesa e evoluem, ampliam-se, com o decorrer dos tempos. Sua historicidade rechaça toda fundamentação baseada no direito natural, na essência do homem ou na natureza das coisas" (SILVA, 2008, p. 181). No mesmo sentido: "O rechaço à transcendência (fundamentação absolutista e exclusivamente metafísica dos direitos fundamentais) e o reconhecimento dos direitos fundamentais com base na experiência social apontam-lhes a historicidade. Esse dado conjuntural não elide, porém, a hipótese de reconhecimento de direitos comuns na história das diversas sociedades, nem a concepção de uma teoria evolucionista, em que direitos clássicos vão sendo aperfeiçoados e direitos novos vão sendo firmados, formando-se um repertório de direitos fundamentais que constitui patrimônio comum da humanidade" (ROTHENBURG, 2011, p. 1.037).

[20] "A evolução histórica, que desenhamos em traço grosso, patenteia um sistema de direitos fundamentais em permanente transformação, na busca de um 'estatuto de humanidade'. Se quiséssemos caracterizar sinteticamente estas transformações através de algumas palavras-chave ou ideias-força, diríamos que na evolução deste subsistema jurídico se salientam as ideias de acumulação, variedade e de abertura. A ideia de *acumulação* vale na medida em que em cada momento histórico se formulam novos direitos, típicos do seu tempo, mas que se vêm somar aos direitos antigos. Como vimos, os direitos típicos de cada geração subsistem a par dos da geração seguinte e até se acrescentam sob novos aspectos. A ideia de *variedade*, que é potenciada pelo processo de acumulação, afirma-se não só porque os direitos fundamentais não são estruturalmente uniformes, mas também por causa da sua complexidade funcional, desdobrada em diversas dimensões normativas. A ideia de *abertura* resulta, de por um lado, nenhum catálogo constitucional pretender esgotar o conjunto ou determinar o conteúdo dos direitos fundamentais, aceitando-se a existência de direitos não escritos ou de faculdades implícitas, e, por outro lado, de se esperarem gerações sucessivas de novos direitos ou de novas dimensões de direitos antigos, conforme as ameaças e as necessidades de proteção dos bens pessoais nas circunstâncias de cada época" (ANDRADE, 2012, p. 65-66. Grifado).

passo que na segunda metade do século XX passou-se a demandar a tutela do meio ambiente (FENSTERSEIFER; SARLET, 2013) e, no século XXI, o acesso à internet (HARTMANN, 2010) e a possibilidade de esquecimento (MARTINEZ, 2014), como direitos fundamentais autônomos. Todos resultam de novas demandas, as quais em algum momento foram (ou serão) considerados constitucionalmente (fundamentalmente) relevantes.

Em segundo lugar, o critério da substância. Este requer o estabelecimento de um conteúdo material, a partir do qual podem ser extraídos elementos para justificar a fundamentalização de novas demandas. Aqui é necessário neutralizar ao máximo a subjetividade e "lançar um pouco de luz sobre os elementos comuns, em princípio, ao conteúdo de todos os direitos fundamentais do Título II", e não "de um ou outro dispositivo isolado" (SARLET, 2015, p. 94). Estes elementos estão no Título I da Constituição, especialmente (mas não exclusivamente) o princípio da dignidade da pessoa humana:

> Neste título, além do regime da democracia social (ou simplesmente democrático, para utilizar terminologia menos sujeita a controvérsias), consagrado pela nossa Carta, encontram-se expressos os fundamentos, objetivos e princípios fundamentais que regem o Estado brasileiro, seja em nível interno, seja na esfera das relações internacionais. Somente nesta acepção, salvo melhor juízo, as expressões 'regime' e 'princípios' podem ser inseridas no contexto de um conceito material. Caso contrário, tendo em mente que a Constituição se encontra, mesmo fora do âmbito do Título I, repleta de normas de caráter principiológico, poderíamos chegar ao extremo de criar novos direitos fundamentais com apoio em qualquer outra disposição contida na Constituição, de modo especial nas diversas (e não poucas) normas de cunho organizacional e programático, o que certamente conduziria a uma ampliação não muito útil e, certamente, ainda menos desejável do catálogo. (SARLET, 2015, p. 94-95)

Com base em Andrade (2012), seriam acrescentados o radical subjetivo dos direitos fundamentais, no sentido de "outorgarem ao indivíduo (isoladamente ou na condição de integrante de uma coletividade) certas posições subjetivas", bem como a função protetiva, "já que necessariamente objetivam assegurar e proteger certos bens individuais ou coletivos considerados essenciais" (SARLET, 2015, p. 113).[21]

Sendo assim, ter direitos fundamentais, no Brasil, significa ser titular de poderes previstos expressamente como tais na Constituição de 1988 ou de poderes que podem a estes ser equiparados, por força do art. 5º, § 2º. Dessa maneira, a identificação de novos direitos passa pelo estabe-

---

[21] "Como quer que seja, não podem ser considerados direitos fundamentais todos os direitos individuais ou institucionais, negativos ou positivos, materiais ou procedimentais, provenientes de fontes internas ou internacionais. Apenas alguns desses direitos o podem ser: apenas aqueles que, pela sua finalidade ou pela sua fundamentalidade, pela conjugação com direitos fundamentais formais, pela natureza análoga à destes (cfr. ainda o art. 17 [da Constituição Portuguesa]), ou pela sua decorrência imediata de princípios constitucionais, se situem a nível da Constituição material" (MIRANDA, 2000, p. 168).

lecimento do sentido e do alcance do mencionado dispositivo, o que será feito no próximo item.

2. A origem da cláusula de abertura: a Nona Emenda à Constituição dos Estados Unidos da América

2.1. Noções gerais

O dispositivo da Constituição de 1988 que estabelece que os direitos e garantias nela expressos não excluem os decorrentes do regime e dos princípios por ela adotados é inspirado na IX Emenda à Constituição dos Estados Unidos (SARLET, 2015, p. 79)[22] e está previsto no direito constitucional brasileiro desde 1891 (PARDO, 2005, p. 111).[23]

Por possibilitarem abertura e atualização do catálogo de direitos, dispositivos equivalentes passaram a ser previstos em outras constituições (SARLET, 2015, p. 80),[24] dentre as quais se destaca a portuguesa de 1976 (MIRANDA, 2000, p. 11), segundo a qual:

> Artigo 16º. Âmbito e sentido dos direitos fundamentais.
> 1. Os direitos fundamentais consagrados na Constituição não excluem quaisquer outros constantes das leis e das regras aplicáveis de direito internacional.
> 2. Os preceitos constitucionais e legais relativos aos direitos fundamentais devem ser interpretados e integrados de harmonia com a Declaração Universal dos Direitos do Homem.

Note-se que a Constituição portuguesa diz mais do que a brasileira. Na sua literalidade, reconhece a possibilidade de outros direitos funda-

---

[22] "A regra do art. 5º, § 2º, da CF de 1988 segue a tradição do nosso direito constitucional republicano, desde a Constituição de fevereiro de 1891, com algumas variações, mais no que diz com a expressão literal do texto do que com a sua efetiva *ratio* ou seu *telos*. Inspirada na IX Emenda da Constituição dos EUA e tendo, por sua vez, posteriormente influenciado outras ordens constitucionais (de modo especial a Constituição portuguesa de 1911 [art. 4º]), a citada norma traduz o entendimento de que, para além do conceito formal de Constituição (e de direitos fundamentais), há um conceito material, no sentido de existirem direitos que, por seu conteúdo, por sua substancia, pertencem ao corpo fundamental da Constituição de um Estado, mesmo que não constando de seu catálogo" (SARLET, 2015, p. 79-80).

[23] "A Constituição imperial de 1824 não continha nenhuma cláusula semelhante à do artigo 5º, § 2º, da Constituição de 1988, apesar de possuir um artigo (179) enumerando os direitos civis e políticos dos cidadãos brasileiros. Desde a Constituição de 1891, entretanto, referida cláusula foi introduzida no direito constitucional brasileira, sendo repetida por todas as Cartas posteriores àquela. De fato, a primeira Constituição republicana previu no seu artigo 78 que "a especificação das garantias e direitos expressos na Constituição não exclue outras garantias e direitos não enumerados, mas resultantes da forma de governo que ella estabelece e dos princípios que consigna". Interessante que a terminologia utilizada pela Constituição de 1891 é a de *direitos não enumerados*, provavelmente em razão da forte influência que teve a Constituição norte-americana naquela época, por meio do trabalho de Rui Barbosa" (PARDO, 2005, p. 111).

[24] "A regra, por outro lado, encontra semelhante formulação na Constituição portuguesa de 1976 (art. 16, nº 1), assim como nas Constituições da Argentina (art. 33), do Peru (art. 4º), da Guatemala (art. 44) e da Venezuela (art. Art. 50), apenas para citar algumas das ordens constitucionais mais próximas de nós." (SARLET, 2015, p. 80).

mentais "constantes de leis" ou de "regras de direito internacional". Dessa forma, permite concluir: 1) que existem "normas de Direito ordinário" atributivas de direitos "equiparados aos constantes das normas constitucionais" (MIRANDA, 2000, p. 11); 2) que há o dever de se interpretar e harmonizar os preceitos relativos a direitos fundamentais com a Declaração Universal dos Direitos do Homem.

No direito alemão não há dispositivo idêntico. Entretanto, há uma construção do Tribunal Constitucional, o qual utiliza o "direito geral de personalidade" (art. 2, n° 1, da Lei Fundamental)[25] como parâmetro para o reconhecimento de novos direitos relacionados, direta ou indiretamente, à liberdade (SCHWABE, 2005, p. 174-175).[26] Ressalte-se que em uma rápida análise das decisões daquele tribunal permite observar certa cautela no reconhecimento de novos direitos, sendo inúmeros os casos em que os pedidos foram negados. Dois deles merecem lembrança. No primeiro, discutiu-se a "Lei do Censo de 1983" (*BVerfGE* 65, 1). No julgamento, o Tribunal entendeu inconstitucionais dispositivos que permitiam "comparação dos dados levantados com os registros públicos e também a transmissão de dados tornados anônimos a repartições públicas federais, estaduais e municipais para determinados fins de execução administrativa". (SCHWABE, 2005, p. 234). No segundo exemplo (*BVerfGE* 90, 145) julgado em 1994, o tribunal entendeu inexistir um "direito de ficar em êxtase (*Recht zum Rausch*)" e julgou compatíveis com o art. 2, n° 1, da Lei Fundamental, dispositivos da lei de entorpecentes que estabelecia "a tipificação penal, entre outros, da aquisição e do porte para consumo próprio de produtos derivados da planta *canabis sativa*" (SCHWABE, 2005, p. 248).

Em suma, não possibilitando, a princípio, uma interpretação tão larga quanto ao equivalente português, nem havendo dispositivo idêntico na constituição alemã, o dispositivo brasileiro (art. 5°, § 2°) aproxima-se

---

[25] "Todos têm o direito ao livre desenvolvimento da sua personalidade, desde que não violem os direitos de outros e não atentem contra a ordem constitucional ou a lei moral".

[26] Segundo o autor, o "Art. 2 I GG tem uma importância prática ímpar. Seu sempre destacado caráter subsidiário em face das outorgas específicas não afasta seu significado. Pelo contrário: como último limite à ação estatal cerceadora da liberdade individual, ele precisou ser dogmática e minuciosamente concretizado. Também aqui o TCF não foi omisso, mas, pelo contrário, em um número de decisões muito relevantes que chega à casa das dezenas, concretizou vários aspectos, *chegando a criar verdadeiros 'direitos', a partir da derivação do conceito de livre desenvolvimento encontrado no Art. 2 I GG*, como foi o caso do *direito à autodeterminação sobre informações* (ou dados) pessoas (*Informationelles Selbstbestimmungsrecht*) na decisão Volkszählung (BVerfGE 65, 1 ...)." (SCHWABE, 2005, p. 174-175. Grifado). No mesmo sentido, Schlink e Pieroth, segundo os quais "o art. 2°, n. 1, constitui um direito fundamental de acolhimento em face dos direitos fundamentais especiais e passa para segundo plano perante estes, até onde cheguem os seus âmbitos de proteção (subsidiariedade; cf. n.m. 353 e s.). Este direito fundamental só ganha importância se não for aplicável um âmbito de proteção de um direito fundamental especial." (2012, p. 175-176)

mais ainda do dispositivo (*Amendment IX*)[27] previsto no direito constitucional dos Estados Unidos.

Em verdade, a cláusula de abertura brasileira não trata de direitos retidos ou conservados (*retained*), mas sim de outros "decorrentes do regime e dos princípios" adotados pela Constituição, o que a princípio reduz o seu âmbito (PARDO, 2005, p. 114). No entanto, o texto brasileiro diz mais que o norte-americano, pois, ao contrário de lá, refere-se aos "tratados internacionais em que a República Federativa do Brasil seja parte". Assim, desde logo, evita-se a controvérsia, no mínimo curiosa, sobre a possibilidade de citação de fontes normativas, jurisprudenciais e doutrinárias estrangeiras (FARBER, 2007, p. 185). Lá, setores mais "conservadores" da política afirmam que mencionar fontes estrangeiras põe em risco a soberania do país; outros defendem a responsabilização dos agentes que utilizarem fontes subsídios de outros países.[28]

Assim, mostra-se importante verificar qual sentido e o alcance dado pelo Direito Constitucional estadunidense à IX Emenda, o que trará subsídios para um melhor entendimento da cláusula de abertura brasileira.

2.2. Origem da IX Emenda

Como se sabe, os Estados Unidos da América originaram-se do processo de independência das então treze colônias inglesas na América do Norte, que culminou em 1776. Naquele momento, logo após o fim da subordinação ao Império Britânico, surgiram, pode se dizer, treze países independentes, cada um dotado de soberania, com sua própria constituição e unidos por tratado internacional.[29]

---

[27] "*The enumeration in the Constitution, of certain rights, shall not be construed to deny or disparage others retained by the people*".

[28] "*Conservatives have responded with near hysteria to the idea of relying on foreign law. In 2004 and 2005, Senate and House Republicans introduced resolutions banning the use of foreign legal authorities. Representative Sensenbrenner warned that American sovereignty was at risk. Another Republican congressman bemoaned the use of English authority in particular. After all, patriots had 'spilled their blood ... to server ties with England forever' – what could be worse than 'justice in land of America' using British court decisions in interpreting our Constitution? What the British 'could not accomplish by force', the trumpeted, 'our Supreme Court has surrendered to them voluntarily'. A House member named Tom Feeney proposed a bill that would make citation of foreign law an impeachable offense. Outside of Congress, the response was even wilder. There was the demand that Justice Kennedy be impeached because citing foreign law 'upholds Marxist-Leninist, satanic principles.' Another impeachment call came from the head of a home-schooling group. Going even further, a self-proclaimed 'patriotic' Web site – apparently that term really is sometimes the last refuge so scoundrels – called for the assassination of Justices Ginsburg and O'Connor for having 'publicly stated that they use European law and rulings to decide how to rule on American cases*" (FARBER, 2007, p. 185).

[29] "Em uma situação padrão, um grupo de Estados-membros delega um conjunto de funções para um centro embrionário por meio de um tratado. Todavia, esse 'Tratado' torna-se diferente da maioria em geral. Os Estados-membros acham extremamente difícil escapar do comando do centro emergente. De uma maneira ou de outra, o centro busca fazer com que os 'Tratado' impeça a promulgação de leis subsequente e inconsistentes por Estados individuais periféricos. Quando os tribunais aceitam essa posição, o 'Tratado' assume o status de uma 'Constituição'. Quando se confrontam com uma lei

A partir de então, iniciou-se um processo de unificação, de criação de um Estado Federal, no qual os trezes países abdicariam de sua soberania em prol de um governo central, o qual cuidaria de forma mais efetiva dos assuntos de interesse comum, como comércio exterior e defesa externa. Surgiam os Estados Unidos da América, um Estado único, soberano e de natureza federativa, através da ratificação da Constituição de 1787 (que substituiu os laços internacionais que uniam as ex-colônias até então).[30]

Muito embora os direitos fundamentais façam parte da essência de qualquer constituição, o documento original, com exceção de poucos dispositivos (NOWAK; ROTUNDA, 2010. p. 415), não os previa (FARBER, 2007, p. 30).[31] Esses direitos somente foram incorporados em 1791, por meio das dez primeiras emendas, as quais juntamente com as emendas da reconstrução do país após a Guerra Civil, ficaram conhecidas como o *American Bill of Rights* (AMAR, 1998, p. 284).[32]

No processo de elaboração da constituição prevaleceu, de um lado, a preocupação em estabelecer as estruturas políticas do país que emergia e, de outro, o entendimento de que a previsão de uma carta de direitos seria desnecessária (pois os direitos eram "autoevidentes"[33] e estavam previs-

---

ordinária de legislação regional, os juízes passam a decidir se essa lei está de acordo com o 'Tratado ou Constituição' prevalecente. Se ela não estiver, ela não pode ser considerada lei, apesar dos esforços dos Estados autônomos de se libertarem de suas obrigações com relação ao centro. A transformação (incerta) de um Tratado em Constituição encontra-se, no centro da União Europeia atualmente; também se encontrava no centro da experiência estadunidense entre a Revolução e a Guerra Civil." (ACKERMAN, 2006, p. XXXI)

[30] Para Ackerman, a passagem do "tratado" para a "constituição" como fundamento da união das ex-colônias somente se consolidou, em termos práticos, após a Guerra Civil. Segundo o autor, "desde a Fundação até a Guerra Civil, permaneceu a dúvida quanto à União ter sido estabelecida por um Tratado ou por uma Constituição; e durante esse período, a Suprema Corte foi, de maneira abrangente, um tribunal coordenativo, recusando a aplicar o *Bill of Rights* sobre os Estados-membros, e concentrando-se na tentativa de coordenar a luta sobre os Estados com relação a uma série de questões" (ACKERMAN, 2006, p. L).

[31] Situação curiosa para os padrões atuais. Segundo o autor: *"From our point of view, one of the most striking things about the Constitution as it went out for ratification was the almost complete absence of protection for individual rights. It did protect the right to* habeas corpus, *ban certain retroactive laws, and provide for juries in criminal cases. But it said nothing about religious freedom, freedom of press, immunity from self-incrimination, and other constitutional rights that we have come to take for granted. We think of these guarantees as being at the heart of Constitution, but originally they were not there at all."* (FARBER, 2007, p. 30)

[32] *"Clause by clause, amendment by amendment, the Bill of Rights was refined and strengthened in the crucible of the 1860s. Indeed, the very phrase bill of rights as a description of the first ten (or nine, or eight) amendments was forged anew in these years. (...) Here, then, is a remarkable fact: before the adoption of the Fourteenth Amendment, the Supreme Court never – not once – referred to the 1791 decalogue as 'the' or 'a' 'bill of rights'."* (AMAR, 1998, p. 284).

[33] "Às vezes grandes textos surgem da reescrita sob pressão. No seu primeiro rascunho da Declaração da Independência, preparado em meados de junho de 1776, Thomas Jefferson escreveu: 'Consideramos que estas verdades são sagradas e inegáveis: que todos os homens são criados iguais & independentes [sic], que dessa criação igual derivam direitos inerentes e inalienáveis, entre os quais estão a preservação da vida, a liberdade & a busca da felicidade'. Em grande parte graças às suas próprias revisões, a frase de Jefferson logo se livrou dos soluços para falar em tons mais claros, mais vibrantes: 'Consideramos estas verdades autoevidentes: que todos os homens são criados iguais, dotados pelo

tos em várias constituições estaduais), inútil[34] e até mesmo perigosa, pois a ausência de menção expressa de alguma proteção poderia significar sua inexistência.

Contudo, a necessidade de uma declaração de direitos veio à tona com o processo de ratificação pelos estados. Na ocasião, colocava-se como empecilho à confirmação da Constituição a ausência de direitos fundamentais.[35] Para contornar a dificuldade, os federalistas assumiram o compromisso de apresentar projeto de emendas para inseri-los no corpo da constituição (LASH, 2004, p.349). Como compromisso assumido durante a ratificação, James Madison incumbiu-se de apresentar a proposta de declaração de direitos. Entretanto, coerente com sua preocupação de proteger os direitos não enumerados, inseriu o texto que resultou na IX Emenda (BARNETT, 1991, p. 422).[36]

Convém ressaltar que, até o fim da Guerra Civil (segunda metade do século XIX), os direitos previstos nas dez primeiras emendas não eram dirigidos aos governos estaduais, mas apenas ao federal. Dessa forma, leis estaduais que violassem liberdades ou outras garantias estariam fora do alcance do controle de constitucionalidade.[37]

Com a XIV Emenda, a situação foi corrigida, visto que o dever proteger os direitos fundamentais passou a ser dirigido de modo expresso aos estados. Para o objeto deste trabalho, as Seções 1 e 5 da Emenda são os

---

seu Criador de certos Direitos inalienáveis, que entre estes estão a Vida, a Liberdade e a busca da Felicidade'. Com essa única frase, Jefferson transformou um típico documento do século XVIII sobre injustiças políticas numa proclamação duradoura dos direitos humanos." (HUNT, 2009, p. 13)

[34] "De maneira que o objetivo principal no momento da aprovação da Constituição, em 1787, foi estabelecer um sistema de controles e contrapesos ao governo federal, mediante a fixação de um conjunto de competências impeditivas da acumulação e concentração do poder central da união. (...) Isto também por causa da experiência negativa imediatamente anterior das colônias com os excessos do parlamento inglês, a indicar que a mera listagem dos direitos não acarretava conseqüências legais adicionais importantes à limitação do poder." (PARDO, 2005, p. 81).

[35] "*As one of the original ten amendments to the Constitution, the Ninth Amendment shares its origin with that of the Bill of Rights. When the Philadelphia Convention circulated its proposed draft of the Constitution, criticism quickly arose regarding the document's lack of specifically listed freedoms, such as were common in state constitutions. The omission was seized upon by antifederalist pamphleteers with names like 'Federal Farmer' and 'Brutus' who circulated flyers throughout the states demanding the addition of a Bill of Rights. Madison and the Federalists defended the document's lack of such a Bill on two grounds. First, the principle of enumerated powers would sufficiently protect the people from federal invasion of their rights. Second, adding a Bill of Rights might be construed in a manner that would undermine the principle of limited enumerated power.*" (LASH, 2004, p. 348)

[36] Na defesa do projeto, James Madison afirmou: "*The exceptions here or elsewhere in the Constitution, made a favor of particular rights, shall not be so constructed as do diminish the just importance of others rights retained by the people, as to enlarge the powers delegated by the constitution; but either as actual limitations of such powers, or as inserted merely for a greater caution*" (BARNETT, 1991, p. 422).

[37] "*In an early decision the Supreme Court ruled that these tem amendments to the Constitution were not applicable to the states. This holding was correct historically because the drafters of the Bill of Rights designed the amendments as a check on the new national government. This judicially perceived intent of the drafters, however, limited the ability of the courts to control the substance of the state law under the federal constitution.*" (NOWAK; ROTUNDA, 2010, p. 416)

dispositivos mais relevantes. A Seção 1 estabelece que todos os norte-americanos (nascidos ou naturalizados) são cidadãos dos Estados Unidos da América e do estado onde residam; que nenhum estado pode: 1) elaborar ou aplicar leis que violem os privilégios e imunidades dos cidadãos norte-americanos; 2) privar qualquer pessoa de sua vida, liberdade ou propriedade sem o devido processo legal e 3) negar a qualquer pessoa sob sua jurisdição igual proteção das leis. Por sua vez, a Seção 5 estabelece que o Congresso (federal) tem o poder de fazer cumprir, através da legislação apropriada, as determinações da emenda.[38]

Assim, após a XIV Emenda, o *Bill of Rights* passou a ser vinculante também para os Estados, tendo como garantia o poder de a União fazer cumprir as determinações, por meio de legislação apropriada. No que diz respeito aos direitos não enumerados, a preservação é garantida por ambas as emendas, de acordo a entidade violadora: para a União, a IX Emenda; para os Estados, a XIV Emenda. Note-se:

> Strictly speaking, the Ninth Amendment does not create any rights; it simply upholds the vitality of existing rights. The Fourteenth Amendment then provides a federal guarantee against violations of the rights by state government. So technically, the rights involved should be referred to as 'those rights preserved by the Ninth Amendment in terms of federal power and protected from state violation by the Fourteenth Amendment (FARBER, 2007, p. 16)

Ressalte-se que, em face de peculiaridades do debate jurídico e político dos Estados Unidos, a origem e a finalidade da IX Emenda ainda é objeto de controvérsia. Para uma corrente, seria uma espécie de cláusula federativa, a proteger os estados (e não os indivíduos) contra os avanços

---

[38] O texto integral da *XIV Amendment: SECTION 1. All persons born or naturalized in the United States, and subject to the jurisdiction thereof, are citizens of the United States and of the state wherein they reside. No state shall make or enforce any law which shall abridge the privileges or immunities of citizens of the United States; nor shall any state deprive any person of life, liberty, or property, without due process of law; nor deny to any person within its jurisdiction the equal protection of the laws. SECTION 2. Representatives shall be apportioned among the several states according to their respective numbers, counting the whole number of persons in each state, excluding Indians not taxed. But when the right to vote at any election for the choice of electors for President and Vice President of the United States, Representatives in Congress, the executive and judicial officers of a state, or the members of the legislature thereof, is denied to any of the male inhabitants of such state, being twenty-one years of age, and citizens of the United States, or in any way abridged, except for participation in rebellion, or other crime, the basis of representation therein shall be reduced in the proportion which the number of such male citizens shall bear to the whole number of male citizens twenty-one years of age in such state. SECTION 3. No person shall be a Senator or Representative in Congress, or elector of President and Vice President, or hold any office, civil or military, under the United States, or under any state, who, having previously taken an oath, as a member of Congress, or as an officer of the United States, or as a member of any state legislature, or as an executive or judicial officer of any state, to support the Constitution of the United States, shall have engaged in insurrection or rebellion against the same, or given aid or comfort to the enemies thereof. But Congress may by a vote of two-thirds of each House, remove such disability. SECTION 4. The validity of the public debt of the United States, authorized by law, including debts incurred for payment of pensions and bounties for services in suppressing insurrection or rebellion, shall not be questioned. But neither the United States nor any state shall assume or pay any debt or obligation incurred in aid of insurrection or rebellion against the United States, or any claim for the loss or emancipation of any slave; but all such debts, obligations and claims shall be held illegal and void. SECTION 5. The Congress shall have power to enforce, by appropriate legislation, the provisions of this article.*

do governo central, devendo ser interpretada como tal e em conjunto com a X Emenda,[39] a qual estabelece a competência remanescente dos estados para as matérias que não foram delegadas à União nem proibidas de modo expresso aos estados. Neste contexto:

> Madison conceived the Ninth Amendment in response to calls from state conventions that a provision be added *limiting the constructive expansion of federal power into matters properly belonging under state control*. Madison's original draft of the Ninth Amendment expressly responded to these calls, and he insisted that the same states' rights principle was expressed in the final draft. A rule of construction guarding the retained rights of the people amounted to the same thing as limiting the power of the federal government to interfere with matters believed left to state control. Equating states' rights with the retained rights of the people, however, has long since fallen out of fashion, and it requires a degree of intellectual effort to hear the words of the Ninth Amendment as they were heard by James Madison and the Founders. *There is nothing historically contradictory about linking the prerogatives of the people with the autonomy of the states. The Tenth Amendment, for example, simultaneously reserves nondelegated power to the states and to the people of the several states.* What may be difficult to appreciate from a contemporary standpoint is that, to the Founding generation, preserving the retained rights of the people amounted to the same thing as preserving the retained rights of the states. (LASH, 2004, p. 394. Grifado).

Esta corrente lê "direitos conservados pelo povo" como "direitos conservados pelos estados". Assim, a IX Emenda deveria ser lida e aplicada em sintonia com a X Emenda. Dessa forma, não haveria direitos individuais a serem reconhecidos com fundamento na "Nona". Esta seria a posição mais próxima dos partidários do originalismo nos Estados Unidos.

Por outro lado, há outro grupo, para a qual, a preocupação da emenda é proteger direitos fundamentais. Farber (2007) é um dos representantes mais recentes. De acordo com ele, é errado afirmar que a IX Emenda dirige-se a preservar os estados contra o governo federal. Primeiro, porque essa já é o objetivo da X Emenda. Segundo, porque o autor do projeto do *Bill of Rights*, James Madison, teve o cuidado de preservar, em emendas distintas, os direitos não enumerados: o das pessoas em uma (a nona) e o dos estados, em outra (a décima). Afirmar o contrário, tornaria a IX Emenda completamente supérflua e misturaria objetos que o autor da proposta fez questão de separar. Terceiro, os estados que foram criados e/ou incorporados aos Estados Unidos da América no século XIX, após a aprovação do *Bill of Rights*, incorporaram em suas constituições dispositivos equivalentes à IX Emenda. Segundo o autor, *"obviously, they saw the principle of the Ninth Amendment as applying to state governments, not merely as a special kind of protection against the federal government."* (FARBER, 2007, p. 202-203)

---

[39] *"The powers not delegated to the United States by the Constitution, nor prohibited by it to the States, are reserved to the States respectively, or to the people".*

De qualquer forma, embora tenha argumentos relevantes, a primeira corrente não é a que melhor reflete o contexto dos debates da ratificação da Constituição dos Estados Unidos (em 1787) e das dez primeiras emendas (em 1791). Em verdade, dados históricos (FARBER, 2007)[40] reforçam a correção da segunda corrente, para a qual os direitos *"retained by the people"* se referem aos direitos fundamentais e não a garantias de autonomia federativa.

2.3. Evolução

Após sua entrada em vigor, em 1791, a IX Emenda foi praticamente esquecida por mais de 150 anos, tendo sido invocada, de modo pontual, apenas na década de 1960, em um voto vencido durante o julgamento do caso *Griswold vs. Connecticut*, que tratava da proibição de uso de anticoncepcionais no âmbito do casamento (TRIBE, 2008, p. 145). Seria um caso de verdadeira "amnésia constitucional", segundo Farber:

> If the meaning of the Ninth Amendment was so clear, why do I need to write a book to prove my case? Why isn't my view already the law? The problem is that the Ninth Amendment went into hibernation almost as soon as it was created. Unlike the other amendments, its was not a direct response to state-level clamor for a federal bill of rights. Thus, it lacked a preexisting constituency. If the First Congress had legislated broadly on personal matters such as marriage or childbearing, the Ninth Amendment might have become politically salient. But as it turned out, politics in the early republic revolved around others issues, to which the Ninth Amendment was not very relevant. Indeed, the Bill of Rights as a whole made only a sporadic appearance in political debate (FARBER, 2007, p. 45).

Durante esse período, a Suprema Corte utilizou o princípio do devido processo legal para julgar casos a envolver novos direitos (FARBER, 2007, p. 76). Não à toa, a doutrina e jurisprudência acerca do *due process of law* expandiu-se muito naquele país. Nesse sentido, para resolver questões de direito material (e para reconhecer novos direitos) foi desenvolvida uma teoria acerca da dimensão substantiva do devido processo, sendo muito conhecidos diversos julgados em que a cláusula foi aplicada. Em verdade, é intuitivo que a fundamentação dessas expectativas ficaria mais reforçada com a utilização da IX Emenda ou da XIV Emenda (a qual prevê a proteção de prerrogativas e imunidades – *"P or I Clause"*) do que com o devido processo legal substantivo. Pelo menos deixaria a Suprema Corte menos vulnerável a críticas.[41]

---

[40] Especialmente capítulo 2 (*"Natural rights and the framers"*, p. 21-28), capítulo 3 (*"The debate over whether to have a bill of rights"*, p. 29-37), capítulo 4 (*"Madison's solution"*) e apêndice (*"Misunderstanding the framers"*), p. 201-209.

[41] *"With the exception of this recente case [Sanz v. Roe – 526 U.S. 489 (1999)], the P or I remains almost forgotten, just like the Ninth Amendment. Given that the Court did much the same thing through the Due Process Clause, the confusion may not have actually affected the outcomes of many cases. But using the Due Process Clause has made the Court more vulnerable to attack. The P or I Clause by its very terms protects an individual's substantive rights, while the Due Process Clause looks more like a guarantee of fair trials. The historical*

Não obstante a "amnésia constitucional", o debate acerca da IX Emenda foi retomado com grande intensidade na segunda metade da década de 1980, após as audiências de confirmação, no Senado dos Estados Unidos, da indicação de Robert Bork para a Suprema Corte. Ao ser questionado acerca de como conciliar o originalismo com a IX Emenda, Bork apresentou uma analogia que entrou para a história dos debates constitucionais daquele país, mas que lhe custou a confirmação para o cargo. Para ele, a "Nona" seria como uma mancha de tinta ("*ink blot*") a esconder conteúdo de uma frase. Dessa forma, como o julgador não poderia adivinhar seu conteúdo original, não lhe seria permitido atribuir qualquer sentido. Observe-se:

> The modern debate over the original meaning of the Ninth Amendment was triggered by the testimony of Judge Robert Bork during the hearings over his Supreme Court nomination. After extensive grilling in which he was asked to reconcile his originalism with the text of the Ninth Amendment, he offered the following analogy:
> *I do not think you can use the ninth amendment unless you know something of what it means.* For example, if you had an amendment that says "Congress shall make no" and then there is an *ink blot* and you cannot read the rest of it and that is the only copy you have, *I do not think the court can make up what might be under the ink blot ...*
> Coming from someone committed to originalism, this statement was controversial to say the least. *Within months, an extensive literature on the Ninth Amendment began to accumulate.* Just as interesting as his Senate testimony was how Judge Bork treated the Ninth Amendment in his later book, The Tempting of America. There, he switched his ink blot metaphor to the Privileges or Immunities Clause of the Fourteenth Amendment (BARNETT, 2006, p. 10).

A reação à declaração de Robert Bork de que a IX Emenda seria tão obscura quanto o conteúdo de uma declaração oculta em uma mancha de tinta provocou fortes reações no debate constitucional norte-americano.[42] Dentre estas reações, fez renascer (ou mesmo nascer) os estudos mais aprofundados acerca da matéria.

2.4. Critérios para o reconhecimento de um direito como "retained by the people"

Em um capítulo intitulado "*a user's guide to Ninth amendment*", Farber (2007, p. 101) propõe alguns fatores e critérios para a identificação e

---

basis for using the Due Process Clause to protect fundamental rights is much weaker. As a result, the Court has opened the door to attacks on the whole enterprise of using fundamental rights by using the wrong clause" (FARBER, 2007, p. 81. Grifado).

[42] Segundo Ronald Dworkin, "a melhor interpretação para a derrota de Bork não é que ele foi derrotado por ter um zelo demasiadamente rígido pela soberania da lei, mas porque sua teoria do direito – sua ideia acerca das exigências dessa soberania da lei – é superficial e medíocre." (DWORKIN, 2006. p. 453). Mais adiante, o mesmo autor afirma: "Não há dúvida de que Bork foi vítima de distorções escandalosas e de argumentos falaciosos, que deixavam de lado todo o essencial. Porém, não penso que essas falsas representações tiveram, em sua derrota, um papel tão importante quanto ele crê. Bork foi derrotado sobretudo porque questionou um estilo de interpretação da Constituição que passou a fazer parte da tradição política norte-americana e que a maioria do público, para surpresa dele, apóia" (DWORKIN, 2006, p. 460).

reconhecimento de direitos não enumerados no âmbito dos Estados Unidos: 1) existência de precedente da Suprema Corte estabelecendo o direito ou direitos análogos; 2) existência de conexões com garantias constitucionais específicas; 3) tradições longas e específicas a respaldar o direito; 4) consenso social contemporâneo sobre a validade do direito; 5) decisões de legisladores e juízes reconhecendo o direito; 6) as mais amplas e recentes tradições americanas consistentes com o direito; 7) decisões de legisladores e juízes internacionais reconhecendo o direito (FARBER, 2007, p. 108).

Para justificar os critérios:

> This factors are not listed in any specific order, but in general, the items earlier on the list are likely to get more weight. The factors lower on the list become more relevant when the earlier factors are absent or ambiguous. But the ordering should not be considered too rigid. It would be a waste of time to agonize too much about the exact order of the list, when each case is likely to present its own especial problems. Does this approach actually work? The only way to find out is to try out the approach on some hard questions and see how well it functions. (FARBER, 2007, p. 108)

Observe-se, nos critérios apontados, a prevalência dos precedentes constitucionais, do reconhecimento no âmbito internacional e da ampla aceitação social para o reconhecimento da fundamentalidade de um novo direito. Após indicar os critérios, o autor faz testes com algumas expectativas, de modo a verificar se se estaria diante de direitos fundamentais fora do catálogo.[43]

Interessante notar que tais critérios apontam para uma maior abertura ao diálogo transnacional no âmbito dos direitos fundamentais, algo que no Século XXI ainda encontra resistência em setores influentes do Direito Constitucional dos Estados Unidos.[44]

---

[43] A saber: *"reproductive rights"*, *"the end of life"*, *"gay rights"*, *"education"* *"the right to government protection"* e *"the right to travel"*.

[44] *"Recent Supreme Court opinions mentioning constitutional decisions by courts outside the United States have generated a strong – and grossly overstated – critique by conservative commentators. The thrust of the critique is that these opinions portend inroads on the sovereign ability of the American people to govern ourselves, and the embedding in the U.S. Constitution – through judicial interpretation – of the values of a cosmopolitan elite that could not persuade the American people to adopt those values through purely domestic processes. Only a brief comment on these 'arguments' is appropriate here. First, Supreme Court mention of decisions by courts outside the United States is no recent development, but at most a revival of an earlier tradition that had been submerged for perhaps a decade or two. Second, mention is the right word. Only one recent opinion relies on the substance of a decision by a non-U.S. court to support a proposition that played some role in the Court's reasoning. Others references to such decisions have been in the form of factual observations about what others courts have done. Third, the idea that references to non-U.S. decisions might somehow produce decisions that would not be reached by using other materials for interpreting the Constitution is quite implausible. It seems to require that some justice who would not otherwise be persuaded by those other materials would nonetheless change his or her mind when confronted with the non-U.S. materials. That might happen, someday, for one justice perhaps, but surely not on a large enough scale for anyone to care about. Fourth, the concern about sovereignty seems equally misplaced. The U.S. Supreme Court is, after all, a domestic lawmaker no less than is, for example, the U.S. Senate, which ratifies treaties limiting what the U.S. government as a whole can do. That is, a domestic institution would impose any restrictions on U.S. lawmaking by references to non-U.S. court decisions. There is no impairment of sovereignty in that. And, finally, the concerns about self-government expressed by*

3. Direitos fundamentais não enumerados na Constituição brasileira de 1988

3.1. Classificação dos direitos fundamentais na Constituição brasileira de 1988

Silva (2008, p. 184) apresenta uma classificação, com base no direito positivo brasileiro: 1) direitos fundamentais expressos; 2) direitos fundamentais decorrentes dos princípios e regimes adotados pela Constituição e 3) direitos fundamentais decorrentes de tratados e convenções internacionais adotados pelo Brasil. Em sua exposição, o autor restringe os "direitos expressos" aos do art. 5º.[45] No entanto, ao acrescentar o critério relativo ao conteúdo, indica seis categorias: 1) direitos individuais; 2) direitos à nacionalidade; 3) direitos políticos; 4) direitos sociais; 5) direitos coletivos e 6) direitos solidários.

Sarlet (2015) parte da proposta acima e a aperfeiçoa. Assim, separa os direitos fundamentais em dois grandes grupos: 1) direitos fundamentais escritos e 2) direitos fundamentais não escritos. O primeiro se divide em: 1.1) direitos previstos expressamente no catálogo ou em outras partes do texto constitucional e 1.2) direitos previstos em tratados internacionais em vigor. O segundo, em: 2.1) direitos implícitos (subentendidos das normas de direitos fundamentais expressas) e 2.2) direitos decorrentes do regime e dos princípios. Nas palavras do autor:

> Neste contexto, ousando divergir, em parte, da proposta classificatória de José Afonso da Silva, e com base no que já foi exposto relativamente a este ponto (desconsiderados, aqui, outros critérios viáveis de classificação), já podemos sustentar a existência de *dois grandes grupos de direitos fundamentais*, notadamente os *direitos expressamente positivados* (ou escritos), no sentido de expressamente positivados, e os *direitos não escritos*, aqui genericamente considerados aqueles que não foram objeto de previsão expressa pelo direito positivo (constitucional ou internacional). No que concerne ao primeiro grupo, não existem maiores dificuldades para identificar a existência de duas categorias distintas, quais sejam, a dos direitos *expressamente previstos no catálogo do*s direitos fundamentais ou em outras partes do texto constitucional (direitos com status constitucional material e formal), bem como os direitos fundamentais *sediados em tratados internacionais* e que igualmente foram expressamente positivados. Já no que concerne ao segundo grupo, podemos distinguir também duas categorias. A primeira constitui-se dos *direitos fundamentais implícitos*, no

---

critics of these Supreme Court decisions are valid ones – when made about judicial review itself. There is nothing, though, that distinguishes non-U.S. decisions from anything else the Court might rely on to limit self-government through judicial review" (TUSHNET, 2008, p. 3. Grifado).

[45] "O critério da fonte leva em conta a circunstância de a Constituição mesma admitir outros direitos e garantias fundamentais não enumerados, quando, no § 2º do art. 5º, declara que os direitos e garantias previstos neste artigo não excluem outros decorrentes dos princípios e do regime adotado pela Constituição e dos tratados internacionais em que a República Federativa do Brasil seja parte. Daí as três fontes dos direitos e garantias: (a) <u>expressos (art. 5º, I a LXXVIII)</u>; (b) os decorrentes dos princípios e regime adotados pela Constituição; (c) os decorrentes de tratados e convenções internacionais adotados pelo Brasil." (SILVA, 2008, p. 182-183. Grifado).

sentido de posições fundamentais subentendidas nas normas definidoras de direitos e garantias fundamentais (aproximando-se da noção atribuída por J.A. da Silva), ao passo que a segunda categoria corresponde aos direitos fundamentais que a própria norma contida no art. 5º, § 2º, da CF denomina de *direitos decorrentes do regime e dos princípios*. Tal classificação deverá, doravante, servir de referencial para o desenvolvimento da análise da concepção materialmente aberta dos direitos fundamentais em nossa Lei Fundamental, ora intentada (SARLET, 2015, p. 88. Grifado).

Neste contexto,

Os direitos *implícitos* se diferenciam dos direitos *decorrentes* do regime e dos princípios porque são mais bem entendidos como direitos que resultam da redefinição do campo de incidência dos direitos fundamentais específicos já expressamente enumerados no catálogo constitucional, ou de uma dedução deles. Há ainda direitos específicos que não se encontram expressamente enumerados no catálogo constitucional, mas que podem ser identificados como direitos fundamentais por uma simples referência ao texto constitucional. Eles são direitos expressamente previstos em outras partes da Constituição (PARDO, 2005, p. 241).

Apresentada a classificação entre direitos escritos (na Constituição ou em tratados) e não escritos (implícitos ou decorrentes),[46] será feito breve levantamento de alguns direitos implícitos ou decorrentes em debate no Brasil. Por questão de espaço, muitos potencialmente fundamentais deixarão de ser abordados. A lista não é pequena, da qual podem ser citados: o direito geral de personalidade, direito de resistência, direito à identidade genética, direito à identidade pessoal, direito ao sigilo bancário (e fiscal) e direito de ressocialização do preso (SARLET, 2015, p. 90-91).[47] Além destes, há outros, com fundamento em dispositivos localizados fora

---

[46] No direito norte-americano prefere-se a expressão "não enumerados" ("*unenumerated*") a "não escritos" ("*unwritten*") para indicar direitos sem menção na Constituição. Ronald Dworkin entende que não faz sentido distinguir direitos enumerados de não enumerados ("*...I think that the distinction between enumerated and unenumerated constitutional rights, a distinction presupposed by our assignment, is bogus*"). No entanto, disse isso em um trabalho denominado "*Unenumerated rights: whether and how roe should be overruled.*", no qual discute a temática do aborto nos Estados Unidos. Há tradução do texto para o português, sob o título "O que diz a constituição", no capítulo 3 do livro "O direito da liberdade: a leitura moral da constituição norte-americana" (DWORKIN, 2006). No texto original, Dworkin debate com Richard A. Posner acerca de tais direitos. A réplica de Posner foi publicada sob o título de "*Legal reasoning from the top down and from the bottom up: the question of unenumerated constitutional rights.*" (*University of Chicago Law Review*. nº 59, Winter/1992, p. 431-450). Também há tradução para o português, revisada, sob o título "O raciocínio jurídico de cima para baixo e de baixo para cima", no capítulo 5 do livro "Para além do direito" (POSNER, 2009).

[47] "No campo dos direitos implícitos e/ou decorrentes do regime e dos princípios, vale mencionar alguns exemplos que têm sido citados na doutrina, mas que também já encontraram aceitação na esfera jurisprudencial, ainda que se esteja longe de alcançar um consenso, especialmente (mas não exclusivamente, importa destacar) no concernente ao conteúdo e alcance destes direitos. Assim, verifica-se que na doutrina mais recente voltou a ser referido o *direito de resistência* ou o *direito à desobediência civil*, que, embora também possam ser tratados como equivalentes (desde que haja concordância em termos conceituais) têm sido apresentados com traços distintos pela doutrina nacional. Também o *direito à identidade genética da pessoa humana*, o *direito à identidade pessoal*, as garantias do *sigilo bancário e fiscal* (em geral deduzidas, por expressiva parcela da doutrina e jurisprudência nacional, do direito à privacidade), um *direito à boa administração pública*, bem como, na acepção do Supremo Tribunal Federal, de um *direito à ressocialização por parte do preso* condenado em sede criminal, entre outros, revelam não apenas o quanto já tem sido feito nessa esfera, mas também as possibilidades de desenvolvimento da

do catálogo: direito de igual acesso aos cargos públicos; direito de associação sindical e greve dos servidores públicos; direito à estabilidade no cargo por parte de servidores públicos; direito de iniciativa popular legislativa; direito a uma decisão judicial fundamentada e submetida ao dever de publicidade, dentre outros (SARLET, 2015, p. 118).[48]

3.2. Alguns direitos fundamentais não expressos (fora do catálogo) reconhecidos pelo STF

Primeiramente, a anterioridade tributária. Embora prevista no art. 150, III, b, da Constituição Federal (fora, pois, do Título II), é considerada direito fundamental e, como tal, dotada de aplicabilidade imediata e protegida contra emenda constitucional tendente a aboli-la. Esta foi uma das conclusões contidas no julgamento proferido pelo STF na Ação Direta de Inconstitucionalidade n. 939-7 DF, proferida em dezembro de 1993.

Na ocasião, a Corte se deparou, dentre outros pontos, com a alegação de que o art. 2º, § 2º, da Emenda Constitucional n. 3, de 17.03.1993, seria inconstitucional. Este dispositivo afastava a incidência da regra da anterioridade tributária e permitia a cobrança imediata do então novo imposto.[49]

A tese foi acolhida e, pela primeira vez na vigência da Constituição de 1988, o STF havia reconhecido um direito fundamental fora do catálogo, com fundamento no seu art. 5º, § 2º (VIEIRA, 1999, p. 165).[50] Assim, embora o tributo tivesse sido considerado válido como um todo, sua cobrança teve de ser adiada para o exercício financeiro seguinte.

Atualmente, este é o exemplo obrigatório feito em qualquer exposição acerca da cláusula de abertura dos direitos fundamentais no Brasil. No entanto, deve ser ressaltado que a decisão (em 1993) não foi unânime e que a tese vencedora foi questionada no momento do julgamento. Nesse sentido, é interessante lembrar que o parecer proferido pela Procuradoria-Geral da República foi contrário ao reconhecimento da fundamentalidade

---

abertura material do catálogo também no que diz com os direitos não expressamente positivados" (SARLET, 2015, p. 91-92. Grifado).

[48] "Além disso, os preceitos referidos revelam nítida preocupação com a proteção da dignidade humana, da liberdade e da igualdade, constituindo, portanto, direitos materialmente fundamentais ou, no mínimo, passíveis de se enquadrarem nesta categoria" (SARLET, 2015, p. 118)

[49] Emenda Constitucional n. 03, de 17.03.1993: Art. 2º A União poderá instituir, nos termos de lei complementar, com vigência até 31 de dezembro de 1994, *imposto sobre movimentação ou transmissão de valores e de créditos e direitos de natureza financeira*. § 1º A alíquota do imposto de que trata este artigo não excederá a vinte e cinco centésimos por cento, facultado ao Poder Executivo reduzi-la ou restabelecê-la, total ou parcialmente, nas condições e limites fixados em lei. § 2º *Ao imposto de que trata este artigo não se aplica o art. 150, III, b, e VI, nem o disposto no § 5º do art. 153 da Constituição.* § 3º O produto da arrecadação do imposto de que trata este artigo não se encontra sujeito a qualquer modalidade de repartição com outra entidade federada. § 4º Do produto da arrecadação do imposto de que trata este artigo serão destinados vinte por cento para custeio de programas de habitação popular. (Grifado).

[50] Julgamento proferido pelo STF na Ação Direta de Inconstitucionalidade n. 939-DF, em 15.12.1993.

ao direito à anterioridade tributária, e este entendimento foi acolhido por pelo menos um ministro presente à deliberação.[51] No entanto, esta matéria está pacificada, e este precedente possibilitou o reconhecimento de outros direitos fundamentais não expressos.

Outro direito fundamental fora do catálogo expressamente confirmado pelo STF e que deve ser mencionado trata da proteção ao meio ambiente. Note-se:

> Na caracterização da sua jusfundamentalidade, a doutrina e a jurisprudência brasileiras são pacíficas no sentido de reconhecer o direito ao meio ambiente como integrante do rol dos direitos e garantias fundamentais da pessoa humana, constante da Lei Fundamental de 198, não obstante estar situado fora do Título II de seu Texto. É, portanto, a partir de uma leitura 'material' do seu conteúdo e das relações que mantém com os demais valores constitucionais fundamentais que o direito ao ambiente alcança o *status* de direito fundamental. A configuração de sua fundamentalidade resulta da sua identificação com os valores que compõem o conteúdo essencial do princípio da dignidade da pessoa humana e do Estado de Direito brasileiro. Nesse aspecto, a doutrina destaca a dupla perspectiva da 'fundamentalidade' dos direitos fundamentais: formal e material. Um direito fundamental pode ser concebido como tal em razão de estar consagrado de forma expressa no coração constitucional, bem como através de um critério material que visa justamente a analisar o conteúdo do direito e a sua importância na composição dos valores constitucionais fundamentais, o que se dá também através da sua vinculação em maior ou menor medida com a dignidade da pessoa humana. (...) Já em nota conclusiva, em vista de tudo o que foi discutido até aqui, pode-se afirmar que o direito ao ambiente, portanto, carrega na sua essência a fundamentalidade material necessária para inseri-lo no destacado rol dos direitos fundamentais, tanto que é de nós desconhecida qualquer oposição doutrinária à posição referida, já tendo sido inclusive consolidado tal entendimento pelo Supremo Tribunal Federal. Assim, embora não elencado de forma expressa no rol dos direitos e garantias fundamentais da Constituição de 1988, o direito ao ambiente passa a integrar necessariamente tal campo constitucional, em virtude de estar inserido, indiscutivelmente, ante sua importância de índole existencial

---

[51] "O SENHOR MINISTRO SEPÚLVEDA PERTENCE: Senhor Presidente, tendo que me retirar da sessão, para uma viagem de urgência, peço vênia para antecipar meu voto. Serei breve. 2. No que diz respeito à ressalva da aplicação do art. 150, III, b, que consagra a regra da anterioridade, na incidência do IPMF, peço vênia ao eminente Relator para julgar improcedente a ação. 3. Creio que na demarcação de qual seja a extensão da limitação material ao poder de reforma constitucional, que proíbe a deliberação sobre propostas tendentes a abolir direitos e garantias individuais, o intérprete não pode fugir a uma carga axiológica a atribuir, no contexto da Constituição, a eventuais direitos ou garantias nela inseridos. E não consigo, por mais que me esforce, ver, na regra da anterioridade, recortada de exceções no próprio Texto de 1988, a grandeza de cláusula perene, que se lhe quer atribuir, de modo a impedir ao órgão de reforma constitucional a instituição de um imposto provisório que a ela não se submeta. 4. Com as devidas vênias – não estive presente ao julgamento da medida cautelar – da maioria que se formou pela concessão da liminar, diria que a grandeza atribuída à regra da anterioridade, no contexto da Constituição vigente, é fruto mais que de uma interpretação retrospectiva a que há dias aludia, citando Luiz Roberto Barroso e Barbosa Moreira (v. MS 21.689), de uma interpretação nostálgica: o que se quer, à força, é ver na anterioridade o velho princípio da anualidade, da exigência de prévia autorização orçamental anual para cobrança de cada imposto, que, esse si – não é preciso repetir a História a partir de João Sem Terra –, teve uma carga história e política de grande relevo. Mas a verdade é que a dinâmica da administração financeira do contemporâneo Estado intervencionista superou, mal ou bem, no constitucionalismo brasileiro." Disponível em: http://redir.stf.jus.br/paginadorpub/paginador.jsp?docTP=AC&docID=266590. Acesso em: 08.02.2015.

para o ser humano, no núcleo protetivo do direito à vida humana digna e saudável (FERSTENSEIFER, 2008, p. 166-169)

A discussão girava em torno da fundamentalidade do art. 225 da Constituição Federal, que tem a seguinte redação: "Todos têm direito ao meio ambiente ecologicamente equilibrado, bem de uso comum do povo e essencial à sadia qualidade de vida, impondo-se ao Poder Público e à coletividade o dever de defendê-lo e preservá-lo para as presentes e futuras gerações". No entanto, trata-se de direito fundamental que transcende o interesse meramente individual, de modo que não houve maior controvérsia quando o STF ratificou sua fundamentalidade material este entendimento,[52] não obstante seu dispositivo (art. 225) não estar inserido no Título II da Constituição de 1988.

Portanto, em pelo menos duas matérias (tutela do meio ambiente e do contribuinte), o STF já reconheceu em seus julgados a existência de direitos fundamentais fora do catálogo da Constituição de 1988.

3.3. Direitos (possivelmente) fundamentais ainda não reconhecidos pelo STF

O rol de direitos pretensamente fundamentais é extenso e o grau de subjetividade no seu reconhecimento, idem. Alguns serão abordados a

---

[52] Ilustrativo é o seguinte trecho da ementa do acórdão referente à Ação Direta de Inconstitucionalidade (Medida Cautelar) n. 3.540-1 (DF): Todos têm direito ao meio ambiente ecologicamente equilibrado. Trata-se de um típico direito de terceira geração (ou de novíssima dimensão), que assiste a todo o gênero humano (RTJ 158/205-206). Incumbe, ao Estado e à própria coletividade, a especial obrigação de defender e preservar, em benefício das presentes e futuras gerações, esse direito de titularidade coletiva e de caráter transindividual (RTJ 164/158-161). O adimplemento desse encargo, que é irrenunciável, representa a garantia de que não se instaurarão, no seio da coletividade, os graves conflitos intergeneracionais marcados pelo desrespeito ao dever de solidariedade, que a todos se impõe, na proteção desse bem essencial de uso comum das pessoas em geral. (...) A incolumidade do meio ambiente não pode ser comprometida por interesses empresariais nem ficar dependente de motivações de índole meramente econômica, ainda mais se se tiver presente que a atividade econômica, considerada a disciplina constitucional que a rege, está subordinada, dentre outros princípios gerais, àquele que privilegia a "defesa do meio ambiente" (CF, art. 170, VI), que traduz conceito amplo e abrangente das noções de meio ambiente natural, de meio ambiente cultural, de meio ambiente artificial (espaço urbano) e de meio ambiente laboral. Doutrina. Os instrumentos jurídicos de caráter legal e de natureza constitucional objetivam viabilizar a tutela efetiva do meio ambiente, para que não se alterem as propriedades e os atributos que lhe são inerentes, o que provocaria inaceitável comprometimento da saúde, segurança, cultura, trabalho e bem-estar da população, além de causar graves danos ecológicos ao patrimônio ambiental, considerado este em seu aspecto físico ou natural. (...) O princípio do desenvolvimento sustentável, além de impregnado de caráter eminentemente constitucional, encontra suporte legitimador em compromissos internacionais assumidos pelo Estado brasileiro e representa fator de obtenção do justo equilíbrio entre as exigências da economia e as da ecologia, subordinada, no entanto, a invocação desse postulado, quando ocorrente situação de conflito entre valores constitucionais relevantes, a uma condição inafastável, cuja observância não comprometa nem esvazie o conteúdo essencial de um dos mais significativos direitos fundamentais: o direito à preservação do meio ambiente, que traduz bem de uso comum da generalidade das pessoas, a ser resguardado em favor das presentes e futuras gerações. (...)." Disponível em: http://redir.stf.jus.br/paginadorpub/paginador.jsp?docTP=AC&docID=387260. Acesso em: 08.02.2015.

seguir. Embora não haja o necessário aprofundamento, o que demandaria no mínimo um trabalho acadêmico para cada um dos direitos mencionados, o conjunto abaixo apresenta dois pontos em comum: 1) a existência de intensa produção doutrinária sobre eles, tanto no Brasil quanto no exterior e 2) o fato de o STF ainda não ter se pronunciado sobre sua fundamentalidade.

Primeiramente, o direito (potencialmente fundamental) ao esquecimento. A matéria, já conhecida na Europa e nos Estados Unidos (embora com abordagens bem distintas[53]), é consequência dos avanços das tecnologias de armazenamento, compartilhamento e transmissão de dados e informações. A questão pode ser assim resumida:

> A internet não esquece. Ao contrário dos jornais e revistas de outrora, cujas edições se perdiam no tempo, sujeitas ao desgaste do seu suporte físico, as informações que circulam na rede ali permanecem indefinidamente. Pior: dados pretéritos vem à tona com a mesma clareza dos dados mais recentes, criando um delicado conflito no campo do direito. De um lado, é certo que o público tem direito a relembrar fatos antigos. De outro, embora ninguém tenha direito de apagar os fatos, deve-se evitar que uma pessoa seja perseguida, ao longo de toda a vida, por um acontecimento pretérito (SCHREIBER, 2013, p. 170)

Ademais, além da ampla possibilidade de acesso a informações do passado, os motores de busca na internet permitem até mesmo a formação de perfis pessoais que não seriam mais condizentes com a situação atual das pessoas retratadas. Sendo assim, surge a demanda de proteção contra tais situações.[54]

Em julgados recentes,[55] o Superior Tribunal de Justiça (STJ) decidiu que a demanda por esquecimento deve ser protegida. A Corte apreciou casos envolvendo programas de televisão de emissora de alcance nacional a veicular reportagem (ou documentário) sobre crimes ocorridos no pas-

---

[53] "*In theory, the right to be forgotten addresses an urgent problem in the digital age: it is very hard to escape your past on the Internet now that every photo, status update, and tweet lives forever in the cloud. But Europeans and Americans have diametrically opposed approaches to the problem. In Europe, the intellectual roots of the right to be forgotten can be found in French law, which recognizes le droit à l'oubli –or the 'right of oblivion'– a right that allows a convicted criminal who has served his time and been rehabilitated to object to the publication of the facts of his conviction and incarceration. In America, by contrast, publication of someone's criminal history is protected by the First Amendment, leading Wikipedia to resist the efforts by two Germans convicted of murdering a famous actor to remove their criminal history from the actor's Wikipedia page*" (ROSEN, 2012, p. 88. Grifado).

[54] "Além da possibilidade de alcance de informações pessoais, os motores de busca viabilizam o estabelecimento de uma representação digital que, em razão de seu amplo acesso, preponderam em relação à identidade real de um indivíduo. Stefano Rodotá assim responde à questão da identidade: 'Quem sou? Até ontem, mesmo que entre muitas cautelas, podia-se dizer 'eu sou aquele que digo ser'. Mas já entramos em um tempo em que quase sempre mais se deverá admitir: 'eu sou aquilo que o Google diz que eu sou'. Pode-se dizer então que, atualmente, é viável observar um descolamento entre a identidade real e a sua representação digital, permitindo um falso entendimento sobre os fatos efetivamente ocorridos, inviabilizando-se o desprendimento de eventos pretéritos que já não têm atualidade" (MARTINEZ, 2014, p. 57).

[55] Com destaque para o REsp nº 1.334.097-RJ. Julgado em 28.05.2013.

sado. Nelas, havia a menção de pessoas que ou já tinham cumprido pena ou tinham sido inocentadas nos processos em que foram réus. Nesses casos, levando em conta o longo tempo passado entre os fatos, o processo e a data do programa a ser exibido, o tribunal entendeu que as pessoas tinham o direito de serem esquecidas pelo grande público.

No julgamento do REsp nº 1.334.097-RJ, que teve como pano de fundo o episódio que ficou conhecido nacionalmente como "chacina da Candelária", predominou o entendimento de que um dos acusados (absolvido no júri por negativa de autoria) teria o direito de não ser mencionado ou identificado. Consta da ementa:

> 2. Nos presentes autos, o cerne da controvérsia passa pela ausência de contemporaneidade da notícia de fatos passados, que reabriu antigas feridas já superadas pelo autor e reacendeu a desconfiança da sociedade quanto à sua índole. O autor busca a proclamação do seu direito ao esquecimento, um direito de não ser lembrado contra sua vontade, especificamente no tocante a fatos desabonadores, de natureza criminal, nos quais se envolveu, mas que, posteriormente, fora inocentado. 3. No caso, o julgamento restringe-se a analisar a adequação do direito ao esquecimento ao ordenamento jurídico brasileiro, especificamente para o caso de publicações na mídia televisiva, porquanto o mesmo debate ganha contornos bem diferenciados quando transposto para internet, que desafia soluções de índole técnica, com atenção, por exemplo, para a possibilidade de compartilhamento de informações e circulação internacional do conteúdo, o que pode tangenciar temas sensíveis, como a soberania dos Estados-nações. (...) 12. Assim como é acolhido no direito estrangeiro, é imperiosa a aplicabilidade do direito ao esquecimento no cenário interno, com base não só na principiologia decorrente dos direitos fundamentais e da dignidade da pessoa humana, mas também diretamente do direito positivo infraconstitucional. A assertiva de que uma notícia lícita não se transforma em ilícita com o simples passar do tempo não tem nenhuma base jurídica. O ordenamento é repleto de previsões em que a significação conferida pelo Direito à passagem do tempo é exatamente o esquecimento e a estabilização do passado, mostrando-se ilícito sim reagitar o que a lei pretende sepultar. Precedentes de direito comparado.

Na fundamentação, o STJ reforçou o fato de não haver direito fundamental absoluto e de a liberdade de imprensa possuir limitações constitucionais.[56] Igualmente, realçou a segurança jurídica:

> O Direito estabiliza o passado e confere previsibilidade ao futuro por institutos bem conhecidos de todos: prescrição, decadência, perdão, anistia, irretroatividade da lei, respeito ao direito adquirido, ato jurídico perfeito, coisa julgada, prazo máximo para que o nome de inadimplentes figure em cadastros restritivos de crédito, reabilitação penal e o direito ao sigilo quanto à folha de antecedentes daqueles que já cumpriram pena (art. 93 do Código Penal, art. 748 do Código de Processo Penal e art. 202 da Lei de Execuções Penais).[57]

Assim, segundo a Corte, se aqueles que já cumpriram a pena têm direito ao sigilo dos antecedentes e à exclusão da condenação nos institutos

---

[56] Item nº 8 da Ementa.
[57] Item nº 13 da Ementa.

de identificação, "por maiores e melhores razões aqueles que foram absolvidos não podem permanecer com esse estigma, conferindo-lhes a lei o mesmo direito de serem esquecidos".[58] De qualquer forma, os julgadores partiram da constatação de que a solução do caso exige abordagem transversal, interdisciplinar, pois abrange controvérsia apenas obliquamente constitucional, as quais em princípio não seriam apreciadas pelo STF.

Embora no Brasil a proteção ao direito ao esquecimento tenha sido objeto de decisão de uma corte superior cuja competência predominante é relativa ao direito infraconstitucional, na Alemanha, o direito ao esquecimento (ou pelo menos um dever de contemporaneidade da veiculação da notícia) foi reconhecido pelo Tribunal Constitucional, com base no direito ao livre desenvolvimento da personalidade, no julgamento do que ficou conhecido como "caso *Lebach*", ainda na década de 1970.[59]

Mais recentemente, o Tribunal de Justiça da União Europeia reconheceu, em 2014, o direito ao esquecimento. O caso envolvia um espanhol que se sentiu atingido em sua dignidade pelo fato de que seu nome, quando objeto de busca na rede mundial de computadores, aparecia vinculado a débitos e a processos judiciais ocorridos no passado. Apresentou ação judicial contra o jornal espanhol que mantinha as notícias em seu banco de dados e o mecanismo de busca *Google*, o qual as extraía, reunia e permitia o acesso por terceiros.[60] O cidadão foi vitorioso na Corte Europeia.[61]

Ressalte-se que o reconhecimento de tal direito gera controvérsias, principalmente no que tange ao conflito com a liberdade de expressão e o direito à informação.[62]

---

[58] Item n° 14 da Emenda.

[59] BVerfGE 35, 202 (SCHWABE, 2005, p. 486). Consta do julgado do Tribunal Constitucional alemão: "A proteção constitucional da personalidade, porém, não admite que a televisão se ocupe com a pessoa do criminoso e sua vida privada por tempo ilimitado e além da notícia atual, p. ex., na forma de um documentário. Um noticiário posterior será, de qualquer forma, inadmissível se ele tiver o condão, em face da informação atual, de provocar um prejuízo considerável novo ou adicional à pessoa do criminoso, especialmente se ameaçar sua reintegração à sociedade (re-socialização)" (SCHWABE, 2005, p. 488).

[60] "The dispute began when Mr Costeja Gonza´lez lodged a complaint with the Spanish Data Protection Agency against a daily newspaper, La Vanguardia, as well as against Google Inc and its Spanish subsidiary, Google Spain, for failure to protect his privacy. The basis for Mr Costeja Gonza´lez's complaint was that, whenever a Google search of his name was carried out, the top results listed linked the Internet user to two property auction notices for the recovery of social security debts that Mr Costeja Gonza´lez had owed 16 years earlier, which still appeared on La Vanguardia's website. The applicant sought to obtain an order to the effect that the newspaper should alter, delete, or protect this information, and that Google should either delete or conceal the links to those pages" (FRANTZIOU, 2014, p. 762).

[61] "A decisão merece ser enaltecida, tendo em vista que a atividade exercida pelo motor de busca tem poder decisivo na difusão nacional e internacional do fato disponibilizado na internet, pois por meio de uma simples pesquisa sobre uma pessoa é possível que se encontre informações pessoais sem qualquer conteúdo de atualidade ou relevância à coletividade, mas que podem causar prejuízos substanciais ao indivíduo no seio da região em que reside ou trabalha" (MARTINEZ, 2014, p. 122).

[62] "At the end of January [2012], the European Commissioner for Justice, Fundamental Rights, and Citizenship, Viviane Reding, announced the European Commission's proposal to create a sweeping new privacy

Voltando ao Brasil, no entanto, o STJ decidiu a matéria com argumentos limítrofes entre os direitos da personalidade e os direitos fundamentais, reconhecendo se tratar de violações constitucionais apenas reflexas, de modo que a matéria, a princípio e na visão do STJ, dificilmente seria apreciada sob a ótica da Constituição de 1988.[63] De qualquer forma, o STF ainda não debateu a fundamentalidade do direito ao esquecimento.

Em segundo lugar, se há um direito de ser esquecido, existe, paradoxalmente, um direito à memória (e "à verdade")? A resposta tende a ser afirmativa, levando-se em conta que tal direito se insere no macrocontexto de transição de regimes autoritários para democracias, como as ditaduras latino-americanas (Brasil, inclusive) e as de vários países que formavam o bloco comunista (Alemanha Oriental, por exemplo).[64]

Na realidade, a controvérsia gira em torno do acesso a fontes e documentos relativos ao período de regimes ditatoriais (acesso à "verdade"[65] para preservação da memória[66]) e a possibilidade de punição de agentes estatais que pelo cometimento de crimes (contra a humanidade inclusive) e outras violações de Direitos Humanos, no que se convencionou chamar de "Justiça de Transição".

Aqueles que defendem a fundamentalidade do direito à memória e à verdade apresentam o dever de transparência, como inerente à atividade estatal, e a constatação de que "o direito à informação, ou liberdade infor-

---

right–the 'right to be forgotten.' The right, which has been hotly debated in Europe for the past few years, has finally been codified as part of a broad new proposed data protection regulation. Although Reding depicted the new right as a modest expansion of existing data privacy rights, in fact it represents the biggest threat to free speech on the Internet in the coming decade. The right to be forgotten could make Facebook and Google, for example, liable for up to two percent of their global income if they fail to remove photos that people post about themselves and later regret, even if the photos have been widely distributed already. Unless the right is defined more precisely when it is promulgated over the next year or so, it could precipitate a dramatic clash between European and American conceptions of the proper balance between privacy and free speech, leading to a far less open Internet" (ROSEN, 2012, p. 88. Grifado)

[63] Item nº 1 da Ementa.

[64] Sobre o debate acerca da "possibilidade de punição na República Federal da Alemanha dos homicídios praticados pelos guardas de fronteira" da Alemanha Oriental ("DDR") (NEUMANN, 2009, p. 129-156).

[65] "Se a verdade é pressuposto e conteúdo do direito positivo brasileiro e, segundo a compreensão da filosofia político-republicana, um elemento dinâmico do encontro das versões individuais sobre fatos no mundo, segundo as informações livremente asseguradas a todos, além de ser um dos elementos formadores de identidades particulares e coletivas, poderíamos dar um passo adiante e falar de um direito fundamental à verdade? Sim" (ALMEIDA; SAMPAIO, 2009, p. 262-263).

[66] "O direito à memória com verdade, se desrespeitado, afeta a todos os cidadãos; influi no cotidiano de suas vidas. A preservação da memória, como registro de fato ou acontecimento histórico e psicológico, individual ou coletivo, exerce função primordial na evolução das relações humanas: trata-se de um ato político que constitui a base sobre a qual a sociedade pode afirmar, redefinir e transformar os seus valores e as suas ações. Ao contrário do esquecimento, que, para os gregos, constitui a mais dolorosa das experiências, a memória individual e a memória coletiva são os eixos primordiais e os meios de se aplicarem, na prática, os fundamentos dos direitos humanos" (BARBOSA; VANNUCHI, 2009, p. 57-58)

macional (*Informationelle Selbstbestimmung*), tem como premissa o fato de que o poder público não detém informação em seu interesse próprio, mas o faz em benefício de todos os membros da coletividade." Além disso, "o direito à verdade advém do regime e dos princípios constitucionais, bem como dos compromissos internacionais firmados pelo Brasil (art. 5º, § 2º)" (ALMEIDA; SAMPAIO, 2009, p. 263).

Sem debater o mérito do assunto (a necessidade, a oportunidade e a utilidade), o fato é que foram (e continuam sendo) criadas, nos países oriundos de regimes políticos democraticamente ilegítimos, "comissões da verdade".[67] No entanto, o STF ainda não se manifestou especificamente sobre o direito fundamental autônomo à memória.

Em terceiro lugar, haveria um direito fundamental à inimputabilidade penal dos menores de dezoito anos? A regra prevista no art. 228 da Constituição de 1988 seria uma "cláusula pétrea"?[68]

A matéria é controvertida, pois apresenta argumentos relevantes tanto em um sentido como em outro. De um lado, o constituinte de 1988 poderia ter incluído o teor do art. 228 no artigo 5º. Se tivesse colocado, não haveria dúvida sobre a fundamentalidade da proteção. No entanto, não o fez. Assim, sua opção dá entender que, no momento da elaboração da constituição, não queria que a inimputabilidade penal do menor fosse um direito fundamental. Ocorre que tal argumento é constitucionalmente fraco. Primeiro, porque, como se demonstrou anteriormente, um direito não precisa estar no catálogo para ser fundamental (basta lembrar a anterioridade tributária e a proteção ao meio ambiente). Segundo, porque esta defesa utilizaria um argumento originalista, o qual por si só não se sustenta. Terceiro, porque o disposto no art. 228 teria todos os elementos materiais de um direito fundamental: a tutela de pessoas presumidamente vulneráveis contra a ação estatal; a vinculação à dignidade humana dos menores; a proteção a um valor constitucionalmente relevante, no caso, a tutela da infância e da juventude (ora, se o meio ambiente é tratado como uma proteção das futuras gerações, o que dizer da proteção à juventude,

---

[67] Neste sentido, algumas obras (coletivas, inclusive) são ilustrativas: DIMOULIS, Dimitri; MARTINS, Antonio; SWENSSON JUNIOR, Lauro Jopert (Orgs). *Justiça de transição no Brasil*: direito, responsabilização e verdade. São Paulo: Saraiva, 2010; MAZZUOLI, Valério de Oliveira; GOMES, Luiz Flávio (Orgs.). *Crimes da ditadura militar*: uma análise à luz da jurisprudencia atual da Corte Interamericana de Direitos Humanos. São Paulo: 2011; LEAL, Rogerio Gesta. *Verdade, memória e justiça no Brasil*: responsabilidades compartidas. Porto Alegre: Livraria do Advogado, 2012; SABADELL, Ana Lucia; SIMON, Jan-Michel; DIMOULIS, Dimitri. *Justiça de transição*: das anistias às comissões de verdade. São Paulo: Revista dos Tribunais, 2014; TORELLY, Marcelo D. *Justiça de transição e estado constitucional de direito*: perspectiva teórico-comparativa e análise do caso brasileiro. Belo Horizonte: Forum, 2012.

[68] "São penalmente inimputáveis os menores de dezoito anos, sujeitos às normas da legislação especial".

que corresponde à própria "futura geração"?) e existe previsão em normas internacionais.[69]

Na outra ponta, o direito brasileiro reconhece que a presunção de que o menor de dezoito anos não tem consciência do caráter ilícito de suas condutas não deve ser absoluta. Dessa forma, as leis atribuem vários direitos e responsabilidades, como o voto, a possibilidade de casamento e a emancipação civil. Inclusive, o Congresso Nacional chegou a aprovar lei a permitir que jovens com dezesseis anos pudessem dirigir, a qual foi vetada pela chefia do Poder Executivo (NUCCI, 2007, p. 266). Não haveria, pois, como separar por completo a responsabilidade penal dos deveres cívicos, negociais e familiares. A violação de cada um desses deveres acarreta danos individuais e coletivos. Dessa forma, uma interpretação sistemática poderia perfeitamente levar à conclusão de que o art. 228 não constitui direito fundamental e poderia mesmo ser abolido.

Na verdade, mesmo sendo considerado um direito fundamental, seria possível em tese reduzir a idade da responsabilidade penal. Para tanto, seria preciso utilizar a doutrina relativa às restrições aos direitos fundamentais. Assim, uma eventual emenda à Constituição poderia restringir a proteção ao jovem, reduzindo a idade da responsabilidade penal, sem contudo violar o núcleo essencial do direito fundamenta, que seria a proteção do jovem que não possui o discernimento completo.

Em suma, no que tange à redução da maioridade penal, conforme apontado, existem argumentos jurídicos consistentes em ambos os sentidos. Assim, somente quando (ou se) o Congresso Nacional aprovar emenda diminuindo a idade estabelecida no art. 228 da Constituição de 1988 é que o STF poderá dar a palavra final sobre a fundamentalidade da tutela penal dos menores de dezoito anos.

Em quarto lugar, existiria um direito fundamental de acesso à internet? A resposta é positiva para Hartmann (2010, p. 158-293). Segundo o autor, seria um direito com dimensões subjetivas (o acesso pessoal à rede) e objetivas (um bem ou valor coletivo) inseridas no conjunto dos direitos fundamentais. Além disso, haveria uma dimensão negativa (2010, p. 162) e uma positiva (2010, p. 165), além de vincular particulares (2010, p. 185-193).

Embora seja questionável afirmar que a exclusão digital seria pior que a exclusão social, é indiscutível a relevância do valor a ser preservado pelo direito de acesso à internet. No entanto, os defensores da fundamentalidade do direito em questão precisam explicar melhor se o acesso à internet seria um direito autônomo ou um meio ou instrumento para o exercício de outros direitos fundamentais.

---

[69] A República Federativa do Brasil internalizou a Convenção Internacional dos Direitos da Criança, tendo sido promulgada pelo Decreto nº 99.710, de 21 de novembro de 1990.

Em quinto lugar, haveria um direito fundamental à "boa administração pública" (FREITAS, 2014)? Qual seria o seu conteúdo e âmbito de proteção?

Partindo do pressuposto de que a concretização do Estado Social e Democrático de Direito constitui a meta do sistema jurídico brasileiro, o Estado (e, consequentemente, a Administração Pública) deve-se fazer presente, com vistas a concretizar ou permitir que os particulares concretizem os direitos fundamentais. Nesse contexto, as pessoas têm a justa expectativa de que o Poder Público não seja omisso nem excessivo, ou seja, que atue bem, de maneira proporcional.

Em outras palavras, um direito (que, em linhas gerais pode ser exigido de imediato, e que não pode ser abolido) a uma boa administração pública, nos seguintes termos:

> O Estado Democrático, em sua crescente afirmação (nem sempre linear) da cidadania, tem o compromisso de facilitar e prover o acesso ao direito fundamental à boa administração pública, que pode assim ser compreendido: trata-se do direito fundamental à administração eficiente e eficaz, proporcional cumpridora de seus deveres, com transparência, sustentabilidade, motivação proporcional, imparcialidade e respeito à moralidade, à participação social e à plena responsabilidade por suas condutas omissivas e comissivas. A tal direito corresponde o dever de a administração pública observar, nas relações administrativas, a cogência da totalidade dos princípios constitucionais e correspondentes prioridades (FREITAS, 2014, p. 21).

Dessa forma, não há outra resposta senão afirmativa: embora fora do catálogo, existe sim um direito fundamental (individual e metaindividual) à boa administração pública.[70]

3.4. Direito (aparentemente) fundamental, mas expressamente negado pelo STF

Por fim, existe um direito fundamental ao duplo grau de jurisdição? Existe um direito fundamental a interpor recurso a uma instancia superior?

---

[70] "Observado de maneira atenta, o direito fundamental à boa administração pública é lídimo plexo de direitos, regras e princípios, encartados nua síntese, ou seja, o somatório de direitos subjetivos públicos. No conceito proposto, abrigam-se, dentre outros, os seguintes direitos: (a) o direito à administração pública transparente (...); (b) o direito à administração pública sustentável (...); (c) o direito à administração pública dialógica (...); (d) o direito à administração pública imparcial e desenviesada (...) (e) o direito à administração pública proba (...); (f) o direito à administração pública respeitadora da legalidade temperada (...); (g) o direito à administração pública preventiva, precavida e eficaz (...). Tais direitos não excluem outros, pois se cuida de 'standard mínimo'. Por certo, precisam ser tutelados em bloco, no intuito de que a discricionariedade não conspire letalmente contra o aludido direito fundamental à boa administração. Em outras palavras, as escolhas administrativas serão legítimas se – e somente se – forem sistematicamente eficazes, sustentáveis, motivadas, proporcionais, transparentes, imparciais e ativadoras da participação social, da moralidade e da plena responsabilidade" (FREITAS, 2014, p. 21-23).

A Constituição de 1988 não possui dispositivo neste sentido.[71] Ou seja, não há previsão expressa. Em linhas gerais, a questão pode ser assim exposta:

> Na família processual romano-canônica, a regra do duplo grau de jurisdição gozou em geral de grande prestígio, tendo em conta a tradicional submissão da sentença de primeiro grau à revisão, in totum, pelos tribunais ordinários. Nesse particular, aliás, residia uma das históricas diferenças estruturais mais significativas entre a organização do processo civil e de *common law*. Dentro do constitucionalismo brasileiro, apenas a Constituição Imperial de 1824 previa expressamente o duplo grau de jurisdição (art. 158). As demais Constituições silenciaram a respeito, cingindo-se a prever competências recursais ordinárias. A Constituição de 1988 segue o mesmo caminho. Na dimensão supranacional, contudo, a Convenção Interamericana de Direitos Humanos (Pacto de San José da Costa Rica) consagra o direito ao duplo grau de jurisdição no processo penal (art. 8º, n. 2, h) (MARINONI; MITIDIERO; SARLET, 2014, p. 769).

Nesse contexto, o STF tem jurisprudencia histórica no sentido de que o direito ao recurso não é um direito ou garantia fundamental (SARLET, 1996, p. 26), sendo aplicável nos casos previstos na Constituição e na legislação infraconstitucional.[72] Assim, ao longo dos anos leis ordinárias passaram a criar diversas hipóteses de restrição à instancia superior, geralmente em causas de menor valor econômico.

No que tange ao processo penal, há uma peculiaridade, a qual inexiste para os outros processos judiciais. Para os acusados de delito, a Convenção Interamericana de Direitos Humanos prevê o direito (humano) de recorrer a uma instancia superior.[73] Assim, desde o momento em que a

---

[71] "O art. 158 da Constituição do Império de 1824 dispunha expressamente sobre a garantia absoluta do duplo grau de jurisdição, permitindo que a causa fosse apreciada, sempre que a parte o quisesse, pelo então Tribunal da Relação (depois de Apelação e hoje de Justiça). ali estava inscrita a regra da garantia absoluta ao duplo grau de jurisdição. As Constituições que se lhe seguiram limitaram-se a apenas mencionar a existencia de tribunais, conferindo-lhes competência recursal. Implicitamente, portanto, havia previsão para a existencia de recurso. Mas, frise-se, não garantia absoluta ao duplo grau de jurisdição. A diferença é sutil, reconheçamos, mas de grande importância prática. Com isso queremos dizer que, não havendo garantia constitucional do duplo grau, mas mera previsão, o legislador infraconstitucional pode limitar o direito de recurso, dizendo, por exemplo, não caber apelação nas execuções fiscais de valor igual ou inferior a 50 OTNs (LEF 34) e nas causas, de qualquer natureza, nas mesmas condições, que forem julgadas pela Justiça Federal (L 6825/80 4º), ou, ainda, não caber recurso dos despachos (CPC 504)." (NERY JÚNIOR, 2009, p. 280)

[72] "No modelo constitucional brasileiro o direito ao duplo grau de jurisdição não se realiza em todos os feitos e em todas as instancias. Não se reconhece o direito ao uma contestação continuada e permanente, sob pena de se colocar em xeque um valor da própria ordem constitucional, o da segurança jurídica, que conta com especial proteção (coisa julgada). Aliás, o Supremo Tribunal Federal tem acentuado a não configuração de um direito ao duplo grau de jurisdição, a não ser naqueles casos em que a Constituição expressamente assegura ou garante esse direito, como nas hipóteses em que outorga possibilidade de recurso ordinário ou apelação para instancia imediatamente superior (arts. 102, II; 104, II; 108, II)" (BRANCO; MENDES, 2013, p. 288).

[73] Convenção Interamericana de Direitos Humanos:
Artigo 8º – Garantias judiciais. 1. Toda pessoa terá o direito de ser ouvida, com as devidas garantias e dentro de um prazo razoável, por um juiz ou Tribunal competente, independente e imparcial, estabelecido anteriormente por lei, na apuração de qualquer acusação penal formulada contra ela, ou na

República Federativa do Brasil ratificou esta Convenção, tal garantia passou a vigorar no direito brasileiro. No entanto, seu advento não provocou alterações substanciais na jurisprudencia sobre a matéria.

Em verdade, a controvérsia mais visível quanto a aplicação de tal preceito diz respeito aos processos penais de competência originária do STF. Para esta situação, há duas soluções: a primeira, no sentido de que tal exigencia não se aplicaria ao STF por ser a mais alta corte judicial brasileira;[74] a segunda a de que a República Federativa do Brasil deveria adequar seu direito interno às regras da Convenção, sob pena de responsabilização nas cortes internacionais.[75]

---

determinação de seus direitos e obrigações de caráter civil, trabalhista, fiscal ou de qualquer outra natureza. 2. *Toda pessoa acusada de um delito* tem direito a que se presuma sua inocência, enquanto não for legalmente comprovado sua culpa. Durante o processo, toda pessoa tem direito, em plena igualdade, às seguintes *garantias mínimas*: a) direito do acusado de ser assistido gratuitamente por um tradutor ou intérprete, caso não compreenda ou não fale a língua do juízo ou tribunal; b) comunicação prévia e pormenorizada ao acusado da acusação formulada; c) concessão ao acusado do tempo e dos meios necessários à preparação de sua defesa; d) direito do acusado de defender-se pessoalmente ou de ser assistido por um defensor de sua escolha e de comunicar-se, livremente e em particular, com seu defensor; e) direito irrenunciável de ser assistido por um defensor proporcionado pelo Estado, remunerado ou não, segundo a legislação interna, se o acusado não se defender ele próprio, nem nomear defensor dentro do prazo estabelecido pela lei; f) direito da defesa de inquirir as testemunhas presentes no Tribunal e de obter o comparecimento, como testemunhas ou peritos, de outras pessoas que possam lançar luz sobre os fatos; g) direito de não ser obrigada a depor contra si mesma, nem a confessar-se culpada; e h) *direito de recorrer da sentença a juiz ou tribunal superior.* 3. A confissão do acusado só é válida se feita sem coação de nenhuma natureza. 4. O acusado absolvido por sentença transitada em julgado não poderá ser submetido a novo processo pelos mesmos fatos. 5. O processo penal deve ser público, salvo no que for necessário para preservar os interesses da justiça. (Grifado).

[74] "É óbvio que o direito ao duplo grau não se aplica em caso de competência penal originária do Supremo Tribunal Federal. Nesse caso, está suficientemente resguardado o direito ao processo justo do réu pelo simples fato de ser julgado pela mais alta corte do País" (MARINONI; MITIDIERO; SARLET, 2014, p. 770).

[75] "O tema relativo ao duplo grau de jurisdição já foi debatido pela Corte Interamericana de Direitos Humanos quando do julgamento do *Caso Barreto Leiva Vs. Venezuela*, em 17.11.2009. Neste caso específico, o Sr. Oscar Enrique Barreto Leiva, ex-Diretor geral setorial de Administração e Serviços do Ministério da Secretaria da Presidência da Venezuela, respondeu a uma ação judicial juntamente com o ex-Presidente Carlos Andrés Pérez e outras autoridades detentoras do foro privilegiado; Barreto Leiva, contudo, não detinha a prerrogativa do foro, porém, mesmo assim, em razão da regra da conexão, foi julgado pela instância máxima do Judiciário venezuelano, tendo sido condenado a um ano e dois meses de prisão por crimes contra o patrimônio público praticados durante a sua gestão, em 1989. Após condenado, Barreto Leiva recorreu à Comissão Interamericana de Direitos Humanos, que, em 2008, admitiu a queixa e fez recomendações à Venezuela. Ausente qualquer resposta do Estado, a Comissão submeteu, então, a causa à jurisdição da Corte Interamericana, que entendeu, ao final, que a Venezuela violara o direito (consagrado na Convenção Americana) relativo ao duplo grau de jurisdição, ao não oportunizar ao Sr. Barreto Leiva o direito de apelar para um Tribunal superior, eis que a condenação sofrida por este último proveio de um Tribunal que conheceu do caso em única instância. Em outras palavras, a Corte Interamericana entendeu o sentenciado não dispôs, em consequência da conexão, da possibilidade de impugnar a sentença condenatória, o que estaria a violar a garantia do duplo grau prevista (sem ressalvas) na Convenção. (...) Considerando a similitude absoluta entre o *Caso Barreto Leiva*, julgado pela Corte Interamericana em 17.11.2009, e o que foi decidido na QO da APn 470/MG ("Mensalão"), não há dúvidas de que esta última poderá ser objeto de demanda perante o Sistema Interamericano de Direitos Humanos (a iniciar-se na Comissão Interamericana de Direitos Humanos, sediada em Washington, EUA)." (MAZZUOLI, 2013, p. 457-458).

No entanto, mesmo após a ratificação do Pacto de San Jose da Costa Rica, STF mantem o entendimento que, mesmo nos processos penais, não há um direito fundamental ao duplo grau de jurisdição (BRANCO; MENDES, 2013, p. 388-390).[76]

Considerações finais

Ao final do trabalho, algumas pré-compreensões ficam reforçadas e algumas conclusões tornam-se inevitáveis:

1. Os direitos fundamentais possuem características formais (superioridade hierárquica, proteção contra reforma ou abolição e aplicabilidade imediata) e materiais (tutelam os bens e valores mais importantes de cada sociedade em cada momento histórico).

2. No direito brasileiro, os direitos fundamentais devem ter respaldo constitucional. Mesmo aqueles que possuem previsão em normas de direito internacional somente se fundamentalizam nos termos estabelecidos pela Constituição.

3. A Constituição brasileira de 1988 possui um extenso rol de direitos fundamentais, tanto em termos quantitativos quanto qualitativos. Ainda assim, é aberta ao reconhecimento de novos direitos, em face do art. 5º, § 2º segundo o qual os direitos e garantias expressos "não excluem outros decorrentes do regime e dos princípios por ela adotados, ou dos tratados internacionais em que a República Federativa do Brasil seja parte".

4. A cláusula de abertura material é tradicional no direito brasileiro e tem sua origem na IX Emenda à Constituição dos Estados Unidos da América e foi ratificada em 1791. No entanto, naquele país, novos direitos são reconhecidos, na prática, através da cláusula do devido processo legal, conforme jurisprudencia da Suprema Corte.

5. No direito brasileiro, há direitos fundamentais com expressa menção na Constituição (no catálogo ou fora dele) e direitos fundamentais sem menção expressa (direitos implícitos ou decorrentes do regime e dos princípios adotados pela Constituição).

6. O debate sobre direitos não enumerados no Brasil já chegou ao Supremo Tribunal Federal, tendo reconhecido, como fundamentais o direito à anterioridade tributária e ao meio ambiente ecologicamente equilibrado, dentre outros.

---

[76] "No julgamento do RHC n. 79.785/RJ, o Supremo Tribunal Federal explicitou essa orientação em face de cláusula expressa contida no art. 8, 2, h, do Pacto de San José da Costa Rica. (...) Vê-se, pois, que o próprio modelo jurisdicional positivado na Constituição afasta a possibilidade de aplicação geral do princípio do duplo grau de jurisdição. Se a Constituição consagra a competência originária de determinado órgão judicial e não define o cabimento de recurso ordinário, não se pode cogitar de um direito ao duplo grau de jurisdição, seja por força de lei, seja por força do disposto em tratados e convenções internacionais." ((BRANCO; MENDES, 2013, p. 388-390).

7. Por outro lado, existem direitos pretensamente fundamentais, mas que ainda não foram confirmados pelo STF, como o direito ao esquecimento, à memória e à verdade, ao acesso à internet, à boa administração pública e à inimputabilidade penal do menor de dezoito anos.

8. Por fim, há situações que o Supremo Tribunal Federal entende não haver direito fundamental, como a pretensão de interpor recurso a uma instancia judicial superior. Para o STF, nesse caso, não há direito fundamental a recorrer judicialmente.

9. A abertura material do catálogo de direitos fundamentais é uma necessidade inerente a todos os sistemas constitucionais, pois permite sua atualização em face das novas demandas por direitos que surgem a cada momento. Vários países possuem comando expresso a determinar o reconhecimento de novos direito, como Estados Unidos, Brasil e Portugal. No entanto, mesmo países que não o possuem de modo claro, como no caso da Alemanha, utilizam-se de outros mecanismos para permitir uma proteção eficaz dos direitos fundamentais ao longo do tempo.

Referências

ACKERMAN, Bruce. *Nós, o povo soberano*: fundamentos do direito constitucional. Trad. Mauro Raposo de Mello. Belo Horizonte: Del Rey, 2006.

ALMEIDA, Alex Luciano Valadares de. SAMPAIO, José Adércio Leite. Verdade e história: por um direito fundamental à verdade. In: SOARES, Inês Virgínia Prado; KISHI, Sandra Akemi Shimada (Orgs.). *Memória e verdade*: a justiça de transição no estado democrático brasileiro. Belo Horizonte: Fórum, 2009. p. 249-272.

AMAR, Akhil Reed. *The bill of rights: creation and reconstruction.* New Haven: Yale University, 1998.

ANDRADE, José Carlos Vieira. *Os direitos fundamentais na constituição portuguesa de 1976.* 5ª ed. Coimbra: Almedina, 2012.

BARBOSA, Marco Antonio Rodrigues; VANNUCHI, Paulo. Resgate da memória e da verdade: um direito de todos. In: SOARES, Inês Virgínia Prado; KISHI, Sandra Akemi Shimada (Orgs.). *Memória e verdade:* a justiça de transição no estado democrático brasileiro. Belo Horizonte: Fórum, 2009. p. 55-67.

BARNETT, Randy. *A ninth amendment for today's constitution. Valparaiso Law Review.* Vol. 26, nº 01, 1991. p. 419-435. Disponível em: http://scholar.valpo.edu/vulr/vol26/iss1/26. Acesso em: 03.11.2013.

———. *The ninth amendment: it means what it says. Texas Law Review.* Vol. 85, nº 1, november 2006. Disponível em: http://www.bu.edu/law/faculty/scholarship/workingpapers/documents/BarnettR082405.pdf. Acesso em: 13.02.2013.

BOBBIO, Norberto. *A era dos direitos.* Trad. Carlos Nelson Coutinho. 7ª tiragem. Rio de Janeiro: Campus, 2004.

BONAVIDES, Paulo. *Curso de direito constitucional.* 28ª ed. São Paulo: Malheiros, 2013.

BRANCO, Paulo Gustavo Gonet; MENDES, Gilmar Ferreira. *Curso de direito constitucional.* 8ª ed. São Paulo: Saraiva, 2013.

BRITO, Miguel de Nogueira. Originalismo e interpretação constitucional. In: SILVA, Virgilio Afonso da (Org.). Interpretação constitucional. São Paulo: Malheiros, 2005. p. 55-113.

DWORKIN, Ronald. *Levando os direitos a sério*. Trad. Nelson Boeira. São Paulo: Martins Fontes, 2002.

——. *O direito da liberdade*: a leitura moral da constituição norte-americana. Trad. Marcelo Brandão Cipolla. Martins Fontes: São Paulo, 2006.

FARBER, Daniel A. *Retained by the people: the "silent" ninth amendment and the constitutional rights americans don't know they have*. New York: Basic Books, 2007.

FENSTERSEIFER, Tiago; SARLET, Ingo Wolfgang. *Direito constitucional ambiental*: constituição, direitos fundamentais e proteção do ambiente. 3ª ed. São Paulo: Revista dos Tribunais, 2013.

FRANTZIOU, Eleni. Further Developments in the Right to be Forgotten: The European Court of Justice's Judgment in Case C-131/12, Google Spain, SL, Google Inc v Agencia Espanola de Proteccion de Datos. Human Rights Law Review. Volume 14 Issue 4 December 2014. p. 761–777. Disponível em: http://hrlr.oxfordjournals.org/content/14/4/761.full.pdf+html. Acesso em: 04.02.2015.

FREIJEDO, Francisco J. Batisda. Concepto e modelos históricos de los derechos fundamentales. In: FREIJEDO, Francisco J. Batisda et. all. *Teoria general de los derechos fundamentales en la constitución española de 1978*. Madri: Tecnos, 2004. p. 17-44.

FREITAS, Juarez. *Discricionariedade administrativa e o direito fundamental à boa administração pública*. São Paulo: Malheiros, 2007.

GALUPPO, Marcelo Campos. O que são direitos fundamentais? In: SAMPAIO, José Adércio Leite (Org.). *Jurisdição constitucional e direitos fundamentais*. Belo Horizonte: Del Rey, 2003. p. 213-238.

HART, Herbert L. *O conceito de direito*. 5ª ed. Trad. A. Ribeiro Mendes. Lisboa: Fundação Calouste Gulbenkian, 2007.

HARTMANN, Ivar Alberto Martins. *Ecodemocracia*: a proteção do meio ambiente no ciberespaço. Porto Alegre: Livraria do Advogado, 2010.

HESSE, Konrad. *Elementos de direito constitucional da República Federal da Alemanha*. Trad. Luis Afonso Heck. Porto Alegre: Sergio Antonio Fabris, 1998.

HEUN, Werner. *The constitution of Germany*: a contextual analysis. Portland: Hart Publishing, 2011.

HUNT, Lynn. *A invenção dos direitos humanos*: uma história. Trad. Rosaura Eichenberg. São Paulo: Companhia das Letras, 2009.

LASH, Kurt T. *The Lost Original Meaning of the Ninth Amendment. Texas Law Review.* Vol. 83, nº 2, December 2004. p. 331-429. Disponível em: http://www.constitution.org/9ll/schol/ kurt_lash_lost_9th.pdf. Acesso em: 03.11.2013.

MARINONI, Luiz Guilherme; MITIDIERO, Daniel; SARLET, Ingo Wolfgang. *Curso de direito constitucional*. 3ª ed. São Paulo: Revista dos Tribunais, 2014.

MARMELSTEIN, George. *Curso de direitos fundamentais*. 4ª ed. São Paulo: Atlas, 2013.

MARTINEZ, Pablo Dominguez. *Direito ao esquecimento*: a proteção da memória individual na sociedade da informação. Rio de Janeiro: Lumen Juris, 2014.

MAZZUOLI, Valerio de Oliveira. Possibilidade de condenação do Brasil perante a Corte Interamericana de Direitos Humanos por desrespeito à regra do duplo grau de jurisdição. *Revista dos Tribunais*. Ano 102, vol. 933, jul/2013. p.455-468.

MIRANDA, Jorge. *Manual de direito constitucional*. Tomo IV: direitos fundamentais. 3ª ed. Coimbra: Coimbra, 2000.

NERY JUNIOR, Nelson. *Princípios de processo na Constituição Federal*: processo civil, penal e administrativo. 9ª ed. São Paulo: Revista dos Tribunais, 2009.

NEUMANN, Ulfrid. Positivismo, realismo e moralismo jurídicos no debate sobre a contribuição do direito penal para a transição de sistemas políticos. In: DIMOULIS, Dimitri; MARTINS, Antonio; SWENSSON JUNIOR, Lauro Joppert. (Orgs.) *Justiça de transição no Brasil*: direito, responsabilização e verdade. São Paulo: Saraiva, 2009. p. 129-156.

NOVAIS, Jorge Reis. *Direitos fundamentais:* trunfos contra a maioria. Coimbra: Coimbra, 2006.

NINO, Carlos Santiago. *Introdução à análise do direito*. Trad. Elza Maria Gasparotto. São Paulo: Martins Fontes, 2013.

NUCCI, Guilherme de Souza. *Código penal comentado*. 7ª ed. 2ª tiragem. São Paulo: Revista dos Tribunais, 2007.

PARDO, David Wilson de Abreu. *Direitos fundamentais não enumerados*: justificação e aplicação. Tese de doutorado em Direito. Orientador: Sílvio Dobrowolski. Universidade Federal de Santa Catarina. Florianópolis, 2005. Disponível em: http://www.unisc.br/portal/upload/com_arquivo/tese_direitos_fundamentais_nao_enumerados_justificacao_e_aplicacao.pdf. Acesso em: 11.10.2013.

PEREZ-LUÑO, Antonio Enrique. *Los derechos fundamentales*. 11ª ed. Madrid: Tecnos, 2013.

PIEROTH, Peter; SCLHINK, Bernhard. *Direitos fundamentais*. Trad. António Francisco de Sousa e António Franco. São Paulo: Saraiva, 2012.

POSNER, Richard A. *Para além do direito*. Trad. Evandro Ferreira e Silva. São Paulo: Martins Fontes, 2009.

RAMOS, André de Carvalho. *Teoria geral dos direitos humanos na ordem internacional*. 3ª ed. São Paulo: Saraiva, 2013.

REALE, Miguel. *Filosofia do direito*. 16ª ed. São Paulo: Saraiva, 1994.

ROCASOLANO, Maria Mendez; SILVEIRA, Vladimir Oliveira da. *Direitos humanos:* conceitos, significados e funções. São Paulo: Saraiva, 2010.

ROSEN, Jeffrey. The right to be forgotten. *Stanford Law Review Online*. vol. 64. February 13, 2012. p. 88-92. Disponível em: http://www.stanfordlawreview.org/sites/default/files/online/topics/64-SLRO-88.pdf. Acesso em 04.02.2015.

ROTHENBURG, Walter Claudius. Direitos fundamentais e suas características. In: GARCIA, Maria; PIOVESAN, Flávia. *Doutrinas essenciais*: direitos humanos. Vol. I. São Paulo: Revista dos Tribunais, 2011. p. 1.033-1.048.

SAMPAIO, José Adércio Leite. *Direitos fundamentais*. 2ª ed. Belo Horizonte: Del Rey, 2010.

SARLET, Ingo Wolfgang. Valor de alçada e limitação do acesso ao duplo grau de jurisdição: problematização em nível constitucional à luz de um conceito material de direitos fundamentais. *Revista de Informação Legislativa*. Ano 33, nº 131, jul-set 1996. Brasília: Senado Federal. p. 05-30.

_____. *A eficácia dos direitos fundamentais*: uma teoria geral dos direitos fundamentais na perspectiva constitucional. 12ª ed. Porto Alegre: Livraria do Advogado, 2015.

SCHREIBER, Anderson. *Direitos da personalidade*. 2ª ed. São Paulo: Atlas, 2013.

SCHWABE, Jürgen. *Cinquenta anos de jurisprudência do Tribunal Constitucional Federal alemão*. Trad. Beatriz Henning, Leonardo Martins, Mariana Bigelli de Carvalho, Tereza Maria de Castro e Vivianne Geraldes Ferreira. Konrad Adenauer Stiftung (Programa Estado de Derecho para Sudamérica): Montevideo, 2005.

SILVA, José Afonso da. *Curso de direito constitucional positivo*. 30ª ed. São Paulo: 2008.

TRIBE, Laurence H. *The invisible constitution*. Oxford University Press: New York, 2008.

TUSHNET, Mark. *Weak courts, strong rights*: judicial review and social welfare rights in comparative constitutional law. Princeton (NJ): Princeton University Press, 2008. [iPad Kindle version]. Acesso em: www.amazon.com.

VIEIRA, Oscar Vilhena. *A constituição e sua reserva de justiça*: um ensaio sobre os limites materiais ao poder de reforma. São Paulo: Malheiros, 1999.

——. *Direitos fundamentais:* uma leitura da jurisprudência do STF. São Paulo: Malheiros, 2006.

ZIPPELIUS, Reinhold. *Filosofia do direito*. Trad. António Francisco de Sousa e António Franco. São Paulo: Saraiva, 2012.

— 11 —

A influência da doutrina da segurança nacional na ordem jurídica brasileira

LUCIANO VAZ FERREIRA[1]

Sumário: Introdução; 1. O surgimento da doutrina da segurança nacional e seus principais elementos; 2. A disseminação da doutrina da segurança nacional no Brasil e sua influência na ordem jurídica pátria; Considerações finais; Referências.

Introdução

A partir da restauração da democracia, pesquisadores intensificaram os estudos sobre o período da ditadura civil-militar (1964-1985), tentando entender as razões do golpe e suas consequências no cenário brasileiro. Uma linha de pesquisa que pode ser traçada diz respeito à influência de matrizes teóricas estrangeiras na construção de uma doutrina que servisse aos propósitos do governo ditatorial. Lendo-se a obra "Geopolítica do Brasil", de Golbery do Couto e Silva, é possível identificar alguns elementos teóricos comuns entre pensadores da política externa norte-americana e os militares brasileiros à época do golpe. A ideologia que une estes dois grupos distintos é a chamada "doutrina de segurança nacional", pensamento constituído em solo estadunidense e que foi difundindo amplamente nas escolas de formação conjuntas.

O objetivo do presente artigo é responder a seguinte indagação: "De que maneira se deu a influência da doutrina de segurança nacional na construção da ditadura civil-militar e no ordenamento jurídico brasileiro?". Apesar de o objeto de pesquisa estar circunscrito a um período histórico específico, o tema nunca esteve tão atual, vide as recentes discussões na academia e nos tribunais (nacionais e internacionais) sobre as violações de direitos humanos durante o regime ditatorial e extirpação dos resquícios da estrutura repressiva. No que diz respeito aos aspectos

---

[1] Doutor em Estudos Estratégicos Internacionais (UFRGS), com período de pesquisa na *American University* (*Washington*, D.C.), Mestre em Direito (UNISINOS), Bacharel em Ciências Jurídicas e Sociais (PUCRS). Professor Adjunto da Universidade Federal do Rio Grande (FURG).

metodológicos, é importante afirmar que a pesquisa possui um caráter explicativo, uma vez que busca diretamente a resposta do problema de pesquisa, ainda pouco explorado. Optou-se por realizar uma revisão bibliográfica sobre os principais temas envolvidos. A abordagem escolhida é a interdisciplinar, de modo a compreender não somente materiais da área jurídica, mas a necessária oxigenação proporcionada pelas ciências sociais, com especial destaque para a história, ciência política e relações internacionais.

O texto encontra-se dividido em duas partes. Na primeira, é apresentada a origem da doutrina de segurança nacional e seus elementos básicos, incluindo o estudo da geopolítica e a formação do conceito de guerra fria. Na segunda, reserva-se espaço para explicar de que forma a doutrina de segurança nacional foi inserida no contexto brasileiro e sua influência no ordenamento jurídico pátrio, com especial destaque para a implementação de legislações versando sobre a segurança nacional.

1. O surgimento da doutrina da segurança nacional e seus principais elementos

As origens da ideia de "segurança nacional" reportam-se ao próprio surgimento do Estado moderno. Apesar de não utilizarem especificamente o termo, uma vez que não havia a concepção de "nação" que foi construída somente nos séculos posteriores, Nicolau Maquiavel (2001) e Thomas Hobbes (2007), ambos descrentes com o altruísmo humano, reservam espaços em suas obras para afirmar a necessidade de defesa do Estado de seus inimigos e proteção de seus cidadãos. Em um ambiente de "guerra de todos contra todos" no âmbito internacional, é natural que cada estrutura estatal tome as devidas precauções para garantir a sua sobrevivência. Trata-se de uma prerrogativa da própria soberania: negar tal condição seria o mesmo que negar a existência e a importância destas entidades políticas.

Em uma perspectiva contemporânea, segurança está comumente associada à "redução de ameaças a valores considerados como importantes" (WILLIAMS, 2013, p. 06). Buzan, Waever e Wilde (1998, p. 21) definem que há uma ameaça à segurança quando um problema posa como uma ameaça existencial a um referente objeto (geralmente, mas não exclusivamente, um Estado ou uma sociedade). Cepik (2003, p. 139) conceitua a segurança nacional como uma "condição relativa de proteção coletiva e individual dos membros de uma sociedade contra ameaças a sua sobrevivência e autonomia". A natureza especial destas ameaças justificaria o uso de medidas extraordinárias para lidar com o problema (BUZAN; WAEVER; WILDE, 1998, p. 21). Em contexto de um mundo dividido em Estados nacionais com base territorial, discutir a proteção da segurança nacional (ou seja, destas estruturas e das sociedades que as compõem) é pensar no conjunto de políticas públicas e medidas extraordinárias que um país pode executar com o objetivo claro de garantir a sobrevivência e autonomia de seus cidadãos.

É inegável que dentro destes parâmetros estabelecidos, a segurança nacional é tema de vital importância e alta prioridade para um Estado. No entanto, a doutrina da segurança nacional, apesar de se relacionar com o próprio conceito apresentado, possui uma carga semântica específica, fruto de um período histórico bem delimitado que merece ser analisado com detalhes.

Com a Europa destroçada por duas grandes guerras no pós-1945, os Estados Unidos emergiram como uma grande potência no cenário internacional. Contudo, esta jovem liderança foi rapidamente contestada com a ascensão da União Soviética, dotada de um sistema econômico e político diverso dos norte-americanos e de um formidável arsenal bélico. No decorrer das conferências de paz do final da Segunda Guerra Mundial, o antagonismo entre esses dois países foi ficando cada vez mais evidente, surgindo escaramuças sobre a administração dos territórios conquistados e à distribuição de responsabilidades no pós-conflito (KISSINGER, 1999, p. 458).

Em curto espaço de tempo, esta nova dinâmica mundial, marcada pela rivalidade entre EUA e URSS, passou a ser objeto de estudos acadêmicos, que acabaram por influenciar toda uma geração de pesquisadores e *policy makers*. Foi neste cenário que a pesquisa sobre relações internacionais ganhou importância e consolidou-se enquanto ciência, especialmente no ambiente norte-americano. E. H. Carr (2001) e Hans Morgenthau (2003), professores pioneiros na cátedra, declararam-se, em seus escritos, críticos em relação às experiências baseadas na primazia das instituições internacionais e no multilateralismo, principalmente em razão do fracasso representado pela Liga das Nações, impotente em impedir o avanço nazista e a instauração de uma guerra mundial muito mais sangrenta que a primeira. Neste contexto, desenvolveu-se uma construção teórica – nominada posteriormente de "realismo" – baseada na aceitação da existência de uma luta constante entre os Estados pelo poder. Tratava-se claramente de uma ideia que concedia os sucedâneos necessários para manter o *status quo* norte-americano.

Em 1945, a conceituada revista *Foreign Affairs* publicou um artigo de natureza seminal de autoria de George Kennan, diplomata norte-americano que serviu em Moscou. No texto, a União Soviética é caracterizada como um Estado inerentemente expansionista, fruto da fusão de uma ideologia marxista, que buscava em seu cerne a difusão mundial, e as características do povo russo, historicamente combativo. O regime de Stalin foi visto como possuindo um objetivo claro de submeter as sociedades ocidentais aos interesses soviéticos (KENNAN, 1945, p. 574). Seguindo um modelo teórico que nega a possibilidade de cooperação entre as nações e busca proteger o projeto hegemônico norte-americano, Kennan (1945, p. 581) apontou uma estratégia para conter o inevitável expansionismo soviético: uma firme "política de contenção", concretizada na aplicação de uma contraforça dos EUA em todos os lugares nos quais a URSS manifestasse qualquer interesse. O uso das bombas atômicas no Japão, as participações norte-americanas na Guerra da Coreia e Vietnã, a implementação do Plano Marshall para reconstrução da Europa e o patrocínio de golpes de Estado em diversas regiões do mundo, demonstram que os condutores da política externa dos EUA foram profundos leitores de Kennan, aplicando na prática seus ensinamentos.

Foi neste contexto que o governo norte-americano desenvolveu a chamada doutrina da segurança nacional. A palavra "doutrina" advém do latim *doctrina*, que significa "ensinamento, treinamento". Ao contrário do que possa parecer, a doutrina da segurança nacional não é um conjunto de ensinamentos genéricos sobre como um país pode proceder para garantir a sua segurança e de seus cidadãos, mas uma construção teórica direcionada especificamente para orientar a política externa dos EUA e seus aliados a vencerem a disputa do mundo bipolar pós-1945. Em um tom claramente retórico, o objetivo de tal doutrina era difundir a ideia de caracterização da URSS como uma ameaça à segurança nacional estadunidense, em uma concepção tão ambígua que abrangia a proteção da integridade territorial, do modelo econômico capitalista e até mesmo da defesa do *american way of life*.

A doutrina da segurança nacional sustentava-se em dois pilares conceituais: a geopolítica e a guerra fria. De acordo com Comblin (1978, p. 25) a geopolítica, o primeiro pilar, "estuda a relação entre a geografia e os Estados, sua história, seu destino, suas rivalidades, suas lutas" [...] "procura nos dados geográficos orientações para uma política: através dela, os Estados procuram em sua geografia os sinais de seus destinos. Ela visa o futuro". O objetivo é criar uma orientação político-estratégica baseada na geografia. A geopolítica desempenha um papel importante ao fornecer um "fundamento científico" (ou "pseudocientífico") à doutrina da segurança nacional (COMBLIN, 1978, p. 23). Observa-se que sua abordagem é de fácil assimilação pelos setores militares, pois apresenta uma linguagem deveras familiar: assim como, tradicionalmente, as forças armadas estudam o terreno de batalha para organização de suas manobras militares, os geopolíticos analisam as fronteiras e posições geográficas para a formação de estratégias políticas.

Ratzel, pai da geopolítica, apresentava uma visão biológica do Estado, concebendo-o como um organismo vivo que precisa de expansão

(COSTA, 1992, p. 33). Com base nesta tese, entende-se que os países estarão sempre em constante disputa e evolução, em uma espécie de "darwinismo" das relações internacionais. As pesquisas de Ratzel eram um reflexo de sua época, pois buscava defender cientificamente a necessidade da formação dos Estados nacionais na Europa e a disputa imperialista pelas colônias ultramarinas que culminaram na Primeira Guerra Mundial. A geopolítica foi duramente criticada pelos EUA durante a Segunda Guerra Mundial, principalmente pelo seu emprego como justificativa para o expansionismo nazista (é atribuída a Ratzel a noção de *lebensraum*, a necessidade de criação de um "espaço vital" para o Estado alemão). No entanto, ao final do conflito, foi reabilitada e estudada com esmero nas escolas de formação militar norte-americanas (COMBLIN, 1978, p. 26).

O antigo referencial teórico encaixava-se perfeitamente à tese da "rivalidade inconciliável" idealizada entre EUA e URSS. É interessante o fato de que algumas pesquisas em geopolítica defendiam que as nações em busca do domínio do mundo deveriam obrigatoriamente ocupar o território correspondente ao antigo império russo. Em 1904, o geógrafo inglês H. Mackinder desenvolveu a "teoria da *heartland*". A *heartland* seria uma grande porção de terra correspondente à Eurásia, de grande importância para estratégia militar. Quem a controlasse poderia estabelecer uma potência anfíbia, de grande acesso terrestre e marítimo, capaz de dominar o mundo (COSTA, 1992, p. 81). A URSS encontrava-se situada bem no meio da *heartland*, motivo de grande preocupação para os novos estudiosos norte-americanos da geopolítica.

O segundo pilar conceitual da doutrina da segurança nacional é o conceito de guerra fria. Tradicionalmente, a guerra era considerada, de acordo com a concepção de Clausewitz (1995, p. 38), como a "continuação da política por outros meios". Em outras palavras, era a política que controlava a guerra. Isto significa que a guerra, sob um ponto de vista racional, era vista como a projeção externa de um objetivo político específico ligado ao interesse de um determinado Estado, como a conquista de novos territórios, expansão econômica, entre outros. Tratava-se de uma questão típica das razões de Estado e implementada por meio da atuação de exércitos, sem um envolvimento direto do restante da população.

Com a formação dos Estados nacionais, surgem as chamadas "guerras absolutas". A guerra deixa de ser um mero embate entre os Estados e seus exércitos por razões políticas para ser uma luta pela própria sobrevivência da "nação", representada por uma etnia, língua e cultura peculiares. Em sentido similar, Ludendorff desenvolveu o que ele chamou de "guerra total". Conforme o general alemão da Primeira Guerra Mundial, "a guerra é a suprema expressão da vontade de viver de uma raça" (LUDENDORFF *apud* COMBLIN, 1978, p. 31). Este novo conceito pressupunha a total subjugação do inimigo (as outras "nações" ou "povos"), usando-se todos os recursos (civis e militares) para atingir esta meta. É, pois, uma "guerra de sobrevivência" (tal qual a disputa no "reino animal", o que demonstra a concepção "biopolítica"). De acordo com Comblin (1978, p. 38), a ideia de "guerra total" de Ludendorff inverte o preceito de Clausewitz: a guerra passa a comandar a política, de modo a absorvê-la e fazê-la desaparecer. O fim da guerra total é incerto, pois ao invés de durar apenas quando cumprido um determinado objetivo político, subsiste até a total destruição do inimigo. Levando em consideração que a luta por sobrevivência sempre terá que enfrentar novas ameaças, o conflito adquire uma natureza permanente.

Quando os teóricos norte-americanos da bipolaridade montaram seu conceito de guerra moderna (pós-1945) recorreram, claramente, às concepções de guerra absoluta ou total do início do século XX. A sobrevivência dos EUA (e do "mundo livre" ocidental que o acompanha) é assegurada apenas com a derrota total da URSS (e dominação da *heartland*), devendo-se utilizar todos os recursos disponíveis para tanto. Kennan (1945, p. 582) considerava que a luta contra os soviéticos seria uma espécie de "teste definitivo" dos EUA na condição de líder político e moral do mundo. Kissinger (1999, p. 493), ao reconhecer a indiscutível importância do artigo de Kennan, acrescenta: "redimir a União Soviética tornou-se, deste modo, a meta política fundamental; só haveria estabilidade com o mal exorcizado".

Adicionam-se, ainda, à ideia de guerra total dois outros conceitos, o de "guerra nuclear" e "guerra revolucionária". A guerra nuclear é fruto da utilização da ciência para criação de um arsenal bélico capaz de destruição incomparável. O desenvolvimento da bomba atômica pelos EUA, e posteriormente o domínio dessa tecnologia pela URSS, transformaram os rivais capazes de conduzir uma guerra utilizando artefatos atômicos. No entanto, o poder de destruição propiciado pela corrida armamentista era tão grande, que logo se desenvolveu a tese da "destruição mútua assegurada": dificilmente os antagonistas teriam a audácia de utilizar amplamente o seu arsenal; o peso da responsabilidade pela destruição do mundo era um fardo muito grande para qualquer governante carregar.

Como o embate direto com as forças norte-americanas poderia acarretar uma guerra nuclear que resultaria no fim da humanidade, o conflito indireto, representado pela "guerra revolucionária", tornou-se a principal estratégia do comunismo internacional, na concepção da doutrina de segurança nacional. Consistia no patrocínio de forças rebeldes com o objetivo de executar um golpe de Estado e instituir um regime comunista em sintonia com os interesses de Moscou. A criação de governos comunistas no Leste Europeu e Ásia seria a representação dessa estratégia. Na América Latina, era apresentada a ameaça da "cubanização" dos demais países. Esta nova modalidade de guerra criava duas espécies de inimigos à segurança nacional: os externos, que correspondem à ameaça mais tradicional, composta pela invasão das forças armadas soviéticas e os seus aliados; e os internos, representados pelos "subversivos", todos aqueles que são partidários do comunismo. Nas palavras de Borges (2003, p. 34) "o inimigo interno é todo aquele que não se pronuncia em favor do regime e ideais revolucionários [da ditadura civil-militar], seduzido por ideologias estranhas e apoiado por forças externas (comunismo internacional). É um mal que deve ser extirpado, pois coloca em risco a segurança do país [...]".

A concepção de "guerra fria", elemento importante para os escritos da doutrina da segurança nacional, era um amálgama dos diferentes conceitos de guerra aqui referidos. A guerra fria era total, pois pressupunha um conflito permanente até a destruição definitiva dos soviéticos; era nuclear, situação que dissuadia o confronto direto entre as duas potências; era revolucionária, uma vez que não era travada pelo embate clássico entre os exércitos, mas essencialmente no âmbito interno das nações.

2. A disseminação da doutrina da segurança nacional no Brasil e sua influência na ordem jurídica pátria

A doutrina da segurança nacional foi amplamente disseminada na América Latina, que adotou seu forte conteúdo ideológico sem entender sua real natureza enquanto estratégia de assimilação norte-americana. A disseminação da doutrina deu-se graças a criação, durante a Guerra Fria, de uma série de projetos de cooperação com militares latino-americanos que, obviamente, admiravam a tecnologia bélica e organizacional dos EUA, estruturas ainda pouco desenvolvidas nesses países.

Grandes vencedores da Segunda Guerra Mundial, os norte-americanos logo tornam-se modelos de excelência de suas forças militares. Durante o conflito, apesar do sucesso alcançado, o governo norte-americano vivenciou uma relação conflituosa entre as lideranças das três forças armadas (Exército, Aeronáutica e Marinha), que impedia a otimização dos recursos e estratégias de guerra. Além disso, houve também a experiência de um fortalecimento perigoso de poder do setor militar, que se sobrepôs, em vários momentos, às autoridades civis do governo. Frente a esse cenário, os EUA desencadearam uma reforma de suas instituições militares, que incluiu a fusão das três forças em uma só estrutura burocrática, o Departamento de Defesa, administrada por uma autoridade civil (LIMA, 2008, p. 19-27). Um dos aspectos de maior destaque da nova educação militar desenvolvida no período é a criação de escolas de formação conjunta, com corpo discente composto por membros de todas as forças armadas, bem como civis em exercício de cargos na área da defesa. Diversas escolas foram fundadas, cada qual com um eixo temático, tendo destaque a *National War College* (Escola Nacional de Guerra), criada em 1946 e direcionada ao estudo de questões de segurança e política externa. Seu objetivo era a formação de líderes em suas respectivas áreas, alinhando-os com o projeto diplomático norte-americano, que envolvia a difusão da doutrina de segurança nacional.

Um aspecto importante das escolas de formação conjunta é o fato de que, desde seu início, foram desenvolvidos programas de intercâmbio que permitiam a participação de militares estrangeiros, especialmente latino-americanos. Na primeira turma da *National War College* é possível encontrar a presença de seis estrangeiros (NATIONAL WAR COLLEGE INTERNET WEBSITE, 2015), número que aumentou muito ao longo dos anos, tornando-se uma prática recorrente. Ainda na década de 40, o governo norte-americano criou a *U.S. Army School of Americas*, também conhecida como *Colégio de las Américas*. Situada no Canal do Panamá, na época controlado pelos EUA, a instituição forneceu curso a milhares de militares estrangeiros,[2] que acabaram por ocupar cargos em serviços de inteligência e repressão em seus países de origem (SCHOOL OF AMERICAS WATCH, 2015). A experiência da formação militar conjunta foi mimetizada em outros países que criaram suas próprias escolas. Tais instituições não apenas reproduziram o modelo acadêmico norte-americano, mas também o conteúdo ideológico. Sendo assim, um grande contingente de militares latino-americanos, ao estudarem em intercâmbio ou instituições nacionais análogas, absorveram os preceitos da doutrina da segurança nacional norte-americana a sua formação.

No contexto brasileiro, foi criada em 1949, a Escola Superior de Guerra. Sua origem reporta-se à Segunda Guerra Mundial, quando o Brasil serviu com os EUA na campanha da Itália. Surpreendidos com a organização militar norte-americana, os brasileiros entenderam, após o conflito, por criar uma escola aos moldes da *National War College*, obtendo, para isso, suporte dos EUA. O ensino da doutrina da segurança nacional era componente curricular importante na Escola Superior de Guerra. Um dos seus principais professores, o General Golbery do Couto e Silva, ficou conhecido por ser uma das maiores autoridades na área. Suas pesquisas acadêmicas versam, justamente, sobre a geopolítica.

A partir da análise dos escritos de Couto e Silva, de inegável influência na instituição e cujas obras tornaram-se rapidamente leitura obrigatória entre os alunos (FERNANDES, 2009, p. 842), é possível reproduzir de que maneira a doutrina da segurança nacional era difundida na Escola Superior de Guerra. A influência do pensamento teórico norte-americano dominante no campo das relações internacionais à época é evidente. Na obra "Geopolítica do Brasil" de Couto e Silva, existem referências diretas

---

[2] De acordo com Comblin (1978, p. 42), 33.147 oficiais latino-americanos frequentaram a instituição entre 1961-1977.

à biopolítica de Ratzel e a teoria da *heartland* de Mackinder. Observa-se que o autor reproduz fielmente o conceito de guerra total, um dos pilares da doutrina. De acordo com Couto e Silva (1967, p. 09), a guerra tradicional que era travada entre nações expandiu-se na forma de uma guerra que a todos envolve e oprime, uma "guerra política, econômica, psicossocial e não só militar", de natureza "total, permanente, global e apocalíptica", o que necessita uma preparação especial. Trata-se de uma óbvia referência à Guerra Fria.

No que diz respeito à escolha do lado da guerra, Couto e Silva (1967, p. 52) tenta explicar sua posição de maneira científica, recorrendo à geopolítica. O Brasil se encontra no continente americano, na porção ocidental do mundo, muito mais próximo fisicamente dos EUA que dos URSS. Existe uma identificação como integrantes de uma "civilização cristã" em oposição de um "imperialismo comunista de origem exótica". O Estado brasileiro ocupa uma posição estratégica, pois sua localização geográfica permite o domínio do Atlântico Sul. O Nordeste, por sua vez, poderia ser utilizado como plataforma de ataque para incursões norte-americanas na Europa e África. Conclui que os brasileiros possuem um destino manifesto de proteção do "irmão do norte", devendo receber o reconhecimento adequado por essa responsabilidade.

A Escola Superior de Guerra e a difusão da doutrina de segurança nacional cumpriram um papel importante no golpe de 64. Alguns anos antes do golpe, havia um crescente descontentamento dos setores militares. Ao defender uma ampla reforma das instituições brasileiras, o governo João Goulart inspirava a desconfiança dos militares. Um alinhamento com os soviéticos era visto com uma ameaça ao *status quo* das instituições militares brasileiras, uma vez que se corria o risco de sua extinção e substituição por milícias populares ou interferência em seus padrões hierárquicos (STEPAN, 1975, p. 115). Contudo, apesar de possuírem a tradição de intervenções temporárias em momentos de instabilidade política na história do Brasil, os militares não se sentiam preparados para assumir um projeto mais duradouro, capaz de erradicar qualquer traço da "ameaça comunista". Neste contexto, foi desenvolvido na Escola Superior de Guerra um programa visando transformar os oficiais de alta patente das forças armadas brasileiras, acostumados apenas aos assuntos de caserna, em gestores públicos. Para isso, a Escola propiciou uma dupla abertura em seus cursos, fundamental para a sua proposta: primeiro, permitia a participação de palestrantes civis, responsáveis por lecionar disciplinas com temáticas econômicas e sociais, ampliando o conhecimento dos alunos sobre essas áreas; segundo, possibilitava que seu quadro discente fosse composto por civis com curso superior, o que permitiu a formação de grupo em sintonia com o pensamento da corporação militar.[3] Civis e militares versados na doutrina da segurança nacional ocupariam cargos de destaque no governo brasileiro pós-golpe 64.

A inserção da doutrina da segurança nacional no sistema político brasileiro causou reflexos significativos no fenômeno jurídico. O Ato Institucional nº 1 de 1964, primeiro instrumento jurídico pós-golpe, transparece esta influência, ao declarar a necessidade de drenar o "bolsão comunista, cuja purulência já se havia se infiltrado não só na cúpula do governo como nas suas dependências administrativas". Ainda que expressamente mantenha a Constituição democrática de 1946, o instrumento jurídico institui uma série de medidas extraordinárias para lidar com o problema de segurança (ainda que retórico), como a possibilidade do poder executivo exonerar, mediante investigação sumária, funcionários públicos e de suspender os direitos políticos durante dez anos. A Constituição de 1967, tornou a experiência do estado de exceção brasileiro de transitória para permanente.

No mesmo ano, foi criada uma lei de segurança nacional (Decreto-Lei nº 314/67). Apesar de não ser a primeira lei sobre o tema (outras duas experiências datam de 1935 e 1953), reproduziu fielmente a doutrina da segurança nacional. A lei dispõe sobre medidas a serem tomadas contra inimigos externos e internos, uma distinção típica da ideologia estudada. Os crimes previstos na lei, na qual incluíam a participação em guerra revolucionária e propaganda de ideias "subversivos" (comunistas), possuíam penas altíssimas (alguns com pena máxima de 15, 20 ou 30 anos), eram inafiançáveis e julgados pela justiça militar. Com a elaboração do Ato Institucional nº 5 e sua consolidação a partir da Emenda Constitucional nº 1/69 ("Constituição de 1969") e o endurecimento do regime (representado pela ampliação dos poderes da Presidência, na qual incluíam a ampla utilização de intervenções governamentais, suspensão do Congresso Nacional, prisões arbitrárias e supressão do direito de *habeas corpus* por razões de segurança), uma nova lei de segurança nacional foi criada (Decreto-Lei nº 898/69). O diploma legislativo previa a pena de morte e de prisão perpétua para diversos crimes. A lei posterior (Lei nº 6.620/78) já reflete uma certa diminuição de poder das autoridades militares, ao prever uma ligeira diminuição das penas imputadas.

A Lei nº 7.170/1983 é a atual legislação de segurança nacional que ainda se encontra em vigor. Apesar de ter sido criada no final da ditadura civil-militar, resquícios da ideologia da Guerra Fria ainda se fazem presentes. Além das penas desproporcionais, comparando-as às aplica-

---

[3] Entre 1950 e 1967, cerca de 50% dos graduados da Escola Superior de Guerra eram civis, destacando-se o número de 224 empresários, 200 ministros de Estado e burocratas de primeiro escalão, 97 diretores de órgãos governamentais, 39 parlamentares e 23 juízes (ALVES, 2005, p. 29).

das pelo Código Penal, a lei mantém, na linha dos instrumentos jurídicos anteriores, crimes ligados à propaganda e incitação de opiniões políticas que eram classificadas pelo governo como "subversivas" (art. 22 e 23). Este é, certamente, o ponto mais delicado, uma vez que uma boa parte dos processos conduzidos pelo regime ditatorial com base nas legislações de segurança nacional baseava-se na criminalização da manifestação do pensamento (FRAGOSO, 1983, p. 67). Neste contexto, meras críticas e descontentamentos com as decisões políticas dos governantes poderiam propositalmente ser enquadrados em atos atentatórios à soberania e à instabilidade da nação. A Constituição de 1988, ao restaurar a democracia brasileira e defender, em seu texto, valores como o pluralismo político (art. 1º, V) e as liberdades de associação (art. 5º, XVII) e de expressão (art. 5º, IV) claramente não recepcionou a Lei nº 7.170/1983, o que prejudica a sua aplicabilidade no regime constitucional brasileiro contemporâneo.

A atual lei de segurança nacional tem sido utilizada, de tempos em tempos, como fundamento jurídico para ações arbitrárias, perpetradas por autoridades públicas provavelmente desconhecedoras do contexto histórico e político que produziu tal norma. Em 2008, um grupo de militantes do Movimento dos Trabalhadores Sem Terra (MST) foram denunciados pelo Ministério Público Federal por crimes dispostos na Lei nº 7.710/1983. Em junho de 2013, durante os protestos que tomaram o país, prisões também foram realizadas com base na lei de segurança nacional. Suas condutas têm sido tipificadas nos crimes de "tentar mudar, com emprego de violência ou grave ameaça, a ordem, o regime vigente ou o Estado de Direito" (art. 17, *caput*, pena de 3 a 15 anos), pertencer a entidade que promova tais atos (art. 16, pena de 1 a 5 anos) e depredação por inconformismo político (art. 20, *caput*, pena de 3 a 10 anos).

Entende-se que não há necessidade de recorrer à norma impregnada de uma ideologia obsoleta, quando o direito "comum" já prevê os mecanismos adequados (como o processamento por crime de lesão corporal ou de dano, bem como a respectiva ação civil de indenização por destruição de patrimônio público ou privado), sem precisar aplicar medidas de exceção ou desproporcionais. O Supremo Tribunal Federal (STF) ainda não teve a oportunidade de se pronunciar sobre a recepção da Lei nº 7.170/83 frente à Constituição de 1988, uma vez que, desde a edição da lei, pouquíssimas ações sobre o tema foram levadas à Corte. As mais recentes trataram-se de "importar ou ter guarda de armamento ou equipamento privativo das forças armadas" (art. 12, *caput* e parágrafo único). Entendeu o STF, contudo, pelo afastamento do dispositivo e aplicação da legislação geral que trata dos crimes de porte ilegal de arma de fogo, pois não estava configurado o dolo específico de subverter a ordem democrática (RC nº 1468/RJ de 2000, HC nº 78855/RJ de 2000 e RC nº 1470/PR). Com o aumento do uso da legislação de segurança nacional como recurso jurídico para reprimir manifestações populares, é possível que o tema alcance a Corte Constitucional em um futuro próximo. Neste contexto, tal qual ocorreu com recentemente com a Lei de Imprensa (Lei nº 5.250/67) também da época da ditadura civil-militar (ADPF 130/DF), a decisão mais acertada para lei de segurança nacional envolve no reconhecimento de seu anacronismo, conforme ilustrado no presente artigo, e de sua não recepção pela ordem constitucional vigente.

Considerações finais

Como pode ser observado, a doutrina da segurança nacional, difundida pela Escola Superior de Guerra, cumpriu um papel determinante para os setores golpistas, fornecendo um conteúdo ideológico capaz de permitir a realização de seus objetivos. No entanto, juntamente com a doutrina, absorveu-se uma série de referenciais teóricos, baseados no realismo norte-americano e na geopolítica, destacando-se a formulação da existência de uma guerra fria idealizada.

Uma grande ironia pode ser constatada. Ao se preocupar com a ameaça da expansão soviética sobre o mundo livre, interna e externa, não visualizaram que a própria adoção da doutrina de segurança nacional era a implantação de um projeto exógeno e estranho ao contexto brasileiro, baseado em conceitos ambíguos que visavam, na realidade, a manutenção do *status quo* norte-americano. A pesquisa também serve para demonstrar como o fenômeno jurídico nacional pode sofrer influência das relações internacionais.

A atual lei de segurança nacional (Lei nº 7.170/83) é fruto deste período histórico. As tentativas de resgate a este diploma legislativo, utilizado-o como recurso jurídico para sustentar a repressão de movimentos sociais é perigosa, pois se trata de uma legislação repleta de anacronismos. Uma vez que a Lei nº 7.170/83 não é compatível com uma ordem constitucional baseada no primado dos direitos fundamentais, inaugurada pela Constituição de 1988, sustenta-se a expectativa que o assunto alcance, em um futuro próximo, o Supremo Tribunal Federal, para que possa declarar, via controle de constitucionalidade, difuso ou concentrado, a não recepção da legislação.

Referências

ALVES, Maria Helena Moreira. *Estado e Oposição no Brasil (1964-1984)*. Bauru: Edusc, 2005.

BORGES, Nilson. A Doutrina de Segurança Nacional e os Governos Militares. In: FERREIRA, Jorge; DELGADO. Lucilia (Org.). *O Brasil Republicano*: o Tempo da Ditadura – Regime Militar e Movimentos Sociais em Fins do Século XX. Rio de Janeiro: Civilização Brasileira, 2003.

BUZAN, Barry; WAEVER, Ole; WILDE, Jaap de. Security: *A New Framework for Analysis.* London: Lynne Rienner, 1998.

CARR, E. H. *Vinte Anos de Crise* – 1919 -1939. Brasília: UNB, 2001.

CEPIK, Marco Aurélio Chaves. *Espionagem e Democracia.* Rio de Janeiro: FGV, 2003.

CLAUSEWITZ, Carl. *Da Guerra.* São Paulo: Martins Fontes, 1995

COMBLIN, Joseph. *A Ideologia da Segurança Nacional:* O poder militar na América Latina. 2. ed. Rio de Janeiro: Civilização Brasileira, 1978.

COSTA, Wesley Messias da. *Geografia Política e Geopolítica:* Discursos sobre o Território e Poder. São Paulo: USP, 1992.

COUTO E SILVA, Golbery. Geopolítica do Brasil. Rio de Janeiro: Livraria José Olympio, 1967.

FERNANDES, Ananda Simões. A Reformulação da Doutrina de Segurança Nacional pela Escola Superior de Guerra no Brasil: A Geopolítica de Golbery do Couto e Silva. *Antíteses*, Londrina, v. 2, n. 4, p. 831-856, jul./ dez. 2009.

FRAGOSO, Heleno Cláudio. A Nova Lei de Segurança Nacional. *Revista de Direito Penal de Criminologia*, Rio de Janeiro, n. 35, p. 60-69, 1983.

HOBBES, Thomas. *Leviatã ou Matéria, Forma e Poder de Um Estado Eclesiástico e Civil.* São Paulo: Martin Claret, 2007.

KENNAN, George. The Sources of Soviet Conduct. *Foreign Affairs.* v. 25. New York: Council on Foreign Relations, 1945.

KISSINGER, Henry. *A Diplomacia das Grandes Potências.* 2. ed. Rio de Janeiro: Francisco Alves, 1999.

LIMA, Shênia Kellen. *A Preeminência de Autoridades Civis na Formulação e na Implementação da Política de Defesa dos Estados Unidos da América:* Período McNamara (1961-1968). 2008. 131 f. Dissertação (Mestrado em Ciência Política) – Programa de Pós-Graduação em Ciência Política, Universidade Federal de Minas Gerais (UFMG), Belo Horizonte, 2008.

MAQUIAVEL, Nicolau. *O Príncipe.* Porto Alegre: L&PM Editores, 2001.

MORGENTHAU, Hans. *A Política entre as Nações.* Brasília: UNB, 2003.

NATIONAL WAR COLLEGE. Disponível em: <http://www.ndu.edu/nwc>. Acesso em: 18 abr. 2015.

SCHOOL OF AMERICAS WATCH. Acesso em: <http://www.soaw.org>. Disponível em: 20 abr. 2015.

STEPAN, Alfred. Os Militares na Política. Rio de Janeiro: Arte Nova, 1975.

WILLIAMS, Paul D. *Security Studies: an Introduction.* 2. ed. New York: Routledge, 2013.

— 12 —

Uma comparação entre os índices de eficiência do direito à saúde entre Brasil e Cuba

MARIANA DEXHEIMER CAPPELATTI[1]
GERMANO SCHWARTZ[2]

Sumário: Introdução; 1. Critérios definidores de eficiência na saúde de acordo com a OMS; 2. A eficiência do direito à saúde no Brasil e em Cuba; 3. Aspectos da eficiência sanitária cubana e a efetividade do direito à saúde no Brasil ; Considerações finais; Bibliografia.

Introdução

O Sistema de Saúde Cubano que se tem conhecimento hoje começou a tomar forma a partir da Revolução Cubana de 1959[3] e se solidificou depois da queda do regime soviético em 1990. Em razão do fim da URSS,[4] que provia Cuba com suprimentos médicos, e dos embargos norte-americanos,[5] os rumos da saúde no país tiveram foco diferente que os demais

---

[1] Bolsista de iniciação científica do grupo "Teorias Sociais do Direito" Unilasalle/Canoas-RS. E-mail: mcappelatti@gmail.com

[2] Pós-Doutor em Direito (*University of Reading*). Doutor em Direito (Unisinos). Professor do Mestrado em Saúde e Desenvolvimento do Unilasalle e do Curso de Graduação em Direito da Faculdade da Serra Gaúcha.

[3] A Revolução Cubana consistiu na tomada de poder por Fidel Castro e seus companheiros, que visavam a acabar com o regime ditatorial de Fulgencio Batista e a combater a corrupção, a miséria e a falta de liberdade no país que naquela época via-se totalmente dependente dos Estados Unidos.

[4] A União das Repúblicas Socialistas Soviéticas (URSS) foi o nome dado à união de Estados socialistas criados a partir da Revolução Russa de 1917. O bloco consolidou-se em 1922, com a adesão de mais Estados do leste europeu. As principais ideologias da URSS chocavam-se com os ideais capitalistas. Os ideais socialistas se espalharam pelo mundo, deixando os Estados Unidos, principal defensor do capitalismo, em alerta. Isso serviu como base para a Guerra Fria, e foi o que tornou o mundo bipolar – isto é, com dois polos de poder, leste e oeste – por muito tempo. Apesar de ter experimentado grande crescimento social e econômico, principalmente entre 1945 e 1960, a URSS não foi capaz de sustentar esse crescimento sem inovações. Ao entrar em colapso em 1991, decreta-se o fim da URSS e sua abertura política e econômica. Importante esclarecer que alguns países, como Cuba, ainda mantêm raízes socialistas como base política e econômica.

[5] Os embargos impostos pelos Estados Unidos se deram em função das mudanças políticas e econômicas originadas na Revolução Cubana. Os embargos se dão de maneira comercial e financeira, impedindo a importação e exportação de produtos entre esses países, além de proibir transações fi-

países da América Latina e do ocidente. Enquanto a maioria desses países se voltava para o capital financeiro internacional como forma de auxílio à saúde nacional, Fidel Castro centralizou esforços no capital humano dentro de seu país.

Desde então, com o ensino superior universalizado[6] e com a possibilidade de estudo gratuita para todas as especialidades médicas, Cuba é o país que mais forma médicos por habitante.[7] Por esse motivo, Cuba conta uma política de solidariedade internacional e exporta seus médicos para países que sofreram catástrofes e desastres naturais, bem como para áreas mais carentes.

Essa solidariedade internacional promovida por Cuba teve início em 1963. Desde então, mais de 132 mil médicos e equipes de saúde atuaram voluntariamente em 102 países. Hoje, o programa de cooperação internacional abrange quatro continentes e é muito elogiado por organismos internacionais. O maior exemplo desse caráter diz respeito à Venezuela. Com a eleição de Hugo Chávez em 1998, estabeleceu-se uma relação especial entre os dois países. Com o auxílio educacional, em 2010, constatou-se que 97% das crianças estavam escolarizadas. No âmbito sanitário, "a missão Barrio Adentro I possibilitou a realização de 300 milhões de consultas nos 4.469 centros médicos criados desde 1998. Cerca de 17 milhões de pessoas puderam ser atendidas, enquanto, em 1998, menos de 3 milhões de pessoas tinham acesso regular à saúde" (Lamrani, 2013). Isso elevou o IDH (Índice de Desenvolvimento Humano) da Venezuela, que, em 2011, ocupava a 73ª posição, em comparação com o ano de 2000, em que

---

nanceiras. O bloqueio econômico a Cuba pelos EUA é considerado rígido e gera controvérsias sobre sua duração e efeito. Mesmo com o fim da Guerra Fria e URSS, os embargos continuaram, agora com a justificativa de defesa dos direitos humanos e democratização das instituições cubanas. Fonte: FAGUNDES, Pedro Ernesto. *Análise das relações entre Cuba e EUA (1961-2011)*. Mundorama. Disponível em: http://mundorama.net/2011/04/13/analise-das-relacoes-entre-cuba-e-eua-1961-2011-por-pedro-ernesto-fagundes/. Acesso em: novembro 2014.

[6] Capítulo V, art. 39º: O Estado orienta, fomenta e promove a educação, a cultura e as ciências em todas suas manifestações. (...) 1. Fundamenta a sua política educacional e cultural para o progresso da ciência e da tecnologia, as ideias marxistas e de Martí, a tradição pedagógica progressista cubana e universal; 2. O ensino é uma função do Estado e é gratuito. Baseia-se nas conclusões e contribuições da ciência e da relação mais estreita do estudo com a vida, do trabalho e da produção. O estado mantém um amplo sistema de bolsas de estudo para os estudantes e proporciona múltiplas facilidades de estudo aos trabalhadores para que possam atingir os mais altos níveis de conhecimentos e maiores habilidades. A lei determina a integração e estrutura do sistema nacional de ensino, assim como o alcance da obrigatoriedade de estudar e define a preparação geral básica mínima que deve adquirir todo cidadão (...) (Tradução livre) Fonte: Constituição da República Cubana de 1976. Disponível em: http://www.cuba.cu/gobierno/cuba.htm.

[7] Um médico para 148 habitantes. Organização Mundial da Saúde, "Cuba: Health Profile", 2010. http://www.who.int/gho/countries/cub.pdf (acessado em 1º de abril de 2014). Fonte: LAMRANI, Salim. *Cuba, a ilha da saúde*. Opera Mundi, 29 de julho de 2012. Disponível em: http://operamundi.uol.com.br/conteudo/opiniao/23324/cuba+a+ilha+da+saude.shtml. Acesso em: novembro 2014.

ocupava a 83ª posição.[8] Com a instituição da ALBA (Aliança Bolivariana para as Américas),[9] foi possível estender os auxílios educacionais e sanitários para outros países latino-americanos como Bolívia, Equador e Nicarágua. Além disso, a exportação de equipes médicas tem papel importante em diversos países da África. Casos emblemáticos como a ajuda enviada a países do Pacífico atingidos pelo tsunami de 2004, e o terremoto que assolou o Haiti em 2010, servem como destaque na atuação dos médicos e de equipes de saúde cubanas.

O Brasil é conhecido por seu Sistema de Saúde Público incipiente. Mesmo considerado constitucionalmente um direito fundamental da sociedade brasileira,[10] o direito à saúde conta com um escasso sistema de fiscalização e investimentos diretos. Visto que a saúde depende da ação positiva do Estado, essa questão depara-se com sistemas sociais jurídicos, burocráticos, econômicos e, especialmente, políticos altamente restringidos pelo interesse governamental (Schwartz, 2001), sistemas que são notavelmente fatores de empecilho para o desenvolvimento do país, não só na área da saúde. Esse conjunto de questões, associadas à falta de médicos, leitos, suprimentos e investimentos retarda qualquer possibilidade de se atingir eficiência à saúde no território brasileiro. Ademais desses motivos, juntamente com a grave falta de atendimento médico em áreas carentes do país, o governo tomou a decisão polêmica de trazer médicos estrangeiros – em sua maioria cubanos – para atuar na área de saúde básica. Em meio a tantas manifestações contrárias, a Lei nº 12.871[11] não só veio em benefício da população necessitada, como para dar austeridade à medicina como um todo no país.

O programa Mais Médicos, dentre seus principais objetivos, tem a intenção de fortalecer a prestação de serviços de atenção básica do país, prover troca de experiências entre médicos brasileiros e médicos formados no exterior, além de aprimorar a formação médica no país. Para tanto,

---

[8] Fonte: LAMRANI, Salim. *Cuba ou a globalização da solidariedade: o internacionalismo humanitário.* OperaMundi, 31 de maio de 2013. Disponível em: http://operamundi.uol.com.br/conteudo/opiniao/29161/cuba+ou+a+globalizacao+da+solidariedade+o+internacionalismo+humanitario+.shtml. Acesso em: novembro 2014.

[9] Também chamada de Aliança Bolivariana para os Povos da Nossa América – Tratado de Comércio dos Povos, é uma organização de cooperação internacional entre países da América Latina e Caribe. O principal diferencial da ALBA é seu cunho socialista, substituindo o caráter de "vantagem competitiva" da maioria dos blocos de integração inter-regional, pelo caráter "vantagem cooperativa". Fonte: MUHR, Thomas. *Venezuela e ALBA: regionalismo contra-hegemônico e ensino superior a todos.* Educação e Pesquisa, São Paulo, v. 36, n.2, p. 611-627, maio/ago. 2010 Disponível em: http://www.scielo.br/pdf/ep/v36n2/a13v36n2.pdf.

[10] Capítulo II, Seção II, art. 196 A saúde é direito de todos e dever do Estado, garantido mediante políticas sociais e econômicas que visem à redução do risco de doença e de outros agravos e ao acesso universal e igualitário às ações e serviços para sua promoção, proteção e recuperação. Fonte: Constituição da República Federativa do Brasil de 1988. Disponível em: http://www.planalto.gov.br/ccivil_03/constituicao/constituicao.htm.

[11] Disponível em: http://www.planalto.gov.br/ccivil_03/_ato2011-2014/2013/Lei/L12871.htm.

essa lei trouxe, em seu art. 7°, § 2°, a necessidade de os médicos brasileiros realizarem sua residência no SUS (Sistema Único de Saúde), num período de um a dois anos. Ademais, o programa é claro em dizer que dará prioridade a médicos formados no Brasil que desejarem trabalhar nas áreas remotas que estão no escopo do programa. Caso não haja interessados, médicos brasileiros formados no exterior poderão assumir essas vagas. Por fim, na falta de médicos brasileiros formados ou não no país, especialistas estrangeiros serão chamados para atender nessas áreas. A Lei n° 12.871 é clara, em seu art. 1°, em visar que o programa foi instituído "com a finalidade de formar recursos humanos na área médica para o Sistema Único de Saúde (SUS)".

Em meio a tantas diferenças entre os dois países aqui tratados, visa-se a desmitificar a medicina cubana em seu tratamento primário, bem como apresentar as razões pelas quais ela é conhecida e respeitada por muitos. Além de melhorias para a população, é possível antever vantagens e ensinamentos para o futuro da medicina no Brasil, exercida por brasileiros. Não eximindo o governo de seu importante papel na saúde do país, o artigo busca refletir a questão de uma forma apolítica, pondo em evidência a relevância dos cuidados básicos em saúde para a população, e de que forma as consequências devem beneficiar cada vez mais essa clientela.

1. Critérios definidores de eficiência na saúde de acordo com a OMS

A Organização Mundial da Saúde (OMS), órgão da Organizações das Nações Unidas (ONU) que corresponde a questões sanitárias, tem como objetivo "a aquisição, por todos os povos, no nível de saúde mais elevado que for possível".[12] Além de atuar como órgão fiscalizador, a OMS possui estudos que analisam o desempenho dos sistemas de saúde de 191 países e os comparam uns com os outros. Por meio de cálculos matemáticos e da metodologia econométrica, os estudos utilizam-se das metas mais comuns dos governos que querem atingir uma saúde eficiente, como melhorias na saúde geral, melhorias na capacidade de resposta, nível de distribuição, equidade no financiamento e proteção do risco financeiro. Os especialistas, dentre os quais pesquisadores da área da saúde e economistas trabalham com um importante fator, o da incerteza. Esse fator está interligado com a circunstância de que a saúde, e o direito capaz de assegurá-la, formam um sistema complexo, criado pelo fator do risco (Schwartz, 2004). Logo, o fator da incerteza incumbido pelos estudiosos

---

[12] Artigo 1 da Constituição da Organização Mundial da Saúde, de 1946. Acesso a carta completa, em português, pelo link: http://www.direitoshumanos.usp.br/index.php/OMS-Organiza%C3%A7%C3%A3o-Mundial-da-Sa%C3%BAde/constituicao-da-organizacao-mundial-da-saude-omswho.html.

dessa análise é de suma importância, pois leva em consideração as possíveis consequências do risco. Embora se tenha medido os mesmos fatores nos 191 países, cada país possui sua maneira de distribuição de recursos para cada um desses campos. No último estudo feito por especialistas de áreas já anteriormente mencionadas, Cuba ficou em 39º lugar, enquanto o Brasil ocupa a 125ª posição.[13]

Em uma linguagem mais simples e de fácil análise, a OMS conta com seis componentes-chave para um sistema de saúde em bom funcionamento. São eles: liderança e governança, financiamento da saúde, recursos humanos para a saúde, sistemas de informação da saúde e tecnologias, produtos médicos essenciais, e por fim, prestação de serviços. Em se tratando do primeiro item, liderança e governança, seu esquema é medido por meio de países destinatários e países donatários. Brasil e Cuba são países destinatários de doações.[14]

Já, o item *financiamento da saúde* é medido pelas despesas das administrações públicas com saúde, expressa em porcentagem. Segundo os indicadores de 2011 da OMS,[15] o Brasil gastou 8,9% de seu valor total dedicado à saúde para a saúde pública, enquanto Cuba gastou 10%. Os recursos humanos para a saúde são medidos por uma série de fatores como densidade populacional, informações administrativas e força de trabalho. Concentrando-se em dados agregados, o atlas interativo da OMS[16] mostra a quantidade de médicos a cada 1000 habitantes nos países. O Brasil se encontra com 1,76 médicos por 1000 habitantes, à medida que Cuba conta com 6,72[17] médicos por 1000 habitantes.

Tecnologias essenciais à saúde trabalham com variadas categorias de serviços sanitários, como número de leitos a número de hospitais psiquiátricos. Dentro do primeiro item, de grande importância na comparação do serviço público de saúde entre os países aqui tratados, o Brasil, em 2009 e 2010, dispunha de 24 leitos para 10 mil habitantes. Já Cuba, nos mesmos

---

[13] EVANS, David B., TANDON, Ajay., MURRAY, Christopher JL., LAUER, Jeremy A. *The comparative efficiency of national health systems in producing health: an analysis of 191 countries*. GPE Discussion Paper Series: No. 29. World Health Organization. Disponível em: http://www.who.int/healthinfo/paper29.pdf.

[14] Em 2010, segundo a OMS, o Brasil recebeu mais de US$34 milhões para investir na saúde, e Cuba aproximadamente US$18 milhões. A maior parte desse dinheiro, em ambos os países, foi destinado ao programa United Nations Millenium Development Goal, essencialmente para o combate a AIDS/HIV, malária e outras doenças. Fonte: http://gamapserver.who.int/gho/interactive_charts/oda/disbursements/atlas.html.

[15] World Helath Organization. Health Financing. Disponível em: http://gamapserver.who.int/gho/interactive_charts/health_financing/atlas.html.

[16] World Health Organization. Health Workforce/Physicians Density. Disponível em: http://gamapserver.who.int/gho/interactive_charts/health_workforce/PhysiciansDensity_Total/atlas.html.

[17] Os dados do Brasil datam de 2008, e os de Cuba de 2010. Fonte: World Health Organization. Health Workforce/Physicians Density. Disponível em: Ibidem.

anos, possuía 59 leitos para cada 10 mil habitantes.[18] Ainda, em se tratando de tecnologias essenciais, foram calculados os números de postos e centros de saúde, bem como a quantidade de equipamentos médicos e dispositivos médicos em vários países. Em se tratando de Cuba, o número de postos de saúde para cada 100 mil habitantes foi de 7,53 em 2010.[19] Dados brasileiros não se encontravam nessa lista. Já, no que tange à fundamental questão da *disponibilidade de dispositivos médicos*, Cuba está à frente do Brasil, segundo dados de 2010, em ambas as questões que servem para a avaliação desse item: disponibilidade de normas nacionais ou listas de recomendação de dispositivos médicos e disponibilidade de tipos de listas de recomendação de tecnologias da saúde para doenças mais graves. Enquanto Cuba está classificada, no primeiro item como "para diferentes instalações de saúde e procedimentos específicos" e, no segundo, como "mais de uma lista", o Brasil aparece no primeiro item como "para procedimentos específicos" e, em relação ao segundo item, não houve dados disponíveis.[20]

O *acesso a produtos médicos essenciais*, penúltimo componente-chave de um sistema de saúde eficiente, estabelece a média de preços ao consumidor de medicamentos genéricos, além da média de disponibilidade de medicamentos genéricos. Nesse item, os dados dos países trabalhados nesse artigo são inexistentes ou limitados.

O último elemento para um sistema eficaz de saúde, segundo a OMS, é o de *prestação de serviços*. Nessa seção, são considerados três tipos de serviços: imunização de crianças de um ano com a vacina DTP3;[21] cobertura de cuidados pré-natais; e taxas de tratamentos bem sucedidos contra tuberculose. Os primeiros dois tipos são essenciais para medir os índices de saúde dos países. O Brasil tem uma taxa de cobertura dessa vacina que chega a 94%, entre 1980 a 2012. Cuba, ao longo desse mesmo período, obteve uma taxa de 96% de crianças imunizadas.[22] Quanto aos cuidados pré-natais, o Brasil tem, dentro da esfera de, no mínimo, quatro visitas por ano, uma média de 90,2% de comparecimento. Cuba conta com 100% de comparecimento para esse mesmo número de visitas.[23]

---

[18] World Health Organization. Global Health Observatory Data Repository: Essential health technologies. Disponível em: http://apps.who.int/gho/data/node.main.70?lang=en.

[19] World Health Organization. Global Health Observatory Data Repository: Total density per 100000 population. Disponível em: http://apps.who.int/gho/data/node.main.506?lang=en.

[20] World Health Organization. Global Health Observatory Data Repository: Availability and types of lists. Disponível em: http://apps.who.int/gho/data/node.main.512?lang=en.

[21] Combinação de vacinas contra a difteria, coqueluche e tétano. Fonte: World Health Organization. Immunization. Disponível em: http://gamapserver.who.int/gho/interactive_charts/immunization/dpt3/atlas.html.

[22] World Health Organization. Immunization. Disponível em: Ibidem.

[23] Dados de 2010 e 2011, respectivamente. Fonte: World Health Organization. Global Health Observatory Data Repository: Antenatal care coverage. Disponível em: http://apps.who.int/gho/data/node.main.492?lang=en.

Observando esses critérios e o alcance deles em ambos os países aqui tratados, percebe-se que a superioridade de Cuba em relação ao Brasil se dá justamente pela priorização dos cuidados básicos, da medicina preventiva e de família, prática base da política sanitária cubana. A seguir, ver-se-à de modo mais consistente a eficácia do direito à saúde dentro de Cuba e do Brasil.

2. A eficiência do direito à saúde no Brasil e em Cuba

O regime socialista instaurado em Cuba após a Revolução passou a proporcionar reformas positivas na área da saúde. Ao assumir o poder, o governo de Fidel Castro encontrou o campo sanitário em situação precária, com altas taxas de mortalidade infantil que ocorriam por falta de recursos.[24] Iniciou-se então um processo de renovação na área da saúde. Aos poucos, as políticas sociais avançaram também na área da educação, que culminou em um processo de educação sanitária importante. Logo, elevaram-se os números de postos médicos rurais, maternidades e policlínicas. A equidade sanitária passou a aumentar progressivamente.[25] A Constituição Cubana de 1976 traz em seu conteúdo as garantias de uma saúde gratuita e socializada como visto nos artigos 9[26] e 50[27]. Todos os serviços de saúde no país são gratuitos, e o governo, por meio do Ministério da Saúde Pública, assume total responsabilidade fiscal e administrativa. O foco do governo se encontra na medicina preventiva e nos cuidados básicos. O sistema permite que cada família seja acompanhada por um médico e uma equipe de enfermagem. A universalização da docência médica constituiu um fator fundamental durante as reformas, unindo médicos e enfermeiros às unidades assistenciais docentes durante suas fases de aprendizagem.

> No período compreendido entre 1959 e 2010, formaram-se no país mais de 100 mil médicos, dos quais, no final do primeiro trimestre de 2011, encontravam-se em pleno labor

---

[24] Fonte: PLANT, Hanna. *The Challenges of Health Care in Cuba*. Global Politics, outubro de 2014. Disponível em: http://www.global-politics.co.uk/issue9/hanna/. Acesso em: novembro 2014.

[25] Health in the Americas, 2007. Volume II – Countries: Cuba. Disponível em: http://ais.paho.org/hia_cp/en/2007/Cuba%20English.pdf?ua=1. Acesso em: novembro 2014.

[26] Capítulo I, art. 9º. (...) Como o poder do povo, a serviço do próprio povo, garante: (...) que não haja enfermo que não receba atenção médica. (Tradução livre). Fonte: Constituição da República Cubana de 1976. Disponível em: http://www.cuba.cu/gobierno/cuba.htm.

[27] Capítulo VII, art. 50. (...) Todos tem direito à proteção da saúde e assistência. O Estado garante esse direito: com a prestação de assistência médica e hospitalar gratuita, por meio das instalações da rede de serviço médico rural, policlínicas, hospitais, centros profiláticos, e de tratamento especializado; com a prestação de assistência odontológica gratuita; com o desenvolvimento de planos de divulgação sanitária e de educação para a saúde, exames médicos periódicos, vacinas em geral e outras medidas preventivas de doenças. Nesses planos e atividades toda população coopera através de organizações sociais e de massas. (Tradução livre) Fonte: Constituição da República Cubana de 1976. Disponível em: http://www.cuba.cu/gobierno/cuba.htm.

73.025. Desse total, 43.088 são mulheres. São milhares também os formados em Estomatologia, Licenciatura em Medicina, Tecnologia da Saúde. O país conta com 13 Universidades médicas e 17 Faculdades de Medicina. (Osa, 2011)

Mesmo com um sistema de saúde eficiente, Cuba encontra dificuldades em manter seu sistema de saúde. Graças ao embargo econômico dos Estados Unidos ao país, a falta de recursos em medicamentos e tecnologia moderna pode causar transtornos. Mesmo com um sistema no qual a medicina preventiva prevalece, não se pode contar sempre com a prevenção. Para ser mais acessível à população, Cuba também é conhecida por trabalhar com medicina alternativa e soluções à base de plantas, formas de tratamento oficialmente reconhecidas pelo governo.

No Brasil, a área da saúde pública ainda carece de melhorias.[28] Como observado por Eugênio Vilaça Mendes,

> (...) as críticas que se fazem ao SUS decorrem de uma análise superficial das causas do que vem sendo denominado de "caos da saúde". Em realidade, trata-se de uma crise de serviços de atenção médica, mais agudamente manifestada na desorganização dos hospitais e dos ambulatórios, em que se misturam ingredientes perversos: filas, atendimento desumanizado, pacientes nos corredores, mortes desnecessárias, grevismo crônico etc. São problemas indiscutíveis mas que não surgiram como consequência do SUS; ao contrário, constituem problemas históricos em nosso país (...). (Mendes, 1999)

Com mais tardar do que em Cuba, as garantias à saúde no Brasil foram positivadas na Constituição Federal de 1988, a primeira a tratar da saúde como interesse público (Dallari, 1995), visando à universalidade do acesso, à equidade e à integralidade. A partir dessa relação, percebe-se que a saúde está diretamente relacionada ao Estado Democrático de Direito, aos direitos humanos e fundamentais. Percebe-se, enfim, que a saúde está presente em todas as gerações do direito (Schwartz, 2001).

O artigo 196 da CF 88 deu origem ao Sistema Único de Saúde – SUS –, que possibilita a todos os brasileiros terem direito à saúde de forma gratuita. O financiamento se daria por intermédio da União, dos Estados, do Distrito Federal e dos Municípios. Apesar dos avanços constitucionais e das melhorias em alguns setores da saúde desde então, é sabido que o SUS enfrenta dificuldades, especialmente burocráticas e políticas. Entende-se que o direito à saúde não é uma imposição constitucional, sendo algo muito maior do que isso (Schwartz, 2001). A falta de fiscalização e de uso do dinheiro do Estado voltado a gastos com contas públicas em detrimento de gastos sociais, "o Brasil figura entre os países que possuem a mais reduzida participação do PIB das verbas destinadas à saúde" (Schwartz, 2001). No âmbito político que envolve o sistema de saúde pública, enten-

---

[28] POLATO, Amanda. Brasil é o último em ranking sobre eficiência de sistemas de saúde. Época, 13 de setembro de 2013. Disponível em: http://epoca.globo.com/tempo/noticia/2013/09/brasil-e-o-bultimo-em-rankingb-sobre-eficiencia-de-sistemas-de-saude.html. Acesso em: novembro 2014.

de-se que a falta de recursos destinados a instalações, a aparelhos médicos, a remédios e a profissionais são os maiores agravantes.

Nas áreas mais carentes do país, a dificuldade de acesso, não somente da população aos postos de saúde, mas como a médicos e a suprimentos, origina um problema maior. Em certos pontos do país, principalmente nas regiões norte e nordeste, onde a população mais pobre encontra problemas não só sanitários, mas em outros quesitos execrais como falta de água e energia elétrica, existem poucas unidades básicas de saúde que se encontram passíveis de atendimento completo. A desigualdade socioeconômica que ocupa o território brasileiro acentua ainda mais a falta de equidade no direito sanitário. Com uma grande parte da população apta a utilizar planos de saúde e possibilidade de acesso a hospitais e a médicos privados, a saúde pública se encontra estagnada e à mercê do pouco investimento governamental.

3. Aspectos da eficiência sanitária cubana e a efetividade do direito à saúde no Brasil

Como visto anteriormente, o sistema de saúde cubano com sua medicina preventiva ganhou atenção mundial por elevar níveis de IDH e expectativa de vida, além de apresentar baixos índices de mortalidade infantil, deixando o país em uma posição excelente nos rankings de eficiência sanitária mundiais. O Brasil, entretanto, de acordo com a análise anterior, sofre com a ausência de progresso na área da saúde.

Por sua vez, os medidores de eficiência na saúde apontados pela OMS mostram que Cuba, levando em consideração área territorial e número de habitantes, pode servir como exemplo de organização sanitária e priorização de direitos básicos. Pesa-se, também, o fato de o país ter por bases ideais socialistas que prezam piamente o Estado de bem-estar social. No Brasil, o Estado de bem-estar social choca-se, novamente, com a problemática dos interesses políticos e econômicos dos governantes.

O principal trunfo da medicina cubana que deveria servir de base para uma reconfiguração na saúde pública do Brasil, consiste no foco na medicina preventiva e de família. Para tanto, o ideal seria que as famílias brasileiras tivessem acompanhamento médico residencial, com visitações regulares de equipes de saúde, e mais facilidade ao acesso a postos de saúde e a hospitais com capacidade plena para atendimento. Esse é um dos argumentos decisivos para aqueles que são desfavoráveis à implementação do programa Mais Médicos.

Uma das principais defesas de quem se mostra contra a vinda de médicos estrangeiros para o Brasil é a de que existem médicos brasileiros suficientes para atender a todos. O que falta são os insumos básicos:

infraestrutura e investimento em tecnologias, especialmente nas áreas mais distanciadas dos grandes centros. Nesses locais, também, a problemática na área da saúde se dá pela lotação nos hospitais e nos postos, pelas longas a árduas filas de espera para o atendimento. A falta de profissionais, igualmente, também é extremamente sentido nesse quesito, porém, em sua defesa, o que os impede de atuar nesses casos são as dificuldades organizacionais e estruturais do próprio Sistema Único de Saúde. O Centro Brasileiro de Estudos de Saúde (CEBES) afirma, em um estudo, que

> o principal problema do SUS é a subordinação do setor da saúde à lógica de mercado, que se expande sufocando o direito social previsto na Constituição. Essa lógica de mercado trata a saúde – assim como a doença – como mercadoria, e o crescimento desse mercado, como vem ocorrendo no país, faz com que a saúde se distancie dos princípios que orientam o SUS enquanto expressão da saúde como um direito de cidadania. (CEBES, 2013)

Reconhece-se a realidade sanitária brasileira como caótica, pelos diversos motivos já citados aqui. Faz-se necessário, sim, a presença de médicos estrangeiros e brasileiros a serviço das diretrizes do Mais Médicos, para que as complexidades do sistema de saúde sejam atenuadas. É preciso compreender que, mesmo havendo bases políticas fundamentadas, o Mais Médicos deve ser celebrado por suas ações práticas, que devem atingir grande parte da população carente em tantos outros quesitos além da saúde, em consonância ao art. 1º da Lei que instituiu o programa.[29] As práticas médicas cubanas podem atribuir legados a futuras práticas na medicina brasileira, de forma a serem aplicadas possivelmente como base para profundas mudanças na forma de condução de políticas da saúde no país.

De acordo com o atual ministro da Saúde, Arthur Chioro, os resultados do programa são incontestáveis.[30] Tanto no aumento de atendimentos quanto no maior desenvolvimento da infraestrutura, os resultados trouxeram alívio principalmente nas áreas mais distantes do país, que se

---

[29] Lei nº 12.871, art. 1º: É instituído o Programa Mais Médicos, com a finalidade de formar recursos humanos na área médica para o Sistema Único de Saúde (SUS) e com os seguintes objetivos: I – diminuir a carência de médicos nas regiões prioritárias para o SUS, a fim de reduzir as desigualdades regionais na área da saúde; II – fortalecer a prestação de serviços de atenção básica em saúde no País; III – aprimorar a formação médica no País e proporcionar maior experiência no campo de prática médica durante o processo de formação; IV – ampliar a inserção do médico em formação nas unidades de atendimento do SUS, desenvolvendo seu conhecimento sobre a realidade da saúde da população brasileira; V – fortalecer a política de educação permanente com a integração ensino-serviço, por meio da atuação das instituições de educação superior na supervisão acadêmica das atividades desempenhadas pelos médicos; VI – promover a troca de conhecimentos e experiências entre profissionais da saúde brasileiros e médicos formados em instituições estrangeiras; VII – aperfeiçoar médicos para atuação nas políticas públicas de saúde do País e na organização e no funcionamento do SUS; e VIII – estimular a realização de pesquisas aplicadas ao SUS.

[30] CHIORO, Arthur. *Mais Médicos: resultados incontestáveis*. Gazeta do Povo, 23 de julho de 2014. Disponível em: http://www.gazetadopovo.com.br/opiniao/conteudo.phtml?id=1485921. Acesso em: novembro 2014.

beneficiaram com a maior fixação de médicos de saúde básica. Em seu artigo, Chioro ainda afirma

> o cerne do programa, entretanto, é a reestruturação em definitivo da formação médica – até 2017, serão 11,4 mil novas vagas de graduação em Medicina e 12 mil de residência, criadas em municípios que não contam com faculdades de Medicina. Formando médicos com qualidade, atingiremos a meta de 2,7 médicos por mil habitantes e daremos mais um passo em busca de uma saúde universal, integral e equânime no Brasil. (Chioro, 2014)

O programa Mais Médicos está em vigor há pouco mais de um ano, e seus resultados mais conclusivos devem ser vistos com mais clareza ao longo dos próximos anos. Ainda assim, segundo pesquisa de abril de 2014, o programa contava com o apoio de 74,8% dos brasileiros,[31] o que pode ser considerado um resultado excelente de opinião pública, dadas as manifestações contrárias da população no período que antecedeu o início da implementação do programa.

Considerações finais

Tendo em vista a realidade concreta dos dois países aqui tratados, o objetivo claro deste artigo é salientar os benefícios e as mudanças positivas que o Mais Médicos é capaz de promover no Brasil. As manifestações contra a instituição do programa e contra a vinda de médicos estrangeiros, antes mesmo de ele entrar em vigor, trouxeram a incerteza de um resultado otimista de sua aplicabilidade. É visto, contudo, que até este momento, o Mais Médico foi capaz de edificar a saúde pública em alguns aspectos, já antes mencionados, como atendimentos mais rápidos e melhorias estruturais em áreas de necessidade do país.

Já o argumento do direito à saúde é pertinente quando se discute a comparação da sua eficiência entre Cuba e Brasil. As garantias constitucionais e funções governamentais correspondem integralmente à forma como cada país conduz sua política. Nesse ponto, o socialismo cubano, apesar de criticado quando se trata de liberdades fundamentais e de direitos humanos, obteve êxito em voltar-se totalmente para seu país após a Revolução de 1959, e realizar melhorias internas em áreas-base – educação e saúde, principalmente – para o crescimento do Estado. No caso do Brasil, os problemas políticos datados de décadas constituem, hoje, o principal empecilho para o desenvolvimento dessas mesmas áreas. A grande problemática do país em, praticamente, todos os sentidos, é a falta de concretude e efetividade no cumprimento de leis fundamentais que devem ser providas pelo governo. Tanto em nível municipal quanto federal, sabe-se que a legislação brasileira carece de atenção, seja de parte da

---

[31] CHIORO, Arthur. Mais Médicos. op. cit.

fiscalização da população, seja pelo real interesse de governantes e políticos em se dedicar ao bem total dos cidadãos.

Nesse sentido, pode-se até estabelecer uma comparação de como a política influencia o Direito. Tanto em Cuba, com a problemática dos direitos humanos e da falta de liberdade política, quanto no Brasil, com a problemática da corrupção e dos direitos somente positivamente garantidos, a política e o Direito entram em desacordo e impedem o progresso desses países. Essa desarmonia tende a ser predominante em países em desenvolvimento e nos subdesenvolvidos, e sua falta de comprometimento em agregarem-se é um fator que qualifica a desigualdade social.

Ao se compararem os índices dados pela OMS do que constituem uma saúde eficiente, depara-se com a veracidade dessas questões políticas e históricas concebidas no Brasil e em Cuba. Novamente, é preciso ter consciência de questões geográficas e populacionais divergentes, que são determinantes quando se pondera sobre a eficácia da saúde. Contudo, de qualquer forma, são divergentes também as abordagens dadas nas áreas da saúde e da educação que, em Cuba, competem afirmativamente boas colocações nos índices mundiais de qualificação da saúde.

O programa Mais Médicos, apesar de ser um programa social com fundo político evidente, contém diretrizes sociais que visam a melhorias para a população de uma forma generalizada. As polêmicas que envolveram normas do programa têm como fundamento contrariedades políticas contra o atual governo do PT, sem, no entanto, reflexionar sobre o problema central em questão: a falta de eficiência na área sanitária brasileira.

De um viés social e afastado de intenções e disputas políticas, as melhorias advindas do programa já estão sendo sentidas. A capacidade dos médicos estrangeiros e dos médicos brasileiros integrantes do Mais Médicos maximizam e alentam uma nova idealização da saúde pública no Brasil, voltada, principalmente, para as áreas remotas e carentes. Em especial, o cerne do cuidado primário e da medicina de família, aqui, tanto relatado de forma positiva, deve se tornar um ponto significativo e marcante dos frutos do programa, que deveria ser atribuído às práticas médicas brasileiras também independentes dessa modalidade de atendimento de saúde pública.

Bibliografia

ASENSI, Felipe Dutra. *Direito à saúde*: práticas sociais reivindicatórias e sua efetivação. Curitiba: Juruá, 2013. 369 p.

BONFATI, Cristiane. *Governo faz convênio para contratar 4 mil médicos cubanos*. O Globo, 21 de agosto de 2013. Disponível em: http://oglobo.globo.com/brasil/governo-faz-convenio-para-contratar-4-mil-medicos-cubanos-9647511. Acesso em: agosto 2014.

BRASIL. Decreto n° 8.040, de 8 de julho de 2013. Institui o Comitê Gestor e o Grupo Executivo do Programa Mais Médicos e dá outras previdências. *Diário Oficial da União*, Poder Executivo, Brasília, DF, 9 de jul. 2013. Seção 1.

BRITO-SILVA, Keila; BEZERRA, Adriana Falangola Benjamin e TANAKA, Oswaldo Yoshimi. *Direito à saúde e integralidade: uma discussão sobre os desafios e caminhos para sua efetivação.* Interface (Botucatu) [online]. 2012, vol.16, n.40, pp. 249-260. Epub 19-Abr-2012. ISSN 1414-3283. Disponível em: http://dx.doi.org/10.1590/S1414-32832012005000014. Acesso em: agosto 2014.

CHIORO, Arthur. *Mais Médicos: resultados incontestáveis.* Gazeta do Povo, 23 de julho de 2014. Disponível em: http://www.gazetadopovo.com.br/opiniao/conteudo.phtml?id=1485921. Acesso em: novembro 2014.

CONSTITUCIÓN de La Republica de Cuba. 1976. Disponível em: http://www.cuba.cu/gobierno/cuba.htm. Acesso em: novembro 2014.

DOMINGUEZ-ALONSO, Emma e ZACEA, Eduardo. *Sistema de salud de Cuba.* Salud pública Méx [online]. 2011, vol.53, suppl.2, pp. s168-s176. ISSN 0036-3634. Disponível em: http://dx.doi.org/10.1590/S0036-36342011000800012. Acesso em: agosto 2014.

EVANS, David B., TANDON, Ajay., MURRAY, Christopher JL., LAUER, Jeremy A. *The comparative efficiency of national health systems in producing health: an analysis of 191 countries.* GPE Discussion Paper Series: No. 29. World Health Organization. Disponível em: http://www.who.int/healthinfo/paper29.pdf.

FAGUNDES, Pedro Ernesto. *Análise das relações entre Cuba e EUA (1961-2011).* Mundorama. Disponível em: http://mundorama.net/2011/04/13/analise-das-relacoes-entre-cuba-e-eua-1961-2011-por-pedro-ernesto-fagundes/. Acesso em: novembro 2014.

LAMRANI, Salim. *Cuba, a ilha da saúde.* Opera Mundi, 29 de julho de 2012. Disponível em: http://operamundi.uol.com.br/conteudo/opiniao/23324/cuba+a+ilha+da+saude.shtml. Acesso em: novembro 2014.

———. *Cuba ou a globalização da solidariedade: o internacionalismo humanitário.* OperaMundi, 31 de maio de 2013. Disponível em: http://operamundi.uol.com.br/conteudo/opiniao/29161/cuba+ou+a+globalizacao+da+solidariedade+o+internacionalismo+humanitario+.shtml. Acesso em: novembro 2014.

MENDES, Eugênio Vilaça. *A atenção primária à saúde no SUS.* Fortaleza: Escola de Saúde Pública do Ceará, 2002. 89 p.

———. *Uma agenda para a saúde.* 2. ed. São Paulo: Hucitec, 1999. 300 p. (Saúde em debate (HUCITEC); 88).

MUHR, Thomas. *Venezuela e ALBA: regionalismo contra-hegemônico e ensino superior a todos.* Educação e Pesquisa, São Paulo, v. 36, n.2, p. 611-627, maio/ago. 2010 Disponível em: http://www.scielo.br/pdf/ep/v36n2/a13v36n2.pdf.

NUBLAT, Johanna. *Brasil vai receber 4.000 médicos cubanos ainda em 2013.* Folha de S. Paulo, Brasília, 21 de agosto de 2013. Disponível em: http://www1.folha.uol.com.br/cotidiano/2013/08/1329809-brasil-vai-receber-4000-medicos-cubanos.shtml. Acesso em: agosto 2014.

O SUS precisa de Mais Médicos e de Muito Mais!. Saúde debate [online]. 2013, vol.37, n.97, pp. 200-203. ISSN 0103-1104. Disponível em: http://www.scielo.br/scielo.php?script=sci_arttext&pid=S0103-11042013000200001&lng=pt&nrm=iso. Acesso em: julho 2014.

OSA, José A. de La. *Um olhar para a saúde pública cubana.* Estud. av. [online]. 2011, vol.25, n.72, pp. 89-96. ISSN 0103-4014. Disponível em: http://dx.doi.org/10.1590/S0103-40142011000200008. Acesso em: julho 2014.

POLATO, Amanda. Brasil é o último em ranking sobre eficiência de sistemas de saúde. Época, 13 de setembro de 2013. Disponível em: http://epoca.globo.com/tempo/noticia/2013/09/brasil-e-o-bultimo-em-rankingb-sobre-eficiencia-de-sistemas-de-saude.html. Acesso em: novembro 2014.

SCHWARTZ, Germano. *O tratamento jurídico do risco no direito à saúde.* Porto Alegre: Livraria do Advogado, 2004. 199 p.

WORLD Health Organization. *Key components of a well functioning health system.* WHO, maio de 2010. Disponível em: http://www.who.int/healthsystems/EN_HSSkeycomponents.pdf. Acesso em: julho 2014.

— 13 —

A interpretação conforme como concretude hermenêutica nos bastidores da legitimidade da lei abstrata: a dobra da linguagem entre o texto e a norma

MAURICIO MARTINS REIS[1]

Sumário: I. Prolegômenos; II. Fundamento de base: a universalidade hermenêutica em anteparo a uma nova teoria das fontes e da interpretação; II.I. A inevitabilidade da interpretação e a autonomia emancipatória pelo Direito e pelos sujeitos: o legado moderno-iluminista da razão e do Estado; II.II. A ambivalência habermasiana entre a razão e a hermenêutica: resgates necessários para a devida compreensão do poder emancipatório pelo Direito; III. O controle de constitucionalidade brasileiro: expedientes interpretativos invasivos ou autônomos pela faceta da *applicatio*?; III.I. Os princípios constitucionais: revitalização da jurisprudência de valores em homenagem a qualquer referência axiológica? As respostas da hermenêutica filosófica; III.II. O controle de constitucionalidade para além do abstrato: legitimidade e Estado Democrático Constitucional de direito; III.III. A indevida processualização ou abstrativização da *applicatio*: a univocidade normativa da resposta correta.

I. Prolegômenos

A inconstitucionalidade revela-se em pressuposto formal e material para efeito de sobrevivência das normas jurídicas no interior de determinado ordenamento. Muitas linhas já foram despendidas em nome de referida mácula, especialmente no trato da inconformidade normativa. Por esta entendemos o vício relativo a uma norma jurídica, seja ela uma regra ou um princípio, cuja incorreção remonta ao esquadro abstrato de futuras incidências, sem dizer respeito, ainda, a uma qualquer interpretação que se faça dela.

---

[1] Graduado em Ciências Jurídicas e Sociais pela Universidade do Vale do Rio dos Sinos (UNISINOS/RS); Graduado em Licenciatura em Filosofia pela Universidade do Vale do Rio dos Sinos (UNISINOS/RS); Especialista em Jurisdição Constitucional e Direitos Fundamentais pela Universidade de Pisa (Itália); Mestre em Direito na Universidade do Vale do Rio dos Sinos (UNISINOS/RS); Doutor em Direito pela Universidade do Vale do Rio dos Sinos (UNISINOS/RS); Doutorando em Filosofia pela Pontifícia Universidade Católica do Rio Grande do Sul (PUCRS). Professor da Fundação do Ministério Público do Rio Grande do Sul (FMP-RS) e da Universidade do Vale do Rio dos Sinos (UNISINOS/RS). Advogado. Correio eletrônico: mauriciomreis@terra.com.br

Diga-se, de antemão, que a concepção de uma nova faceta de inconstitucionalidade, vale dizer, a interpretativa, contempla, subjacente, contornos ou fundamentos filosóficos responsáveis pela compreensão do que sejam, respectivamente, o Estado Democrático de Direito, a hermenêutica constitucional e o papel da autonomia do indivíduo e da sociedade. O primeiro contorno ousa combater as mais variadas crises por que passa o conceito de Estado nacional, de modo a reivindicar no ente estatal, por intermédio de uma Constituição dirigente e compromissária, o ponto de chegada para as conquistas do constitucionalismo contemporâneo. O segundo fundamento, interpretativo, ressalta as intransponíveis lições da hermenêutica filosófica para o Direito, de maneira que este, ao lidar com postulados gerais e vinculantes – na senda da histórica segurança jurídica – jamais deixe de considerar as peculiaridades do caso concreto. Finalmente, o aspecto pioneiro da função elementar do indivíduo e da sociedade quer repercutir, sem olvidar o emaranhado de disjunções sistêmicas a apequenar a "península jurídica" e, com isto, desbaratar a função de validade e utopia da Constituição, a indispensável participação do sujeito na tarefa do pensar e do agir.

O século vinte legou à humanidade a responsabilidade de construir genuínos espaços emancipatórios, na medida em que se encurtaram em demasiado a outrora incerteza e o pretérito determinismo amealhadores da liberdade. Desta sorte, com o giro copernicano verificado tanto na filosofia como no direito, de maneira a implicar que o espectro epistemológico se socorre sempre e mais da relação entre sujeitos e suas correspondentes situações de compreensão, ademais de impulsionar a função axiológica diretriz emanada do direito público (constitucional), culminamos por ficar a sós no universo, ou, em palavras menos metafóricas, restaram o homem e a sua linguagem.

O controle de constitucionalidade é comumente alvo de reflexões em apartado doutrinário, de sorte a incutir no referido debate o caráter de excepcionalidade, quando uma norma jurídica, quer por vícios formais ou materiais, merece ser repelida do ordenamento. O primeiro equívoco desta situação dogmática é o de fazer coincidir texto e norma, de tal maneira que eventual inconformidade é a do ato normativo em seu estado bruto, sem qualquer temperamento sobre cogitações hermenêuticas acerca do modo como ele resultará aplicado. A segunda incongruência – leia-se, em relação aos parâmetros aqui trabalhados – vincula-se ao menosprezo à importância (em si, eis que transcendental) da interpretação, como se esta fosse passível de esquecimentos ou condicionamentos extraordinários. A rigor, não se pode escapar à pertinência filosófica do tema hermenêutico, em especial para o direito, mas apenas de descartá-lo ou mesmo apequená-lo em nome de predileções institucionais, as quais recebem o nome, apelativo, de rigor científico.

O controle de constitucionalidade das normas, portanto, merece ser repensado à luz da aplicação jurídica interpretativa (ou interpretação jurídica aplicativa), em cujo percurso situacional desvelam-se possibilidades concretas nas quais a (in)constitucionalidade é a do sentido ali condecorado para pôr termo ao processo. Dita reflexão ora incrementará outro tipo de controle – o concreto – ora, então, concluirá que as interpretações ou sentidos, ao necessariamente reivindicarem conformidade à Constituição como pressuposto axiológico, merecem ser vocacionados a uma situação típica inerente à própria concretização constitucional dos preceitos normativos.

Confrontam-se, destarte, dois postulados fundamentais, ambos cooriginários do nascedouro hermenêutico, cuja imbricação não justifica identidade nos respectivos pressupostos de existência. A constitucionalidade de lei e a constitucionalidade de interpretação, tal qual a cisão entre texto e norma, ou mesmo a cisão entre verdade e método, sem falar da cisão entre aplicação e argumentação, representam predicados dependentes em termos de circularidade virtuosa, em que a autonomia de um repousa na relação de reciprocidade justificada em vista de outro. Vale dizer, tanto o espaço de procedência onde se reivindicará a inconstitucionalidade de certo édito normativo carecerá, certamente, do exercício – efetivo ou hipotético – de confronto interpretativo no âmbito de aplicação jurisdicional daquele texto, quanto a abertura de legitimidade de certa interpretação dependerá do manancial de possibilidades hermenêuticas – positiva ou negativamente assentadas – já denunciadas pelo prévio ingresso e sobrevivência do dispositivo legal no ordenamento jurídico.

Por assim dizer, o papel proeminente dos princípios constitucionais no ato de concretizar o direito restaura o que de há muito tempo vinha sendo olvidado pelo pensamento positivista: a interpretação impregna o mundo jurídico, e as eventuais máculas de inconstitucionalidade, antes restritas ao modelo de concepção da própria norma jurídica, passam a contaminar as interpretações responsáveis por sua concretização aplicadora. E a inconstitucionalidade adquire um formato de *enquanto* ou de *como*, ou seja, vislumbrada em termos de repercussão prática, a despeito de filtragens cogitadas no plano abstrato da legislação ou, ainda, no plano positivista das vinculações de sentido, não obstante sua aparência interpretativa.

O problema a ser confrontado durante as próximas páginas consiste em responder a uma premissa aparentemente inabalável nos meandros das concepções mais recentes desta linha de pensamento aqui denominada de positivista. Este pressuposto resulta em que toda e qualquer tentativa de se pretender veicular a legitimidade de uma plêiade de respostas consentâneas ao valor constitucional,[2] independentemente das possíveis facetas preponderantes para determinado vetor principiológico *in casu*, revela-se em quimera subjetiva, arbitrária, irracional e relativista, adjetivos destoantes, por conseguinte, do valor pioneiro da segurança jurídica e da redução congruente de expectativas atinentes ao direito e à sua aplicação por juízes e tribunais.

II. Fundamento de base: a universalidade hermenêutica em anteparo a uma nova teoria das fontes e da interpretação

II.I. A inevitabilidade da interpretação e a autonomia emancipatória pelo Direito e pelos sujeitos: o legado moderno-iluminista da razão e do Estado

Em tempos hodiernos, qualquer embasamento teórico sobre o Direito traz à tona, direta ou indiretamente, os fundamentos epistemológicos[3] contingentes responsáveis por atribuir, ao Estado e à interpretação, maior ou menor possibilidade transformadora em termos de melhoria social. A pós-modernidade – para referendar o ápice de complexidade, reflexividade e interdisciplinariedade a que chegamos no século vinte – instiga o parâmetro contingente de um estado de coisas que poderia ser diferente não fossem os rumos tomados pelo livrearbítrio e responsabilidade de homens e mulheres conglomerados em sociedades e instituições em determinado tempo e espaço social. A filosofia do século passado, destarte, consolida sobremaneira o desempenho do ser humano (âmbito microscópico) e da sociedade (visão macro) nas relações recíprocas de uns com os outros, fortalecendo, assim, o papel da interpretação como agente catali-

---

[2] Em abstrato, a tese hermenêutica aqui consagrada é a seguinte: há várias possibilidades de um mesmo texto ser interpretado razoavelmente, de acordo com os princípios constitucionais. Em concreto, esta tese arrecada uma fórmula aparentemente contraditória, segundo a qual é possível encontrar-mos "a" resposta correta para determinada aplicação jurisdicional. A conciliação resulta explicada, se compreendermos que a abstração é apriorística ao problema posto em causa, eis que a complexidade do binômio fato-direito ainda está no nível da hipótese ou da conjectura, níveis que não esgotam a concretude (especificidade) exigida, incidente apenas quando se está diante de determinada situação hermenêutica. E, quando esta logra acontecer, os demais caminhos possíveis simplesmente desaparecem em vista de sua inaptidão para o caso, desaparição típica das conclusões gadamerianas sobre deixarmos que "o texto nos diga algo", síntese hermenêutica responsável por erigir determinada solução mais adequada ou justa – porque única – ao irrepetível fato em julgamento.

[3] A epistemologia ora se refere ao substantivo digno da teoria do conhecimento, o qual repercute os alicerces fundamentais (axiomas) a partir dos quais determinada concepção se desenvolve, ora investe em adjetivação contraposta ao "hermenêutico", enquanto modelo de pensamento autorreferencial e evidente, cuja explanação prescinde de questionamentos e justificações. O termo aqui referido adere à primeira proposta, substantiva, a reivindicar imparcialidade que a pode aproximar do paradigma hermenêutico, diferentemente do segundo termo, com aquele incompatível. A contingência aqui trabalhada remonta ao pressuposto de responsabilidade das interpretações realizadas pela jurisdição constitucional, entendida esta no aspecto mais abrangente no sentido de que todo o juiz é garantidor da Constituição.

sador dos caminhos a serem percorridos até pontos de chegada prioritariamente éticos.

A hermenêutica filosófica, erigida com a participação de múltiplos personagens do pensamento, arrecada, então, inédito protagonismo nos contornos de reflexão, o que a credenciou a adentrar nos mais variados focos de práxis especializados, dentre os quais o Direito.[4] O panorama hermenêutico, em curtas linhas, instaura aquilo que Ernildo Stein denomina de "encurtamento", pois diminui drasticamente a fonte de explicações para os problemas da ordem mundana, toda ela ambientando-se no e pelo homem, ao nele repercutir a sorte de responsabilidade sobre os fundamentos metafísicos que até então o desoneravam em termos de alternativa possível.

Uma das principais vertentes para o incremento deste processo de autorresponsabilidade hermenêutica resultou na ruptura de paradigmas sobre a função da linguagem no âmbito de relações intersubjetivas, de uma função tão só instrumental para outra, de cunho existencial, em que os indivíduos, para além de singela comunicação, repercutem suas próprias vicissitudes na tarefa de compreender e serem compreendidos. A própria ciência, de igual modo, atesta referida mudança paradigmática, ao repensar os postulados de neutralidade e isenção, na medida em que o princípio de Heisenberg traduz a inevitável aderência do sujeito investigador no objeto pesquisado, referendando, assim, sob a manta da descrição, uma prescrição ou ordem de valores subjacente a quem investiga. Numa única expressão, as verdades, antes descobertas no binômio epistemológico sujeito-objeto, são agora desveladas pelo binômio hermenêutico sujeito-sujeito.

Entretanto, a hermenêutica, ainda adjetivada em Heidegger para depois ser substantivada em Gadamer, com a consequente repercussão possível no Direito, padeceria, para os seus críticos, de certa ingenuidade e relativismo, de modo a realizar manipulações de sentido, intencionais ou não, diferenciando ou mimetizando o discurso conforme os interesses do falante e do interlocutor. Ver-se-á que esta suposta anomalia congênita agrega especificidades instrumentais segundo cada crítica endereçada à hermenêutica, e o Direito abraçará contra ela, na teia teórica do positivismo, diversos argumentos que se vão transformando ao longo dos tempos.

---

[4] Sobre o itinerário histórico e as fontes da literatura hermenêutica, filiamo-nos a três obras, em especial (STRECK, Lenio Luiz. *Hermenêutica Jurídica e(m) Crise*. 6. ed. Porto Alegre: Livraria do Advogado, 2005; ROHDEN, Luiz. *Introdução à Hermenêutica Filosófica*. São Leopoldo: Unisinos, 2002, STEIN, Ernildo. *Crítica da Ideologia e Racionalidade*. Porto Alegre: Movimento, 1986 e GRONDIN, Jean. *Introdução à hermenêutica filosófica*. São Leopoldo, Unisinos, 1999). Nos limites aqui propostos, concentraremos esforços na reflexão de temas pertinentes de pelo menos três grandes filósofos hermeneutas da contemporaneidade, a saber, Martin Heidegger, Hans-Georg Gadamer e Gianni Vattimo, cuja valia para o Direito alcança pelo menos outros três desdobramentos específicos, consolidados em Jürgen Habermas, Karl Otto Apel e Klaus Günther.

A interpretação, ao dizer respeito em larga escala à própria gênese, história e reflexão do Direito, porquanto estamos a tratar de construção eminentemente humana, é suscetível de ser problematizada nos seus mais diversos âmbitos, desde o nascimento do ato normativo, o correspondente desenvolvimento no seio da ordem legal, a culminante revogação e a suscetibilidade em termos de eficácia e efetividade. Estes âmbitos são identificados com os conhecidos planos de vigência, validade e eficácia das leis. Contudo, nas trilhas da constitucionalidade – e da interpretação constitucional – não estamos a nos referir necessariamente aos planos de normatividade, senão ao campo de pertinência (adequação) do sentido adjudicado às normas jurídicas.[5]

A adequação, pertinência ou razoabilidade de alguma interpretação implica a compatibilidade do sentido alcançado ao texto em vista dos princípios constitucionais incidentes ao caso concreto, de tal sorte que a preferência pela ótima resposta consiste em procedimento ou método apenas verificável *ex post*, ou seja, quando se nos depara a situação sob julgamento.[6] Não há, desse modo, condições de se antecipar qual seja a melhor interpretação, porque o predicado "melhor" carrega consigo a pretensão de coimplicar – metafisicamente – a cada texto uma suposta (e abstrata) leitura tida como a mais consentânea aos valores em jogo.

Quando nos referimos ao procedimento adotado, em concreto, para a justificativa de alcance daquela resposta, tida como "a" resposta

---

[5] Ainda que nos apropriemos da crítica à crise do senso comum teórico dos juristas, instalada nos espaços acadêmicos brasileiros, e cujo sintoma resulta sedimentado na incorporação de quadros conceituais ensimesmados (assépticos), existem algumas disseminações (e discriminações) abstratas que merecem ser salvas por intermédio de uma reflexão mais detida e comprometida com os valores materiais insertos na Constituição da República de 1988. Parece ser o caso da distinção entre vigência, validade e eficácia, desde que seja a validade aquela a comportar o núcleo prioritário em relação às outras duas, pois é nesta que se encerram as questões sobre a viabilidade de certa interpretação (constitucional) em detrimento de outras. Neste aspecto, reportamo-nos à doutrina de Luigi Ferrajoli em Derecho y Razón, quando na parte geral desta obra o autor italiano enfatiza o valor da validade, inclusive em prejuízo à ótica formal de vigência, afirmando, inclusive, que uma norma vigente não será necessariamente válida quando destoante dos princípios norteadores da ordem constitucional legitimada em cada Estado (FERRAJOLI, Luigi. *Derecho y razón. Teoria del garantismo penal*. Madrid: Editorial Trotta, 2000).

[6] Não se descura da distinção efetuada por alguns autores entre proporcionalidade e razoabilidade, inclusive com atribuição específica diversa no trato conceitual, desconcertando ditos cânones da tutela ampla dos princípios (ÁVILA, Humberto. *Teoria dos princípios*. São Paulo: Malheiros, 2006). Entretanto, pelo fato de este artigo contemplar o valor dos princípios constitucionais no eixo do proclamo existencial-compreensivo da hermenêutica filosófica, cujo rigor resulta menor em vista de conceitualismos e maior para efeito da condição de possibilidade interpretativa (desde que amparada em lastro ético-constitucional), conciliamos o binômio razoabilidade-proporcionalidade sob a batuta do princípio da interpretação conforme, inerente à efetividade do Estado Democrático de Direito com vistas à obtenção de transformações sociais desde o modelo abstrato de controle de constitucionalidade (incluindo o difuso), até o âmbito concreto ou interpretativo, núcleo temático deste trabalho. Aliás, já Streck afiliava a conveniência desta unidade hermenêutica, quando leciona que "quando se pergunta se foi obedecida a devida proporcionalidade entre os fins e os meios do ato legislativo, está-se, também, a indagar acerca da razoabilidade desse ato" (STRECK, Lenio Luiz. *Jurisdição Constitucional e Hermenêutica: Uma Nova Crítica do Direito*. Rio de Janeiro: Forense, 2002, p. 520).

correta-para-o-caso, e não de outra (contingência elementar afeta à responsabilidade de quem decide, escolhe e julga), é imperioso considerarmos os pressupostos hermenêuticos a darem conta de dois termos indispensáveis à busca da interpretação constitucional: método e verdade. E dita equação nada mais revela do que a obra maior de Gadamer, quando nela se restauram estes dois conceitos para o nível de compreensão hermenêutico, tal qual o revigoramento conceitual – porque antimetafísico – procedido por Heidegger ao fenômeno do ser. Por assim dizer, a partir destes dois filósofos resultou possível o enfoque de tipologias e racionalidades contrastantes, especialmente com a canalização de escolhas dentro de universos temáticos conflituosos à luz de parâmetros existenciais.

> Onde há uma interpretação, necessariamente poderá haver divergências na interpretação. Onde são possíveis divergências, na interpretação, é preciso mostrar as razões porque se diverge, é preciso mostrar caminhos, métodos. Portanto, não haverá mais um método para conduzir a verdade, como o método indutivo, etc. Mas haverá vários métodos para mostrar a verdade. Mas esses diversos métodos para mostrar a racionalidade e a verdade de um discurso no universo da hermenêutica, significa menos exatidão? Menos rigor? Não haverá menos rigor na análise. As objeções que se fazem quanto ao tipo de verdade não-lógico e não-semântico, a verdade de nível hermenêutico, essas objeções não são objeções, mas preconceitos. São preconceitos porque não se satisfaz à forma lógica exigida pela postura lógico-semântica, mas a forma que é necessária para que apareça a verdade a verdade exige uma interpretação.[7]

Na tentativa de fundamentação de uma teoria ou de um discurso, inevitavelmente queda-se em determinada premissa fundamental, a qual, por ser indispensável ou necessária em termos existenciais – no nível hermenêutico de suporte compreensivo para que a própria linguagem se estabeleça como tal[8] – autojustifica-se sob a égide do círculo virtuoso. Expliquemos em termos detidos: o filósofo Hans Albert bem alinhavou as

---

[7] STEIN, Ernildo. *Aproximações sobre Hermenêutica*. Porto Alegre: EDIPUCRS, 2004, p. 46-47.

[8] É preciso saber sobre o que se pergunta, de tal sorte que esta é a transposição do hermenêutico ao epistemológico, revigorando a linguagem para uma condição substancial de viés possibilitador. Há, portanto, um manto existencial demarcatório no nível da pré-compreensão, o qual permite, diante da tradição circundante, avanços e retrocessos no marco do diálogo com horizontes diversos (fusão gadameriana), a apontar autenticidades e inautenticidades com esteio neste "estranhamento" ou "angústia" diante do desvelar do ser dos entes. A premissa hermenêutica é a de deixar isto ("o desvelar") acontecer pelo singular e concreto; porém, dita tolerância não implica acatar as conseqüências deste, o que ressalta, no Direito, as características do filtro de validade pela interpretação neste exato caso. A resposta que inaugura a fenomenologia hermenêutica heideggeriana, portanto, visa a atender não mais a ontologia tradicional da "coisa-mesma" (o que a torna solução idêntica para as mesmas coisas, metafisicamente solapadas pelo puro ver fenomenológico herdado de Husserl), porque ela incorpora o sentido predicativo da pergunta que lhe ornamenta um horizonte de sentido acolhedor da concretude humana (não há resposta sem uma pergunta finita e histórica que a antecede e lhe revela condição de existência, pois). Nas contundentes palavras de Ernildo Stein: "Portanto, o que fez Heidegger voltar-se contra a posição de Husserl não foi apenas o fato de ter esse erigido a fenomenologia em uma nova filosofia com finalidade determinada, mas o fato de Husserl ter expressamente instaurado a ausência da sensibilidade histórica da fenomenologia, negando-se ao diálogo com a tradição e, contudo, preso ao que visceralmente eivava o pensamento ocidental: a subjetividade" (*Introdução ao pensamento de Martin Heidegger*. Porto Alegre: EDIPUCRS, 2002, p. 34).

três alternativas viáveis, todas insatisfatórias ao seu ver, no decurso da fundamentação, quais sejam, o apelo à autoridade, a petição de princípio e a ciranda *ad infinitum*. Segundo Stein, ao comentar dito trilema, a filosofia, se quiser obter alguma sorte de fundamentação, recai em alguma das seguintes hipóteses: "(a) afirmar dogmaticamente um fundamento; b) prosseguir na busca de um fundamento ao infinito; ou c) fixar-se numa circularidade, no sentido de que aquilo que deve ser fundamentado já está pressuposto no processo de fundamentação".[9]

No plano do Direito, foi exitoso o empreendimento kelseniano para dar fim às discussões sobre a legitimidade da norma fundamental, na medida em que esta condecora pressuposição autofundante, cuja redundância formal confere força maior ao ápice de sua pirâmide escalonada, a Constituição, simplesmente pelo fato de assim o ser.[10] No entanto, a hermenêutica filosófica não se compraz a dita circularidade, viciosa, na esteira da crítica do Albert, por ser ela eminentemente formal, conspirando, noutras vestes, a petição de princípio.[11] O que realiza, então, a reviravolta hermenêutica para dar cabo a suposto entrave? Robustece e reanima o círculo, agora hermenêutico, conferindo-lhe virtuosidade existencial por intermédio da analítica heideggeriana e da *applicato* de Gadamer. Em outras palavras, o repúdio à contradição performativa, agora no âmbito da transformação linguístico-pragmática ocorrida durante o século vinte, rejuvenesce e atualiza a premissa de não incidência do princípio da contradição, denunciada por Aristóteles nas linhas da *Metafísica*.

A rearticulação hermenêutica, destarte, com o fito de animar o "fundamento sem fundo" ao qual todo o discurso resulta inevitavelmente atrelado provém, para utilizarmos o mesmo arcabouço teórico utilizado por Albert nesta pretensa encruzilhada infértil a concluir pelo ceticismo filosófico, ora do redimensionamento da circularidade infinita, ora da reestruturação do argumento da autoridade.[12] O ponto em comum, entre-

---

[9] *A caminho de uma fundamentação pós-metafísica*. Porto Alegre: EDIPUCRS, 1997, p. 137.

[10] "O caráter descritivo da teoria [de Kelsen] repercute assim na concepção de norma fundante (Grundnorm) como critério de validade do ordenamento jurídico, a qual, longe de poder ser concebida como fato histórico de uma constituição ou como assunção moral ou de qualquer teoria da justiça, ocorre como mera suposição, ou seja, como fundamento transcendental de conhecimento do ordenamento jurídico" (ALBUQUERQUE, Paulo Antônio de Menezes. Verbete "Kelsen". In Dicionário de Filosofia do Direito. BARRETTO, Vicente de Paulo (Org.). Rio de Janeiro/São Leopoldo: Renovar/Unisinos, 2006, p. 507). Nas próprias palavras do idealizador da Teoria Pura do Direito: "A norma fundamental não é criada em um procedimento jurídico por um órgão criador de Direito. Ela não é – como é a norma jurídica positiva – válida por ser criada de certa maneira por um ato jurídico, mas é válida por ser pressuposta como válida; e ela é pressuposta como válida porque sem essa pressuposição nenhum ato humano poderia ser interpretado como um ato jurídico e, especialmente, como um ato criador de Direito" (KELSEN, Hans. *Teoria Geral do direito e do Estado*. São Paulo: Martins Fontes, 2005, p. 170).

[11] Vários pensadores, por isto, denominam as hipóteses de Hans Albert em dilema de Münchausen.

[12] Para tanto, de se observarem as saídas propostas por Ernildo Stein (*A caminho de uma fundamentação pós-metafísica*. Porto Alegre: EDIPUCRS, 1997, pp. 137-146) e Fernando José Bronze (*Metodonomologia*

tanto, a ser sublinhado referenda, para um ou outro caminho do impasse, os alicerces existenciais de um processo compreensivo prévio legitimador dos discursos doravante produzidos em termos de repercussão jurídica.

E isto quer significar a anteposição do sujeito não mais em relação ao objeto, superestimando a epistemologia como acesso à realidade mesma (conhecimento da metafísica ou das coisas-em-si), senão em sentido antecipador da própria condição de possibilidade do conhecimento. Dita passagem instaura o momento em que, a partir de Heidegger, o sujeito transcendental, apesar de poder ainda cogitar de uma teoria do conhecimento, resgata para si as prévias pontes construídas por quem o incorpora em vista da concretude, da singularidade e do lastro de compreensão ora implementado, a iluminar os anseios por novos sentidos e valores, absolvendo a procura pelo saber objetivo e universal – instante em que o conhecimento da metafísica torna-se a metafísica do conhecimento!

A universalidade hermenêutica consiste no *a priori* intransponível, no axioma existencial em cuja causa fundamenta-se todo o discurso normativo. Por vezes dito ponto de partida não merece atenção por parte de determinadas abordagens metodológicas, as quais reivindicam suposta prevalência por conta de hipotética prioridade em vista da adequação fato-valor. Em conjecturas extemporâneas ao trato da fundamentação no paradigma sujeito-sujeito, estas posturas logram descrever o que, em realidade, prescrevem sub-repticiamente em salvaguarda de certos valores.

Para uma compreensão reflexiva acerca do Direito e do desempenho decisório-judicativo, é indispensável, portanto, identificarmos a premissa ontológica sobre a qual se ornamenta a estratégia discursiva. Como bem se pode dizer, todo o começo é aleatório, muito embora o próprio desencadeamento do raciocínio, conquanto não esgote o anteparo de compreensão responsável pelas linhas demarcatórias do pensamento, contemple as possibilidades recursivas de projeção interpretativa, em cuja espiral se vão construindo as expectativas e previsibilidades afetas ao problema a ser regulado. O grau de aleatoriedade, contudo, revela-se limitado pelas naturais circunstâncias que circunscrevem a contextualização espaço-temporal do incidente a ser pensado. Nas alvissareiras palavras de Castanheira Neves, refletir sobre a autonomia do Direito significa adotar, alternativamente, de antemão, uma das seguintes opções: "a perspectiva da sociedade – o direito interrogado na intencionalidade global e prévia da sociedade e a visar 'o direito da sociedade' – e a perspectiva do homem (do homem-pessoa), o direito interrogado na intencionalidade da prática

---

entre a semelhança e a diferença. Coimbra: Coimbra Editora, 1994, pp. 36-43), os quais arregimentam na perspectiva hermenêutica, cada qual à sua maneira, a revitalização do círculo vicioso na escala da fundamentação virtuosa com arrimo no mundo vivido e nas pré-compreensões autênticas.

titulada pessoal e concretamente e a propor-se antes o direito do homem-pessoa".[13]

Esse é, portanto, o cenário de crise, no qual se encontra envolto o Estado contemporâneo – especialmente o Estado brasileiro –, e que acaba por atingir frontalmente o paradigma jurídico moderno e, consequentemente, os direitos fundamentais. A crise, contudo, ao nosso sentir, principia e acalenta ser inexorável, quando nos abandonamos ao expediente epistemológico de reivindicar pelos mecanismos institucionais disponíveis – através da força normativa de valores e princípios homenageadores do Estado Democrático de Direito –, vale dizer, à medida que desacreditamos do potencial hermenêutico de vislumbrar e conquistar novo cenário de inclusão e desenvolvimento social em prol da humanidade.

II.II. A ambivalência habermasiana entre a razão e a hermenêutica: resgates necessários para a devida compreensão do poder emancipatório pelo Direito

Filósofos da estirpe de Habermas merecem ser estudados com a prudência do cotejo entre a respectiva proposta teórica, identificada e contextualizada no recorte bibliográfico porventura analisado,[14] e as correspondentes finalidades e anseios por meio dos quais se cogitaram desenvolver, em viés prescritivo, as formulações envidadas como enunciados conclusivos. Com base em referido zelo, podemos afirmar que a linha de raciocínio do pensador alemão aproxima-se do norte teórico aqui pleiteado, no que se refere à centralidade da razão (ser humano) e do Estado (sociedade) na condução democrática das relações intersubjetivas; porém, há um distanciamento não desprezível quando aproximamos as lentes ao formato habermasiano de pensar o modelo de jurisdição constitucional ao qual serão atribuídas as funções de tutela dos direitos e garantias fundamentais (e o consequente controle jurídico das feições legislativas do político).

Pode-se dizer que a aproximação primeira indica a contundência de um estudioso contemporâneo idealizador (e revitalizador) de um lugar cativo da racionalidade iluminista – com os incrementos da reviravolta linguístico-pragmática em apoio à força democrática do melhor argu-

---

[13] NEVES, Antonio Castanheira. *O Direito hoje e com que sentido?* Lisboa: Instituto Piaget, 2002, p. 19. Trata-se aqui de referendar a fundamental transversalidade axiológico-hermenêutica do discurso humano, especialmente aqueles conectados à dimensão social, como é o caso do discurso jurídico. Não há, e esta é a lição desta transversalidade a atravessar qualquer abordagem pretensamente objetiva, opção legitimada por si, como se neutra e asséptica, "descoberta" em termos epistemológicos.

[14] Quanto mais se estamos a tratar de pensadores com mais de uma centena de publicações (ensaios, capítulos, livros, teses, monografias, dentre outros formatos), como é o caso, por exemplo, de Habermas e Heidegger.

mento –, condição explicável se constatarmos ser ele discípulo da Escola de Frankfurt, a cujos precursores a hermenêutica filosófica presta importantes contas.[15] Contudo, para efeito de justificar esta autonomia da razão, incorrerá no desdobramento incompatível às diretrizes aqui ressaltadas, quando para o Direito reivindica a predominância da condição procedimental, de modo a menosprezar, sob o apanágio da validade fundamentadora da legislação, a intrínseca copertença interpretativa a cuja faceta concreta – de aplicação – os textos normativos, sequer os juristas, não podem encerrar comportas.

O núcleo da contradição teórica em Habermas – inclusive através do recurso argumentativo habermasiano contra o próprio Habermas[16] –, especificamente no seio de suas contribuições acerca dos limites da jurisdição, reside na indevida autonomia do procedimento, como se a este fosse dado menoscabar a própria condição de possibilidade – a razão, esta

---

[15] A hermenêutica, em suma, por ser uma afirmação do valor do diálogo, positiva e negativamente (VALLS, Alvaro L. M.. *Estudos de Estética e Filosofia da Arte. Numa Perspectiva Adorniana*. Porto Alegre: UFRGS, 2002, p. 169) consagradora de princípios éticos – por lhe constituir o valor da existência algo caro e fundamental – é o veículo adequado a desmascarar interesses mesquinhos por trás de arquétipos jurídicos teoricamente consensuais e benfazejos. E, para o êxito desses poucos interesses, até a contrariedade à lógica seria possível, como enuncia Lenin: "se os axiomas geométricos se chocassem contra os interesses dos homens, seguramente haveria quem os refutasse" (VÁZQUEZ, Adolfo Sánchez. *Filosofia e circunstâncias*. Rio de Janeiro: Civilização Brasileira, 2002, p. 91). Valls configura um dos poucos teóricos a estabelecer, em nosso ver, acertadamente, uma base comum entre Gadamer e Adorno, qual seja, "a vontade de tornar a fundamentar a pretensão de verdade da filosofia, após o sistema de Hegel, agora, porém, sem recair no saber absoluto" (*op. cit.*, p. 155). Prossegue o autor mais adiante: "enquanto a hermenêutica de Gadamer quer compreender e reunir, a teoria crítica [mormente em Adorno] quer denunciar o abuso" (idem, p. 164). A consagração dialética com esteio nesses dois filósofos, pois, por intermédio da hermenêutica, resta desdobrada em duas vertentes – negativa e positiva: "se um [Adorno] prioriza a crítica e o outro [Gadamer] a tradição, não se pode negar que ambos respeitam e exercitam a dialética em suas filosofias" (ibidem, p. 169). Por outro lado, também de maneira pertinente, Safranski estabelece uma relação entre o pensamento de Adorno e o de Heidegger quanto ao diagnóstico de enfermidade da modernidade: "o que em Adorno se chama 'pensar não-identificador' é em Heidegger um pensamento revelador, no qual o ente pode se mostrar sem ser violentado" (SAFRANSKI, Rüdiger. *Heidegger. Um mestre da Alemanha entre o bem e o mal*. São Paulo: Geração Editorial, 2000, p. 481). Aliás, enaltecemos a redescoberta da primeira geração da Escola de Frankfurt (Adorno, Horkheimer, Marcuse), porquanto, nos limites de uma crítica hermenêutica voltada para o caso concreto, possui ela um comprometimento social deveras importante. Prossegue Safranski, ratificando essa posição: "Adorno compreendia o 'pensar a não-identidade' como um pensar que faz valer coisas e seres humanos em sua singularidade e não as violenta nem regulamente de maneira 'identificadora'" (p. 481).

[16] Há uma série de argumentos protocolados contra Habermas a partir de construções teóricas suas, a denunciar também a variedade e a complexidade dos vários assuntos pesquisados pelo filósofo ao longo de sua trajetória intelectual, o que, aos nossos olhos, não pode ser visto e interpretado como inconsistência, sequer como contradição (pelo menos no sentido vulgar do termo). Entretanto, projetar conteúdos outros com assertivas claras e consistentes, com base na lógica de determinado autor ou mesmo nas respectivas proposições não desveladas a contento, revela-se atitude bem-vinda em tempos hodiernos, comprovando as potencialidades do vetor hermenêutico, principalmente se exercido em homenagem aos valores consentâneos à dignidade da pessoa humana, desde a sua repercussão constitucional até as idealizações supra-estatais (para tanto, indicamos os textos selecionados na obra, especialmente o de Karl-Otto Apel, idealizador de teses na esteira qualitativa de Habermas: Fundamentação normativa da Teoria Crítica: recorrendo à eticidade do mundo da vida e Dissolução da ética do Discurso? *In: Com Habermas contra Habermas*. Luiz Moreira (org). São Paulo, Landy, 2004).

sim, autônoma porque fundada em sedimento compreensivo-existencial – à qual se conecta a responsabilidade por dizer e afirmar dado posicionamento, e não outro, possível. Dito de outro modo, no desenvolvimento histórico do Estado e das respectivas estruturas burocrático-racionais de dominação (Weber), a correlação legalidade-legitimidade, propiciada via procedimento, vai olvidar, porque exauridas no critério legislativo, as nuances interpretativas decorrentes da aplicação jurisdicional, tidas por intangíveis ou já subsumidas sob a força da racionalidade técnico-abstrata.

Explicite-se, assim, que a fundamentação do discurso pela razão – eixo habermasiano de matriz moderna, vigente, inclusive, na denominada pós-modernidade – por algum motivo irá se perder quando resultar parametrizada em terreno específico, como o direito, por exemplo. O direito construído pelos homens na sua potencialidade dialógico-crítica a partir do manejo racional é-lhes sonegado quando pronto e institucionalizado sob o manto da legalidade, na medida em que os discursos de fundamentação, ao erigirem as balizas legislativas, trazem o repúdio à construção jurisprudencial, supostamente malfadada sob o império do arbítrio irresponsável (como se não houvesse tal risco nos primórdios do sistema!). Tão forte é o paradigma da emancipação racional pelos sujeitos em Habermas que vislumbramos, na sua dessintonia com Luhmann acerca do quão forte representa o sujeito para o sistema, o mero deslocamento do índice transcendental rumo às especificidades sistêmicas, sem haver com isto qualquer discordância relevante no aspecto atinente ao papel da razão comunicativa implementada pela intersubjetividade.[17]

A relação entre moralidade e juridicidade (facticidade e validade, respectivamente) proposta por Habermas, especialmente a partir do desenvolvimento da teoria do agir comunicativo e da ética do discurso, contemplará o paradoxo da legitimidade que surge da legalidade. Ao mesmo tempo em que propõe o conceito de forma ou instituição jurídica como o pressuposto da institucionalização no direito do princípio do discurso,

---

[17] HABERMAS, Jürgen. *O Discurso Filosófico da Modernidade*. São Paulo: Martins Fontes, 2002, pp. 511-534. Pertinente mencionar, entretanto, a posição de Günther Teubner, o qual rejeita o rótulo de a autopoiesis promover uma desumanização do Direito. Pelo contrário, segundo ele, "no universo da autopoiesis, o indivíduo que se dizia morto ganha assim até uma nova vitalidade", porque esta perspectiva contempla "o pensamento humano e a comunicação social como esferas autónomas que se reproduzem a si próprias de acordo com uma lógica própria e independente" (*O Direito como sistema autopoiético*. Lisboa: Fundação Calouste Gulbenkian, 1993, p. 93). Nada obstante, é possível dizer, com Streck que o funcionalismo sistêmico, em especial o luhmanniano, pende para o procedimentalismo, porquanto as suas feições conceituais não indagam pelas insuficiências axiológicas do sistema jurídico, rumo a um quefazer transformador de índole hermenêutico-constitucional, senão apenas constatam as estabilizações procedimentais auto-organizativas de cada subsistema (*Jurisdição Constitucional e Hermenêutica...op. cit.*, p. 154). Frise-se, ademais, a crítica de Castanheira Neves, segundo a qual o funcionalismo jurídico ocasiona conclusões avassaladoras sobre a autonomia do direito, em especial porque o submete a uma radical instrumentalidade, dado o processo de "desontoligização" por que passa a sofrer, em face do "abandono radical do axiológico no universo prático, e prático-jurídico" (*O Direito Hoje...op. cit.*, p. 46-47).

através do processo legislativo com fomento na regra da maioria, o sistema jurídico não poderá ser compreendido como um sistema circular, recursivamente fechado, legitimando-se a partir de seu próprio domínio. Ou seja, há de se pensar em limites, por meio de uma proteção dos direitos fundamentais da minoria, e inclusive da própria maioria, quando se colocam em risco, sob a égide da democracia estritamente formal, os alicerces substanciais indispensáveis ao exercício de sua autonomia política, seja representativa ou direta.

Habermas, assim, promove um jogo de tensões entre o princípio da democracia e do sistema de direitos, da mesma forma como empreendeu, paradoxalmente, a crítica à universalidade hermenêutica, não obstante utilizar-se de conceitos indispensáveis oriundos da hermenêutica filosófica em Gadamer para fins de acalentar o seu projeto de racionalidade. De qualquer modo, a pretensão essencial habermasiana é a de não incorrer o sistema jurídico em arbítrios e ilegalidades, risco também incidente quando se confundem as competências entre aquele sistema e a política, isto é, quando o aplicador do direito se substitui às reservas discricionárias do legislador.

O que está em causa, pois, é a conciliação estrutural, respeitada a racionalidade interior dos postulados procedimentais que animam o direito como redutor de complexidades, entre o mundo da vida e o sistema. A co-originariedade de moral e direito, pois, assinala esta harmonia regulativa originária, de modo a não romper o lastro de legitimidade orientador do nascimento (vigência) e aplicação (validade) das normas jurídicas. Com isso, evitam-se dois resultados radicais, repugnantes à filosofia de Habermas, quais sejam, segundo José Manuel Aroso Linhares,

(a) a de um direito-*medium* "livre" de validade (e de fundamentação) – subordinado sem condições à necessidade do "sistema" (direito-instrumento) ou a impôr já autonomamente uma acção estratégica reflectida e universal (direito-ordem de finalidade); (b) a de uma moral não apenas "livre" de direito mas também "livre" de institucionalização – entregue ao puro quadro normativo de uma plenitude discursiva (potencial).[18]

O cenário atual de direitos fundamentais positivados por princípios conceitualmente abertos, desde os quais se operam teorias de aplicabilidade nos diferentes níveis funcionais do Estado, inclusive de modo a sugerir o potencial transformador na esteira da jurisdição, legitima, assim, a conexão proposta por Habermas entre o mundo da vida e a racionalidade técnica proposta pelo Direito. Dito vínculo, remontado no nível da articulação originária do discurso jurídico, por força dos discursos de fundamentação, erigidos através do processo legislativo, contudo, jamais impedirá, pela impossibilidade ontológica (existencial) de o abstrato al-

---
[18] *Habermas e a universalidade do Direito.* Coimbra: Editora Coimbra, 1989, p.104.

bergar as hipóteses concretas de interpretação (*applicatio*[19]), encerrar a abertura para outras respostas legítimas, em facticidade normativa, em consonância com a Constituição.[20]

Estamos diante, portanto, daquele paradoxo hermenêutico, o qual vindica, ao mesmo tempo, um caráter de normatividade e adequação de coerência concreta, ou seja, a depender do *medium* interpretativo da própria aplicação, cuja procedência não repousa em uma teoria metodológica sobre como aceder à resposta correta, senão do próprio compasso fundamentador *in loco*, a repudiar relativismos e arbitrariedades tão comuns às posturas críticas direcionadas à hermenêutica filosófica. Em suma, não se abdica do caso concreto para efeito de cogitar de interpretações constitucionais ("a" resposta correta); tampouco se cogita de uma qualquer resposta ao sabor das circunstâncias da situação.

Sendo assim, merece ser vista com ressalvas hermenêuticas a tese omniabarcadora habermasiana segundo a qual "ética e moral devem se unir ao fluxo comunicativo da sociedade, materializada e canalizada por regras procedimentais constitucionalmente definidas e respeitadas por todos".[21] Dita procedência, se bem-vinda na pretensão democrática e apaziguadora peculiar à formação, abstrata, das normas jurídicas, amparada, respectivamente, no reclamo de inclusão social comunicativa e na estabilização de expectativas, não exaure o potencial hermenêutico em que a

---

[19] A noção de *applicatio*, trabalhada por Gadamer em sua obra *Verdade e Método*, consiste na intangibilidade da concretização judicial pelas medidas compressoras e antecipatórias do abstrato metafísico. Não existe uma separação no processo interpretativo, pois a interpretação é *applicatio* como o próprio Gadamer afirma: "a aplicação é um momento tão essencial e integrante do processo hermenêutico como a compreensão e a interpretação". Assim, Gadamer afasta a possibilidade de segregarmos as etapas da interpretação, pregada pela "velha hermenêutica" que dividia a realização da compreensão em três momentos: *subtilitas intelligendi* (compreensão), *subtilitas explicandi* (interpretação) e *subtilitas applicandi* (aplicação). Portanto, com a noção gadameriana de *applicatio*, a interpretação não se dá por fatias, e o intérprete não interpreta para compreender, pois quando a interpretação ocorre, o intérprete já compreendeu. Neste sentido, "falar-se em hermenêutica jurídica é falar de hermenêutica jurídico-concreta (factual)". Com isso, "na medida em que a hermenêutica é modo de ser, que emerge da facticidade e da existencialidade do intérprete a partir de sua condição (intersubjetiva) de ser-no-mundo, os textos jurídicos" – leia-se, na sua devida copertença interpretativa para o caso – "não ex-surgem em sua abstratalidade, a-temporal e a-histórica, alienados do mundo da vida.", "pois uma coisa (algo) só adquire sentido como coisa (algo) na medida em que é interpretada (compreendida "como" algo)". Cf. GADAMER, Hans-Georg. *Verdade e Método I: Traços fundamentais de uma hermenêutica filosófica*, pp. 406-407; STRECK, Lenio Luiz. *A Concretização de Direitos e a Validade da Tese da Constituição Dirigente em Países de Modernidade Tardia*, p. 301-371. In AVELÃS NUNES, António José; COUTINHO, Jacinto Nelson de Miranda (orgs.). *Diálogos Constitucionais: Brasil/Portugal*, p. 338-339.

[20] Nas palavras de Lenio Streck, não se pode fazer coincidir o plano da validade com o da adequação, este interpretativo, aquele em nível abstrato, ainda que a teoria de Klaus Günther vislumbre mitigar a força condicionadora do discurso prévio em Habermas, generalizável e comum (supostamente unívoco), de justificação e fundamentação: "se fosse possível uma lei (um texto jurídico) prever todas as suas hipóteses de aplicação, estar-se-ia em face do fenômeno da entificação metafísica dos sentidos", daí a "impossibilidade de fazer coincidir discursos de validade e discursos de adequação" (*Verdade e Consenso. Constituição Hermenêutica e Teorias Discursivas*. Rio de Janeiro: Lumen Juris, 2006, p. 8).

[21] CRUZ, Álvaro Ricardo de Souza. Processo constitucional e a efetividade dos direitos fundamentais. In *Hermenêutica e Jurisdição Constitucional*. Belo Horizonte: Del Rey, 2001, p. 227.

situação concreta – e tão somente ela – revalidará o espectro normativo pré-validado em nível de fundamentação.[22] E isto não implica, no permanente desígnio concretizador – porque existencial – da hermenêutica filosófica, ao reprimir o anseio generalizante das ciências experimentais (técnica), o acatamento de gratuitos sentidos, não obstante sua proclamação no nível individual e específico.[23]

III. O controle de constitucionalidade brasileiro: expedientes interpretativos invasivos ou autônomos pela faceta da *applicatio*?

III.I. Os princípios constitucionais: revitalização da jurisprudência de valores em homenagem a qualquer referência axiológica? As respostas da hermenêutica filosófica

Os princípios jurídicos vêm sendo trabalhados *paripassu* com o crescente processo de constitucionalização do Direito, principalmente quando as contemporâneas Cartas Magnas, desde meados do século passado, passaram a carregar em seu bojo conteúdos veiculadores – já em eficácia e aplicabilidade[24] – de direitos e garantias fundamentais. Todavia, a recente modificação por que passou (e passa) a doutrina constitucional em termos de concretização ou dirigismo dos direitos fundamentais por meio do Texto Maior – reveladora, aqui, da congruência e compatibilidade das teses defensoras do maior espectro possível à jurisdição constitucional – não é tributária da mera textualidade aberta conferida aos princípios, senão da conformidade hermenêutica emanada dos valores substanciais ali consagrados.

A interpretação – por demais desdobrada, segmentada ou mesmo cindida em diversos processos ou etapas – resulta catalisada nos limites

---

[22] Esta correlação entre abstrato e concreto, especialmente diante da insuficiência normativa do justo, dada em casos limítrofes, é também objeto do dissenso entre Günther e Habermas, porque para este a validade é dependente do direito mesmo, porque a principiologia constitucional já institucionaliza o aporte moral no texto jurídico (co-originariedade), enquanto Günther suporta especificidades a salientarem a dependência do direito em vista da moral (Günther, p. 75). Sobre a inconstitucionalidade da lei injusta: AZEVEDO, Plauco Faraco de. *Crítica à dogmática e hermenêutica jurídica*. Porto Alegre: SAFE, 1989 e FREITAS, Juarez. *A substancial inconstitucionalidade da lei injusta*. Porto Alegre: EDIPUCRS, 1989.

[23] Os teóricos procedimentalistas invocam o mal-estar da jurisprudência dos valores, apelando nas posturas substancialistas uma suposta invocação atual do subjetivismo e decisionismo judiciais. Nesse sentido, a vertente hermenêutica, de cunho substancialista, encampada por autores como Lenio Streck, Tribe, Castanheira Neves, Dworkin, dentre outros, seria a responsável por transformar o juiz num "Leviatã moderno, eis que alçado à condição de intérprete dos valores éticos e morais da sociedade" (CRUZ, Álvaro Ricardo de Souza. Processo constitucional, *op. cit.*, p. 226).

[24] Consagramos a distinção operada por Virgílio Afonso da Silva, quando o autor deflagra que a eficácia consiste na aptidão da norma para produzir efeitos, e aplicabilidade reverte-se na dimensão fática responsável pela concretização efetiva do suporte fático nela consagrado (*A Constitucionalização do Direito*. São Paulo: Malheiros, 2005, p. 54-56).

do presente artigo à vista de sua unidade gadameriana, vale dizer, em sendo operação ou resultado, meio ou fim, ponto de partida ou de chegada, consiste em atividade elementar cuja importância dá-se independentemente de sua morfologia ou procedimento argumentativo.

Sem olvidar o fato de a discussão sobre as possibilidades interpretativas da jurisdição em face de a principiologia constitucional ramificar e muito os desdobramentos temáticos contíguos e afins ao tema posto em causa, sendo este enfaticamente hermenêutico ao lidar com os expedientes decisórios e sua projeção concretizadora nos moldes do possível[25] e do razoável, limitar-se-á o debate consagrado nestas páginas a propor, nas palavras de Canotilho, a controvérsia sobre a "justiciabilidade dos direitos fundamentais plasmados na Constituição e controlo jurisdicional das restrições legais e das intervenções restritivas individuais e concretas".[26]

Muito se tem escrito sobre a vinculação do legislador ao programa normativo circunscrito pelas Constituições, principalmente quando estas passam a adquirir, na segunda metade do século passado, insuspeita densificação e compromissoriedade dignos de modificar, ou pelo menos questionar, a pretérita programaticidade não vinculante. Neste sentido, temos de distinguir, na categoria macro de autonomia interpretativa, entre a conformação do legislador e a do aplicador do direito. Não que sejam agentes insuscetíveis de similitude operacional, leia-se, quanto ao ato de interpretarem: de fato jamais assim o configuram, porquanto o pressuposto valorativo digno de se aprovarem normas jurídicas e a de se aplicarem-nas aos casos concretos é o mesmo, qual seja, a *applicatio*. A distinção incorre, por possível, nas respectivas esferas de estado situacional de cada atividade ante o momento da incidência interpretativa para a resolução de casos: para o legislador, o *prius*, enquanto para a judicatura, o *ex post*.

Ainda que seja possível definir-se em prévia o espaço de liberdades – maior ou menor segundo cada tese jurídica – na relação Constituição-lei,

---

[25] Os direitos e garantias fundamentais, alicerçados juridicamente através dos princípios e regras constitucionais, são assumidos como normas impositivas e proibitivas, as quais, nos lindes do econômico, social e culturalmente possível, fixam os pressupostos para a sua realização. Nestes termos, dedicamos ciência às teses e monografias acerca da dialética entre a reserva do possível e o mínimo existencial, sem descurar do risco ao horror político e, por conseguinte, ao horror hermenêutico.

[26] O autor português bem resume, nesta plêiade hipertrofiada de celeumas acerca do que denomina dogmática da normatividade dos direitos fundamentais, pelo menos seis caminhos ou foros temáticos de provável autonomia, dos quais escolhemos privilegiar o penúltimo: "1. Discussão do carácter programático e do carácter normativo dos preceitos constitucionais consagradores de direitos fundamentais; 2. Distinção de uma dimensão subjectiva e de uma dimensão objectiva nas normas constitucionais positivadoras de direitos fundamentais; 3. Articulação dos direitos fundamentais com a força directiva ou dirigente da constituição; 4. Especificidade da força normativa dos direitos fundamentais; 5. Justiciabilidade dos direitos fundamentais plasmados na Constituição e controlo jurisdicional das restrições legais e das intervenções restritivas individuais e concretas; 6. Dever de protecção dos direitos fundamentais através do Estado e eficácia radiante dos direitos constitucionais fundamentais na ordem jurídica privada" (CANOTILHO, J.J. Gomes. Das Constituições dos Direitos à Crítica dos Direitos. In *Revista de Direito Público*. Ano II, n. 07. São Paulo: Síntese, 2005, p. 81).

ditos parâmetros não podem suscitar antecipadamente o encerramento das possibilidades interpretativas de caráter resolutivo (aplicação propriamente dita). O vislumbre do limite para o intérprete apenas advém da específica adjudicação de sentido, resultando-lhe instrumento concomitante ou superveniente, jamais anterior em termos de substituição decisória vinculante. Não que a tendência dos julgados e da doutrina, a cultura dos Tribunais e nem mesmo os expedientes vinculantes deixem de adquirir eficácia; ela apenas resulta vencível, porque estabelecida *prima facie* diante de sua razoabilidade para os casos já decididos.

As expectativas normativas vertem-se para, em tese, a supremacia do valor simbólico consolidado na e pela tradição jurídica; contudo, mesmo a tradição, consagrada pela hermenêutica filosófica, poderá ser incrementada pelos mesmos recursos que a efetivaram no passado-presente, recursos estes de nível interpretativo, pois é pelo mundo da vida – conquanto controlado por elementos normativos, até transcendentais – que o "como" diferencial adere à espiral hermenêutica, consagrando, destarte, inédita "parada entificadora".[27]

Aparentemente, estas discussões pertencem ao pulsar filosófico dos textos jurídicos. Entretanto, e esta é a mensagem performativa irrenunciável da universalidade hermenêutica, somos invadidos pela linguagem, a qual, sorrateiramente ou de modo explícito, denuncia a incompossibilidade do nível argumentativo alcançar as razões de compreensão do âmbito hermenêutico. E, para tanto, estas relações tensionais do texto-norma, do aprisionamento da interpretação pela legislação, também referendam, noutro patamar, a pretensão de deter o processo autonomia tal a ponto de esquecer o direito material que o anima no contexto dos seres-no-mundo. O modelo estritamente legal de decidir, conformado a uma resposta correta nas estribeiras da "exigência contrafática da legitimidade da coação estatal face à normatização das expectativas sociais de comportamento e do Estado Democrático de Direito",[28] elimina a hermenêutica, pois concebe o juiz como o agente incumbido, subalterno aos discursos de funda-

---

[27] Trata-se de paradas necessárias, até mesmo para efeito de explicitar a complementaridade entre o nível hermenêutico e o nível apofântico, ou seja, a ponto de afirmarmos, em coro com Ernildo Stein e Lenio Streck, de que é possível realizar epistemologia na hermenêutica, implicando ao Direito e à sua interpretação a dupla faceta entre validade e vigência, de modo que o abstrato generalizante das leis é condição de possibilidade para o interpretar e vice-versa, numa espécie de copertença existencial responsável por aprimorar o Estado Democrático de Direito. Nas palavras de Streck: "Em muitos momentos, a hermenêutica introduz o elemento epistemológico, se assim se quiser dizer. A posição hermenêutica não pretende eliminar procedimentos. Ela já sempre compreende isso, porque ela é capaz de analisar filosoficamente os elementos da pré-compreensão" (*Verdade e Consenso, op. cit.*, p. 221). Já na apresentação desta obra, Ernildo Stein corrobora dita tese, ao afirmar que "a hermenêutica não recusa o nível apofântico" (p. XIX).

[28] CRUZ, Álvaro Ricardo de Souza. *Habermas e o Direito Brasileiro*. Rio de Janeiro: Lumen Juris, 2006, p. 147.

mentação, de revelar "o suposto sentido – invariável – inserido no texto pelo legislador".²⁹

É dos quadros axiológicos de uma constituição dirigente que esta postura interpretativa merece ser renovada, principalmente em países periféricos como o Brasil, onde sequer o Estado Social se pôde consolidar. A jurisdição constitucional, assim, não pode ser entendida de forma limitada e opaca, quedando à Suprema Corte compete tão só distinguir questões essencialmente jurídicas (como se o debate de direito, puro, existisse sem a conformação fático-valorativa) com o fito de consolidar interpretações normativas da lei em tese. E a disseminada morte do dirigismo estatal está sendo redefinida pelo próprio Canotilho, quando ele prescreverá ser impossível a construção de um modelo de Estado isento de adjetivos, vale dizer, de finalidades vinculantes para todas as suas funções corporativas, das quais não se exclui – pelo contrário, toma a frente – o Poder Judiciário.³⁰

III.II. O controle de constitucionalidade para além do abstrato: legitimidade e Estado Democrático Constitucional de direito

Desde o instante em que a doutrina brasileira assentou lugar na categorização do controle de constitucionalidade, em especial realizando a singela clivagem entre o controle concentrado e o controle difuso de constitucionalidade, realizou-se a justaposição de texto e norma, de modo a consolidar o "senso comum teórico" nesta temática, a predispor a univocidade do dispositivo legal.³¹ Entretanto, já em Pontes de Miranda se anunciara a sensível diferença entre a inconstitucionalidade textual e a interpretativa, de sorte a ser "vulgar confundir-se, ou identificar-se de

---

²⁹ SILVA, Ovídio Baptista da. Fundamentação das sentenças como garantia constitucional. In *Direito, Estado e Democracia*. Porto Alegre: Livraria do Advogado, 2006, p. 339.

³⁰ Afirma o autor: "Desde logo – e isto é decisivo – continuamos defensores das *teorias accionalistas* da política e da possibilidade de direcção do Estado. O 'pessimismo dirigente' radica, em nós, na observação de que a direcção passou hoje para outras 'instâncias actuantes' (organizações, esquemas neocorporativos). Mas o sujeito não desapareceu. Mesmo na perspectiva de uma comunidade de sistemas existem sistemas actuantes sob a forma de actores corporativos e colectivos, como grupos, movimentos sociais e, sobretudo, as organizações" (*Brancosos e interconstitucionalidade. Itinerários dos discursos sobre a historicidade constitucional*. Coimbra: Almedina, 2006, p. 161).

³¹ Segundo Luis Alberto Warat, o senso comum teórico dos juristas designa as condições implícitas de produção, circulação e consumo das verdades nas diferentes práticas de enunciação e escritura do Direito, consubstanciando, assim, um capital simbólico, isto é, uma riqueza autorreprodutiva a partir de uma intrincada combinatória entre conhecimento, prestígio, reputação, autoridade e graus académicos (WARAT, Luis Alberto. *Introdução Geral ao Direito: Interpretação da lei: temas para uma reformulação*, v. 1. Porto Alegre: SAFE, 1994, p. 13). Para os efeitos aqui traduzidos, trata-se do capital especulativo responsável por equiparar o sentido da norma ou ao enunciado lingüístico, ou, ainda, ao entendimento preconizado pelo STF nos julgamentos de constitucionalidade, inclusive aqueles de tipo interpretativo ou concreto, onde a lei não está posta em confronto com a Constituição, mas uma de suas interpretações ou sentidos.

propósito, a incompatibilidade da lei ordinária com alguma regra constitucional e a aplicação da lei ao caso concreto".[32]

A interpretação constitucional possui, em princípio, um duplo objeto possível: ora se poderá falar em estabelecer ou fixar o alcance significativo de uma norma da Constituição, isto é, o seu sentido, ou, ainda, no cotejo desta com um dispositivo ou comportamento, em vista de sua compatibilidade, pertinência ou conformidade, especialmente no aspecto material de justeza valorativa. Deste modo, diz-se, respectivamente, de interpretação "da" Constituição e "pela" Constituição.[33] Convém ressaltarmos a preocupação destas linhas em coadunar os expedientes interpretativos de controle de constitucionalidade à verificação concreta da aplicação jurídica, nesta relação recíproca – e legítima – entre os textos normativos e a própria Constituição.

Com isto afirmamos que não há hipótese cogitável para um dispositivo legal ser aplicado com vistas à resolução de um problema ou conflito sem que haja, subjacente neste procedimento, direta ou indiretamente, a invocação hermenêutica de regras ou princípios constitucionais. Adentremos no ponto: falar de interpretação constitucional significa repercutir a interpretação por ela mesma, na medida em que não se podem cindir – em termos de pré-compreensão – fundamentos que se supõem derivarem do Texto Maior. Ora, se ao aplicarmos certa regra infraconstitucional, toma-se como pressuposto, em caso de controvérsia sobre a razoabilidade de sua interpretação, dever ser a dúvida sanada por tribunal diverso da Corte Constitucional, supõe-se, equivocadamente, que a celeuma não diz respeito ao acervo normativo da Constituição, senão ao plexo independente dos significados passíveis de conformação a partir das normas ordinárias.

Em realidade, ao se abordar o tema neste refinamento e especificidade indevidos, tem-se em mira conclusão também equívoca, qual seja, a no sentido de haver uma hermenêutica constitucional e outra, infraconstitucional. Talvez se poderá dizer que uma coisa é interpretar dispositivo da Constituição e outra, bem diversa, é verificar a constitucionalidade de leis comuns; porém, em ambas o reclamo de verificação interpretativa com

---

[32] *Comentários à Constituição de 1967*. Rio de Janeiro: Forense, 1967, Tomo I, p. 285. Um pouco antes, Pontes de Miranda celebrava genuína e imemorável lição, para a qual a má interpretação da Constituição, antes de ser inconstitucional, revela-se errada: "também a lei que seria acorde com a Constituição se a interpretação *a* de algum artigo fôsse a certa, em vez da interpretação *b*, levanta questão prejudicial de interpretação, que se não identifica com a de inconstitucionalidade" (p. 230).

[33] Tomamos como paradigma o modelo empreendido por Rodolfo Vigo, ao denominar "interpretación 'de' la Constitución" e "'desde' la Constitución" para o modelo de apuração, respectivamente, do sentido da norma constitucional e de preceitos e atos com ela confrontados (*Interpretacion Constitucional*. Buenos Aires: Abeledo-Perrot, 1993, p. 83).

base nos dispositivos constitucionais é evidente.³⁴ Assim sendo, parece ser acertada a assertiva que reflete ser todo o juiz um magistrado da Constituição, temperadas, por óbvio, as sensíveis diferenças de competência de quem arrecada a função de decretar a constitucionalidade em abstrato e daqueles a quem declina a missão de dirimir conflitos com esteio na razoabilidade substantiva dos princípios constitucionais.

A abordagem tradicional acerca do controle de constitucionalidade parece desprezar o caráter analógico do Direito e de sua correlata *applicatio* – por serem ambos o escancaramento hermenêutico de que sua completa validade somente se depura no próprio processo de sua realização, para além de extremos rigorosos a apontarem para a normatividade e realidade, ser e dever-ser.³⁵ Com tamanha força se reveste esta premissa que é possível afirmarmos que as antinomias entre lei e Constituição, no tocante aos vícios materiais, não ocorrem entre pronunciamentos linguísticos opacos (textos), mas entre disposições interpretadas.³⁶ Assim, o controle de constitucionalidade, não obstante sua funcionalidade prática a encetar a generalidade abstrata de conformidades e violações, em especial na modalidade concentrada, lida com o concreto ou, pelo menos, com formulações hipotéticas que certamente o cogitam.

Quando, portanto, autores procedimentalistas como Habermas controvertem sobre a legitimidade das Cortes Constitucionais e, com mais ênfase ainda, dos magistrados e Tribunais de Instância Recursal, em serem protagonistas do discurso constitucional na tarefa de dizer o direito, pelo fato de comprometerem a vontade democrática emanada das leis aprovadas pelo Parlamento, olvida-se o fato de estarem a tratar, também, do âmbito de aplicação, mesmo que prévio e antecipado em abstrato. Por que razão, assim, a *applicatio* conjeturada em hipótese pelos legisladores merece prevalência sobre o discurso concreto procedido pela jurisdição, quando a esta sobrevém uma série de ônus e obrigações – bem-vinda, em

---

[34] A Constituição, por assumir posição de supremacia no sistema jurídico, impele que todos os órgãos, ao aplicarem leis para a resolução de casos concretos, realizem a compreensão razoavelmente adequada com supedâneo no texto constitucional. Ou seja, toda a aplicação do direito supõe uma aplicação constitucional, para além do controle de constitucionalidade, em que dita aferição revela-se crassa e evidente. Deste modo, não se há de justificar a separação entre questões constitucionais e questões de legalidade ordinária, como se fossem mundos distintos e incomunicáveis. Esta conclusão, aliás, foi enunciada pelo Tribunal Constitucional Espanhol em julgamento realizado em 1984, conforme referência de André Ramos Tavares (*Teoria da Justiça Constitucional*. São Paulo: Saraiva, 2005, p. 155).

[35] Repercutimos aqui notável tese de Arthur Kaufmann de que o direito é sempre, e fortemente, uma analogia, no qual a norma e o caso são abraçados, nesta relação hermenêutica indissociável, pela historicidade, em que cada decisão repercute uma nova fisionomia em face da originária hipótese ou mesmo das anteriores aplicações (Prolegómenos a uma lógica jurídica e a uma ontologia das relações. In *Boletim da Faculdade de Direito da Universidade de Coimbra*. Coimbra: Editora Coimbra, 2002, n. 78, p. 183-208).

[36] GUASTINI, Riccardo. *Das Fontes às Normas*. São Paulo: Quartier Latin, p. 297.

detrimento de eventuais arbitrariedades – para efeito de legitimar publicamente o seu raciocínio?[37]

O procedimento democrático, portanto, tem contornos enfaticamente argumentativos, observáveis também, e sobremaneira, no próprio debate jurisdicional. Toda a decisão, neste sentido, inclusive as monocráticas, passa pelo crivo da democracia substancial, se entendermos que as razões de convencimento apelam seja para a qualidade dos argumentos e valores envolvidos em prol de uma posição jurídica, seja pela desconsideração dos postulados em sentido contrário. Assim, o princípio constitucional da fundamentação permeia – ao conectar umbilicalmente pretensões interpretativas de aplicação aos comandos normativos abstratos – o próprio acontecer da Constituição, seja no controle abstrato de constitucionalidade, seja na resolução de conflitos pelo Poder Judiciário.

O princípio da fundamentação, assim, ao relevar e explicitar os motivos pelos quais se optou por um determinado sentido e também as razões de não convencimento das pretensões veiculadas em caráter oposto, aprimora e torna transparente o acontecer hermenêutico peculiar da *applicatio*. Além do mais, referenda a possibilidade de os argumentos atualmente vencidos, ao serem anexados e debatidos no processo, tornarem-se proeminentes e vinculantes em julgamentos vindouros, em dialética similar àquela observável no procedimento democrático legislativo. Em ambas as situações, o limite substantivo imposto pelos princípios constitucionais "permite que fique aberta a possibilidade de rever as decisões tomadas", eis que "a primeira limitação das decisões da maioria, como de qualquer outra decisão, é que elas não podem atentar contra o próprio procedimento democrático".[38]

Portanto, inclusive na recente incorporação jurídica de valor e de eficácia aos princípios constitucionais, o seu relevo de juridicidade foi assentado muito mais na obtenção de razoabilidade hermenêutica ou in-

---

[37] De sorte que podemos afirmar que a abstração é uma quimera, uma pretensão metafísica jamais verificável sem o alcance de sua vindoura aplicação, já antecipada sob o crivo do legislador. Ou, se quisermos manter o conceito, a abstração diz somente respeito à suscetibilidade de aplicação da norma jurídica, jamais respondendo aos casos em que será melhor ou pior utilizada, salvo na hipótese de absoluta inconstitucionalidade, quando as salvaguardas interpretativas resultam ínfimas ou onerosas diante da decretação de nulidade (desaparecimento do texto).

[38] DUTRA, Delamar José Volpato. *A dedução do princípio da democracia em Habermas*. p. 289. O autor repercute a permanente tensão habermasiana entre a autonomia política e a proteção dos direitos fundamentais das minorias. Aliás, neste aspecto, merece ser o filósofo alemão aplaudido, não obstante a primazia por ele dada à contrafação do discurso político-legislativo nas democracias hodiernas, pela encampação da legitimidade nos procedimentos de ação comunicativa livres de manipulações. É a advertência de Lenio Streck acerca da "intransigente defesa dos direitos fundamentais", não obstante sua ferrenha crítica ao procedimentalismo habermasiano (*Verdade e Consenso, op. cit.*, p. 10 e p. 22) e de Jovino Pizzi, ao lembrar que Habermas resgata o conceito de mundo da vida (*Lebenswelt*) para submeter ditas normas de ação "às exigências de uma justificação moral que permite distinguir o bem viver da simples reprodução da vida" (*O Mundo da Vida. Husserl e Habermas*. Ijuí: Editora Unijuí, 2006, p. 35).

terpretativa no ato de decidir, do que decerto pelas supostas lacunas deixadas pela legislação ordinária.[39] Aliás, é de se ter em conta as fragilidades do argumento da arbitrariedade e do relativismo, pois o postulado constitucional da razoabilidade judicativa, alcançável à base de sua incidência e validade interpretativas, está calcado na legitimidade tanto da decisão quanto da fundamentação, reciprocamente dependentes neste acontecer hermenêutico. De modo que esta abertura independe da ênfase com que o legislador limitará, pela via dos enunciados normativos e de sua clausura semântica, a atividade de interpretação, tanto do juiz, quanto das partes litigantes no processo. A problematicidade, assim, decorre menos do texto e mais (muito mais!) da norma implicada, e adequada enquanto sentido, como "a" resposta correta, ao caso concreto.

III.III. A indevida processualização ou abstrativização da applicatio: a univocidade normativa da resposta correta

A tríade revigorada pelo constitucionalismo contemporâneo – teoria das fontes, teoria da norma e paradigma interpretativo – requer, então, uma renovada compreensão acerca do controle de constitucionalidade. Os denominados expedientes interpretativos, os quais problematizam e contestam o dogma da univocidade dos preceitos legais, ao se posicionarem no limite da tensão entre legislação e jurisdição, invocam a necessidade de se repensar os parâmetros de conformidade e desconformidade do texto e da norma (sentido do texto) em relação à Constituição.[40]

De se sublinhar as recentes orientações no Direito – de índole jurisprudencial, legislativa e doutrinária – tendentes a reprimir a diferença

---

[39] Até mesmo porque, na esteira das lições de Lenio Streck, "mesmo quando o juiz aplica 'literalmente' a lei, estará interpretando, uma vez que, primeiro, estará em pleno exercício da jurisdição constitucional, porque, ao aplicar a lei, o faz eis que esta passou pelo filtro da Constituição; segundo, porque em face do texto legal há sempre um contexto" (*Jurisdição Constitucional e Hermenêutica: Uma Nova Crítica do Direito*. Rio de Janeiro: Forense, 2004, p. 595). Em palavras recentes, trata-se da nova teoria da norma trazida pelo novo constitucionalismo, também chamado neoconstitucionalismo, típico das Constituições invasivas, compromissórias e dirigentes – apesar dos temperamentos em cada cultura jurídica, especialmente no grau de desenvolvimento de cada Estado de Direito –, em que "atrás de cada rera há, agora, um princípio que não a deixa se 'desvencilhar' do mundo prático" (*Verdade e Consenso*, op. cit., p. 6).

[40] Os expedientes interpretativos caracterizam-se, *lato sensu*, pela redefinição jurisprudencial dos limites normativos impostos pelo legislador. Vários autores denominam de maneira diversa esta natureza peculiar de pronunciamentos judiciais: por exemplo, Lenio Streck as chama de "decisões redefinitórias" (*Jurisdição Constitucional*, op. cit., p. 595); Riccardo Guastini, de "decisões interpretativas" (*Das Fontes às Normas*, op. cit., p. 302); Roger Stiefelmann Leal, de "resoluções de caráter normativo" (*O efeito vinculante na jurisdição constitucional*. São Paulo: Saraiva, 2006, p. 100); José Adércio Leite Sampaio, finalmente, de "sentenças intermediárias de constitucionalidade", especialmente as "sentenças normativas" (As sentenças intermediárias de constitucionalidade e o mito do legislador negativo. *In Hermenêutica e Jurisdição Constitucional*. Belo Horizonte: Del Rey, 2001, p. 163). Neste estudo, enfatizaremos a análise sobre a interpretação conforme, exatamente por nela recair a universalidade prática dos dissídios entre os discursos de fundamentação e de aplicação.

ontológica entre o texto e a norma, fazendo concluir pela sua equivalência, ou, pelo menos, exasperando no sentido literal, de acordo com a ênfase realizada pelo Tribunal Superior, a interpretação mais "autêntica". Os posicionamentos acerca do tema, em especial quando incidem na tênue linha demarcatória entre constitucionalidade abstrata e interpretativa (ou concreta), apesar de incitarem o manejo dos expedientes interpretativos – os quais preservam, no seu aspecto comum, o enunciado normativo, concedendo-lhe os sentidos mais apropriados ou repudiando outros tantos –, quase invariavelmente resvalam em conclusões metafísicas, ou seja, em apontamentos idealizadores da exegese autêntica, da única resposta correta, da univocidade do texto, única interpretação conforme, dentre outras.[41]

Exemplo disso se verifica na doutrina ao nela não repercutir se estamos falando da interpretação conforme como discrímen hermenêutico de preservação das normas jurídicas ou, ainda, se a consagramos como mecanismo ínsito de razoabilidade aplicativa, da qual se espera a melhor conformidade possível *in casu* em face da Constituição. Invariavelmente se diz que a interpretação conforme somente será manejável quando o texto comportar mais de um sentido; trata-se, aqui, de redundância ou raciocínio circular, porque a multiplicidade de significados ou interpretações possíveis é evidente ao tratarmos da *applicatio*, circunstância bem diversa daquela em que se releva a polissemia do texto normativo.[42]

---

[41] Observe-se que a tese da única resposta correta resulta aqui questionada sob a perspectiva de sua pretensa legitimidade abstrata, ou seja, destoante do lugar (contexto, tradição) em que foi gerada, e suscetível de acomodações várias sob o apanágio da autenticidade, em prejuízo de vindouras interpretações que a demonstrem incompatível com os princípios constitucionais sobressalentes do caso a ser debatido. Assim sendo, proposta desse jaez pode ser comparada também à arquitetura procedimentalista, principalmente na esteira de Habermas em *Facticidade e Validade*, a partir da qual é a única resposta obtida pelo modo discursivo (de predominância apofântica). Para tanto, Streck é enfático, e com ele nos apegamos em premissa epistemológica central – ao ressaltar o vetor hermenêutico de racionalidade –, na direção de que "a situação concreta é que nos serve de parâmetro para a resposta correta (adequada à Constituição)" (*Verdade e Consenso, op. cit.*, p. 104).

[42] A importância da hermenêutica filosófica deve-se sobremaneira ao evento ("como") de aplicação, em nada importando, sob o crivo da indispensabilidade, se o caráter literal da lei comportará mais de um significado. Nas palavras de Gadamer, aquilo que é bom somente aparece na concreção da situação prática em que algo é posto em discussão; "negativamente, isto significa que um saber geral que não saiba aplicar-se à situação concreta permanece sem sentido, e até ameaça obscurecer as exigências concretas que emanam de uma determinada situação" (*Verdade e Método I, op. cit.*, p. 466). Desta forma, não se pode concordar com Marcelo Neves, quando, ao referir-se a Gadamer, infere que "a hermenêutica não considera suficientemente a relevância da dimensão pragmática no processo de interpretação do direito, desconhecendo ou, no mínimo, subestimando a função construtiva do intérprete em face dos textos normativos" (*Entre Têmis e Leviatã: uma relação difícil*. São Paulo: Martins Fontes, 2006, p. 200). O autor, para justificar dita conclusão, afirma ser o modelo hermenêutico ainda muito enfático ao aspecto da semântica, e mesmo em análises alegadamente mais preocupadas com o plano da concretização jurídica, como em Friedrich Müller, sofrem estas o lastro do significado textual (p. 202). Entretanto, mister fazer-lhe justiça ao atestar o forte potencial de conflito interpretativo no contexto do Estado Democrático de Direito, quando as questões jurídicas adquirem, direta ou indiretamente, inegável aporte constitucional, de maneira a ressaltar o cânone da interpretação conforme (p. 205). Mais adiante, irá criticar a doutrina da única resposta correta, identificável na

Portanto, compete refletir sobre afirmações desse jaez, assim como na compatibilidade de pensamentos alvissareiros sobre o papel da jurisdição (constitucional) em vista da hermenêutica filosófica. Em última análise, concentram-se esforços na literatura constitucional para se atingir o ponto ótimo entre a interpretação das leis em conformidade com a Constituição e a interpretação da Constituição conforme as leis, denunciando a implícita tensão entre a formação democrática de vontade através da legislação e a jurisprudência orientada por princípios jurídicos de proveniência ético-moral para efeito de se saber qual é o manifestante último do Estado Democrático e Constitucional de Direito.

A interpretação da constituição, por conseguinte, arrecada as mais diversas perspectivas no interior do modelo democrático contemporâneo, ora projetando primazia ao princípio da legalidade, ou seja, através do recurso das leis ordinárias para se concretizar o discurso constitucional, ora condicionando este ao juízo de constitucionalidade das leis. Deste modo, releva-se, respectivamente, o papel do legislador e dos Tribunais quanto à concretização das normas constitucionais.[43] E, sob certo aspecto, o desdobramento de discursos de fundamentação e de aplicação é tributário deste conflito. A propósito, Castanheira Neves explicita consistir a genuína atividade jurisdicional, nos dias de hoje, como um exercício de independência material que não mais se compadece com a outrora identificação do direito com a lei, num esquema de mera aplicação formal e necessária da lei pressuposta una pelas regras do jogo e, destarte, carimbada pelo selo da univocidade interpretativa. Segundo ele, isto não significa que a lei não seja um instrumento do direito – apenas "não é o instrumento único nem absoluto, seja em extensão, seja em validade".[44]

Contudo, na postura procedimentalista de Habermas, é possível antever em sua arquitetura filosófica o cuidado e o zelo para com certos limites – substanciais – impostos àqueles que estão autorizados a criar as normas jurídicas. Uma vez respeitado o conteúdo normativo (axiológico) pressuposto no conceito de validade legislativa, para efeito de se erigirem as regras e os princípios do sistema jurídico, poder-se-á retirar o fundamento teórico para o discernimento entre o aspecto deontológico daque-

---

literatura de Dworkin e Habermas, ainda que neste último dita fórmula é concebida como um ideal regulativo (p. 208-209).

[43] CANOTILHO, José Joaquim Gomes. *Direito Constitucional e Teoria da Constituição*. Coimbra: Almedina, 2003, p. 1233-1234. Mais adiante, Canotilho excursiona sobre uma série de limites jurídico-funcionais precisos acerca do princípio da interpretação conforme, muitos deles dissonantes da proposta aqui referida, essencialmente informadora dos matizes hermenêuticos e concretos de dito instituto (p. 1310-1315). Cite-se o exemplo de que a interpretação conforme "tem, assim, os seus limites na letra e na clara vontade do legislador, devendo respeitar a economia da lei e não podendo traduzir-se na reconstrução de uma norma que não esteja devidamente explícita no texto" (p. 1311).

[44] NEVES, A. Castanheira. *O instituto dos assentos e a função jurídica dos Supremos Tribunais*. Coimbra: Coimbra Editora, 1983.

les mandamentos e o sentido teleológico dos valores. Ao proceder assim, Habermas justificará por que motivo a sua única resposta correta resulta procedural, isto é, obtida da validade jurídica de um princípio de adequação deduzido de uma norma válida, onde não se indagam sobre valores ou a respeito da justeza interpretativa do caso, senão a partir da coerência emanada da própria legislação.[45]

Se o texto normativo é alvo de controle de constitucionalidade, propriamente falando, isto é, referentemente à questão de saber se ele persistirá no ordenamento jurídico apto a sofrer interpretações ou, então, se restará condicionado ao sentido enunciado pelo STF em controle abstrato,[46] eventual improcedência pura (não temperada por condicionantes interpretativos) implicará duas consequências fundamentais, ambas denunciadoras desta diferença entre texto e norma para efeitos de averiguação de conformidade constitucional. Uma, esta norma jurídica não poderá ser alvo de controle difuso, exatamente pelo fato de este ser a faceta microscópica do controle concentrado (duas modalidades do gênero "controle abstrato"). Duas, a preservação do preceito normativo no ordenamento pátrio incita, por óbvio, a adequação hermenêutica de sua

---

[45] HABERMAS, Jürgen. *Direito e democracia: entre facticidade e validade*. Rio de Janeiro: Tempo Brasileiro, 1997, p. 314-323. O autor afirma, neste sentido, que o ceticismo de J. H. Ely acerca da interpretação dirigida por princípios e da jurisprudência fundada em valores, peca na origem, tendo em vista que "o próprio conceito de procedimento democrático apóia-se num princípio de justiça" (p. 328).

[46] Razão pela qual a interpretação conforme se revela tanto em postulado hermenêutico imanente – interpretar, no Estado Democrático e Constitucional de Direito, é adjudicar sentidos em conformidade à razoabilidade constitucional para o caso ("a" resposta correta para o caso ou, em tautologia, "única" resposta correta para o caso [que é único]) – quanto em técnica peculiar de decisão judicial em sede de controle de constitucionalidade. Nos dois casos, o fato de o STF conferir interpretação conforme variará, em vista de eficácia vinculante, se o realizou em controle abstrato ou concreto; naquele, haverá vinculação, porque a interpretação conforme é condição de possibilidade hermenêutica da própria existência do texto (estávamos diante do "tudo ou nada" de nossa jurisdição constitucional: ou se decretava a inconstitucionalidade, ou se preservava o texto com aquela ressalva, única, interpretativa); no âmbito concreto, por sua vez, a interpretação conforme, se confirmada em recurso extraordinário pelo STF, ainda se mantém com as raízes fincadas na aplicação do caso, não se cogitando, aqui, de eficácia vinculante. Podemos assimilar, destarte, a expressão de Streck, "atribuição de sentido conforme a Constituição", para a vinculação hermenêutica promovida pelo STF em caráter abstrato, de modo a evitar a inconstitucionalidade, diferenciando-a da interpretação conforme *stricto sensu* (aplicativa), esta relativa ao instituto da *applicatio*, de nível concreto e permanente à resolução dos conflitos. Contudo, há de se ter ressalvas quanto ao suporte vinculativo de dita interpretação conforme (a emanada do controle abstrato como salvaguarda jurídica do texto) em vista da *applicatio* futura da norma jurídica de que foi objeto esta decisão normativa, vale dizer, sua aptidão de condicionamento hermenêutico cinge-se à impossibilidade de ulterior controle incidental de constitucionalidade (nível abstrato), não repercutindo sobre eventual interpretação diversa porventura razoável ao caso concreto (nível concreto). Desta forma, poder-se-á promover uma espécie de *distinguishment*, propício a dita diferenciação hermenêutica (relevando a "coisa mesma" em detrimento da "mesma coisa"), inclusive em vista de manifestações outras que passaram a receber oficialmente o selo da vinculatividade (caso das súmulas vinculantes, por exemplo). De se sublinhar a tese de Lenio Streck, lastreado em autores como Jorge Miranda, nesta oportunidade, ao afirmar que somente pode ser vinculante a decisão de inconstitucionalidade, responsável por expungir (expulsar) o texto do ordenamento; toda a adição de sentido, como é o caso da interpretação conforme, "é um dos sentidos possíveis a adicionar" (*Jurisdição Constitucional e Hermenêutica, op. cit.*, p. 627).

futura incidência para efeito de se obter a resposta correta para o caso – expediente denominado aqui de interpretação conforme aplicativa ou *stricto sensu*.

A hermenêutica filosófica gadameriana, portanto, quando reivindicada como suporte epistemológico para a compreensão do controle de constitucionalidade, convida-nos a simplesmente ultrapassar a estreita pertença integradora da legitimidade no suporte filológico dos textos jurídicos. Desta feita, não há razão em se pretender cogitar de expedientes vinculativos ou uniformizadores ao considerarmos a compatibilidade da lei diante da Constituição no caso concreto, ou seja, no momento mesmo de sua aplicação. Neste sentido, as pretensões de validade esgotam-se naquele instante, na aplicação da norma jurídica e na sua razoável repercussão interpretativa em vista dos dispositivos constitucionais, de modo que a lei, para ser compreendida adequadamente, tem de ser relevada na sua realização prática, "em cada situação concreta de uma maneira nova e distinta".[47]

A contradição nevrálgica nas teorias discursivas ou procedimentais do Direito, aqui qualificadas na postura de Habermas, especialmente nos argumentos esposados em *Facticidade e Validade*, está em pretender exaurir e reduzir no processo de formação democrática da legislação as inúmeras possibilidades interpretativas apenas verificáveis no seu respectivo confronto situacional de aplicação. Ora, esta formação discursiva legislativa, na qual o direito entra em contato com a moral (co-originariedade), traz em si mesma uma justificação insuficiente como critério definitivo para decisões, a despeito de seu nascedouro democrático avalizado pela vontade geral. Pensar o contrário significa creditar nos discursos de fundamentação a palavra antecipada para a resolução dos conflitos, numa espécie de retorno à hermenêutica romântica em busca das pegadas do respectivo autor ou do apego à literalidade normativa.[48]

Fica difícil conceber, portanto, quando resultam pertinentes, para os defensores da teoria habermasiana, as invocações corretivas da justiça constitucional em sede de interpretação conforme. No que consistem estes "momentos de configuração criativa", de sorte a propiciar a concretização do direito constitucional através do controle judicial de constitucionalidade?[49] De outra monta, a distinção entre aplicação e fundamentação, entre

---

[47] GADAMER, Hans-Georg. *Verdade e Método I... op. cit.*, p. 461.

[48] É bom que se diga que as formas de argumentação envolvidas no processo judicial não se conformam em saber qual norma jurídica é aplicável ao caso, senão em vislumbrar, para além desta operação, qual o sentido ou a interpretação desta norma que se revelam mais consentâneos com os princípios constitucionais de justiça e os direitos fundamentais.

[49] LEAL, Rogério Gesta. As potencialidades lesivas à democracia de uma jurisdição constitucional interventiva. *In Direito, Estado e Democracia*. Porto Alegre: Livraria do Advogado, 2006, p. 392. O autor, ao mesmo tempo em que reitera firmes reservas ao papel transformador e interventivo do Poder

texto e norma, entre fato e valor, propagada pelos procedimentalistas, revela uma fortaleza teórica consistente até o momento da realização prática do direito – interpretação jurisprudencial – quando não se consegue determinar, salvo pelo recurso hermenêutico da resposta mais razoável (apenas verificável no caso), pelo manejo apriorístico das "pretensões normativas", a conclusão decidenda mais legítima.

Perceba-se que, ao cogitarmos da interpretação conforme como um marco ontologicamente distinto das decisões de controle de constitucionalidade, estamos a desvelar a abissal diferença entre "controle da constitucionalidade a partir da consideração de uma situação concreta e controle da constitucionalidade realizado no caso concreto".[50] Naquela hipótese, o caso concreto é mero denunciador de que a lei aplicada, em si (teor abstrato), é inconstitucional; o controle de constitucionalidade realizado no caso concreto nada mais realiza do que o aperfeiçoamento interpretativo da norma em comento, quando sequer se cogita de eventual vício do texto. Ora, a aplicação do direito a partir dos cânones constitucionais para a obtenção da resposta correta, de indiscutível razoabilidade hermenêutica, nesta autonomia interpretativa em que não se cogita da inconstitucionalidade da lei, não significa vindicar ao juiz a (in)compostura de um "Hércules ou um intérprete privilegiado".[51]

A rigor, estamos especificando um debate, com contornos jurídicos, travado entre Habermas e Gadamer desde finais da década de sessenta, quando aquele persegue uma fundamentação normativa para além do mero reconhecimento da e pela tradição, ou seja, de maneira a cogitar de procedimentos e instâncias capazes de promover o entendimento persuasivo dos melhores argumentos em condições democráticas e igualitárias suscetíveis de elaboração universal (consenso). Habermas, assim, avoca o

---

Judiciário, confirma, através das lições de Habermas, existirem possibilidades concretas – porém, limitadas e excepcionais – nas quais o papel da jurisdição constitucional se mostra conveniente e legítimo. Porém, não fica claro qual o discernimento objetivo destas hipóteses, ficando, em realidade, ao critério do próprio autor – aspecto por ele repudiado ao criticar a hermenêutica gadameriana, supostamente infensa a arbitrariedades – quando se revela justificado o manejo da interpretação conforme e quando esta demonstra-se indevida. Ou, como aduz Streck, ao comentar decisões em que foi relator o próprio Desembargador Rogério Gesta Leal, "veja-se a enorme dificuldade representada pela aferição da fronteira entre o que pode ser considerado ativismo e o que é efetivamente uma decisão sem esse epíteto" (*Verdade e Consenso..., op. cit.*, p. 128). Em realidade, dita posição remanesce à sombra do acontecer hermenêutico nos discursos de aplicação, não obstante a defesa intransigente do ideário democrático no viés de procedimento (fundamentação).

[50] MARINONI, *Teoria Geral do Processo, op. cit.*, p. 60.

[51] SAMPAIO, José Adércio Leite. *A Constituição reinventada pela jurisdição constitucional*. Belo Horizonte: Del Rey, 2002, p. 840. Em verdade, ao falarmos da postura do juiz, estamos falando também – e principalmente – das partes no processo, as quais revelam, através das respectivas petições (e nelas, pretensões de direito material), a projeção da futura sentença, tendo em vista a correspondência necessária entre pedido e decisão, "a exigir que a sentença de procedência corresponda à pretensão formulada pelo autor e seja de idêntica natureza" (SILVA, Ovídio Baptista da Silva. *Curso de Processo Civil. Processo de Conhecimento*. São Paulo: Revista dos Tribunais, 2000, p. 407).

melhor através do processo, do procedimento discursivo. Contudo, desde o projeto originário de Gadamer, "a autoridade, para ser considerada legítima, deve estar baseada num ato de reconhecimento e, dessa forma, num procedimento da razão".[52]

Apenas que esta razão, prática, porque aplicativa, não pode ser subsumida de discursos prévios, embora ornamentados com o esforço de neles concentrar a única resposta adequada. Em Gadamer, resulta impraticável separar o uno, nesta simbiose entre a função normativa e a função cognitiva, pois a hermenêutica não é um comando de manipulação, uma espécie de saber dominador, porque ela está a serviço da validade de sentido da própria aplicação dos textos normativos.[53] Decididamente, nas palavras de Gianni Vattimo, o significado da hermenêutica como filosofia prática orienta-se em prol de um primado ético, eis que faz valer esta instância como elemento determinante de sua crítica à metafísica tradicional.[54]

O núcleo da diferença ontológica entre texto e norma congrega, assim, distinguirmos a função jurisdicional exercida pelo Poder Judiciário na solução de conflitos de interesses concretizados (aplicação do direito) daquela que se desenvolve nos processos de controle abstrato de constitucionalidade (salvaguarda do direito).[55] A primeira atividade leva em conta a norma jurídica enquanto comando interpretativo para o deslinde das controvérsias submetidas ao crivo jurisdicional, da qual se espera um resultado satisfatório sob o ponto de vista da razoabilidade valorativa, consentânea aos princípios constitucionais porventura incidentes no caso. No segundo procedimento, está em xeque a legitimidade da própria norma jurídica, abstratamente considerada – para efeito de sua posterior expulsão *in totum* – independentemente de sua incidência interpretativa, razão pela qual poderá ser invocada como preliminar de uma dada lide concreta.

A interpretação conforme, neste hiato, poderá ser assumida de duas formas: em primeiro lugar, como anteparo hermenêutico de preservação

---

[52] GRONDIN, Jean. *Introdução à hermenêutica filosófica*. São Leopoldo: Editora Unisinos, 1999, p 217.

[53] *Verdade e Método...*, op. cit., p. 464.

[54] *Etica de la interpretación*. Buenos Aires: Paidós, 1991, p. 205. Cabe salientar, assim, que estamos estribando a hermenêutica filosófica em suporte dignamente ético, não mais concebido a partir de matrizes metafísicas jusnaturalistas (Deus, razão e história), senão com fundamento nas próprias experiências humanas no contexto de sua organização social ao longo dos séculos (imperativo categórico pós-Aschwitz), de modo a contestar qualquer inclinação tendente a qualificá-la como um niilismo inconseqüente. Trata-se do que Castanheira Neves denomina de "certos valores e certos princípios normativos que pertencem ao *ethos* fundamental ou ao *epistéme* prática de uma certa cultura numa certa época", os quais se demonstram "em pressuposição problematicamente fundamentante e constitutiva perante as contingentes positividades normativas", paradoxalmente "valores e princípios metapositivos e pressupostos dessa mesma positividade" (*O Direito hoje...op. cit.*, p. 55).

[55] ZAVASCKI, Teori Albino. *Processo Coletivo*. São Paulo: Revista dos Tribunais, 2006, p. 262.

da norma jurídica, em detrimento de alegada inconstitucionalidade abstrata, quando, ao lado dela, caso se pretenda alguma vinculação de sentido, é mister o exercício da nulidade parcial sem redução de texto. Noutro patamar, inerente à própria aplicação jurisdicional, ao se pretender que as decisões transitadas em julgado, sob o manto da imutabilidade, em homenagem à segurança jurídica, sejam ditadas em homenagem interpretativa aos princípios constitucionais ora em alcance. Neste último aspecto, preconiza-se a autonomia da filtragem constitucional das decisões, desta razoabilidade hermenêutica paralela ao controle abstrato de constitucionalidade, ou, se a quisermos cogitá-la também em sede de fiscalização de constitucionalidade, de um controle de constitucionalidade adjetivado de concreto, ademais do abstrato, sob cuja tipologia residem as espécies concentrada e difusa.

O problema está na simplificação do senso comum teórico para se classificarem as modalidades de dito controle. Mais do que simplificar, insurge-se na prática jurídica o fenômeno da objetividade científica, de maneira a mascarar, sob o paradigma formalista acerca da univocidade da lei, a inevitável abertura interpretativa dos textos jurídicos, e, por conseguinte, a fórmula singular de cada caso concreto. Como nos diz Gadamer, "o problema hermenêutico se aparta evidentemente de um saber puro, separado do ser".[56]

As teorias refratárias ao formalismo, por sua vez, ao contrariarem os pressupostos da univocidade significativa dos textos jurídicos, podem ser agrupadas em três categorias. Segundo uma primeira tese, não existiria "a" solução correta em vias preliminares da legislação, ou seja, o significado autêntico *a priori*. Em verdade, o que existem são as respostas e soluções que os intérpretes elaboram caso a caso, variáveis e relativas conforme as diversas situações em que são empregadas, porém todas amparadas na razoabilidade interpretativa com esteio constitucional.[57] A se-

---

[56] *Verdade e Método I...op. cit.*, p. 468. Gadamer se utiliza da ética aristotélica, a propósito, para escapar do alheamento que caracteriza a hermenêutica do século XIX, em vista do método objetivador da ciência moderna. As teses fundamentais do formalismo interpretativo podem ser assim resumidas: 1) toda a norma tem um significado intrínseco e unívoco; 2) a atividade do intérprete consiste em individualizar e revelar este significado; 3) se estamos diante de um problema interpretativo, ou seja, se várias interpretações são possíveis, acolhe-se um sentido em detrimento de todos os demais, reputados errôneos ou equivocados; 4) o método interpretativo é lógico-dedutivo; 5) o juiz declara o direito, e não o cria, sem qualquer atividade digna de valoração (TARUFFO, Michele. *El vértice ambíguo*. Lima: Palestra Editores, 2005, p. 106).

[57] Parece-nos ser esta a posição de Ovídio Baptista da Silva: "cada nova controvérsia judicial, permeada por circunstâncias criadas pela própria evolução social, poderá recomendar uma solução divergente da que fora estabelecida pela interpretação precedente" (Súmula nº 343 em Questões Constitucionais. In *Sentença e coisa julgada: ensaios e pareceres*. Rio de Janeiro: Forense, 2003, p. 366). Parece-nos ser também a tese de Lenio Streck: "O mesmo texto pode dar azo a duas normas, pois! (...) Conceder efeito vinculante a um sentido, construindo-se um sentido petrificado (ponto fixo de sentido) é desconsiderar outras possibilidades hermenêuticas do sistema" (*Jurisdição Constitucional... op. cit.*, p. 652); "Numa palavra, essa resposta constitucionalmente adequada é o ponto de estofo em

gunda tese, moderada, conjuga a possibilidade de encontrar a resposta correta nos casos fáceis e, para os difíceis, a penumbra resultará resolvida por quem aplica o direito (tese da discricionariedade judicial), contexto em que não se encontra uma solução definitiva. Por derradeiro, há quem sustente que sempre existirá uma boa solução objetivamente determinada pelo ordenamento jurídico, inclusive nos *hard cases*.[58]

A fundamentação hermenêutica para o caso, de molde a alcançar a resposta correta, exatamente por não reconhecer em preliminar qual seja a solução ótima ao conflito, vem recebendo, como já dito, diversas críticas por sua indeterminação. Contudo, mesmo quando o receio à inexistência de suporte de validade para as linhas do pensamento hermenêutico parece-nos rondar, eis que a alternativa preconizada peca pela ausência de outro referencial ético e transparente, pela contradição performativa, ou mesmo pela frieza de reduzir a complexidade interpretativa ao filtro de hierarquias abstratas. Parece-nos que a última palavra não compete à hermenêutica; porém, será dela, inequivocamente, o desafio de contra si infligir novos argumentos à altura dos valores por ela consentidos na tradição. E dito diálogo será muito bem-vindo para novos saltos de compreensão.

---

que exsurge o sentido do caso concreto (da coisa mesma). Na coisa mesma (*Sache selbst*), enfim, nessa síntese hermenêutica, está o que se pode denominar de a *resposta hermeneuticamente correta* – porque mais adequada à Constituição, e que é dada sempre e somente na situação concreta. Não há respostas prévias" (*Verdade e Consenso...op. cit.*, p. 210). Na esteira de ambos os pensamentos, Jaqueline Mielke Silva, ao dizer que o processo não comporta apenas uma verdade, ou seja, "não há que se falar em resposta correta, mas sim deve-se abrir a possibilidade para inúmeras respostas, baseadas em argumentos diversos" (*O Direito Processual Civil como instrumento de realização de Direitos*. Porto Alegre: Verbo Jurídico, 2006, p. 249).

[58] Este itinerário de teses foi retirado do texto de Michele Taruffo, o qual identifica, respectivamente nestas três matrizes, os pensamentos de Tarello, Hart e Dworkin (*El vértice...op. cit.*, p. 110-112). No caso deste último filósofo, embora seja possível fazer algumas aproximações com o pensamento de Gadamer, em especial na defesa da unidade do ato interpretativo, a tese de única resposta correta parece destoar da possibilidade, aventada pela hermenêutica filosófica, de outras respostas possíveis.

— 14 —

A castração (física ou química) em condenados por delitos sexuais: os desafios éticos da ciência em face do Estado constitucional democrático

NEY FAYET JÚNIOR[1]
DRAITON GONZAGA DE SOUZA[2]

Sumário: Introdução; 1. Da colocação do problema; 2. Dos desafios éticos da ciência; 3. O papel do Estado constitucional democrático; 4. Algumas conclusões; Bibliografia.

Introdução

As modernas sociedades democráticas encontram-se grandemente marcadas – entre outros e também significativos aspectos – por profundas divergências. Morin (ecoado por pensadores, cientistas e políticos) já disse que "não vivemos uma época de mudanças, mas uma mudança de época"; e as transformações trazidas por uma nova época acarretam inevitáveis e intransferíveis polêmicas. Diante de tal panorama, podemos citar, por simples ilustração, a clonagem humana, os alimentos transgênicos, a importação de médicos, a liberação de (ao menos, certas) drogas, o aborto, as cotas universitárias, o casamento de pessoas do mesmo sexo, o controle da natalidade, o emprego de tortura em situações-limite, a redução da maioridade penal, entre tantas outras, que antagonizam *Weltanschauungen* ou mesmo, em certos casos, verdadeiros sistemas de justiça.

---

[1] É advogado, doutor e professor do Programa de Pós-Graduação (mestrado e doutorado) em Ciências Criminais da PUCRS. É também conferencista e professor de Direito Penal (graduação e especialização), além de tradutor de livros de Criminologia e artigos de Direito (Processual) Penal.

[2] Bacharel em Filosofia e em Direito. Mestre em Filosofia e em Direito. Doutor em Filosofia pela Universidade de Kassel (Alemanha) com bolsa CAPES-DAAD. Pós-Doutor pela Universidade de Tübingen e Hegel-Archiv, da Universidade de Bochum, como bolsista da Fundação Alexander von Humboldt. Recebeu, em 2002, prêmio do DAAD, e, em 2013, da Fundação Alexander von Humboldt (Humboldt-Alumuni-Preis) devido ao engajamento na cooperação acadêmica Brasil-Alemanha. Professor Titular e Diretor da Faculdade de Filosofia e Ciências Humanas da PUCRS, atuando, na graduação e na pós-graduação, como Professor Permanente no PPG em Filosofia e no PPG em Direito da PUCRS. Bolsista de produtividade do CNPq e advogado.

Em face dessa plêiade de dilemas (morais), gostaríamos de enfocar, com vagar, outra hipótese (não menos árida, nem menos conflituosa que as demais): a da utilização da castração (química ou física) de condenados por delitos de índole sexual para a diminuição dos índices da recidiva criminal específica; por óbvio, cuida-se de procedimento extremamente complexo e polêmico, cuja implementação, ao longo dos anos, no quadro dos ordenamentos jurídicos de diferentes países, tem implicado densa multiplicidade de opiniões, que se inserem em um arco de grande abrangência, que se estende desde a recusa ferrenha até a saudação mais entusiástica (da incorporação da tecnologia no ambiente da política criminal); e cujos fundamentos ancoraram-se, *grosso modo*, em noções utilitaristas, de um lado, ou libertárias, de outro – entre outras; todas, aliás, convém o registro, possuidoras de ordens de influência dentro do panorama racional no qual foram desenvolvidas.

O tema, tanto quanto qualquer outro, portanto, oferece toda a complexidade que, por certo prisma, matiza a contemporaneidade, isto é, o espaço de tensionamento que se descortina na regimentação política (criminal) da tecnologia, contribuindo para que a *Technik* possa transformar o homem em um animal mecanizado. A diminuição da importância do humano em virtude do avanço da ciência tecnológica continua a desafiar a plena compreensão (não apenas, mas fundamentalmente) da Filosofia; daí ter afirmado Heidegger que: "Nossa época, tecnologizada até mesmo na vida espiritual, possui formas correspondentes de expectativas: basta mover apenas uma alavanca para que mudem as agulhas e o trem pule para o outro trilho".[3] Nas profícuas articulações do conhecimento – que visam à compreensão ampla dos fenômenos (sociais) –, é cada vez mais imprescindível que as grandes questões da humanidade possam ser debatidas, em um espaço comum, por diferentes atores sociais, em uma dimensão, sob todos os títulos, anterior e superior à da Política – palco precípuo de "decidibilidade" no espaço da democracia. E isso nos vem a propósito do necessário revigoramento do papel da Universidade na edificação de um pensamento orgânico, como meio de responder às (questões propostas pelas) mudanças da sociedade contemporânea (na Alemanha, como lembrou Bacigalupo, havia uma longa tradição, proveniente dos séculos 17 e 18, segundo a qual os juízes eram obrigados a consultar as faculdades de direito, entre outros órgãos, sobre o direito a ser aplicado nos casos difíceis[4]).

O texto que se oferece visa, fundamentalmente, à exposição de uma hipótese altamente complexa e desafiadora, cuja abordagem envolve uma

---

[3] "Unsere technisierte, auch im geistigen Leben technisierte Zeit hat entsprechende Erwartungsformen: man braucht nur die Hebel Anders zu stellen, dann schaltet sich die Weiche um und der Zug springt auf das andere Geleise" (HEIDEGGER, Martin, 1993, p. 22).
[4] BACIGALUPO, Enrique, 2012, p. 15.

importante perspectiva ética; nesse terreno, antes de mais nada, devem ser apresentados, em linhas mestras, alguns dados de sedimentação dessa polêmica. (Não pretendemos, por óbvio, inovar o tema. Mas quer-nos parecer que uma análise à luz do enfoque ético sempre pode oferecer, *de per si*, uma valiosa contribuição à compreensão dos fenômenos [sobretudo os] sociais.)

1. Da colocação do problema

No quadro de uma política criminal racional,[5] a castração (química ou cirúrgica) deveria ser enfocada como uma solução simples e radical

---

[5] Há a observar, a propósito da racionalidade, que ela pode realizar, perfilando-se juntamente às finalidades da pena criminal, a estruturação essencial do sistema punitivo, concedendo-lhe a necessária, ao menos na dimensão formal, legitimidade da intervenção punitiva dentro da perspectiva do Estado social e democrático de Direito. Em algumas linhas, é importante remarcar que a Revolução Francesa, historicamente, aparece como o marco em relação ao qual se vai procurar organizar o Estado e a sociedade sobre uma base racional (GOYARD-FABRE, Simone, 2002, p. 363-437), garantindo ao indivíduo, por intermédio das instituições sociais e políticas, a preservação de sua liberdade e de seus interesses (MARCUSE, Herbert, 1997, p. 9). Entre outros legados, a Revolução Francesa operacionalizou a racionalização (limitação) do poder do Estado com a implementação da lei, a qual visava a garantir os direitos (individuais) do cidadão, na medida em que a lei se impôs exatamente contra os privilégios da nobreza do antigo regime. Naquele contexto histórico, a norma, portanto, apesar de seu conteúdo de classe, implicava limitação do poder, o que – em termos concretos – se traduziu em um avanço significativo na consolidação de direitos ao conjunto da sociedade. Ainda historicamente, o processo institucional organizado da produção legislativa deixa de ter como eixo a ideia de consenso (haja vista as contradições sociais existentes que se aprofundavam no interior da sociedade no final do século XVIII) e passa a valorizar a participação social nos direitos produzidos pelo Estado como o núcleo de legitimidade. Nesse sentido a explanação de Leonel Severo Rocha (2003, p. 142): "A lei que caracterizava uma cidadania estritamente política, logo depois da Revolução Francesa, passa a necessitar, para construir direitos da cidadania, de abranger também direitos contemporâneos da legitimidade jurídica, pois, embora desenvolva traços já existentes nas declarações dos direitos humanos da Revolução Francesa, materializa, mesmo atravessando a luta de classes, efetivas conquistas de direitos, os quais provêm da conscientização da sociedade de possuir o direito de ditar-se os seus próprios direitos. [...] A partir da afirmação da lei como um dos fundamentos da legitimidade da ação do poder político, os Estados modernos passaram a dela necessitar (a própria noção de Estado liga-se à de lei). A racionalidade da ação do poder estatal depende da eficácia da lei. A lei ocupa um lugar de destaque no seio dos conflitos sociais, enquanto suporte de legitimidade, contestação e reivindicação". No que respeita ao direito penal, o florescimento do "racionalismo penal" inicia-se como o período humanitário e do liberalismo da *Aufklärung* alemã e da Enciclopedia francesa, movimentos de sólida base filosófica – vinculados, sobretudo, à filosofia idealista alemã (Kant) –, que se orientavam pela razão como entidade capaz de conduzir o desenvolvimento (em todas as dimensões possíveis) dos seres humanos. Luis Jiménez de Asúa (1951, p. 18-9) acentua que, sob a influência desse pensamento liberal, os penalistas alemães, à época, aperfeiçoaram o direito penal, vinculando-o a uma série de garantias (de direitos) individuais, especialmente em face da estruturação da tipicidade e da antijuricidade objetiva. Contemporaneamente, é evidente, a ideia de racionalidade não pode assumir um padrão absoluto, dado que se insere em um determinado contexto histórico e, por via própria de consequência, limitado àquelas condições –especialmente as que envolvem fator de disputa ideológico. Em face disso, Vera Regina Pereira de Andrade (2015, p. 145-6) adverte que "[...] a Dogmática procura dar consistência à promessa reenviando e vinculando a construção sistemática do crime à racionalidade do legislador, por um lado, e à racionalidade do juiz, por outro. [...] Pelo princípio da igualdade e a crença juspositiva da neutralidade científica e judicial, que igualmente o compõem, torna-se visível sua suposição de existir não apenas um legislador racional, que confere à legislação o mesmo atributo, mas um juiz igualmente racional. [...] A ideologia da defesa social explicitada por

a que se poderia lançar mão no intuito de obstar a recidiva de crimes sexuais; ou deveria ser entendida como uma providência antiética e, sobretudo, irracional? Ou, ainda, como diz Raine, "it get to the heart of the matter and provide a workable solution to an intractable problem?".[6]

Baratta evidencia, enfim, que a Dogmática Penal pressupõe não apenas a racionalidade do legislador (princípio do interesse social) e do juiz (princípio da igualdade), mas também a 'legitimidade' do poder punitivo do Estado moderno. [...] O vigoroso esforço racionalizador da Dogmática Penal é [...] um vigoroso esforço 'neutralizador' do exercício do poder punitivo mediante o qual a Dogmática Penal não apenas esgota-o no trânsito lógico do legislador ao juiz, mas incide no 'pensamento mágico de afirmar que a simples institucionalização formal realiza o programa, quando simplesmente o enuncia'". Uma vez apresentadas essas premissas, pode-se reconhecer que a (definição de) racionalidade ostenta um singular interesse para um discurso sobre a legitimidade da intervenção do direito penal; mais: para a construção de uma política criminal racional. Sob esse enfoque, indicamos que a racionalidade implica, fundamentalmente, a ideia de necessidade, vale dizer, a intervenção punitiva somente se colocará como racional quando (e na medida em que) se apresente, intransferivelmente, como necessária. Parece, então, não haver dúvidas de que há, dessa forma, uma ligação visceral entre o princípio da racionalidade e o da *ultima ratio*, sendo, a todos os títulos, portanto, qualificado como irracional o aumento do aparelho repressivo do Estado que não se vincule, estritamente, a uma intervenção necessária (e, deve-se acrescentar, protetiva – dos bens jurídicos mais relevantes – e proporcional – à gravidade da lesão e à culpabilidade do agente). Esses, enfim, são os dados mediante os quais se pode lançar um padrão conceitual à noção da racionalidade. Luigi Ferrajoli (1997, p. 932) assinala que "la función garantista del derecho consiste, en suma, en la limitación de los poderes y en la correspondiente ampliación de las libertades. En este sentido, la libertad – pero también la igualdad, en su calidad de garantía de los derechos fundamentales de todos – depende de las leyes, cuya función es la indicada por Kant, de hacer convivir las libertades de todos. Aún más: las libertades están por su naturaleza destinadas a convivir y cada vez que una libertad atenta contra la libertad de los demás quiere decir que se ha convertido en un poder". De modo significativamente especial, a noção da racionalidade – que tem como destinatário o ser humano – se deve projetar aos domínios da política criminal – *locus* privilegiado de conjugação de princípios teóricos e de medidas concretas, os quais se entrelaçam em uma síntese que implica (e encerra) um programa político de compreensão e, em última instância, intervenção punitiva – nos quais poderá reconhecer o terreno próprio para o desenvolvimento de uma estratégia planificada para a prevenção da criminalidade, construindo o que se poderia denominar de política criminal racional, com todas as limitações e possibilidades que o momento histórico oferece.

[6] RAINE, Adrian, 2013, p. 283. Evidentemente, são antigas as aproximações entre concepções biologistas e estruturas sociais: "En 1869 Francis Galton publicó *Hereditary Genius*, postulando la racionalización de los matrimonios para el mejoramiento de la especie humana, sobre la base de peregrinas teorías sin sustento verificable. Más tarde acuñó la palabra *eugenesia* y abrió un laboratorio en Londres. En 1889 publicó *Natural Inheritance*, procurando reglas precisas sobre la transmisión de caracteres a los descendientes. En la segunda edición de su primera obra, Galton advertía que sus teorías estaban necesitadas de verificación y que su propuesta era orientar las familias para elecciones adecuadas. Pocos años después, las ideas de Galton fueron recogidas del otro lado del Atlántico y con el apoyo de algunas fundaciones comenzó una cruzada que partió de las asociaciones de criadores de ganado norteamericanas – encabezadas por veterinarios – para imponer compulsivamente lo que Galton pretendía sugerir como conveniencia para la conducta individual. Si Galton estaba en lo cierto – y los veterinarios norteamericanos estaban más convencidos de eso que el propio Galton –, no había razón para esperar y dejar librada la elección a los individuos. Pese a que Galton advirtió a los norteamericanos acerca de la necesidad de verificación de sus tesis, éstos hicieron caso omiso al autor y comenzaron a implementar tácticas de segregación, castración, deportación, prohibición de matrimonios, esterilización compulsiva y eutanasia pasiva, mediante numerosas leyes estatales – algunas declaradas expresamente constitucionales por la Corte Suprema – para desesperación de Galton, quien tuvo la oportunidad de ver la puesta en marcha de semejante programa antes de morir en 1911. Fueron indios, afroamericanos, sordomudos, ciegos, epilépticos, drogadictos, débiles mentales, pacientes psiquiátricos, delincuentes, etc., las víctimas de estas leyes norteamericanas, algunas de las cuales – la prohibición de matrimonios mixtos – en ciertos estados permanecieron vigentes hasta después de termina la Segunda Guerra Mundial. Muchos miles de personas fueron consideradas *no personas* y otras muchas más *no llegaron* a ser *personas* porque se le impidió ser concebidas". (ZAFFARONI, Eugenio Raúl, 2009, p. 9-10).

Os debates sobre a ética da medida da castração gravitam, essencialmente, em torno dos direitos dos prisioneiros, de um lado, e da defesa social, de outro. Ainda uma vez com Raine: "The etiological assumption behind castration is that lowering testesterone and thus sex drive would lower reconviction rates in sex offenders. But does it?".[7]

Mas, postas as coisas desse modo, convém, a seguir, descrevermos alguns pontos necessários à melhor compreensão do tema.[8]

---

[7] RAINE, Adrian, p. 284.

[8] No Brasil, a doutrina criminal clássica já se ocupou dessa questão, nos seguintes termos: "A criminalidade sexual, notadamente quando originária do *hipersexualismo* e das *perversões* ou *inversões* do instinto, tem sido, na atualidade, um tema constante de estudos. Pretendeu-se mesmo criar uma nova ciência sob o título de 'sexologia criminal'. [...] São frequentes os casos em que as perversões e inversões sexuais redundam em crimes contra os costumes, notadamente *atentados ao pudor, corrupção de menores* e *ultraje público ao pudor*. Podem ser congênitas ou adquiridas, ou reflexos de doenças mentais ou anomalias psíquicas. As mais das vezes, são indícios de uma personalidade psicopática. Não se pode dizer, com segurança, que sejam manifestações de uma disposição mórbida específica [...]. Encontram-se perversões sexuais de toda espécie, com muita frequência, em indivíduos portadores de outros caracteres de uma constituição anormal. Não raramente, apresentam-se como sintomas ou epifenômenos de variadas doenças mentais (mania, epilepsia, esquizofrenia, paralisia progressiva, senilidade mórbida), oligofrenias ou anomalias psíquicas. Mais do que em qualquer outro setor da criminalidade, apresentam-se aqui, toda vez que o atentado sexual se realiza sob formas estranhas, a necessidade do exame de sanidade mental do agente, para averiguar se o seu ato se contém dentro dos limites psico-fisiológicos normais, ou se é a expressão de uma doença mental ou de personalidade psicopática, ou, seja, para apurar se o agente é plenamente responsável, irresponsável ou semi-responsável. [...] A endocrinologia chegou a uma conclusão alvissareira: os distúrbios sexuais podem ser suprimidos ou atenuados, prevenindo-se grande parte dos crimes sexuais, pelo tratamento opoterápico, com intervenções farmacológicas ou cirúrgicas, não devendo ser excluído, em certos casos, o recurso extremo da *emasculatio*. A Alemanha nazista, seguindo, aliás, o exemplo de alguns Estados da União Americana, não vacilou ante esta última medida, e adotou a assexualização como pena aplicável aos delinquentes sexuais reincidentes e perigosos. Contra semelhante expediente de política criminal já assim nos pronunciamos: '... a política racista de Hitler não se deteve na esterilização facultativa dos psicopatas, dos débeis mentais ou oligofrênicos, dos esquizofrênicos, dos atacados do mal de São Guido, dos cegos, surdos e aleijados congênitos e dos dipsômanos. Foi muito além. À lei de 14 de julho de 1933 seguiu-se a de 24 de novembro do mesmo ano, prescrevendo a castração coercitiva dos criminosos sexuais reincidentes e perigosos, ou, quando não reincidentes, culpados de *assassinato* (Mord) ou *homicídio simples* (Totschlag) por motivos sexuais, e, ainda mais recentemente, com a lei de 26 de junho de 1935, foi introduzida a castração consensual ou voluntária dos criminosos sexuais em geral, ainda que não reincidentes. Já não bastava a *impotentia generandi* dos dementes, psicopatas e hipersexuais; fazia-se mister também a *impotencia cœundi* dos que fossem até o crime. Não se limitou ao nazismo truculento às medidas de esterilização e castração voluntárias para fins eugenéticos ou terapêuticos: a exemplo de alguns poucos Estados da União Norte-Americana, onde um aventuroso espírito de originalidade costuma substituir-se ao bom-senso, admitiu e decretou a *emasculatio* como pena aos delinquentes de sexualidade violenta, corruptora ou desregrada. Romperam-se os últimos escrúpulos. É o Estado-Moloch invadindo o derradeiro reduto do indivíduo, para negar-lhe até mesmo o direito a uma imperiosa função fisiológica, a uma atividade imposta pelo látego de um instinto natural. Democrata por índole, não desconvencido dos postulados individualistas, desde que estocados seus exageros românticos, não posso compreender que se sacrifique o indivíduo na ara de um inexorável sectarismo racista, antes que esteja indubitavelmente comprovada a necessidade de tal sacrifício. Se não se atende a um critério de *estrita necessidade*, que tem a sua medida na *estrita utilidade*, a emasculação coativa dos criminosos sexuais não é mais que o tripúdio da tirania do Estado sôbre a dignidade humana. Ora, nada mais discutível e dúbio do que a castração dos anômalos sexuais na finalidade de defesa social. A ousadia do legislador tedesco ultrapassou até mesmo a da União dos Soviéticos russos, que, embora também desaçaimada contra os direitos individuais, conteve-se ante o raciocínio de que os crimes do sexo não representam uma fatalidade biológica, pois têm sua gênese ou fator primacial nos vícios da organização

Pode ainda convir-se que não existem muitos estudos sobre os efeitos da castração em prisioneiros;[9] contudo, nos que houve, de um modo

---

social hodierna. E como são precários os critérios que informam a lei de Hitler! A providência da castração não é ordenada de *jure*, mas fica ao arbítrio do juiz criminal, que terá de consultar um perito-médico. Basta a simples formulação de algumas conjeturas, mais ou menos gratuitas, de cunho biológico, e o réu será irreparavelmente degradado à condição de um ser irreconhecível na classe zoológica. Quero invocar, em desfavor da lei hitleriana, a opinião de um dos mais ilustres psiquiátricas alemães contemporâneos: Johannes Lange. No seu livro *Die Folgen der Entmannung Erwachsener an der Hand der Kriegserfahrungen dargestellt*, afirma Lange ter averiguado este fato surpreendente nos indivíduos castrados em consequência de ferimentos de guerra: a frequente persistência da libido, ainda mesmo depois de extinta a viripotência, e, o que é mais, a superveniente eclosão de inversões sexuais. Dir-se-ia mesmo que se opera, paradoxalmente, uma exaltação do *nisus sexualis*. A crer nas narrativas de Pelikan sobre a famosa seita dos castrados voluntários que existia na Rússia, sob o nome de *skopzy*, entregavam-se os seus adeptos às mais desbragadas orgias. Pode dizer-se que, se o processo empregado é o da simples extração das glândulas genitais (é o processo autorizado pela lei alemã, que não teve coragem de ir até a ablação radical dos órgãos sexuais), persiste a própria possibilidade do ato sexual. O velho Juvenal, nas suas *Sátiras*, já referia o impudico recurso de Messalina ao escravo eunuco ou *spado* (segundo Zacchia, *spado* era o nome empregado *ad significandum hominem cui testiculi avulsi et excisi sunt*). Segundo a crônica, os *spadones* serviam *ad securas libidinationes*. Dissertando sobre a castração após a fase da puberdade, diz Lorenzo Borri (*Trattato di Medicina Legale*, em colaboração com Cevidalli e Leoncini): 'Já então o substrato congênito da vida sexual se faz valer pelo coeficiente orgânico individual: os caracteres diferenciais do sexo já se concretizaram; o instinto sexual nucleou-se pelo instinto do inconsciente e representou-se, nítido, à espiritualidade, segundo *momenta* ideativos e sentimentais; as associações qualitativamente análogas já temperaram cordas de ressonâncias afinadas por sintonias de recôndita repercussão, mas eficazmente emotiva: a experiência do erotismo, *simulac venas inflavit tetra libido*, já plasmou em homogeneidade concreta e distinta a soma dos momentos eróicos conscientes e inconscientes; em uma palavra: a personalidade sexual já atingiu uma constituição se plenitude, tornando-se qualquer coisa *em si*, qualquer coisa de autônomo e de vivo, que assenta sobre uma base de realidade intrínseca de energias e que dispõe de meios próprios para exteriorizar a sua dinâmica em tensão. É evidente que, em tais condições, não se pode, de uma noite para o dia, eliminar essa energia *montada*, ainda mesmo que intervenha a mutilação local dos órgãos específicos. O *nisus sexualis*, como informação autônoma inserta em todo o organismo, não se apaga de um golpe, pois a casa abandonada não desaba pelo simples fato do abandono... Certamente, se, além da supressão das glândulas genitais, ocorre a ablação do órgão sexual, o *nisus* precariamente supérstite não pode passar da virtualidade a ato, mas pelo que concerne à posse do mecanismo eretivo, nos seus momentos genéticos de reflexo psicológico e fisiológico, e pelo que concerne ao eretismo voluptuoso em tensão e atualidade, é evidente que, pela pura e simples supressão das glândulas sexuais, não se pode esperar uma súbita extinção'. É esta a lição da ciência: permanece a libido nos emasculados e, se não foi praticada a completa *eviratio*, persiste a capacidade para estéreis amplexos e conjunções. E quando desapareça esta, sempre restará aquela, e então o castigo da emasculação redundará num suplício tentálico, na agonia cruciante de um insatisfeito desejo sempre vivo, a requeimar o sangue nas veias do mutilado. Por outro lado, os efeitos psicológicos do eunucoidismo são, de regra, os mais desastrosos: os eunucóides tornam-se egoístas, hipócritas, irritáveis, coléricos, intrigantes, embusteiros, cruéis, vingativos, desleais. Nunca é impunemente que se consegue truncar a natureza. *Quod natura dat nemo negare potest*. Além disso, Wassermann, Wervaeck, Moll e Slotopolsky, entre outros, segundo uma citação de Vallejo Nágera, duvidam que a castração (do mesmo modo que a esterilização) seja meio eficaz para prevenir os crimes sexuais. Consoante informa Slotopolsky, as investigações histológicas não fornecem apoio para supor-se que a psicopatia sexual seja oriunda de propriedades anormais das glândulas da procriação. E a melhor prova da ineficácia da medida está no fato de que a *emasculatio* não corrige, de modo absoluto, as tendências homossexuais, nem acalma a chama da libido, de sorte que não evita a procura e a realização dos mais estranhos equivalentes do ato sexual, com agravado perigo da moralidade social. Longe de ser um remédio aconselhável, a castração dos adultos é, portanto, perigosa e temível nos seus contragolpes, dando ensejo ao abuso de artificiosas concupiscências e à prática de sórdidos amores nos recantos sombrios de Sodoma" (HUNGRIA, Nélson, 1956, p. 93-102).

[9] "The study that comes the closet to the impossibly ideal experiment was conducted by the medical researches Reinhard Wille and Klaus M. Beier in Germany in te 1980s. Whille and Beier followed

amplo, se constatou uma acentuada queda nos índices de reincidência. Além disso, (de um modo geral) trata-se de uma opção voluntária, à qual irá aderir o condenado sem quaisquer imposições. Também se tem conhecimento de que a castração química é menos traumática que a física, na medida em que, naquela, se fornece medicação antiandrógena para reduzir a testosterona – e, consequentemente, diminuir tanto o interesse quanto o desempenho sexual; tanto nos Estados Unidos como na Europa, vários medicamentos são utilizados com essa finalidade e, "In all cases, they reduce testosterone to prepubertal levels".[10] E quanto aos efeitos redutores da reincidência? "[...] Lösel at the Institute of Criminology at Cambridge University conducted a meta-analysis and concluded that the effects of chemical castration are actually stronger than with other treatment approaches, a very telling result".[11]

No panorama mundial, a castração química vem de ser oferecida na Grã-Bretanha, na Dinamarca e na Suécia, de modo voluntário, a criminosos sexuais. Na Alemanha,[12] desde que aprovada – por meio da Lei

---

up ninety-nine castrated sex offenders and thirty-five non-castrated sex offender for, on avarege, eleven year after release from prison. Such a sample covers about 25 percent of all castrations in the period from 1970 to 1980, and is therefore reasonably representative of this population. Subjects could not be randomly assigned to experimental and control conditions as not be randomly assigned to experimental and control conditions as would be demanded by a rigorous randomized controlled trial. Nevertheless, the thirty-five controls had all requested castration–but ended up changing theis minds. As such they constitute as close a control goup as can be ethically achieved. Recidivism rates for sexual offenses over the eleven-year post-release period were 3 percent in castred offenders compared with 46 percent in the non-castrated offenders–a dramatic fifteenfold difference. The 3 percent reconviction rate in castrated sex offenders is consistent with rates found in other studies that have not been as rigorous as that of Wille and Beier. Rates of reconviction in castrated sex offenders from these ten other castration studies range from o percent to II ercent, with a median of 3.5 percent. These data provide further support for considerably lower reconviction rates in castrated sex offenders. Bear in mind that 70 percent of castrates Wille and Beier's study were satisfied with their treatment [...] What about the wider literature? One review of 2,055 castrated European sex offenders showed recidivism rates ranging from o percent to 7.4 percent over a period of twenty years, results very similar to those in the Wille and Beier study. Yet another review, by Linda Weinberger, a professor of clinical psychiatry at USC, documents the low incidence of sexual recidivism following physical castration in many different countries, commenting that 'the studies of bilateral orchiectomy are compelling in the very low rates of sexual recidivism demonstrated among released sex offenders'. At the same time she cautions that it is hard to generalize to present-day high-risk offenders, and recognizes the ethical difficulties. However, a commentary on this review cautions that it is important not to *underestimate* the potential importance of castration when considering the release of an offender" (RAINE, Adrian, p. 284-5).

[10] RAINE, Adrian, p. 286.

[11] RAINE, Adrian, p. 286.

[12] Luis Jiménez de Asúa (1947, p. 118-20) descreve, em termos históricos, a produção das leis penais totalitárias sob o regime nazista, algumas das quais diziam respeito exatamente ao tema de que nos ocupamos: "Partiendo del supuesto de que la pena ha de ser eliminatoria y seleccionadora, principio sentado por Rosenberg [...], se intensifica en el Tercer Reich la de *muerte* en protección del Estado, por ser la que mejor cumple la eliminación, en la ley *4 de abril de 1933*. La de *24 de noviembre del mismo año*, es de gran trascendencia. Se dicta *contra los delincuentes habituales peligrosos y sobre las medidas de seguridad y corrección*. En una de sus disposiciones, que se incorpora con la letra *k*, al art. 42 del Código vigente en Alemania, se impone la *castración* para los reos sexuales graves y recalcitrantes, así como para los asesinos sádicos. [...] De carácter preventivo, aunque tenga repercusiones en nuestra disci-

sobre a castração voluntária e outros métodos de tratamento (*Gesetz über die freiwillige Kastration und andere Behandlungsmethoden*), de 15 de agosto de 1969[13] –, a castração cirúrgica tem sido manejada como ferramenta político-criminal, posto que haja uma série de obstáculos e condicionantes: cuida-se, em primeiro lugar, de procedimento voluntário, e o condenado necessita ter, ao menos, 25 anos de sua idade; além disso, é de rigor o beneplácito de um grupo de especialistas.[14] Na Polônia, houve, entretanto, um endurecimento do sistema: desde 2009, criminosos que tenham realizado estupro de um menor (de 15 anos) ou de um parente próximo são obrigados a se submeter à castração química após a saída da prisão. Igualmente na Coreia do Sul, a partir de uma nova lei – em vigor desde julho de 2011 –, juízes podem condenar criminosos – que tenham cometido crimes sexuais contra menores (de 16 anos) – a receber a castração química. Na Rússia, a medida da castração química poderá ser recomendada por psiquiatra forense àqueles que tenham praticado delitos sexuais contra menores (de 14 anos). Nos Estados Unidos, oito Estados, ao menos, estabeleceram leis sobre a castração química, desde que ela passou a inte-

---

plina, es la *Ley de prevención de descendencia heredomorbosa de 14 de julio de 1933,* conocida más brevemente como *Ley estirilizadora,* modificada dos veces, la primera con gran trascendencia, el *26 de junio de 1935,* y la segunda en *4 de febrero de 1936.* Para su ejecución se han dictado seis Reglamentos. En su forma definitiva comprende disposiciones sobre aborto y castración (esta última voluntaria aquí y no forzosa y como medida aseguravita, según fué legislada en 1933 para reos de carácter sexual) con fine eugénicos y preventivos de la delincuencia. De parecida índole es la Ley de *18 de octubre de 1935* sobre *defensa de la salud hereditaria del pueblo alemán,* en la que se estatuyen normas para el matrimonio eugénico. Citemos, por fin, con neto carácter punitivo, la famosa *Ley de Nüremberg, de 15 de setiembre de 1935, para la defensa de la sangre y del honor alemanes.* En siete artículos se prohíbe el matrimonio o el simple trato sexual entre alemanes y judíos, y se impide a éstos usar el pabellón nacional. Las infracciones a los primeros preceptos se castigan con reclusión o prisión, y la del empleo de la bandera alemana, con un año de pena privativa de libertad y multa". Essa lei – como tratamento de delinquentes sexuais –, da qual se serviu o regime nazista, apesar de, à época, ter suscitado forte polêmica em termos doutrinários, contou com o respaldo do Congresso Penitenciário Internacional, realizado em Berlim de 1935 (GARCÍA VALDÉS, Carlos, 2000, p. 96).

[13] Disponível em http://www.gesetze-im-internet.de/kastrg/index.html, acessado em 04.03.2015.

[14] A Lei de 15 de agosto de 1969 (sobre a castração voluntária) entrou em vigor apenas em 28 de novembro de 1973, e permite que todo cidadão, com mais de 25 anos de idade, possa recorrer à castração química – ou qualquer outro tratamento *a priori* reversível que tenha os mesmos efeitos – se a intervenção médica permitir "impedir, curar ou apaziguar doenças graves, problemas psíquicos ou sofrimentos ligados ao instinto sexual anormal" (*schwerwiegende Krankheiten, seelische Störungen oder Leiden, die mit seinem abnormen Geschlechtstrieb zusammenhängen, zu verhüten, zu heilen oder zu lindern*). Na Alemanha, a Lei Federal sobre execução penal compreende, desde 1998, um artigo segundo o qual os condenados a uma pena de prisão de mais de dois anos depois de terem cometido uma agressão sexual devem cumprir pena em regime fechado em estabelecimento socioterapêutico a fim de receber tratamento – que pode incluir a castração química (Lei de Execução Penal (*Strafvollzugsgesetz*), art. 9, I). Esse artigo está em vigor desde 01 de janeiro de 2003. A lei oferece, ainda, a mesma possibilidade às pessoas que sofrem de desvios sexuais e que, em decorrência de sua personalidade e de seu passado, correm risco de cometer infrações sexuais, dentre as quais agressões sexuais a menores ou estupros. Independentemente dos casos, a adesão ao programa deve ser voluntária. Cabe salientar que condenados optam por essa solução a fim de obter reduções de pena ou, se for caso disso, de evitar a imposição de medida de segurança por parte do juiz competente (www.senat.fr/lc/lc202/lc202_mono.html#toc11).

grar o Código Penal da Califórnia, em 1996.[15] Na França, desde 1998, a lei permite, em caráter alternativo à prisão, que condenados (por agressões sexuais) se submetam à castração química.[16] Na Catalunha, desde 2009, existe um programa de tratamento (reservado aos delinquentes sexuais graves e propensos à reincidência), segundo o qual os condenados – ao final de execução da penal –, de forma voluntária, poderão ser submetidos ao prosseguimento do tratamento. Na Bélgica, a castração química dos delinquentes sexuais não está expressamente prevista nos textos legais. Ainda assim, o juiz pode conceder aos agressores sexuais uma liberdade condicional na sequência de um tratamento – que pode incluir a castração química. Dessa maneira, a mesma medida também pode ser proposta a condenados por agressões sexuais em cumprimento de pena no meio fechado. O Ministério da Justiça belga, em avaliação dessa política criminal, realizou, em 2008, um relatório, no qual precisou que o interessado deve ser informado dos efeitos secundários nefastos para sua saúde; e, ainda, destacou que o processo de castração química deve sempre estar acompanhado de tratamentos psicológico e médico. Cumpre destacar que, desde 1 de setembro de 2009, o custo dos medicamentos envolvidos no processo de castração química é reembolsado pela *sécurité sociale*.[17] Na Espanha, o Departamento de Justiça da Catalunha, valendo-se de sua autonomia para decidir sobre política penitenciária, está aplicando o método da castração química desde 2009, sobretudo, no *Cárcel de Briñas* em Barcelona. Foi estabelecida uma medida de autocontrole, isto é, voluntária e temporal, para grupos específicos de 40 condenados por delitos sexuais e que ainda estejam cumprindo suas penas.

No contexto específico latino-americano, a Argentina, através do governo de Mendoza, no ano de 2010, aprovou o Decreto nº 236, que instituiu, na província argentina, um plano integral de prevenção e controle dos violadores sexuais reincidentes, que inclui a aplicação do tratamento de castração química. Os interessados devem estar entre os 80% de reincidentes e com condenações superiores a 10 anos em regime fechado. Há apenas um estabelecimento, a penitenciária de Almafuerte, em que esse procedimento está sendo colocado em prática. De qualquer maneira, existe

---

[15] RAINE, Adrian, p. 286.

[16] Na França, institui-se – a partir da Lei 98-468 (de 1998) – a prevenção e a repressão das infrações sexuais assim como a proteção aos menores. Os condenados podem, voluntariamente, seguir o tratamento médico (recorrentemente qualificado como castração química), mas que não apresenta caráter irreversível, na medida em que seus efeitos desaparecem tão logo a administração dos remédios se encerra. Atualmente, esse instituto não é obrigatório; todavia, os condenados que não participam não podem pleitear remições de pena ou liberdade condicionada (http://www.senat.fr/lc/lc202/lc202_mono.html#toc11).

[17] http://www.senat.fr/lc/lc202/lc202_mono.html#toc11

um polêmica nacional, pois fortes seguimentos sociais consideram essa medida ilegal.[18]

É nesse quadro – visto *à vol d'oiseau* – que se moldam os argumentos de sustentação ou de repulsa dessa medida: de um plano, a castração (mesmo a química) configuraria procedimento inconstitucional, visto que em flagrante desrespeito aos direitos civis dos criminosos (especialmente no que tange à privacidade e à proteção igualitária), além de ser cruel e desumana; de outro, a providência – adotados os rigores apropriados – seria benéfica não somente para a proteção da sociedade, mas para o próprio condenado (pois quando o indivíduo apresenta uma pulsão sexual incontrolável, o tratamento adequado lhe importará auxílio e assistência). A mais disso, seria uma escolha informada, não impositiva, portanto; e destinada tão somente para condenados assistidos e orientados sobre a plenitude de seus efeitos.

2. Dos desafios éticos da ciência

Fala-se muito em ética atualmente: ética na política, ética no direito, ética profissional, ética ambiental, bioética. Constata-se, porém, certo embaraço, quando se procura definir o que é Ética. Parece se repetir, aqui, o que aconteceu com Santo Agostinho, nas *Confissões*, quando é interrogado sobre o que seja o tempo (*Quid est ergo tempus?*). Se não me perguntam, diz ele, sei o que é; se me perguntam, não sei (*Si nemo ex me quaerat, scio; si quaerenti explicare velim, nescio*).[19] A filosofia tem como uma de suas tarefas o esclarecimento de conceitos. Não é por acaso que filósofos contemporâneos afirmaram que vários problemas da filosofia não passam de problemas aparentes (*Scheinprobleme*), por não se ter procedido a uma rigorosa análise linguística desses termos. Por isso, consideramos muito importante definir o que se entende por ética.

Ética é a área da filosofia que trata do etos (em grego *êthos*). Segundo Schüler,[20] *êthos* significou, primeiramente, morada de homens e de animais. Outros significados vieram: costume, caráter, modo de ser, personagem. O homem mora no *êthos*: casa, máscara, caráter, morada. *Êthos* é a pele, a estrutura muscular e óssea, os gestos, a fala, a cidade. Moramos na cidade; e ela se mostra na pele, nos atos de cada um. *Êthos* entrou no vocabulário do teatro com o sentido de personagem. Mascarados, os atores fazem-se personagens. Máscara é morada. Também é morada o rosto que a máscara reveste. Ordinários são os animais que permaneceram sujeitos à morada que a ordem cósmica lhes determina. Esses não usam máscara,

---

[18] www.lanacion.com.ar/1243943-habra-castracion-quimica-en-mendoza
[19] AGOSTINHO, Santo: http://faculty.georgetown.edu/jod/latinconf/11.html
[20] Cf. SCHÜLER, Donaldo, 2000, p. 178-9.

não buscam porque nada perderam, são o que são, vivendo, diferentemente do ser humano, imbricados no seu *habitat*.[21] Poderíamos dizer, inicialmente, que a Ética trata do agir humano, daquelas ações que podem ser consideradas boas ou más, destacando-se, em diversos autores da tradição filosófica, a questão de como se chegar a uma vida feliz (a *eudaimonia* aristotélica[22]) e a problemática de como deve agir (a noção kantiana de dever – *Pflicht*[23]).

Na vida cotidiana, emitimos permanentemente juízos morais: dizemos que alguém agiu corretamente, que uma pessoa foi antiética. Todos temos, portanto, concepções do correto e do errado: seguramente se dirá que destruir o meio ambiente, torturar alguém, desviar verbas públicas são ações reprováveis. No entanto, constata-se grande dificuldade de fundamentar (*begründen*) esses juízos morais. Nessa tarefa fundamentadora, recorreu-se a Deus, à religião, à natureza e à tradição. Mas, hoje, em uma sociedade secularizada e globalizada, parece estarmos desamparados,[24] quando se faz necessário indicar o porquê dessas convicções. Vivemos em um mundo altamente pluralista, que nos apresenta diversas e contrárias formas de vida, em permanente ebulição, onde predomina o efêmero,[25] em que o perene está em extinção; em suma, um mundo de transformações rápidas e profundas, lembrando o dito heraclitiano do "tudo muda, nada para" (*pánta rei, oudén ménei*). Acerca disso, afirma Cirne Lima: "O problema cultural que daí emerge é que perdemos a unidade do pensar, do julgar e do valorar. Conquistamos, sim, a tolerância de quem entende tudo e todos e, assim, tudo e todos pode respeitar. Mas a este lado altamente positivo, grande conquista humanista de nossos tempos, contrapõe-se algo muito negativo: perdemos completamente os referenciais últimos".[26]

Nesse tempo marcado por uma intensa crise de sentido e por desorientação (*Orientierungslosigkeit*), os valores tradicionais cada vez mais são questionados, tornando altamente problemático fundamentar proposições normativas universalizáveis (Habermas).[27] Não por acaso, há, atualmente, vasta literatura filosófica, na Alemanha, que se ocupa da seguinte questão: por que devo agir moralmente (*Warum überhaupt mora-*

---

[21] BORNHEIM, Gerd A., 2003, p. 41.

[22] ARISTOTELES, 1956, p. 8.

[23] KANT, Immanuel, 2009, p. 114.

[24] Cf. TUGENDHAT, Ernst, 1992, p. 371-82, no capítulo intitulado "O desamparo dos filósofos diante das dificuldade morais de hoje" (*Die Hilflosigkeit der Philosophen angesichts der moralischen Schwierigkeiten von heute*).

[25] A palavra "efêmero" vem do grego *epi hemera* e designa aquilo que dura um dia. Ver também LIPOVETSKI, Gilles, 2009.

[26] CIRNE LIMA, Carlos R. V., 1991, p. 597.

[27] OLIVEIRA, Manfredo Araújo de, 1993, p. 9.

*lisch sein?*²⁸)? Para um cidadão grego, essa questão causaria espécie, haja vista, no mundo helênico, não apenas a natureza (*physis*), mas também o etos serem considerados evidentes.²⁹

A tarefa de fundamentação (*Begründung*) da Ética torna-se ainda mais complexa devido ao enorme progresso da ciência e da técnica, que, sem dúvida, resolveram muitos problemas da humanidade, mas que, ao mesmo tempo, criaram novas dificuldades, diante das quais estamos perplexos. Segundo Heidegger, é certo que nunca tivemos tantos conhecimentos – possibilitados pela ciência – sobre o ser humano como atualmente, mas "também é verdade que nenhuma época soube menos do que a nossa o que é o homem".³⁰ Há cem anos, por exemplo, não se tinha grande dificuldade em indicar o começo e o fim da vida de um indivíduo. Hoje, mesmo com o vertiginoso desenvolvimento científico, parece não dispormos mais de certezas até então evidentes, como o momento da morte e do início da vida (veja-se, nesse contexto, o acalorado debate sobre a utilização de células-tronco embrionárias).³¹ Na resolução desses problemas, não basta apenas recorrer às informações da ciência. É também indispensável a reflexão ética na era da tecnociência,³² pois nem tudo que é possível cientificamente pode ser justificado sob o ponto de vista ético, como sobejamente comprovam os experimentos científicos levados a cabo no campo de concentração de Dachau, em que a dignidade humana (*Menschenwürde*) foi largamente aviltada. A dignidade da pessoa é comumente considerada como inviolável e absoluta, recebendo, inclusive, tutela normativa (A Lei Fundamental Alemã e a Constituição do Brasil de 1988), que remete a uma longa tradição filosófica, especialmente a Immanuel Kant (1724-1804), o qual, na *Metafísica dos costumes*, concebera a dignidade humana da seguinte maneira: "Pois o ser humano não pode ser utilizado por ser humano algum (nem por outros nem por si mesmo) simplesmente como meio, mas sim sempre, ao mesmo tempo, como fim, e nisso consiste precisamente sua dignidade".³³ Segundo o pensador de Königsberg, o ser humano não tem preço (*Preis*), mas sim dignidade (*Würde*).³⁴

---

²⁸ Cf. BAYERTZ, Kurt, 2004.
²⁹ VAZ, Henrique Cláudio de Lima, 1988, p. 11.
³⁰ "Aber auch keine Zeit ist der Mensch so fragwürdig geworden wie der unsrigen" (HEIDEGGER, Martin, 1991, p. 209).
³¹ Cf. SOUZA, Draiton; ERDTMANN, Bernardo, 2003, p. 8.
³² VAZ, Henrique Cláudio de Lima, 2002, p. 256.
³³ "[...]denn der Mensch kann von keinem Menschen (weder von Anderen noch sogar von sich selbst) blos als Mittel, sondern muß jederzeit zugleich als Zweck gebraucht werden, und darin besteht eben seine Würde" (KANT, Immanuel, 1998, p. 600).
³⁴ Cf. KANT, Immanuel, 2009, p. 265.

3. O papel do Estado constitucional democrático

Parece-nos ainda relevante destacar o papel do Estado constitucional democrático como padrão referencial teórico,[35] porquanto a sua configuração requer que os valores da democracia se projetem sobre todos os elementos constitutivos do Estado,[36] muito particularmente em virtude de sua legitimação (considerando que, a rigor, a legitimação de um determinado ordenamento estatal, constituído em forma de códigos, visa não apenas à aceitação ou ao reconhecimento de fato de seus endereçados, mas, fundamentalmente, também almeja a merecer o reconhecimento,[37] dado que se busca, em última instância, em padrões democráticos, o maior consenso possível dos destinatários de suas normas, que a elas adéquam o seu comportamento com a confiança de que [tais normas] espelham a regulação apropriada e conveniente das relações intersubjetivas que se estabelecem em sociedade; daí "a exigência de que o direito vigente ou válido [também chamado de positivo, enquanto posto, ou seja, criado, em conformidade com as normas de produção próprias de cada ordenamento] seja também justo, ou seja, em conformidade com os critérios que devem presidir a boa conduta e o desenvolvimento ordenado da coisa pública"[38]). E nesse contexto, devem-se proteger tanto os direitos civis quanto (e singularmente) os das minorias,[39] dado que esses têm por finalidade, exatamente, preservar as conquistas históricas e socialmente

---

[35] "A construção do Estado constitucional de direito ou Estado constitucional democrático, no curso do século XX, envolveu debates teóricos e filosóficos intensos acerca da dimensão formal e substantiva dos dois conceitos centrais envolvidos: Estado de direito e democracia. Quanto ao Estado de direito, é certo que, em sentido formal, é possível afirmar sua vigência pela simples existência de algum tipo de ordem legal cujos preceitos materiais e procedimentais sejam observados tanto pelos órgãos de poder quanto pelos particulares. Este sentido mais fraco do conceito corresponde, segundo a doutrina, à noção alemã de *Rechtsstaat*, flexível o suficiente para abrigar Estados autoritários e mesmo totalitários que estabeleçam e sigam algum tipo de legalidade. Todavia, em uma visão substantiva do fenômeno, não é possível ignorar a *origem* e o *conteúdo* da legalidade em questão, isto é, sua legitimidade e sua justiça. Esta perspectiva é que se encontra subjacente ao conceito anglo-saxão de *rule of the law* e que se procurou incorporar à ideia latina contemporânea de Estado de direito, *État de droit, Stato di diritto*" (BARROSO, Luís Roberto, 2015, p. 65).

[36] SILVA, José Afonso da, 2012, p. 119.

[37] HABERMAS, Jürgen, 2003, p. 67.

[38] LUMIA, Giuseppe, 2003, p. 119.

[39] Aqui, inscreve-se o fenômeno das denominadas minorias ou, melhor, da proteção das minorias no quadro democrático. "Uma minoria define-se [...] pela sua *cultura*: pelo conjunto dos costumes ou das leis positivamente adoptadas pelas diversas pessoas ou grupos de pessoas que desenvolvem laços entre si ou entre as que ditam ou editam uma pertença comum. Pouco importa o número dessas pessoas. A noção de minoria não releva da ordem do quantitativo, mas do qualitativo. [...] pode ser constituída por todo o agrupamento humano cuja fonte de coesão não resulte à primeira vista oficialmente reconhecida numa ordem jurídica individual e concreta. [...] o conceito de minoria na categoria das minorias 'culturais', isto é, grupos sociais dotados de uma estrutura tendencialmente estável no tempo e que aspiram a conservar e a valorar as características que os diferenciam dos restantes membros da comunidade" (QUEIROZ, Cristina, 2009, p. 380-1).

desejáveis ao conjunto da humanidade.[40] Como descreve Sarlet, "verifica-se que os direitos fundamentais podem ser considerados simultaneamente pressuposto, garantia e instrumento do princípio democrático da autodeterminação do povo por intermédio de cada indivíduo, mediante reconhecimento do direito de igualdade (perante a lei e de oportunidades), de um espaço de liberdade real, bem como por meio da outorga do direito à participação (com liberdade e igualdade), na conformação da comunidade e do processo político, de tal sorte que a positivação e a garantia do efetivo exercício de direitos políticos (no sentido de direitos de participação e conformação do *status* político) podem ser consideradas o fundamento funcional de ordem democrática e, neste sentido, parâmetro de sua legitimidade. A liberdade de participação política do cidadão, como possibilidade de intervenção no processo decisório e, em decorrência, do exercício de efetivas atribuições inerentes à soberania (direito de voto, igual acesso aos cargos públicos etc.), constitui, a toda evidência, complemento indispensável das demais liberdades. De outra parte, [...] importa referir a função decisiva exercida pelos direitos fundamentais num regime democrático como garantia das minorias contra eventuais desvios de poder praticados pela maioria no poder, salientando-se, portanto, ao lado da liberdade de participação, a efetiva garantia da liberdade-autonomia".[41] Assim, bem vistas as coisas, o Estado constitucional democrático é o espaço (que obviamente não nega as divergências; antes, com elas convive perfeitamente) dentro do qual se desenvolvem as tensões sociais, com avanços e recuos; todavia, é o terreno apto de consagração das conquistas civilizatórias, isto é, as que implicam – no campo punitivo stricto sensu (e por mera ilustração) – respeito aos condenados, no sentido de que não sejam submetidos a penas desumanas ou degradantes.

O Estado constitucional democrático, em última análise, "compreende 'a mais' um 'projecto', um 'desempenho aspiracional'. [...] um 'projecto político' de instituição de uma 'ordem nova', [...] a construção de um projecto político para o 'futuro'",[42] devendo, portanto, estabelecer um "consenso fundamental objetivado",[43] por meio do qual se assegurem as condições de inquebrantabilidade da ordem jurídica democrática.

---

[40] Advirta-se para logo que, apesar da consolidação do modelo liberal de direitos no constitucionalismo do século XIX, é exatamente pela insuficiência desse sistema que, em grande medida, haverá o surgimento (da noção) dos direitos sociais. Não se trata de uma crítica meramente teórica àquele modelo; antes, ao contrário, se cuida da expansão de um conjunto de enfrentamentos sociais contra as consequências duras da efetivação desse modo de produção e, mais contemporaneamente, "a otras relaciones sociales, como las de género, las raciales, etcétera" (ABRAMOVICH, Víctor; COURTIS, Christian, 2006, p. 10).

[41] SARLET, Ingo Wolgang, 2015, p. 62.

[42] QUEIROZ, Cristina, p. 118.

[43] QUEIROZ, Cristina, p. 125.

4. Algumas conclusões

Postas as coisas dessa forma, deve-se, a seguir, perguntar se os dados a que alude o núcleo do ensaio autorizam a tomada de alguma conclusão (sem que haja, por evidente, ideias de mármore sobre as quais muito pouco se pode avançar) definitiva e, sobretudo, racional e amparada em uma perspectiva ética. Ao se retroceder, vimos, em linhas mestras, que a aceitação dessa orientação político-criminal contaria, essencialmente, com os seguintes pontos de apoio: (i.) redução de custos (menor permanência do condenado no cárcere); (ii.) redução dos índices de reincidência; (iii.) voluntariedade; (iv.) possível reversibilidade (em se tratando da castração química); (v.) com maiores chances, possibilitar ao condenado a (em tese, ao menos, possível) ressocialização; (vi.) permitir que os avanços positivos e consagrados da ciência médica sejam incorporados no ambiente penitenciário; entre outros. De outro plano, a sua recusa se basearia, fundamentalmente, nos seguintes aspectos: (i.) [a castração seria uma] espécie de eugenia "passiva"; (ii.) [haveria o risco da] ampliação da medida (e, com isso, invadindo-se, ainda mais, os direitos civis dos condenados); (iii.) consistiria num procedimento contrário aos direitos reprodutivos;[44] seria uma providência inconstitucional, pois traduzida em pena cruel; entre outras. Vimos, ainda, que, historicamente, a adoção dessa medida implicou alarmantes distorções e afetação dos direitos individuais. Vimos, por fim, que não existem estudos suficientemente válidos e definitivos sobre os efeitos da castração na redução dos índices de criminalidade. (Diante desse quadro desafiador, voltemos, portanto, às questões a que nos propusemos.)

Sem dúvida, é bastante sedutora a ideia de que a ciência moderna pode transmitir maiores chances de sucesso à medida em causa (diferentemente do passado, quando a castração *per se* não impedia a existência do desejo sexual e, com isso, dos *Willensimpuls*), tornando, assim, possível, que a técnica avance na construção de uma política criminal racional. Não menos sedutora é a noção de que a voluntariedade, o tratamento, o acompanhamento, enfim, toda uma gama de providências seria adotada a este propósito, permitindo que a deliberação do condenado fosse ampla, dentro de um ambiente de "decidibilidade" plena e de racionalidade (ou, em outras palavras, utilitarismo: maiores benefícios em face determinadas decisões ou cálculo de rentabilidade; nessa linha de raciocínio, por exemplo, haveria uma substancial redução da pena, ou antecipação [ou mesmo imediata concessão] da liberdade condicional, àqueles que se submetessem ao tratamento), em virtude do qual a ética não seria tangida,

---

[44] "Pode-se afirmar que os direitos reprodutivos correspondem ao conjunto dos direitos básicos relacionados ao livre exercício da sexualidade e da reprodução humana" (PIOVESAN, Flávia; PIROTTA, Wilson Ricardo Buquetti, 2009, p. 250).

porquanto preservados os direitos individuais dos condenados. A mais disso, haveria um verdadeiro campo de provas ao qual seria submetido e, sobretudo, aperfeiçoado esse tratamento, à medida que a sua disseminação importaria maiores dados e estudos, construindo um acervo de experiências extremamente rico do qual a ciência se serviria em um constante processo de aprimoramento. Ademais, vários países (muitos dos quais com altos padrões de respeito aos direitos humanos) consagram, normativamente, o procedimento; e a pena criminal *tout court* não reeduca nem protege a sociedade, ou seja, essa medida poderia, sim, ser mais efetiva e salutar; e *last but not least*, devemos insistir e repetir, tratar-se-ia de opções voluntárias, às quais acorreriam os condenados se quisessem amealhar determinadas vantagens no curso da execução punitiva.

Por outro prisma, não é menos preocupante o alerta dado no sentido dos efeitos altamente problemáticos da adoção dessa medida, muito particularmente no que se refere à possibilidade de ampliação dos casos nos quais seria cabível a sua utilização, ou mesmo da prescindibilidade da voluntariedade para seu incremento. Além do mais, devem ser levados em consideração os graves efeitos (físicos e psicológicos) que o tratamento acarreta, comprometendo, inegavelmente, os direitos civis dos condenados.

Diante dessa polêmica, por conseguinte, que se estabelece no quadro democrático, lance-se uma espécie de "que fazer"?

Advirta-se, para logo, no entanto, que toda a interferência no campo punitivo se aproxima do poder; e, dessa forma, a sua (eventual) incidência necessita de uma rígida avaliação (sob diferentes perspectivas, sendo a ética uma das mais evidentes), sob o risco de utilização indevida e de graves consequências à humanidade (o risco da aproximação da ciência e do poder, historicamente, ficou bem nítido no caso dos físicos nucleares; daí ter afirmado Heidegger "que a ciência não pensa" – *die Wissenschaft denkt nicht*); e a honestidade ou as boas intenções dos cientistas são facilmente metamorfoseadas pelos mecanismos de poder. A esse propósito, Zaffaroni observou que "elaborar doctrina penal y teoría criminológica sin tomar en cuenta la inevitable dimensión política del poder cuya habilitación se legitima importa una irresponsabilidad que le incumbe al teórico frente a la posible utilización por parte de quienes siempre están atentos para pescar discurso útiles a su ejercicio del poder. Los riesgos del siglo pasado [...] se pontecian en el presente en paralelo con el avance de las tecnologías de manipulación ideológica y comunicacional, de control electrónico y químico de conducta y de destrucción masiva".[45]

---

[45] ZAFFARONI, Eugenio Raúl, p. 11.

É nesse quadro, portanto, que se moldam os desafios sobre os quais nos referimos no início deste ensaio; nesse ponto, é chegado o momento de afirmar que o papel da dogmática jurídica garantista não pode, sob quaisquer circunstâncias, deixar-se penetrar por discursos tendencialmente limitadores dos direitos civis, posto que haja, *prima facie*, *Wunderdinge*. E isso porque esses discursos trazem em si o risco de ampliação – quase sempre não se compaginando com os interesses sociais da humanidade. Formou-se, na atualidade, considerável literatura crítica no sentido (da denúncia) da crescente e desordenada limitação dos direitos individuais, em um novo ciclo geoestratégico de tendências autoritárias. À luz dessa concepção, garantias têm sido postas em xeque, e ferramentas punitivas, ampliadas. Por conta disso, o momento histórico sugere e impõe uma atenta opção garantista à emergência punitiva (ou, em outras palavras, aos *Willensimpuls* de poder); neste sentido, "en los momentos en que el poder punitivo avanza por efecto de una emergencia, el contenido pensante de su discurso cae en forma alarmante. Cuanto mayor es su irracionalidad, menor contenido pensante tiene el discurso legitimante".[46] A preservação do acúmulo dos avanços civilizacionais (nos quais se insere a contração do sistema punitivo) é uma das plataformas em relação às quais a dimensão ética se deve orientar.[47] Isso, por óbvio, não nos impede de debater, dialogar, discutir com todos quantos queiram – dentro do espaço democrático – encampar diretrizes científicas ou ideológicas opostas às que nos apagamos; quisemos, tão somente, descrever, nessa abordagem, ao menos nos seus contornos essenciais, esse tema; correlatamente, expusemos, em uma construção panorâmica, a sua estruturação para, ao final, indicarmos, sob uma perspectiva ético-garantista, o nosso posicionamento. *Ojalá*, no futuro, não nos tornemos *late adopters*, mas esse é um outro desafio da condição humana, demasiado humana.

---

[46] ZAFFARONI, Eugenio Raúl; ALAGIA, Alejandro; SLOKAR, Alejandro, 2014, p. 201.

[47] "En lo penal la exigencia ética es triple: (a) en la construcción discursiva, exige la sinceridad y buena fe en la búsqueda de la contención del ejercicio del poder punitivo; (b) en cuanto a las agencias jurídicas, exige el agotamiento de su esfuerzo de contención; y (c) en las otras agencias del sistema penal, exige disminuir constantemente sus niveles de violencia y arbitrariedad selectiva. La etización del derecho penal se impone como consecuencia de que el instrumento jurídico de reforzamiento del estado de derecho, no puede andar separado de la ética, so pena de perder su esencia. Por supuesto que esta etización del derecho penal debe distinguirse con todo cuidado del funcionalismo ético de medios del siglo XX, porque la función ética que se le exige es muy diferente. Welzel abría su obra con la impactante afirmación de que la función ético-social del derecho penal es proteger los valores elementales de la vida comunitaria. Sería posible suscribir enteramente esa afirmación, a condición de no identificar derecho penal con poder punitivo y renunciar a la alucinación de que el poder punitivo se ejerce conforme a lo programado por el derecho penal. Precisamente, para proteger los valores elementales de la vida comunitaria, el derecho penal debe saber que no regula el poder punitivo, sino que sólo puede –y debe– contenerlo y reducirlo, para que no se extienda aniquilando estos valores" (ZAFFARONI, Eugenio Raúl; ALAGIA, Alejandro; SLOKAR, Alejandro, p. 282).

Bibliografia

ABRAMOVICH, Víctor; COURTIS, Cristian. *El umbral de laciudadanía*. El significado de los derechos sociales en el Estado social constitucional. Buenos Aires: Estudios del Puerto, 2006.

ANDRADE, Vera Regina Pereira de. *A ilusão de segurança jurídica*: do controle da violência à violência do controle penal. 3ª ed. Porto Alegre: Livraria do Advogado, 2015.

ARISTOTELES, *Nikomachische Ethik*. Darmstadt: Wissenschaftliche Buchgesellschaft, 1956.

BACIGALUPO, Enrique. "¿Qué importancia tiene la discusión dogmática actual respecto de la jurisprudencia?" *In Direito penal como crítica da pena*: estudos em homenagem a Juarez Tavares por seu 70° aniversário em 2 de setembro de 2012. Luís Greco e Antonio Martins (orgs.). Madrid: Marcial Pons, 2012.

BARROSO, Luís Roberto. *Curso de direito constitucional contemporâneo*. Os conceitos fundamentais e a construção do novo modelo. 5ª ed. São Paulo: Saraiva, 2015.

BAYERTZ, Kurt. *Warum überhaupt moralisch sein?* München: Beck, 2004.

BORNHEIM, Gerd A. *Introdução ao filosofar*. O pensamento filosófico em bases existenciais. 11ª ed. São Paulo: Globo, 2003.

CIRNE LIMA, Carlos R. V. "Sobre a contradição pragmática como fundamentação do sistema". *In Síntese Nova Fase*, Belo Horizonte, vol. 18, n. 55, out./dez. 1991.

FERRAJOLI, Luigi. *Derecho y razón*. Teoria del garantismo penal. Madrid: Trotta, 1997.

GARCÍA VALDÉS, Carlos; e outros. *Diccionario de ciencias penales*. Edisofer: Madrid, 2000.

GOYARD-FABRE, Simone. *Os princípios filosóficos do direito político moderno*. São Paulo: Martins Fontes, 2002.

HEIDEGGER, Martin. Kant und das Problem der Metaphysik. *In Gesamtausgabe*. Frankfturt am Main: Vittorio Klostermann, 1991, vol. 3.

——. Grundprobleme der Phänomenologie. *In Gesamtausgabe*. Frankfturt am Main: Vittorio Klostermann, 1993, vol. 58.

JIMÉNEZ DE ASÚA, Luis. "Orígenes de la filosofía penal liberal." *In El criminalista*. Tomo IV. 2ª ed. Buenos Aires: TEA, 1951.

——. "El derecho penal totalitario en Alemania y el derecho voluntarista." *In El criminalista*. Tomo VII. Buenos Aires: La Ley, 1947.

HABERMAS, Jürgen. "Sobre a legitimação pelos direitos humanos". *In Direito e legitimidade*: escritos em homenagem ao Prof. Joaquim Carlos Salgado, por ocasião de seu decanato como Professor Titular de Teoria Geral e Filosofia do Direito da Faculdade de Direito da UFMG. Jean-Christophe Merle e Luiz Moreira [organizadores]. São Paulo: Landy, 2003.

HUNGRIA, Nelson. *Comentários ao Código Penal*. Vol. VIII. Arts. 197 a 249. 3ª edição revista e atualizada. Rio de Janeiro: Forense, 1956.

KANT, Immanuel. *Werke in sechs Bänden*. Darmstadt: Wissenschaftliche Buchgesellschaft, 1998.

——. *Fundamentação da metafísica dos costumes*. São Paulo: Discurso Editorial: Barcarolla, 2009.

LIPOVETSKI, Gilles. *O império do efêmero*. A moda e seu destino nas sociedades modernas. São Paulo: Companhia das Letras, 2009.

LUMIA, Giuseppe. *Elementos de teoria e ideologia do direito*. Tradução Denise Agostinetti. São Paulo: Martins Fontes, 2003.

MARCUSE, Herbert. *Razón y revolución*. Hegel y el surgimiento de la teoría social. Barcelona: Altaza, 1997.

OLIVEIRA, Manfredo Araújo de. *Ética e racionalidade moderna*. São Paulo: Loyola, 1993.

PIOVESAN, Flávia; PIROTTA, Wilson Ricardo Buquetti. "A proteção dos direitos reprodutivos no direito internacional e no direito interno". In *Temas de direitos humanos*. 3ª ed. São Paulo: Saraiva, 2009.

QUEIROZ, Cristina. *Direito constitucional*: as instituições do Estado democrático e constitucional. São Paulo: Revista dos Tribunais; Coimbra: Coimbra, 2009.

RAINE, Adrian. *The anatomy of violence*. The biological roots of crime. New York: Pantheon Books, 2013.

ROCHA, Leonel Severo. *Epistemologia jurídica e democracia*. São Leopoldo: UNISINOS, 2003.

SARLET, Ingo Wolfgang. *A eficácia dos direitos fundamentais*. Uma teoria geral dos direitos fundamentais na perspectiva constitucional. 12ª ed. Porto Alegre: Livraria do Advogado, 2015.

SCHÜLER, Donaldo. *Heráclito e seu (dis)curso*. Porto Alegre: L&PM, 2000.

SOUZA, Draiton; ERDTMANN, Bernardo (Org.). *Ética e Genética II*. Porto Alegre: Edipucrs, 2003.

TUGENDHAT, Ernst. *Philosophische Aufsätze*. Frankfurt am Main: Suhrkamp, 1992.

VAZ, Henrique Cláudio de Lima. *Escritos de Filosofia II*: Ética e cultura. São Paulo: Loyola, 1988.

——. *Raízes da modernidade*. São Paulo: Loyola, 2002.

ZAFFARONI, Eugenio Raúl; ALAGIA, Alejandro; SLOKAR, Alejandro. *Manual de derecho penal*: parte general. 2ª edición. Buenos Aires: Ediar, 2014.

——. Introducción al libro: "La licencia para la aniquilación de la vida sin valor de vida", de Karl Binding e Alfred Hoche. *Colección El penalismo olvidado*. Eugenio Raúl Zaffaroni [Director]. Buenos Aires: Ediar, 2009.

— # —

Document nº 1: Allemagne – Loi du 15 août 1969 sur la castration volontaire (langue originale).

Document nº 2 Angleterre et pays de Galles – Circulaire PC35/2007 du servisse national de probation du 30 octobre 2007 relative au traitement médical des délinquants sexuels (langue originale).

Document nº 3 Danemark – Règlement expérimental du ministère de la justice du 19 septembre 1997 relatif au traitement des personnes qui ont commis certaines infractions sexuelles (langue originale).

Document nº 4 Danemark – Directives prises pour l'application de ce règlement par la Direction des affaires criminelles du ministère de la justice (langue originale).

Document nº 5 Pologne – Texte portant diverses dispositions d'ordre penal adopté par la Chambre basse le 25 septembre 2009 (langue originale).

— 15 —

Prevalência das garantias constitucionais da ampla defesa e do contraditório em detrimento do princípio da especialidade: da necessária adequação do art. 57 da Lei 11.343/06 a partir a reforma do CPP

PAULO FAYET[1]
ENRICO SILVEIRA NORA[2]

Sumário: 1. Da aplicabilidade do art. 400 do Código dos Ritos frente às Leis Especiais: debate jurisprudencial a ser analisado; 2. Controvérsia jurisprudencial acerca do momento processual a ser realizado o interrogatório do acusado na Lei de Drogas; 3. Apontamentos conclusivos; Referências.

1. Da aplicabilidade do art. 400 do Código dos Ritos frente às Leis Especiais: debate jurisprudencial a ser analisado

Dentro da matéria dos procedimentos penais, pode-se referir que a reforma mais significativa trazida pela Lei 11.719/08 foi aquela da modificação temporal do interrogatório do réu para o último momento da instrução criminal [anteriormente, registre-se, era o ato inaugural da instrução], após a realização das oitivas do ofendido (quando existente), das testemunhas de acusação e de defesa, bem como "aos esclarecimentos dos peritos, às acareações e ao reconhecimento de pessoas e coisas".[3]

Em assim sendo, tal opção legislativa está em total consonância com a necessária maximização das garantias fundamentais no âmbito do

---

[1] Advogado criminalista. Doutor em Direito (Roma/Itália). Professor de Processo Penal (Graduação e Pós-graduação) da FADERGS.

[2] Advogado criminalista. Mestrando em Ciências Penais pela PUC/RS. Especialista em Direito Penal e Política Criminal pela UFRGS.

[3] Essa é a redação do art. 400 do Código dos Ritos: "Na audiência de instrução e julgamento, a ser realizada no prazo máximo de 60 (sessenta) dias, proceder-se-á à tomada de declarações do ofendido, à inquirição das testemunhas arroladas pela acusação e pela defesa, nesta ordem, ressalvado o disposto no art. 222 deste Código, bem como aos esclarecimentos dos peritos, às acareações e ao reconhecimento de pessoas e coisas, interrogando-se, em seguida, o acusado."

Direito processual penal, harmonizável com os Estados Democráticos de Direito, uma vez que o processo penal representa expressivo instrumento constitucional de salvaguarda dos direitos e garantias assegurados aos cidadãos acusados em ações judiciais criminais.[4]

Merece ser referido que, o ideal, em termos de proteção ao réu, seria a permissão da defesa indicar, quando da apresentação da resposta escrita à acusação, além dos elementos de prova (teses, requerimentos e rol de testemunhas), qual o momento oportuno para a realização do ato de interrogatório, o chamado "interrogatório protetivo"; dessa forma, deveria existir uma modificação na redação do "art. 396-A do CPP, passando a vigorar com as previsões no sentido de que, 'na resposta, o acusado poderá arguir preliminares e alegar tudo o que interesse à sua defesa, oferecer documentos e justificações, especificar as provas pretendidas e arrolar testemunhas, qualificando-as e requerendo sua intimação, quando necessário', *bem como indicar o momento em que pretende a realização do interrogatório*, a fim de que o juiz e as demais partes do processo possam, desde o início do procedimento, saber qual a forma eleita pelo réu-imputado".[5] Como assim ainda não se movimenta a matéria processual penal, deve-se reconhecer que a realização do interrogatório do acusado como ato final da fase instrutória permite que se tenha uma visão geral acerca das provas (até então produzidas nos autos), tanto aquelas que o favoreçam como aquelas que o incriminem, podendo estruturar a sua defesa de maneira mais adequada e com o conhecimento amplo do que se realizou na instrução criminal. Na antiga discussão sobre a natureza jurídica do interrogatório, portanto, prepondera hoje o sentido do ato do interrogatório do réu como um meio de defesa, *ut* doutrina de Norberto Avena:

> Até o advento da lei 10.792/2003, três posições existiam acerca da natureza jurídica do interrogatório, a saber: meio de prova, meio de defesa e, por fim, meio de prova e meio de defesa. Ingressando em vigor a referida lei, consolidou-se o entendimento de que o interrogatório, embora não tenha perdido sua natureza de meio de prova – tanto que permanece inserido no capítulo pertinente às provas no Código de Processo penal –, assume, predominantemente, a condição de meio de defesa, entendimento este, aliás, coerente com o que já sinalava o art. 5º, LXIII da CF, ao garantir ao réu o direito de permanecer calado, bem assim com as alterações introduzidas ao Capítulo III do Título VII do Código no sentido de tornar obrigatória a presença de defensor e facultar ao acusado o direito de entrevista prévia e reservada com seu advogado. Não se pode esquecer, além disso, que, se por um lado

---

[4] A base para essa proteção pode-se receber das palavras de LUIGI FERRAJOLI, para quem "i diritti fondamentali o universali (*omnium*), ho già detto, consistono in aspettative negative (di non lesione), come sono i diritti di libertà e il diritto alla vita, oppure in aspettative positive (a prestazioni), come l'assistenza sanitaria e l'istruzione, cui corrispondono, in capo alla sfera pubblica, divieti o obblighi (*erga omnes*) dei medesimi comportamenti". (FERRAJOLI, Luigi. *Dei Diritti e delle Garanzie*. Bologna: Il Mulino, 2013, p. 79)

[5] FAYET, Paulo; MALLMANN, Felipe Hilgert. *O interrogatório protetivo no processo penal: proteção constitucional e necessária modificação do CPP*. In: Controvérsias Constitucionais Atuais. Porto Alegre: Livraria do Advogado, 2014, p. 80.

buscará o acusado, por meio de suas declarações, defender-se e exculpar-se em relação ao delito que lhe é imputado, por outro narrará os acontecimentos e as circunstâncias que constituíram o evento danoso. Portanto, apesar der ser meio de prova, aquilo que for dito no interrogatório integrará o material cognitivo à disposição do juízo para a formação de sua convicção.[6]

Aliás, é entendimento uníssono na doutrina que o interrogatório do réu é considerado meio de defesa, mesmo estando no capítulo respeitante às provas no Código dos Ritos.[7]

Feitas essas considerações iniciais, observe-se que a Lei 11.343/06 foi editada antes da reforma do Código de Processo Penal, ocorrida, como já citado, em 2008. Com isso, em total conformidade com o código processual da época, que previa o interrogatório do réu como primeiro ato da marcha procedimental, foi editado o art. 57 da referida lei, que assim dispõe:

Na audiência de instrução e julgamento, *após o interrogatório do acusado* e a inquirição das testemunhas, será dada a palavra, sucessivamente, ao representante do Ministério Público e ao defensor do acusado, para sustentação oral, pelo prazo de 20 (vinte) minutos para cada um, prorrogável por mais 10 (dez), a critério do juiz.

É de ser dito: tendo em vista que o artigo supramencionado foi editado sob a égide do Código de Processo Penal anterior, por certo se encontra em desconformidade com a reforma processual penal ocorrida em razão da edição da Lei 11.719/08, a qual determinou o interrogatório do réu como último ato da instrução, por tratar-se de um meio de defesa do acusado.[8] Além do exemplo da Lei de Drogas, outras leis especiais

---

[6] AVENA, Norberto. *Processo Penal Esquematizado*. 4ª ed. São Paulo: Método, 2012, p. 529.

[7] A titulo exemplificativo: "De uma coisa não se duvida mais: o interrogatório do réu é meio de defesa, com o que não se pode mais exigir o comparecimento do acusado ao referido ato, ao menos para essa específica finalidade. No entanto, embora essencialmente seja um meio de defesa ele (interrogatório) pode-se comprovar um efetivo meio ou fonte de prova, aliás, qualquer outra modalidade probatória reconhecida pelo ordenamento. É dizer: o depoimento prestado pelo acusado, ainda quando destinado – originária e intencionalmente – a favorecer os interesses defensivos, poderá ser considerado em desfavor do réu, se ele, não exercendo o direito ao silêncio, apresentar versão contrária aos seus interesses." (PACCELI, Eugênio; FISCHER Douglas. *Comentários ao Código de Processo Penal e a sua Jurisprudência*. 4ª ed. São Paulo: Atlas, 2011, p. 383.) No mesmo sentido, FERNANDO DA COSTA TOURINHO FILHO: "Um dos atos processuais mais importantes é, sem dúvida, o interrogatório. A despeito da sua posição topográfica, no capítulo das provas, é meio de defesa. Embora o Juiz possa formular ao acusado as perguntas que lhe parecem apropriadas e úteis, transformando o ato numa oportunidade para obtenção de prova, o certo é que a Constituição consagrou o direito ao silêncio. Em face do texto constitucional (art. 5º, LXIII), o réu responderá às perguntas a ele dirigidas se quiser. Basta essa circunstância para demonstrar ser meio de defesa." TOURINHO FILHO, Fernando da Costa. *Manual de Processo Penal*. 13ª ed. São Paulo: Saraiva, 2010, p. 298.

[8] Esse é o ensinamento de Eugenio Florian: "Aquí debemos considerar al acusado como órgano de prueba y sus declaraciones como medio de prueba. En esta forma se nos presenta en verdad como una fecunda e indispensable fuente de prueba y de convicción. La manifestación más significativa y sintética de tal posición del acusado y el modo como este demuestra su propia eficacia probatoria por este aspecto, es el interrogatorio, que en su contenido múltiple, al paso que asume la función de fundamental instrumento de defensa, se convierte también en medio de prueba." (FLORIAN, Eugenio. *De las Pruebas Penales*. Bogotá: Temis, 1982, p. 32.)

[também anteriores à reforma do Código de Processo Penal] preveem o interrogatório do réu como primeiro ato da instrução, como se pode perceber na redação das do Decreto-Lei 1.002/1969 [Código de Processo Penal Militar], da Lei 4.737/1965 [Código Eleitoral], e da Lei 8.038/1990 [ações penais originárias perante o STF]. Mesmo com esses precedentes em legislações especiais, o mais adequado, para a salvaguarda e prevalência das garantias constitucionais da ampla defesa e do contraditório, é o entendimento no sentido da realização do ato de interrogatório ao final da instrução, permitindo ao acusado o amplo conhecimento das provas do processo, para, somente a partir dessa análise, passando pela avaliação técnica, possa decidir o caminho a ser tomado para melhor realizar a sua defesa. Por isso que se sustenta, nesse estudo, a aplicabilidade do art. 400 do Código dos Ritos em detrimento das Leis Especiais, em relação ao momento de realização do interrogatório, por ser uma proteção legal mais benéfica e mais racional de proteção do acusado.

Sobre esse assunto, registre-se que, recentemente, diversos Tribunais vêm afastando as disposições das leis especiais acima citadas, que definem o interrogatório do réu como primeiro ato da instrução, aplicando, pontualmente, o entendimento firmado na redação do art. 400 do CPP. Quanto à Lei 8.038/1990, por exemplo, decidiu o STF:

> PROCESSUAL PENAL. INTERROGATÓRIO NAS AÇÕES PENAIS ORIGINÁRIAS DO STF. ATO QUE DEVE PASSAR A SER REALIZADO AO FINAL DO PROCESSO. NOVA REDAÇÃO DO ART. 400 DO CPP. AGRAVO REGIMENTAL A QUE SE NEGA PROVIMENTO. I – O art. 400 do Código de Processo Penal, com a redação dada pela Lei 11.719/2008, fixou o interrogatório como ato derradeiro da instrução penal. II – Sendo tal prática benéfica à defesa, deve prevalecer nas ações penais originárias perante o Supremo Tribunal Federal, em detrimento do previsto do art. 7º da Lei 8.038/90 nesse aspecto. Exceção apenas quanto às ações nas quais o interrogatório já se ultimou. III – Interpretação sistemática e teleológica do direito. IV – Agravo regimental a que se nega provimento.[9]

Ao proferirem os votos, e essa questão merece destaque no presente artigo, os Ministros da Excelsa Corte trouxeram intenso debate jurídico sobre esse *thema*. O Ministro Ricardo Lewandowski, em certo trecho do seu voto, assim se manifestou:

> (...) Tendo em conta essas judiciosas constatações, afirmar que é essencial aos sistemas processuais respeitarem à plenitude o direito de defesa e ao contraditório afigura-se, no mínimo, despiciendo, pois tais premissas encontram-se assentadas não apenas no ordenamento pátrio, mas revelam-se como alguns dos mais caros valores do Estado Democrático de Direito, assim sendo reconhecido pela grande maioria das nações civilizadas. Nessa linha, parece-me relevante constatar que, se a nova redação do art. 400 do CPP possibilita ao réu exercer de modo mais eficaz a sua defesa, tal dispositivo legal deve suplantar o estatuído no art. 7º da Lei 8.038/90, em homenagem aos princípios constitucionais aplicáveis à espécie. Ora, possibilitar

---

[9] STF, Ação Penal nº 528/DF, Tribunal Pleno, Rel. Min. Ricardo Lewandowski, unânime, julgado em 24 de março de 2011, Publicado em 08/06/2011.

que o réu seja interrogado ao final da instrução, depois de ouvidas as testemunhas arroladas, bem como após a produção de outra provas, como eventuais perícias, a meu juízo, mostra-se mais benéfico à defesa, na medida em que, no mínimo conferirá ao acusado a oportunidade para esclarecer divergências e incongruências que, não raramente, afloraram durante a edificação do conjunto probatório. Assim, caso entenda-se que a nova redação do art. 400 do CPP propicia maior eficácia à defesa, penso que deve ser afastado o previsto no art. 7º da Lei 8038/90, no concernente à designação do interrogatório.

Interessante analisar, nesse ponto, o debate que se travou entre os Ministros da Corte Suprema do País, nesse mesmo julgamento citado:

O SENHOR MINISTRO RICARDO LEWANDOWSKI (RELATOR) – Não houve. Então determinei, em atenção a essa nova sistemática inaugurada pelo CPP, que se interrogasse ao final, porque temos muitos questionamentos em quase todas as ações penais que tramitam aqui. Agora, eu também comungo do ponto de vista de Vossa Excelência: se o interrogatório já se realizou, é uma fase processual encerrada e houve a preclusão, não se reabre mais. Daqui para frente, pelos argumentos que aduzi, penso que devemos harmonizar essa nossa lei especial não só com os princípio constitucionais, mas também com esse novo espírito inaugurado pelos legisladores ordinários na mudança do CPP.

O SENHOR MINISTRO JOAQUIM BARBOSA – A meu ver, há três situações.

O SENHOR MINISTRO LUIZ FUX – Inclusive, Ministro Lewandowski, Vossa Excelência com esse acórdão resolve hoje uma questão pontual doutrinária que é a referente <u>à lei de drogas</u>, que prevê o interrogatório como o primeiro ato do processo. Tem havido uma discussão doutrinária sobre se não deveria ser o último ato da instrução. E é como salientou o Ministro Ayres Britto. Primeiro, o interrogatório passou por aquela modificação de ser contraditório, ou seja, o próprio advogado poder inquirir também.

O SENHOR MINISTRO AYRES BRITTO – Isso.

O SENHOR MINISTRO LUIZ FUX – E, agora, então, nessa colocação – talvez a melhor delas –, naquele último momento processual, quando ele, ao ser interrogado, poderá falar sobre todas as provas coligidas.

O SENHOR MINISTRO AYRES BRITTO – É. Perfeito.

Assim, nas ações penais originárias no STF, deve o interrogatório do réu ser o último ato da instrução, conforme entendimento acima colacionado. E, como se pode perceber da transcrição, o Ministro Fux [no ponto grifado] já se inclinou por apresentar ao art. 57 da Lei de Drogas o mesmo entendimento, o que deverá prevalecer em relação a todas as demais leis especiais, protegendo-se os princípios da mais ampla defesa e do contraditório em detrimento (pontual) do princípio da especialidade. Outras análises legais, aqui, podem ser realizadas:

Quanto à Lei 4.737/1965, o Tribunal Regional Eleitoral de São Paulo,[10] em 05/09/2014, anulou sentença que condenou ex-prefeito à pena de 6 (seis) anos de prisão, argumentando o que se segue:

---

[10] TRE/SP, Recurso Criminal 3-86.2011.6.26.0017, Desembargadora Relatora Diva Malerbe, julgado em 05/09/2014.

O novo regramento processual estabelecido no artigo 400 do Código de Processo Penal, introduzido pela Lei 11.719/08, que altera a ordem da produção das provas em audiência, deve ser aplicado ao Código Eleitoral, sob pena de ferir os princípios do contraditório e da ampla defesa, vez que este regramento é mais benéfico ao réu, mostrando-se mais compatível com os postulados que informam o estatuto constitucional do direito de defesa.

Na condução de seu voto, a Desembargadora-Relatora citou jurisprudência do STF, de relatoria do Ministro Celso de Mello,[11] a partir da qual, em decisão monocrática, sustentou-se a nova ordem estipulada no Código de Processo Penal, por ser mais favorável ao acusado, devendo, por isso, ser aplicada também à legislação especial, como no caso dos crimes eleitorais.[12]

De outra banda, a mais recente decisão do Supremo Tribunal Federal, julgada em 12/02/2015, acerca da aplicabilidade ou não do art. 400 do CPP, frente à lei especial que define o interrogatório do réu como primeiro ato da instrução, é de relatoria da Ministra Rosa Weber, quando do julgamento do HC 12.680.[13] Para suspender o acórdão do Superior Tribunal Militar, que condenou um soldado à pena de 2 (dois) anos de reclusão por falsificação de documento, a eminente Ministra relatora citou diversos precedentes do próprio STF, no sentido de que a antecipação do interrogatório do acusado afetaria no livre convencimento do juiz, pois retiraria a possibilidade do acusado de se manifestar sobre as provas produzidas pela acusação pública. Essa foi a manifestação trazida pela e. Ministra Weber:

> Em análise de cognição sumária, reputo que as razões colacionadas na inicial, no que diz respeito à realização do interrogatório no início da instrução, mostram-se relevantes, justifi-

---

[11] STF, HC 107.795, Relator Ministro Celso de Mello, julgado em 28/10/2011. Vale destaque o voto do Ministro: "Ocorre, no entanto, que se invoca, no caso, um outro critério, que não o da especialidade, fundado em opção hermenêutica que se legitima em razão de se mostrar mais compatível com os postulados que informam o estatuto constitucional do direito de defesa, conferindo-lhe substância, na medida em que a nova ordem ritual definida nos arts. 396 e 396-A do CPP, na redação dada pela Lei nº 11.719/2008, revela-se evidentemente mais favorável que a disciplina procedimental resultante do próprio Código Eleitoral [...]".

[12] Outro recente julgado do TRE/SP no mesmo sentido: "[...] 2. o interrogatório nos processos penais relativos a crimes eleitorais deve ser realizado ao término da instrução, pois se afina com a garantia constitucional da amplitude do direito de defesa. precedentes do STF (HC n. 107.795, rel. Min. Celso de Mello) e TRE/SP (apen. n. 15.872, rel. juiz Roberto Maia). 3. HC deferido em parte apenas para se determinar a realização do interrogatório do paciente ao final da instrução. 4. ordem estendida para todos os corréus na ação penal serem interrogados ao final (CPP, art. 580)." (TRE/SP, HC 435.451, data de julgamento: 13/10/2014, DJESP 17/10/2014). O Tribunal Regional Eleitoral de Santa Catarina possui o mesmo entendimento: "[...]De acordo com o recente entendimento firmado pelo Supremo Tribunal Federal (AgRAP n. 528, de 24.03.2011, Min. Ricardo Lewandowski), o interrogatório do réu não constitui meio de prova, mas verdadeira expressão do exercício do direito de defesa, razão pela qual deve ser facultada a sua realização somente após a instrução do feito, em todo e qualquer procedimento de persecução penal – incluindo o disciplinado pela Lei n. 8.038/1990 –, nos exatos termos estabelecidos pelo art. 400 do Código de Processo Penal." (TRE/SC, Crime 79.378, Relator Eládio Torret Rocha, julgamento: 11/06/2012, publicação DJE 15/06/2012, tomo 105, p. 12).

[13] STF, HC 12.680, 1ª Turma, Rel. Min. Rosa Weber, julgamento: 12/02/2015.

cando a concessão do provimento liminar. Isso porque o acordão hostilizado, nesse ponto, como visto, diverge frontalmente dos precedentes da 1ª Turma deste Supremo Tribunal Federal, no sentido de que a não observância do art. 400 do Código de Processo Penal nos processos militares configura nulidade absoluta por violar garantias constitucionais do contraditório e da ampla defesa.

À vista de todas as jurisprudências epigrafadas, pode-se concluir que as decisões dos Tribunais que consagraram o art. 400 do CPP, em face dos ritos das leis especiais, são construídas a partir do raciocínio de que a reforma do Código dos Ritos [que dentre as modificações mais marcantes, estipulou o interrogatório do acusado como último ato da instrução] se mostra em total consonância com o processo penal de caráter democrático e com *a junção entre a interpretação da lei e as constantes mudanças de regulamentação exigidas pela sociedade*,[14] dando-se máxima efetividade das garantias constitucionais do contraditório e da ampla defesa.

2. Controvérsia jurisprudencial acerca do momento processual a ser realizado o interrogatório do acusado na Lei de Drogas

Conforme demonstrado no tópico anterior, sobre a matéria de procedimentos, percebe-se incessante debate jurídico no que concerne ao conflito entre artigos previstos em leis especiais e o Código de Processo Penal, existindo decisões no sentido da não aplicabilidade do princípio da especialidade quando existente procedimento penal mais favorável ao acusado. Como se pode verificar, os artigos das leis especiais que previam o interrogatório do réu como primeiro ato da instrução criminal foram afastados pelo STF, sob a argumentação de que a aplicação do art. 400 do CPP é mais compatível com os postulados que informam o estatuto constitucional do direito de defesa.

Contudo, diferentemente das leis especiais anteriormente citadas, quanto à Lei de Tóxicos, o STF possui entendimentos no sentido da aplicação do rito da lei especial (e consequentemente o art. 57 da Lei 11.343/06) em detrimento do art. 400 do CPP, vertente jurisprudencial que, em nossa visão, pelo debate já travado na presente pesquisa, mostra-se em desacordo com as garantias do contraditório e da mais ampla defesa. Tal posicionamento, além de ferir direitos constitucionais que são verdadeiros

---

[14] Quando o jurista e magistrado italiano GUSTAVO ZAGREBELSKY tratou da *ideia de justiça e a experiência da injustiça* no livro "La domanda di Giustizia", escrito em conjunto com o arcebispo italiano CARLO MARIA MARTINI, esclareceu esse ponto da *junção entre a interpretação da lei e as constantes mudanças de regulamentação exigidas pela sociedade*, com a seguinte reflexão: "La quotidiana e vivente interpretazione della legge l'accorda alle sempre mutevoli esigenze regolative della società. E questa interpretazione evolutiva, che nessun legislatore, da Giustiniano in poi, è mai riuscito a impedire, che cos'altro è se non la manifestazione di quella inestirpabile connessione tra ciò che è il posto e la regione per cui è posto, cioè il suo presupposto? Si non fosse così, l'interpretazione evolutiva sarebbe puro arbitrio." (MARTINI, Carlo Maria; ZAGREBELSKY, Gustavo. *La Domanda di Giustizia*. Torino: Einaudi, 2003, p. 26.)

pilares do Estado Democrático de Direito, consagra o entendimento de uma lei anterior à reforma processual, dando guarida ao Código de Processo Penal antigo. Ou seja, ceifa a reforma realizada pela Lei 11.719/08 no que abrange ao interrogatório do réu como último ato da instrução, bem como todo o entendimento que acarretou a referida mudança, caminhando no sentido contrário ao das jurisprudências aplicáveis às leis especiais, com posicionamentos que consagraram a reforma processual. Para que se possa analisar esse ponto, transcreve-se, aqui, uma dessas decisões que deram guarida à legislação especial:

> I – Se o paciente foi processado pela prática do delito de tráfico ilícito de drogas, sob a égide da Lei 11.343/2006, o procedimento a ser adotado é o especial, estabelecido nos arts. 54 a 59 do referido diploma legal. II – O art. 57 da Lei de Drogas dispõe que o interrogatório ocorrerá em momento anterior à oitiva das testemunhas, diferentemente do que prevê o art. 400 do Código de Processo Penal [...]. (STF, HC 122.229/SP, Relator Min. Ricardo Lewandowski, julgamento: 13/05/2014, Segunda Turma, publicação: 30/05/2014.)

Nesse mesmo cenário, o Pretório Excelso vem afirmando um entendimento diverso quanto à Lei de Drogas do que as demais leis especiais, sem qualquer justificativa aparente; ou seja, aproxima um tratamento diferente à Lei 11.343/06 com relação às demais leis especiais, onde já se firmou posicionamento no sentido do interrogatório do réu ser o último ato da marcha processual. O STJ segue esse mesmo posicionamento:

> 1. Segundo a regra contida no art. 394, § 2º, do Código de Processo Penal, o procedimento comum será aplicado no julgamento de todos os crimes, salvo disposições em contrário do próprio Código de Processo Penal ou de lei especial. Logo, se para o julgamento dos delitos disciplinados na Lei 11.343/06 há rito próprio, no qual o interrogatório inaugura a audiência de instrução e julgamento, é de se afastar o rito ordinário em tais casos, em razão da especialidade. 2. No caso, não se verifica violação ao § 4º do art. 33 da Lei 11.343/2006, pois a Corte "a quo" valeu-se de fundamentação idônea para estabelecer a fração de diminuição da pena no patamar de 1/3 (um terço). (STJ, AgRg no Recurso Especial 1.326.507, 5ª Turma, Relatora Ministra Laurita Vaz, julgamento: 21/08/2014.)

A partir disso, e para o fim de harmonizar o mencionado artigo da Lei de Drogas com a alteração do Código dos Ritos, decisões recentes do Tribunal de Justiça do Rio Grande do Sul defenderam que a interpretação do art. 57 da Lei 11.343 deve ser feita em conformidade com o art. 394, § 5º, do Código de Processo Penal, assegurando-se os direitos insculpidos na Constituição da República.[15] A título exemplificativo:

> No ponto, entendo deva ser interpretado o artigo 57 da Lei 11.343/06 em conformidade com o disposto no artigo 394, § 5º, do Código de Processo Penal, como forma de atender ao disposto no artigo 5º, LV, da Constituição Federal. O dispositivo referido do Código de Processo Penal, com a redação que lhe foi dada pela Lei 11.719/08, determina a aplica-

---

[15] Referido artigo dispõe que, no processo penal, o procedimento a ser adotado será comum ou especial; o § 5º afirma que são aplicáveis, subsidiariamente, aos procedimentos especiais, sumários e sumaríssimos às disposições do procedimento ordinário.

ção subsidiária do procedimento comum ordinário aos procedimentos especiais e comuns sumário e sumaríssimo. E o artigo 400 do Código de Processo Penal, que regulamenta a audiência de instrução no procedimento comum ordinário, determina expressamente seja o interrogatório o último ato da instrução. Já o artigo 57 da Lei 11.343/06, por sua vez, não determina seja o interrogatório o primeiro ato da instrução. Apenas dispõe que na audiência, "após o interrogatório do acusado e a inquirição das testemunhas", será dada a palavra ao Ministério Público e à defesa, para debates. Não há, pois, uma disposição expressa a determinar seja antes interrogado o réu, e só depois inquiridas as testemunhas. Entendo não ser possível, ou pelo menos não ser a melhor opção, a interpretação literal do artigo 57 da Lei 11.343/06, de modo a inviabilizar a efetivação das garantias do contraditório e da ampla defesa aos acusados por tráfico ilícito de entorpecentes, criando com isso uma disparidade em relação aos demais réus acusados por outros delitos. Fosse a Lei de drogas posterior à reforma do Código de Processo Penal e trouxesse motivação razoável para tal limitação, poder-se-ia admitir a sistemática. Mas não, o procedimento estabelecido pela Lei 11.343/06 é anterior à reforma do Código de Processo Penal. Era adequado ao procedimento comum ordinário então vigente, mas atualmente afigura-se em nítida oposição à atualização da lei processual penal, defasada e contrária às garantias expressamente asseguradas na Constituição Federal. Assim, tenho que a interpretação do referido artigo 57 da Lei 11.343/06 deve ser feita de modo combinado com o disposto no artigo 394, § 5º, do Código de Processo Penal, preenchendo-se a lacuna daquele artigo, no que diz respeito ao momento do interrogatório na audiência de instrução, com a disposição expressa do artigo 400 do Código de Processo Penal.[16]

Portanto, no caso supramencionado, defende-se o interrogatório do réu como último ato instrutório, sendo necessário que se faça a interpretação do art. 57 da Lei de Drogas como expresso no art. 394, § 5º, do Código de Processo Penal, tendo sido mencionada, inclusive, a existência de uma *lacuna* da Lei 11.343/08.

Em outro julgado do TJRS, o Desembargador Diógenes V. Hassan Ribeiro defendeu que, mesmo a Lei de Drogas tendo uma natureza especial quanto ao seu rito, deveria ser aplicado o art. 400 do CPP, tendo em vista a inobservância dos princípios da ampla defesa e do contraditório constitucional, *in verbis*:

> Com efeito, ainda que se exponha que deve ser observada a Lei de Tóxicos quanto ao rito, por ser lei especial, tal conclusão é descabida, com a devida vênia dos entendimentos em contrário, uma vez que não atende aos princípios da ampla defesa e do contraditório. *Nos ritos em que o réu é interrogado no final da instrução, há a possibilidade de produzir com mais propriedade a sua defesa pessoal.* Aliás, mesmo no auto de prisão em flagrante, que faz parte do procedimento policial, em que não se observa o rigor do contraditório, o autuado somente é ouvido depois do condutor e das testemunhas, não havendo nenhuma razão para que assim não seja no processo penal, quando já instaurada a ação penal.[17]

---

[16] TJRS, Apelação Criminal nº 70056855950, 3ª Câmara Criminal, Relator Desembargador Nereu Giacomolli, julgado em 15/05/2014. [O grifo é nosso.]

[17] TJRS, Apelação Criminal nº 70060315603, 3ª Câmara criminal, Rel. Des. Diógenes V. Hassan Ribeiro, julgado em 18/12/2014. [Grifamos.]

Noutra decisão, a 3ª Câmara Criminal do TJRS, em 18/12/2014, consagrou a necessidade do interrogatório do acusado se dar como último ato da instrução:

APELAÇÃO-CRIME. TRÁFICO ILÍCITO DE ENTORPECENTES E ASSOCIAÇÃO PARA O TRÁFICO. INTERCEPTAÇÕES TELEFÔNICAS. ILICITUDE. excesso de prazo. momento do interrogatório. nulidade. absolvição. [...] c. Momento do Interrogatório.
Caso em que os réus foram ouvidos antes das mais de trinta testemunhas acusatórias, sendo-lhes negado o pedido de renovação do ato ao final da instrução. *Mesmo no rito estabelecido pela Lei nº 11.343/2006 deve-se oportunizar a realização do interrogatório ao final da instrução, em atenção aos princípios da ampla defesa e do contraditório.* Aliás, no auto de prisão em flagrante o autuado somente é ouvido depois da oitiva do condutor e das testemunhas, não havendo nenhuma razão para que assim não ocorra quando já instaurada a ação penal. O direito fundamental à ampla defesa se expressa na defesa técnica e na defesa pessoal, esta última que se realiza com a participação do acusado em audiência e com a possibilidade de que conheça a prova que será produzida, ou que foi produzida, contra si, e inclusive e especialmente possa rebatê-la. A realização do interrogatório em momento antecipado impossibilita o exercício do direito à ampla defesa e do contraditório.
A submissão de uma pessoa à jurisdição penal do Estado coloca em evidência a relação de polaridade conflitante que se estabelece entre a pretensão punitiva do Poder Público e o resguardo à intangibilidade do *jus libertatis* titularizado pelo réu. A persecução penal rege-se, enquanto atividade estatal juridicamente vinculada, por padrões normativos, que, consagrados pela Constituição e pelas leis, traduzem limitações significativas ao poder do Estado. Por isso mesmo, o processo penal só pode ser concebido – e assim deve ser visto – como instrumento de salvaguarda da liberdade do réu. O processo penal condenatório não é um instrumento de arbítrio do Estado. Ele representa, antes, um poderoso meio de contenção e de delimitação dos poderes de que dispõem os órgãos incumbidos da persecução penal. Ao delinear um círculo de proteção em torno da pessoa do réu – que jamais se presume culpado, até que sobrevenha irrecorrível sentença condenatória –, o processo penal revela-se instrumento que inibe a opressão judicial e que, condicionado por parâmetros ético-jurídicos, impõe, ao órgão acusador, o ônus integral da prova, ao mesmo tempo em que faculta ao acusado, que jamais necessita demonstrar a sua inocência, o direito de defender-se e de questionar, criticamente, sob a égide do contraditório, todos os elementos probatórios produzidos pelo Ministério Público.
A própria exigência de processo judicial representa poderoso fator de inibição do arbítrio estatal e de restrição ao poder de coerção do Estado. A cláusula *nulla poena sine judicio* exprime, no plano do processo penal condenatório, a fórmula de salvaguarda da liberdade individual." (RTJ 161/264-266, Rel. Min. CELSO DE MELLO). Precedente do Supremo Tribunal Federal. Nulidade reconhecida, prova desconsiderada. RECURSOS PROVIDOS. ABSOLVIÇÃO. (TJRS, Apelação Criminal 70060315603, 3ª Câmara Criminal, Rel. Des. Diógenes V. Hassan Ribeiro, julgamento: 18/12/2014).

Como se pode observar da recente jurisprudência acima colacionada, houve o afastamento da aplicação do rito da Lei 11.343/06, com a adequação do *rito comum ordinário* (art. 394/CPP) quanto ao momento do interrogatório na linha temporal do processo, sendo visível a intenção de se permitir um grau maior de proteção ao direito à mais ampla defesa, que tem uma nova oportunidade de se defender das imputações (rebatendo, confessando, ou rebatendo em parte as acusações), bem como ao do contraditório, na medida em que, depois da prova consolidada da acusação pública, pode o réu colocar a sua última defesa na relação processual.

3. Apontamentos conclusivos

O posicionamento mais adequado, em termos de proteção ao réu, seria aquele do "interrogatório protetivo", que vem a ser a possibilidade da defesa em indicar o melhor momento para a realização do ato de interrogatório, quando da apresentação da resposta escrita à acusação; como se teve oportunidade de referir, deveria existir a modificação do art. 396-A do CPP para que, na sua própria redação, venha descrita a viabilidade de a defesa indicar as suas teses preliminares, alegar tudo aquilo que interessa ao réu, especificar as provas que pretende ao longo da ação penal e apresenta rol das suas testemunhas, bem como indicar o momento em que deseja a realização do interrogatório. Como ainda não é essa a realidade do processo penal, parece-nos que o entendimento da 3ª Câmara Criminal resta absolutamente mais adequado, ou seja, "a não realização do interrogatório do réu ao final da instrução, nos termos do artigo 400 do Código de Processo Penal, constitui violação aos princípios do devido processo legal e da ampla defesa. A previsão contida no artigo 57 da Lei nº 11.343/2006 deve ser interpretada à luz da reforma processual introduzida pela Lei nº 11.719/2008. Cerceamento de defesa manifesto".[18]

Nesse sentido, a posição do Desembargador Nereu Giacomolli,[19] em julgado datado de 15/05/2014, evidencia, ainda, a ausência de disposição expressa no que tange à determinação do momento do interrogatório do réu na Lei de Tóxicos: "Já o artigo 57 da Lei 11.343/06, por sua vez, não determina seja o interrogatório o primeiro ato da instrução. Apenas dispõe que na audiência, 'após o interrogatório do acusado e a inquirição das testemunhas', será dada a palavra ao Ministério Público e à defesa, para debates. Não há, pois, uma disposição expressa a determinar seja antes interrogado o réu, e só depois inquiridas as testemunhas."

A partir de tudo isso, nos parece claro que a reforma processual [coerente com as demandas exigidas por um processo penal de caráter democrático] consolidou o entendimento de que o interrogatório, embora não tenha perdido sua natureza de meio de prova [até porque continua no capítulo respeitante às provas no Código dos Ritos], assume a condição de meio de defesa, podendo o réu fazer alegações e explanar fatos

---

[18] TJRS, Apelação Crime nº 70053988564, Terceira Câmara Criminal, Relator Des. João Batista Marques Tovo, julgado em 15/07/2013.
[19] TJRS, Apelação Criminal nº 70056855950, 3ª Câmara Criminal, Relator Desembargador Nereu Giacomolli, julgado em 15/05/2014.

demonstrativos de sua inocência, ou até mesmo diminuição de sua culpabilidade.

Ora, se estamos tratando de um meio de defesa, necessário que, ou se oportunize à defesa a indicação do melhor momento para o ato de interrogatório, com a inserção dessa via no art. 396-A do CPP, o chamado "interrogatório protetivo", ou se oportunize o interrogatório ao final de toda a instrução criminal, atentando-se aos princípios basilares da Magna Carta que trilham os direitos salvaguardados do acusado a um processo justo, quais sejam: ampla defesa e contraditório (art. 5º, inc. LV, da CF).

Assim, a posição da 3ª Câmara Criminal do e. TJRS – tendo em vista que ainda não previsto o "interrogatório protetivo" – parece a mais adequada para resolver o atual conflito entre o art. 400 do Código de Processo Penal e o art. 57 da Lei 11.343/06, devendo a posição do STF quanto aos delitos Militares, Eleitorais e de ações originarias naquele Tribunal [no sentido da aplicabilidade do art. 400 do CPP frente ao rito das leis especiais] estender-se, também, à Lei de Tóxicos.

Pode-se concluir, com isso, que o art. 57 da Lei 11.343/06 está em desconformidade com o Código de Processo Penal vigente, consagrando um rito desfavorável ao réu e em total confronto com direitos constitucionais básicos. Deve-se seguir o art. 400 do Código de Processo Penal, conforme entendimento da 3ª Câmara do Tribunal de Justiça do Estado do Rio Grande do Sul e diversos julgados do Supremo Tribunal Federal, os quais afastam disposições de leis especiais em homenagem à reforma do Código de Processo Penal, por mais benéfica ao réu.

Referências

AVENA, Norberto. *Processo Penal Esquematizado*. 4ª ed. São Paulo: Método, 2012.

FAYET, Paulo; MALLMANN, Felipe Hilgert. *O interrogatório protetivo no processo penal: proteção constitucional e necessária modificação do CPP. In*: Controvérsias Constitucionais Atuais. Porto Alegre: Livraria do Advogado, 2014, p. 69/81.

FERRAJOLI, Luigi. *Dei Diritti e delle Garanzie*. Bologna: Il Mulino, 2013.

FLORIAN, Eugenio. *De las Pruebas Penales*. Bogotá: Temis, 1982.

MARTINI, Carlo Maria; ZAGREBELSKY, Gustavo. *La Domanda di Giustizia*. Torino: Einaudi, 2003.

PACCELI, Eugênio; FISCHER Douglas. *Comentários ao Código de Processo Penal e a sua Jurisprudência*. 4º ed. São Paulo: Atlas, 2011.

TOURINHO FILHO, Fernando da Costa. *Manual de Processo Penal*. 13ª ed. São Paulo: Saraiva, 2010.

― 16 ―

La nature juridique des droits de propriété intellectuelle: analyse française

YANN BASIRE[1]

Résumé: § 1. Le rejet du droit de propriété; I. La justification du rejet; II. Les propositions de qualification; A. Les droits intellectuels; B. Les droits de clientèle; § 2. L'admission du droit de propriété; I. La conjonction des droits de propriété intellectuelle avec le droit de propriété; A. La conjonction des prérogatives; 1. L'usus; 2. Le fructus; 3. L'abusus; B. La conjonction des caractères; 1. L'absoluité du droit de propriété; a. La signification du caractère absolu du droit de propriété; b. Le caractère absolu des droits de propriété intellectuelle; 2. L'exclusivité du droit de propriété; a. La signification de l'exclusivité du droit de propriété; b. Le caractère exclusif des droits de propriété intellectuelle; 3. La perpétuité du droit de propriété; a. Le caractère perpétuel du droit de propriété; b. Le caractère temporaire des droits de propriété intellectuelle; i. Le terme des droits de propriété intellectuelle; ii. La prescriptibilité des droits de propriété intellectuelle; II. La spécificité des droits de propriété intellectuelle.

Au terme des articles 2 et 17 de la Déclaration des droits de l'homme et du citoyen de 1789, la propriété est un droit naturel, imprescriptible, inviolable et sacré. Partant, le droit de propriété se voit reconnaître une valeur constitutionnelle. Pour autant, s'il ne fait pas de doute que ce texte vise la propriété corporelle, on pouvait légitimement s'interroger sur le sort réservé – et donc le caractère constitutionnel ou non – aux droits exclusifs qualifiés de droits de propriété intellectuelle, à savoir le droit de marque, le droit d'auteur, le brevet d'invention, ou bien encore le droit portant sur les dessins et modèles, envisagés dans le Code de la propriété intellectuelle. La formule employée pour qualifier ces droits, portant sur des objets incorporels, devrait pourtant permettre d'envisager sereinement la nature de ceux-ci: il s'agirait simplement de droits de propriété, le terme intellectuel renvoyant à l'idée qu'il concerne des choses incorporelles issues d'un effort intellectuel.

Envisagés ainsi, les droits de propriété intellectuelle se verraient reconnaître sans difficulté un caractère constitutionnel. Il s'agit d'ailleurs du

---

[1] Doutor em Direito pela Universidade de Strasbourg.

raisonnement retenu par le Conseil Constitutionnel qui a considéré à diverses reprises que les droits de propriété intellectuelle devaient se voir reconnaître une valeur constitutionnelle au motif que «les finalités et les conditions d'exercice du droit de propriété ont subi depuis 1789 une évolution caractérisée par une extension de son champ d'application à des domaines nouveaux; que parmi ces derniers, figurent les droits de propriété intellectuelle».[2] La Charte des droits fondamentaux de l'Union européenne reconnaît dans le même sens, à son article 17 relatif au droit de propriété, que la *propriété intellectuelle est protégée*. La Cour européenne des droits de l'homme s'inscrit dans le même mouvement en consacrant l'idée selon laquelle les propriétés intellectuelles n'étaient rien d'autre que des propriétés,[3] relevant de l'article 1 du Protocole additionnel à la Convention de sauvegarde des droits de l'homme et des libertés fondamentales.

Pourtant, évoquer la nature juridique des droits portant sur une marque ou une œuvre de l'esprit n'est pas sans susciter de nombreuses difficultés, la question faisant débat et divisant tant les spécialistes de droit des biens que ceux de la propriété intellectuelle. Certains refusèrent – et refusent toujours – d'y voir de véritables droits de propriété[4] (§1). En dépit de l'attrait des arguments avancés par ces auteurs, c'est pourtant la qualification en droit de propriété qui doit emporter l'assentiment (§2).

§ 1. Le rejet du droit de propriété

D'illustres auteurs[5] contestèrent au dix-neuvième siècle le rattachement des droits de propriété intellectuelle à la catégorie classique des droits de propriété. Ce débat reste étonnamment d'actualité. Ne pas envi-

---

[2] Cons. const., Décembre 2006-540 DC, 27 juillet 2005, § 15, Loi relative aux droits d'auteurs et aux droits voisins dans la société de l'information, *JO*, 3 août 2006, p. 11541; *D.* 2006, 2157, C. Castets-Renard; *Légipresse*, 2006, 129, L. Thoumyre; *CCE* 2006, comm. n° 140, obs. C. Caron. V. sur cette décision, M. Vivant, «Et donc la propriété littéraire et artistique est une propriété…», *Propr. intell.* 2007, n° 23, p. 193. V. en matière de marque, Cons. const., Décembre n° 90-283 DC, 8 janvier 1991, § 7, Loi relative à la lutte contre le tabagisme et l'alcoolisme, *JO*, 10 janvier 1991, p. 524.

[3] V. notamment pour les marques, CEDH, 11 janvier 2007, «Anheuser-Busch Inc. c/ Portugal», n° 73049/01, § 78, *CCE*, n° 5, 2007, comm. n° 67, obs. C. Caron; *JCP E* 2007, 1409, note A. Zollinger; *RTDE* 2008, p. 405, obs. J. Schmidt-Salewski. V. pour les brevets, CEDH, 4 octobre 1990, «Smith Kline c/ Pays-Bas», n° 12633/87. V. pour le droit d'auteur, CEDH, 29 janvier 2008, «Balan c/ Moldavie», n° 19247/03, *Propr. intell.* 2008, n° 28, p. 338, obs. J.-M. Bruguière.

[4] F. Terré & P. Simler, *Droit civil. Les biens*, Dalloz, Précis, 8ᵉ éd., 2010, n° 63, p. 75; P. Simler, *Les biens*, PUG, 3ᵉ éd., 2006, n° 7, p. 12; P. Roubier, «Droits intellectuels ou droits de clientèle», *RTD civ.*, 1935, p. 251; *Le droit de la propriété industrielle*, t. 1, Sirey, 1952, n° 23, p. 104; «Unité et synthèse des droits de propriété intellectuelle», *in Études sur la propriété industrielle, littéraire, artistique, Mélanges M. Plaisant*, éd. Sirey, 1960, p. 161; R. Franceschelli, «Nature juridique des droits de l'auteur et de l'inventeur», *in Mélanges en l'honneur de P. Roubier*, t. 2, Dalloz-Sirey, 1961, p. 453; A. Lucas & H.-J. Lucas, *Traité de la propriété littéraire et artistique*, Litec, 4ᵉ éd., 2012, n° 18, p. 20; J. Dabin, *Le droit subjectif*, Dalloz, Bibl. Dalloz, réédition, 2007, p. 189; P. Malaurie & L. Aynès, *Droit civil, les biens*, Defrénois, 4ᵉ éd., 2010, n° 209, p. 64.

[5] P.-J. Proudhon, *Les majorats littéraires, Examen d'un projet de loi ayant pour but de créer, au profit des auteurs, inventeurs et artistes, un monopole perpétuel*, Paris, Dentu, 1863, notamment p. 254; A.-C. Re-

sager les droits de propriété intellectuelle comme des droits de propriété implique deux choses: présenter des arguments permettant de démontrer qu'il ne s'agit pas d'un droit de propriété (I) et proposer d'autres qualifications (II).

I. La justification du rejet

L'absence d'emprise véritable. Traditionnellement, le droit de propriété est compris comme un droit réel portant sur des choses corporelles. Le principal obstacle à la reconnaissance des droits de propriété intellectuelle comme de véritables droits de propriété serait donc le caractère incorporel de leur objet.[6]

À l'origine conçue et réglementée comme portant sur les choses, objets matériels,[7] la propriété impliquerait une emprise matérielle, une «*possession véritable*».[8] Or, en matière de chose incorporelle, un élément fait défaut à la possession: le *corpus*. Cette absence de corpus empêcherait les choses incorporelles d'être possédées et donc de faire l'objet d'un droit de propriété.[9] Dès lors, le monde de l'immatériel, échappant à celle-ci, pourrait difficilement être objet d'un droit de propriété[10]. Le raisonnement est simple: la possession occupe une place centrale dans la propriété[11]. Il résulte du refus pour la doctrine traditionnelle de reconnaître la possession de meubles incorporels[12] que la propriété ne peut porter sur autre chose que des choses matérielles. Les objets des droits de propriété intellectuelle n'ayant pas vocation à être saisis par la possession les droits de propriété intellectuelle ne disposeraient pas «de l'un des éléments principaux du régime de la propriété».[13]

L'absence de perpétuité. Les droits de propriété intellectuelle se distinguent de la propriété «classique» par leur caractère temporaire. Quand le droit de propriété est perpétuel,[14] les droits de propriété intellectuelle

---

nouard, *Traité des droits d'auteurs, dans la littérature, les sciences et les beaux-arts*, Lib. de J. Renouard et Cie, 1838, p. 455.

[6] P. Malaurie & L. Aynès, *op. cit.*, n° 207, p. 63; F. Terré & P. Simler, *op. cit.*, n° 63, p. 76 et 77; R. Franceschelli, «Nature juridique des droits de l'auteur et de l'inventeur», préc., spéc. p. 460; F. Zénati, «Pour une rénovation de la théorie de propriété», *RTD civ.* 1993, p. 305, spéc. p. 307.

[7] F. Terré & P. Simler, *op. cit.*, n° 63, p. 76; V. également, L. Pfister, «La propriété littéraire est-elle une propriété? Controverses sur la nature du droit d'auteur au XIXe siècle», *Rev. hist. droit* 2004, t. LXXII, p. 103, spéc. p. 108.

[8] P. Malaurie & L. Aynès, *op. cit.*, n° 207, p. 63.

[9] P. Roubier, «Droits intellectuels ou droits de clientèle», *RTD civ.*, 1935, p. 251, spéc. n° 5.

[10] P. Roubier, «Droits intellectuels ou droits de clientèle», *RTD civ.*, 1935, p. 251, spéc. n° 5.

[11] V. Y. Strickler, *op. cit.*, n° 188, p. 269; P. Malaurie & L. Aynès, *op. cit.*, n° 482, p. 141.

[12] P. Malaurie & L. Aynès, *op. cit.*, n° 488, p. 145.

[13] A. Abello, La propriété intellectuelle, une «propriété de marché», *in* M.-A. Frison-Roche et A. Abello (dir.), *Droit et économie de la propriété intellectuelle*, LGDJ, coll. Droit et Économie, 2005, p. 341.

[14] J.-L. Bergel, M. Bruschi & S. Cimamonti, *Traité de droit civil, op. cit.*, n°97, p. 111.

sont limités dans le temps: le droit de l'auteur s'éteint soixante-dix ans après la mort de l'auteur; le brevet délivré disparaît vingt ans après le dépôt de la demande; la marque doit être renouvelée tous les dix ans. S'ajoute à cela, le fait que les droits de propriété intellectuelle peuvent s'éteindre par le non-usage. Ils ne sont pas des droits «*oisifs*».[15] Le breveté a l'obligation d'exploiter son brevet. À défaut, il pourrait être sanctionné par le jeu des licences obligatoires.[16] En droit des marques, l'absence d'usage sérieux est encore plus sévèrement sanctionnée, le titulaire risquant la déchéance de son droit. À l'inverse, le droit de propriété est imprescriptible et ne s'éteint pas par le non-usage.[17] Ces différences seraient donc suffisamment significatives pour refuser d'appréhender les droits de propriété intellectuelle comme de véritables droits de propriété.[18]

L'importance des tiers. Certains auteurs notent également que les droits de propriété intellectuelle «n'ont de consistance que par la participation de tiers».[19] Cet argument rejoint celui relatif au non-usage. Les choses incorporelles n'auraient d'importance qu'à la condition qu'une clientèle s'y rattache. De ce fait, l'exploitation serait consubstantielle aux droits de propriété intellectuelle en vue permettre à une clientèle de s'y rattacher.[20] À l'inverse dans le cadre de la propriété classique, user ou non d'un bien corporel, «c'est toujours faire acte de propriétaire».[21]

Des droits limités. Enfin, les droits de propriété intellectuelle ne seraient pas des droits de propriété en raison des rapports qu'ils entretiennent avec d'autres «droits» tels que les libertés fondamentales comme la liberté d'expression ou le droit d'information. Il y aurait même une dépendance.[22] Le droit de l'auteur est ainsi limité par des exceptions telles que la courte citation, la copie privée, la parodie, etc.[23] Le titulaire du brevet doit par exemple supporter le droit à l'usage privé à des fins expérimentales. Le droit de marque est quant à lui conditionné et limité par le principe de la libre concurrence. Les droits de propriété intellectuelle seraient donc des droits au «*contenu déterminé*»[24] et, partant, au contenu limité. Or, le droit de propriété étant appréhendé par certains comme «*une liberté du*

---

[15] Y. Strickler, op. cit., n° 63, p. 101.

[16] Art. L. 613-11 du Code de la propriété intellectuelle. V. J. M. Mousseron & Y. Basire, «Les charges du breveté», *J.-Cl. Brevets*, Fasc. 4520, 2012, n° 125 et s.

[17] V. P. Jourdain, *Les biens*, Dalloz, Droit civil, 1995, n° 49, p. 60.

[18] P. Malaurie et L. Aynès, *op. cit.*, n° 207, p. 62; R. Franceschelli, préc., spéc. n° 7.

[19] P. Malaurie et L. Aynès, *op. cit.*, n° 207, p. 63.

[20] *Ibid.*, n° 207, p. 63.

[21] *Ibid.*

[22] *Ibid.*

[23] V. l'article L. 122-5 du Code de la propriété intellectuelle.

[24] P. Berlioz, *La notion de bien*, LGDJ, Bibl. de droit privé, t. 489, 2006, n° 1488, p. 461.

propriétaire sur sa chose, c'est-à-dire un droit au contenu indéterminé»,[25] on comprend aisément qu'il est délicat d'assimiler les droits de propriété intellectuelle à la propriété classique connue du droit des biens.

II. Les propositions de qualification

Une «terminologie flottante».[26] «Ne serait-il pas plus juste au contraire d'abandonner cette référence, en admettant que l'appellation de propriété ne convient pas à ces droits?».[27] De nombreux auteurs ont été amenés à se poser cette question. Malheureusement, les formules utilisées pour qualifier les droits ayant pour objet des choses incorporelles sont «flottantes».[28] C'est ainsi que les termes monopole d'exploitation,[29] droit de monopole,[30] privilège,[31] droit intellectuel[32] ou droit de clientèle[33] furent et sont toujours utilisés pour désigner les droits portant sur les choses incorporelles. La jurisprudence[34] et le législateur[35] ont également contribué à ces flottements terminologiques. Deux propositions innovantes doivent cependant retenir notre attention.

Roubier et Dabin tentèrent de dépasser la *summa divisio* classique des droits réels et des droits personnels. Pour ces auteurs, les droits portant sur des choses incorporelles devaient être rangés dans une nouvelle catégorie. Pour Dabin, il s'agissait de droits intellectuels à ranger aux côtés des droits réels et personnels dans la catégorie plus large des droits subjectifs (**A**). S'agissant de Roubier, après avoir démontré que toutes les qualifications existantes étaient erronées, il mit en exergue la finalité de ces droits afin de les qualifier de droits de clientèles (**B**).

A. Les droits intellectuels

L'origine de la dénomination. C'est dans les travaux de Picard que l'on trouve trace, pour la première fois, de la théorie des droits intellec-

---

[25] *Ibid.*, n° 1489, p. 462.
[26] P. Malaurie et L. Aynès, *op. cit.*, n° 208, p. 64.
[27] P. Berlioz, *op. cit.*, n° 1504, p. 469.
[28] P. Malaurie et L. Aynès, *op. cit.*, n° 208, p. 64.
[29] *Ibid.*, n° 209, p. 64.
[30] R. Franceschelli, préc., plus particulièrement n° 11 et 12.
[31] V. R. Franceschelli, préc., spéc. n° 12.
[32] J. Dabin, *op. cit.*
[33] P. Roubier, «Droits intellectuels ou droits de clientèle», préc., p. 251; *Le droit de la propriété industrielle, op. cit.*, n° 23, p. 104; «Unité et synthèse des droits de propriété intellectuelle», préc., p. 161.
[34] R. Franceschelli, préc., n° 12. V. sur la qualification de propriété, Cass., ch. req., 16 août 1880, *D.* 1881, I, p. 25. V. sur la qualification de monopole, Cass. civ., 25 juillet 1887, *DP*, 1888, I, 5.
[35] Le terme «propriété» fut abandonné par la loi de 1844 sur les brevets d'invention et par celle de 1866 sur le droit d'auteur.

tuels.[36] Pour cet auteur, il est impossible pour lui d'assimiler une chose corporelle et une chose incorporelle, leurs natures étant aux opposées[37]. Il s'est alors proposé de ranger aux côtés des catégories traditionnellement reconnues celle des droits intellectuels[38]. Il considérait ainsi qu'«*à côté des droits réels que l'homme peut avoir sur des choses matérielles en dehors de lui, il y a tous les droits qu'il peut revendiquer sur les productions de son esprit à quelque domaine qu'elles appartiennent, qu'il s'agisse de productions artistiques, littéraires, industrielles, commerciales ou sociales, et nous avons proposé de les grouper en une catégorie spéciale qui prendrait la dénomination des droits intellectuels*».[39] La proposition de Picard rencontra un certain succès et la doctrine française se fit l'écho de cette qualification[40], notamment sous l'impulsion de Dabin.

Une dénomination fondée sur l'objet. Dans son étude relative aux droits subjectifs, Dabin précisait qu'ils se classaient «*en premier lieu par leur objet*».[41] Il y aurait donc quatre catégories de droits subjectifs se distinguant, les uns des autres, par leurs objets: les droits réels, les droits de la personnalité, les droits de créance et les droits intellectuels. Les droits réels ont pour objet «*une chose matérielle autre que la personnalité humaine*».[42] Les droits de la personnalité sont les «*droits qui ont pour objet les éléments constitutifs de la personnalité du sujet prise sous ses multiples aspects, physique et moral, individuel et social*».[43] Les droits de créance ou d'obligation sont ceux qui frappent les personnes, «*en ce sens qu'une personne, le débiteur, est tenue vis-à-vis d'une autre, le créancier, titulaire du droit, de l'accomplissement de certaines prestations formant le contenu de l'obligation*».[44] Enfin, les droits intellectuels concernent «*des choses qui ne sont plus corporelles, qui sont "intellectuelles" (formes, idées)*».[45]

C'est donc en premier lieu la nature incorporelle de l'objet qui permet de caractériser la catégorie des droits intellectuels. Pourraient être ranger dans celle-ci, les droits se rapportant notamment aux «*œuvres littéraires et artistiques; inventions industrielles, dessins et modèles; marques de fabrique et de commerce; appellations d'origine; nom civil et commercial; enseigne;*

---

[36] E. Picard, «Embryologie juridique – Nouvelle classification des droits», *JDI*, 1883, p. 565.

[37] *Ibid.*, particulièrement p. 580.

[38] *Ibid.*, p. 565.

[39] *Ibid.*

[40] A. Colin et H. Capitant, *Cours élémentaire de droit civil français*, t. 1, Dalloz, 6ᵉ éd.,1930, p. 106; J. Dabin, «Les droits intellectuels comme catégorie juridique», *Rev. crit. de législ. et de juris.*, 1939, p. 413; *Le droit subjectif*, Dalloz, Bibl. Dalloz, réédition, 2007, p. 189.

[41] J. Dabin, préc., spéc. p. 418

[42] E. Picard, préc., spéc. p. 574.

[43] J. Dabin, *Le Droit subjectif*, op. cit., p. 168.

[44] *Ibid.*, p. 181.

[45] *Ibid.*, p. 189.

clientèle; offices; cabinets; portefeuilles (commerçants, notaires, avocats, médecins, assureurs, représentants de commerce); secrets de fabrique, etc.».[46]

Dabin précise que l'existence de prérogatives extrapatrimoniales attachées au droit d'auteur et, dans une moindre mesure, au brevet n'a pas pour conséquence d'empêcher les droits sur ces choses incorporelles d'intégrer la catégorie des droits intellectuels. Il considère que la séparation entre le monde du patrimonial et le monde de l'extrapatrimonial n'est pas étanche et il existe «*des valeurs et des droits de caractère mixte, patrimoniaux par leur valeur vénale, extrapatrimoniaux par leur liaison plus ou moins étroite à des intérêts de l'ordre moral*»[47]. Les droits intellectuels feraient en conséquence abstraction «*de la division des droits patrimoniaux et extrapatrimoniaux, qui ne touche pas à la nature des droits envisagés en eux-mêmes*»[48] et ne s'attacherait qu'à l'immatérialité de l'objet de ces droits.[49]

Roubier résuma parfaitement le fondement de cette catégorie en ces termes: «le droit a pour siège un bien immatériel (œuvre d'art, invention, marque, etc.) et comporte une série de prérogatives, morales ou pécuniaires, sur ce bien».[50] Les droits intellectuels seraient donc des «jus in re incorporali».[51]

L'emprise d'une chose incorporelle. Ce *jus in re incorporali* se caractérise non seulement par son objet, mais également par le fait qu'il permet l'emprise d'une chose incorporelle.[52] Concernant les prérogatives patrimoniales conférées par les droits intellectuels, Dabin n'hésite pas à faire le rapprochement avec le droit réel. Il n'y aurait aucune différence entre le titulaire de droit intellectuel et celui d'un propriétaire d'une chose corporelle. Qu'il porte sur une chose corporelle ou intellectuelle, Dabin considère que le monopole d'exploitation est identique et relatif.[53]

Les prérogatives patrimoniales des droits intellectuels devraient être envisagées comme de véritables droits réels incorporels.[54] Dabin refuse néanmoins d'utiliser le terme propriété. Le droit commun de la propriété,[55] serait impropre à envisager les problématiques tenant aux droits intellectuels. Bien qu'elles fassent l'objet d'une certaine emprise, la maîtrise

---

[46] J. Dabin, «Les droits intellectuels comme catégorie juridique», préc., particulièrement n° 2.

[47] J. Dabin, préc., spéc. n° 6.

[48] J. Dabin, préc., particulièrement n° 7.

[49] V. J. Dabin, préc., particulièrement n° 32.

[50] P. Roubier, *Le droit de la propriété industrielle, op. cit.*, n° 22, p. 100.

[51] J. Dabin, préc., particulièrement n° 7. V. pour une justification de l'utilisation de cette formule, art. préc., n° 24.

[52] P. Roubier, *Le droit de la propriété industrielle, op. cit.*, n° 22, p. 99.

[53] J. Dabin, préc., spéc. n° 20.

[54] *Ibid.*, spéc. n° 25.

[55] *Ibid.*, spéc. n° 30.

sur les choses intellectuelles ne se comporterait pas «*de la même manière que la maîtrise sur les choses corporelles*».[56] En étant saisies par l'esprit, les choses incorporelles «*se dérobent à tout cantonnement au profit d'un seul*».[57] Dès lors, même s'il existe une certaine similarité entre les prérogatives conférées par les droits intellectuels et le droit de propriété, cette dernière qualification semble devoir être réservée «*à l'emprise sur les choses douées d'un minimum de solidité et d'assise, se prêtant à une occupation physique*».[58]

L'impact et la critique de la théorie des droits intellectuels. La doctrine française fut très critique à l'égard de la théorie dite des droits intellectuels.[59] Ni les juges, ni le législateur ne retinrent cette conception. Certains pays furent néanmoins séduits par cette approche, comme la Belgique.[60]

La conception des droits intellectuels est séduisante. Le postulat de départ semble implacable: quoi de plus logique que de réunir au sein d'une même catégorie les objets de même nature? La faiblesse de cette théorie transparaît néanmoins dans les écrits de certains de ses partisans qui «*reconnaissent le caractère approximatif de leur définition, puisqu'ils font du contenu des droits qu'ils énumèrent des droits sui generis, ce qui est toujours un alibi commode*».[61]

En dépit des critiques et des volontés de remettre en cause la *summa divisio* classique, il apparaît que les catégories existantes font preuve d'une cohérence que la catégorie des droits intellectuels ne connaît pas. Hormis leur aspect incorporel, quel est le lien entre une marque et un nom de famille? L'un engendre des prérogatives d'ordre pécuniaire, l'autre est traditionnellement envisagé dans la catégorie des droits de la personnalité. Si la démarche tendant à considérer les choses incorporelles au sein d'une même catégorie semble *a priori* logique, il existe une trop grande disparité entre les régimes des différents droits composant la catégorie des droits intellectuels.[62] Face à cette hétérogénéité de régime, il est légitime de s'interroger sur l'opportunité de créer une nouvelle catégorie et sur les conséquences de celle-ci. Si les droits réels et les droits personnels se caractérisent par leur aspect patrimonial et les droits de la personnalité par leur aspect extrapatrimonial, les droits intellectuels n'ont rien en commun hormis la nature incorporelle de leurs objets. Or, ce point commun

---

[56] *Ibid.*, spéc. n° 31.

[57] *Ibid.*

[58] *Ibid.*

[59] P. Roubier, *Le droit de la propriété industrielle*, *op. cit.*, n° 22, p. 102; «Droits intellectuels ou droits de clientèle», préc., p. 251.

[60] A. Braun & E. Cornu, *Précis des marques*, Larcier, 5ᵉ éd., 2009, n° 10, p. 7 et n° 283, p. 306. V. Brux., 25 juin 1958, *Ing.-Cons.* 1959, p. 321 et plus particulièrement p. 323.

[61] P. Recht, *Le droit d'auteur, une nouvelle forme de propriété*, Paris, LGDJ, 1969, p. 73.

[62] V. A. Colin & H. Capitant, *Cours élémentaire de droit civil français*, t. 1, Dalloz, 6ᵉ éd., 1930, p. 106.

ne semble pas suffisant pour entraîner de quelconques conséquences juridiques. Ainsi, s'il est possible et cohérent de parler de droits intellectuels, eu égard à l'objet du droit concerné, il ne s'agit pas pour autant d'une catégorie au sens juridique du terme. Elle serait en simplement une catégorie résiduelle.

La théorie de Dabin repose également sur une vision archaïque du bien et du droit de propriété. En effet, il conçoit que les choses incorporelles puissent faire l'objet d'une emprise, mais conteste la qualification de propriété au motif que la propriété ne concerne que les choses corporelles. La démarche de Dabin était tiraillée entre l'idée d'un certain progrès – l'emprise des choses incorporelles – et celle d'un certain classicisme – seules les choses corporelles peuvent faire l'objet d'un droit de propriété –. La principale erreur de sa démarche résidait vraisemblablement dans le fait de croire que le droit de propriété était réservé aux choses corporelles.

B. Les droits de clientèle

Le rejet des autres conceptions. C'est par le biais d'une démarche analytique que Roubier tenta de trouver la «qualification» qui convenait le mieux aux droits portant sur des choses incorporelles. Il tenta de démontrer que les diverses théories proposées jusqu'alors n'étaient pas satisfaisantes. Il rejeta en bloc les conceptions personnalistes;[63] la théorie de la propriété incorporelle[64], la conception des biens immatériels de Kohler[65] ainsi que la conception de Picard et Dabin sur les droits intellectuels.[66]

L'émergence des «valeurs». En vue de proposer sa propre qualification, Roubier s'est penché sur les travaux de Lévy relatif à la transition du droit à la valeur[67]. C'est au début du vingtième siècle que fut mise en exergue la place importante que prenaient les valeurs au sein de notre droit[68]. Comme le relevait Ripert, ce qui «*importe (...) au capitaliste ce n'est pas un droit sur un certain bien, mais un droit sur certaine valeur*».[69] À la notion de valeur se substituerait alors la notion de possession.[70] Ces valeurs s'oppo-

---

[63] P. Roubier, *Le droit de la propriété industrielle*, t. 1, Sirey, 1952, n° 20, p. 88; «Droits intellectuels ou droits de clientèle», *RTD civ.*, 1935, p. 251.

[64] P. Roubier, *op. cit.*, n° 21, p. 92; art. préc., p. 251.

[65] P. Roubier, *op. cit.*, n° 22, p. 102; art. préc., p. 251.

[66] P. Roubier, *op. cit.*, n° 22, p. 98; art. préc., p. 251.

[67] P. Roubier, *op. cit.*, n° 23, p. 105.

[68] E. Lévy, «La transition du droit à la valeur (Essai de définitions)», *Revue de métaphysique et de morale*, 1911, p. 412. V. sur une explication des théories de E. Lévy, G. Ripert, «Le socialisme juridique d'Emmanuel Lévy», *Rev. crit. de légis. et de juris.*, 1928, p. 21 et plus particulièrement p. 29 et s.

[69] G. Ripert, préc., spéc. p. 29.

[70] *Ibid.*

sent, par les fluctuations dont elles peuvent faire l'objet,[71] aux droits classiques tels que la propriété et la créance, qui sont des éléments stables et fixes du patrimoine. Les valeurs ne seraient pas des droits acquis.[72] Or, la valeur est dépendante de l'exploitation et, donc, en dernier ressort de la clientèle. C'est à partir de ce constat que Roubier étaya sa théorie.

L'importance de la clientèle. La situation juridique des valeurs serait subordonnée à la réalisation de bénéfice, qui est elle-même fonction de la clientèle.[73] Roubier affirmait ainsi que *«les "valeurs" dans la vie économique se définissent par la somme de clientèle qu'elles représentent»*.[74] Dès lors, le dénominateur commun des valeurs économiques serait la clientèle.[75] Par voie de conséquence, la clientèle serait elle-même une valeur, *«un bien au sens juridique du mot»*,[76] méritant d'être objet de droit, mais ne pouvant faire l'objet d'une véritable appropriation. En effet, s'il n'existe aucun droit permettant d'assurer un *«certain quantum de clientèle»*,[77] il est néanmoins possible d'envisager des droits *«qui correspondent à une position juridique déterminée par rapport à la clientèle»*.[78] C'est dans ces droits que Roubier voit une troisième catégorie de droits patrimoniaux:[79] les droits de clientèle.

Ces droits permettraient de jouir d'une exclusivité sur des choses incorporelles servant à rallier la clientèle.[80] En d'autres termes, la clientèle deviendrait objet de droit et les choses incorporelles seraient de simples instruments de captation de la clientèle. C'est donc la finalité de ces droits qui amènent Roubier à les qualifier de droits de clientèle.[81]

Le succès de la théorie. Même si la jurisprudence et le législateur restèrent de marbre face à la théorie des droits de clientèle, d'illustres auteurs se firent l'écho de la qualification proposée par Roubier. Desbois considérait que tous les droits de propriété littéraire et artistique ou industrielle constituaient des droits de clientèles se caractérisant *«par la présence d'une exclusivité, d'un monopole dans l'exercice d'une activité professionnelle»*.[82]

---

[71] P. Roubier, *op. cit.*, n° 23, p. 105.
[72] E. Lévy, préc., p. 413.
[73] P. Roubier, *op. cit.*, n° 23, p. 105.
[74] P. Roubier, *op. cit.*, n° 23, p. 105.
[75] *Ibid.*, n° 23, p. 106.
[76] *Ibid.*, n° 23, p. 105.
[77] *Ibid.*, n° 23, p. 106.
[78] *Ibid.*
[79] F. Pollaud-Dulian, *Droit de la propriété industrielle*, Economica, Corpus droit privé, 2ᵉ éd., 2011, n° 20, p. 10.
[80] P. Roubier, *op. cit.*, n° 23, p. 106.
[81] V. pour une analyse similaire, R. Franceschelli, préc., p. 453. V. également sur la théorie des droits de monopole, F. Pollaud-Dulian, *op. cit.*, n° 21, p. 10; A. Braun & E. Cornu, *op. cit.*, n° 11, p. 9.
[82] H. Desbois, *Cours de Propriété littéraire, artistique et industrielle*, Les cours de droit, 1969-1970, p. 5.

Françon rejoignit également cette conception en assimilant les propriétés incorporelles à des droits de clientèles prenant la forme de monopoles, «*c'est-à-dire d'une exclusivité par rapport à la clientèle*».[83] Pour ces auteurs, les droits de clientèle constitueraient une troisième catégorie de droit patrimonial, devant être distingués des droits réels et des droits personnels.

Le rejet de la théorie. En dépit de la démarche analytique de Roubier et de l'attrait que pouvait susciter une autre approche des droits de propriété intellectuelle, la théorie des droits de clientèle ne convainc pas et «*pêche par la méthode*».[84]

S'il est incontestable que les droits portant sur les choses incorporelles, telles que les marques, les brevets voire les œuvres de l'esprit permettent d'obtenir une position privilégiée sur la clientèle,[85] l'assise conférée par le droit demeure relative. Roubier avait anticipé cette critique en prenant le soin de préciser qu'il était impossible de s'approprier effectivement une clientèle,[86] la clientèle étant une valeur fuyante ne connaissant pas l'appropriation au sens classique du terme.[87] De ce fait, la clientèle ne peut être perçue comme l'objet d'un droit. Au contraire, c'est bien la chose «intellectuelle»[88] qui, par le biais du droit, fait l'objet d'une exploitation, d'une réservation, d'une exclusivité. C'est cette chose qui constitue l'objet du droit.

En outre, les droits de clientèle semblent réservés aux droits portant sur des choses incorporelles.[89] Pourtant, comme Mousseron le relevait, s'il est «*certain que le monopole d'exploitation d'une invention donne à son titulaire une position privilégiée dans la concurrence industrielle, la situation ne serait pas différente s'il s'agissait de la propriété d'un local bien situé*».[90]

Roubier inverse également le processus de qualification juridique classique. Il explique et décrit plus qu'il n'envisage le réel contenu de ces droits. Or, la nature juridique s'apprécie, non pas à la lumière de sa fonction, mais au regard de son contenu. La fonction est la conséquence de la nature du droit. En déterminant la nature juridique du droit par l'utilisa-

---

[83] A. Françon, *Cours de propriété littéraire, artistique et industrielle*, Litec, Les cours de droit, 1999, p. 5 à 8.
[84] F. Pollaud-Dulian, *op. cit.*, n° 22, p. 10.
[85] *Ibid.*
[86] P. Roubier, *op. cit.*, n° 23, p. 106.
[87] V. notamment, J. M. Mousseron, *Le droit du breveté d'invention – Contribution à une analyse objective*, LGDJ, Bibl. de droit privé, t. 23, 1961, n° 245, p. 270 citant H. Aberkane, *Contribution à l'étude de la distinction des droits de créance et des droits réels – Essai d'une théorie générale de l'obligation propter rem en droit positif français*, Th. Dr. Paris 1955, LGDJ 1957, p. 243.
[88] J. Dabin, «Les droits intellectuels comme catégorie juridique», préc., spéc. n° 20.
[89] V. A. Françon, *op. cit.*, p. 8; H. Desbois, *op. cit.*, p. 14.
[90] J. M. Mousseron, *op. cit.*, n° 245, p. 271.

tion d'une notion relevant plus de l'ordre économique,[91] Roubier réduit la nature de ce droit «*à l'une de ses manifestations*».[92]

Ainsi, si la qualification de droit de clientèle peut convenir aux droits portant sur des choses incorporelles,[93] elle n'en constitue pas pour autant une qualification juridique à classer aux côtés des autres droits subjectifs.

L'échec des démarches entreprises par Roubier et Dabin invite à déterminer la nature des droits de propriété intellectuelle à partir de leur contenu, c'est-à-dire de l'ensemble de ses prérogatives.[94]

§ 2. L'admission du droit de propriété

En dépit de la persistance de débats doctrinaux, la notion de «propriété intellectuelle» est aujourd'hui consacrée. Le législateur a abandonné ses doutes et n'hésite pas à qualifier de droit de propriété intellectuelle, les droits portant sur les marques, les inventions ou les œuvres de l'esprit.[95] Cette opinion est rejointe par la majeure partie de la doctrine qui envisage le droit de marque, le brevet ou le droit d'auteur comme de véritables droits de propriété.[96] Il ne s'agit ni d'un abus, ni d'une facilité de langage, mais d'une solution logique et parfaitement cohérente au regard de l'analyse des prérogatives et caractères des droits de propriété intellectuelle (I). Cette qualification ne doit pas être remise en cause par les spécificités de ces droits. Ils doivent simplement être envisagés comme des propriétés spéciales.[97] (II)

---

[91] C. Colombet, *Propriété littéraire et artistique et droits voisins*, Dalloz, Précis, 9ᵉ éd., 1999, n° 19, p. 14; J. M. Mousseron, *op. cit.*, n° 245, p. 271.

[92] F. Pollaud-Dulian, *op. cit.*, n° 22, p. 11.

[93] *Contra* F. Pollaud-Dulian, *op. cit.*, n° 22, p. 11.

[94] J. M. Mousseron, *op. cit.*, n° 245, p. 271.

[95] V. Loi n° 92-597 du 1 juillet 1992 relative au Code de la propriété intellectuelle.

[96] J. M. Mousseron, *Le droit du breveté d'invention – Contribution à une analyse objective*, LGDJ, Bibl. de droit privé, t. 23, 1961, p. 272, n° 247, p. 272; Y. Strickler, *Les biens*, PUF, Thémis droit, 2006, n° 63, p. 101; J. Passa, *Traité de droit de la propriété industrielle, t. 1, Marques et autres signes distinctifs, Dessins et modèles*, LGDJ, 2ᵉ éd., 2009, n° 11, p. 12; J. Azéma & J.-C. Galloux, *Droit de la propriété industrielle*, Dalloz, Précis, Droit privé, 7ᵉ éd., 2012, n° 2, p. 1; E. Pouillet, *Traité des marques de fabrique et de la concurrence déloyale en tous genres*, LGDJ, Marchal & Billard, 6 éd., 191, n° 135 p. 131; J. Raynard, *Droit d'auteur et conflits de lois. Essai sur la nature juridique du droit d'auteur*, Litec, Bibl. du droit de l'entreprise, t. 26, 1990; J. M. Mousseron, J. Raynard & T. Revet, «De la propriété comme modèle», *in Mélanges offerts à A. Colomer*, Litec, 1993, p. 281; C. Caron & H. Lécuyer, *Le droit des biens*, Dalloz, Connaissances du droit, 2002, p. 44; F. Zenati-Castaing & T. Revet, *Les biens*, 3ᵉᵐᵉ éd., PUF, 2008, n° 53, p. 99; C. Aubry & C. Rau, *Droit civil français*, t. II, 7ᵉᵐᵉ éd. par P. Esmein, Litec, 1961, n° 5, p. 13; P. Jourdain, *Les biens*, Dalloz, Droit civil, 1995, n° 434, p. 518; C. Colombet, *Propriété littéraire et artistique et droits voisins*, Dalloz, Précis, 9ᵉ éd., 1999, n° 20, p. 15; F. Pollaud-Dulian, *Droit de la propriété industrielle*, Economica, Corpus droit privé, 2ᵉ éd., 2011, n° 25. p. 12; C. Simler, *Droit d'auteur et droit commun des biens*, Litec, CEIPI, t. 55, 2010.

[97] J. Passa, *op. cit.*, n° 11, p. 12.

I. La conjonction des droits de propriété intellectuelle avec le droit de propriété

Une approche difficilement contestable. L'argument selon lequel le droit de propriété ne concernerait que les choses corporelles souffre de trop nombreuses critiques[98] pour emporter l'assentiment. Il ne correspond pas à la vision moderne qui doit être faite des biens et, partant, de la propriété. Le Professeur Zénati-Castaing relève ainsi que «*la nature corporelle de l'objet de la propriété constitue un dogme purement doctrinal qui résulte de l'interprétation de la loi, voire de sa dénaturation*».[99] Il poursuit en dénonçant ce débat et affirme que «*contester que la propriété puisse porter sur des biens immatériels devient de plus en plus un combat d'arrière-garde*».[100] Les choses incorporelles peuvent faire l'objet d'une appréhension[101] et d'un rapport d'appropriation.

Appréhender les droits de propriété intellectuelle comme de véritables droits de propriété a d'ailleurs fait l'objet de plusieurs consécrations.[102] Pour autant, afin de s'assurer qu'il ne s'agit pas là d'abus ou de facilités de langage, il convient d'analyser plus en détail le contenu et les caractères du droit de propriété.

La définition de la propriété. Classiquement, le droit de propriété est présenté comme le plus absolu et le plus important des droits réels, en permettant «à son titulaire d'exercer sur la chose la plénitude des prérogatives d'une personne sur une chose, la *plena in re potestas*».[103] Compte tenu des prérogatives qu'il confère (**A**), l'*usus*, le *fructus* et l'*abusus*, et de ses caractères (**B**), l'exclusivité, l'absoluité et la perpétuité, le droit de propriété permet à son titulaire de bénéficier pleinement des utilités de sa chose. L'étude de ces différents éléments permettra de démontrer que les droits de propriété intellectuelle se distinguent peu du droit de propriété envisagé à l'article 544 du Code civil.

---

[98] V. notamment, F. Zénati, «Pour une rénovation de la théorie de propriété», *RTD civ.* 1993, p. 305; «L'immatériel et les choses», *APD* 1999, t. 43, p. 79; A. Pélissier, *Possession et meubles incorporels*, Dalloz, Nouvelle bibliothèque des thèses, 2001; S. Alma-Delettre, «La nature juridique des droits de propriété intellectuelle», *in Propriété intellectuelle et droit commun*, PUAM, Institut du droit des affaires, 2007, p. 25; J. M. Mousseron, J. Raynard & T. Revet, préc., spéc. n° 14. V. également L. Josserand, «Configuration du droit de propriété dans l'ordre juridique nouveau», *in Mélanges juridiques dédiés à M. le Professeur Sugiyama*, Sirey, 1940, p. 95, spéc. p. 98.

[99] F. Zénati, art. préc., spéc. p. 309 et 310.

[100] *Ibid.*, spéc. p. 312.

[101] A. Pélissier, *op. cit.*, p. 233, p. 107.

[102] Cf. Introduction

[103] F. Terré & P. Simler, *op. cit.*, n° 120, p. 126.

A. La conjonction des prérogatives

1. L'usus

La définition classique de l'*usus*. L'*usus* est la faculté pour le propriétaire d'utiliser le bien comme il le souhaite.[104] Le *jus utendi* est également entendu comme l'usage direct[105] de la chose ou «le droit de se servir personnellement de sa chose suivant la destination de celle-ci».[106] L'usage peut prendre différentes formes et dépend directement de la nature du bien. L'*usus* peut également être entendu de manière plus large et comprendre les deux autres prérogatives offertes au propriétaire: le *fructus* et l'*abusus*, qui pourraient être envisagés comme «*des manières particulières d'utiliser la chose*».[107]

L'*usus* conféré par les droits de propriété intellectuelle. Pour certains auteurs, les droits de propriété intellectuelle ne confèrent pas à leurs titulaires de *jus utendi*;[108] dès lors que «l'idée qui est à la base de l'invention, l'expression de forme qui est à la base de la création artistique ou littéraire, ne peuvent par la force des choses, rester le bénéfice d'une seule personne (...). Le caractère exclusif de l'usus ne peut exister, par hypothèse, dans de tels droits».[109] Mousseron réfuta l'argument de Roubier en démontrant que le breveté disposait d'une certaine manière de l'*usus* caractéristique du droit de propriété.[110]

En matière de brevet, le droit naît au jour de la demande, et cela avant toute publication.[111] Durant cette période, il n'est pas contesté que le breveté détient «l'usage exclusif tant économique qu'intellectuel de son invention».[112] Le même raisonnement pourrait être tenu en matière de marque: le droit de marque résulte de l'enregistrement et n'implique pas nécessairement une exploitation publique, tout du moins pendant cinq ans.[113]

---

[104] J. Carbonnier, *Droit civil. t. 3. Les biens*, PUF, Thémis Droit privé, 19ᵉ éd., 2000, n° 68, p. 129.

[105] P. Malaurie & L. Aynès, *op. cit.*, n° 434, 122. V. également, Y. Strickler, *op. cit.*, 2006, n° 256, p. 364.

[106] G. Cornu, *Droit civil. Les biens*, Montchrestien, Coll. Domat droit privé, 13 éd., 2007, n° 28, p. 69.

[107] F. Zenati-Castaing & T. Revet, *op. cit.*, n° 209, p. 333.

[108] P. Roubier, *Le droit de la propriété industrielle, op. cit.*, n° 21, 95.

[109] *Ibid.*

[110] J. M. Mousseron, *Le droit du breveté d'invention, op. cit.*, n° 249, p. 273.

[111] V. notamment à ce sujet, J. Schmidt, «Le droit du breveté entre la demande et la délivrance», *in Mélanges en l'honneur de D. Bastian, t. 2, Droit de la propriété industrielle*, Litec, 1974, p. 389. V. les articles L. 611-2 et L. 613-3 du Code de la propriété intellectuelle.

[112] J. M. Mousseron, *op. cit.*, n° 249, p. 273. V. Y. Basire, «Traitement de la demande française de brevet», *J.-Cl. Brevets*, Fasc. 4420, 2012. V. également J. M. Mousseron, J. Raynard & T. Revet, préc., p. 281, n° 19; J. Raynard, *Droit d'auteur et conflits de lois, op. cit.*, n° 280, p. 245 et n° 372, p. 335.

[113] V. l'article L. 714-5 du Code de la propriété intellectuelle.

En outre, contrairement à ce que semble affirmer Roubier, la propriété d'une chose corporelle ne permet pas de réserver l'usage intellectuel de la chose.[114] Le titulaire d'une maison donnant sur la rue ne peut empêcher les passants de la regarder. Pour autant, au même titre qu'un titulaire de droit de propriété intellectuelle, il pourrait limiter l'usage des tiers en installant, par exemple, une clôture.

De même, s'il est vrai que les choses faisant l'objet d'un droit de propriété intellectuelle peuvent être utilisées par le public, l'usage en question demeure limité. Seul le titulaire reste libre de jouir de sa marque comme il le souhaite.

Faut-il également rappeler que l'*usus* appartient avec le *fructus* à une catégorie plus large envisagée par l'article 544 du Code civil: le droit de jouissance. L'*usus* et le *fructus* sont les deux versants de la jouissance de la chose. Or, l'*usus* et le *fructus* s'excluent mutuellement «*tout au moins dans une certaine mesure*».[115] C'est ainsi qu' «*un propriétaire ne peut à la fois habiter sa maison (usus) et la louer (fructus). En outre, certains biens ne sont susceptibles que d'usage, et ne produisent pas de fruits. À l'inverse, il existe des biens insusceptibles d'usage qui produisent des revenus (ex: les valeurs mobilières, les capitaux)*»[116]. Un tel raisonnement pourrait être envisagé en matière de propriété intellectuelle, le *fructus* excluant – dans une certaine mesure – l'*usus*. Partant, l'absence de l'usus ne devrait pas être disqualifiante.

Enfin, il faut noter qu'au sens large, «l'*usus* ou *jus utendi* consiste en le droit, pour le propriétaire, d'utiliser la chose, cette utilisation correspondant à ce qu'il entend qu'elle soit».[117] La divulgation d'une œuvre ou l'exploitation publique d'une invention participeraient de l'*usus*

2. Le fructus

La définition du *fructus*. En jouissant de sa chose, le propriétaire perçoit les fruits[118] de son bien.[119] Il s'agit du *jus fruendi*. Si cette prérogative implique le droit de percevoir les fruits de la chose,[120] il implique

---

[114] J. Raynard, *op. cit.*, n° 372, p. 335 et 336; V. également J. M. Mousseron, *op. cit.*, n° 249, p. 273.

[115] P. Malaurie & L. Aynès, *op. cit.*, n° 434, p.122.

[116] *Ibid.*.

[117] C. Larroumet, *Droit civil, Les biens, Droits réels principaux*, t. II, Economica, 5e éd., 2006, n° 221, p. 119.

[118] V. pour une définition du fruit, C. Larroumet, *op. cit.*, n° 225, p. 120. V. également, F. Terré & P. Simler, *op. cit.*, n° 123, p. 129; P. Malaurie & L. Aynès, *op. cit.*, n° 160, p. 51; Y. Strickler, *op. cit.*, n° 89, p. 140.

[119] P. Malaurie & L. Aynès, *op. cit.*, n° 434, p. 122.

[120] V. notamment, P. Malaurie & L. Aynès, *op. cit.*, n° 434, p. 122; Y. Strickler, *op. cit.*, n° 257, p. 365. V. également, G. Cornu, *op. cit.*, n° 27, p. 67.

également le droit de ne pas les percevoir,[121] voire de ne pas l'exploiter la chose[122] et, donc, de la laisser à l'abandon.

Le *fructus* dans les droits de propriété intellectuelle. Appliquée aux droits de propriété intellectuelle, la question du *fructus* est moins délicate que celle relative au *jus utendi*. Nul ne conteste que les titulaires des droits de propriété intellectuelle bénéficient, au même titre que le propriétaire d'une chose corporelle, du droit d'en retirer les fruits, les revenus. Cette prérogative peut même être perçue comme «*la fonction la plus élémentaire du monopole d'exploitation qui lui est conféré*».[123] Le titulaire d'un droit de propriété intellectuelle peut faire le choix de l'exploiter personnellement afin d'en tirer des bénéfices ou, au contraire, préférer la voie contractuelle, notamment en concédant des licences.

Cependant, à l'inverse du propriétaire qui est libre de jouir ou de ne pas jouir de son bien, les propriétés intellectuelles ne doivent pas être oisives.[124] Le titulaire d'une marque peut, notamment, voir son droit sur la marque disparaître si celui-ci n'en fait pas un usage sérieux pendant cinq ans. Il ne s'agit cependant pas d'une amputation du *fructus*, mais d'une situation où l'intérêt général prend le dessus, comme il en existe dans le cadre de la propriété classique,[125] l'oisiveté du titulaire de la marque s'apparentant à une entrave au principe de la libre concurrence devant être sanctionnée.

3. L'abusus

La définition de l'*abusus*. La troisième prérogative du propriétaire est l'*abusus*. Il s'agit du droit de disposer permettant au propriétaire de régir la vie juridique de la chose.[126] Les mots ne manquent pas pour souligner l'importance de cette prérogative: attribut essentiel[127], prérogative fondamentale,[128] indissociable.[129] Le propriétaire se voit offrir une liberté de choix. Il peut disposer de la chose soit en la consommant, soit en la détruisant, soit en s'en séparant par voie d'actes juridiques, tels que l'aliénation. Il peut même aller jusqu'à abandonner son bien.

---

[121] P. Malaurie & L. Aynès, *op. cit.*, n° 434, p. 122; F. Terré & P. Simler, *op. cit.*, n° 122, p. 129.
[122] J.-L. Bergel, M. Bruschi & S. Cimamonti, *Traité de droit civil*, *op. cit.*, n° 82, p. 93.
[123] J. M. Mousseron, *op. cit.*, n° 249, p. 274.
[124] A. Françon, *Cours de propriété littéraire, artistique et industrielle*, *op. cit.*, p. 4.
[125] V. l'hypothèse d'expropriation pour cause d'utilité publique envisagée à l'article 545 du Code civil.
[126] C. Larroumet, *op. cit.*, n° 244, p. 129.
[127] Cons. const., 29 juillet 1998, *JCP G* 1998, I, 171, chron. H. Périnet-Marquet.
[128] Y. Strickler, *op. cit.*, n° 258, p. 365.
[129] *Ibid*.

L'*abusus* dans les droits de propriété intellectuelle. La question de l'*abusus* dans les droits de propriété intellectuelle ne pose là encore guère de difficultés. Le titulaire d'un droit de propriété intellectuelle est parfaitement en mesure d'abandonner sa chose. Diverses méthodes sont envisageables pour les titulaires. En sus de l'abandon, le titulaire du droit de propriété intellectuelle peut disposer de sa chose par voie d'actes juridiques. Les objets des droits de propriété intellectuelle peuvent ainsi être alienes,[130] faire l'objet de sûretés[131] ou d'un apport en société.[132]

On vient de le voir, qu'il s'agisse de l'*usus*, du *fructus* ou de l'*abusus*, il apparaît que les droits de propriété intellectuelle confèrent les mêmes prérogatives que le droit de propriété de l'article 544 du Code civil. Si des difficultés peuvent apparaître, elles ne doivent pas être considérées comme dirimantes. Afin de conforter l'idée selon laquelle nous avons bien affaire à des droits de propriété intellectuelle, il est impératif d'envisager désormais les caractères du droit de propriété classique.

B. La conjonction des caractères

1. L'absoluité du droit de propriété

Il faudra envisager dans un premier temps la signification du caractère absolu du droit de propriété (**a**) pour ensuite considérer celui des droits de propriété intellectuelle (**b**).

a. La signification du caractère absolu du droit de propriété

La signification historique de l'absoluité. L'article 544 du Code civil précise que la propriété est «*le droit de jouir et de disposer des choses de la manière la plus absolue*». Bien que visé par le texte, le caractère absolu du droit de propriété est délicat à appréhender. L'adjectif absolu est en effet polysémique, synonyme à la fois d'illimité et de parfait. Ces deux idées se retrouvent lorsqu'il s'agit d'envisager le caractère absolu du droit de propriété.

La doctrine du dix-neuvième siècle considérait le droit de propriété comme un droit illimité.[133] Il s'agit pourtant là d'une lecture erronée de l'article 544 du Code civil. Si la propriété est le droit de jouir et de disposer des choses de la manière la plus absolue, encore faut-il ne pas en faire

---

[130] V. pour la marque, art. L. 714-1 du CPI. V. pour le brevet, art. L. 613-8 du CPI. V. pour les dessins et modèles, art. L. 513-2 du CPI.

[131] N. Martial, *Droit des sûretés réelles sur propriétés intellectuelles*, PUAM, 2007; M. Vivant, «L'immatériel en sûreté», *in Mélanges M. Cabrillac*, Dalloz-Litec, 1999, p. 405.

[132] N. Binctin, *Le capital intellectuel*, Litec, Bibl. de droit de l'entreprise, t. 75, 2007.

[133] C. Atias, *op. cit.*, n° 119, p. 103.

«*un usage prohibé par les lois ou les règlements*». La propriété privée souffre d'innombrables restrictions,[134] «inhérentes à sa nature».[135]

Pour autant, le droit de propriété est absolu, au sens «illimité», car il n'est pas limité initialement. Le droit de propriété permet à son titulaire de tout faire, sauf ce qui est interdit.[136] Il se distingue ainsi des autres droits réels.[137] La liberté est donc la règle, tandis que la limitation doit être précisée.[138]

Le droit de propriété est aussi absolu en ce sens qu'il est «parfait», ou plutôt le droit réel le plus complet[139]. Au regard des prérogatives qu'il confère, le droit de propriété est *«la forme la plus complète des droits subjectifs»*.[140] Seul le droit de propriété permet de profiter du *jus utendi*, *jus fruendi* et du *jus abutendi* sur une chose.

Enfin, de par son absoluité, le droit de propriété se distingue des droits personnels qui sont considérés comme des droits relatifs, en ce sens qu'ils procurent des prérogatives ne pouvant s'exercer qu'à l'égard d'une personne. À l'inverse, le droit de propriété établit une relation entre *«un sujet et le reste de la société»*.[141] Il est opposable à tous et s'exerce de manière absolue.[142]

b. Le caractère absolu des droits de propriété intellectuelle

La relativité des droits de propriété intellectuelle justifiée par l'intervention de la puissance publique. L'absoluité des droits de propriété intellectuelle est contestée. Pour un auteur, ils seraient des droits relatifs au motif qu'ils ne pourraient pas être *«entendus en dehors de la puissance publique»*.[143] Ils s'opposeraient par là aux droits de propriété «classique» qui

---

[134] G. Cornu, *op. cit.*, n° 29, p. 71. V. également C. Caron & H. Lécuyer, *op. cit.*, p. 46; C. Atias, *op. cit.*, n° 120, p. 103. V. aussi, CJCE, 14 mai 1974, «Nold KG c/ Commission», aff. C-4/73, *Rec.* 1974, p. 491, pt. 14.

[135] J.-Y. Chérot, «La protection de la propriété dans la jurisprudence du conseil constitutionnel», in *Mélanges C. Mouly*, Litec, 1998, t. 1, p. 405, spéc. n° 4.

[136] J. Carbonnier, *op. cit.*, n° 68, p. 130.

[137] V. sur l'usufruit, art. 578 du Code civil.

[138] G. Ripert & J. Boulanger, *Traité de droit civil, d'après le traité de Planiol*, t. II, LGDJ, 1957, n° 2247, p. 787.

[139] V. notamment, F. Terré & P. Simler, *op. cit.*, n° 120, p. 126; Y. Strickler, *op. cit.*, n° 255, p. 363.

[140] P. Roubier, *Droits subjectifs et situations juridiques*, Dalloz, Bibl. Dalloz, 2005, p. 29.

[141] F. Zenati-Castaing & T. Revet, *op. cit.*, n° 214, p. 343; P. Catala, «La transformation du patrimoine dans le droit civil moderne», *RTD civ.*, 1966, p. 185, spéc. p. 201.

[142] F. Zenati-Castaing & T. Revet, *op. cit.*, n° 214, p. 343.

[143] A. Abello, «La propriété intellectuelle, une "propriété de marché"», in M.-A. Frison-Roche et A. Abello (dir.), *Droit et économie de la propriété intellectuelle*, LGDJ, coll. Droit et Économie, 2005, p. 341, spéc. p. 351.

existeraient sans la «médiation de l'État».[144] Cette approche n'emporte pas l'assentiment, l'intervention de la puissance publique étant indifférente dans l'appréciation du caractère absolu du droit de propriété.

Une intervention de la puissance publique indifférente. En matière de droit d'auteur, le droit de l'auteur est spontané et issu de la création.[145] En matière de brevet, l'argument, selon lequel les droits de propriété intellectuelle sont relatifs en raison de l'intervention de la puissance publique, ne semble également pas tenir. La demande de brevet est un acte juridique unilatéral d'appropriation d'un bien sans maître.[146] De ce fait, c'est la demande qui apparaît comme le *«mode originaire de constitution et d'acquisition de droit»*.[147] En matière de marque, la situation est davantage sujette à discussion, le droit de marque résultant de l'enregistrement.[148] Cependant, il ne nous semble pas que l'intervention de la puissance publique suffise à en faire un droit relatif. Une telle intervention dans la reconnaissance de la propriété existe également en matière de chose corporelle. Le possesseur souhaitant bénéficier de la prescription acquisitive doit la faire valoir devant le juge,[149] celui-ci venant constater le droit de propriété acquis par le jeu de la prescription.

La justification de l'intervention de la puissance publique. S'il est vrai que la puissance publique occupe une place importante dans la reconnaissance des droits de propriété intellectuelle, elle n'a pas pour conséquence d'en faire des droits relatifs. Quel que soit le droit de propriété en question, la puissance publique est omniprésente.[150] En matière de propriété classique, la puissance publique peut intervenir *a posteriori* pour limiter, voire annihiler le droit de propriété. Cette limitation résulte théoriquement d'intérêts supérieurs qui peuvent être d'ordre économique, social, public ou privé.[151] Comme le droit de propriété envisagé par l'article 544 du Code civil, les droits de propriété intellectuelle sont limités par l'intérêt général. Cependant, contrairement au droit de propriété classique, la prise en compte de l'intérêt général se fait, notamment, au moment de la naissance du droit. Les canons de la brevetabilité sont dictés

---

[144] A. Abello, préc., spéc. p. 350. V. aussi, J. Carbonnier, *op. cit.*, n° 51, p. 94 et 95.

[145] V. art. L. 111-1 du Code de la propriété intellectuelle.

[146] J. M. Mousseron, *op. cit.*, n° 157, p. 184.

[147] J. M. Mousseron, *op. cit.*, n° 157, p. 184.

[148] Art. L. 712-1 du Code de la propriété intellectuelle.

[149] Cass. Civ., 3ᵉ ch., 22 janvier 1992, *D.* 1993, somm. com., 2ᵉ espèce, p. 302, J. H. Robert.

[150] V. sur les restrictions au droit de propriété, J.-L. Bergel, M. Bruschi & S. Cimamonti, *Traité de droit civil, Les biens*, LGDJ, 2ᵉ éd., 2010, n° 104, p. 121. V. aussi, L. Josserand, *Cours de droit civil positif français, t. 1, Théorie générale du droit et des droits – les personnes – la famille – La propriété et les autres droits réels principaux*, Sirey, 2ᵉ éd., 1932, n° 1473, p. 761.

[151] V. Cons. const., Décision n° 81-132 DC, 16 janvier 1982, Loi de nationalisation.

par des intérêts supérieurs[152] tels que la liberté du commerce et de l'industrie,[153] les bonnes mœurs,[154] l'ordre public ou encore la santé publique.[155] La même réflexion s'applique au droit de marque, dont l'existence ne doit pas être un frein à la libre concurrence. L'intervention de la puissance publique dans la reconnaissance des droits de propriété intellectuelle n'apparaît donc pas comme dirimante.

L'approche «classique» du caractère absolu des droits de propriété intellectuelle. Concernant la plénitude des droits de propriété intellectuelle, il a été précisé auparavant que leurs titulaires bénéficiaient de toutes les prérogatives reconnues au propriétaire. Il s'agit de droits complets et, en ce sens, absolus.

En outre, le droit est absolu dès lors que les prérogatives conférées ne souffrent pas de limitation:[156] le titulaire «choisit de jouir de lui-même de sa création, d'en concéder des licences d'exploitation, de la céder et même de l'abandonner au domaine public».[157] De ce fait, il peut tout faire, sauf ce qui lui est interdit. Enfin, la question de l'opposabilité *erga omnes* des droits de propriété intellectuelle ne soulève guère de difficultés. Chacun doit *«respecter le droit de propriété intellectuelle, sauf à s'attirer les terribles foudres de la contrefaçon»*.[158]

2. L'exclusivité du droit de propriété

a. La signification de l'exclusivité du droit de propriété

L'importance de l'exclusivité. Le droit de propriété est un droit exclusif. Ce caractère est quasi unanimement reconnu par la doctrine, Pothier y voyant même là l'essence du droit de propriété.[159] Il n'est pourtant pas fait mention de ce caractère à l'article 544 du Code civil. Certains auteurs relèvent d'ailleurs que l'exclusivisme n'est pas propre au droit

---

[152] Art. L. 611-10 du Code de la propriété intellectuelle. V. J. Schmidt-Szalewski & J.-L. Pierre, *op. cit.*, n° 49, p. 24.

[153] G. Bonet & A. Bouvel, «Distinctivité du signe», *J.-Cl. Marques – dessins et modèles*, Fasc. 7090, 2007, n° 2; A. Françon, «La prohibition des marques descriptives en droit français», *RIPIA* 1973, n° 94, p. 270. Cf. *supra* n° 65.

[154] Art. L. 611-17 du CPI.

[155] V. l'exclusion prévue à l'article L. 611-16 du CPI qui semble dictée par des intérêts de santé publique.

[156] J. M. Mousseron, J. Raynard & T. Revet, «De la propriété comme modèle», préc., p. 281, n° 18.

[157] S. Alma-Delettre, «La nature juridique des droits de propriété intellectuelle», préc., p.25, spéc. n° 9.

[158] C. Caron, «Du droit des biens en tant que droit commun de la propriété intellectuelle», *JCP G* 2004, I, 162. V. également, art. L. 111-1 du CPI.

[159] Y. Strickler, *op. cit.*, n° 259, p. 366. V. aussi, F. Zénati, *La nature juridique de la propriété: Essai sur la nature juridique de la propriété – Contribution à la théorie du droit subjectif*, Thèse Université Jean Moulin, 1981, p. 541.

de propriété, mais qu'il constitue une caractéristique inhérente aux droits subjectifs.[160]

Deux idées sont contenues dans la notion d'exclusivité. L'exclusivisme doit être entendu comme la faculté pour le titulaire du droit de propriété de bénéficier seul – de manière exclusive – des prérogatives attachées à son bien, avec pour conséquence, inhérente à cette exclusivité, la faculté d'interdire, d'exclure les tiers en cas d'empiètement,[161] et cela même si cet empiètement ne cause au propriétaire aucun préjudice.[162] Ainsi, le titulaire du droit de propriété se voit conférer un monopole lui permettant de jouir seul des utilités de la chose et a la faculté d'exclure les tiers qui tenteraient d'en profiter sans autorisation.

L'exclusivité reconnue du propriétaire, qui n'est pas l'apanage du droit de propriété, se distingue des autres droits subjectifs. Comme le relève un auteur, «*la façon dont il est sanctionné est originale par rapport à celle d'autres droits patrimoniaux. En effet, si tous les droits par hypothèse exclusifs, sont protégés en justice d'une façon telle que leur titulaire puisse faire reconnaître qu'il est le seul à pouvoir se prévaloir du droit, cette protection n'est pas originale en ce que le plus souvent sinon presque toujours, elle est assurée au moyen d'une action en responsabilité civile intentée contre ceux qui s'attribuent un droit qui appartient à autrui*».[163] En matière mobilière, par exemple, le propriétaire bénéficie de l'action en revendication qui permet au propriétaire d'agir en justice afin de récupérer la chose dont il aurait pu être dépouillé contre sa volonté.

b. Le caractère exclusif des droits de propriété intellectuelle

Le monopole conféré par le droit de propriété intellectuelle. Il peut être objecté que les droits de propriété intellectuelle ne sont pas des droits exclusifs en ce sens qu'ils ne réservent pas l'usage de la chose objet du droit à son titulaire.[164] Une fois divulguée, l'œuvre de l'esprit est laissée au libre accès intellectuel du public.[165] Il en va de même pour une invention couverte par un brevet ou un produit marqué. Dès lors, peut-on encore parler d'exclusivité quand les choses incorporelles sont laissées à l'usage de tous? La réponse est bien évidemment positive.

---

[160] C. Larroumet, *op. cit.*, n° 197, p. 104. V. également, M. Fabre-Magnan, «Propriété, patrimoine et lien social», *RTD civ.* 1997, p. 583 et plus particulièrement n° 7.

[161] V. P. Jourdain, *op. cit.*, n° 41-1, p. 50.

[162] P. Malaurie & L. Aynès, *op. cit.*, n° 456, p. 134.

[163] C. Larroumet, *op. cit.*, n° 197, p. 104.

[164] P. Roubier, *Le droit de la propriété industrielle*, *op. cit.*, n° 21, p. 95.

[165] J. Raynard, *op. cit.*, n° 372, p. 335.

L'usage intellectuel du public ne remet pas en cause le caractère exclusif du droit. Les Professeurs Mousseron, Revet et Raynard résument cela en ces termes: «*l'absence d'exclusivité en dehors du faisceau des prérogatives légales, c'est-à-dire quand il ne s'agit plus d'avantage ou de privilège économique, n'est, donc, pas pour surprendre: il n'y a plus, alors, droit d'auteur ou de brevet, c'est-à-dire droit de propriété, parce qu'il n'y a plus d'objet de droit, de bien, de valeur économique, par conséquent*».[166] Dès qu'il s'agit de mettre en œuvre son droit, le titulaire reste maître de sa chose et de ses utilités économiques[167] Ainsi, si l'«accès intellectuel»[168] à la chose objet du droit est laissée au publique, le titulaire en contrôle l'accès juridique, en ce sens qu'il est le seul à pouvoir exploiter son droit.[169] Il est le seul à pouvoir tirer profit de «ces connaissances, de ces informations».[170]

L'exclusion des tiers. En matière de propriété intellectuelle, la protection du titulaire du droit à l'égard des tiers peut prendre deux formes distinctes: l'action en revendication, qui existe en matière de brevets,[171] de marques[172] ou de dessins et modeles,[173] et l'action en contrefaçon, action spéciale qui tend à sanctionner les atteintes à leurs droits.[174]

Classiquement, la contrefaçon est présentée comme une atteinte à un droit de propriété intellectuelle. Si elle prive le titulaire du droit «*d'une exploitation exclusive*»,[175] il n'est cependant pas complètement exclu de l'usage qu'il peut faire de son bien. La contrefaçon peut donc être envisagée comme une dépossession partielle.[176]

L'action en contrefaçon vient sanctionner l'atteinte à un droit privatif en ce qu'elle permet de «rétablir le titulaire du droit dans l'intégralité de son monopole» et de «faire cesser l'usurpation et à la sanctionner».[177]

Une partie de la doctrine s'accorde pour considérer l'action en contrefaçon comme une véritable action en revendication.[178] D'ailleurs,

---

[166] J. M. Mousseron, J. Raynard & T. Revet, préc., p. 281, n° 19.

[167] S. Alma-Delettre, préc., p. 25, spéc. n° 8.

[168] J. Passa, *Traité de droit de la propriété industrielle*, op. cit., n° 11, p. 12.

[169] *Ibid.*

[170] S. Alma-Delettre, préc., spéc. n° 8.

[171] Art. L. 611-8 du CPI.

[172] Art. L. 712-6 du CPI.

[173] Art. L. 511-10 du CPI.

[174] J. Passa, *op. cit.*, n° 11, p. 12.

[175] C. Simler, *Droit d'auteur et droit commun des biens*, Litec, CEIPI, t. 55, 2010, n° 153, p. 122. V. aussi, J. Foyer & M. Vivant, *op. cit.*, p. 288.

[176] C. Simler, *op. cit.*, n° 153, p. 122.

[177] F. Pollaud-Dulian, *op. cit.*, n° 83, p. 47.

[178] J. Passa, *op. cit.*, n° 406, p. 572; F. Pollaud-Dulian, *op. cit.*, n° 29, p. 15; J. Foyer & M. Vivant, *op. cit.*, p. 330. V. également pour un exemple jurisprudentiel, Cass. civ., 2 juillet 1931, *Ann. propr. ind.* 1932, p. 31.

comme le note le Professeur Passa, la doctrine du droit des biens donne à l'action en revendication classique une définition correspondant à l'action en contrefaçon[179]. Pour autant, l'identité entre les deux actions n'est pas complète. L'action en contrefaçon se caractérise par sa «*nature hybride*»[180] qui «*participe à la fois de l'action en responsabilité civile et de l'action en revendication*».[181] L'aspect réparateur de l'action en contrefaçon ne remet pas en cause le caractère exclusif des droits de propriété intellectuelle. L'intérêt de l'action réside principalement dans son caractère revendicatoire, l'objectif étant de faire cesser l'empiètement indu et d'assurer la défense de la propriété.

3. La perpétuité du droit de propriété

a. Le caractère perpétuel du droit de propriété

Les significations. La perpétuité du droit de propriété peut s'entendre du fait qu'il n'est pas limité dans le temps et dure tant qu'existe la chose.[182] Cela implique en conséquence que le droit de propriété ne s'éteint pas avec le décès de son propriétaire et qu'il passe «*de main en main et spécialement dans celle du ou des héritiers*».[183]

La perpétuité du droit de propriété signifie également qu'il «*ne s'éteint pas avec le non-usage de la chose; il n'y a pas à son endroit, de prescription extinctive*».[184] Le droit de propriété serait donc perpétuel, car imprescriptible.

C'est la réunion de ces deux significations qui fait que le droit de propriété doit être envisagé comme perpétuel. Il n'a pas vocation à disparaître et peut exister éternellement tant que l'objet existe.

---

[179] F. Zenati, *Les biens*, PUF, 1988, n° 166, p. 184.

[180] F. Pollaud-Dulian, *op. cit.*, n° 29, p. 15.

[181] *Ibid.* V. également, C. Simler, *op. cit.*, n° 152, p. 121.

[182] P. Malaurie et L. Aynès, *op. cit.*, n° 463, p. 138; G. Ripert & J. Boulanger, *Traité de droit civil, d'après le traité de Planiol*, t. II, LGDJ, 1957, n° 2254, p. 790; C. Larroumet, *op. cit.*, n° 250, p. 132; J.-L. Bergel, M. Bruschi & S. Cimamonti, *op. cit.*, n° 98, p. 113; F. Zenati-Castaing & T. Revet, *op. cit.*, n° 233, p. 379; C. Caron & H. Lécuyer, *op. cit.*, p. 53; L. Josserand, *Cours de droit civil positif français, t. 1, Théorie générale du droit et des droits – les personnes – la famille – La propriété et les autres droits réels principaux*, Sirey, 2e éd., 1932, n° 1507, p. 780. V. également V. Bonnet, «La durée de la propriété», *R.R.J.* 2002, n° 1, p. 273. Cet auteur parle de perpétuité objective.

[183] Y. Strickler, *op. cit.*, n° 259, p. 367; J.-L. Bergel, M. Bruschi & S. Cimamonti, *op. cit.*, n° 98, p. 113; L. Julliot De La Morandière, *Précis de droit civil, publié d'après le Cours élémentaire de droit civil français de A. Colin et H. Capitant*, t. II, Dalloz, 1957, n° 8, p. 3; G. Cornu, *op. cit.*, n° 32, p. 76. Cette conception de la perpétuité a cependant été contestée. V. P. Jourdain, *op. cit.*, n° 48, p. 59; M. De Vareilles-Sommières, «La définition et la notion juridique de la propriété», *RTD civ.* 1905, p. 443; V. Bonnet, préc., n° 1, p. 273, spéc. p. 283.

[184] F. Terré & P. Simler, *op. cit.*, n° 149, p. 143; P. Jourdain, *op. cit.*, n° 49, p. 60; C. Caron & H. Lécuyer, *op. cit.*, p. 53; G. Cornu, *op. cit.*, n° 32, p. 76. V. également V. Bonnet, «La durée de la propriété», *R.R.J.* 2002, n° 1, p. 273. Cet auteur parle dans cette hypothèse de perpétuité subjective.

La critique de la perpétuité. Certaines voix se sont élevées pour contester la place de la perpétuité dans le droit de propriété. Mousseron relève par exemple que *«plusieurs études reconnaissent que la perpétuité n'est pas essentielle au droit de propriété».*[185] La conception moderne de la propriété ne serait pas inséparable de l'idée de perpétuité.

Si l'idée de perpétuité de la propriété semble conforme au droit naturel, elle trouve cependant sa justification dans l'utilité sociale et l'économie politique.[186] De ce fait, la durée du droit serait fonction des buts poursuivis, impliquant que le droit de propriété n'ait pas un statut uniforme. En conséquence, le législateur *«se reconnaît (…) le droit d'abolir la propriété lorsqu'elle lui semble contraire au droit naturel; il se permet aussi de la transformer pour l'adapter au bien commun et même d'en faire naître de nouvelles formes qui ne sont perpétuelles ni en droit, ni en fait».*[187]

Il est aussi affirmé que la propriété est perpétuelle contrairement aux autres droits réels. Il s'agirait là d'un caractère original, propre à ce droit[188]. L'assertion est erronée. Il ne s'agit pas du seul droit réel à ne pas être affecté par un terme. Tel est le cas de la servitude.[189]

Contrairement au caractère exclusif et absolu, il n'est pas question d'affirmer ici que les droits de propriété intellectuelle sont perpétuels, mais plus de savoir si un droit temporaire et prescriptible peut constituer un droit de propriété.

b. Le caractère temporaire des droits de propriété intellectuelle

i. Le terme des droits de propriété intellectuelle

Une durée en fonction de l'utilité de la chose. Afin d'accueillir l'idée de propriétés temporaires, certains auteurs ont considéré que la durée du droit devait être fonction de l'utilité de la chose, objet du droit. Pour les propriétés intellectuelles, *«la durée légale du monopole serait liée à la persistance des utilités économiques du bien, lesquelles seraient en général assez vite frappées d'obsolescence».*[190] La précarité du droit de propriété intellectuelle

---

[185] J. M. Mousseron, *Le droit du breveté d'invention – Contribution à une analyse objective, op. cit.*, n° 250, p. 275. V. notamment, J. Dabin, «Les droits intellectuels comme catégorie juridique», préc., p. 413 et plus particulièrement n° 26; L. Josserand, *Cours de droit civil positif français, op. cit.*, n° 1512, p. 783.

[186] M. Chauffardet, *Le problème de la perpétuité de la propriété, Étude de sociologie juridique et de droit positif*, Sirey, 1933, p. 303.

[187] M. Chauffardet, *op. cit.*, p. 248.

[188] C. Larroumet, *op. cit.*, n° 250, p. 132.

[189] F. Zenati, *Essai sur la nature juridique de la propriété – Contribution à la théorie du droit subjectif, op. cit.*, n° 60, p. 94.

[190] F. Pollaud-Dulian, *op. cit.*, n° 27, p. 13.

s'expliquerait par conséquent par la précarité de son objet:[191] un objet temporaire ne peut appeler un droit perpétuel.[192] Ainsi, la disparition progressive de la valeur économique d'une invention permettrait de justifier la durée limitée du droit.

Cet argument n'est pas pleinement satisfaisant.[193] S'il est vrai que de nombreuses inventions ou œuvres ont une utilité limitée dans le temps «*le phénomène est loin d'être général et les plus importantes d'entre elles pourraient être exploitées avec profit bien au-delà du monopole légal*».[194]

Le caractère temporaire justifié par l'intérêt général. Le caractère temporaire des droits de propriété intellectuelle peut trouver sa justification dans l'intérêt général. Le Professeur Pollaud-Dulian relève en effet que «*le législateur qui est fondé à exproprier pour cause d'utilité publique n'importe quel propriétaire est «a fortiori» fondé à réduire dans le temps, pour tenir compte de tels intérêts, le droit de propriété qu'il organise au profit des auteurs et des inventeurs*».[195] La limitation du caractère perpétuel du droit de propriété serait alors proche de la limitation du caractère absolu.[196] Dès lors, la perpétuité, envisagée comme une émanation de l'absoluité du droit de propriété,[197] peut faire l'objet de limitations justifiées par des intérêts supérieurs.

Si dans le cadre de la propriété classique, cette limitation fait *a posteriori*,[198] elle est prévue *ab initio* pour les droits de propriété intellectuelle. Le caractère temporaire du brevet s'expliquerait notamment par la mise en balance de la propriété intellectuelle avec le principe de la liberté du commerce et de l'industrie. À l'inverse, en matière de marque, droit pouvant être perpétuel par le jeu des renouvellements, il semble qu' «*aucun intérêt collectif ne justifie une limitation temporelle du droit*».[199]

ii. La prescriptibilité des droits de propriété intellectuelle

L'idée d'une imprescriptibilité des droits de propriété intellectuelle. Un auteur[200] a tenté de démontrer que les propriétés intellectuelles

---

[191] J. M. Mousseron, J. Raynard & T. Revet, préc., p. 281, n° 29.

[192] J. M. Mousseron, *op. cit.*, n° 167, p. 196. V. également, P. Roubier, *Le droit de la propriété industrielle*, *op. cit.*, n° 21, p. 97.

[193] V. notamment, F. Pollaud-Dulian, *op. cit.*, n° 27, p. 13.

[194] F. Pollaud-Dulian, *op. cit.*, n° 27, p. 13. V. également, V. Bonnet, «La durée de la propriété», préc., spéc. n° 45.

[195] F. Pollaud-Dulian, *op. cit.*, n° 27, p. 14.

[196] Cf. *supra* n° 157.

[197] L. Josserand, *op. cit.*, n° 1507, p. 780.

[198] V. sur cette question, M. Chauffardet, *op. cit.*, p. 187.

[199] *Ibid*.

[200] E. Senné, «"La propriété temporaire": un révélateur des caractères de la propriété», *R.R.J.* 2005, n° 4, I, p. 1821.

étaient imprescriptibles au même titre que la propriété ordinaire. Il relève que «*le droit d'exploitation d'une œuvre littéraire et artistique est, selon la Cour de cassation, imprescriptible. Il en va de même des dessins et modèles*».[201] S'agissant des brevets, en application de l'article L. 613-11[202] du Code de la propriété intellectuelle, la sanction de la non-exploitation du brevet n'étant pas la perte du droit, mais l'octroi d'une licence obligatoire, il serait possible d'affirmer que les brevets ne se prescrivent pas par le non-usage.[203] S'agissant des marques, la question est plus délicate. L'article L. 714-5[204] du Code de la propriété intellectuelle prévoit qu'un défaut d'usage sérieux pendant une période ininterrompue de cinq ans est sanctionné par la déchéance. Cependant, cette déchéance doit être sollicitée par tout tiers intéressé. Cette absence d'automatisme de la déchéance permettrait d'affirmer que le droit de marque ne se perd pas par le non-usage.[205] L'action étant à l'initiative des tiers, le temps ne serait donc pas seul suffisant pour faire perdre le droit.[206]

La prescriptibilité des droits de propriété intellectuelle. Bien que l'admission de l'imprescriptibilité des droits de propriété intellectuelle puisse faciliter notre démarche, il semble difficile d'abonder dans ce sens. En effet, l'article 2227 du Code civil dispose clairement que la propriété est un droit imprescriptible, signifiant par là que l'inaction du titulaire du droit ne peut être directement sanctionnée. Or, en matière de propriété intellectuelle, l'inaction du titulaire est sanctionnée, que cela soit en matière de brevet, par le jeu des licences obligatoires, ou en matière de marque, par la déchéance. En outre, l'action en contrefaçon, qui traduit le caractère exclusif des droits de propriété intellectuelle, n'est pas une action imprescriptible: elle se prescrit par trois ans à compter de la commission des faits.

La relativité de l'imprescriptibilité. L'assertion selon laquelle le droit de propriété est imprescriptible doit être relativisée. S'il est vrai qu'il ne peut se perdre par le non-usage, il peut néanmoins se perdre par l'usage que fait un tiers du bien. Ainsi, l'imprescriptibilité de la propriété est limitée par la prescription acquisitive d'un tiers qui a pour conséquence de faire disparaître les droits du titulaire antérieur.

Ce principe d'imprescriptibilité est également tempéré par la rédaction de l'alinéa second de l'article 2276 du Code civil relatif à la possession en matière mobilière: «*celui qui a perdu ou auquel il a été volé une chose peut*

---

[201] E. Senné, préc., n° 4, I, p. 1821 et plus particulièrement p. 1838. V. pour le droit d'auteur, Cass. civ. 1ère, 13 novembre 1973, *D.* 1974, juris., p. 533, note C. Colombet, V. pour les dessins et modèles F. Pollaud-Dulian, *op. cit.*, n° 1103, p. 598.

[202] Art. L. 613-11 du CPI.

[203] E. Senné, préc., spéc. p. 1838.

[204] Art. L. 714-5 du CPI.

[205] E. Senné, préc., p. 1821 et plus particulièrement p. 1838.

[206] *Ibid.*, spéc. p. 1838.

la revendiquer pendant trois ans, à compter du jour de la perte ou du vol, contre celui dans les mains duquel il la trouve». On le voit le principe d'imprescriptibilité n'est pas intangible.

L'imprescriptibilité contribuant à l'absoluité du droit de propriété. Nous avons observé qu'une large partie de la doctrine associe perpétuité et imprescriptibilité,[207] ou plutôt, que l'imprescriptibilité contribue au caractère perpétuel du droit de propriété. L'imprescriptibilité aurait fini par devenir une illustration de la perpétuité du fait qu'elles «expriment toutes les deux une certaine durabilité du droit dans le temps».[208] Pourtant, l'imprescriptibilité et la perpétuité pourraient être envisagées séparément et ne devraient pas «être confondues».[209]

L'imprescriptibilité renvoie plus à l'idée d'absoluité, qu'a celle de perpétuité. C'est en effet le caractère absolu de la propriété qui justifie «que son titulaire ait la liberté de ne rien faire de son bien».[210] Le droit de propriété serait un droit imprescriptible du fait de son absoluité, permettant à son titulaire d'user de son bien, mais aussi de ne pas s'en servir.[211] La jurisprudence semble également abonder dans ce sens.[212] En d'autres termes, l'imprescriptibilité «n'est donc pas un aspect de la perpétuité de la propriété, mais une conséquence du caractère absolu de la propriété».[213] Dès lors, si le droit de propriété est un droit absolu et, partant, imprescriptible, il n'en est pas moins susceptible d'être limité par la prise en compte d'intérêts supérieurs. L'exception prévue à l'article 2276 du Code civil serait justifiée par le souci de garantir la sécurité juridique. Dans le même sens, la prescriptibilité des droits de propriété intellectuelle serait justifiée par l'intérêt général. Par exemple, en matière de marque, il s'agit par exemple du principe de libre concurrence: la déchéance pour absence d'usage sérieux de la marque vise à sanctionner une réservation injustifiée pouvant fausser le jeu de la concurrence.

L'absence de disqualification. Au regard de ces développements, il apparaît que la perpétuité soit un élément «contingent»[214] de la propriété

---

[207] V. notamment, F. Terré & P. Simler, *op. cit.*, n° 148, p. 149; P. Jourdain, *op. cit.*, n° 49, p. 60; C. Caron & H. Lécuyer, *op. cit.*, p. 53; G. Cornu, *op. cit.*, n° 32, p. 76.

[208] T. Lamarche, préc., spéc. n° 4.

[209] *Ibid.*, spéc. n° 4.

[210] F. Terré & P. Simler, *op. cit.*, n° 149, p. 143; E. Senné, «"La propriété temporaire": un révélateur des caractères de la propriété», préc., n° 4, I, p. 1822, n° 5; V. Bonnet, «La durée de la propriété», préc., spéc., n°20.

[211] V. Bonnet, préc., spéc. n°20. V. également, C. Larroumet, *op. cit.*, n° 254, p. 134.

[212] V. notamment Cass. civ., 3ème ch., 22 juin 1983, *JCP G* 1986, II, 20565 note J.-F Barbieri.

[213] E. Senné, préc., n° 3, p. 1822.

[214] J. M. Mousseron, J. Raynard & T. Revet, préc., p. 281, n° 28 et 29. V. également sur ce sujet, S. Gutierrez-Lacour, *Le temps dans les propriétés intellectuelles. Contribution à l'étude du droit des créations*, Litec, Bibl. du droit de l'entreprise, t. 65, 2004, n° 367, p. 218; E. Senné, préc., spéc. n° 33 et 34.

et ne constitue pas un élément essentiel de la propriété.[215] Il serait plus opportun de parler «*de vocation à la perpétuité du droit de propriété plutôt que de son caractère perpétuel*».[216] Dès lors, le caractère temporaire des droits de propriété intellectuelle n'est pas un élément décisif pouvant disqualifier ces droits en de simples monopoles d'exploitation.

On vient de le voir rien ne semble devoir contredire l'affirmation selon laquelle les droits de propriété intellectuelle sont des droits de propriété, ni une analyse de ses prérogatives, ni celle de ses caractères. Pour autant, Si l'on veut être précis, il faut admettre qu'il s'agit de propriétés spéciales.[217]

II. La spécificité des droits de propriété intellectuelle

Les degrés de propriété. Aujourd'hui, une grande partie de la doctrine tend à reconnaître que «la propriété se révèle une qualification assurément apte à traduire la nature de la relation unissant le titulaire du droit de propriété intellectuelle à sa création».[218] Déjà au début du vingtième siècle, Vareille-Sommières soulignait l'indifférence de telles limitations en affirmant: «.la propriété n'est pas un droit d'étendue immuable. C'est un droit d'étendue variable, susceptible d'atteindre un maximum (…), susceptible d'être réduit à quelques chances lointaines. Quand il atteint son maximum, on dit que la propriété est complète ou parfaite. Quand il ne l'atteint pas, on dit qu'elle est incomplète ou imparfaite (…). Mais chose remarquable, la propriété incomplète, tout autant que la propriété complète, est la propriété et la propriété entière».[219] Il y aurait des degrés de propriété et la propriété intellectuelle ne devrait pas être perçue comme une propriété complète ou parfaite.

---

[215] S. Alma-Delettre, préc., p. 25, spéc. n° 9.
[216] C. Larroumet, *op. cit.*, n° 258, p. 136.
[217] J. Passa, *Traité de droit de la propriété industrielle, op. cit.*, n° 11, p. 12.
[218] S. Alma-Delettre, art. préc., spéc. n° 9. V. notamment, J. M. Mousseron, J. Raynard & T. Revet, art. préc., p. 281; A. Chavanne & J.-J. Burst, *Droit de la propriété industrielle, op. cit.*, n° 2, p. 1; F. Zenati-Castaing & T. Revet, *op. cit.*, n° 85, p. 137; J. Passa, *op. cit.*, n° 11, p. 12; F. Pollaud-Dulian, *Droit de la propriété industrielle, op. cit.*, n° 31, p. 16; J. Raynard, *Droit d'auteur et conflits de lois. Essai sur la nature juridique du droit d'auteur, op. cit.*; J. Azéma & J.-C. Galloux, *Droit de la propriété industrielle, op. cit.*, n° 2, p. 1; J. Foyer & M. Vivant, *Le droit des brevets, op. cit.*, n° 265; Y. Strickler, *op. cit.*, n° 63, p. 101. V. également une doctrine plus ancienne, J. Lucien-Brun, *Marques de fabrique et de commerce, Droit français, droit comparé, droit international*, Paris, Librairie de la société du recueil général des lois et des arrêts, 2ème éd., 1897, n° 9, p. 12; E. Pouillet, *Traité des marques de fabrique et de la concurrence déloyale en tous genres, op. cit.*, n° 135, p. 131; E. Pouillet, *Traité théorique et pratique des brevets d'invention et des secrets de fabrique*, LGDJ, Marchal & Billard, 6ème éd., 1915, spéc. «Introduction»; A. Laborde, *Traité théorique et pratique des marques de fabrique et de commerce*, Sirey, 1914, n° 96, p. 79.
[219] M. De Vareilles-Sommières, «La définition et la notion juridique de la propriété», *RTD civ.* 1905, IV, p. 443, spéc. n° 6 et 7. V. également R. Libchaber, «La recodification du droit des biens», *in Le code civil. Livre du bicentenaire. 1804 – 2004*, Dalloz, 2004, p. 297, spéc. n° 14.

Une propriété spéciale.[220] La propriété intellectuelle est spéciale à plus d'un titre. Elle est tout d'abord «soumise à un grand nombre de règles spéciales (…) qui déterminent en détail pour chaque type de droit, les conditions d'attribution, de validité et de maintien en vigueur du droit, l'étendue et les modalités de la protection qui lui est attachée ou encore le statut des contrats dont il peut être l'objet».[221]

Le Code civil est peu utilisé,[222] les droits de propriété intellectuelle étant soumis aux règles spéciales du Code de la propriété intellectuelle, code qui envisage les diverses modalités d'existence et d'exercice de ceux-ci.

La spécificité des droits de propriété intellectuelle concerne également les limitations dont ils peuvent faire l'objet. Si le droit de propriété est limité *a posteriori*, tel n'est pas nécessairement le cas des droits de propriété intellectuelle qui voient leur caractère absolu et perpétuel limité *ab initio*.

Le titulaire d'un droit de propriété intellectuelle bénéficie en outre d'une action spécifique permettant de protéger son droit: l'action en contrefaçon. Présentée par certains comme une véritable action en revendication,[223] elle apparaît cependant comme une «*forme particulière d'action en revendication*»,[224] justifiée notamment par le caractère incorporel de l'objet du droit. Elle constitue également un moyen de réparer le préjudice sur la base d'éléments qui ne sont pas pris en compte dans la propriété classique.[225]

La présente étude nous a permis de constater que la nature juridique des droits de propriété intellectuelle a fait et fait toujours débat.

---

[220] V. J. Passa, *op. cit.*, n° 11, p. 12.
[221] *Ibid.*, n° 11, p. 14.
[222] F. Pollaud-Dulian, *op. cit.*, n° 38, p. 20.
[223] J. Foyer & M. Vivant, *op. cit.*, p. 330.
[224] J. Raynard, *op. cit.*, p. 333, n° 174, p. 161.
[225] V. Art. 13 de la Directive 2004/48/CE du Parlement Européen et du Conseil du 29 avril 2004 relative au respect des droits de propriété intellectuelle.

Impressão:
Evangraf
Rua Waldomiro Schapke, 77 - POA/RS
Fone: (51) 3336.2466 - (51) 3336.0422
E-mail: evangraf.adm@terra.com.br